Beschränkungen des Schutzes von Kennzeichen gemäß § 23 MarkenG

Europäische Hochschulschriften

Publications Universitaires Européennes
European University Studies

Reihe II
Rechtswissenschaft

Série II Series II
Droit
Law

Bd./Vol. 5373

PETER LANG
Frankfurt am Main · Berlin · Bern · Bruxelles · New York · Oxford · Wien

Julia Traumann

Beschränkungen des Schutzes von Kennzeichen gemäß § 23 MarkenG

PETER LANG
Internationaler Verlag der Wissenschaften

Bibliografische Information der Deutschen Nationalbibliothek
Die Deutsche Nationalbibliothek verzeichnet diese Publikation in der Deutschen Nationalbibliografie; detaillierte bibliografische Daten sind im Internet über http://dnb.d-nb.de abrufbar.

Zugl.: Köln, Univ., Diss., 2012

D 38
ISSN 0531-7312
ISBN 978-3-631-62519-4

www.peterlang.de

Meinen Eltern

Vorwort

Die vorliegende Arbeit wurde im Sommersemester 2012 von der Rechtswissenschaftlichen Fakultät der Universität zu Köln als Dissertation angenommen. Rechtsprechung und Literatur wurden bis September 2011 berücksichtigt.

An erster Stelle danke ich Frau Prof. Dr. Anja Steinbeck für die hervorragende Betreuung der Arbeit. Sie stand mir jederzeit mit fachlichem und persönlichem Rat zur Seite. Weiterhin danke ich Herrn Prof. Dr. Karl-Nikolaus Peifer für die zügige Erstellung des Zweitgutachtens.

Mein zutiefst empfundener Dank gilt meinen Eltern. Sie haben mich während meines gesamten bisherigen Lebenswegs auf jede erdenkliche Weise gefördert, unterstützt und liebevoll begleitet. Ihnen widme ich diese Arbeit.

Münster, im Juli 2012 *Julia Traumann*

Inhaltsverzeichnis

4. Kapitel: Blick auf die Verletzungstatbestände als Voraussetzung für das Eingreifen von § 23 MarkenG

Einleitung

I. Problemaufriss und Gegenstand der Arbeit

Das deutsche Markengesetz (MarkenG[1]) schützt unter dem Oberbegriff „Kennzeichen“ Marken, geschäftliche Bezeichnungen und geographische Herkunftsangaben (§ 1 MarkenG). Marken und geschäftliche Bezeichnungen – geographische Herkunftsangaben bleiben im Rahmen dieser Arbeit weitgehend unerörtert – sind als subjektive, zivilrechtliche Ausschließlichkeitsrechte ausgestaltet: Einem Berechtigten wird ein Monopolrecht an einem Kennzeichen eingeräumt, das gegenüber jedermann wirkt. Der Berechtigte (Kennzeicheninhaber) kann nichtberechtigten Dritten die Benutzung von Zeichen verbieten, die den Schutzbereich des Kennzeichens verletzen[2]. Er kann Ansprüche gegen den Verletzer geltend machen, unter anderem auf Unterlassung, Schadensersatz und Vernichtung, §§ 14 ff. MarkenG.

Das Ausschließlichkeitsrecht ist zwar umfassend zu verstehen[3], es stellt sich aber nicht als schranken- und grenzenlos dar[4]. Der Grund dafür liegt wesentlich in dem die Regelungen des Immaterialgüterrechts wie ein roter Faden durchziehenden Grundkonflikt zwischen dem Rechtsinhaber und Dritten: Der Rechtsinhaber hat ein Interesse an einem möglichst umfassenden Ausschließlichkeitsrecht, Dritte haben ein als berechtigt anzusehendes Interesse daran, sich wirtschaftlich möglichst frei zu betätigen und durch eingeräumte Kennzeichenrechte nicht von der Benutzung eines Zeichens, auf das sie unter Umständen angewiesen sind, ausgeschlossen zu werden.

Rechnung getragen wird diesem Grundkonflikt im MarkenG unter anderem in § 23. § 23 MarkenG steht in Abschnitt 4 des Zweiten Teils des MarkenG (§§ 20 bis 26 MarkenG), der mit „Schranken des Schutzes“ überschrieben ist. Liegen die Voraussetzungen einer der Schranken vor, kann der Kennzeicheninhaber

1 Gesetz über den Schutz von Marken und sonstigen Kennzeichen vom 25.10.1994, BGBl. I, S. 3082; zuletzt geändert durch Art. 17 des Gesetzes vom 22.12.2010, BGBl. I, S. 2248.

2 Umstritten ist, ob das Markenrecht daneben ein positives Benutzungsrecht einräumt. Das ist hier jedoch nicht von Bedeutung. Vgl. dazu *Fezer*, MarkenR, § 14 MarkenG Rn. 12; *Büscher*/Dittmer/Schiwy, GewRS, Teil 1, Kap. 3, § 14 MarkenG Rn. 15; *Ingerl/Rohnke*, MarkenG, § 14 Rn. 8; *Becker*, WRP 2010, 467, 469 f.; *Pahlow*, MarkenR 2006, 97 ff. Zum Unternehmenskennzeichenrecht *Goldmann*, Der Schutz des Unternehmenskennzeichens, § 12 Rn. 3 ff.

3 BGH GRUR 2000, 879, 881 – *stüssy I*.

4 BGH GRUR 2009, 678, 681 (Tz. 32) – *POST/RegioPost*.

trotz Vorliegens einer Verletzung des Kennzeichens „an sich“ nicht gegen den die Verletzung vornehmenden Dritten vorgehen.

§ 23 MarkenG bildet den Gegenstand der vorliegenden Arbeit. Er hat Wurzeln im vor dem MarkenG geltenden nationalen Recht, geht aber primär auf die verpflichtenden Vorgaben des Art. 6 Abs. 1 Markenrechtsrichtlinie (MarkenRL[5]) zurück. § 23 MarkenG gilt jedoch nicht nur für die durch die MarkenRL harmonisierten eingetragenen Marken, sondern für alle Arten von Marken nach den §§ 3 und 4 MarkenG sowie für geschäftliche Bezeichnungen nach § 5 MarkenG.

§ 23 MarkenG stellt die Benutzung von Name und Anschrift (Nr. 1), beschreibenden Angaben (Nr. 2) sowie (bei Notwendigkeit) sogenannten Bestimmungsangaben (Nr. 3) vom Verletzungsanspruch eines Kennzeicheninhabers frei, sofern die Benutzung nicht gegen die guten Sitten verstößt oder – in der Terminologie der MarkenRL – den anständigen Gepflogenheiten in Gewerbe oder Handel entspricht.

II. Forschungsstand

Auf die Schutzschranke des § 23 MarkenG gehen zunächst – selbstverständlich – die Kommentatoren der einschlägigen Kommentarliteratur ein[6]. Außerdem liegen zwei wissenschaftliche Untersuchungen zu § 23 MarkenG vor. Es handelt sich um die Arbeiten von *Egerer*[7] und von *Wolf*[8]. Sie stammen aus den Jahren 2001 und 2003 und sind daher nicht mehr auf dem aktuellen Stand von Rechtsprechung und Literatur. Einige der von *Egerer* und *Wolf* ausführlich erörterten Fragen wurden mittlerweile in der höchstrichterlichen Rechtsprechung entschieden; hier kann allenfalls noch eine kritische Betrachtung der Rechtsprechung vorgenommen werden. Andere, zum Zeitpunkt der beiden Untersuchungen noch nicht aufgetretene Fragen bedürfen jetzt einer ausführlichen Erörterung.

---

5 Erste Richtlinie 89/104/EWG des Rates vom 21.12.1988 zur Angleichung der Rechtsvorschriften der Mitgliedstaaten über die Marken (ABl. L 40 vom 11.2.1989, S. 1); kodifiziert durch die Richtlinie 2008/95/EG des Europäischen Parlaments und des Rates vom 22.10.2008 zur Angleichung der Rechtsvorschriften der Mitgliedsstaaten über die Marken (ABl. L 299 vom 8.11.2008, S. 25). Eine inhaltliche Änderung ist mit der Kodifizierung nicht verbunden; die Richtlinie wurde lediglich neu gefasst und gegliedert. Gemäß Art. 17 der kodifizierten Fassung wird die ursprüngliche Fassung jedoch aufgehoben.

6 Vgl. z.B. Ströbele/*Hacker*, *Ingerl/Rohnke*, *Fezer*, Büscher/Dittmer/Schiwy/*Schalk*, HK-MarkenR/*von Hellfeld*, jeweils zu § 23 MarkenG.

7 *Egerer*, Die markenrechtliche Zulässigkeit beschreibender Angaben im geschäftlichen Verkehr, 2001.

8 *Wolf*, Die Schutzschranke des § 23 MarkenG, 2003.

Das Auftreten neuer Fragen hängt vielfach mit in der Zwischenzeit ergangenen Entscheidungen des EuGH, die jedenfalls im durch die MarkenRL harmonisierten Bereich bindend sind, zusammen. Die Vorgaben des EuGH reichen bis in die Grundstrukturen der Verletzungs- und Schrankentatbestände hinein. Genannt seien die neueren Entscheidungen „*Google France und Google*“[9], „*Portakabin/Primakabin*“[10], „*L'Oréal/Bellure*“[11] und „*adidas/Marca Mode*“[12], aber auch die etwas älteren „*Céline*“[13], „*Anheuser-Busch/Budvar*“[14], „*Gillette*“[15] und „*Robeco/Robelco*“[16].

Das Auftreten neuer Probleme und Fragen ist ferner durch in der Zwischenzeit erfolgte Änderungen des MarkenG, vor allem durch das Patentrechtsmodernisierungsgesetz[17] (PatRModG), verursacht. Nicht zuletzt werfen die Richtlinie über unlautere Geschäftspraktiken[18] (UGP-RL) und die ihrer Umsetzung dienende Reform des Gesetzes gegen den unlauteren Wettbewerb (UWG)[19] eine Vielzahl von Fragen – deren Beantwortung möglicherweise sogar eine Neubestimmung des Verhältnisses zwischen Kennzeichen- und Wettbewerbsrecht nach sich zieht – auf, die auch den Gegenstand der vorliegenden Arbeit betreffen.

Außer in den genannten Kommentierungen und Untersuchungen wird die Schutzschranke des § 23 MarkenG in vielen Arbeiten, deren Schwerpunkt auf der Behandlung der seit jeher umstrittenen „markenmäßigen Benutzung“ liegt, gestreift. Die rechtswissenschaftliche Literatur zu diesem Problembereich ist höchst umfangreich. Sie reicht von den Ausführungen im Rahmen der Kommen-

9 EuGH GRUR 2010, 445 – *Google France und Google.*
10 EuGH GRUR 2010, 841 – *Portakabin/Primakabin.*
11 EuGH GRUR 2009, 756 – *L'Oréal/Bellure.*
12 EuGH GRUR 2008, 503 – *adidas/Marca Mode.*
13 EuGH GRUR 2007, 971 – *Céline.*
14 EuGH GRUR 2005, 153 – *Anheuser-Busch/Budvar.*
15 EuGH GRUR 2005, 509 – *Gillette.*
16 EuGH GRUR 2003, 143 – *Robeco/Robelco.*
17 Gesetz zur Vereinfachung und Modernisierung des Patentrechts vom 31.7.2009 (BGBl. I, S. 2521); in Kraft getreten am 1.10.2009.
18 Richtlinie 2005/29/EG des Europäischen Parlaments und des Rates vom 11.5.2005 über unlautere Geschäftspraktiken von Unternehmen gegenüber Verbrauchern im Binnenmarkt und zur Änderung der Richtlinie 84/450/EWG des Rates, der Richtlinien 97/7/EG, 98/27/EG und 2002/65/EG des Europäischen Parlaments und des Rates sowie der Verordnung (EG) Nr. 2006/2004 des Europäischen Parlaments und des Rates (ABl. L 149 vom 11.6.2005, S. 22).
19 Die UGP-RL wurde in deutsches Recht umgesetzt durch das „Erste Gesetz zur Änderung des Gesetzes gegen den unlauteren Wettbewerb“ vom 22.12.2008 (BGBl. I, S. 2949).

tierungen zum Verletzungstatbestand[20] über zahlreiche Aufsätze oder Festschriftbeiträge[21] bis hin zu mehreren Monographien. Von ihnen werden hier die von *Nägele*[22], *Buhrow*[23], *Danger*[24] und *Eichhammer*[25] sowie die jeweils Spezialfälle betreffenden von *Blankenburg*[26] und *Schneider*[27] hervorgehoben.

Mittlerweile ist davon auszugehen, dass aufgrund der rechtlichen Anerkennung weiterer Markenfunktionen neben der Herkunftsfunktion durch den EuGH ab dem Urteil „*L'Oréal/Bellure*"[28] der Begriff der markenmäßigen Benutzung so, wie er bislang gebraucht wurde – nämlich ausschließlich für herkunftshinweisende Verwendungen – nicht mehr aufrechterhalten werden kann. Daher beschäftigen sich zahlreiche aktuelle Beiträge und Untersuchungen mit dem mutmaßlichen „Ende der markenmäßigen Benutzung". Tragweite und Konsequenzen der Rechtsprechung des EuGH werden unterschiedlich beurteilt; vielfach werden erhebliche Inkonsistenzen und Unsicherheiten ausgemacht. Das gesamte Markensystem scheint im Umbruch. Zudem gibt es Untersuchungen, in denen ganz neue Ansätze, auch mit Auswirkungen für das Markenrecht, entwickelt werden[29]. Nirgendwo erfolgt jedoch eine umfassende Auseinandersetzung mit der Schutzschranke des § 23 MarkenG.

---

20 Vgl. z.B. Ströbele/*Hacker*, *Ingerl/Rohnke*, *Fezer*, *Büscher*/Dittmer/Schiwy, HK-MarkenR/*Ekey*, jeweils zu § 14 MarkenG.

21 Z.B. *Sack*, WRP 2010, 198 ff.; *Eichelberger*, MarkenR 2010, 474 ff.; *Hasselblatt/Kipping*, KSzW 2010, 236 ff.; *Keil*, WRP 2010, 195 ff.; *Hacker*, MarkenR 2009, 333 ff.; *Knaak*, GRUR Int. 2008, 91 ff.; *Kur*, GRUR Int. 2008, 1 ff.; *Henning-Bodewig*, GRUR Int. 2008, 301 ff.; *Hotz*, GRUR 2003, 993 ff.; *Ingerl*, WRP 2002, 861 ff.; *Hacker*, GRUR Int. 2002, 502 ff.; *Keller*, GRUR 1996, 607 ff.; *Fezer*, GRUR 1996, 566 ff.; *Ohly*, Festschrift für Loschelder, S. 265 ff.; *Rohnke*, Festschrift für Ullmann, S. 359 ff.; *Kunz-Hallstein*, Festschrift für Schricker, S. 827 ff.

22 *Nägele*, Die rechtsverletzende Benutzung im Markenrecht, 1998.

23 *Buhrow*, Markenmäßiger Gebrauch im Spannungsfeld von horizontaler und vertikaler Benutzung, 2005.

24 *Danger*, Die rechtsverletzende Benutzungshandlung im Markenrecht, 2007.

25 *Eichhammer*, Die markenmäßige Benutzung, 2008.

26 *Blankenburg*, Die Markennennung, 2009.

27 *Schneider*, Die Markenparodie in Deutschland, 2010.

28 EuGH GRUR 2009, 756 – *L'Oréal/Bellure*.

29 *Bärenfänger*, Das Spannungsfeld von Lauterkeitsrecht und Markenrecht unter dem neuen UWG – Symbiotische Theorie zum Kennzeichen- und Lauterkeitsrecht, 2010; *ders.*, WRP 2011, 16 ff. und 160 ff.

III. Gang der Untersuchung

Am Anfang der Untersuchung stehen allgemeine Ausführungen zu Schrankenregelungen im Immaterialgüterrecht. Diesen folgt eine Darstellung der Entstehung des § 23 MarkenG. Anschließend wird der Anwendungsbereich der Schutzschranke abgesteckt und auf die gesetzessystematisch vorgelagerten Verletzungstatbestände eingegangen. Sodann werden die einzelnen Tatbestände des § 23 MarkenG umfassend beleuchtet. Im Anschluss wird die Rolle des § 23 MarkenG bei Domain-Namen erörtert und darauf eingegangen, ob Wechselwirkungen bestehen zwischen § 23 MarkenG und § 5 Abs. 2 UWG. Abschließend werden Vorschläge für die Erweiterung des § 23 MarkenG gemacht.

1. Kapitel:

Schrankenbestimmungen im Immaterialgüterrecht

I. Ausgangspunkt: Der Interessenkonflikt zwischen dem Schutzrechtsinhaber und Dritten und die Notwendigkeit von Beschränkungen der Schutzrechte

Immaterialgüter, also geistige Güter, die sich auf irgendeine Weise ideell oder materiell nutzen lassen, gibt es viele. Ein Immaterialgut wird zu einem Immaterialgüterrecht[30], wenn die Rechtsordnung es einer konkreten Person (ausschließlich) zuordnet[31]. Durch Anerkennung eines Immaterialgüterrechts wird das Immaterialgut dem Zugriff der Allgemeinheit entzogen – zuvor gilt der Grundsatz der Nachahmungsfreiheit[32] – und als Rechtsobjekt verfügbar gemacht. Die Immaterialgüterrechte räumen als Ausschließlichkeits- oder Monopolrechte damit absolute Rechtspositionen ein. Das gilt sowohl für die in Deutschland klassischerweise voneinander unterschiedenen gewerblichen Schutzrechte, die dem Schutz technisch-wirtschaftlicher Leistungen dienen, als auch für das Urheber-

---

30 Die Lehre vom Immaterialgüterrecht wurde von *Josef Kohler* ab dem Jahr 1874 in zahlreichen Schriften entwickelt. *Kohler* entwickelte diese Lehre, nachdem in Deutschland der etwa im angelsächsischen Rechtskreis und im französischen Recht fest verankerte Begriff des geistigen Eigentums als nicht vereinbar mit der traditionellen zivilrechtlichen Dogmatik angesehen wurde. Nach der traditionellen Dogmatik war der Eigentumsbegriff nämlich auf körperliche Gegenstände begrenzt. *Kohler* führte daher aus, die Konstruktion des geistigen Eigentums würde den Eigentumsbegriff ausdehnen und „verflüchtigen" (*Kohler*, AcP [1894], 141, 161 f.). Die Lehre vom Immaterialgüterrecht machte diese Einwände gegenstandslos. Gleichzeitig konnte ein eigentumsähnlicher Schutz erlangt werden.
Der Begriff der „Immaterialgüterrechte" hat sich nie vollständig durchgesetzt. Heute scheint sich, ungeachtet der dogmatischen Bedenken, mehr und mehr der Begriff „Recht des geistigen Eigentums" durchzusetzen. Das hängt insbesondere mit dem Einfluss des internationalen Sprachgebrauchs zusammen („intellectual property", „propriété intellectuelle"). Vgl. für neuere wissenschaftliche Ausführungen zur Terminologie etwa *Ohly*, in: Geistiges Eigentum und Gemeinfreiheit, S. 1, 2; *Götting*, GRUR 2006, 353 ff.; *Ohly*, JZ 2003, 545 ff.; *Pahlow*, UFITA 115 (2006), 705 ff.; *Götting*, Gewerblicher Rechtsschutz, § 1 Rn. 2 f.

31 *Schönherr*, Festschrift für Troller, S. 57, 62 f.

32 Von ihm geht die Rechtsprechung aus, vgl. aus der neueren Rechtsprechung BGH GRUR 2007, 795, 797 (Tz. 22) – *Handtaschen*; BGH GRUR 2006, 79, 80 (Tz. 19) – *Jeans I*. Allgemein zum Grundsatz der Nachahmungsfreiheit z.B. Piper/*Ohly*/Sosnitza, UWG, § 4.9/2; *Dorndorf*, Schutz vor Herkunftstäuschung und Rufausbeutung, S. 16 ff.; kritisch *Köhler*, GRUR 2007, 548, 549; *Kur*, GRUR Int. 1998, 771, 775; *Lubberger*, Festschrift für Ullmann, S. 737, 745 ff.

recht, das dem Schutz kultureller, nicht-gewerblicher Leistungen dient[33]. Alle diese Immaterialgüterrechte oder Rechte des geistigen Eigentums fallen unter die Eigentumsgarantie des Grundgesetzes (Art. 14 GG)[34].

Eine Rechtfertigung für die Schutzrechtseinräumung fällt bei den technischen Schutzrechten und dem Urheberrecht vergleichsweise leicht. Wer z.B. eine neue technische Lehre entwickelt, die ein bestimmtes Maß an Erfindungshöhe aufweist, die also über das hinausgeht, was ein Fachmann auf dem betreffenden Gebiet aus dem Stand der Technik heraus als naheliegend auffassen kann (vgl. § 4 S. 1 des Patentgesetzes), erbringt eine besondere Leistung. Gleiches gilt für den, der ein Werk mit der im Urhebergesetz geforderten Schöpfungshöhe erstellt.

Um einen Anreiz zur Erbringung und anschließenden Offenlegung von solchen besonderen Leistungen zu geben, aber auch um solche Leistungen zu belohnen, wird es als geboten erachtet, das Leistungsergebnis zumindest vorübergehend dem (unmittelbaren[35]) Zugriff Dritter zu entziehen. Dadurch wird ein weiterer Anreiz für die Wettbewerber geschaffen, selbst Produkte, Lösungen oder Werke zu entwickeln, um am Markt bestehen zu können. So wird ein Innovationswettbewerb geschaffen und ein reiner Nachahmungswettbewerb verhindert.

Im Fall der Kennzeichenrechte fällt die Rechtfertigung für die Schutzrechtseinräumung schwerer. Insbesondere bei der Gewährung des formalen Schutzes der Registermarke kann der Rückgriff auf den Leistungsgedanken kaum gelingen. Der formale Markenschutz ist nicht daran geknüpft, dass eine Leistung – außer der „Erfindung“ der Marke selbst – erbracht wurde. Zwar werden oft enorme Werbekosten aufgewandt, um eine eingängige, zugkräftige und je nach Art der

33 Dieser Unterschied zwischen dem gewerblichen Rechtsschutz und dem Urheberrecht hat sich im Laufe der Entwicklung auf bestimmten Gebieten allerdings weitgehend verwischt und ist einer Konvergenz gewichen, vgl. *Götting*, Gewerblicher Rechtsschutz, § 4 Rn. 5.

34 Für das Warenzeichen- bzw. Markenrecht: BVerfG GRUR 1979, 773 – *Weinbergsrolle*, dazu *Krieger*, GRUR 1980, 335 ff.; BVerfG GRUR 1988, 610, 612 – *Esslinger Neckarhalde II*; BVerfG NJW 1997, 2871, 2873; BGH GRUR 2009, 678, 681 f. (Tz. 32) – *POST/RegioPost* (auch Art. 12 GG einbeziehend); BGH GRUR 2005, 583, 584 f. – *Lila Postkarte*; für geschäftliche Bezeichnungen: BVerfG GRUR 2005, 261 – *ad acta.de*; für das Urheberrecht: BVerfG NJW 1971, 2163; fortgeführt BVerfG NJW 1990, 2189; für das Patentrecht BVerfG GRUR 1974, 142, 143 – *Offenlegung von Patent-Altanmeldungen*. S. auch *Götting*, GRUR 2006, 353 ff.

35 Im Urheberrecht spielen die sogenannten Verwerter oft eine wichtige Rolle. Die Werkschöpfer sind auf sie angewiesen, weil sie Werke finanzieren und deren Produktion sowie den Vertrieb sicherstellen. Im Gegenzug verdienen die Verwerter mit an dem Ausschließlichkeitsrecht. Sie haben daher einen mittelbaren Zugriff. Vgl. dazu *Steinbeck*, KSzW 2010, 223.

Ware oder Dienstleistung „coole", exklusive oder auch „billige" Marke zu entwickeln und im Kopf der Kunden zu verankern. Darauf kommt es rechtlich aber nicht an. Entscheidend für den Markenschutz ist die Unterscheidungsfunktion bzw. -kraft des Zeichens, und zwar zum Zeitpunkt der Anmeldung. Die Marke dient, wie *Ulmer* vor langer Zeit herausgearbeitet hat, unter anderem der Entwicklungsbegünstigung[36]. Die Rechtsordnung gewährt dem Markeninhaber (nur) einen gewissen Vorschuss im Hinblick auf seine künftige Teilnahme am Markt.

Gleichwohl ist die Marke als ein mit den eigentlichen Leistungsschutzrechten gleichwertiges Immaterialgüterrecht anerkannt und konstitutiver Teil der marktwirtschaftlichen Wettbewerbsordnung in der Europäischen Union[37]. Das kommt mittlerweile deutlich in der Rechtsprechung des EuGH zum Ausdruck. In dem Urteil „*L'Oréal/Bellure*" wurde die Investitionsfunktion der Marke als rechtlich geschützte Funktion ausdrücklich genannt[38]. Entsprechend führte Generalanwalt *Maduro* in seinen Schlussanträgen im Verfahren „Google France und Google"[39] zur Investitionsfunktion aus, eine Marke schütze die Investitionen, die der Markeninhaber in die mit ihr verbundene Ware oder Dienstleistung getätigt habe. Die vom EuGH im Urteil „*L'Oréal/Bellure*" aufgezählten Funktionen der Marke bezögen sich auf die Förderung von Innovationen und Investitionen[40]. Diese Ausführungen zeigen den immaterialgüterrechtlichen Charakter der Marke[41]. *Fezer* formuliert, die Anerkennung der Investitionsfunktion belege das Markenmodell eines investiven Immaterialgüterrechtsschutzes. Das mache etwa auch die Rechtserheblichkeit der Kennzeichnungskraft innerhalb des Ver-

---

36 *Ulmer*, Warenzeichen und unlauterer Wettbewerb, S. 63 ff.

37 *Fezer*, MarkenR 2010, 453 ff.; *ders.*, MarkenR, Einl C MarkenG Rn. 11; der wirtschaftliche Wert von Marken ist den regelmäßig in deutschen und internationalen Fachzeitschriften und Publikationen veröffentlichten Rankings zu entnehmen. In der Frankfurter Allgemeinen Zeitung vom 9.5.2011 beispielsweise wurde berichtet, Apple habe Google als weltweit wertvollste Marke abgelöst. In anderen Rankings steht Coca Cola meist an der Spitze. Volkswirtschaftlich betrachtet beträgt der Markenwert der zehn wertvollsten Marken in den einzelnen EU-Ländern im Jahr 2009 durchschnittlich 9% des BIP/Kopf (Quelle: Mitteilung der EU-Kommission vom 24.5.2011 [KOM (2011) 287], S. 6, unter Hinweis auf die Eurobrand-Studie 2009).

38 EuGH GRUR 2009, 756, 761 (Tz. 58) – *L'Oréal/Bellure*.

39 Schlussanträge des Generalanwalts *Maduro* vom 22.9.2009, verbundene Rs. C-236/08, C-237/08 und C-238/08 – Google France und Google (BeckRS 2009, 71026).

40 Tz. 95 ff. und 101 ff. der Schlussanträge.

41 Generalanwalt *Jääskinen* spricht in seinen Schlussanträgen vom 24.3.2011 (Rs. C-323/09 – Interflora/Marks & Spencer [BeckRS 2011, 80288; Tz. 50]) von einem „eigentumsgestützten Ansatz hinsichtlich Marken". Dieser schütze auch die Kommunikations-, Werbungs- und Investitionsfunktion von Marken, um eine Marke mit einem positiven Image und einem eigenständigen wirtschaftlichen Wert (Markenkapital oder Goodwill) zu schaffen.

wechslungsschutzes oder die Immaterialgüterrechtsstruktur des Schutzes einer bekannten Marke plausibel[42].

Mit der Gewährung von Ausschließlichkeits- oder Monopolrechten einher geht die Einschränkung von Handlungsspielräumen Dritter. Das Ausschließlichkeitsterritorium des Schutzrechtsinhabers ist für den „Konkurrenzkampf“ quasi gesperrt[43]. Dadurch entsteht ein grundlegender Konflikt, der sich – wie schon ausgeführt – aus der Gegenläufigkeit der Interessen des Rechtsinhabers auf der einen und der Interessen derjenigen, deren Handlungsspielräume beschränkt sind, auf der anderen Seite, ergibt[44]. Der Rechtsinhaber hat ein Interesse an einem weitgehenden, umfassenden Ausschließlichkeitsrecht sowie möglichst effektiven „Verteidigungswaffen“. Die anderen Rechtssubjekte haben ein Interesse am Erhalt ihrer Handlungs- und Expansionsspielräume, jedenfalls aber an möglichst geringen Einschränkungen[45].

Eine einheitliche Terminologie für diesen – aus der Perspektive des Rechtsinhabers – „Einschnittsbereich“ oder – aus der Perspektive der anderen Rechtssubjekte – „Freiheitsbereich“ oder – neutraler – „Gegenpol“[46] zu den gewährten Ausschließlichkeitsrechten besteht nicht. Als Begriffe für die rechtfertigenden Interessen verwendet werden „Wettbewerbsfreiheit“, „Informationsfreiheit“, „Informationsinteresse“ oder „Gemeinfreiheit“. All diese Begriffe zielen weniger auf die betroffenen Individualinteressen Dritter als auf die Interessen der Allgemeinheit oder der Mitbewerber in ihrer Gesamtheit ab. Ob es überhaupt einen für alle Immaterialgüterrechte und alle betroffenen Interessen einheitlichen Begriff für diesen „Gegenpol“ geben kann und welcher Begriff möglicherweise zutreffend wäre, soll hier nicht erörtert werden. Aus der Tatsache, dass dieser „Gegenpol“ besteht – und bestehen muss –, ergibt sich nämlich in jedem Fall die wesentliche Aufgabe für Gesetzgebung und Rechtsprechung, die bestehenden Interessen zu gewichten, sachgerechte Maßstäbe zur Konfliktlösung zur Verfügung zu stellen und die gegenläufigen Interessen zu einem möglichst gerechten Ausgleich, und zwar im Sinne einer praktischen Konkordanz[47],

42 *Fezer*, MarkenR 2010, 453, 456 sowie ähnlich *ders.*, Festschrift für Loschelder, S. 75, 77; kritisch zur Investitionsfunktion *Ingerl/Rohnke*, MarkenG, § 14 Rn. 304.

43 Der Begriff „Ausschließlichkeitsterritorium“ stammt von *Hacker* (MarkenR, § 18 Rn. 405), der ihn im Zusammenhang mit dem Schutzumfang von Marken gebraucht.

44 Vgl. dazu allgemein die Diskussion unter dem Stichwort „Geistiges Eigentum und Gemeinfreiheit“, z.B. die Beiträge in: Geistiges Eigentum und Gemeinfreiheit (hrsg. von *Ohly/Klippel*) sowie in: Grundlagen und Grundfragen des Geistigen Eigentums (hrsg. von *Pahlow/Eisfeld*).

45 *Ohly*, Festschrift für Schricker, S. 105, 107.

46 Begriff von *Ohly*, Geistiges Eigentum und Gemeinfreiheit, S. 1, 2.

47 Der Begriff der praktischen Konkordanz stammt aus dem Verfassungsrecht und wurde von *Konrad Hesse* geprägt, vgl. *Hesse*, Grundzüge des Verfassungsrechts, Rn. 72.

zu bringen. Das kann denklogisch nur geschehen, wenn dem Ausschließlichkeitsrecht Grenzen bzw. Schranken hinsichtlich seiner Ausübung gesetzt werden, der Schutzumfang des Ausschließlichkeitsrechts im Ergebnis also beschränkt wird.

Das soeben Ausgeführte zeigt, dass sich der konkrete gesetzliche Schutzumfang eines Schutzrechts erst aus dem Zusammenspiel, einer Gesamtschau von Inhalt und Schutzschranken des jeweiligen Schutzrechts ergibt[48].

Das heißt zugleich: Der identische gesetzliche Schutzumfang kann auf zwei Wegen erreicht werden. Es kann – bei einer Regelungstechnik wie im MarkenG[49] – der Verletzungstatbestand eng gefasst sein, so dass nur wenige Fälle darunter zu subsumieren sind. Für die Schutzschranken heißt das, dass sie nur in wenigen Fällen eingreifen können. Es werden also viele Fälle bereits auf der ersten Stufe „herausgefiltert"; die erste Stufe übernimmt eine starke Filterfunktion, sie ist „undurchlässig" oder „engmaschig". Oder es kann der Verletzungstatbestand weit gefasst sein, so dass viele Fälle darunter zu subsumieren sind. Für die Schutzschranken wiederum heißt das, dass sie – jedenfalls potentiell – häufiger eingreifen können. Es werden also auf der ersten Stufe nur wenige Fälle „herausgefiltert", die erste Stufe ist „durchlässig" oder „grobmaschig". Entsprechend ist die zweite Stufe einer größeren „Flut" ausgesetzt. Sie kann eine stärkere Filterfunktion übernehmen und muss dies wohl auch tun. Beide Wege können im Ergebnis dazu führen, dass ein als angemessen und gerecht empfundener Ausgleich der gegenläufigen Interessen gefunden wird.

Nach dem Prinzip der praktischen Konkordanz müssen (verfassungsrechtlich) geschützte Rechtsgüter in der Problemlösung einander so zugeordnet werden, dass jedes von ihnen Wirklichkeit gewinnt. Wo Kollisionen entstehen, darf nicht, so *Hesse*, in vorschneller Güterabwägung oder gar abstrakter Wertabwägung eines auf Kosten des anderen realisiert werden. Es besteht die Aufgabe einer Optimierung: Beiden Gütern müssen Grenzen gezogen werden, damit beide zu optimaler Wirksamkeit gelangen können.

48 A.A. bezüglich des Markenrechts möglicherweise *Riehle*, MarkenR 2001, 337, 338: „Über die inhaltliche Definition der Verletzungstatbestände wird der Schutzumfang einer Marke bestimmt." Sein Verweis auf EuGH Slg. I-6227, Rn. 31 – *Deutsche Renault/Audi* lässt jedoch erkennen, dass er damit nicht die Schrankenbestimmungen ausschließen wollte, sondern lediglich Verletzungstatbestände und Schutzbereich als Kehrseite derselbe Medaille darstellen wollte, um anschließend Ausführungen zu dem vertikalen und dem horizontalen Schutzbereich der Marke zu machen.

49 Im MarkenG wird der Inhalt des Markenrechts und des Rechts an einer geschäftlichen Bezeichnung durch die Verletzungstatbestände (§§ 14 Abs. 2, 15 Abs. 2 und 3 MarkenG) bestimmt. Es handelt sich damit im Kern um Verbietungsrechte (vgl. *Ingerl/Rohnke*, MarkenG, § 14 Rn. 2 und § 15 Rn. 5).

Von maßgeblicher Bedeutung ist aber nicht nur, wie Verletzungstatbestand und Schrankenbestimmungen vom Wortlaut her gefasst sind, sondern auch, wie sie ausgelegt werden. Auch durch die Auslegung wird das Zusammenspiel maßgeblich beeinflusst, insbesondere, wenn man die „Fein-Einstellung" der Filter ändern will. Die Auslegung von Schrankenbestimmungen wird unter V. erörtert.

Eine (rechtlich verfolgbare) Schutzrechtsverletzung liegt jedenfalls nur dann vor, wenn erstens ein Verletzungstatbestand vorliegt und zweitens keine Schrankenbestimmung eingreift. Das materielle Verletzungsrecht besteht also aus zwei Teilen. Daraus folgt, dass der isolierte Blick auf einen der beiden Teile nicht ausreicht, sondern sowohl bei Beleuchtung des Verletzungstatbestands als auch bei Beleuchtung der Schrankenbestimmung(en) der jeweils andere Teil mit in den Blick zu nehmen ist. Nur so kann das Gesamtsystem erfasst werden.

II. Mögliche Gesetzgebungstechniken bei der Normierung von Schrankenbestimmungen

Neben der Möglichkeit, die Entwicklung von Schranken „einfach" der Rechtsprechung zu überlassen[50], stehen dem Gesetzgeber bei der Ausgestaltung von Schrankenbestimmungen, rein gesetzgebungstechnisch, verschiedene Instrumentarien zur Verfügung. Dabei kann zwischen zwei Grundformen, innerhalb derer wiederum verschiedene Möglichkeiten bestehen, unterschieden werden:

1. Normierung einer „Universalschranke"

Eine nur theoretisch von der „einfachen Rechtsprechungs-Schranke" zu unterscheidende Grundform der Gesetzgebungstechnik ist die, eine allgemeine Schranke in Gestalt einer Generalklausel zu normieren.

Eine solche Schranke kann als „Universalschranke" oder, so *Hoeren*, als „Megaschranke"[51] bezeichnet werden. Eine „Universal-" oder „Megaschranke" kann entweder in dem jeweiligen Gesetz (etwa eine einzige Schranke im Patentgesetz, eine einzige im Markengesetz usw.) oder – noch universaler – in dem allgemei-

---

50 Vgl. etwa die von der Rechtsprechung zu § 16 UWG (1909) entwickelte ungeschriebene Schranke des Rechts der Gleichnamigen (dazu ausführlich 6. Kapitel, III.3.b.aa.).

51 Diesen Begriff verwendet *Hoeren* (Festschrift für Sandrock, S. 357, 370) im Zusammenhang mit der Frage, ob nicht eine urheberrechtliche „Megaschranke" an die Stelle enumerativer „Ausnahme"-Kataloge treten sollte.

nen Zivilgesetz (etwa im Bürgerlichen Gesetzbuch[52]), dem Gesetz gegen unlauteren Wettbewerb oder in einem (erst noch zu schaffenden) „Allgemeinen Teil der Rechte des Geistigen Eigentums"[53] enthalten sein. Sie kann – unabhängig von ihrem Standort – entweder nur aus einem Satz bestehen[54] (diese Form wird nachfolgend als „schlichte Generalklausel" bezeichnet) oder durch einen (nicht abschließenden[55]) Katalog von Einzel- bzw. Beispielstatbeständen[56] konkretisiert werden.

---

52 Hier böte sich als Anknüpfungspunkt der Grundsatz von Treu und Glauben, § 242 BGB, an, der um einige speziell kennzeichenrechtliche Fallgruppen erweitert werden könnte und müsste. Die Anknüpfung am Grundsatz von Treu und Glauben wird in der Schweiz vorgenommen. Das Schweizer Markenschutzgesetz enthält zwar in Art. 14 eine Einschränkung zugunsten vorbenutzter Zeichen, nicht jedoch eine dem § 23 MarkenG vergleichbare Ausnahme- bzw. Schrankenbestimmung. Fälle wie die der beschreibenden Benutzung werden über Art. 2 des Zivilgesetzbuchs (ZGB), der als inhärente Schranke fest im Schweizer Markenrecht verankert ist, gelöst, vgl. dazu *Widmer/Schramm/Holzer*, sic!11/2007, 872 (im Internet abrufbar unter https://www.sic-online.ch/fileadmin/user_upload/Sic-Online/2007/documents/872.pdf [Stand: 25.9.2011]). Art. 2 ZGB wird als Ausdruck allgemeiner Rechtsprinzipien verstanden, der für die Gesamtrechtsordnung gilt (*Honsell*/Vogt/Geiser, ZGB I, Art. 2 Rn. 4).

53 Vgl. dazu etwa *Sosnitza*, in: Zum Wandel des Rechts der Persönlichkeit und ihrer schöpferischen Leistungen, S. 33 ff.; *Ahrens*, GRUR 2006, 617 ff. *Ahrens* schlägt die Normierung von übergreifenden Schrankenbestimmungen und, wenn rechtspolitisch erwünscht, ergänzend eine richterrechtlich auszufüllende, unbenannte ergänzende Schranke in einem Allgemeinen Teil der Rechte des Geistigen Eigentums vor, neben denen weiterhin spezielle Schranken, die in dem jeweiligen Sonderschutzrecht geregelt werden, stehen sollten (S. 622). Ähnlich, aber als Kodifizierung im BGB, schlägt *Schack* die Herausarbeitung allgemeiner Grundsätze des Immaterialgüterrechts vor, um den Einfluss der Partikularinteressen (z.B. der Verwerter) auf die Spezialgesetzgebung im Immaterialgüterrecht zurückzudrängen (vgl. *Schack*, UrhR, Vorwort zur fünften Auflage).

54 Vorstellbar wäre eine Formulierung wie „Das Schutzrecht findet seine Grenze bei berechtigten Interessen Dritter" oder „Die Ausübung des Schutzrechts darf nicht gegen die anständigen Gepflogenheiten des Geschäftsverkehrs verstoßen".
Eine solche Schrankenbestimmung wäre dem im anglo-amerikanischen Urheberrecht enthaltenen Konzept des „fair dealing" bzw. „fair use" ähnlich. Dieses Konzept beschreibt die Fälle zulässiger Nutzung geschützter Werke im Wege einer Generalklausel, soweit der allgemeine Anwendungsbereich dieser Schrankenbestimmung durch den konkretisierungsbedürftigen Rechtsbegriff des „redlichen Gebrauchs" umschrieben wird. Einen ausführlichen Systemvergleich der Schrankengeneralklausel des US-amerikanischen Copyright Act mit dem Schrankenkatalog des deutschen Urheberrechtsgesetzes nimmt *Förster* (Fair Use, 2008) vor.

55 Im Falle eines abschließenden Katalogs von Beispielstatbeständen ist die Bedeutung der Generalklausel jedenfalls wesentlich geschmälert. Ein Rückgriff auf sie bedürfte

Die Nachteile der Verwendung einer schlichten Generalklausel liegen in ihrem hohen Abstraktionsniveau, ihrer vollständigen Offenheit, ihrer Unbestimmtheit[57] sowie der damit verbundenen Intransparenz und Rechtsunsicherheit. Weiterhin läuft sie dem Ziel der europäischen Rechtsvereinheitlichung zuwider. Zu erwarten ist, dass die nationalen Gerichte gemäß ihrer Rechtstradition jeweils eigene, voneinander abweichende Fallgruppen und Kriterienkataloge entwickeln würden.

Das Hinzufügen eines nicht abschließenden Beispielkatalogs würde die genannten Nachteile vermindern, aber nicht vollständig beseitigen. Jedenfalls würde der Richter von der Aufgabe der Konkretisierung der Generalklausel[58] ein Stück weit entlastet.

Die genannten Nachteile sind zugleich die größten Vorteile einer Generalklausel: Eine Generalklausel bietet die insbesondere in dynamischen Rechtsgebieten wie dem Kennzeichenrecht benötigte Flexibilität, der Vielgestaltigkeit der Lebenssachverhalte gerecht zu werden und den sich stetig wandelnden Anschauungen, Wertvorstellungen und technischen sowie wirtschaftlichen Entwicklungen gerecht zu werden. Sie bietet Raum für Rechtsfortbildung; dem Richterrecht kommt dadurch eine besondere Bedeutung zu.

Zu beachten ist, dass die im Verlauf der Zeit in der Rechtsprechung entschiedenen Fälle möglicherweise in Fallgruppen zusammengefasst und systematisiert werden können[59]. Das zieht meist höhere Rechtssicherheit nach sich.

---

eines erheblichen Begründungsaufwands, wenn ihr nicht sogar nur noch deklaratorische Bedeutung, quasi als „Programmsatz", zukäme.

56 Diese Methode wird auch als exemplifizierende Methode bezeichnet, vgl. *Engisch*, Einführung in das juristische Denken, S. 216. Sie kam im deutschen Recht mehrfach zur Anwendung, z.B. bei Normierung des Katalogs in § 4 UWG oder bei den entsprechenden Formulierungen in § 138 Abs. 2 BGB und § 19 Abs. 2 GWB.

57 Vgl. zur Frage eines möglichen Verstoßes der wettbewerbsrechtlichen Generalklausel (§ 1 UWG a.F., § 3 UWG n.F.) gegen das verfassungsrechtliche Bestimmtheitsgebot (im Ergebnis verneint) BVerfG GRUR 1972, 358 – *Grabsteinwerbung*; BVerfG GRUR 2001, 170, 173 – *Schockwerbung*; BVerfG GRUR 2001, 1058, 1059 – *Therapeutische Äquivalenz*.

58 Dazu, dass die Gerichte im Rahmen der wettbewerbsrechtlichen Generalklausel befugt sind, die Generalklausel zu konkretisieren und damit überhaupt erst handhabbar zu machen BVerfG GRUR 2001, 170, 173 – *Schockwerbung*; Fezer/*Fezer*, UWG, § 3 Rn. 45.

59 Vgl. *Ohly*, Richterrecht und Generalklausel im Recht des unlauteren Wettbewerbs, S. 252 ff.; zu den im Rahmen von § 1 UWG a.F. entwickelten, von *Hefermehl* systematisch geordnet und herausgearbeiteten fünf Fallgruppen (Kundenfang, Behinderung,

2. Normierung von Einzelschranken

Die zweite Grundform der Gesetzgebungstechnik ist die, detaillierte, dem jeweiligen Schutzrecht angepasste Einzelschranken zu formulieren, und zwar entweder im Sinne eines abschließenden oder im Sinne eines nicht abschließenden Katalogs von Einzelschranken. Wenn es sich um einen nicht abschließenden Katalog von Einzelschranken handeln soll, kann der Gesetzgeber Formulierungen wie „insbesondere", „in der Regel" oder „beispielsweise" verwenden; die Einzelschranken werden in diesem Fall zu Beispielstatbeständen.

Der Vorteil eines abschließenden Katalogs von Einzelschranken liegt in seiner Transparenz und der daraus folgenden Rechtssicherheit und -klarheit. Der Nachteil ist offenkundig: Ein abschließender Schrankenkatalog ist naturgemäß statisch und stellt lediglich eine „Momentaufnahme" dar. Denn der Gesetzgeber kann nur die Fälle zulässiger Nutzung regeln, die er im Zeitpunkt der Normierung kennt und für privilegierungswürdig hält. Ein solcher Katalog bietet damit keinen ausreichenden Raum für die Berücksichtigung neuer (technischer, wirtschaftlicher, gesellschaftlicher) Entwicklungen oder die rechtsfortbildende Entwicklung neuer Schranken. Den jeweiligen Interessen kann so möglicherweise nicht hinreichend Rechnung getragen werden; die Regelungen wirken schnell überholt und inadäquat. Wollte die Rechtsprechung daraufhin versuchen, die Schranken extensiv auszulegen, stieße sie alsbald an die Grenzen der richterlichen Rechtsanwendung und -fortbildung. Eine analoge Anwendung von Schrankenbestimmungen ist grundsätzlich schwierig.

Einige der dargestellten Nachteile bestehen bei der Normierung eines nicht abschließenden Katalogs von Einzelschranken nicht. Ein nicht abschließender Katalog gibt dem Rechtsanwender Raum für eine flexible Beurteilung neuer Fallgestaltungen und die Entwicklung neuer Schranken.

3. Bewertung

Eine Bewertung der einzelnen gesetzgebungstechnischen Möglichkeiten mit einem Ergebnis, welche die „beste" ist, erscheint nicht möglich. Festgestellt sei nur:

Angesichts der dargestellten Vor- und Nachteile erscheinen entweder ein nicht abschließender Katalog von Einzelschranken oder eine Generalklausel in Verbindung mit einem Katalog von Einzelschranken am geeignetsten. Beide Ge-

Ausbeutung, Rechtsbruch und Marktstörung) Baumbach/*Hefermehl*, Wettbewerbsrecht [22. Aufl.], Kommentierung zu § 1 UWG.

setzgebungstechniken bieten sowohl die erforderliche Flexibilität als auch einen Rahmen dadurch, dass den Einzelschranken eine gewisse Indiz- und auch Begrenzungsfunktion zukommt[60].

Nicht zu vergessen ist aber: Die gesetzliche(n) Schrankenbestimmung(en) ist/sind immer nur die Tür, die den Weg zu einer letztlich in jedem Fall wertenden Entscheidung öffnet/öffnen. Entscheidend ist dann, wie die Schrankenbestimmung(en) im Einzelfall gehandhabt wird bzw. werden.

III. Kurzüberblick über gesetzliche Schrankenbestimmungen und sonstige Beschränkungen im deutschen Immaterialgüterrecht

Nachfolgend wird anhand eines Blicks in das deutsche Immaterialgüterrecht aufgezeigt, dass Beschränkungen des gewährten Ausschließlichkeitsrechts überall zu finden sind. Es wird sich zeigen, dass stets der Weg der Normierung von Einzelschranken gewählt wurde. Dem Kennzeichenrecht wird, dem Untersuchungsgegenstand der Arbeit entsprechend, größerer Raum eingeräumt.

1. Patentrecht

Die Rechtsstellung, die der Patentinhaber erlangt, ist in § 9 Patentgesetz (PatG) beschrieben: Gemäß § 9 S. 1 ist allein der Patentinhaber befugt, die patentierte Erfindung zu nutzen (positives Benutzungsrecht); gemäß § 9 S. 2 ist es Dritten verboten, die in der Bestimmung genannten Nutzungshandlungen ohne Zustimmung des Patentinhabers vorzunehmen (negatives Abwehrrecht)[61]. Ergänzt wird § 9 PatG durch den von der Rechtsprechung als Patentgefährdungstatbestand verstandenen[62] § 10 PatG (sogenannte mittelbare Patentverletzung).

Trotz der zunächst sehr weitreichenden Wirkungen des Patents geben die §§ 9 und 10 PatG keine grenzen- oder schrankenlose Erlaubnis, die Erfindung (allein) zu nutzen. Das Benutzungsrecht unterliegt Beschränkungen. Zu nennen sind insbesondere die in § 11 PatG aufgelisteten Handlungen beispielsweise zu Ver-

60 Vgl. zur Diskussion der wettbewerbsrechtlichen Generalklausel des § 3 UWG und der nachfolgenden Beispielstatbestände *Steinbeck* (GRUR 2008, 848, 853), die dem Katalog des § 4 UWG eine Begrenzungsfunktion beimisst.

61 Derzeit diskutiert wird, ob es sich bei dem Patent, wie gemeinhin angenommen, um ein „Monopol“ oder eher um ein erfindungsbezogenes Ausschließlichkeitsrecht handelt, vgl. *Slopek/Gottschalk*, WRP 2011, 853 ff.

62 BGH GRUR 2004, 758, 760 – *Flügelradzähler*.

suchszwecken oder im privaten Bereich[63], das Vorbenutzungsrecht nach § 12 PatG, die Möglichkeit einer staatlichen Benutzungsanordnung gemäß § 13 PatG, die Möglichkeit der Erteilung einer Zwangslizenz in § 24 PatG, der kartellrechtsbezogene Zwangslizenzeinwand[64], der nicht im PatG normierte Grundsatz der Erschöpfung, das in § 123 Abs. 5 bis 7 PatG geregelte Weiterbenutzungsrecht, das kartellrechtliche Diskriminierungsverbot sowie treuebedingte Einwände (§ 242 BGB).

2. Gebrauchsmusterrecht

Die Regeln des Gebrauchsmusterrechts entsprechen weitgehend den Regeln des Patentrechts. So ist die Wirkung der Eintragung des Gebrauchsmusters in § 11 Abs. 1 Gebrauchsmustergesetz (GebrMG) wie § 9 PatG formuliert; § 11 Abs. 2 GebrMG enthält die mittelbare Gebrauchsmusterverletzung entsprechend § 10 PatG. Auch die Grenzen des Gebrauchsmusterschutzes entsprechen im Wesentlichen denen des Patentschutzes, vgl. §§ 12, 13 Abs. 3 GebrMG.

3. Geschmacksmusterrecht

Geschmacksmuster schützen – im Unterschied zu Patenten und Gebrauchsmustern, die technische Schutzrechte sind – ästhetische Gestaltungen (Produktdesigns)[65]. In seinem Siebten Abschnitt (§§ 37 bis 41) enthält das Geschmacksmustergesetz (GeschmMG) Regelungen über die „Schutzwirkungen und

63 Hinsichtlich des § 11 Nr. 2 PatG (sogenanntes Versuchsprivileg) wird teilweise davon ausgegangen, es handele sich nicht um eine Ausnahmebestimmung, sondern um eine „negative Geltungsanordnung“, d.h. um eine Einschränkung des Geltungsbereichs der §§ 9, 10 PatG nicht sogleich in der Formulierung des Grundtatbestands, sondern erst im Anschluss daran in Gestalt eines einschränkenden Rechtssatzes mit der Folge, dass § 11 PatG zusammen mit den §§ 9 und 10 PatG den jeweiligen Grundtatbestand des Rechts aus dem Patent darstellt (so *Fähndrich/Tilmann*, GRUR 2001, 901, 902 f.; zum Ganzen Benkard/*Scharen*, PatG, § 11 Rn. 2). Der BGH hat indes von „Ausnahmen von der Wirkung des Patents“, die die §§ 9, 10 PatG „ergänzen“, bzw. den „Ausnahmetatbeständen des § 11 PatG“ gesprochen (BGH GRUR 1996, 109, 112 f. – *Klinische Versuche I*).

64 Dazu BGH GRUR 2009, 694, 695 f. – *Orange-Book-Standard.*

65 Auf das Gemeinschaftsgeschmacksmuster sei hier lediglich hingewiesen. Es ist in der Gemeinschaftsgeschmacksmusterverordnung (GGV) geregelt. Die GGV kennt zwei Formen des Gemeinschaftsgeschmacksmusters, nämlich das eingetragene und das nicht eingetragene. Das Gemeinschaftsgeschmacksmuster ist ein einheitliches Schutzrecht in der Gemeinschaft und kein Bündel verschiedener nationaler Rechte.

Schutzbeschränkungen". Gemäß § 38 Abs. 1 S. 1 GeschmMG gewährt das Geschmacksmuster seinem Inhaber das (umfassende) Recht, es zu benutzen und Dritten zu verbieten, es ohne seine Zustimmung zu benutzen. Die Schutzbeschränkungen sind in § 40 GeschmMG geregelt. Dort ist unter anderem bestimmt, dass Rechte aus einem Geschmacksmuster nicht geltend gemacht werden können gegenüber Wiedergaben zum Zwecke der Zitierung[66] oder der Lehre. Voraussetzung ist, dass die Wiedergaben mit den Gepflogenheiten des redlichen Geschäftsverkehrs vereinbar sind, sie die normale Verwertung des Geschmacksmusters nicht über Gebühr beeinträchtigen und die Quelle angeben (Nr. 3). Erforderlich ist eine Abwägung im Einzelfall unter Berücksichtigung der widerstreitenden Interessen[67].

Neben den gesetzlich normierten Schranken wird im Geschmacksmusterrecht von einer Ansicht eine (ungeschriebene) Freistellung für Bestimmungshinweise angenommen[68]. Wenn lediglich die funktionelle Zugehörigkeit eines Sekundärprodukts veranschaulicht werde, könne der Inhaber eines Geschmacksmusters einen Hinweis auf das von ihm stammende Primärprodukt nicht untersagen. Ähnlich wie im Markenrecht, wo es eine ausdrückliche gesetzliche Regelung gebe – nämlich § 23 MarkenG – und wo den berechtigten Interessen des Rechtsinhabers nicht in unlauterer Weise zuwidergehandelt werden dürfe, müsse im Geschmacksmusterrecht das Verwertungsinteresse des Rechtsinhabers gebührend berücksichtigt werden[69].

Nach der Gegenansicht[70] kann die markenrechtliche Privilegierung nicht auf das GeschmMG übertragen werden. Der Richtlinien- bzw. Gesetzgeber habe sich bewusst dagegen entschieden, eine der Schutzschranke des § 23 MarkenG / Art. 6 Abs. 1 MarkenRL entsprechende Schranke in die geschmacksmusterrechtlichen Regelungen aufzunehmen. Aus diesem Grunde könne nicht ein weiterer Privilegierungstatbestand in § 40 GeschmMG hineingelesen werden. Auch spreche nichts dafür, Privilegierungstatbestände aus anderen Gesetzen wie dem MarkenG in das GeschmMG zu übernehmen, da jedes Gesetzeswerk eine in sich abgeschlossene Systematik von Schutzrechten und Beschränkungen beinhalte[71].

Der Streit braucht im Rahmen der vorliegenden Arbeit nicht entschieden zu werden. Seine Darstellung dient hier dazu zu zeigen, dass sogar dann über den „Export" von Grundgedanken schutzrechtsfremder Schutzschranken auf ein

66 Dazu z.B. BGH, Urteil vom 7.4.2011, Az.: I ZR 56/09 – *ICE* (BeckRS 2011, 23042).
67 Büscher/Dittmer/Schiwy/*Auler*, GewRS, Teil 1, Kap. 6, Art. 20 GGV Rn. 4.
68 Z.B. *Eichmann*/von Falckenstein, GeschmMG, § 40 Rn. 8.
69 *Eichmann*/von Falckenstein, GeschmMG, § 40 Rn. 8.
70 Z.B. LG Berlin, Urteil vom 21.3.2006, Az.: 16 O 541/05 (BeckRS 2008, 10582).
71 LG Berlin, Urteil vom 21.3.2006, Az.: 16 O 541/05 (BeckRS 2008, 10582).

Schutzrecht nachgedacht werden kann, wenn kein konkreter Anlass wie z.B. das Bestehen paralleler Schutzrechte oder Anspruchsgrundlagen gegeben ist[72].

4. Urheberrecht

Der Inhalt des Urheberrechts, wie er sich vor allem in den Verwertungsrechten und den Urheberpersönlichkeitsrechten äußert, wird durch eine Reihe gesetzlicher Vorschriften beschränkt. Das Urhebergesetz (UrhG) enthält im Sechsten Abschnitt (§§ 44a bis 63a) einen Katalog von Vorschriften, der mit „Schranken des Urheberrechts" überschrieben ist. Daneben gibt es einige spezielle Schrankenbestimmungen außerhalb des Sechsten Abschnitts des UrhG. Die urheberrechtlichen Schranken lassen sich nicht auf einen einheitlichen Schutzzweck zurückführen. Es handelt sich um ein Konglomerat zur Verfolgung verschiedener rechtspolitischer Ziele[73].

Die Schrankenbestimmungen wurden entscheidend durch die sogenannte Multimedia-Richtlinie[74] geprägt. Danach darf der Gesetzgeber Ausnahmen und Beschränkungen vom ausschließlichen Vervielfältigungs- und Verbreitungsrecht sowie vom Recht der öffentlichen Zugänglichmachung nur in den Fällen gestatten, die in Art. 5 der Richtlinie ausdrücklich und abschließend vorgegeben sind. Dabei ist der sogenannte „Drei-Stufen-Test" des Art. 5 Abs. 5 der Richtlinie zu beachten[75]. Danach gilt, dass Ausnahmen und Beschränkungen nur in Sonderfällen angewandt werden dürfen, in denen die normale Verwertung des urheberrechtlichen Werkes oder des sonstigen Schutzgegenstandes nicht beeinträchtigt ist und die berechtigten Interessen des Rechtsinhabers nicht ungebührlich verletzt werden[76].

Für weitere Beschränkungen über die normierten Schutzschranken hinaus, beispielsweise über die §§ 228, 904 BGB oder für eine allgemeine Güter- und Interessenabwägung, ist kein oder nur in sehr begrenztem Umfang Raum[77]. Denn

---

72 Zur Frage nach den Schranken bei der Kumulation von (absoluten) Schutzrechten vgl. IV.

73 Loewenheim/*Götting*, Hdb. UrhR, § 30 Rn. 5; eine gewisse Systematisierung versucht *Schack*, UrhR, Rn. 533 ff.

74 Richtlinie 2001/29/EG des Europäischen Parlaments und des Rates vom 22.5.2001 zur Harmonisierung bestimmter Aspekte des Urheberrecht und der verwandten Schutzrechte in der Informationsgesellschaft (ABl. L 167 vom 22.6.2001, S. 10); ausführlich dazu *Schippan*, NJW 2001, 2682 ff.

75 Dazu z.B. Schricker/Loewenheim/*Melichar*, UrhR, Vor §§ 44 ff. Rn. 12 f.

76 Büscher/Dittmer/Schiwy/*Steden*, GewRS, Teil 1, Kap. 10, Vor §§ 44a ff. UrhG Rn. 5.

77 BGH GRUR 2003, 956, 957 – *Gies-Adler*; Büscher/Dittmer/Schiwy/*Steden*, GewRS, Teil 1, Kap. 10, Vor §§ 44a ff. UrhG Rn. 10.

grundsätzlich hat der Gesetzgeber im UrhG die entsprechende Abwägung zwischen den Interessen der Urheber und der Allgemeinheit vorgenommen; die urheberrechtlichen Schranken sind abschließend[78]. Gleichwohl gibt es in der Praxis Fälle, in denen es – etwa aufgrund von technischen Neuerungen – erforderlich erscheint, den berechtigten Interessen Dritter angemessen Rechnung zu tragen.

Diese Fälle können von den Gerichten entweder über eine weite, bis zur äußersten Grenze richterlicher Rechtsanwendung reichende Auslegung der bestehenden Schrankenbestimmungen gelöst werden oder über „Hilfskonstruktionen" (von *Spindler* gar als „Krücken" bezeichnet[79]), entnommen etwa der allgemeinen Rechtsgeschäftslehre.

Letzteren Weg hat der BGH im Urteil „*Vorschaubilder*"[80] beschritten. Die Klägerin, eine bildende Künstlerin, die auf einer von ihr betriebenen Website Abbildungen ihrer Kunstwerke eingestellt hatte, ging gegen Google vor. Google hatte über seine Bildsuchfunktion in der Trefferliste verkleinerte und in ihrer Pixelzahl reduzierte Vorschaubilder der Werke der klagenden Künstlerin gezeigt (sogenannte Thumbnails).

Der BGH verneinte, ebenso wie die Vorinstanz, Ansprüche der Klägerin, allerdings mit anderer Begründung. Die Vorinstanz hatte einen Eingriff in die urheberrechtlichen Verwertungsrechte angenommen und keine Schranke eingreifen lassen, die Geltendmachung des Unterlassungsanspruch aber für rechtsmissbräuchlich i.S.v. § 242 BGB gehalten[81]. Der BGH prüfte nach dem Eingriff in die Verwertungsrechte ausführlich die bestehenden urheberrechtlichen Schrankenbestimmungen (in direkter und analoger Anwendung) und stellte ebenfalls fest, dass keine der Schranken eingreift. Um die Wiedergabe in der Suchmaschinentrefferliste dennoch zu rechtfertigen, griff der BGH auf vertragliche bzw. vertragsähnliche Konstruktionen zurück. Eine ausdrückliche oder konkludente Einräumung von Nutzungsrechten lehnte er noch ab, nahm dann aber an, dass die Rechtsinhaberin konkludent in die Nutzungshandlungen von Google eingewilligt habe. Der BGH ging dabei davon aus, dass ein Berechtigter, der Texte oder Bilder ohne Einschränkungen im Internet frei zugänglich macht, mit den nach den Umständen üblichen Nutzungshandlungen Dritter, wozu die textge-

---

78 Vgl. *Steinbeck*, KSzW 2010, 223, 228.

79 *Spindler*, GRUR 2010, 785, 791.

80 BGH GRUR 2010, 628 – *Vorschaubilder*; dazu *Steinbeck*, KSzW 2010, 223, 225 f.; *Spindler*, GRUR 2010, 785 ff.; *Hüttner*, WRP 2010, 1008 ff.; *Bullinger/Garbers-von Boehm*, GRUR-Prax 2010, 257 ff.; *Götting*, LMK 2010, 309481; *Czychowski*, GRUR-Prax 2010, 251.

81 OLG Jena GRUR-RR 2008, 223 – *Thumbnails*.

stützte Bildersuche mit Anzeige der gefundenen Abbildungen in Vorschaubildern von Bildersuchmaschinen zählt, rechnen müsse[82].

Dogmatisch betrachtet kann der Weg, eine die Rechtswidrigkeit ausschließende schlichte (konkludente) Einwilligung des Rechtsinhabers in die Nutzungshandlungen Dritter anzunehmen, durchaus überzeugen[83]. Gleichwohl sind Konstellationen denkbar, in denen eine Einwilligung nicht angenommen werden können wird. Eine dieser Konstellationen hat der BGH in einem obiter dictum selbst erwähnt, nämlich die, in der die Abbildung eines Werkes ohne oder gegen den Willen des Urhebers ins Internet gelangt ist. In solchen Fällen sei, so der BGH, die Haftung des Betreibers der Suchmaschine auf solche Verstöße beschränkt, die begangen werden, nachdem der Suchmaschinenbetreiber auf eine klare Rechtsverletzung hingewiesen worden sei[84].

Im Zuge der derzeit anhängigen Urheberrechtsreform[85] – sogenannter „Dritter Korb" – ist eine Neuregelung bzw. Überarbeitung der Schrankenbestimmungen zu erwarten[86].

5. Kennzeichenrecht

Wie das UrhG enthält das MarkenG einen eigenen Abschnitt (nämlich Abschnitt 4 des Zweiten Teils des Gesetzes), der Schranken des Schutzes normiert. Die dort geregelten Schranken bestehen gegenüber den in Abschnitt 3 (§§ 14 bis 19 MarkenG) normierten kennzeichenrechtlichen Ansprüchen. Sie sind gleichsam „kodifizierte Verletzereinwände"[87]. Sie gelten für alle Arten von Marken und für geschäftliche Bezeichnungen, wenn und soweit die Schutzschranken ihrer Natur nach für die jeweilige Kennzeichenart in Betracht kommen. Die einheitliche Re-

---

82 So auch schon BGH GRUR 2008, 245, 247 (Tz. 27) – *Drucker und Plotter*.

83 *Steinbeck*, KSzW 2010, 223, 226; kritischer *Spindler*, GRUR 2010, 785, 789 ff.

84 Zur Begründung verweist der BGH auf die erhöhten Anforderungen an die Störerhaftung, die in der Entscheidung „*Internet-Versteigerung I*" (BGH GRUR 2004, 860) aufgestellt worden waren. Vgl. zur Störerhaftung BGH GRUR 2011, 152 – *Kinderhochstühle im Internet*.

85 Erste Anhörungen wurden im Sommer 2010 vom Bundesjustizministerium aufgenommen.

86 Dazu z.B. die Stellungnahme des Max-Planck-Instituts für Geistiges Eigentum, Wettbewerbs- und Steuerrecht vom 19.2.2009 (im Internet abrufbar unter http://www.ip.mpg.de/shared/data/pdf/stellungnahme_vom_19.02.20091.pdf [Stand: 26.9.2011]) sowie *Spindler*, GRUR-Newsletter 2/2011, 4 f.; zur Position der Kultusministerkonferenz *Pflüger*, ZUM 2010, 938 ff.

87 Ausdruck von *Ingerl/Rohnke*, MarkenG, Vor §§ 14-19d Rn. 7.

gelung der Schutzschranken soll zu dem im MarkenG angestrebten Gleichklang der Regelungen zum Schutz von allen Kennzeichenrechten beitragen[88].

Als Schutzschranken regelt das MarkenG in § 20 die Verjährung, in § 21 die Verwirkung, in § 22 den Ausschluss kennzeichenrechtlicher Ansprüche bei Bestandskraft, in § 23 die Benutzung von Namen und beschreibenden Angaben sowie Bestimmungshinweisen im Zubehör- und Ersatzteilgeschäft, in § 24 die Erschöpfung und in den §§ 25 und 26 den Ausschluss von Ansprüchen bei mangelnder Benutzung.

Darüber hinaus enthält § 100 Abs. 1 MarkenG zusätzlich zu den sich aus § 23 MarkenG ergebenden und für alle Kollektivmarken geltenden Schutzschranken eine besondere Schutzschranke für nach § 99 MarkenG als Kollektivmarken eingetragene geographische Herkunftsangaben.

Nicht im Gesetz enthalten ist eine ausdrückliche Regelung dergestalt, dass Verbietungsansprüche nicht gegen Inhaber prioritätsälterer Kennzeichenrechte bestehen. Einer solchen Regelung bedurfte es nicht, weil sie sich unmittelbar aus dem Prioritätsprinzip des § 6 MarkenG ergibt[89].

Angesichts der Normierung von Schutzschranken stellt sich die Frage, ob und wenn ja welche darüber hinausgehenden, außermarkenrechtlichen Vorschriften, Grundsätze oder Rechtskonstruktionen im Einzelfall zu einer Beschränkung eines Kennzeichenrechts führen können. Antwort auf die Frage nach dem „Ob“ geben könnte § 2 MarkenG. Nach der Gesetzesbegründung soll er klarstellen, dass das MarkenG keine abschließende Regelung des Kennzeichenschutzes darstellt[90]. § 2 MarkenG enthält aber keine die soeben aufgeworfene Frage betreffende Aussage. Er betrifft den Fall des ergänzenden Kennzeichenschutzes, also die Frage, ob zusätzliche Anspruchsgrundlagen zu Gunsten des Kennzeicheninhabers bestehen können. Der Gesetzesbegründung ist aber auch zu entnehmen, dass die normierten Schutzschranken keine abschließende Regelung darstellen[91]. Das heißt, grundsätzlich können außermarkenrechtliche Beschränkungen bestehen.

88 Amtl. Begr. zum Reg.-Entw. des Markenrechtsreformgesetzes, BT-Drucks. 12/6581, S. 53, 78.

89 Amtl. Begr. zum Reg.-Entw. des Markenrechtsreformgesetzes, BT-Drucks. 12/6581, S. 53, 78.

90 Amtl. Begr. zum Reg.-Entw. des Markenrechtsreformgesetzes, BT-Drucks. 12/6581, S. 53, 64.

91 Amtl. Begr. zum Reg.-Entw. des Markenrechtsreformgesetzes, BT-Drucks. 12/6581, S. 53, 63; *Ingerl/Rohnke*, MarkenG, Vor §§ 14-19d, Rn. 320.

Solche Beschränkungen können sich zunächst aus allgemeinen zivilrechtlichen Grundsätzen, z.B. der Verwirkung[92] oder dem Rechtsmissbrauchsverbot als Ausprägungen des Grundsatzes von Treu und Glauben (§ 242 BGB)[93], sowie aus dem Grundsatz der Verhältnismäßigkeit[94] ergeben. Sie können sich weiterhin aus vertraglichen Vereinbarungen, insbesondere auf Grundlage von Lizenzvereinbarungen[95], ergeben.

Ferner können Schutzschranken speziell für Marken aus dem Gesetz gegen Wettbewerbsbeschränkungen (GWB) und dem EG-Kartellrecht (Art. 101 ff. AEUV) erwachsen. Marken weisen, wie alle gewerblichen Schutzrechte, aufgrund ihres Ausschließlichkeitscharakters ein „angeborenes Konfliktpotential" zu dem durch das Kartellrecht zu schützenden freien Wettbewerb auf[96]. Gleichzeitig sind sie nach der ständigen Rechtsprechung des EuGH ein wesentlicher Bestandteil des Systems eines unverfälschten Wettbewerbs, das der EG-Vertrag schaffen und erhalten will[97]. Die Wertungen des Markenrechts müssen daher angemessen berücksichtigt werden.

Beschränkungen des Rechts aus der Marke können sich ferner aus den Vorschriften über die vergleichende Werbung ergeben. Auf die Problematik, wie die markenrechtlichen und die lauterkeitsrechtlichen Regelungen miteinander in Einklang gebracht werden können, wird im 11. Kapitel (unter II.1.) ausführlich eingegangen.

---

92 Für die Verwirkung ist in § 21 Abs. 4 MarkenG ausdrücklich normiert, dass die in § 21 Abs. 1 bis 3 MarkenG enthaltenen Verwirkungsregeln die Anwendung allgemeiner Grundsätze über die Verwirkung von Ansprüchen unberührt lassen. Damit wird insbesondere auf die Verwirkung gemäß § 242 BGB verwiesen (vgl. Amtl. Begr. zum Reg.-Entw. des Markenrechtsreformgesetzes, BT-Drucks. 12/6581, S. 53, 79).

93 Treu und Glauben bilden eine allen Rechten, Rechtslagen und Rechtsnormen immanente Inhaltsbegrenzung (sogenannte Innentheorie, z.B. BGH NJW-RR 2005, 619, 620). Die gegen § 242 BGB verstoßende Rechtsausübung oder Ausnutzung einer Rechtslage ist als Rechtsüberschreitung missbräuchlich und unzulässig (Palandt/*Grüneberg*, BGB, § 242 Rn. 38).

94 Für den Grundsatz der Verhältnismäßigkeit bzw. den Einwand der Unverhältnismäßigkeit gegenüber kenneichenrechtlichen (Unterlassungs-)Ansprüchen gilt, dass er zwar auf sie anwendbar ist, durch ihn aber nicht die im MarkenG und in der Enforcement-RL getroffene gesetzgeberische Grundentscheidung für einen effektiven Kennzeichenschutz ausgehebelt oder aufgeweicht werden darf (*Ingerl/Rohnke*, MarkenG, Vor §§ 14-19d Rn. 383; dazu auch *Köhler*, GRUR 1996, 82 ff.

95 *Ingerl/Rohnke*, MarkenG, § 2 Rn. 18.

96 Ströbele/*Hacker*, MarkenG, § 30 Rn. 89.

97 Z.B. EuGH GRUR 2003, 55, 57 (Tz. 47) – *Arsenal FC*; EuGH GRUR 1998, 922, 924 (Tz. 28) – *Canon*.

Schließlich gibt es mehrere Spezialgesetze, die den Einsatz von Marken einschränken. Ein Beispiel ist § 21a Vorläufiges Tabakgesetz (VTabakG), der ein Werbe- und Sponsoringverbot für Tabakerzeugnisse enthält[98]. Beispiele für spezielle Irreführungsverbote finden sich im Lebensmittel- und Futtermittelgesetzbuch (LFGB), im Heilmittelwerbegesetz (HWG) oder im Weingesetz (WeinG).

IV. Schranken bei der Kumulation von absoluten Schutzrechten

Besondere Probleme ergeben sich dann, wenn eine Kumulation von absoluten Schutzrechten vorliegt[99], deren Schranken nicht kongruent sind (wie regelmäßig der Fall).

Hierzu soll der vom EuGH entschiedene Fall „*Dior/Evora*“[100] dargestellt werden: In dem der Entscheidung zugrunde liegenden Fall klagte der Luxusartikel- und -parfumhersteller Christian Dior gegen die niederländische Drogeriemarkt-Kette Evora. Dior vertrieb seine Produkte in den Niederlanden im Wege eines selektiven Vertriebssystems über ausgewählte Wiederverkäufer, wozu Evora nicht zählte. Evora hatte im Rahmen zulässiger Parallelimporte Dior-Parfums erworben. Diese bot sie als Sonderaktion in ihren Drogeriemärkten an und warb in ihren Verkaufsprospekten unter Abbildung der Dior-Flakons und -Verpackungen. Da nach Ansicht von Dior diese Werbung nicht mit dem Luxus- und Prestigecharakter von Dior im Einklang stand, machte Dior die Verletzung seiner Marken- *und* Urheberrechte geltend.

Der EuGH prüfte zunächst die markenrechtlichen Ansprüche und stellte fest, Art. 5 und Art. 7 MarkenRL seien so auszulegen, dass ein Wiederverkäufer nicht nur das Recht habe, die mit einer Marke versehene Ware, die vom Markeninhaber oder mit seiner Zustimmung in der Gemeinschaft in den Verkehr gebracht worden sei, weiterzuverkaufen. Er habe auch das Recht, die Marke zu benutzen, um der Öffentlichkeit den weiteren Vertrieb dieser Ware anzukündigen. Anschließend ging der EuGH auf Art. 7 Abs. 2 MarkenRL ein. Diese Vorschrift sieht die Nichtanwendung des Erschöpfungsgrundsatzes vor, wenn berechtigte Gründe es rechtfertigen, dass der Markeninhaber sich dem weiteren Vertrieb der Ware widersetzt. Der EuGH verneinte das Vorliegen berechtigter Gründe bei Dior.

---

98 Zu dieser Vorschrift z.B. BGH GRUR 2011, 631 – *Unser wichtigstes Cigarettenpapier*.

99 Dazu ausführlich *McGuire*, GRUR 2011, 767 ff.

100 EuGH GRUR Int. 1998, 140 – *Dior/Evora*; ein nahezu identischer Sachverhalt lag der Entscheidung des BGH „*Parfumflakon*“ (BGH GRUR 2001, 51) zugrunde.

Zum geltend gemachten urheberrechtlichen Anspruch führte der EuGH aus, dass – ohne zu der Frage Stellung nehmen zu wollen, ob an ein und derselben Ware überhaupt ein Markenrecht und ein Urheberrecht geltend gemacht werden kann – lediglich festzustellen sei, dass unter den gegebenen Umständen der durch das Urheberrecht gewährte Schutz „jedenfalls nicht weiter gehen kann" als der Schutz, den das Markenrecht unter diesen Umständen dem Markeninhaber gewährt[101].

Diese Entscheidung ist vor dem Hintergrund beachtlich, dass der urheberrechtliche Grundsatz der Erschöpfung grundsätzlich nur das Verbreitungsrecht (§ 17 Abs. 2 UrhG), nicht aber sämtliche Verwertungsbefugnisse einschließlich des Vervielfältigungsrechts erfasst – anders als im Markenrecht (§ 24 MarkenG)[102]. Der EuGH stellt in seiner Entscheidung insoweit aber das Marken- und das Urheberrecht gleich. Im Ergebnis wird damit der engere urheberrechtliche Erschöpfungsgrundsatz „ausgehebelt".

Grundsätzlich kann die Frage, welche Schranken bei der Kumulation von Schutzrechten greifen, auf verschiedene Art und Weise beantwortet werden:

Möglich ist erstens der Vorrang eines der einschlägigen Gesetze (möglicherweise je nach dem rechtlichen oder tatsächlichen Schwerpunkt des Falles und nach Durchführung eines „Schrankenvergleichs"[103]), zweitens eine generelle Anwendung der für den Dritten günstigsten Schranke, drittens eine generelle Anwendung der für den Rechtsinhaber günstigsten Schranke, viertens, jedes Schutzrecht ausschließlich seinen eigenen Regelungen zu unterwerfen[104], fünftens die generelle Lösung über das Wettbewerbsrecht[105] und schließlich – jedenfalls für Fälle wie die dem Urteil „*Dior/Evora*" zugrunde liegenden –, die Einführung

101 EuGH GRUR Int. 1998, 140, 144 (Tz. 58) – *Dior/Evora*.

102 Nach § 17 Abs. 2 UrhG müssen das Original oder Vervielfältigungsstücke des Werks mit Zustimmung des zur Verbreitung Berechtigten im Gebiet der Europäischen Union oder eines anderen Vertragsstaates des Abkommens über den Europäischen Wirtschaftsraum (EWR-Abkommen vom 2.5.1992, BGBl. II 1993, 367: Island, Liechtenstein, Norwegen) im Wege der Veräußerung in Verkehr gebracht worden sein. Nach § 24 Abs. 1 MarkenG hat der Inhaber einer Marke oder geschäftlichen Bezeichnung nicht das Recht, einem Dritten zu untersagen, die Marke oder geschäftliche Bezeichnung für Waren zu benutzen, die unter dieser Marke oder geschäftlichen Bezeichnung von ihm oder mit seiner Zustimmung im Inland, einem der übrigen Mitgliedsstaaten der EU oder einem anderen Vertragsstaat des EWR in den Verkehr gebracht worden sind.

103 Zu den Problemen *Kur*, GRUR Int. 1999, 24, 28.

104 So LG Berlin, Urteil vom 21.3.2006, Az.: 16 O 541/05 (BeckRS 2008, 10582 zur Frage der Übertragbarkeit des § 23 MarkenG auf das GeschmMG; vgl. bereits III.3.); *Ingerl/Rohnke*, MarkenG, § 2 Rn. 14.

105 So *Schricker*, Festschrift für Dietz, S. 447, 457.

eines Präsentationsrechts als sonderrechtsspezifische Schrankenbestimmung in Erwägung zu ziehen[106].

McGuire führt in einem jüngeren Beitrag aus, die Behebung der Schwierigkeiten, die sich bei der Kumulation von Schutzrechten aus den abweichenden Rahmenbedingungen für die Zuweisung, Verwertung oder Rechtsdurchsetzung ergeben, sei originäre Aufgabe von Rechtsprechung und Lehre[107]. Dabei sei den unterschiedlichen Schutzzwecken grundsätzlich durch parallele Anwendung der Schutzgesetze Rechnung zu tragen. Das führe praktisch zu einem Vorrang des strengeren Rechts. Diesen Ausführungen ist zuzustimmen; weitere sollen hier nicht vorgenommen werden.

V. Auslegung von Schrankenbestimmungen

Neben dem Wortlaut einer gesetzlichen Regelung hat immer ihre Auslegung entscheidenden Einfluss auf die Rolle, die die jeweilige Regelung im Normzusammenhang spielt. Das gilt selbstverständlich auch für Schrankenbestimmungen. Ihre Auslegung kann entscheidend sein für die „Feinabstimmung" im oben genannten Sinne.

Bei der Auslegung von Schrankenbestimmungen wird oft der Auslegungsgrundsatz[108] „singularia non sunt extendenda" sowie Ausformungen dieses Satzes wie „enumeratio, ergo limitatio" oder „exceptiones sunt strictissimae interpretationis"[109] herangezogen. Gestützt wird dieser Grundsatz überwiegend auf die dem jeweiligen Gesetz zugrunde liegende Systematik und das vorgesehene Regel-Ausnahme-Verhältnis[110].

Seit jeher wird der Grundsatz der engen Auslegung von Ausnahmevorschriften kritisiert, und zwar sowohl in der Literatur zur juristischen Methodenlehre[111] als auch in jeweils „rechtsgebietsspezifischen" Beiträgen[112].

---

106 *Kur*, GRUR Int. 1999, 24, 28 ff.; *dies.*, Festschrift für Dietz, S. 253 ff.

107 *McGuire*, GRUR 2011, 767, 774.

108 Von *Säcker* (MüKo-BGB, Einleitung Rn. 112) und *Würdinger* (JuS 2008, 949) als „interpretationstheoretischer Grundsatz" bezeichnet.

109 Jeweils sinngemäß zu übersetzen mit „Ausnahmevorschriften sind eng (restriktiv, einschränkend) auszulegen". Die erstgenannte Formel geht auf zwei Papinian-Stellen zurück, zitiert bei *Würdinger*, JuS 2008, 949.

110 Vgl. bereits RGZ 130, 196, 202 – *Codex aureus*.

111 Z.B. *Larenz*, Methodenlehre der Rechtswissenschaft, S. 243 ff. und *Müller*, Juristische Methodik, S. 210 ff., die ihre Kritik überwiegend daran anknüpfen, dass schon nicht klar sei, wann überhaupt eine „Ausnahmevorschrift" vorliege.

Trotz aller Kritik wird dieser Grundsatz in der Rechtsprechung zu den urheberrechtlichen Schrankenbestimmungen immer wieder herangezogen. In dem bereits erörterten Urteil „*Vorschaubilder*“ formulierte der BGH beispielsweise, Schrankenbestimmungen seien grundsätzlich eng auszulegen und einer analogen Anwendung nicht zugänglich[113]. Neben dieser „strengen“ Linie ist in der Rechtsprechung allerdings gleichzeitig die (fast widersprüchlich erscheinende) Tendenz zu erkennen, die urheberrechtlichen Schrankenbestimmungen im Einzelfall flexibel zu handhaben und unter Umständen weit auszulegen oder analog anzuwenden[114], unter anderem um dem Informations- und Nutzungsinteresse der Allgemeinheit Rechnung zu tragen. Ein Urteil, in dem diese Tendenz deutlich zu erkennen ist, ist das Urteil des BGH „*Elektronischer Pressespiegel*“[115].

In der Rechtsprechung zu den markengesetzlichen Schrankenbestimmungen ist der Grundsatz der engen Auslegung von Schrankenbestimmungen mittlerweile vom BGH negiert worden. In dem Urteil „*POST/RegioPost*“ führte der BGH unmissverständlich aus, es gebe keinen allgemeinen Grundsatz, nach dem Schutzschranken Ausnahmebestimmungen darstellten, deren Anwendungsbereich im Interesse des Schutzes von Immaterialgüterrechten eng zu bemessen sei[116].

Dieser Feststellung des BGH ist zuzustimmen. Die weitgehend formale Begründung des Grundsatzes der engen Auslegung mit dem Ausnahmecharakter der Schrankenbestimmungen vermag nicht zu überzeugen: Schrankenbestimmungen haben, wie dargestellt, die Funktion, gegenläufige Interessen zu einem möglichst gerechten Ausgleich zu bringen. Ihre Auslegung muss dazu führen, dass sie ihre Funktion bestmöglich erfüllen können. Das ist jedoch nur möglich, wenn die Schrankenbestimmungen weder grundsätzlich eng noch grundsätzlich weit[117], sondern gemäß ihrer Interessenausgleichsfunktion, im Sinne ihres Zwecks[118] –

---

112 Zum Urheberrecht z.B. Schricker/Loewenheim/*Melichar*, UrhG, Vor § 44a ff. Rn. 18 ff.; *Steinbeck*, KSzW 2010, 223, 225; *Hilty*, GRUR 2005, 819, 823; *Geiger*, GRUR Int. 2004, 815, 821; *Raue*, Festschrift für Nordemann, S. 327 ff.

113 BGH GRUR 2010, 628, 630 (Tz. 24) – *Vorschaubilder*.

114 Z.B. BGH GRUR 2003, 956, 957 – *Gies-Adler*; GRUR 2002, 605 – *Verhüllter Reichstag*; ähnlich GRUR 2005, 670, 671 – *WirtschaftsWoche* mit ablehnender Anmerkung *Obergfell*, MMR 2005, 604 f. Kritisch zu dieser Rechtsprechung auch Schricker/Loewenheim/*Melichar*, UrhG, Vor §§ 44 ff. Rn. 20. Vgl. auch den Kammerbeschluss des BVerfG GRUR 2001, 149 – *Germania III*.

115 BGH GRUR 2002, 963 – *Elektronischer Pressespiegel*.

116 BGH GRUR 2009, 678, 681 (Tz. 27) – *POST/RegioPost*; ebenso BGH, Urteil vom 2.4.2009, Az.: I ZR 110/06 – *Turbo Post* (BeckRS 2009, 12964; Tz. 23).

117 So in Bezug auf die urheberrechtlichen Schranken *Steinbeck*, KSzW 2010, 223, 225.

118 So auch der BGH in seinem Urteil „*POST/RegioPost*“ (GRUR 2009, 678, 681 [Tz. 27]).

also teleologisch – ausgelegt werden, und zwar stets proportional zum jeweiligen Verletzungstatbestand[119]. Das gilt insbesondere dann, wenn der „erste Filter“ grobmaschiger zu werden scheint[120]. Dann sind die Schrankenbestimmungen als normatives Korrektiv von evidenter Wichtigkeit für die Ausgewogenheit und Funktionsfähigkeit des gesamten Regelungssystems.

Auch wenn der rein formale Auslegungsgrundsatz, Schrankenbestimmungen seien eng auszulegen, nicht angewandt wird, die Auslegung vielmehr im Sinne des Ziels der jeweiligen Schrankenbestimmung erfolgen sollte, besteht dennoch eine Grenze: Die Auslegung darf nicht dazu führen, dass das vom Gesetzgeber ersichtlich gewollte Regel-Ausnahme-Verhältnis außer Kraft gesetzt oder umgekehrt wird, die Wortlautgrenzen überschritten werden oder der Zweck einer Schrankenbestimmung überspannt wird.

---

119 *Kur*, MarkenR 2001, 137, 144. In diesem Sinne führt auch *Engisch* (Einführung in das juristische Denken, S. 184) aus: „Soweit sich mehrere Vorschriften gegenseitig ergänzen, kann die Einschränkung bzw. Ausdehnung der einen Vorschrift eine in umgekehrter Richtung sich bewegende Erweiterung oder Beschränkung anderer Vorschriften sein.“

120 Auf die umstrittene Voraussetzung der markenmäßigen Benutzung wird im 4. Kapitel unter II. ausführlich eingegangen werden.

2. Kapitel:

Der Weg zu § 23 MarkenG

Im folgenden Kapitel wird dargestellt, dass die in § 23 MarkenG normierten Beschränkungen der Kennzeichenrechte keine „Erfindung" des deutschen Gesetzgebers der 1990er Jahre waren. Sie wurzeln zunächst, zumindest teilweise, in dem vor dem MarkenG geltenden nationalen Kennzeichenrecht. Insoweit soll eine kurze rechtshistorische Betrachtung vorgenommen werden. Zugleich entsprechen die in § 23 MarkenG gezogenen Grenzen der Vorgabe des Art. 6 Abs. 1 MarkenRL. Insoweit soll die Entwicklung des Markenrechts auf europäischer Ebene im Allgemeinen und die des Art. 6 MarkenRL im Besonderen skizziert werden.

I. Nationale Vorgängerregelungen des § 23 MarkenG

1. Das Markenschutzgesetz (MSchG) aus dem Jahr 1874 und die Regelung des § 10 MSchG

Den Beginn der Gesetzgebung im Markenrecht und damit auch den Beginn des modernen Markenschutzes in Deutschland[121] stellt das Markenschutzgesetz (MSchG) aus dem Jahr 1874[122] dar. Es gründete auf einer Vielzahl von Verordnungen und Gesetzen in den deutschen Ländern sowie auf vergleichbaren Vorarbeiten an Kennzeichenschutzgesetzen in fast allen europäischen Staaten in der zweiten Hälfte des 19. Jahrhunderts[123].

§ 1 MSchG erlaubte im Handelsregister eingetragenen Gewerbetreibenden, Zeichen, die zur Unterscheidung ihrer Waren von den Waren anderer Gewerbetreibenden auf den Waren selbst oder auf deren Verpackung angebracht werden sollten, zur Eintragung in das Handelsregister anzumelden. Eine Vorprüfung der Zeichenanmeldung, etwa bezüglich Unterscheidungskraft und entgegenstehender Zeichen Dritter, war nicht vorgesehen und bei dem bestehenden dezentrali-

---

121 Zur historischen Entwicklung von Kennzeichen von der Antike über das Mittelalter bis zur Zeit des ökonomischen Liberalismus des 19. Jahrhunderts ausführlich *Fezer*, MarkenR, Einl A MarkenG Rn. 1 ff.; zur Gesetzgebungsgeschichte des MSchG *Hacker*, MarkenR, § 4 Rn. 27.

122 RGBl. 1874, S. 143.

123 *Fezer*, MarkenR, Einl A MarkenG Rn. 21.

sierten Anmeldesystem ohne zentrale Warenzeichenrolle ohnehin praktisch nicht durchführbar.

Nach § 8 MSchG stand das Recht, Waren oder deren Verpackungen mit einem für diese Waren zum Handelsregister angemeldeten Zeichen zu versehen, dem Inhaber der Firma, der das Zeichen zuerst angemeldet hatte, ausschließlich zu. Gegen die widerrechtliche Bezeichnung von Waren mit einem geschützten Warenzeichen oder mit dem Namen oder der Firma eines anderen Produzenten oder Handeltreibenden gab § 13 MSchG einen Unterlassungsanspruch.

Eine dem heutigen § 23 Nr. 1 MarkenG ähnliche Schutzschranke enthielt § 10 Abs. 1 MSchG. Nach § 10 Abs. 1 MSchG sollte jeder, trotz eines entgegenstehenden Zeichenrechts, berechtigt sein, seinen Namen und seine Firma zur Kennzeichnung seiner Waren zu gebrauchen.

2. Das Gesetz zum Schutz der Warenbezeichnungen (WbzG) aus dem Jahr 1894 und die Regelung des § 13 WbzG

Das MSchG aus dem Jahr 1874 wurde von dem Gesetz zum Schutz der Warenbezeichnungen (WbzG) aus dem Jahr 1894[124] abgelöst. Mit Inkrafttreten des WbzG ergaben sich mehrere wesentliche Änderungen. Eine wesentliche Änderung war die Zentralisierung der Anmeldungen beim „Kaiserlichen Patentamt", eine weitere die Ersetzung des reinen Anmeldeverfahrens durch ein Eintragungsverfahren mit einer Prüfung von Markenkollisionen.

Die in § 10 MSchG enthaltene Regelung wurde erweitert und als § 13 WbzG neu gefasst. Den Motiven[125] ist zu entnehmen, dass § 13 WbzG zum einen die Grenze, „welche das Zeichenrecht in der natürlichen Befugnis jedes Produzenten und Handeltreibenden findet, seine Waren mit dem eigenen Namen, der eigenen Firma usw. zu versehen", normieren sollte. Zum anderen sollte § 13 WbzG „Vorsorge treffen", dass „der allgemeine Gebrauch von Herkunfts-, Qualitäts-, Preis-, Mengen-, Gewichtsangaben unter allen Umständen durch die aus einem eingetragenen Zeichen etwa hergeleiteten Ansprüche keine Störungen erleiden kann"[126]. Auch wenn solche Bezeichnungen als ausschließlicher Inhalt eines Zeichens nicht eintragungsfähig waren, war doch die Verwendung in Verbindung mit anderen Wörtern und Figuren zu Zeichenzwecken erlaubt. Durch § 13 WbzG sollten die Befugnisse der übrigen Produzenten und Handeltreiben-

---

124 RGBl. 1894, S. 441.

125 Auszugsweise abgedruckt bei *Hagens*, Warenzeichenrecht, § 13 Anm. 1; zitiert auch bei *Seligsohn*, Warenzeichenrecht, § 13 Rn. 1.

126 Zitiert nach *Hagens*, Warenzeichenrecht, § 13 Anm. 1.

den derartigen Zeichen gegenüber ausdrücklich gewahrt werden. Die Regelung verlieh dem „bewährten Gedanken“ Ausdruck, dass die Macht des Zeicheninhabers nicht zu einer „Zuchtrute für den ganzen Verkehr“ werden dürfe[127].

Neben den sich aus dem Gesetzeswortlaut ergebenden Tatbestandsvoraussetzungen forderten Rechtsprechung und Literatur zu § 13 WbzG, dass sich die Benutzung des geschützten Zeichens im Rahmen des lauteren Wettbewerbs hält, also redlich erfolgt. § 13 WbzG sollte nicht dazu dienen, durch unlauteren Wettbewerb ein Zeichenrecht zu beeinträchtigen[128]. Das hieß, die allgemeinen Schranken, die in § 1 UWG a.F. und § 826 BGB aufgestellt waren, galten auch für die Anwendbarkeit des § 13 WbzG. Das war nicht zuletzt dem Umstand geschuldet, dass das Warenzeichenrecht damals ohnehin als Teil des allgemeinen Wettbewerbsrechts angesehen wurde[129].

Im Zusammenhang mit § 13 WbzG, und zwar in der Entscheidung des Reichsgerichts „*Dr. Mampe*“[130], wurde vom RG erstmals der Begriff des „warenzeichenmäßigen Gebrauchs“ verwendet. Er stand nicht im WbzG von 1894, sondern wurde in der erwähnten Entscheidung entwickelt, um § 13 WbzG zugunsten des Zeicheninhabers zu interpretieren: § 13 WbzG sollte nur dann Anwendung finden, wenn die genannten Angaben nicht „warenzeichenmäßig“ gebraucht werden[131].

3. Seitenblick: Das Recht der Unternehmenskennzeichen in den Gesetzen gegen den unlauteren Wettbewerb von 1896 und 1909

Da die heutige Schutzschranke des § 23 MarkenG auch geschäftliche Bezeichnungen erfasst, muss ein Seitenblick auf die historische Entwicklung des Rechts der Unternehmenskennzeichen geworfen werden.

Das Unternehmenskennzeichenrecht war im UWG geregelt[132], wenngleich anerkannt war, dass der Schutz der geschäftlichen Bezeichnungen sachlich nicht

---

127 Zitiert nach *Hagens*, Warenzeichenrecht, § 13 Anm. 2.

128 *Seligsohn*, Warenzeichenrecht, § 13 Rn. 2.

129 Die Rechtsprechung hatte unter dem Einfluss des UWG von 1909 den Grundsatz entwickelt, das Zeichenrecht sei nur ein Ausschnitt aus dem allgemeinen Wettbewerbsrecht. Das Wettbewerbsrecht stelle ein Recht höherer Ordnung dar, vgl. RGZ 97, 90, 93 – *Pecho/Pecose*; RGZ 111, 192 – *Goldina*; RGZ 120, 330 – *Sonnengold*; ausführlich *Fezer*, MarkenR, Einl A MarkenG Rn. 22.

130 RGZ 38, 104 – *Dr. Mampe*.

131 *Heydt*, GRUR 1976, 7, 10.

132 Zur Kodifikationsgeschichte ausführlich *Goldmann*, Der Schutz des Unternehmenskennzeichens, § 1.

zum Wettbewerbsrecht gehörte, sondern Teil eines umfassenderen Kennzeichnungsschutzes war[133].

Die erste Regelung des Schutzes geschäftlicher Bezeichnungen hatte § 8 des am 1.7.1897 in Kraft getretenen Gesetzes zur Bekämpfung des unlauteren Wettbewerbs (UWG [1896])[134] enthalten. § 8 UWG 1896 wurde durch § 16 UWG des am 1.10.1909 in Kraft getretenen Gesetzes gegen den unlauteren Wettbewerb (UWG [1909])[135] ersetzt. § 16 UWG (1909) galt bis zum In-Kraft-Treten des MarkenG am 1.1.1995. Einschränkungen des Schutzes aus § 16 UWG (1909)[136] waren im Gesetz nicht vorgesehen. Die Notwendigkeit von Einschränkungen bestand jedoch, insbesondere in den Fällen, in denen sich natürliche Personen unter ihrem bürgerlichen Namen im Geschäftsleben betätigen wollten und dies aufgrund der §§ 18, 19 HGB a.F.[137] sogar mussten. Vor dem Hintergrund des registerrechtlichen Zwangs zur Namensführung entwickelten Rechtsprechung und Literatur das sogenannte Recht der Gleichnamigen[138], das zu einer bedeutsamen, ungeschriebenen Schranke kennzeichenrechtlicher Ansprüche wurde.

4. Das Warenzeichengesetz (WZG) aus dem Jahr 1936 und die Regelung des § 16 WZG

a. Allgemeines zum WZG und zur Zeit seiner Geltung bis 1995

Die nächste maßgebliche Gesetzesänderung im Bereich des Kennzeichenrechts erfolgte mit In-Kraft-Treten des Warenzeichengesetzes[139] (WZG) vom 5.5.1936. Das WZG fasste die unübersichtlich nebeneinander stehenden kennzeichenrechtlichen Sondervorschriften und Nebengesetze zusammen. Es wurden die sich aus dem Beitritt des Deutschen Reiches zur Änderung der Pariser Ver-

133 GK-*Teplitzky*, UWG, Vor § 16 Rn. 2.

134 RGBl. 1896, S. 145.

135 RGBl. 1909, S. 499.

136 Nachfolgend als § 16 UWG a.F. bezeichnet.

137 Gültig bis zum Inkrafttreten des Handelsrechtsreformgesetzes (BGBl. I 1998, S. 1474) am 1.7.1998. Die §§ 18 und 19 HGB a.F. schrieben für den Kaufmann, der sein Geschäft allein oder mit einem stillen Gesellschafter betreibt, vor, seinen Familiennamen mit mindestens einem ausgeschriebenen Vornamen als Firma zu führen; die Firma einer offenen Handelsgesellschaft musste den (Familien-)Namen wenigstens eines Gesellschafters, die Firma einer Kommanditgesellschaft den Namen wenigstens eines persönlich haftenden Gesellschafters enthalten.

138 Dazu ausführlich 6. Kapitel, III.3.b.aa.

139 RGBl. II 1936, S. 134.

bandsübereinkunft (PVÜ)[140] durch die Haager Fassung 1925 ergebenden Änderungen vorgenommen. Nicht in das WZG aufgenommen wurden eigene verfahrensrechtliche Regelungen; § 12 Abs. 1 WZG verwies auf die Vorschriften des Patentgesetzes.

Während des Zweiten Weltkriegs und unmittelbar nach dessen Ende kam es zu einem mehrjährigen Stillstand im Zeichenwesen. Ab Gründung der Bundesrepublik Deutschland im Jahr 1949 wurde der Bereich des gewerblichen Rechtsschutzes langsam wieder aufgebaut. Am 1.10.1949 wurde in München das Deutsche Patentamt (DPA) eröffnet; weiterhin wurde das Bundespatentgericht (BPatG) errichtet und ein Instanzenzug vom DPA zum BPatG und zum BGH eingerichtet. In späteren Jahren wurde unter anderem der Benutzungszwang in das WZG eingeführt, die Eintragung von Dienstleistungsmarken zugelassen und der Schutz vor internationaler Markenpiraterie verstärkt.

Die Deutsche Demokratische Republik setzte das WZG von 1936 mit dem Warenzeichengesetz vom 17.2.1954 außer Kraft und errichtete im Jahr 1950 das Amt für Erfindungs- und Patentwesen in Berlin (Ost). Das Warenzeichengesetz aus dem Jahr 1954 wurde 1985 durch das Gesetz über Warenkennzeichnungen (WKG) ersetzt[141].

Mit dem Vertrag zwischen der Bundesrepublik Deutschland und der Deutschen Demokratischen Republik über die Herstellung der Einheit Deutschlands (Einigungsvertrag) vom 31.8.1990 wurde die Einheit Deutschlands mit Wirkung zum 3.10.1990 hergestellt. Anlage I zum Einigungsvertrag regelte unter anderem den gewerblichen Rechtsschutz, das Recht gegen den unlauteren Wettbewerb sowie das Urheberrecht. Sie enthielt unter anderem die zur Herstellung der Rechtseinheit in diesen Rechtsgebieten notwendigen Einführungs- und Überleitungsvorschriften[142].

Nachfolgend wurden durch das Gesetz über die Erstreckung von gewerblichen Schutzrechten (Erstreckungsgesetz, ErstrG) vom 23.4.1992[143] alle vor dem 3.10.1990 in der Bundesrepublik Deutschland und der Deutschen Demokrati-

---

140 Pariser Verbandsübereinkunft zum Schutz des gewerblichen Eigentums vom 20.3.1883.

141 Hingewiesen sei auf die Schutzschranke des § 16 WKG. Sie lautete: „Durch die Eintragung einer Marke wird niemand gehindert, seinen Namen, den Namen seines Betriebes, Angaben über den Sitz seines Betriebes sowie Angaben über Art, Zeit und Ort der Herstellung, über die Beschaffenheit von Waren, über die Ausführung von Dienstleistungen und dergleichen zu verwenden, sofern die Benutzung dieser Angaben nicht als Marke erfolgt."

142 Das WKG wurde durch Art. 8 des Einigungsvertrages aufgehoben.

143 BGBl. I, S. 938.

schen Republik begründeten gewerblichen Schutzrechte, die aufgrund der besonderen Bestimmungen zum gewerblichen Rechtsschutz im Einigungsvertrag noch auf ihr früheres Schutzgebiet beschränkt waren, auf ganz Deutschland erstreckt. Das ErstrG enthielt neben der Regelung verschiedener durch die Erstreckung entstehender Kollisionstatbestände[144] auch die Aufhebung der Bindung der Marke an den Geschäftsbetrieb. Das hieß, die im WZG bislang bestehende Akzessorietät des Warenzeichens wurde aufgegeben. Auf die unternehmenskennzeichenrechtlichen Kollisionsfälle anlässlich der deutschen Wiedervereinigung wird bei Erörterung des Rechts der Gleichnamigen zurückzukommen sein[145].

b. Systematik des Warenzeichenschutzes im WZG

Gemäß § 15 Abs. 1 WZG hatte die Eintragung eines Warenzeichens die Wirkung, dass dem Warenzeicheninhaber das Recht zustand, „Waren der angemeldeten Art oder ihre Verpackung oder Umhüllung mit dem Warenzeichen zu versehen, die so bezeichneten Waren in Verkehr zu setzen sowie auf Ankündigungen, Preislisten, Geschäftsbriefen, Empfehlungen, Rechnungen oder dergleichen das Zeichen anzubringen“.

Das Zeichenrecht enthielt also für den Zeicheninhaber das Kennzeichnungs-, das Erstvertriebs- und das Ankündigungsrecht[146]. Darüber hinaus standen dem Kennzeicheninhaber Unterlassungs- und Schadensersatzansprüche zu (§ 24 Abs. 1 und Abs. 2 WZG). Mit ihrer Hilfe konnte sich der Kennzeichenrechtsinhaber gegen die identische Nachahmung seines Warenzeichens wehren. § 24 WZG wurde ergänzt durch § 31 WZG, der Zeichen über das Verbot der Verwendung identischer Nachahmungen hinaus vor der Verwendung ähnlicher Kennzeichen schützte. Ähnliche Kennzeichen wurden wie identische Nachahmungen behandelt, wenn trotz der bestehenden Abweichungen die Gefahr von Verwechslungen im Geschäftsverkehr bestand.

c. Inhalt und Normzweck der Schutzschranke des § 16 WZG

Die Schutzschranke des § 13 WbzG wurde als § 16 WZG übernommen, ergänzt um den Zusatz „sofern der Gebrauch nicht warenzeichenmäßig erfolgt“. Das

144 §§ 30 bis 32 ErstrG; zur Rechtslage nach dem ErstrG ausführlich *Fezer*, MarkenR, Einl E MarkenG Rn. 1 ff.

145 6. Kapitel, III.3.b.aa.(10).

146 *Busse/Starck*, WZG, § 15 Rn. 2.

von der Rechtsprechung entwickelte Merkmal des warenzeichenmäßigen Gebrauchs wurde damit in das Gesetz, und zwar in die Schrankenbestimmung, aufgenommen. Nach der Amtlichen Begründung zum WZG sollte die Ergänzung der Klarstellung dienen; sie sollte keine sachliche Änderung der bisherigen Rechtslage nach sich ziehen[147].

Zweck des § 16 WZG war, wie schon der des § 13 WbzG, den Zeichenschutz zugunsten des persönlichen Namens, des Firmenrechts und der Sprachfreiheit einzuschränken und diese notwendigen Angaben dem allgemeinen geschäftlichen Verkehr freizuhalten[148]. § 16 WZG war Ausdruck einer Interessenabwägung zwischen den Individualinteressen des Zeicheninhabers und den Interessen seiner Mitbewerber sowie der Allgemeinheit an der Benutzung der in dem Warenzeichen enthaltenen Bezeichnungen und Darstellungen[149].

Der Wortlaut des § 16 WZG („niemand gehindert") ließ erkennen, dass § 16 WZG das Verbotsrecht des Zeicheninhabers einschränken und ein Verteidigungsrecht geben wollte, nicht jedoch ein positives Recht[150]. Ein Dritter konnte damit weder sein Firmen- oder Namensrecht auf § 16 WZG stützen noch ein Recht auf Zeicheneintragung daraus herleiten[151].

d. Der Streit um das Merkmal des warenzeichenmäßigen Gebrauchs

Das Merkmal des warenzeichenmäßigen Gebrauchs wurde ursprünglich, wie erwähnt, im Zusammenhang mit der Schutzschranke des § 13 WbzG entwickelt. Dennoch war schon zur Zeit der Geltung des WbzG umstritten, ob es als Tatbestandsmerkmal des Verletzungstatbestands oder der Schrankenbestimmung anzusehen war. Daran änderte auch die eindeutige Verortung durch den Gesetzgeber in der Schrankenbestimmung des § 16 WZG nichts.

In den ersten Jahren nach Erlass des WZG verfestigte sich die Tendenz des RG, das Merkmal des warenzeichenmäßigen Gebrauchs als Tatbestandsvoraussetzung jeder Zeichenrechtsverletzung anzusehen[152]. Der BGH übernahm die

147 BlPMZ 1936, 119, 122; vgl. auch *von Gamm*, WZG, § 16 Rn. 1.

148 *Busse/Starck*, WZG, § 16 Rn. 1.

149 *von Gamm*, WZG, § 16 Rn. 1.

150 *Busse/Starck*, WZG, § 16 Rn. 2; *von Gamm*, WZG, § 16 Rn. 3.

151 RGZ 55, 241, 243 – *Kyriazi*; *von Gamm*, WZG, § 16 Rn. 3; *Pinzger*, WZG, § 16 Anm. 1; *Busse/Starck*, WZG, § 16 Rn. 2.

152 RG GRUR 1937, 1101 – *Kaffemühle*; RG GRUR 1938, 348, 349 f. – *Wein - eingefangener Sonnenschein*; RG GRUR 1939, 798, 799 – *Dreiarmleuchter*; RG GRUR 1940, 366, 368 – *Sauerbruch*; vgl. zur Entwicklung auch *Knaak*, GRUR 1982, 67, 68.

Rechtsprechung des RG[153]. Auch in weiten Teilen der Literatur[154] herrschte die Auffassung vor, dass lediglich eine warenzeichenmäßige Benutzung des Kollisionszeichens durch einen Dritten eine Verletzung des Warenzeichenrechts darstellte.

Zur Begründung wurde im Wesentlichen auf die aus § 1 WZG abgeleitete Herkunftsfunktion des Warenzeichens verwiesen. Die Herkunftsfunktion wurde als die einzige, rechtlich geschützte Funktion des Warenzeichens anerkannt[155].

Ein warenzeichenmäßiger Gebrauch sollte vorliegen, wenn im geschäftlichen Verkehr eine wörtliche oder bildliche Bezeichnung zur Kennzeichnung einer Ware oder in Beziehung auf sie so gebraucht wird, dass der unbefangene und flüchtige Durchschnittsabnehmer annimmt oder annehmen kann, das Zeichen diene zur Unterscheidung der so gekennzeichneten Waren von gleichen oder gleichartigen Waren anderer Herkunft[156]. Der Begriff der warenzeichenmäßigen Benutzung wurde weit verstanden, um im Interesse eines umfassenden Markenschutzes dem Verletzungsrecht einen weiten Anwendungsbereich einzuräumen[157].

---

153 BGH GRUR 1957, 433, 434 – *St. Hubertus*; BGH GRUR 1958, 500, 502 – *Mecki-Igel*; BGH GRUR 1961, 280, 281 – *Tosca*; BGH GRUR 1962, 647, 648 – *Strumpf-Zentrale*; BGH GRUR 1966, 681 – *Laternenflasche*; BGH GRUR 1968, 367 – *Corrida*; BGH GRUR 1969, 601 – *Candahar*; BGH GRUR 1969, 688 – *Isolierte Hand*; BGH GRUR 1970, 31 – *Heinzelmännchen*; BGH GRUR 1971, 251 – *Oldtimer*; BGH GRUR 1975, 257 – *Buddelei*; BGH GRUR 1977, 789, 790 – *Tina-Spezialversand*; BGH GRUR 1983, 467 – *Photokina*; BGH GRUR 1984, 684 – *Marlboro/mordoro*; BGH GRUR 1991, 609, 610 – *SL*; BGH GRUR 1994, 808, 812 – *Markenverunglimpfung I*; BGH GRUR 1994, 908, 910 f. – *WIR IM SÜDWESTEN.*

154 *Busse/Starck*, WZG, § 15 Rn. 15; *Baumbach/Hefermehl*, WZG, § 15 Rn. 22 ff.; *von Gamm*, WZG, § 15 Rn. 14, § 16 Rn. 4 f.; *von Gamm*, GRUR 1974, 539 ff.; *Wilde*, GRUR 1968, 477 ff.

155 Vgl. z.B. *von Gamm*, WZG, § 1 Rn. 2 ff.: Er erkennt zwar neben der Herkunftsfunktion die Garantie- und Werbefunktion an, misst ihnen aber keine zeichenrechtliche Bedeutung zu; weiterhin dazu *Baumbach/Hefermehl*, WZG, Einl WZG Rn. 9 ff.; *Heydt*, GRUR Int. 1976, 339 ff.

156 RGZ 149, 335, 342 f. – *Werbefilm*; RG GRUR 1938, 348 – *Wein - eingefangener Sonnenschein*; RG GRUR 1939, 798, 799 – *Dreiarmleuchter*; BGH GRUR 1955, 484, 485 (mit einem Klammerhinweis auf § 16 WZG) – *Luxor*; BGH GRUR 1957, 433, 434 – *Hubertus*; BGH GRUR 1961, 280, 281 – *Tosca*; BGH GRUR 1971, 251, 252 – *Oldtimer*; BGH GRUR 1977, 789, 790 – *Tina-Spezialversand*; BGH GRUR 1982, 229, 230 – *Klix/Klick*; BGH GRUR 1981, 362, 364 – *Aus der Kurfürst-Quelle*; BGH GRUR 1989, 510, 513 – *Teekanne II*; BGH GRUR 1990, 274, 275 – *Klettverschluss*; BGH GRUR 1991, 609, 610 – *SL.*

157 *von Gamm*, WZG, § 16 Rn. 5. Kritisiert wurde mehrfach die der Anwendung der herrschenden Auffassung immanente Gefahr, die Merkmale „warenzeichenmäßiger Ge-

Kritik an der Auffassung von Rechtsprechung und überwiegender Literatur wurde weitestgehend erfolglos von wenigen, gleichwohl unbeirrbaren und vehementen Stimmen geübt. An deren Spitze stand *Heydt*, der in zahlreichen Veröffentlichungen gegen die herrschende Ansicht argumentierte[158].

e. Konsequenz der herrschenden Ansicht für § 16 WZG

Für die Schutzschranke des § 16 WZG hatte die von der herrschenden Auffassung vorgenommene Vorverlagerung des Merkmals des warenzeichenmäßigen Gebrauch in den Verletzungstatbestand gravierende Konsequenzen: Wenn nur ein warenzeichenmäßiger Gebrauch Ansprüche des Zeicheninhabers begründen konnte, ein solcher Gebrauch nach dem Wortlaut des § 16 WZG aber nicht freigestellt werden konnte, so stellte jeder warenzeichenmäßige Gebrauch eines geschützten Kennzeichens eine Warenzeichenrechtsverletzung dar. Ein nicht warenzeichenmäßiger Gebrauch, der grundsätzlich durch § 16 WZG hätte freigestellt werden können, erfüllte hingegen schon nicht den Verletzungstatbestand des § 15 WZG. In dieser Konstellation erübrigte sich die Prüfung des § 16 WZG. § 16 WZG, der gerade Ausnahmen für die freie Benutzung bestimmter Angaben zulassen wollte, lief leer und wurde funktionslos.

Teilweise wurde § 16 WZG nicht nur als funktionslos, sondern sogar als widersprüchlich angesehen. So führte *Knaak* beispielsweise aus, § 16 WZG erlaube in der Fallgruppe des Gebrauchs einer Firma im ersten Halbsatz etwas und untersage genau das im zweiten Halbsatz wieder[159]. Denn die Feststellung, dass durch ein Warenzeichen niemand gehindert sei, seine Firma zu gebrauchen (erster Halbsatz), würde in Verbindung mit der Einschränkung, dass dieser Gebrauch nicht warenzeichenmäßig erfolgen dürfe (zweiter Halbsatz), bedeuten, dass der Gebrauch einer Firma in jeder Hinsicht untersagt wäre, weil jeder Gebrauch einer Firma einen – von den Funktionen des Kennzeichens aus betrachtet – warenzeichenmäßigen Gebrauch darstellte[160]. Auch *Baumbach/Hefermehl* griffen in ihrer Kommentierung den dargestellten Widerspruch auf: § 16 WZG könne

brauch" und „Verwechslungsgefahr" zu vermischen, z.B. *Bußmann*, GRUR 1971, 392, 396; *Heydt*, GRUR 1976, 7, 9.

158 Z.B. *Heydt*, GRUR 1976, 7 ff.; zustimmend *Bußmann*, GRUR 1971, 392 ff.; *Fezer*, Der Benutzungszwang im Markenrecht, S. 72 f.; *ders.*, GRUR 1977, 616, 618.

159 *Knaak*, GRUR 1982, 67, 70.

160 *Knaak*, GRUR 1982, 67, 70. Dies wurde als die Lehre von der Doppelfunktion der Firma bezeichnet. Angesichts der Rechtsprechung des EuGH und neuerer Urteile des BGH würde diese Feststellung so heute nicht mehr gelten.

nicht mit der einen Hand Rechte geben und sie mit der anderen Hand wieder nehmen[161].

Die aufgezeigte Funktionslosigkeit und die Widersprüchlichkeit führten dazu, dass § 16 WZG in der Rechtsprechung keine große Rolle spielte. Das wurde zwar erkannt und sogar kritisiert[162], aber doch weitgehend hingenommen. Nur wenige Stimmen in der Literatur wollten die Funktionslosigkeit des § 16 WZG nicht akzeptieren und suchten nach Ansätzen, § 16 WZG doch eine gewisse Bedeutung zu verschaffen[163] oder ihn wegen seiner unglücklichen[164] bzw. missverständlichen Fassung wenigstens einer Änderung hin zu einer eindeutigen Formulierung zu unterziehen[165]. Allerdings: § 16 WZG wurde weder reformiert noch wurde ihm auf andere Art und Weise – etwa infolge einer Änderung der Rechtsprechung – eine Funktion zuteil.

II. Europarechtliche Vorgabe des Art. 6 Abs. 1 MarkenRL

1. Entwicklung des Markenrechts auf europäischer Ebene

a. Der Weg bis zur Verabschiedung von Markenrechtsrichtlinie und Gemeinschaftsmarkenverordnung

Im Jahr 1957 unterzeichneten die Regierungschefs von sechs europäischen Staaten, darunter die Bundesrepublik Deutschland, die sogenannten Römischen Verträge und legten damit den Grundstein für die Europäische Einigung. Mit den Römischen Verträgen wurde unter anderem die Europäische Wirtschaftsgemeinschaft (EWG) gegründet. Ihr Ziel war, auf dem Gebiet der Mitgliedsstaaten einen einheitlichen Binnenmarkt mit einer gemeinsamen Außengrenze zu errichten, auf dem Waren und Dienstleistungen frei ausgetauscht werden können. Mit diesem Ziel in Konflikt gerieten sämtliche Immaterialgüterrechte, die nach Maßgabe der nationalen Rechtsordnungen auf das Gebiet der einzelnen Mit-

161 *Baumbach/Hefermehl*, WZG, § 16 Rn. 9.

162 *von Gamm*, GRUR 1974, 539, 541, der seinerzeit Mitglied des Ersten Zivilsenats des BGH war; dazu auch *Knaak*, GRUR 1982, 67, 68 ff.

163 Z.B. *Baumbach/Hefermehl*, WZG, § 16 Rn. 9; *Wilde*, GRUR 1968, 477, 483 f.; *Knaak*, Das Recht der Gleichnamigen, S. 82 f., 93 ff.; *Knaak*, GRUR 1982, 67, 71.

164 So z.B. *Tetzner*, WZG, § 16 Rn. 1: § 16 WZG sei „unglücklich gefasst" und gebe Anlass zu reichlicher Verwirrung.

165 Storkebaum/Kraft/*Endemann*, WZG § 16 Rn. 1.

gliedsstaaten begrenzte Rechtsmonopole hervorbringen (Territorialitätsprinzip)[166]. Sie erzeugten letztlich Handelshemmnisse.

Die Handelshemmnisse sollten durch den Abbau nationaler Schutzrechtsgrenzen bzw. die Angleichung der nationalen Rechte und parallel durch die Schaffung eines EWG-weiten Schutzrechts beseitigt werden[167]. Im Rahmen der teilweise schwierigen Verwirklichung dieser Ziele gab die EG-Kommission im Jahr 1976 eine Denkschrift über die Schaffung einer EWG-Marke[168] heraus. Im Jahr 1980 legte sie einen Verordnungsvorschlag für ein Markenrecht der Gemeinschaft und einen Richtlinienvorschlag für die Harmonisierung der nationalen Markenrechte[169] vor. Am 21.12.1988 wurde schließlich die MarkenRL verabschiedet, am 20.12.1993 die Gemeinschaftsmarkenverordnung (GMV)[170].

b. Die Markenrechtsrichtlinie (MarkenRL)

Ziel der MarkenRL war die Angleichung der nationalen Rechte der Mitgliedstaaten zum Schutz der eingetragenen Marken.

In den Erwägungsgründen der Markenrichtlinie heißt es, eine Beschränkung des Regelungsumfangs auf „diejenigen innerstaatlichen Vorschriften [...], die sich am unmittelbarsten auf das Funktionieren des Binnenmarktes auswirken“[171], sei ausreichend. Damit folgte die Richtlinie dem Mindeststandardprinzip, das auf eine Teilharmonisierung nationalen Rechts in seinem binnenmarktrelevanten Kern abzielte und diesem Recht zugleich zahlreiche Optionen für weiter gehende Regelungen beließ. Die MarkenRL sollte also nur Kernstrukturen des Markenrechts vorgeben. Die Vorgaben der Richtlinie waren allerdings nur scheinbar geringfügig. Die Wirkung der Richtlinie war für die geltenden nationalen Markensysteme eher „revolutionär“ [172]; das Markenrecht aller Mitgliedstaaten war neu zu schreiben.

---

166 Dazu z.B. *von der Groeben*, GRUR Int. 1959, 629 ff.; *Bodenhausen*, GRUR Int. 1958, 218 ff.

167 Dazu z.B. *Beier*, GRUR Int. 1976, 363 ff.

168 Abgedruckt in GRUR Int. 1976, 481 ff.

169 Vorschlag der EG-Kommission für eine Verordnung des Rates über die Gemeinschaftsmarke und für eine Erste Angleichung des Markenrechts der Mitgliedstaaten (ABl. C 351 vom 31.12.1980, S. 1).

170 Verordnung (EG) Nr. 40/94 des Rates über die Gemeinschaftsmarke vom 20.12.1993 (ABl. L 11 vom 14.1.1994, S. 1).

171 Dritter Erwägungsgrund der Richtlinie des Rates über die Angleichung der Rechtsvorschriften der Mitgliedstaaten über die Marken RL 89/104/EWG.

172 So *Kunz-Hallstein*, GRUR Int. 1992, 81, 91.

c. Die Gemeinschaftsmarkenverordnung (GMV)

Mit der GMV wurde durch unmittelbar in allen Mitgliedstaaten geltendes Recht (Art. 249 Abs. 2 EGV, heute: Art. 288 AEUV) die „Gemeinschaftsmarke“ geschaffen. Die Gemeinschaftsmarke ist ein einheitliches Schutzrecht mit gemeinschaftsweiter Geltung; sie ist kein Bündel von nationalen Schutzrechten. Das Recht der Gemeinschaftsmarke bildet ein autonomes System, das aus einer Gesamtheit von Vorschriften und aus ihm eigenen Zielsetzungen besteht und dessen Anwendung von jedem nationalen System unabhängig ist[173].

Materiellrechtlich stimmt die GMV vielfach mit der MarkenRL überein. Daher sind, soweit übereinstimmende Regelungen betroffen sind, die zur Auslegung der MarkenRL ergangenen Entscheidungen des EuG und des EuGH auch für die GMV relevant und umgekehrt; der EuGH zieht die Rechtsprechung aus beiden Bereichen unterschiedslos nebeneinander heran[174].

2. Entstehungsgeschichte und Inhalt von Art. 6 Abs. 1 MarkenRL

Art. 5 des ersten Richtlinienvorschlags aus dem Jahr 1980 enthielt die Regelung, dass die Marke ihrem Inhaber nicht das Recht gewähre, einem Dritten die Benutzung bestimmter Angaben wie Name und Adresse, Beschaffenheits- oder Bestimmungsangaben im geschäftlichen Verkehr zu verbieten, „sofern es sich nicht um eine markenmäßige Benutzung“ handele[175].

Die damalige, bereits dargestellte deutsche Rechtspraxis, den warenzeichenmäßigen Gebrauch als Tatbestandsvoraussetzung einer Rechtsverletzung anzusehen, wurde nicht in den Richtlinienvorschlag aufgenommen: Art. 3 des ersten Richtlinienvorschlags, der das Recht des Markeninhabers regelte, enthielt – ebenso wenig wie § 15 WZG – eine Beschränkung dahingehend, dass der Markeninhaber nur gegen nach deutschem Verständnis markenmäßige Gebrauchsformen vorgehen kann.

---

173 Ständige Rechtsprechung seit EuG GRUR Int. 2001, 338, 340 (Tz. 47) – *electronica*; GRUR Int. 2002, 600, 603 (Tz. 53) – *ELLOS*; Büscher/Dittmer/Schiwy/*Hoffrichter-Daunicht*, GewRS, Teil 1, Kap. 4, Art. 1 GMV Rn. 5.

174 Vgl. etwa EuGH, GRUR Int. 2011, 400, 404 (Tz. 59 ff.) – *Technopol* (zur GMV) unter Hinweis auf EuGH GRUR 1999, 723, 726 (Tz. 28) – *Chiemsee* und EuGH GRUR 2003, 604, 607 (Tz. 58 f.) – *Libertel* (beide zur MarkenRL); EuGH GRUR 2004, 943, 944 (Tz. 26) – *SAT.2* (zur GMV) unter Hinweis auf EuGH GRUR 2003, 604, 608 (Tz. 60) – *Libertel* (zur MarkenRL).

175 ABl. C 351 vom 31.12.1980, S. 1, 3.

Weder der Wirtschafts- und Sozialausschuss der Europäischen Gemeinschaften[176] noch das Europäische Parlament[177] machten zu Art. 5 des Vorschlags der Kommission Anmerkungen. Dennoch wurde die ursprüngliche Fassung geändert. Die Wendung „sofern es sich nicht um eine markenmäßige Benutzung handelt" wurde, offenbar auf Initiative der Bundesregierung[178], in einem späteren Vorschlag der Kommission ersetzt durch die Wendung „sofern die Benutzung gemäß den anständigen Gepflogenheiten in Gewerbe oder Handel erfolgt"[179]. Aus der Begründung zu dem geänderten Vorschlag ergibt sich, dass die Änderung der größeren Klarheit halber erfolgte[180]. Die Bezugnahme auf die „anständigen Gepflogenheiten in Gewerbe oder Handel" fand schließlich Eingang in die Endfassung der Richtlinie, und zwar nach einer Umnummerierung in Art. 6.

Zurückzuführen sein dürfte die Wendung „anständige Gepflogenheiten in Gewerbe oder Handel" auf Art. 10bis PVÜ. Mittlerweile ist sie Teil der „europäischen Rechtssprache". Außer in Art. 6 Abs. 1 MarkenRL ist sie in Art. 15 MarkenRL, einer Bestimmung für Kollektiv-, Garantie- und Gewährleistungsmarken, enthalten. Auch in Art. 12 und Art. 64 Abs. 2 GMV (Art. 66 Abs. 2 GMV n.F.) wurde sie gebraucht. Sie ist ferner in Art. 5 Abs. 3 lit. d) der Urheberrecht-Harmonisierungs-Richtlinie[181] und in den Erwägungsgründen der Richtlinie über den Rechtsschutz von Computerprogrammen[182] zu finden. Die UGP-RL stellt in Art. 2 lit. h) ähnlich auf das Handeln „gemäß dem allgemeinen Grundsatz von Treu und Glauben und/oder den anständigen Marktgepflogenheiten" ab[183].

---

176 ABl. C 310 vom 30.11.1981, S. 22, 24.

177 ABl. C 307 vom 14.11.1983, S. 60, 63.

178 Das ist *Krieger*, GRUR Int. 1986, 75, 78 zu entnehmen („unsere Forderung"). Bereits in der Gedenkschrift zur EWG-Marke war jedoch die Rede davon, dass es bei den Grenzen des ausschließlichen Benutzungsrechts des Markeninhabers maßgeblich darauf ankommen solle, ob der Gebrauch lauter erfolgt oder nicht (GRUR Int. 1976, 481, 494).

179 ABl. C 351 vom 31.12.1985, S. 4, 8.

180 Vgl. *Hildebrandt*, Harmonisiertes Markenrecht, Art. 6 Rn. 876.

181 Richtlinie 2001/29/EG des Europäischen Parlaments und des Rates vom 22.5.2001 zur Harmonisierung bestimmter Aspekte des Urheberrechts und der verwandten Schutzrechte in der Informationsgesellschaft (ABl. L 167 vom 22.6.2001, S. 10).

182 Richtlinie 91/250/EWG des Rates vom 14.5.1991 über den Rechtsschutz von Computerprogrammen (ABl. L 122 vom 17.5.1991, S. 42).

183 Zur richtlinienkonformen Auslegung der „Marktgepflogenheiten" *Köhler*/Bornkamm, UWG, § 3 Rn. 44 ff. *Köhler* überlegt, ob auf die Rechtsprechung des EuGH zum „Tatbestandsmerkmal der ‚anständigen Marktgepflogenheiten' in Art. 6 Abs. 1 lit. c)" MarkenRL zurückgegriffen werden kann. Das lehnt er ab und führt aus, die Rechtsprechung des EuGH zur MarkenRL helfe „nicht sehr viel weiter", da der EuGH das

In der deutschen Literatur wurde die Bezugnahme auf die „anständigen Gepflogenheiten in Gewerbe oder Handel" kaum kommentiert. Dies erstaunt angesichts des skizzierten Streits um das Merkmal des warenzeichenmäßigen Gebrauchs. *Krieger* etwa stellte vor Erlass der Richtlinie lediglich kurz fest, die Forderung der Bundesregierung, künftig nicht mehr auf eine markenmäßige Benutzung, sondern auf die Grundsätze des lauteren Wettbewerbs abzustellen, habe die Zustimmung nahezu aller Mitgliedstaaten gefunden[184]. Auch nach Erlass der Richtlinie wurde der von § 16 WZG abweichende Wortlaut des Art. 6 MarkenRL in der deutschen Literatur allenfalls erwähnt, mögliche Konsequenzen für die deutsche Rechtspraxis und die Frage nach der Umsetzung in nationales Recht wurden nicht erörtert[185].

Ziel des Art. 6 Abs. 1 MarkenRL ist, die Interessen des Markenschutzes einerseits und die des freien Warenverkehrs sowie der Dienstleistungsfreiheit im Gemeinsamen Markt andererseits in der Weise in Einklang zu bringen, dass das Markenrecht seine Rolle als wesentlicher Teil eines Systems unverfälschten Wettbewerbs spielen kann, das der EG-Vertrag errichten und aufrechterhalten will[186].

III. Der heutige § 23 MarkenG

1. Allgemeines zum MarkenG

Die notwendige Umsetzung der MarkenRL[187] wurde vom deutschen Gesetzgeber zum Anlass für eine vollständige Neuordnung des Kennzeichenrechts genommen. Die Neuordnung erfolgte durch das am 1.1.1995 in Kraft getretene Gesetz über den Schutz von Marken und sonstigen Kennzeichnungen vom 25.10.1994, das MarkenG.

Tatbestandsmerkmal als Pflicht, den berechtigten Interesen des Markeninhabers nicht in unlauterer Weise zuwiderzuhandeln, begreife. Man drehe sich damit im Kreis.

184 *Krieger*, GRUR Int. 1986, 75, 78.

185 Vgl. etwa *Meister*, Markenartikel 1990, 60, 67; 293, 305; 425, 440.

186 So der EuGH in ständiger Rechtsprechung, z.B. EuGH GRUR 2008, 503, 505 – *adidas/Marca Mode*; EuGH GRUR 2005, 509, 511 – *Gillette*; EuGH GRUR 2004, 234, 235 – *Gerolsteiner/Putsch*.

187 Die MarkenRL sollte ursprünglich bis zum 28.12.1991 in nationales Recht umgesetzt werden, Art. 16 Abs. 1 S. 1 MarkenRL. Die Umsetzungsfrist wurde auf Grund einer Verlängerungsklausel in Art. 16 Abs. 2 MarkenRL durch Ratsentscheidung bis zum 31.12.1992 verlängert. Infolge des immensen Regelungs- und Rechtsangleichungsbedarfs, mit dem der deutsche Gesetzgeber Anfang der 1990er Jahre konfrontiert war, gelang die rechtzeitige Umsetzung auch bis zum Ablauf der verlängerten Frist nicht.

Ziel der Neuordnung war, das über mehrere Gesetze verteilt geregelte Kennzeichenrecht zusammenzufassen und einer einheitlichen Kodifikation zuzuführen[188]. Ferner sollte der Zustand, dass die vorhandenen Gesetze den tatsächlichen Rechtszustand ihrerseits nur unvollkommen wiedergaben und erheblich von Richterrecht geprägt waren, beendet werden[189]. Wesentliche Rechtsänderungen sollte das MarkenG nur für das Recht der Marke bringen, also den Regelungsbereich des WZG[190]. Der Gesetzgeber nahm die Marke zunächst in den „Adelsstand eines Immaterialgüterrechts"[191] auf. Weiterhin gestaltete er den Verletzungstatbestand in § 14 Abs. 2 MarkenG neu, schaffte eine ausdrückliche Regelung zur Erschöpfung in § 24 MarkenG, erkannte neue Markenformen an und regelte die freie Übertragbarkeit der Marke, die Selbständigkeit der Marke als Vermögenswert eines Unternehmens sowie die Dinglichkeit der Markenlizenz[192].

Bei den geschäftlichen Bezeichnungen dagegen war keine Änderung der materiellen Rechtslage beabsichtigt[193]. Dennoch gab es auch dort verschiedene Neuerungen: Anders als unter Geltung des § 16 UWG a.F. wurde die Schutzfähigkeit in systematischer Annäherung an das Recht der Marken getrennt von der Regelung des Schutzbereichs und des Unterlassungs- und Schadensersatzanspruchs geregelt (§§ 5, 15 MarkenG). Weiterhin wurde der erweiterte Schutz vor Ausnutzung und Beeinträchtigung der Unterscheidungskraft oder der Wertschätzung einer bekannten geschäftlichen Bezeichnung ausdrücklich normiert (§ 15 Abs. 3 MarkenG).

Die geographischen Herkunftsangaben wurden mit dem MarkenG erst zu Kennzeichen erklärt. Zuvor waren sie wettbewerbsrechtlich geschützt und hatten Schutz gegen Irreführung über § 3 UWG a.F. erlangt.

Die Zusammenfassung der verschiedenen Kennzeichen in einem Gesetz bedeutet nicht, dass für alle Kennzeichen identische Regeln gelten. Vielmehr differenziert das Gesetz häufig dadurch, dass nur auf einzelne Kennzeichenarten Bezug genommen wird (z.B. hinsichtlich der Ansprüche in §§ 14 und 15 MarkenG für Marken bzw. geschäftliche Bezeichnungen oder in § 16 MarkenG, der nur die

---

188 Vgl. Amtl. Begr. zum Reg.-Entw. des Markenrechtsreformgesetzes, BT-Drucks. 12/6581, S. 53, 55.

189 Ströbele/*Hacker*, MarkenG, Einl. Rn. 12.

190 Amtl. Begr. zum Reg.-Entw. des Markenrechtsreformgesetzes, BT-Drucks. 12/6581, S. 53, 58 f.

191 *Bornkamm*, in: Geistiges Eigentum und Gemeinfreiheit, S. 181.

192 Vgl. ausführlich z.B. *von Gamm*, WRP 1993, 793, 795 ff.; *Schmieder*, NJW 1994, 1241, 1242 ff.; *Ingerl/Rohnke*, NJW 1994, 1247 ff.

193 Amtl. Begr. zum Reg.-Entw. des Markenrechtsreformgesetzes, BT-Drucks. 12/6581, S. 53, 59; Ströbele/*Hacker*, MarkenG, § 5 Rn. 2; *Fezer*, MarkenR, § 5 MarkenG Rn. 1.

Wiedergabe eingetragener Marken in Nachschlagewerken regelt). Die Zusammenfassung bedeutet auch nicht, dass identische Auslegungsmaximen gelten. Das ergibt sich bereits daraus, dass (nur) die Vorschriften, die in Umsetzung der (verbindlichen[194]) Vorgaben der MarkenRL erlassen wurden, dem Gebot der richtlinienkonformen Auslegung unterliegen und die Rechtsprechung des EuGH zur Auslegung der MarkenRL auch nur für diese Vorschriften des MarkenG bindend ist. Das nicht harmonisierte Unternehmenskennzeichenrecht unterliegt daher weder dem Gebot der richtlinienkonformen Auslegung noch der Rechtsprechung des EuGH. Es war scheinbar ein „Reservat"[195] rein nationaler Rechtssetzung und Rechtsprechung. Allerdings spricht der Grundsatz der Einheitlichkeit der Kennzeichenrechte dafür, etwa bei der Beurteilung der Schutzfähigkeit und des Schutzbereichs von Unternehmenskennzeichen und Werktiteln grundsätzlich dieselben Rechtsgrundsätze anzuwenden wie bei Marken[196]. Aus diesem Grund vertritt der BGH mittlerweile die Ansicht, dass auf die zu § 16 UWG a.F. ergangene Rechtsprechung nur zurückgegriffen werden kann, wo diese nicht den Grundsätzen und Wertungen des europaweit harmonisierten Markenrechts widerspricht[197].

Seit In-Kraft-Treten im Jahr 1995 wurden verschiedene Änderungen des MarkenG vorgenommen, zuletzt im Zuge der Umsetzung der Durchsetzungsrichtlinie („Enforcement-Richtlinie")[198] durch das Gesetz zur Verbesserung der Durchsetzung der Rechte des Geistigen Eigentums[199], durch das Patentrechts-

---

194 Ob das auch für fakultative Vorschriften der MarkenRL gilt, ist umstritten. Vgl. dazu Ströbele/*Hacker*, MarkenG, § 14 Rn. 201 entgegen z.B. EuGH GRUR 2004, 58, 59 (Tz. 18, 20) – *Adidas/Fitnessworld.* Zur Auslegung sogenannter hybrider Rechtsnormen *Drexl*, Festschrift für Heldrich, S. 67 ff.

195 Ausdruck von *Goldmann*, Der Schutz des Unternehmenskennzeichens, § 1 Rn. 14.

196 Ströbele/*Hacker*, MarkenG, Einl. Rn. 28; *Goldmann*, Der Schutz des Unternehmenskennzeichens, § 1 Rn. 14.

197 BGH GRUR 2001, 344, 345 – *DB-Immobilienfonds*; BGH GRUR 2001, 1164, 1165 – *buendgens*. Anders noch in der ersten Zeit nach In-Kraft-Treten des MarkenG, in der der BGH immer wieder betont hatte, dass die §§ 5, 15 MarkenG „keine sachliche Änderung" beinhalteten, sondern lediglich eine „Zusammenfassung und Kodifizierung" des bisher geltenden Rechts sein sollten, vgl. BGH GRUR 1998, 391, 392 – *Dr. St... Nachf.*; BGH GRUR 1998, 155, 156 – *Power Point*; BGH GRUR 1997, 749, 751 – *L'Orange*; BGH GRUR 1995, 825, 826 – *Torres;* BGH GRUR 1995, 754, 756 – *Altenburger Spielkartenfabrik.*

198 Richtlinie 2004/48/EG des Europäischen Parlaments und des Rates vom 29.4.2004 zur Durchsetzung der Rechte des geistigen Eigentums (ABl. L 195 vom 2.6.2004, S. 16 [berichtigte Fassung]).

199 Gesetz zur Verbesserung der Durchsetzung von Rechten des Geistigen Eigentums vom 7.7.2008, BGBl. I, S. 1191.

modernisierungsgesetz[200] und das Gesetz zur Umsetzung der Dienstleistungsrichtlinie in der Justiz und zur Änderung weiterer Vorschriften[201].

2. Wortlaut und systematische Stellung des § 23 MarkenG

Die Umsetzung des Art. 6 Abs. 1 MarkenRL in deutsches Recht und die gleichzeitige Fortentwicklung des § 16 WZG erfolgte in § 23 MarkenG. Der Wortlaut des § 23 MarkenG ist:

> „Der Inhaber einer Marke oder einer geschäftlichen Bezeichnung hat nicht das Recht, einem Dritten zu untersagen, im geschäftlichen Verkehr
>
> 1. dessen Namen oder Anschrift zu benutzen,
> 2. ein mit der Marke oder geschäftlichen Bezeichnung identisches Zeichen oder ein ähnliches Zeichen als Angabe über Merkmale oder Eigenschaften von Waren oder Dienstleistungen, wie insbesondere ihre Art, ihre Beschaffenheit, ihre Bestimmung, ihren Wert, ihre geographische Herkunft oder die Zeit ihrer Herstellung oder ihrer Erbringung, zu benutzen, oder
> 3. die Marke oder die geschäftliche Bezeichnung als Hinweis auf die Bestimmung einer Ware, insbesondere als Zubehör oder Ersatzteil, oder einer Dienstleistung zu benutzen, soweit die Benutzung dafür notwendig ist,
>
> sofern die Benutzung nicht gegen die guten Sitten verstößt."

§ 23 MarkenG enthält in den Nummern 1 bis 3 drei jedenfalls formal voneinander unabhängige[202] Tatbestände. Sie werden von einem einleitenden Teil, der die von der Einschränkung Betroffenen und die Begünstigten festlegt, und einem abschließenden Teil, der einen Unlauterkeitsvorbehalt enthält, umklammert. Der umklammernde Teil der Vorschrift gilt für alle Tatbestände und rechtfertigt die Zusammenfassung der unterschiedlichen Tatbestände in einer Norm.

200 Gesetz zur Vereinfachung und Modernisierung des Patentrechts vom 31.7.2009, BGBl. I, S. 2521.

201 Gesetz zur Umsetzung der Dienstleistungsrichtlinie in der Justiz und zur Änderung weiterer Vorschriften vom 22.12.2010, BGBl. I, S. 2248 (ber. 2011, S. 223).

202 Das Verhältnis von Nr. 2 und Nr. 3 ist umstritten, dazu 8. Kapitel, I.3.

3. Unterschiede zu Art. 6 Abs. 1 MarkenRL und § 16 WZG

a. Unterschiede zu Art. 6 Abs. 1 MarkenRL

aa. Unterschiede in den Tatbeständen

Der erste (unbedeutende) Unterschied zwischen Art. 6 Abs. 1 MarkenRL und § 23 MarkenG besteht darin, dass § 23 MarkenG vom Kennzeicheninhaber ausgehend formuliert „hat nicht das Recht, einem Dritten zu untersagen", während Art. 6 MarkenRL von der Marke ausgehend formuliert „Die Marke gewährt ihrem Inhaber nicht das Recht, einem Dritten zu verbieten".

Zwischen Art. 6 Abs. 1 lit. a) MarkenRL und § 23 Nr. 1 MarkenG besteht eine – ebenfalls unbedeutende – Abweichung hinsichtlich des Pronomens. In Art. 6 Abs. 1 lit. a) MarkenRL heißt es „seinen Namen oder seine Anschrift", in § 23 Nr. 1 MarkenG „dessen Namen oder Anschrift". Der Wortlaut der MarkenRL kann sich sowohl auf den Namen und die Anschrift des Markeninhabers als auch auf den oder die des Dritten beziehen, der Wortlaut des MarkenG allein auf den Namen oder die Anschrift des Dritten. Ersichtlich bezweckt der Wortlaut des MarkenG eine Klarstellung.

Eine möglicherweise bei der Schutzschranke des § 23 Nr. 2 MarkenG relevante Abweichung besteht darin, dass § 23 Nr. 2 MarkenG formuliert, die entsprechende Benutzung des mit der Marke oder geschäftlichen Bezeichnung identischen oder ähnlichen Zeichens dürfe „als Angabe" über bestimmte Merkmale oder Eigenschaften nicht untersagt werden[203]. Art. 6 Abs. 1 MarkenRL hingegen privilegiert schlicht die entsprechenden Angaben. Ferner ist in § 23 Nr. 2 MarkenG das Wort „insbesondere" enthalten, während Art. 6 Abs. 1 lit. b) MarkenRL die Formulierung „oder über andere Merkmale der Ware oder Dienstleistung" gebraucht. Beide Formulierungen dienen offensichtlich dazu, den genannten Angaben beispielhaften Charakter zu geben. Weiterhin nennt § 23 Nr. 2 MarkenG nicht die in Art. 6 Abs. 1 lit. b) MarkenRL erwähnten Mengenangaben. Dies dürfte auf einem Redaktionsversehen beruhen[204]. Da die Menge nicht ohne weiteres als Merkmal oder Eigenschaft einer Ware oder Dienstleistung an-

---

203 Dazu 7. Kapitel, II.2.c.

204 Ströbele/*Hacker*, MarkenG, § 23 Rn. 1; *Fezer*, MarkenR, § 23 MarkenG Rn. 3; *Ingerl/Rohnke*, MarkenG, § 23 Rn. 65; HK-MarkenR/*von Hellfeld*, § 23 MarkenG Rn. 11.

gesehen werden kann, bedarf es insoweit einer korrigierenden, richtlinienkonformen Auslegung[205].

Schließlich beginnt der Nebensatz, der in Art. 6 Abs. 1 lit. c) MarkenRL / § 23 Nr. 3 MarkenG das Tatbestandsmerkmal der Notwendigkeit enthält, in der Richtlinie mit „falls", im MarkenG mit „soweit". Das könnte bei der Auslegung dieses Tatbestandsmerkmals von Bedeutung sein[206].

bb. Unterschiede im Unlauterkeitsvorbehalt

Die jeweils letzten, für alle Fallgruppen geltenden Satzteile unterscheiden sich rein vom Wortlaut her deutlich voneinander: § 23 MarkenG stellt darauf ab, dass die Benutzung „nicht gegen die guten Sitten verstößt", Art. 6 Abs. 1 MarkenRL darauf, dass die Benutzung „den anständigen Gepflogenheiten in Gewerbe oder Handel entspricht".

(1) „Gute Sitten" und „anständige Gepflogenheiten in Gewerbe oder Handel"

Der Gesetzesbegründung zu § 23 MarkenG ist nicht zu entnehmen, weshalb der Wortlaut der Richtlinie nicht übernommen wurde. Es wird lediglich festgestellt, gemeinsame Voraussetzung der drei Fallgruppen des § 23 MarkenG sei, „dass die Benutzung nicht gegen die guten Sitten verstößt, also im Einklang mit den Grundsätzen des lauteren Wettbewerbs steht"[207].

Anzunehmen ist, dass der deutsche Gesetzgeber die „guten Sitten" anstelle der „anständigen Gepflogenheiten" verwendet hat, um den wettbewerbsrechtlichen Charakter des Unlauterkeitsvorbehalts zum Ausdruck zu bringen und um an den Sittenwidrigkeitsbegriff des § 1 UWG a.F. anknüpfen zu können. Offenbar sollte eine einheitliche Gesetzesterminologie erreicht werden[208]. Zur Zeit des Erlas-

---

205 Ströbele/*Hacker*, MarkenG, § 23 Rn. 1; *Fezer* will ebenfalls eine richtlinienkonforme Auslegung vornehmen, fasst die Mengenangaben dabei aber unter die sonstigen Produktmerkmalsbezeichnungen (*Fezer*, MarkenR, § 23 MarkenG Rn. 3).

206 Dazu 8. Kapitel, II.2.

207 Amtl. Begr. zum Reg-Entw. des Markenrechtsreformgesetzes, BT-Drucks. 12/6581, S. 53, 80.

208 Auch in § 100 MarkenG, der für geographische Herkunftsangaben bestehenden Schutzschranke, hat der deutsche Gesetzgeber den Begriff der guten Sitten gewählt, obwohl in Art. 15 Abs. 2 MarkenRL, der mit § 100 MarkenG umgesetzt wird, der Begriff der anständigen Gepflogenheiten in Gewerbe oder Handel verwendet wird.

ses des MarkenG war nämlich der Begriff der guten Sitten[209] für das gesamte Recht gegen den unlauteren Wettbewerb von konstituierender Bedeutung[210] und der Zentralbegriff des UWG schlechthin[211]. Hätte der Gesetzgeber eine nicht nur „gesetzesoptisch" motivierte, sondern auch inhaltlich von Art. 6 Abs. 1 MarkenRL abweichende Umsetzung vornehmen wollen, hätte er darauf in der Gesetzesbegründung hinweisen müssen[212].

Das heißt – so viel sei vorweggenommen – aus der Verwendung der abweichenden Termini „gute Sitten" und „anständige Gepflogenheiten in Gewerbe oder Handel" ergeben sich keine inhaltlichen Unterschiede[213].

(2) „Nicht verstößt" und „entspricht"

§ 23 MarkenG formuliert negativ, dass die Benutzung zulässig ist, sofern sie nicht gegen die guten Sitten verstößt, Art. 6 Abs. 1 MarkenRL positiv, dass die Benutzung zulässig ist, sofern sie den anständigen Gepflogenheiten in Gewerbe oder Handel entspricht. Der deutsche Gesetzgeber formulierte die Unlauterkeit also als rechtshindernde Ausnahme, der europäische Richtliniengeber stellte die Lauterkeit als zusätzliches Tatbestandsmerkmal dar[214].

---

209 Mit der UWG-Novelle im Jahr 2004 wurde der Begriff der guten Sitten durch den der Unlauterkeit ersetzt. Nach dem Willen des Gesetzgebers sollte damit keine inhaltliche Änderung verbunden sein, sondern nur eine Anpassung an den internationalen Sprachgebrauch vorgenommen werden. Gleichwohl waren mit der Begriffsänderung durchaus einschneidende Änderungen verbunden (Gloy/Loschelder/Erdmann/*Lubberger*, Hdb. WettbR, § 44 Rn. 2).

210 Vgl. etwa Köhler/*Piper*, UWG [3. Aufl.], § 1 Rn. 1 ff. § 1 UWG a.F. lautete: „Wer im geschäftlichen Verkehr zu Zwecken des Wettbewerbs Handlungen vornimmt, die gegen die guten Sitten verstoßen, kann auf Unterlassung und Schadensersatz in Anspruch genommen werden."

211 *Gloy*/Loschelder, Hdb. WettbR [3. Aufl.], Anhang zu § 14 Rn. 1.

212 *Wolf*, Die Schutzschranke des § 23 MarkenG, S. 172.

213 Z.B. BGH GRUR 2008, 798, 799 (Tz. 17) – *POST*; *Fezer*, MarkenR, § 23 MarkenG Rn. 3; Ströbele/*Hacker*, MarkenG, § 23 Rn. 1

214 *Ingerl/Rohnke*, MarkenG, § 23 Rn. 127. Entsprechend ist in den EuGH-Entscheidungen stets auch von dem Tatbestandsmerkmal „der den anständigen Gepflogenheiten in Gewerbe oder Handel entsprechenden Benutzung" die Rede, vgl. nur EuGH GRUR 2007, 971, 975 (Tz. 33 f.) – *Céline*. Die deutschen Gerichte übernehmen allerdings oft die Formulierung des EuGH und stellen den Unterschied nicht klar heraus (z.B. BGH, Urteil vom 5.6.2008, Az.: I ZR 108/05 – *CITY POST* [BeckRS 2008, 13487], in Tz. 23 heißt es: „Das Tatbestandsmerkmal des Verstoßes gegen die guten Sitten").

Ein Unterschied könnte sich daraus für die Darlegungs- und Beweislast ergeben. Nach der Richtlinie ist die Darlegungs- und Beweislast so verteilt, dass der Dritte sowohl die Voraussetzungen eines der Tatbestände als auch die des Unlauterkeitsvorbehalts darlegen und beweisen muss. Nach dem Wortlaut des § 23 MarkenG ist die Darlegungs- und Beweislast so verteilt, dass der Dritte die Voraussetzungen des § 23 MarkenG darlegen und beweisen, der Kennzeicheninhaber aber die Umstände einer Sittenwidrigkeit darlegen und beweisen muss. Der deutsche Gesetzgeber hat die Darlegungs- und Beweislast damit innerhalb der Schranke des § 23 MarkenG „aufgespalten“[215].

Kritiker dieser „aufgespaltenen“ Verteilung argumentieren, sie sei unpraktikabel, da einzelne Umstände sowohl für die Frage einer beschreibenden Benutzung als auch für die Lauterkeit von Bedeutung sein könnten[216]. Der Dritte müsse auch für die Schranken-Schranke der Unlauterkeit die Darlegungs- und Beweislast tragen.

Das von den Kritikern angeführte Argument reicht nicht aus, um eine Verteilung der Darlegungs- und Beweislast entgegen dem eindeutigen Wortlaut des § 23 MarkenG bejahen zu können. Der deutsche Gesetzgeber hat sich dafür entschieden, die Unlauterkeit negativ zu formulieren und die diesbezügliche Darlegungs- und Beweislast damit dem Kennzeicheninhaber aufzuerlegen. Dass der deutsche Gesetzgeber hinsichtlich der Beweislastverteilung nicht an die MarkenRL gebunden war, ergibt sich aus dem letzten Satz des 11. Erwägungsgrunds der kodifizierten MarkenRL[217].

b. Unterschiede zu § 16 WZG

Der wesentliche Unterschied zwischen § 16 WZG und § 23 MarkenG ist der in § 23 MarkenG a.E. enthaltene, einzelfallbezogene Unlauterkeitsvorbehalt. Mit Erlass des § 23 MarkenG sollte es ausdrücklich nicht mehr auf die kennzei-

---

215 So auch OLG Frankfurt, Urteil vom 14.1.2010, Az. 6 U 114/09 (juris; Tz. 25) – *Fabergé*; HK-MarkenR/*von Hellfeld*, § 23 MarkenG Rn. 15; *Ingerl/Rohnke*, MarkenG, § 23 Rn. 127; Ströbele/*Hacker*, MarkenG, § 23 Rn. 7; anders im Übrigen bei § 24 MarkenG, wo der als Markenverletzer in Anspruch Genommene grundsätzlich die Darlegungs- und Beweislast auch für den Eintritt der Erschöpfung trägt, vgl. BGH GRUR 2004, 156, 157 – *stüssy II*; BGH GRUR 2000, 879, 880 – *stüssy I;* gebilligt durch EuGH GRUR 2003, 512, 514 – *stüssy*; *Ingerl/Rohnke*, MarkenG, § 24 Rn. 88 ff.; Ströbele/*Hacker*, MarkenG, § 24 Rn. 35 ff.

216 von Schultz/*Stuckel*, MarkenR, § 23 Rn. 6.

217 Gleichlautend der 10. Erwägungsgrund der RL 89/104/109; *Ingerl/Rohnke*, MarkenG, § 23 Rn. 127; *Lange*, Marken- und Kennzeichenrecht, Rn. 2317.

chenmäßige oder nicht kennzeichenmäßige Verwendung ankommen. Wie der Gesetzesbegründung zu entnehmen ist, soll ferner das Vorliegen von Verwechslungsgefahr allein nicht ausreichen, um die Benutzung als unlauter erscheinen zu lassen. Es komme vielmehr auf eine Würdigung aller Umstände des Einzelfalls an[218]. Der Gesetzgeber führte also einen lauterkeitsrechtlichen Begriff und damit lauterkeitsrechtliche Wertungen in das Markenrecht ein.

Ein weiterer Unterschied zu § 16 WZG besteht darin, dass § 23 MarkenG nicht die Benutzung der „Firma“ privilegiert, sondern nur die des „Namens“. Die Einbeziehung der Firma in § 16 WZG war allgemein als verfehlt angesehen worden[219]. Der Gebrauch einer Firma durch einen Dritten soll nach der Gesetzesbegründung (nur) dann zulässig sein, wenn die mit dem geschützten Zeichen identische oder verwechslungsfähige Firma des Dritten dessen Familiennamen (Nachnamen) enthält[220]. Der Begriff „Wohnung“ in § 16 WZG wurde durch den der „Anschrift“ ersetzt.

Schließlich besteht ein Unterschied zu § 16 WZG darin, dass notwendige Bestimmungsangaben, insbesondere für Ersatzteile und Zubehör, in § 23 Nr. 3 MarkenG als zulässig anerkannt werden.

---

218 Amtl. Begr. zum Reg.-Entw. des Markenrechtsreformgesetzes, BT-Drucks. 12/6581, S. 53, 80.

219 Vgl. Amtl. Begr. zum Reg.-Entw. des Markenrechtsreformgesetzes, BT-Drucks. 12/6581, S. 53, 80.

220 Amtl. Begr. zum Reg.-Entw. des Markenrechtsreformgesetzes, BT-Drucks. 12/6581, S. 53, 80.

3. Kapitel:

Grundlegendes zu § 23 MarkenG

I. Rechtsnatur

Zu untersuchen ist die Rechtsnatur des § 23 MarkenG. Es stellen sich mehrere Fragen: Eine Frage ist, ob es sich tatsächlich um eine – wie bislang angenommen – Schrankenbestimmung handelt (dazu 1.). Eine weitere Frage ist, ob die Regelung dem Dritten ein Abwehrrecht für den Fall des Angriffs des Kennzeicheninhabers oder darüber hinaus ein positives (selbständiges) Benutzungsrecht gegenüber dem Kennzeicheninhaber einräumt (dazu 2.).

1. Schrankenbestimmung oder negative Geltungsanordnung?

Trotz der aufgrund der systematischen Stellung zunächst selbstverständlich erscheinenden Einordnung des § 23 MarkenG als Schutzschranke stellt sich die Frage, ob es sich bei § 23 MarkenG nicht vielmehr um eine „negative Geltungsanordnung“ und damit um einen Teil der Verletzungstatbestände der §§ 14, 15 MarkenG[221], quasi um eine „systemimmanente Schranke[222]“ oder eine „Immanenzschranke“[223] handelt[224].

Sehr häufig[225] ist es nämlich so: Der Tatbestand einer gesetzlichen Regelung ist so weit gefasst, dass er auch Sachverhalte erfasst, für die er nicht gelten soll. In

221 *Ingerl/Rohnke* z.B. überlegen, ob der EuGH Art. 6 Abs. 1 MarkenRL möglicherweise gar nicht in einem prüfungssystematisch nachgelagerten Sinn versteht, sondern lediglich als Ausprägung tatbestandsimmanent ohnehin geltender Beschränkungen des Begriffs der rechtsverletzenden Benutzung, die nur wegen ihrer besonderen Bedeutung in der Praxis und für den Gemeinsamen Markt gesondert kodifiziert wurden. Nach ihrer Ansicht scheint der EuGH zu einer im Ergebnis tatbestandsintegrierenden Anwendung des § 23 MarkenG / Art. 6 MarkenRL zu neigen (*Ingerl/Rohnke*, MarkenG, § 23 Rn. 2).

222 So bezeichnet von Generalanwältin *Stix-Hackl* in ihren Schlussanträgen vom 10.7.2003, Rs. C-1/02 – Gerolsteiner/Putsch(BeckEuRS 2003, 278028 [Fn. 12]).

223 Diesen Begriff gebraucht *Fezer* für Art. 6 MarkenRL und Art. 12 GMV (MarkenR, § 14 MarkenG Rn. 48).

224 Streitig ist das – durchaus vergleichbar – etwa im PatG bezüglich der Regelung des § 11 Nr. 2 PatG, der Ausnahme der Wirkung des Patents bei Handlungen zu Versuchszwecken. Vgl. Benkard/*Scharen*, PatG, § 11 Rn. 2 m.w.N.

225 Beispielhaft sei der gutgläubige Eigentumserwerb im BGB genannt: Zu den Voraussetzungen des gutgläubigen Eigentumserwerbs gemäß § 932 BGB gehört auch, dass

einer weiteren Regelung – sei es in einem folgenden Absatz oder in einem eigenen Paragraphen – wird die Regelung eingeschränkt. Das kann etwa dadurch geschehen, dass die Regelung unter bestimmten Voraussetzungen für nicht anwendbar erklärt oder dadurch, dass die Ausübung des Rechts bestimmten Beschränkungen unterworfen wird. Diese Regelungstechnik führt dazu, dass die wahre, gewollte Reichweite der Regelung erst dann erkennbar wird, wenn man die im Gesetz enthaltenen Beschränkungen hinzunimmt. Der eigentliche Regelungsgehalt ergibt sich also erst aus der Verbindung der positiven Geltungsanordnung mit den sie wieder einschränkenden negativen Geltungsanordnungen[226].

Der Grund für den Gesetzgeber, in dieser Weise zu verfahren, kann schlicht darin liegen, dass die Aufnahme aller einschränkenden Merkmale schon in den Tatbestand der positiven Geltungsanordnung eine schwerfällige, unschöne oder gar unverständliche Regelung ergeben würde. Der Grund kann auch darin liegen, dass der Gesetzgeber durch das so entstehende Schema von „Regel" und „Ausnahme" zugleich die Beweislast regeln will[227].

Auch wenn die aufgeworfene Frage vornehmlich theoretischer Natur war und ist[228], soll ihr zur Vervollständigung der Untersuchung von § 23 MarkenG nachgegangen werden.

Dreh- und Angelpunkt der Überlegungen ist die Rechtstechnik des MarkenG im Vergleich zu der der MarkenRL / GMV. Die Rechtstechnik, mittels derer der Schutzinhalt des Markenrechts festgelegt wird, geht in MarkenRL und GMV dahin, die Wirkungen der (Gemeinschafts-)Marke im Sinne eines Ausschließlichkeitsrechts zu beschreiben. Art. 5 MarkenRL und Art. 9 GMV sind überschrieben mit „Rechte aus der (Gemeinschafts-)Marke"; sie legen den immaterialgüterrechtlichen Schutzinhalt der (Gemeinschafts-)Marke fest. Gleichzeitig

---

die Sache dem Eigentümer nicht im Sinne des § 935 BGB abhanden gekommen ist. Das Gesetz hätte diese Voraussetzung, ebenso wie das Fehlen des guten Glaubens, in Gestalt eines negativen Tatbestandsmerkmals in den Tatbestand des § 932 BGB mit aufnehmen können. Da aber dieses negative Merkmal seinerseits durch § 935 Abs. 2 BGB eingeschränkt (und damit für die in diesem Absatz genannten Fälle die ursprüngliche Regel des § 932 wieder in Geltung gesetzt) wird, würde sich ein sprachlich schwer durchschaubares Gebilde ergeben, wollte man dies alles in einem einzigen Satz zum Ausdruck bringen. Das Gesetz bedient sich daher der Ausdrucksform einer zweifachen negativen Geltungsanordnung, wobei die zweite wiederum die erste einschränkt (vgl. *Larenz*, Methodenlehre der Rechtswissenschaft, S. 148).

226 *Larenz*, Methodenlehre der Rechtswissenschaft, S. 147 f.

227 *Larenz*, Methodenlehre der Rechtswissenschaft, S. 147.

228 So lässt etwa auch Generalanwältin *Stix-Hackl* in ihren Schlussanträgen vom 10.7.2003, Rs. C-1/02 – Gerolsteiner/Putsch (BeckEuRS 2003, 278028 [Fn. 12]) dahinstehen, ob es sich bei Art. 6 MarkenRL um „Ausnahmen zu den Rechten aus Art. 5 der MarkenRL" oder um „systemimmanente Schranken" handelt.

werden die „Wirkungen“ der (Gemeinschafts-)Marke einschränkend bestimmt durch Art. 6 MarkenRL und Art. 12 GMV. Beide Regelungen sind überschrieben mit „Beschränkungen der Wirkungen“ der (Gemeinschafts-)Marke. Der Schutzinhalt der (Gemeinschafts-)Marke bestimmt sich damit nach dem gemeinsamen Anwendungsbereich der Art. 5 und 6 MarkenRL bzw. der Art. 9 und 12 GMV. Die Regelungen der Art. 6 MarkenRL und des Art. 12 GMV sind daher Immanenzschranken des Rechts aus der (Gemeinschafts-)Marke[229] bzw. negative Geltungsanordnungen.

Für das MarkenG wurde eine abweichende Regelungstechnik gewählt. Es existiert keine Vorschrift, die die Rechte aus der Marke, vergleichbar mit Art. 5 MarkenRL und Art. 9 GMV, normiert. Der Schutzinhalt der Marke wird vielmehr in den Verletzungstatbestand des § 14 MarkenG eingekleidet. Die Regelung des § 23 MarkenG als Schranke des Schutzes der Marke wird davon – bereits „örtlich“ – deutlich unterschieden. Es besteht kein derart enger Zusammenhang wie in der MarkenRL und der GMV. Die im MarkenG bewusst gewählte, unterschiedliche Regelungstechnik zeigt, dass § 23 MarkenG keine Immanenzschranke des Verletzungstatbestands, sondern eine selbständige Schrankenbestimmung darstellt.

In der Wirkung stimmen die Immanenzschranken des Art. 6 MarkenRL und Art. 12 GMV einerseits und die selbständige Schranke des § 23 MarkenG andererseits jedoch überein. Weder bezüglich des materiell-rechtlichen Ergebnisses noch hinsichtlich des Ziels der jeweils zwei Normen besteht ein Unterschied: Aufgabe und Ergebnis ist jeweils, den Schutzinhalt der Marke zu bestimmen.

2. Abwehrrecht oder Benutzungsrecht?

Die zweite Frage, die sich in Bezug auf die Rechtsnatur von § 23 MarkenG stellt ist, ob die Vorschrift dem Dritten ein positives Benutzungsrecht[230] oder (lediglich) ein Abwehrrecht gegen den Verletzungsanspruch des Kennzeicheninhabers einräumt. Die Frage ist vornehmlich theoretischer und fast „philosophischer“

---

229 So auch *Fezer*, MarkenR, § 14 MarkenG Rn. 48.

230 Den Schlussanträgen der Generalanwältin *Stix-Hackl* vom 10.7.2003, Rs. C-100/02 Gerolsteiner/Putsch (BeckEuRS 2003, 278028 [Tz. 29]) beispielsweise ist zu entnehmen, dass die Klägerin des Verfahrens, die Gerolsteiner Putsch GmbH & Co, erklärt hat, Art. 6 Abs. 1 lit. b) MarkenRL könne nicht als Schranke des Verbotsrechts nach Art. 5 MarkenRL angesehen werden, sondern gewähre ein eigenständiges, vom Verbotsrecht des Art. 5 MarkenRL gänzlich unabhängiges Benutzungsrecht. Generalanwältin *Stix-Hackl* hält diese Frage für unerheblich, vgl. Fn. 12 der Schlussanträge.

Natur. Ob die Benutzung des freigestellten Zeichens „nicht verboten“ oder „erlaubt“ ist, macht im Ergebnis keinen Unterschied.

Bezüglich der bereits erörterten Regelungen des § 13 WbzG sowie des § 16 WZG waren Rechtsprechung und Literatur einhellig davon ausgegangen, dass die beiden Vorschriften kein echtes Benutzungsrecht, sondern (nur) ein Abwehrrecht bieten, das als prozessualer Einwand geltend gemacht werden konnte[231]. Die Vorschriften hinderten den Dritten nur nicht, persönliche und sachliche Angaben im geschäftlichen Verkehr zu verwenden. Sie dienten allein der Verteidigung, nicht aber dem Angriff[232]. Der Dritte sollte aus § 13 WbzG / § 16 WZG mithin keinen Anspruch auf Löschung des geschützten Zeichens oder ein Recht auf Eintragung des eigenen Zeichens herleiten können[233].

Eine von § 13 WbzG und § 16 WZG abweichende Rechtsnatur misst *Fezer* der Regelung des § 23 MarkenG bei. Er führt aus, nach der Rechtslage im MarkenG sei davon auszugehen, dass jedem Wettbewerber ein „Recht zur Benutzung“ der persönlichen und sachlichen Angaben im Sinne des § 23 MarkenG im geschäftlichen Verkehr zustehe[234]. Zur Begründung verweist *Fezer* auf den Wegfall des in § 16 WZG enthaltenen Erfordernisses des warenzeichenmäßigen Gebrauchs hin. Durch § 23 MarkenG werde einem Dritten die Verwendung einer beschreibenden Angabe innerhalb des redlichen Geschäftsverkehrs gestattet, auch dann, wenn sie kennzeichenmäßig erfolge.

Keller spricht bei § 23 MarkenG von einem „allgemeinen Erlaubnistatbestand“[235]. Diese Formulierung könnte den Schluss nahelegen, dass er § 23 MarkenG als positives Benutzungsrecht des Dritten ansieht[236]. Dem Kontext der Ausführungen ist aber zu entnehmen, dass *Keller* § 23 MarkenG doch (lediglich) als Abwehrrecht gegen die Unterlassungsansprüche – und zwar gegen sämtliche, auch die aus § 823 BGB und § 1 UWG a.F. – des Kennzeicheninhabers ansieht.

---

231 Vgl. *Pinzger/Heinemann*, Das Deutsche Warenzeichenrecht, § 13 Anm. I.2; *von Gamm*, WZG, § 16 Rn. 3; *Busse/Starck*, WZG, § 16 Rn. 2 sprechen zwar insoweit verwirrend zunächst von „nur Erlaubnis zum Gebrauch“, stellen dann aber fest, bei § 16 WZG handele es sich um „kein positives Recht“, sondern lediglich um eine Einschränkung des Verbotsrechts des Zeicheninhabers, um ein Verteidigungsrecht gegen dessen Angriff.

232 *Pinzger*, WZG, § 16 Anm. 2.

233 *von Gamm*, WZG, § 16 Rn. 3; *Busse/Starck*, WZG, § 16 Rn. 2; *Pinzger/Heinemann*, Das Deutsche Warenzeichenrecht, § 13 Anm. I.2.

234 *Fezer*, MarkenR, § 23 MarkenG Rn. 9; *Fezer*, WRP 1996, 973.

235 *Keller*, GRUR 1996, 607, 611.

236 So *Wolf*, Die Schutzschranke des § 23 MarkenG, S. 38.

Die Kommentierung von *von Hellfeld* ist so zu verstehen, als ob er § 23 MarkenG als ein positives Benutzungsrecht einräumend versteht. Er schreibt nämlich, § 23 MarkenG räume „dem redlichen Gewerbetreibenden das Recht ein, [...]“[237].

Andere Autoren in der Literaturliteratur gehen davon aus, dass § 23 MarkenG lediglich ein Abwehrrecht gibt[238].

In der Rechtsprechung wird, soweit ersichtlich, § 23 MarkenG stets nach der Prüfung eines Verletzungstatbestandes angesprochen. Geprüft wird, ob er dem Verletzungsanspruch entgegensteht. Das zeigt: § 23 MarkenG wird als (reines) Abwehrrecht gegen den (bejahten oder offen gelassenen) Anspruch des Kennzeicheninhabers verstanden. Die von den Gerichten verwendeten Begriffe „Schutzschranke“ oder „Erlaubnistatbestand“ sind dabei jedoch nicht immer einheitlich und scheinen manchmal geradezu wahllos nebeneinander zu stehen.

Für die Annahme lediglich eines Abwehrrechts sprechen zunächst Perspektive und Wortlaut der Vorschrift. § 23 MarkenG nimmt seinen Ausgangpunkt beim Inhaber der Marke oder geschäftlichen Bezeichnung. Das Verbotsrecht soll bestimmte, unter § 23 MarkenG fallende Angaben nicht erfassen; der Schutzumfang soll beschränkt werden. Entsprechend darf der Kennzeicheninhaber dem Dritten nicht untersagen, die in § 23 MarkenG genannten Angaben zu benutzen. Zum Erreichen dieses Ziels reicht es aus, dem Dritten ein Abwehrrecht gegen das Verbotsrecht des Kennzeicheninhabers einzuräumen. Ein positives (selbständiges) Benutzungsrecht des Dritten ist nicht erforderlich und schösse über das angestrebte Ziel hinaus. Hätte dem Dritten ein weitergehendes, positives Recht eingeräumt werden sollen, hätte die Vorschrift im Übrigen „Der Dritte hat das Recht, die genannten Angaben im Einklang mit den guten Sitten zu benutzen“[239] lauten können bzw. müssen.

Für die Beibehaltung der zu § 16 WZG einhellig vertretenen Auffassung spricht ferner der Vergleich des Wortlauts: Nach § 16 WZG sollte durch die Eintragung eines Warenzeichens niemand daran gehindert werden, das jeweilige Zeichen zu gebrauchen. Diese weite und weiche Formulierung lässt eher an ein positives Benutzungsrecht denken als die Formulierung des § 23 MarkenG („nicht das Recht, einem Dritten zu untersagen“). Wenn schon § 16 WZG (nur) als reines Abwehrrecht verstanden wurde, muss das erst recht für § 23 MarkenG gelten.

237 HK-MarkenR/*von Hellfeld*, § 23 MarkenG Rn. 13.
238 Z.B. *Ingerl/Rohnke*, MarkenG, § 23 Rn. 8.
239 So auch *Wolf*, Die Schutzschranke des § 23 MarkenG, S. 38 f.

Aus der Rechtsnatur als reines Abwehrrecht folgt auch, dass § 23 MarkenG nichts darüber aussagt, unter welchen Voraussetzungen die Angabe (weitergehend) in Alleinstellung, aus ihr gebildete Abwandlungen oder mit ihr gebildete Kombinationen ihrerseits als Marke eingetragen werden oder anderweitig im Verhältnis zu weiteren Dritten Kennzeichenschutz erlangen können. Insoweit kommt es allein auf die §§ 3, 4, 5 und 8 MarkenG an[240]. Ob § 23 MarkenG auf deren Auslegung „ausstrahlt“, wird unter III.2. erörtert.

II. Normzweck

§ 23 MarkenG beruht, wie ausgeführt, auf einer für das gesamte Kennzeichenrecht elementaren Interessenabwägung. Das vom MarkenG grundsätzlich umfassend geschützte Interesse des Kennzeicheninhabers an einer möglichst weitgehenden Monopolisierung seines Kennzeichens im geschäftlichen Verkehr muss zurücktreten, soweit die Benutzung bestimmter Zeichen unmöglich wäre, auf die Dritte angewiesen sind oder an denen zumindest im konkreten Verwendungsfall ein die Interessen des Kennzeicheninhabers überwiegendes Nutzungsinteresse Dritter anzuerkennen ist. Insoweit dient § 23 MarkenG zunächst Individualinteressen. Gleichzeitig dient § 23 MarkenG dem Allgemeininteresse an der freien Verwendbarkeit bestimmter Angaben zur ungehinderten Abwicklung des Geschäftsverkehrs. Zur ungehinderten Abwicklung trägt unter anderem bei, wenn die Marktgegenseite überhaupt und möglichst leicht verständlich informiert wird.

Weitere Gemeinsamkeiten zwischen den Tatbeständen der Nr. 1 bis 3 des § 23 MarkenG hinsichtlich des Normzwecks bestehen nicht. Die drei Tatbestände beruhen auf verschiedenen Gedanken und verfolgen einen jeweils speziellen Zweck[241]. Die Details werden im Rahmen der einzelnen Tatbestände dargestellt. Erreicht wird der übergeordnete Normzweck dadurch, dass der das geschützte Kennzeichen benutzende Dritte von den Verletzungsansprüchen des Kennzeicheninhabers freigestellt wird, im Ergebnis damit keine (verfolgbare) Rechtsverletzung vorliegt. Der BGH spricht zuweilen von einer „privilegierten Benutzung“[242].

Aus spezifisch gemeinschaftsrechtlicher Sicht dient § 23 MarkenG in Umsetzung von Art. 6 MarkenRL dazu, die grundsätzlichen Interessen des Marken-

---

240 *Ingerl/Rohnke*, MarkenG, § 23 Rn. 8.

241 Für die Details wird auf die Erörterungen im Rahmen der einzelnen Tatbestände verwiesen (6. Kapitel, I.; 7. Kapitel, I.1.; 8. Kapitel, I.1.).

242 Z.B. BGH GRUR 2007, 65, 67 (Tz. 21) – *Impuls*; BGH GRUR 2005, 163, 164 – *Aluminiumräder*.

schutzes einerseits und den freien Warenverkehr sowie die Dienstleistungsfreiheit im Gemeinsamen Markt andererseits in der Weise in Einklang zu bringen, dass das Markenrecht seine Rolle als wesentlicher Teil eines Systems unverfälschten Wettbewerbs dienen kann, das im Rahmen der EU errichtet und aufrechterhalten werden soll[243].

III. Anwendungsbereich des § 23 MarkenG

Nachfolgend soll der Anwendungs- bzw. Einwirkungsbereich des § 23 MarkenG abgesteckt werden. Ausgehend von seinem direkten, unmittelbaren Anwendungsbereich im Verletzungsverfahren wird untersucht, ob § 23 MarkenG in anderen Verfahren (analog) angewendet werden kann bzw. ob er – im Falle der Verneinung seiner Anwendbarkeit – dennoch mittelbar von Bedeutung ist.

1. Direkter, unmittelbarer Anwendungsbereich im Verletzungsprozess

Sowohl die systematische Stellung des § 23 MarkenG als auch der Wortlaut der Norm („hat nicht das Recht, einem Dritten zu untersagen“) zeigen, dass der direkte, unmittelbare Anwendungsbereich des § 23 MarkenG im Verletzungsverfahren liegt.

2. „Vorauseilende Berücksichtigung“ im Eintragungsverfahren?

Sind im Rahmen des Eintragungsverfahrens[244] nach Einreichung der Anmeldung einer Marke alle formellen Anmeldeerfordernisse erfüllt bzw. festgestellte Mängel behoben, tritt das DPMA – die im Einzelfall zuständige Markenstelle – in die Prüfung der materiellen Schutzfähigkeit der Marke ein. Gegenstand der Schutzfähigkeitsprüfung ist erstens, ob das als Marke angemeldete Zeichen überhaupt geeignet ist, eine Marke zu sein (sog. Markenfähigkeit, § 3 Mar-

---

243 So der EuGH in ständiger Rechtsprechung, z.B. EuGH GRUR 2008, 503, 505 (Tz. 45) – *adidas/Marca Mode*; EuGH GRUR 2005, 509, 511 (Tz. 29) – *Gillette*; EuGH GRUR 2004, 234, 235 (Tz. 16) – *Gerolsteiner/Putsch*; EuGH GRUR Int. 1999, 438, 442 (Tz. 62) – *BMW*.

244 Auch wenn im MarkenG das (der Eintragung nachgeschaltete) Widerspruchsverfahren noch zum Eintragungsverfahren gehört, soll nachfolgend der Einfachheit halber mit „Eintragungsverfahren“ der Zeitraum von der Anmeldung bis zur Eintragung, mit „Widerspruchsverfahren“ der Zeitraum nach Einlegung eines Widerspruchs bezeichnet werden.

kenG), zweitens, ob der Anmeldung sog. absolute Schutzhindernisse im Sinne von § 8 MarkenG[245] entgegenstehen[246], sowie drittens, ob festgestellte absolute Schutzhindernisse, soweit dies möglich ist, durch Verkehrsdurchsetzung überwunden sind (§ 8 Abs. 3 MarkenG)[247].

Dabei ist eine Einwirkung des § 23 MarkenG auf das Prüfungsverfahren, namentlich auf die Prüfung der absoluten Schutzhindernisse, in zweierlei Hinsicht denkbar: Zum einen könnte das Bestehen der Möglichkeit der Freistellung von markenrechtlichen Ansprüchen über die Schutzschranke des § 23 MarkenG auf den Prüfungs*umfang*, verstanden als die formell-rechtliche Seite, die Intensität der Prüfung (summarisch oder streng und umfassend) der absoluten Schutzhindernisse durch das DPMA bzw. die dessen Entscheidungen überprüfenden Gerichte (BPatG und BGH), einwirken. Zum anderen könnte § 23 MarkenG den Prüfungs*maßstab*, verstanden als die materiell-rechtliche Seite, die Auslegung der absoluten Schutzhindernisse, beeinflussen[248]. Sowohl bei der Festlegung des Prüfungsumfangs als auch bei der des Prüfungsmaßstabs könnte also eine im Ergebnis „anmelderfreundliche Prüfung" mit einem Verweis auf die spätere „Korrekturmöglichkeit" des § 23 MarkenG begründet und gerechtfertigt werden. Eine wie auch immer geartete Einwirkung könnte als „vorauseilende"[249] oder „vorweggenommene" Wirkung der Schutzschranke des § 23 MarkenG bezeichnet werden.

---

245 § 8 MarkenG setzt die bindenden Vorschriften der Art. 2 und 3 MarkenRL um. Art. 3 MarkenRL regelt die absoluten Schutzhindernisse als „Eintragungshindernisse" und zugleich als Ungültigkeitsgründe im Falle der Eintragung der Marke. Die GMV verwendet in Art. 7 GMV den Begriff „absolute Eintragungshindernisse"; das WZG verwandte in § 4 WZG den Begriff der „absoluten Versagungsgründe". Nachfolgend sollen all diese Begriffe, außer bei Zitaten, unter dem markengesetzlichen Begriff „absolute Schutzhindernisse" zusammengefasst werden.

246 Bei dem Erfordernis der graphischen Darstellbarkeit einer Marke, § 8 Abs. 1 MarkenG, handelt es sich entgegen der Einordnung durch den Gesetzgeber des MarkenG nicht um ein absolutes Schutzhindernis. Entsprechend ist es in der MarkenRL in Art. 2 auch als zwingendes Erfordernis der Markenfähigkeit normiert. Es wurde im MarkenG in § 8 MarkenG deswegen aufgenommen, um der Grundkonzeption des MarkenG, einen einheitlichen Markenbegriff für eingetragene Marken und Benutzungsmarken zu verwenden (§ 4 Nr. 1 und Nr. 2 MarkenG), gerecht zu werden (*Ströbele*/Hacker, MarkenG, § 8 Rn. 40).

247 Das DPMA tritt insoweit mangels subjektiver Rechtspositionen als Sachwalter des Allgemeininteresses auf. Seine Aufgabe in diesem Stadium ist, einen von ungerechtfertigten Monopolen freien Wettbewerb, eine Balance zwischen Monopol und Wettbewerbsfreiheit zu schaffen (vgl. *Hacker*, GRUR 2001, 630 ff.).

248 Diese Unterscheidung trifft auch der BGH z.B. in seinem Beschluss „*My World*" (GRUR 2009, 949, 950 [Tz. 11] mit Hinweis auf *Rohnke*, MarkenR 2006, 480, 482 sowie a.A. *Ströbele*, GRUR 2005, 93, 96 f.).

249 Ausdruck von *Eisenführ* (Eisenführ/Schennen, GMV, Art. 7 Rn. 138).

Wolf bezeichnet die eventuelle Einwirkung des § 23 MarkenG auf das Eintragungsverfahren als „Ausstrahlungswirkung“ der in § 23 MarkenG verkörperten Rechtsgedanken auf Regelungen außerhalb ihres eigentlichen Anwendungsbereichs. Für die Bejahung einer solchen Ausstrahlungswirkung müsse keine analogiebegründende Gesetzeslücke festgestellt werden, an deren Fehlen die analoge Anwendbarkeit des § 23 MarkenG zumindest auch scheitere[250]. Methodologisch ordnet *Wolf* die eventuelle Ausstrahlungswirkung als „teleologisch-gesamtfunktionale Normzweckexpansion“ ein[251].

a. Rechtsprechung von EuGH, BGH und BPatG

Der EuGH ging stets davon aus, dass sowohl Prüfungsumfang als auch Prüfungsmaßstab unabhängig von den Schutzschranken der MarkenRL zu bestimmen seien. Er hob in seinen Urteilen zum einen immer wieder hervor, das System der MarkenRL beruhe auf einer Kontrolle *vor* der Eintragung, auch wenn es überdies eine nachträgliche Kontrolle vorsehe[252]. Eine sorgfältige Prüfung der Schutzfähigkeit könne nicht auf nachgelagerte Verfahren verschoben werden. Den Verweis auf die nachträgliche Kontrolle bezieht der EuGH zwar primär auf die Möglichkeit nachträglicher Löschungsverfahren, er muss aber im Hinblick auf die Risiken eines Beklagten in einem Verletzungsprozess erst recht gelten[253]. Die Prüfung der Eintragungshindernisse, die bei Stellung des Antrags vorgenommen werde, müsse – so der EuGH – eingehend und umfassend sein, um zu verhindern, dass Marken zu Unrecht eingetragen werden[254]. Der Prüfung seien alle relevanten Tatsachen zugrunde zu legen, und auch die Eigenschaften der Marke, deren Eintragung begehrt wird, seien zu berücksichtigen. Dazu gehörten die Art der Marke und, wenn es sich um eine Wortmarke handelt, ihre Bedeutung[255]. Zum anderen betonte der EuGH wiederholt die Unabhängigkeit der Auslegung der absoluten Schutzhindernisse von den Schrankenregelungen der MarkenRL, zunächst hinsichtlich der in § 23 Nr. 2 MarkenG umgesetzten Freistellung des lauteren Gebrauchs beschreibender Angaben[256], später hinsichtlich

250 *Wolf*, Die Schutzschranke des § 23 MarkenG, S. 50 f.
251 *Wolf*, Die Schutzschranke des § 23 MarkenG, S. 51.
252 EuGH GRUR 2004, 674, 680 (Tz. 123) – *Postkantoor*.
253 *Ingerl/Rohnke*, MarkenG, § 8 Rn. 202.
254 Vgl. z.B. EuGH GRUR 2003, 604, 607 f. – *Libertel* mit ausführlicher Begründung.
255 EuGH GRUR 2004, 674, 675 (Tz. 29 ff., 36) – *Postkantoor*.
256 EuGH GRUR 1999, 723, 726 (Tz. 28) – *Chiemsee*. Dort heißt es, Art. 6 Abs. 1 lit. b) MarkenRL habe „keinen ausschlaggebenden“ Einfluss auf die Auslegung des Art. 3 Abs. 1 lit. c) MarkenRL. Aus späteren Urteilen ergibt sich, dass der EuGH einen Einfluss insgesamt verneint (vgl. EuGH GRUR 2003, 604, 607 f. (Tz. 58 ff.)– *Libertel*; aus jüngerer Zeit EuGH GRUR Int. 2011, 400, 404 – *Technopol* [zur GMV]. Dort

der in § 23 Nr. 1 MarkenG umgesetzten Freistellung des lauteren Namensgebrauchs[257].

Lediglich ergänzend sei darauf hingewiesen, dass die Rechtsprechung des EuGH zum Benutzungsbegriff in dem Urteil „*L'Oréal/Bellure*"[258] und die dortige Anerkennung eines selbständigen rechtlichen Schutzes weiterer Funktionen der Marke neben der Herkunftsfunktion keine Auswirkungen auf die Beurteilung der absoluten Schutzfähigkeit im Eintragungsverfahren haben dürfte[259].

In der deutschen Rechtsprechung und Rechtspraxis erfolgte die Prüfung der absoluten Schutzhindernisse im Verlauf der Jahrzehnte höchst unterschiedlich. Die zunächst sehr „anmelderfreundliche" Rechtsprechung und Rechtspraxis wurde immer strenger und gipfelte schließlich in der sehr restriktiven sogenannten Polyestra-Doktrin[260]. Auf die Darstellung der Einzelheiten soll hier verzichtet werden[261]. Nachdem sich dieser sehr restriktive Prüfungsansatz allerdings als praktisch kaum durchführbar und untauglich erwiesen hatte, erfolgte die Prüfung von Markenanmeldungen auf Grundlage der Erkenntnis, den Anliegen der Konkurrenten bzw. der Allgemeinheit noch in den nachfolgenden Kollisionsverfahren Rechnung tragen zu können und zu müssen[262]. Zur Stützung und Absicherung dieser Erkenntnis verwies der BGH wiederholt auf die Schutzschranke des § 23

---

heißt es in Tz. 61: „Anders als die Klägerin zu meinen scheint, schränkt der Umstand, dass Art. 12 Buchst. b gewährleistet, dass jeder Wirtschaftsteilnehmer Angaben in Bezug auf die Merkmale der Waren oder Dienstleistungen frei verwenden kann, in keiner Weise die Reichweite von Art. 7 Abs. 1 Buchst. c ein" und in Tz. 62: „Da die in Art. 12 Buchst. b der Verordnung Nr. 40/94 aufgestellte Regel nicht in die Anwendung von Art. 7 Abs. 1 Buchst. c der Verordnung einzubeziehen ist, ist das auf die Existenz eines Zusammenspiels zwischen diesen beiden Bestimmungen gestützte Vorbringen unbegründet". Damit dürfte im Übrigen auch die Verwirrung, die das Urteil des EuGH „*Baby Dry*" (GRUR 2001, 1145) mit dem Ausdruck „Zusammenschau" (Tz. 37) gestiftet hatte, beendet sein.

257 EuGH GRUR 2004, 946, 947 (Tz. 33) – *Nichols*.

258 EuGH GRUR 2009, 756 – *L'Oréal/Bellure*.

259 *Hacker*, MarkenR 2009, 333, 337 f.

260 Benannt nach einem Beschluss des BGH (GRUR 1968, 694 – *Polyestra*). Der Beschluss „*Polyestra*" wird von *Fezer* (MarkenR, § 8 MarkenG Rn. 308) als „restriktiver Höhepunkt" bezeichnet. *Eisenführ* (Eisenführ/Schennen, GMV, Art. 7 Rn. 139) spricht davon, dass es in der Zeit nach dem Beschluss „*Polyestra*" in Deutschland zu einer „Kahlschlag-Prophylaxe" mit „haarsträubenden Begründungen für den Eintragungsausschluss von Wortzeichen, die einem vermeintlich freihaltungsbedürftigen Anmeldezeichen ähnlich erschienen", kam.

261 Vgl. dazu z.B. *Teplitzky*, Festschrift für von Gamm, S. 303 ff.

262 Z.B. BGH GRUR 1984, 815, 817 – *Indorektal I*; BGH GRUR 1985, 1053, 1054 – *ROAL*; BGH GRUR 1985, 41, 43 – *REHAB*; BGH GRUR 1989, 264, 265 – *REYNOLDS R1/EREINTZ*.

(Nr. 2) MarkenG. So führte er beispielsweise in seinem Beschluss „*BONUS*" aus, mit § 23 Nr. 2 MarkenG sei das Recht aus der Marke gegenüber einer beschreibenden Verwendung hinreichend abgegrenzt, so dass bei einer solchen Verwendung durch Dritte Unzuträglichkeiten nicht zu erwarten seien[263]. Das Eintragungsverfahren sei weder dazu geeignet noch dazu vorgesehen, allen nur irgendwie denkbaren Behinderungsmöglichkeiten vorzubeugen[264].

Auch diesen Prüfungsansatz gab der BGH auf. Im Beschluss „*Bücher für eine bessere Welt*" stellte er fest, das Eintragungsverbot des § 8 Abs. 2 Nr. 2 MarkenG diene auch dazu, das Risiko für die Benutzer beschreibender Angaben und das von einer eingetragenen Marke ausgehende Drohpotential gering zu halten[265]. Aus dieser Feststellung ist zu schließen, dass der BGH das mögliche Eingreifen der Schutzschranke ebenso wenig wie der EuGH als Argument für eine „großzügige" Prüfung im Eintragungsverfahren gelten lassen will. Andernfalls könnte § 8 Abs. 2 Nr. 2 MarkenG die ihm zuerkannte Funktion nämlich nicht erfüllen. Das hieß, die Rechtsprechung des BGH stimmte hier mit der des EuGH überein.

Der Beschluss des BGH „*POST II*"[266] gibt nun Anlass zu Überlegungen, ob der BGH seine Rechtsprechung ein weiteres Mal ändert. In diesem Beschluss griff der BGH im Zusammenhang mit den seiner Auffassung nach nicht zu hoch zu stellenden Anforderungen an den Grad der Verkehrsdurchsetzung i.S.v. § 8 Abs. 3 MarkenG argumentativ auf § 23 Nr. 2 MarkenG zurück. Er stellte zunächst einen Durchsetzungsgrad des glatt beschreibenden Begriffs „Post" von 86,4% fest. Um die Notwendigkeit eines noch höheren Durchsetzungsgrades zu verneinen, führte er in einer Art Hilfsüberlegung aus, „zudem" bestehe „kein Anlass", im Hinblick auf den spezifischen Charakter der von Haus aus für die in Rede stehenden Dienstleistungen beschreibenden Bezeichnung „POST" besonders hohe Anforderungen an die Feststellung der Verkehrsdurchsetzung i.S.v. § 8 Abs. 3 MarkenG zu stellen. Der Schutzumfang der Wortmarke „POST" sei wegen der beschreibenden Funktion der Angabe durch die Schutzschranke des § 23 Nr. 2 MarkenG eng bemessen. Wettbewerbern der Markeninhaberin sei auch die kennzeichenmäßige Verwendung nicht verboten, die in einer den anständigen Gepflogenheiten in Gewerbe oder Handel entsprechenden Weise er-

---

263 BGH GRUR 1998, 465, 467 – *BONUS*.

264 BGH GRUR 1999, 988, 990 – *HOUSE OF BLUES*; BGH GRUR 1998, 813, 814 – *CHANGE* (zustimmende Anmerkung von *Goldmann/Rau*, GRUR 1998, 1013 f.); BGH GRUR 1998, 465, 467 – *BONUS*; dazu auch *Fezer*, GRUR 1999, 859, 860; *Raßmann*, GRUR 1999, 384 ff.

265 BGH GRUR 2000, 882, 883 – *Bücher für eine bessere Welt*.

266 BGH GRUR 2009, 669 – *POST II*.

folge[267]. Bei isolierter Betrachtung dieses Beschlusses ist unklar, ob der BGH im Rahmen der Auslegung zumindest von § 8 Abs. 3 MarkenG künftig auf § 23 MarkenG zurückgreifen will.

Der wenig später, in einem ähnlich gelagerten Fall ergangene Beschluss „*KINDER III*"[268] spricht dafür, dass es sich bei den Feststellungen des BGH im Beschluss „*POST II*" nicht um die Einleitung einer grundlegenden Änderung der Rechtsprechung handelte. In dem Beschluss „*KINDER III*" verneinte der BGH ebenfalls die Erforderlichkeit einer nahezu einhelligen Verkehrsdurchsetzung einer glatt beschreibenden Angabe (hier „Kinder" bezüglich des Abnehmerkreises). Für die Verkehrsdurchsetzung der Wort-/Bildmarke „KINDER" in ihrer konkreten farblichen und graphischen Gestaltung habe das BPatG zu Recht einen deutlich über 70% liegenden Durchsetzungsgrad genügen lassen. Der Schutzbereich der Marke erfasse ohne Verkehrsdurchsetzung des reinen Wortbestandteils „Kinder" regelmäßig keine Drittmarken, die neben weiteren kennzeichnungskräftigen Elementen den nicht unterscheidungskräftigen Wortbestandteil „Kinder" auf dem in Rede stehenden Warengebiet enthielten. Auf § 23 Nr. 2 MarkenG ging der BGH hier nicht mehr ein. Daher ist davon auszugehen, dass der BGH in Übereinstimmung mit dem EuGH daran festhalten wird, § 8 MarkenG unabhängig von § 23 MarkenG auszulegen[269].

Auch das BPatG legt die absoluten Schutzhindernisse unabhängig von § 23 MarkenG aus. So führte es in seinem Beschluss „*WALLIS*"[270] beispielsweise aus, die Argumentation, die beschreibende Verwendung der geographischen Herkunftsangabe „WALLIS", eines Kantons in der Schweiz, bleibe den Mitbewerbern gemäß § 23 Nr. 2 MarkenG unbenommen, verkenne den unterschiedlichen Regelungsgehalt von § 8 Abs. 2 Nr. 2 MarkenG einerseits und § 23 Nr. 2 MarkenG andererseits. Zwar dienten beide Vorschriften dem Freihaltebedürfnis an beschreibenden Angaben. § 23 Nr. 2 MarkenG enthalte aber als Vorschrift über die Schranken eines bestehenden Markenschutzes lediglich eine Klarstellung und Beschränkung des Markeninhabers ausschließlich im Zivilprozess. Im Gegensatz dazu liege der Schutzzweck des absoluten Eintragungshindernisses des § 8 Abs. 2 Nr. 2 MarkenG darin, bereits im Registerverfahren die Entstehung von Fehlmonopolisierungen zu verhindern. Die Schutzhindernisse des § 8 Abs. 2 MarkenG würden demnach durch § 23 Nr. 2 MarkenG nicht inhaltlich eingeschränkt[271]. Diese Argumentation wiederholte das BPatG mehrfach nahezu

---

267 BGH GRUR 2009, 669, 671 (Tz. 28) – *POST II*.
268 BGH GRUR 2009, 954 – *KINDER III*.
269 Ebenso *Ingerl/Rohnke*, MarkenG, § 8 Rn. 203.
270 BPatG GRUR 2000, 149 – *WALLIS*.
271 BPatG GRUR 2000, 149, 151 – *WALLIS*.

identisch beispielsweise in den Beschlüssen „*Cloppenburg*“[272], „*Lichtenstein*“[273] und „*Newcastle*“[274] oder jüngst nur noch mit einem Satz in dem Beschluss „*Stubengasse Münster*“[275].

In seinem Beschluss *„Ringelnatz“* bezeichnete das BPatG den im Verfahren offensichtlich erfolgten Hinweis der Markeninhaberin, eine titelartige Verwendung des Namens „Ringelnatz“ für Waren und Dienstleistungen, die sich thematisch mit dem Leben und/oder Werk von Ringelnatz befassen, sei nach § 23 Nr. 2 MarkenG nicht vom Markenschutz umfasst, sogar als „unbehelflich“[276].

Den Rechtsgedanken des § 23 Nr. 2 MarkenG berücksichtigt das BPatG allerdings, soweit es um Fälle von nicht unter § 8 Abs. 2 Nr. 2 MarkenG fallende Abwandlungen freihaltebedürftiger Fachangaben, Kombinationen mit freihaltebedürftigen Bezeichnungen und Bezeichnungen, die nicht in unmittelbarem Bezug zu den beanspruchten Waren stehen, geht. Insoweit vermöge, so das BPatG, als zusätzliches Argument für die Verneinung eines Freihaltebedürfnisses und damit die Eintragungsfähigkeit an solchen Marken angeführt werden, dass eine Behinderung bei der beschreibenden Verwendung der Fachangabe selbst durch § 23 Nr. 2 MarkenG vermieden werden könne, der eine entsprechende Schutzrechtsbeschränkung enthalte[277].

Neben der Frage, ob die Schutzschranke des § 23 MarkenG den Prüfungsumfang im Eintragungsverfahren beeinflussen kann, war der bei den absoluten Schutzhindernissen anzulegende Prüfungsmaßstab lange umstritten[278]. § 23 MarkenG spielte dabei jedoch keine Rolle, so dass auf die Darstellung der verschiedenen Ansichten und die Entwicklung in der Rechtsprechung verzichtet wird.

---

272 BPatG GRUR 2000, 1050, 1052 – *Cloppenburg*.

273 BPatG GRUR 2001, 741, 744 – *Lichtenstein*.

274 BPatG GRUR 2005, 677, 679 – *Newcastle*.

275 BPatG, Beschluss vom 7.12.2010, Az.: 33 W (pat) 47/09 – *Stubengasse Münster* (BeckRS 2011, 01099).

276 BPatG GRUR 2008, 512, 515 – *Ringelnatz*.

277 BPatG GRUR 2000, 149, 151 – *WALLIS*.

278 Vgl. z.B. BPatG GRUR 2009, 1063, 1064 – *Die Drachenjäger*; *Ströbele*, GRUR 2005, 93, 96 f.; a.A. *Rohnke*, MarkenR 2006, 480, 482. Der Beschluss des BGH „*My World*“ (GRUR 2009, 949, 950) dürfte den Streit beendet haben. Das BPatG folgt mittlerweile dem BGH (z.B. BPatG GRUR 2010, 330 – *My World*). Zustimmend auch *Büscher*/Dittmer/Schiwy, GewRS, Teil 1, Kap. 3, § 14 MarkenG Rn. 439.

b. Bewertung der aktuellen Rechtsprechung

Die dargestellte Rechtsprechung von EuGH, BGH und BPatG erscheint aus mehreren Gründen sachgerecht.

Der erste Grund liegt darin, dass die dem Eintragungsverfahren nachfolgenden Korrekturmöglichkeiten oft nicht ausreichen, um durch eine zu großzügige Eintragungspraxis entstandenen Fehlmonopolisierungen wirksam zu begegnen. So würde z.B. die Eintragung der naturgetreuen Wiedergabe einer Ware oder Warenverpackung sogar bei Begrenzung des Schutzumfangs einer solchen Marke auf den Identitätsschutz zu einer ungerechtfertigten Behinderung der Allgemeinheit führen, da die Allgemeinheit gerade die betreffende Form als solche zur freien Verwendung benötigt[279].

Der zweite Grund liegt in einigen verfahrensrechtlichen Besonderheiten, die einer einmal eingetragenen Marke erhebliches Gewicht verleihen.

Die erste verfahrensrechtliche Besonderheit ist der Grundsatz der Bindung des Verletzungsgerichts an die Markeneintragung, ein, wenn auch rechtspolitisch nicht unumstrittener[280], „Grundpfeiler der Markenrechtsorganisation“[281] im deutschen Recht[282], der nur wenige Einschränkungen erfährt[283]. Nach diesem Grundsatz ist das Verletzungsgericht beispielsweise bis zur rechtskräftigen Entscheidung über die Löschung einer Marke an die Markeneintragung gebunden und darf die etwaige Nichtigkeit der Klagemarke aus absoluten Gründen weder auf eine Widerklage noch auf eine Einrede hin überprüfen[284].

---

279 *Ströbele*/Hacker, MarkenG, § 8 Rn. 9.

280 Vgl. zu den Diskussionen auf dem Deutschen Richter- und Staatsanwältetag im Jahr 2003 *Albrecht*, MarkenR 2003, 449; kritisch auch *Rohnke*, GRUR 2001, 696 ff.

281 So Ströbele/*Hacker*, MarkenG, § 14 Rn. 21.

282 Aus der jüngeren Zeit z.B. BGH GRUR 2008, 798, 799 (Tz. 14) – *POST I*; BGH GRUR 2007, 780, 782 (Tz. 19) – *Pralinenform*; BGH GRUR 2005, 1044, 1045 – *Dentale Abformmasse*; BGH GRUR 2005, 414, 415 – *Russisches Schaumgebäck*; BGH GRUR 2003, 1040, 1042 – *Kinder*; BGH GRUR 2003, 436, 438 f. – *Feldenkrais*; BGH GRUR 2000, 888, 889 – *MAG-LITE*. Der Bindungsgrundsatz ist nicht durch die MarkenRL vorgegeben und kann auch international nicht als Standard bezeichnet werden, vgl. Ströbele/*Hacker*, MarkenG, § 14 Rn. 21.

283 Z.B. durch § 22 Abs. 1 Nr. 2 MarkenG, der jedoch seinerseits im Lichte des Bindungsgrundsatzes einschränkend auszulegen ist. Vgl. HK-MarkenR/*Bous*, § 22 MarkenG Rn. 11 ff.; Ströbele/*Hacker*, MarkenG, § 22 Rn. 11.

284 Ströbele/*Hacker*, MarkenG, § 14 Rn. 18. Sofern ein Löschungsantrag einige Erfolgsaussicht aufweist, kommt im Verletzungsprozess allerdings die Aussetzung des Verfahrens nach § 148 ZPO in Betracht (BGH GRUR 2003, 1040, 1042 – *Kinder*; OLG Köln WRP 2002, 249, 254 – *freelotto*; Ströbele/*Hacker*, MarkenG, § 14 Rn. 19). Insoweit besteht eine ähnliche Lage wie im Verhältnis von Patentverletzungsklage und

Die zweite verfahrensrechtliche Besonderheit sind die Beschränkungen der Löschungsmöglichkeiten, die sich aus § 50 Abs. 2 und 3 MarkenG ergeben. Nach § 50 Abs. 1, Abs. 2 S. 1 MarkenG kann eine entgegen §§ 3, 7 oder 8 Abs. 2 Nr. 1 bis 9 MarkenG eingetragene Marke nur gelöscht werden, wenn das Schutzhindernis sowohl bei der Eintragung vorgelegen hat als auch noch im Zeitpunkt der Entscheidung über den Löschungsantrag besteht. Ferner bestimmt § 50 Abs. 2 S. 2 MarkenG eine Ausschlussfrist von zehn Jahren für auf § 8 Abs. 2 Nr. 1 bis 3 MarkenG gestützte Löschungsansprüche. § 50 Abs. 3 MarkenG schließlich lässt zwar eine Löschung von Amts wegen zu, angesichts der in dieser Vorschrift enthaltenen weitreichenden Beschränkungen kommt der Amtslöschung aber keine praktische Bedeutung zu[285].

Die dritte verfahrensrechtliche Besonderheit ergibt sich aus dem Benutzungszwang bzw. den mit ihm verbundenen, in § 25 Abs. 1 und Abs. 2 MarkenG normierten Regeln. Sehr vereinfacht zusammengefasst kommt es bei Geltendmachung von Rechten aus einer Registermarke innerhalb der ersten fünf Jahre nach Eintragung weder außergerichtlich noch innerhalb eines Verletzungsprozesses darauf an, ob die Marke rechtserhaltend im Sinne von § 26 MarkenG benutzt wird[286]. Während des Zeitraums dieser fünfjährigen Benutzungsfrist (auch Schonfrist oder Benutzungsschonfrist genannt) kommt der eingetragenen Marke somit umfassender Markenschutz zu[287].

Der dritte Grund, der für die Rechtsprechung von EuGH, BGH und BPatG spricht, liegt darin, dass die aus (ungerechtfertigt) eingetragenen Marken angegriffenen Dritten gezwungen werden, ein hohes und häufig unkalkulierbares Prozessrisiko einzugehen, um die ungehinderte Verwendung beschreibender Zeichen oder Angaben durchzusetzen. Das ist umso problematischer, als das gegenüberstehende Kostenrisiko des aus einer schutzunfähigen Marke Verwarnenden keineswegs vergleichbar hoch ist. Der BGH sieht nämlich die Verwarnung aus einer (zu Unrecht) eingetragenen Marke im Regelfall nicht als schuld-

---

parallelem Nichtigkeitsverfahren. Allerdings sollte die Aussetzung im Markenverletzungsprozess tendenziell sehr zurückhaltend und noch zurückhaltender als im Patentverletzungsprozess gehandhabt werden (zu den Gründen näher Ströbele/*Hacker*, MarkenG, § 14 Rn. 20).

285 Ströbele/Hacker/*Kirschneck*, MarkenG, § 50 Rn. 10.

286 Der häufig gebrauchte Begriff der Benutzungsschonfrist ist missverständlich. Während des Fünfjahreszeitraums ist nicht der Benutzungszwang als solcher ausgesetzt, sondern es wird lediglich die Geltendmachung von Rechten nicht vom Nachweis einer rechtserhaltenden Benutzung abhängig gemacht, vgl. Ströbele/*Hacker*, MarkenG, § 25 Rn. 8.

287 *Fezer*, MarkenR, § 25 MarkenG Rn. 8.

haft an; der Markeninhaber dürfe grundsätzlich von der Rechtsbeständigkeit der vom DPMA geprüften Marke ausgehen[288].

Letztlich ist es sachgerecht, die Verhinderung ungerechtfertigter Monopolrechte im Interesse der Rechtssicherheit und Prozessökonomie möglichst frühzeitig und effektiv anzustreben. So können aufwendige Löschungs- und Verletzungsverfahren vermieden werden[289]. Ein sorgfältig durchgeführtes Eintragungsverfahren liegt zudem im Interesse des Markenanmelders selbst, dessen Eintragungsanspruch (§ 33 Abs. 2 MarkenG) sich nicht nur auf die bloße Tatsache der Markeneintragung als solcher bezieht, sondern die Erteilung eines Registerschutzes für ein Zeichen betreffe sollte, dessen gesetzliche Schutzvoraussetzungen korrekt geprüft worden sind[290]. Gleichwohl ist es nicht so, dass dem Markeninhaber das Risiko einer „schwachen Marke" abgenommen werden soll. Es ist nicht Aufgabe der Erteilungsbehörden, diesem Risiko in wohlgemeinter Fürsorge[291] entgegenzusteuern.

3. (Analoge) Anwendung im Widerspruchsverfahren?

Die direkte Anwendung des § 23 MarkenG im Widerspruchsverfahren wurde, soweit ersichtlich, nicht erörtert. Über die Frage nach eine analogen Anwendung bestand indes lange Streit. Das lag nicht zuletzt daran, dass im Widerspruchsverfahren jedenfalls eine (hypothetische) Kollision zweier Zeichen – wie im Verletzungsprozess – vorliegt und es ebenfalls kontradiktorisch ist. Mit dem am 1.10.2009 in Kraft getretenen Gesetz zur Vereinfachung und Modernisierung des Patenrechts (PatRModG) vom 31.7.2009[292] wurde das markenrechtliche Widerspruchsverfahren erheblich verändert. Angesichts dieser Gesetzesänderung soll der nachfolgende Abschnitt der Untersuchung unterteilt werden in die (nunmehr historische) Betrachtung der Rechtslage vor und die Betrachtung der Rechtslage nach der Gesetzesänderung.

Vorausgeschickt sei: Angesichts der Rechtsprechung des EuGH, der zum vorgängigen Widerspruchsverfahren der GMV aus Gründen der Rechtssicherheit und der ordnungsgemäßen Verwaltung eine strenge und umfassende Prüfung „vor Eintragung" verlangt, war und ist die Richtlinienkonformität des nachlaufenden deutschen Widerspruchsverfahrens fraglich. Dabei sind jedoch zwei Aspekte zu beachten, die gegen eine Richtlinienwidrigkeit sprechen: Zum einen ist

---

288 BGH GRUR 2006, 432, 433 (Nr. 25) – *Verwarnung aus Kennzeichenrecht II.*
289 *Ströbele*, GRUR 2001, 658, 660 f.; *Ströbele*/Hacker, MarkenG, § 8 Rn. 7.
290 *Ströbele*, 100 Jahre Markenverband (NJW-Sonderheft), S. 78, 79.
291 *Ullmann*, 100 Jahre Markenverband (NJW-Sonderheft), S. 83, 87.
292 BGBl. I, S. 2521.

die MarkenRL verfahrensrechtlich neutral[293], d.h., ein der Eintragung nachgeschaltetes Widerspruchsverfahren ist eine zulässige Möglichkeit der Verfahrensgestaltung, zum anderen ist im deutschen Recht parallel ein die umfassende Prüfung ermöglichendes Löschungsverfahren eröffnet, so dass keine „Rechtsschutzlücke" entstehen kann.

a. Rechtslage vor der Änderung des Widerspruchsverfahrens durch das PatRModG

Nach § 42 Abs. 2 Nr. 1 und 2 MarkenG a.F. konnten im Widerspruchsverfahren registrierte und notorisch bekannte Marken – unter Beschränkung auf die Kollisionsfälle der Doppelidentität (§ 9 Abs. 1 Nr. 1 MarkenG) und der Verwechslungsgefahr (§ 9 Abs. 1 Nr. 2 MarkenG) – sowie nach § 42 Abs. 2 Nr. 3 MarkenG i.V.m. § 11 MarkenG der Tatbestand der Agentenmarke geltend gemacht werden. Der Inhaber der angegriffenen Marke konnte gegen den Widerspruch (allein) die Nichtbenutzungseinrede nach § 43 Abs. 1 MarkenG erheben. Andere, sich nicht auf die Widerspruchsgründe des § 42 Abs. 2 MarkenG und den Nichtbenutzungseinwand beziehende Argumentationen sowohl des Widersprechenden als auch des Inhabers der angegriffenen Marke wurden im Widerspruchsverfahren grundsätzlich nicht berücksichtigt.

Als Einwände gegen den Widerspruch waren daher insbesondere unbeachtlich[294]: Schutzunfähigkeit der Widerspruchsmarke als solcher[295], Verfall nach § 49 Abs. 2 MarkenG, Vorbenutzung[296] oder Verkehrsgeltung der angegriffenen Marke, älteres Recht des Widerspruchsgegners, Rechtsmissbrauch oder Verwirkung sowie außerkennzeichenrechtliche Einreden oder vertragliche Verpflichtungen[297]. Diese Einwände konnten jedoch im Wege der Eintragungsbewilligungsklage nach § 44 MarkenG bzw. der Löschungsklage nach §§ 51, 55 MarkenG geltend gemacht werden[298].

Hintergrund der Beschränkung der Einwände war, dass ein Bedürfnis nach rascher Erledigung einer Vielzahl von Widerspruchsverfahren bestand und es sich beim Widerspruchsverfahren um ein summarisches Verfahren handelte, das ab-

293 Erwägungsgrund (6) der kodifizierten MarkenRL.
294 So die Aufzählung bei *Ingerl/Rohnke*, MarkenG [2. Aufl.], § 43 Rn. 33 ff.
295 BGH GRUR 1963, 630, 632 – *Polymar*; Büscher/Dittmer/Schiwy/*von Gamm*, GewRS, Teil 1, Kap. 3, § 42 MarkenG Rn. 4.
296 BGH GRUR 1998, 412, 414 – *Analgin;* BGH GRUR 1961, 413, 416 – *Dolex*; Ströbele/Hacker/*Kirschneck*, MarkenG, § 42 Rn. 44.
297 BPatG GRUR 1997, 54, 57 – *S. OLIVER*.
298 Ströbele/Hacker/*Kirschneck*, MarkenG, § 42 Rn. 47.

strakt schematisch und ohne ungebührliche Verzögerungen[299] abzulaufen hatte. Es war weder darauf angelegt noch dazu geeignet, komplizierte Einzelsachverhalte zu klären[300]. Das heißt, der Umfang der Überprüfung der Widerspruchsgründe war wegen des summarischen Charakters des Widerspruchsverfahrens beschränkt[301].

Für einen Inhaber der angegriffenen Marke, der sich möglicherweise auf § 23 Nr. 1 MarkenG bzw. die Grundsätze des Rechts der Gleichnamigen berufen wollte[302], mussten die dargestellten Grundsätze und die Beschränkung bedeuten: Der Markeninhaber konnte sich im Widerspruchsverfahren nicht darauf berufen, die eingetragene, angegriffene Marke enthalte seinen Namen. Etwas anderes hätte sich auch dann nicht ergeben, wenn man davon ausging, dass die Grundsätze des Rechts der Gleichnamigen[303] zum Bereich der Verwechslungsgefahr und damit letztlich doch zum Prüfungsgegenstand des Widerspruchsverfahrens gehörten[304]. Denn § 23 Nr. 1 MarkenG bzw. die Grundsätze des Rechts der Gleichnamigen erfordern eine umfassende Interessenabwägung, die das Widerspruchsverfahren überfrachtet hätte.

Für einen Widerspruchsführer, der beispielsweise geltend machte, die Anmeldung einer beschreibenden Angabe sei sittenwidrig im Sinne von § 23 MarkenG[305], mussten die dargestellten Grundsätze des Widerspruchsverfahrens dazu führen, dass auch er sich nicht auf § 23 MarkenG berufen konnte. Der BGH führte in seinem Beschluss „*Fläminger*" aus, § 23 MarkenG sei seiner Funktion und Stellung im gesetzlichen Zusammenhang im registerrechtlichen Widerspruchsverfahren weder unmittelbar noch entsprechend anwendbar[306]. Die Vorschrift setze voraus, dass ein markenrechtlicher Verletzungstatbestand vorliege. Für die im Widerspruchsverfahren zu beurteilende Frage, ob dem angemeldeten Zeichen die Eintragung gebühre, komme es auf die in § 23 MarkenG geregelte Verwendung einer Marke, also auf deren mögliche Sittenwidrigkeit, nicht an.

---

299 Ströbele/Hacker/*Kirschneck*, MarkenG, § 42 Rn. 44.

300 Amtl. Begr. zum Reg.-Entw. des Markenrechtsreformgesetzes, BT-Drucks. 12/6581, S. 53, 92; BPatG GRUR 2005, 773, 775 – *Blue Bull/RED BULL*; Büscher/Dittmer/Schiwy/*von Gamm*, GewRS, Teil 1, Kap. 3, § 42 MarkenG Rn. 3; Ströbele/Hacker/*Kirschneck*, MarkenG, § 42 Rn. 44; *Fezer*, MarkenR, § 42 MarkenG Rn. 32.

301 Vgl. z.B. BGH GRUR 2006, 859 – *Malteserkreuz I*; *Ingerl/Rohnke*, MarkenG, § 42 Rn. 70 f.

302 So die Konstellation in BGH GRUR 1966, 499 – *Merck*.

303 Ausführlich zum Recht der Gleichnamigen 6. Kapitel, III.3.b.aa.

304 Darauf weist *von Falck* (GRUR 1966, 501, 502) hin.

305 So die Konstellation in BPatG GRUR 1996, 284 – *Fläminger/Fälinger*; nachfolgend BGH GRUR 1998, 930 – *Fläminger*.

306 BGH GRUR 1998, 930, 931 – *Fläminger*.

Nach Ansicht des BGH passte die Vorschrift des § 23 MarkenG nicht auf die abstrakte Situation des Widerspruchsverfahrens, in dem die Kollision allein nach der Registerlage und unabhängig von konkreten Benutzungshandlungen zur Beurteilung stand[307].

Damit entschied der BGH gegen das BPatG. Das BPatG hatte in seiner Entscheidung *„Fläminger/Fälinger“*[308] nämlich ausgeführt[309], dass es wegen der systematischen Übereinstimmung der beiden Kollisionsverfahren „Widerspruchsverfahren“ und „Verletzungsprozess“ nicht fern läge, den Grundgedanken des § 23 MarkenG, die Freistellung von Namen und beschreibenden Angaben gegenüber markenrechtlichen Ausschließlichkeitsansprüchen, bereits im registerrechtlichen Widerspruchsverfahren entsprechend zu berücksichtigen[310]. Die vom BPatG gewählte Formulierung war insoweit unpräzise, als dass zwischen der „Berücksichtigung eines Grundgedankens“ und der „analogen Anwendung“ einer Norm rechtstechnisch ein Unterschied besteht, wenngleich eine analoge Anwendung es naturgemäß voraussetzt, dass der Grundgedanke der analog anzuwendenden Norm auf die ungeregelte Situation entsprechend anwendbar ist[311]. Das BPatG gebrauchte die beiden Rechtstechniken „Anwendung des Rechtsgedankens“ und „analoge Anwendung einer Norm“ synonym, ging aber von der analogen Anwendbarkeit des § 23 MarkenG im Widerspruchsverfahren aus.

Nachdem der BGH in seinem Beschluss *„Fläminger“* klargestellt hatte, dass sowohl eine direkte als auch eine analoge Anwendbarkeit des § 23 MarkenG im Widerspruchsverfahren ausgeschlossen war, wurde, soweit ersichtlich, die analoge Anwendbarkeit des § 23 MarkenG im Widerspruchsverfahren von niemandem mehr vertreten.

b. Rechtslage nach In-Kraft-Treten des PatRModG

aa. Allgemeines zum „neuen“ Widerspruchsverfahren

Mit dem am 1.10.2009 in Kraft getretenen PatRModG wurde, wie erwähnt, das markenrechtliche Widerspruchsverfahren erheblich verändert. Im Widerspruchsverfahren kann jetzt nicht mehr nur aus älteren angemeldeten oder eingetragenen Marken und notorisch bekannten Marken sowie im Fall des ungetreuen

307 Bestätigt in BGH GRUR 1999, 995, 998 – *HONKA*.
308 BPatG GRUR 1996, 284 – *Fläminger/Fälinger*.
309 Kritisiert z.B. von *Ingerl/Rohnke*, MarkenG [1. Aufl.], § 23 Rn. 8.
310 BPatG GRUR 1996, 284, 285 – *Fläminger/Fälinger*.
311 Darauf weist *Wolf*, Die Schutzschranke des § 23 MarkenG, S. 51 (Fn. 200), hin.

Agenten Widerspruch eingelegt werden, sondern gemäß § 42 Abs. 2 Nr. 4 MarkenG auch aus älteren nicht eingetragenen Marken kraft Verkehrsgeltung (§ 4 Nr. 2 MarkenG) und aus älteren geschäftlichen Bezeichnungen, also Unternehmenskennzeichen und Werktiteln i.S.v. § 5 MarkenG. Zugleich wurde die bisherige Beschränkung der Widerspruchsgründe auf die Kollisionsfälle der Identität und Verwechslungsgefahr aufgegeben. Bei Bekanntheit eines der älteren Kennzeichen der vorgenannten Art kann der Widerspruch nun auch wegen unlauterer Beeinträchtigung oder Ausnutzung der Unterscheidungskraft oder Wertschätzung i.S.v. § 9 Abs. 1 Nr. 3 MarkenG (§ 10 MarkenG) bzw. § 12 i.V.m. § 14 Abs. 2 Nr. 3 MarkenG sowie i.V.m. § 15 Abs. 3 MarkenG eingelegt werden[312]. Gemäß § 165 Abs. 2 MarkenG n.F. gelten diese Erweiterungen für Widersprüche, die sich gegen Markeneintragungen richten, deren Anmeldung ab 1.10.2009 eingereicht wurde.

Nach der Gesetzesbegründung[313] soll das nationale Widerspruchsverfahren an das Verfahren nach der GMV angeglichen werden. Die bisherige Schlechterstellung der Inhaber älterer Marken- und sonstiger Kennzeichenrechte im nationalen Recht sei sachlich nicht gerechtfertigt. Insbesondere seien die Erwägungen, die den Gesetzgeber zur bislang geltenden Beschränkung der Widerspruchsgründe bewogen hatten, überholt. Die Regelung sei damit begründet worden, dass es sich bei dem Widerspruchsverfahren um ein summarisches, auf die Erledigung einer Vielzahl von Fällen angelegtes Verfahren gehandelt habe, das sich nicht zur Klärung komplizierter Sachverhalte geeignet habe. Seit 1993 habe die Zahl der Widersprüche aber kontinuierlich und in erheblichem Umfang abgenommen, während gleichzeitig die Zahl der Markenanmeldungen erheblich angestiegen sei.

Hacker erachtet die Neuregelung des Widerspruchsverfahrens insgesamt als nicht allzu problematisch, wenngleich er gewisse Schwierigkeiten sieht und aufzeigt[314]. Es sei nicht zu erwarten, dass mit den Neuerungen die Möglichkeiten des patentamtlichen Widerspruchsverfahrens gesprengt würden[315]. Was den Bekanntheitsschutz i.S.v. § 9 Abs. 1 Nr. 3 MarkenG angehe, unterschieden sich die Voraussetzungen der Bekanntheit nur graduell von den Kriterien, die bei der Geltendmachung einer erhöhten Kennzeichnungskraft im Rahmen der Verwechslungsgefahr zu berücksichtigen seien. Die wettbewerbsrechtlich geprägten Kollisionstatbestände des Ausnutzens oder der Beeinträchtigung der Unterscheidungskraft oder der Wertschätzung einer bekannten Widerspruchsmarke seien durch Rechtsprechung und Literatur gut erschlossen. Auch der Umgang

312 *Ingerl/Rohnke*, MarkenG, § 42 Rn. 4.
313 Begr. zum Entwurf des PatRModG, BlPMZ 2009, S. 307 ff.
314 *Hacker*, GRUR 2010, 99, 101 ff.
315 *Hacker*, GRUR 2010, 99, 101.

mit nicht registrierten Rechten sei dem DPMA nicht fremd, wie die schon bisher möglichen, wenn auch seltenen, Widerspruchsgründe der notorisch bekannten Marke oder der Agentenmarke zeigten. Wie bei diesen müsse der Bestand des älteren Rechts in jedem Falle feststehen; eine Glaubhaftmachung reiche insoweit nicht aus.

Sehr kritisch betrachten *Ingerl/Rohnke* die Neuerungen[316]. Ihrer Ansicht nach stellt die Ausdehnung des Widerspruchsverfahrens eine erhebliche, kaum zu bewältigende Herausforderung für das DPMA dar[317]. *Ingerl/Rohnke* führen eine beträchtliche Anzahl von Gesichtspunkten an, die die Neuregelung als geradezu misslungen erscheinen lassen. Unter anderem ist ihrer Ansicht nach kein Grund ersichtlich, warum die wohlbedachte und jahrzehntelang bewährte Aufgabenverteilung so grundlegend verändert werden sollte. Die zwischen DPMA und BPatG erwachsende Konkurrenz beschwöre die Gefahr widersprechender Entscheidungen herauf und sei nicht prozessökonomisch[318]. Ferner habe das Widerspruchsverfahren im deutschen Markenrecht seinen im Vergleich zum gemeinschaftsmarkenrechtlichen Widerspruchsverfahren wesentlich vorläufigeren Charakter nicht verloren[319]. Die Zuweisung von Kollisionen mit nicht eingetragenen Kennzeichenrechten an die Kennzeichenstreitgerichte sei trotz des Charakters des Widerspruchsverfahrens als Streitverfahren sachgerecht[320].

bb. Rolle des § 23 MarkenG im „neuen" Widerspruchsverfahren

Die Frage, ob § 23 MarkenG im Widerspruchsverfahren eine Rolle spielt, muss angesichts der geänderten Rechtslage erneut aufgeworfen und beantwortet werden. Dabei geht es weniger darum, ob eine analoge Anwendbarkeit zu bejahen oder zu verneinen ist. Insoweit wird es bei der dargestellten Verneinung einer Anwendbarkeit bleiben. Es geht vielmehr darum, ob § 23 MarkenG bzw. sein Regelungsgehalt in das Widerspruchsverfahren mittelbar oder unmittelbar hineinwirkt.

Anlass für die anzustellenden Überlegungen gibt zum einen die Tatsache, dass nunmehr auch der Kollisionstatbestand „unlautere Ausnutzung/Beeinträchtigung der bekannten Marke" (§ 9 Abs. 1 Nr. 3 MarkenG) mit seinem Tatbestandsmerkmal „in unlauterer Weise ohne rechtfertigenden Grund" Eingang in das Widerspruchsverfahren gefunden hat. Anlass gibt zum anderen die Tatsache,

316 *Ingerl/Rohnke*, MarkenG, § 42 Rn. 5 ff., 12 ff.
317 *Ingerl/Rohnke*, MarkenG, § 42 Rn. 5.
318 *Ingerl/Rohnke*, MarkenG, § 42 Rn. 8.
319 *Ingerl/Rohnke*, MarkenG, § 42 Rn. 9.
320 *Ingerl/Rohnke*, MarkenG, § 42 Rn. 18.

dass über § 42 Abs. 2 Nr. 4 MarkenG die Regelung des § 12 MarkenG geprüft werden muss. § 12 MarkenG integriert, anders als die §§ 9 und 10 MarkenG, über die Bezugnahme auf den Unterlassungsanspruch alle Voraussetzungen und Schranken des Verletzungstatbestands nach § 14 MarkenG bzw. § 15 MarkenG in den Löschungstatbestand[321], also auch § 23 MarkenG. Der Unterlassungsanspruch muss dabei nicht aktuell gegeben sein. Es genügt ein hypothetischer Anspruch für den Fall der Benutzung der Registermarke[322]. Das heißt, bei der Prüfung ist eine Benutzung als Marke zu unterstellen[323], und auch § 23 MarkenG wird damit lediglich hypothetisch geprüft.

Die Gesetzesänderung könnte zu Folgendem führen: Bei Widersprüchen aus durch Benutzung erworbenen Marken i.S.v. § 4 Nr. 2 MarkenG und aus geschäftlichen Bezeichnungen i.S.v. § 5 MarkenG fände die Schutzschranke des § 23 MarkenG über § 42 Abs. 2 Nr. 4 i.V.m. § 12 MarkenG Eingang in das Widerspruchsverfahren. Bei Widersprüchen aus sämtlichen anderen Marken hingegen bliebe es bei der alten Rechtslage und der „*Fläminger*“-Rechtsprechung. Allenfalls die Wertungen des § 23 MarkenG fänden über § 42 Abs. 2 Nr. 1 MarkenG i.V.m. § 9 Abs. 1 Nr. 3 MarkenG Eingang in das Widerspruchsverfahren.

Eine solche Aufspaltung und uneinheitliche Prüfung scheint der BGH indes nicht vornehmen zu wollen, wie seinen Urteilen in Löschungsklageverfahren gemäß §§ 51, 55 MarkenG entnommen werden kann. Auch im Löschungsklageverfahren kann § 12 MarkenG geltend gemacht werden. Dort findet § 23 MarkenG zunächst ebenfalls nur bei durch Benutzung erworbenen Marken i.S.v. § 4 Nr. 2 MarkenG und geschäftlichen Bezeichnungen i.S.v. § 5 MarkenG Anwendung. Im Urteil „*CITY POST*“[324] hat der BGH § 23 Nr. 2 MarkenG aber angewandt, obwohl die den Löschungsanspruch geltend machende Klägerin, die Deutsche Post AG, nicht Inhaberin einer durch Benutzung erworbenen Marke oder geschäftlichen Bezeichnung, sondern Inhaberin einer aufgrund von Verkehrsdurchsetzung eingetragenen Marke war[325]. In dem Urteil verneinte der BGH das Bestehen des Löschungsanspruchs mit der Begründung, die angegriffenen Marken verletzten den Schutzbereich sämtlicher Klagekennzeichen nicht. Zuvor hatte er den Unterlassungsanspruch „jedenfalls“ – das Vorliegen der Verwechslungsgefahr hatte er dahinstehen lassen – wegen Eingreifens der

---

321 So nun ausdrücklich der BGH im Urteil „*Gartencenter Pötschke*“ (GRUR 2011, 835, 836 [Tz. 14]); *Ingerl/Rohnke*, MarkenG, § 12 Rn. 4; Büscher/Dittmer/Schiwy/*von Gamm*, GewRS, Teil 1, Kap. 3, MarkenG § 12 Rn. 3.

322 Büscher/Dittmer/Schiwy/*von Gamm*, GewRS, Teil 1, Kap. 3, § 12 MarkenG Rn. 3.

323 *Ingerl/Rohnke*, MarkenG, § 12 Rn. 4.

324 BGH, Urteil vom 5.6.2008, Az.: I ZR 108/05 – *CITY POST* (BeckRS 2008, 13487).

325 Vgl. den Tatbestand des Urteils „*CITY POST*“ sowie Tz. 17 und 29.

Schutzschranke des § 23 Nr. 2 MarkenG verneint[326]. Er hat also nicht zwischen dem Unterlassungsanspruch und dem Löschungsanspruch differenziert und § 23 MarkenG auf den Löschungsanspruch angewandt, obwohl § 51 Abs. 1 MarkenG i.V.m. § 12 MarkenG an sich nicht in Rede stand.

Schon im Urteil „*CITY POST*" deutete sich mithin ein Wandel in der höchstrichterlichen Rechtsprechung an. *Jonas/Hamacher* vermuteten, der BGH habe die an sich seit dem Urteil „*Fläminger*" zu treffende Differenzierung zwischen Unterlassungs- und Löschungsansprüchen in dem Urteil „*CITY POST*" womöglich übersehen. Jedenfalls ergebe sich aus den Entscheidungsgründen kein Hinweis, dass der BGH von den Grundsätzen der „*Fläminger*"-Entscheidung habe abweichen wollen[327].

Das Urteil „*CITY POST*" wurde vom BGH im Urteil „*Gartencenter Pötschke*" nunmehr aber ausdrücklich bestätigt[328], so dass nicht mehr angenommen werden kann, der BGH habe die zu treffende Differenzierung nur übersehen oder den stets speziell bewerteten Interessen von Newcomern auf dem Postmarkt Genüge tun wollen[329].

Wenn davon auszugehen ist, dass im Widerspruchs- und Löschungsklageverfahren die gleichen Grundsätze gelten, könnte § 23 MarkenG nach dem BGH nunmehr auch im Widerspruchsverfahren anzuwenden sein, und zwar unabhängig vom Entstehungstatbestand der Widerspruchsmarke. Die Anwendung des § 23 MarkenG würde bei durch Benutzung erworbenen Marken i.S.v. § 4 Nr. 2 MarkenG und geschäftlichen Bezeichnungen i.S.v. § 5 MarkenG über § 12 MarkenG erfolgen, ansonsten – wie in „*CITY POST*" – schlicht ohne normative Anknüpfung.

Diese hier als möglich angenommene Änderung der Rechtsprechung erscheint nicht unproblematisch, angesichts der Gesetzesänderung aber konsequent. Nicht unproblematisch erscheint sie deshalb, da § 23 MarkenG, wie insbesondere der Unlauterkeitsvorbehalt des letzten Halbsatzes zeigt, auf konkrete Kollisionskonstellationen zugeschnitten ist. Bei ihm kommt es auf sämtliche Umstände des Einzelfalles an, auch, soweit sie die eigentliche Benutzungshandlung nur flankieren. Auf die abstrakte Situation des Widerspruchsverfahren, in dem die Kollision von Rechten allein nach der Registerlage und unabhängig von konkre-

---

326 Ähnlich im Übrigen im Urteil „*POST/RegioPost*" (BGH GRUR 2009, 678, 681 [Tz. 35]). Dort hatte der BGH zu Gunsten der Klägerin das Vorliegen von Verwechslungsgefahr zwischen den Kollisionszeichen bejaht (Tz. 16).

327 *Jonas/Hamacher*, WRP 2009, 535, 538; ähnlich *Ingerl/Rohnke*, MarkenG, § 23 Rn. 9.

328 BGH GRUR 2011, 835, 836 (Tz. 14) – *Gartencenter Pötschke*.

329 Darauf wird noch im Rahmen der Erörterungen zu § 23 Nr. 2 MarkenG zurückzukommen sein (7. Kapitel, III.3.).

ten („realen“) Benutzungshandlungen geprüft wird, passt § 23 MarkenG im Grunde nicht. Konsequent erscheint sie vor dem Hintergrund, dass zum einen über § 42 Abs. 2 Nr. 4 MarkenG die Vorschrift des § 12 MarkenG und über diese auch § 23 MarkenG Eingang ins Widerspruchsverfahren gefunden hat und zum anderen wettbewerbsrechtliche Erwägungen überhaupt stärker Eingang in das Widerspruchsverfahren finden.

c. Mögliche Konsequenzen einer Verneinung der (analogen) Anwendung im Widerspruchsverfahren

Für den Fall, dass die hier als möglich erachtete Änderung der Rechtsprechung nicht erfolgt (und für die bisherige Rechtslage ohnehin), stellt sich die Frage, welche Konsequenzen sich aus der Verneinung der (analogen) Anwendung des § 23 MarkenG im Widerspruchsverfahren ergeben.

aa. Wegfall einer „Korrekturmöglichkeit“

Durch die Verneinung der (analogen) Anwendung von § 23 MarkenG im Widerspruchsverfahren entfällt eine der in nachfolgenden Verfahrensabschnitten grundsätzlich zur Verfügung stehenden Korrekturmöglichkeiten. Dies erachtet insbesondere *Hacker* als bedenklich[330].

Das Widerspruchsverfahren war aber nicht vollständig als Korrekturmöglichkeit, dem zweifellos bestehenden Freihaltebedürfnis doch zu einer gewissen Geltung zu verhelfen, entfallen. Es wurde die Möglichkeit der „sachgerechten Handhabung des Begriffs der Verwechslungsgefahr“[331] geschaffen (dazu sogleich). Über sie bzw. die resultierende enge Bemessung des Schutzumfangs älterer Marken konnten in der Regel ähnliche Ergebnisse erreicht werden, wie sie bei einer (analogen) Anwendung des § 23 MarkenG hätten erwartet werden können[332].

---

330 So *Hacker* in der Kommentierung aus dem Jahr 2009 (Ströbele/*Hacker*, MarkenG, § 23 Rn. 5). In seinem Beitrag in GRUR 2010, 99, 100 f. weist *Hacker* indes darauf hin, dass die Zahl der Widersprüche von knapp 17.900 im Jahr 1993 auf etwas mehr als 8.200 im Jahr 2008 gesunken sei. Gleichzeitig habe sich die Zahl der Markenanmeldungen gerade umgekehrt entwickelt.

331 So die Rechtsprechung jahrzehntelang, z.B. BGH GRUR 1985, 41, 43 – *REHAB;* BPatG GRUR 2001, 513, 516 f. – *CEFABRAUSE/CEFASEL.*

332 Ströbele/*Hacker*, MarkenG, § 23 Rn. 4.

(1) Ansatzpunkt der Rechtsprechung: Berücksichtigung des Freihaltebedürfnisses mittels Annahme einer Beschränkung des Schutzumfangs bei Zeichen, die sich an beschreibende oder sonst freihaltebedürftige Angaben anlehnen

In der Rechtsprechung galten – ob sie noch gelten, wird sogleich erörtert werden – im Wesentlichen die folgenden Grundsätze: Einem Zeichen, das in einer für die angesprochenen Verkehrskreise erkennbaren Weise eng an einen beschreibenden und damit seinerseits nach § 8 Abs. 2 Nr. 1, 2 MarkenG schutzunfähigen Begriff angelehnt war, wurde nur unterdurchschnittliche Kennzeichnungskraft zugebilligt[333]. Sein Schutzumfang wurde gegenüber ihrerseits die beschreibende Angabe darstellenden oder sie enthaltenden Zeichen in spezifischer Weise eng bemessen. Dies geschah nach Maßgabe der Eigenprägung und Unterscheidungskraft, die dem Zeichen – trotz seiner Anlehnung an die schutzunfähige Angabe – die Eintragungsfähigkeit verlieh[334] bzw. auf der Grundlage der den Schutz dieses Zeichens begründenden Gestaltung[335]. Ein darüber hinausgehender Schutz konnte nicht beansprucht werden, weil er dem Schutz der beschreibenden Angabe gleichgekommen wäre[336]. Diesen Zusammenhang zwischen Schutzvoraussetzungen und Schutzumfang bezeichnete der BGH als „sachgerechte Handhabung des Erfordernisses der Verwechslungsgefahr"[337].

Gleichzeitig hat der BGH – unter Geltung des MarkenG – im Verletzungsprozess häufig auf die Schutzschranke des § 23 Nr. 2 MarkenG zurückgegriffen und über sie im Ergebnis eine Beschränkung des Schutzbereichs erzielt[338]. Damit verlor die Verneinung schon der rechtsverletzenden Benutzung wesentlich an Bedeutung[339].

333 BGH GRUR 2008, 1002, 1004 (Tz. 26) – *Schuhpark*; BGH GRUR 2008, 909, 910 (Tz. 17) – *Pantogast*; BGH GRUR 2008, 905, 906 f. (Tz. 16) – *Pantohexal*; *Ingerl/Rohnke*, MarkenG, § 14 Rn. 552.

334 BGH GRUR 2008, 803, 804 f. (Tz. 22) – *HEITEC*; BGH GRUR 2003, 963, 965 – *AntiVir/AntiVirus*.

335 BGH GRUR 2007, 1071, 1074 (Tz. 42) – *Kinder II*; BGH GRUR 2007, 1066, 1070 (Tz. 47) – *Kinderzeit*; *Ingerl/Rohnke*, MarkenG, § 14 Rn. 552.

336 BGH GRUR 2003, 963, 965 – *AntiVir/AntiVirus*.

337 Z.B. BGH GRUR 1997, 634, 636 – *Turbo II*.

338 Z.B. BGH GRUR 2008, 798, 799 (Tz. 15) – *POST I*; BGH, Urteil vom 5.6.2008, Az.: I ZR 108/05 – *CITY POST* (BeckRS 2008, 13487; Tz. 17); BGH GRUR 2008, 803, 805 (Tz. 25) – *HEITEC*.

339 *Ingerl/Rohnke*, MarkenG, § 14 Rn. 554; zum WZG BGH GRUR 1994, 908, 911 – *WIR IM SÜDWESTEN*; BGH GRUR 1985, 41, 43 – *REHAB*.

(2) Kritik an der Rechtsprechung

An diesen Rechtsprechungsgrundsätzen wird seit langem Kritik geübt[340], und zwar mit folgender Argumentation:

Bei Anwendung der Rechtsprechungsgrundsätze gerieten in der Praxis immer wieder ihr Geltungsgrund und damit auch ihre immanenten Grenzen aus dem Blick. Die Einschränkung des Schutzumfangs eines Zeichens, das einer beschreibenden Angabe nahekomme, solle den ungehinderten Gebrauch der im Hintergrund stehenden freihaltebedürftigen Angabe selbst oder allenfalls noch eines dieser ähnlichen und aus bestimmten Gründen seinerseits ebenfalls freizuhaltenden Begriffs sicherstellen. Sie komme daher allenfalls in Betracht, wenn es sich bei der angegriffenen Kennzeichnung um einen Fall des Gebrauchs der beschreibenden Angabe handele, nicht aber dann, wenn dies nur eine sich in gleicher Weise an den beschreibenden oder freizuhaltenden Begriff anlehnende und eine ihn verfremdende Bezeichnung sei[341]. Der Schutzumfang sei insoweit nicht generell gegenüber jedem Gegenzeichen eingeschränkt, sondern habe bildlich gesprochen ein „Loch", gegebenenfalls mit einem Umkreis an ihrerseits beschreibenden Angaben, die von dem freihaltebedürftigen Grundbegriff abgeleitet seien. Die „sachgerechte Handhabung des Erfordernisses der Verwechslungsgefahr" solle es dem Markeninhaber nur verwehren, mit Hilfe des Markenschutzes gegen beschreibende Angaben vorzugehen[342].

Während nach altem Recht bei Zeichenidentität die Einschränkung des Schutzumfangs gegenüber einer älteren eingetragenen Marke nicht habe geltend gemacht werden können, da sonst die Bindung an die Eintragungsentscheidung aufgehoben worden wäre, werde diese Lücke für den Verletzungsprozess nunmehr durch die Schutzschranke des § 23 Nr. 2 MarkenG geschlossen. Das gelte auch dann, wenn der schutzunfähige (freihaltebedürftige) Begriff selbst entge-

---

340 Z.B. von *Ingerl/Rohnke*, MarkenG [2. Aufl.], § 14 Rn. 353 ff. sowie in der aktuellen 3. Aufl. unter § 14 Rn. 560 ff.

341 Dieses Argument hat der BGH mittlerweile anerkannt und in seinem Urteil „*HEITEC*" (BGH GRUR 2008, 803, 804 f. [Tz. 22]) festgestellt, die beiderseitige Anlehnung – nämlich „HEITEC" und „HAITEC" – an „High Tech" führe gegeneinander nicht zu einer besonderen Beschränkung des Schutzumfangs. Das heißt also, dass die Begrenzung des Schutzumfangs allein in Bezug auf die beschreibende oder sonst freizuhaltende Angabe wirkt und nicht auch in Bezug auf andere Zeichen, die sich an den gleichen Begriff anlehnen. Hätte die Beklagte die Bezeichnung „High Tech" verwendet, wäre ein Vorgehen aus der Marke „HEITEC" unmöglich gewesen. In Bezug auf andere Zeichen, die sich ebenfalls an die beschreibende Angabe anlehnen, ist der Schutzumfang aber eben nicht begrenzt, so dass in vollem Umfang vorgegangen werden konnte (*Musiol*, FD-GewRS 2008, 265783).

342 *Ingerl/Rohnke*, MarkenG, § 14 Rn. 560.

gen § 8 Abs. 2 Nr. 1 oder Nr. 2 MarkenG als jüngere Wortmarke eingetragen wurde und gegen deren Benutzung und Eintragung aus einem älteren, seinerseits daran angelehnten Zeichen vorgegangen werde. Zwar möge es widersprüchlich erscheinen, dass sich der Inhaber der jüngeren Markeneintragung auf die Schutzschranke berufen dürfe, obwohl er selbst Markenschutz beansprucht; die Löschung der jüngeren Marke könne in diesen Fällen innerhalb der 10-Jahres-Frist des § 50 Abs. 2 S. 2 MarkenG aber aus absoluten Gründen erreicht werden.

(3) Das Urteil des EuGH „*adidas/Marca Mode*"

Die Verneinung der (analogen) Anwendung des § 23 MarkenG im Widerspruchsverfahren sowie die soeben dargestellte Vorgehensweise der Rechtsprechung werfen in der Zusammenschau mit dem Urteil des EuGH „*adidas/Marca Mode*"[343] ein bislang wenig diskutiertes Problem auf.

(a) Kurzzusammenfassung von Sachverhalt und relevantem Inhalt

In dem niederländischen Vorlageverfahren klagte die adidas AG aus mehreren kraft Verkehrsdurchsetzung eingetragenen Bildmarken. Die Bildmarken werden durch drei vertikale, parallel verlaufende Streifen jeweils gleicher Breite gebildet, die seitlich auf Sport- und Freizeitkleidung angebracht und in einer mit der Grundfarbe der Kleidungsstücke kontrastierenden Farbe ausgeführt sind. Die beklagten Konkurrenzunternehmen boten Sport- und Freizeitkleidung an, auf denen (nur) zwei parallel verlaufende Streifen jeweils gleicher Breite, die mit der jeweiligen Grundfarbe kontrastierten, angebracht waren. In dem Verfahren hielten sich die beklagten Unternehmen für berechtigt, Sport- und Freizeitkleidung zur Dekoration mit zwei Streifen zu versehen. Sie beriefen sich auf ein Freihaltebedürfnis: Streifen und einfache Streifenmotive seien Zeichen, die für jedermann frei verfügbar sein müssten. Dem schließlich mit dem Fall befassten „Hooge Raad" stellte sich damit die Frage nach dem Schutzumfang der Marken von adidas. Er legt dem EuGH unter anderem die Frage vor, ob das Freihaltebedürfnis ein Beurteilungskriterium zu dem Zweck darstelle, den Umfang des Markenrechts nach der Eintragung zu begrenzen.

Der EuGH wies im Rahmen von Vorüberlegungen darauf hin, dass das Freihaltebedürfnis als ratio legis bestimmten, in Art. 3 MarkenRL aufgeführten Eintragungshindernissen zugrunde liege und auch in Art. 12 Abs. 2 lit. a) MarkenRL, einem Verfallsgrund, zum Ausdruck komme. Im Streitfall, so der EuGH, gehe

343 EuGH GRUR 2008, 503 – *adidas/Marca Mode*.

es aber um die Frage, ob das Freihaltebedürfnis dem Verbietungsrecht des Markeninhabers entgegengesetzt werden könne. Der Umfang des Verbietungsrechts werde durch die Art. 5 und 6 MarkenRL – nicht durch die Art. 3 oder 12 MarkenRL – bestimmt. Das Freihaltebedürfnis könne also in dem vom Vorlagegericht zu entscheidenden Verletzungsprozess nur relevant sein, wenn es auch im Rahmen der Art. 5 und 6 MarkenRL zu berücksichtigen sei.

Die Beurteilung der Frage, ob Verwechslungsgefahr i.S.v. Art. 5 Abs. 1 lit. b) MarkenRL gegeben sei, hänge zwar von einer Vielzahl von Umständen ab. Der Umstand, dass bei den Wettbewerbern ein Bedürfnis nach freier Verfügbarkeit des Zeichens bestehe, könne aber nicht zu den relevanten Umständen gehören. Ebenso wenig sei das Freihaltebedürfnis ein relevanter Gesichtspunkt für die Prüfung, ob die Benutzung des Zeichens die Unterscheidungskraft oder Wertschätzung der bekannten adidas-Marke i.S.v. Art. 5 Abs. 2 MarkenRL in unlauterer Weise ausnutze oder beeinträchtige.

Den richtigen Ansatzpunkt für eine Begrenzung des Schutzumfangs der aufgrund Verkehrsdurchsetzung eingetragenen Marke durch die Berücksichtigung eines Freihaltebedürfnisses sah der EuGH einzig in Art. 6 Abs. 1 lit. b) MarkenRL, der speziell darauf abziele, allen Wirtschaftsteilnehmern die Möglichkeit zu erhalten, beschreibende Angaben zu benutzen. Diese Vorschrift sei eine Ausprägung des Freihaltebedürfnisses[344]. Die Anwendung dieser Regelung setze jedoch voraus, dass die Tatbestandsmerkmale verwirklicht seien, sich also die benutzte Angabe auf ein Merkmal der von dem Dritten vertriebenen Waren oder Dienstleistung beziehe. Aus dem Freihaltebedürfnis als solchem könne daneben keine selbständige Beschränkung der Wirkungen der Marke hergeleitet werden.

(b) Auslöser für weitreichende Veränderungen im Widerspruchsverfahren?

Zu untersuchen ist, ob – und wenn ja: wie – das Urteil das (deutsche) Widerspruchsverfahren verändern wird.

Ausgangspunkt ist, dass der Begriff der Verwechslungsgefahr im Verletzungsprozess und im Widerspruchsverfahren – zumindest nach herkömmlicher Ansicht – gleich auszulegen ist, die Schutzschranke des Art. 6 Abs. 1 MarkenRL / § 23 MarkenG aber zumindest nach der bisherigen Rechtsprechung im Widerspruchsverfahren weder direkt noch analog anwendbar ist.

344 EuGH GRUR 2008, 503, 505 (Tz. 46) – *adidas/Marca Mode.*

Vorausgesetzt, man will dem Freihaltebedürfnis wie bislang auch dann Rechnung tragen, wenn aus einer an eine beschreibende Angabe angelehnten Marke gegen eine jüngere Markeneintragung vorgegangen wird, in der die beschreibende Angabe als ein weiterhin beschreibend verstandener Bestandteil enthalten ist, können nur zwei Wege beschritten werden: Entweder, man nimmt im Widerspruchsverfahren, wie bislang, eine freihaltebedürfnisbedingte Einschränkung des Schutzumfangs an[345] und setzt sich damit dem möglichen Vorwurf der Nichtbeachtung der Rechtsprechung des EuGH aus. Oder man erstreckt den Anwendungsbereich des § 23 MarkenG, wie hier ohnehin vertreten, auf das Widerspruchsverfahren.

Um die Frage zu beantworten, welcher der beiden Wege vorzugswürdig und wahrscheinlich ist, soll zunächst der Blick auf die Reaktionen auf das Urteil des EuGH „*adidas/Marca Mode*“ in der Rechtsprechung – soweit ersichtlich bislang nur im Rahmen von Verletzungsprozessen – und der Literatur gerichtet werden.

(aa) Reaktionen auf das Urteil in Rechtsprechung und Literatur

Der BGH übernahm in seinem Urteil „*POST/RegioPost*“ unter Hinweis auf das Urteil „*adidas/Marca Mode*“ die Ausführungen des EuGH insoweit, als dass er feststellte, aus dem Freihaltebedürfnis könne keine selbständige Schutzschranke abgeleitet werden, die unabhängig von den Tatbestandsmerkmalen des § 23 Nr. 2 MarkenG anzuwenden wäre[346].

In der Entscheidung „*OSTSEE-POST*“ vom gleichen Tage formulierte der BGH im ersten Leitsatz höchst allgemein: „Das Interesse von Wettbewerbern an der Benutzung eines beschreibenden Begriffs ist nicht bei der Bemessung der Kennzeichnungskraft des Klagekennzeichens, sondern bei der Schutzschranke des § 23 Nr. 2 MarkenG und beim Schutz bekannter Kennzeichen im Rahmen des Merkmals ‚ohne rechtfertigenden Grund in unlauterer Weise‘ zu berücksichtigen“[347]. Mit Bezug zu der Tatsache, dass es sich in dem Urteil um eine aufgrund von Verkehrsdurchsetzung eingetragene Marke handelte, führte der BGH in den Urteilsgründen aus, dem Bedürfnis von Wettbewerbern, abweichende, aber auf ähnliche Weise gebildete Zeichen für ihre Dienstleistungen zu verwenden, sei bei der Schutzschranke des § 23 Nr. 2 MarkenG und beim Schutz bekannter Kennzeichen im Rahmen des Merkmals „ohne rechtfertigenden Grund in unlau

345 So *Ingerl/Rohnke*, MarkenG, § 14 Rn. 548.
346 BGH GRUR 2009, 678, 681 (Tz. 27) – *POST/RegioPost*.
347 BGH GRUR 2009, 672 (Leitsatz 1) – *OSTSEE-POST*.

terer Weise“ Rechnung zu tragen[348]. Auf das Urteil des EuGH *„adidas/Marca Mode“* wies der BGH hier nicht hin.

Die beiden zitierten Urteile zeigen: Der BGH schien seine Rechtsprechung gemäß der EuGH-Rechtsprechung ändern und das Freihaltebedürfnis nur noch im Rahmen der Schutzschranke des § 23 Nr. 2 MarkenG berücksichtigen zu wollen.

Anders liest sich indes eine Vielzahl anderer Urteile. In dem Urteil *„POWER BALL“*[349] beispielsweise ging der BGH bei der Prüfung der Verwechslungsgefahr i.S.v. § 14 Abs. 2 Nr. 2 MarkenG mit keinem Wort darauf ein, dass sich aufgrund des EuGH-Urteils *„adidas/Marca Mode“* etwas an der Prüfung der Verwechslungsgefahr im Verletzungsprozess geändert haben könnte. Er führte aus, ob die Klagemarke über durchschnittliche Kennzeichnungskraft verfüge oder die Kennzeichnungskraft wegen der Anlehnung an einen warenbeschreibenden Begriff unterdurchschnittlich sei, könne im Streitfall offenbleiben[350]. Das lässt erkennen, dass der BGH nicht der Ansicht ist, dass die Kennzeichnungskraft wegen der Anlehnung an einen warenbeschreibenden Begriff nach *„adidas/Marca Mode“* schon aus grundsätzlichen Erwägungen heraus nicht mehr unterdurchschnittlich sein kann. Ähnliches ist weiteren, nach *„adidas/Marca Mode“* ergangenen Urteilen zu entnehmen[351].

Der BGH scheint damit in derzeit ständiger Rechtsprechung an seiner alten Rechtsprechung festzuhalten und davon auszugehen, dass Marken, die an beschreibende Angaben angelehnt sind, von Haus aus nur eine unterdurchschnittliche Kennzeichnungskraft zukommt[352].

In der instanzgerichtlichen Rechtsprechung wurde bislang in nur wenigen Urteilen auf die sich aus dem Urteil *„adidas/Marca Mode“* ergebende Problematik eingegangen.

---

348 BGH GRUR 2009, 672, 675 (Tz. 26) – *OSTSEE-POST.*

349 BGH GRUR 2010, 835 – *POWER BALL.*

350 BGH GRUR 2010, 835, 837 (Tz. 31) – *POWER BALL.* Das Berufungsgericht, das OLG München, hatte in seinem Urteil lediglich mit einem Satz festgestellt, mangels abweichender Anhaltspunkte sei von normaler Kennzeichnungskraft der Klagemarke für die unter Schutz gestellten Waren/Dienstleistungen auszugehen (OLG München, Urteil vom 10.1.2008, Az.: 6 U 5290/06 [BeckRS 2009, 09009]).

351 Z.B. BGH GRUR 2011, 826, 827 (Tz. 16) – *Enzymax/Enzymix*; BGH GRUR 2010, 642, 644 (Tz. 28) – *WM-Marken*; BGH GRUR 2010, 729, 731 (Tz. 27 f.) – *MIXI*; BGH GRUR 2008, 1002, 1004 (Tz. 25 ff.) – *Schuhpark*; BGH GRUR 2008, 909, 910 (Tz. 15 ff.) – *Pantogast*; BGH GRUR 2008, 905, 906 (Tz. 14 ff.) – *Pantohexal.*

352 So auch *Rohnke/Thiering* (GRUR 2011, 8, 15).

Das OLG Köln führte in seinem Urteil „*Frucht des Marulabaumes*"[353] aus, der Senat könne offen lassen, ob das bestehende Freihaltebedürfnis bereits in die Beurteilung der Verwechslungsgefahr einzubeziehen ist, weil ein absolut schutzunfähiger Bestandteil eines zusammengesetzten Zeichens aus Rechtsgründen den Gesamteindruck dieses Zeichens nicht zu dominieren vermöge und deshalb der Schutzumfang einer eingetragenen Marke um so enger zu bemessen sei, je weniger Eigenprägung und Unterscheidungskraft dem Zeichen über seine Anlehnung an die freizuhaltende Angabe hinaus zukomme. Denn auch wenn der Ansicht der Berufung beizutreten sein sollte, dass die Rechtsprechung des Europäischen Gerichtshofs einer Einschränkung schon des Schutzumfangs der Klagemarke im Hinblick auf freihaltebedürftige Bestandteile beider Kennzeichen entgegenstehe, wäre bei vorliegender (hier nur unterstellter) Verwechslungsgefahr jedenfalls die den Gedanken des Freihaltebedürfnisses im Verletzungsverfahren zur Geltung bringende Schutzschranke des § 23 MarkenG zu beachten[354].

In seinem Urteil „*EnzyMax/Enzymix*"[355] sah das OLG Köln bei der Bezeichnung „Enzymax" zwar beschreibende Anklänge. Der erste Zeichenbestandteil „Enzym" weise auf in Nahrungsergänzungsmitteln häufig enthaltene Stoffe hin, die Endung „-ax" sei dagegen nicht beschreibend. Es handele sich zwar um ein nicht ungebräuchliches Suffix, die Zusammenfügung dieser Wortteile zu „Enzym"-„ax" sei dem Sprachgebrauch jedoch fremd, so dass sich aus der Zusammensetzung eine Kennzeichnung von individueller Eigenart ergebe[356]. Später führte das OLG Köln aus, der Annahme einer Verwechslungsgefahr stehe nicht entgegen, dass diese auch bei gegebener Markenähnlichkeit, identischen Waren und einer durchschnittlichen Kennzeichnungskraft dann aus Rechtsgründen zu verneinen wäre, wenn anderenfalls ein markenrechtlicher Schutz beschreibender Angaben gewährt würde. Denn beschreibende Anklänge seien zwar bei der Bemessung der Kennzeichnungskraft zu berücksichtigen, eine etwa bestehende Freihaltebedürftigkeit könne aber darüber hinaus im Rahmen der Verwechslungsgefahr nicht berücksichtigt werden und nur unter den Voraussetzungen des § 23 Nr. 2 MarkenG zum Tragen kommen[357]. Hier verwies der Senat auf die Urteile „*POST/RegioPost*" und „*adidas/Marca Mode*".

Das OLG Frankfurt führte in seinem Urteil „*Buchstabe B*"[358] aus, es bestehe kein Anlass, den Schutzbereich der Verfügungsmarke im Hinblick auf ein etwai-

353 OLG Köln MarkenR 2009, 228 – *Frucht des Marulabaumes*.
354 Unter II. 1. b).
355 OLG Köln GRUR-RR 2010, 41 – *EnzyMax/Enzymix*.
356 OLG Köln GRUR-RR 2010, 41, 42 – *EnzyMax/Enzymix*.
357 OLG Köln GRUR-RR 2010, 41, 43 – *EnzyMax/Enzymix*.
358 OLG Frankfurt, Urteil vom 30.3.2010, Az.: 6 U 240/09 – *Buchstabe B* (BeckRS 2010, 13290).

ges Freihaltebedürfnis an dem Buchstaben B auf die konkrete graphische Ausgestaltung zu begrenzen. Abgesehen davon, dass nach der Rechtsprechung des Europäischen Gerichtshofs [Anm.: Hinweis auf das Urteil des EuGH *„adidas/Marca Mode“* und auch das des BGH *„OSTSEEPOST“*] derartige Erwägungen bei der Beurteilung der Verwechslungsgefahr grundsätzlich keine Rolle spielen sollten, sei ein solches Freihaltebedürfnis hier nicht zu erkennen. Einer Monopolisierung des Buchstabens für den Markeninhaber könne schließlich durch ein „sachgerechtes Verständnis des Begriffs der markenmäßigen Benutzung“ entgegengewirkt werden.“[359]

Die zitierten Urteile zeigen, dass die instanzgerichtliche Rechtsprechung unsicher zu sein scheint, ob und wie sie der sich aus der EuGH-Rechtsprechung ergebenden Problematik begegnen möchte. Das OLG Köln konnte die Frage im Urteil *„Frucht des Marulabaumes“* noch dahinstehen lassen, nicht zuletzt deswegen, weil es ohne weiteres auf die Schutzschranke des § 23 Nr. 2 MarkenG ausweichen konnte. Im späteren Urteil *„EnzyMax/Enzymix“* musste das OLG Köln nähere Ausführungen machen. Ihnen ist zu entnehmen, dass das OLG Köln keine Auswirkungen der Urteile *„adidas/Marca Mode“* und *„POST/RegioPost“* auf die Bemessung der Kennzeichnungskraft annimmt. Im Rahmen der Prüfung der Verwechslungsgefahr will es eine etwa bestehende Freihaltebedürftigkeit aber nicht (mehr) berücksichtigen. Das OLG Frankfurt legte sich nicht fest. Es deutete aber eine Lösungsmöglichkeit an, die aus der Rechtsprechung zum WZG bekannt ist. So könnten Fälle, bei denen sich der vermeintlich einfachere Weg über die Schutzschranke nicht anbietet, im Rahmen der rechtsverletzenden Benutzung entschieden und so eine „Beschränkung des Schutzumfangs“ erzielt werden. Als Zwischenergebnis ist festzuhalten, dass das Urteil *„adidas/Marca Mode“* nicht zu großen Umwälzungen in der deutschen Rechtsprechung zu führen scheint.

Ähnlich stellt sich die Einschätzung in der Literatur dar. *Hacker* beispielsweise zieht aus dem Urteil des EuGH keine in die Grundfesten hineinreichenden Konsequenzen. Er geht von den bisherigen Grundsätzen der deutschen Rechtsprechung und -praxis aus[360]. Unter Zitierung des EuGH-Urteils stellt *Hacker* fest, dass nach Bejahung einer Verwechslungsgefahr im markenrechtlichen Sinne das Ergebnis nicht wieder mit der Erwägung in Frage gestellt werden dürfe, dass die Verwendung des angegriffenen Zeichens einem Freihaltebedürfnis unterliege[361].

---

359 OLG Frankfurt, Urteil vom 30.3.2010, Az.: 6 U 240/09 – *Buchstabe „B“* (BeckRS 2010, 13290; unter II.).

360 Ströbele/*Hacker*, MarkenG, § 9 Rn. 131.

361 Ströbele/*Hacker*, MarkenG, § 9 Rn. 37.

Büscher geht im Rahmen der Erörterungen zur Bestimmung der Kennzeichenkraft gemäß den althergebrachten Grundsätzen davon aus, dass Marken, die für die jeweiligen Waren oder Dienstleistungen Anklänge an beschreibende Angaben haben, über eine geringe Kennzeichnungskraft von Hause aus verfügen[362]. An anderer Stelle führt *Büscher* aus, dass beschreibende Anklänge nicht zwangsläufig zu einer Schwächung der originären Kennzeichnungskraft führen müssten. Es sei jeweils im Einzelfall abzuwägen, wie ausgeprägt der beschreibende Anklang sei[363]. *Büscher* geht in diesem Zusammenhang mit keinem Wort auf das Urteil *„adidas/Marca Mode"* ein. Im Rahmen der Erörterungen zur Kennzeichnungskraft verkehrsdurchgesetzter Zeichen führt er aus, verkehrsdurchgesetzte Marken könnten trotz der erreichten Durchsetzung über eine Kennzeichenschwäche verfügen[364]. Davon könne allerdings nicht wegen eines Freihaltebedürfnisses an der als Marke geschützten Bezeichnung ausgegangen werden. Nach der EuGH-Rechtsprechung sei es nämlich unzulässig, bei Verkehrsdurchsetzung im Hinblick auf ein Freihaltebedürfnis erhöhte Anforderungen an die Erlangung von Unterscheidungskraft zu stellen. Dies gelte nicht nur bei der Frage, ob sich ein Zeichen nach § 8 Abs. 3 MarkenG im Verkehr durchgesetzt habe, sondern auch bei der Beurteilung des Grades der Kennzeichnungskraft verkehrsdurchgesetzter Marken. Trete der beschreibende Inhalt der Bezeichnung besonders hervor, könne auch bei einer verkehrsdurchgesetzten Marke von unterdurchschnittlicher Kennzeichnungskraft auszugehen sein[365]. Das Urteil *„adidas/Marca Mode"* zitiert *Büscher* auch hier nicht.

Ingerl/Rohnke indes sehen in dem Urteil des EuGH das Potential für sehr weitgehende Änderungen[366]. So sollen ihrer Ansicht nach die gesamten bisherigen Grundsätze in Frage gestellt sein. Das könne zu erheblichen Konsequenzen im Verletzungsverfahren, im Widerspruchsverfahren und im Löschungsklageverfahren führen. *Ingerl/Rohnke* gehen davon aus, dass das Urteil des EuGH zwar zu einem Bildzeichen und Produktdekor betreffenden Fall ergangen sei, nach dem eindeutigen Wortlaut aber generell Geltung beanspruche. Die Tragweite des Urteils sei nicht absehbar. Bei Zeichen, die an merkmalsbeschreibende Angaben angelehnt seien, führe die Rechtsprechung des EuGH zu einer Verlagerung der Schutzumfangsbeschränkung zur Sicherung von Freihaltebedürfnissen ausschließlich in die Schutzschranke des § 23 MarkenG. Unabsehbar seien derzeit auch die praktischen Auswirkungen des bei Verlagerung in die Schutzschranke stets Geltung beanspruchenden Lauterkeitsvorbehalts des § 23 Nr. 2

362 *Büscher*/Dittmer/Schiwy, GewRS, Teil 1, Kap. 3, § 14 MarkenG Rn. 252.
363 *Büscher*/Dittmer/Schiwy, GewRS, Teil 1, Kap. 3, § 14 MarkenG Rn. 260.
364 *Büscher*/Dittmer/Schiwy, GewRS, Teil 1, Kap. 3, § 14 MarkenG Rn. 279.
365 *Büscher*/Dittmer/Schiwy, GewRS, Teil 1, Kap. 3, § 14 MarkenG Rn. 280.
366 *Ingerl/Rohnke*, MarkenG, § 14 Rn. 545 ff.

MarkenG im Vergleich zu den bisherigen Lösungen über Kennzeichnungskraft und Verwechslungsgefahr[367].

(bb) Stellungnahme

Auch wenn das Urteil des EuGH allgemeine Geltung zu beanspruchen scheint und der BGH es zunächst weitgehend übernehmen zu wollen schien, sind die von *Ingerl/Rohnke* angedachten Konsequenzen und Auswirkungen meines Erachtens nicht zu ziehen.

Unklar ist nämlich bereits – das merken auch *Ingerl/Rohnke* an[368] –, ob die lückenhafte und noch nicht gefestigte Rechtsprechung des EuGH in die eingeschlagene Richtung fortgeführt werden wird oder ob es sich nicht um eine vereinzelt bleibende Entscheidung handelt, die auf die dekorative Nutzung eines bestimmten (Streifen-)Motivs, das aufgrund von Verkehrsdurchsetzung als Marke eingetragen wurde, zugeschnitten war.

Für die Annahme einer Einzelfallentscheidung spricht zunächst, dass der EuGH – erstaunlicherweise – in dem Urteil nicht auf die Beschränkung des Schutzumfangs durch die Eingrenzung des Benutzungsbegriffs einging[369], obwohl die von den Mitbewerbern behauptete rein dekorative Benutzung des Zwei-Streifen-Motivs die Frage nahelegte, ob darin überhaupt eine markenmäßige Benutzung gesehen werden kann. Der EuGH erörterte den Umstand, dass die Verkehrskreise das von den Mitbewerbern benutzte Zeichen möglicherweise lediglich als Dekoration auffassen, nur unter dem Gesichtspunkt der Verwechslungsgefahr im Rahmen von Art. 5 Abs. 1 lit. b) MarkenRL.

Ferner verwundert, dass der EuGH im Rahmen der Erörterung der Verwechslungsgefahr ausführte, es sei zu prüfen, ob der Durchschnittsverbraucher, wenn er Sport- und Freizeitbekleidung mit Streifenmotiven wahrnehme, die an denselben Stellen angebracht seien und dieselben Merkmale aufwiesen wie das für adidas eingetragene Motiv, sich hinsichtlich der Herkunft der Waren täuschen könne[370]. Diese Formulierung erweckt den Eindruck, es habe sich bei den Bildmarken von adidas um Positionsmarken gehandelt und auch die Ausführung

367 *Ingerl/Rohnke*, MarkenG, § 14 Rn. 550.

368 So *Ingerl/Rohnke*, MarkenG, § 14 Rn. 545.

369 Eine Ausprägung des Freihaltebedürfnisses kann nämlich auch darin gesehen werden, dass Dritten eine Verwendung des identischen oder ähnlichen Zeichens erlaubt bleibt, wenn die Benutzung nicht markenmäßig erfolgt, vgl. *Bergmann*, jurisPR-WettbR 1/2009, Anm. 1 (unter C.); ähnlich Ströbele/*Hacker*, MarkenG, § 23 Rn. 53.

370 EuGH GRUR 2008, 503, 504 (Tz. 35) – *adidas/Marca Mode*.

in einer mit dem jeweiligen Kleidungsstück kontrastierenden Grundfarbe sei ein schutzbegründendes Element gewesen. Tatsächlich werden die Streifen von adidas so benutzt. Das Element einer Ausführung des Streifenmotivs in einer mit der Grundfarbe kontrastierenden Farbe wäre aber als solches wohl nicht eintragungsfähig[371].

Insgesamt erscheint das Urteil des EuGH wenig systematisch und von den Besonderheiten des Einzelfalles geprägt. Solange kein bestätigendes Urteil des EuGH ergeht, wird an den herkömmlichen Rechtsprechungsgrundsätzen festgehalten werden können – wenn sich Änderungen nicht ohnehin, wie hier vertreten, bereits ergeben haben.

bb. Scheinbarer Widerspruch bei parallelem Klage- und Widerspruchs-/Löschungsverfahren

Eine weitere, teils kritisch betrachtete Konsequenz aus der Verneinung der (analogen) Anwendung von § 23 MarkenG im Widerspruchsverfahren ist, dass in Fällen, in denen sowohl ein Klageverfahren als auch ein auf Löschung gerichtetes Verfahren eingeleitet wird, das Unterlassungsbegehren im Klageverfahren wegen Eingreifens des § 23 MarkenG zurückgewiesen, dem Widerspruch/Löschungsantrag gegen das gleiche Zeichen hingegen stattgegeben und die angegriffene Marke gelöscht wird. Es kann also ein Dritter ein Zeichen benutzen dürfen, nicht jedoch die Eintragung als Marke erlangen können[372].

Unter Bezugnahme auf ältere Rechtsprechung zum WZG[373] wird daher vorgeschlagen, dass sich derjenige im Verletzungsprozess nicht auf § 23 (Nr. 2) MarkenG berufen kann, der für das angegriffene Zeichen etwa als Bestandteil einer mehrgliedrigen Marke selbst formellen Markenschutz nachsucht und die freizuhaltende Angabe damit für sich zu monopolisieren sucht[374]. Dieser Rechtsprechung lag der Gedanke des Verbots widersprüchlichen Verhaltens („venire contra factum proprium") zugrunde.

Der aufgezeigte Widerspruch besteht meines Erachtens jedoch weder im Hinblick auf das Ergebnis noch auf das Verhalten des Beklagten im Prozess. Hinsichtlich des Verhaltens kann angeführt werden, dass es gerade einer konsequenten Zielverfolgung entspricht. Wenn man eine bestimmte beschreibende Angabe verwenden will, wird man sich im Verletzungsprozess die Schutzschranke des

371 *Bergmann*, jurisPR-WettbR 1/2009, Anm. 1.
372 Vgl. *Jonas/Hamacher*, WRP 2009, 535, 538.
373 Z.B. BGH GRUR 1988, 542, 543 – *ROYALE*.
374 *Jonas/Hamacher*, WRP 2009, 535, 538.

§ 23 Nr. 2 MarkenG zunutze machen wollen und sich gleichzeitig um die Eintragung des Zeichens bemühen. Dabei nimmt man in Kauf, seinerseits eine „schwache" Marke zu erlangen und in einem potentiellen nächsten Prozess (dann in der Position des Klägers) selbst durch § 23 Nr. 2 MarkenG beschränkt zu werden. Hinsichtlich des Ergebnisses besteht ebenfalls kein Widerspruch. Dass das fragliche Zeichen benutzt werden darf, ist Ausdruck der Beschränkung des Schutzumfangs einer aus einer beschreibenden Angabe bestehenden Marke unter anderem durch § 23 Nr. 2 MarkenG, die einzig zulasten des Kennzeicheninhabers geht und die dieser hinzunehmen hat[375]. Dass das Zeichen aber nicht eingetragen werden darf, entspricht dem Gedanken, das Register von beschreibenden Angaben weitmöglich freizuhalten und somit dem Freihaltebedürfnis an solchen Angaben hinreichend Genüge zu tun.

Wenn § 23 MarkenG nun, wie hier als möglich erachtet, im Widerspruchsverfahren Berücksichtigung finden sollte, erwächst spiegelbildlich selbstverständlich die Gefahr, dass vermehrt beschreibende Begriffe in das Register gelangen. Das scheinen Gesetzgeber und Rechtsprechung, wie gerade das Urteil „*CITY POST*" zeigt, hinnehmen zu wollen.

4. § 23 MarkenG im Löschungsklageverfahren

§ 23 MarkenG stellt seinem Wortlaut nach die „Benutzung" des Kennzeichens frei. Er ist, wie ausgeführt, auf das Verletzungsverfahren zugeschnitten und ist bzw. war bei der Frage nach der Löschung einer eingetragenen Marke, sei es im Rahmen eines Widerspruchs-, eines Löschungs- oder eines Löschungsklageverfahrens, nicht anwendbar.

Vor dem erläuterten Hintergrund der Urteile des BGH „*CITY POST*" und „*Gartencenter Pötschke*" ist nunmehr davon auszugehen, dass § 23 MarkenG im Löschungsklageverfahren gemäß §§ 51, 55 MarkenG Anwendung findet, und zwar sowohl bei Marken unabhängig von ihrem Entstehungstatbestand als auch bei geschäftlichen Bezeichnungen. Die nach „*CITY POST*" noch zu Recht erwogene Möglichkeit, der BGH habe die Divergenz zu seiner Rechtsprechung im Urteil „*Fläminger*" übersehen, ist durch die ausdrückliche Bestätigung im Urteil „*Gartencenter Pötschke*"[376] ausgeschlossen.

375 Vgl. dazu BGH GRUR 2009, 678 (Dritter Leitsatz sowie Tz. 32) – *POST/RegioPost.*
376 BGH GRUR 2011, 835, 836 (Tz. 14) – *Gartencenter Pötschke.*

IV. § 23 MarkenG und der Sonderschutz bekannter Kennzeichen

Nach dem Abstecken des verfahrensrechtlichen Anwendungsbereichs des § 23 MarkenG ist der in das materielle Recht reichenden Frage nachzugehen, welche Bedeutung der Vorschrift beim Schutz bekannter Kennzeichen zukommt.

1. Allgemeines zum Sonderschutz bekannter Kennzeichen nach dem MarkenG

Mit dem MarkenG wurde der sogenannte erweiterte Schutz bekannter Kennzeichen[377] in den §§ 14 Abs. 2 Nr. 3, 15 Abs. 3 MarkenG[378] normiert[379]. Die fast wortgleichen §§ 14 Abs. 2 Nr. 3 und 15 Abs. 3 MarkenG bilden einen vom deutschen Gesetzgeber bewusst parallel gestalteten einheitlichen Schutztatbestand für bekannte Kennzeichen[380].

Die deutsche Rechtsprechung unterscheidet bei den §§ 14 Abs. 2 Nr. 3, 15 Abs. 3 MarkenG vier Eingriffstatbestände[381]. Sie ergeben sich aus der Kombination aus zwei Schutzobjektiven (Unterscheidungskraft, Wertschätzung) und zwei Verletzungswirkungen (Ausnutzung, Beeinträchtigung)[382]. Ihnen soll jeweils

---

377 Zu dessen Voraussetzungen z.B. *Ingerl/Rohnke*, MarkenG, § 14 Rn. 1309 ff. sowie § 15 Rn. 121 f.

378 Für geographische Herkunftsangaben „mit besonderem Ruf" findet sich in § 127 Abs. 3 MarkenG eine ähnliche Regelung.

379 Zu den vor dem Inkrafttreten des MarkenG von der Rechtsprechung entwickelten Lösungen zum Schutz von bekannten Kennzeichen bzw. berühmten Marken zusammenfassend z.B. *Ingerl/Rohnke*, MarkenG, § 14 Rn. 1286 ff.; Ströbele/*Hacker*, MarkenG, § 14 Rn. 199 f.

380 Amtl. Begr. zum Reg.-Entw. des Markenrechtsreformgesetzes, BT-Drucks. 12/6581, S. 53, 76; *Ingerl/Rohnke*, MarkenG, § 14 Rn. 1244 und § 15 Rn. 117.

381 Anders der EuGH in seinen Urteilen „*Intel Corporation/CPM United Kingdom*" (GRUR 2009, 56, 57 [Tz. 27 f.]) und „*L'Oréal/Bellure*" (GRUR 2009, 756 [Tz. 38]): Er geht von nur drei Tatbeständen aus, nämlich (1) der Beeinträchtigung der Unterscheidungskraft, (2) der Beeinträchtigung der Wertschätzung und (3) dem unlauteren Ausnutzen der Unterscheidungskraft oder Wertschätzung. Warum in der dritten Alternative zwei Unteralternativen zusammengefasst werden, wird nicht erläutert und erschließt sich auch nicht. Die terminologische Abweichung dürfte jedoch keine Konsequenzen haben, da es auch nach dem EuGH nicht erforderlich ist, dass das Ausnutzen kumulativ sowohl die Unterscheidungskraft als auch die Wertschätzung betrifft (*Ingerl/Rohnke*, MarkenG, § 14 Rn. 1271 f. und 1355). Hintergrund ist möglicherweise, dass der EuGH der „qualitativen" Wertschätzung im Gegensatz zur primär „quantitativen" Unterscheidungskraft jedenfalls im Hinblick auf die Vorspannwirkung keine eigenständige Bedeutung zuweisen will (*Ingerl/Rohnke*, MarkenG, § 14 Rn. 1355).

382 *Ingerl/Rohnke*, MarkenG, § 14 Rn. 1354.

eigenständige Bedeutung zukommen, wenn auch Überschneidungen häufig sind. Die vier Eingriffstatbestände können schlagwortartig als „Verwässerung“, „Rufschädigung“, „Rufausbeutung“ und „Aufmerksamkeitsausbeutung“ bezeichnet werden[383].

2. Die Tatbestandselemente „nicht ohne rechtfertigenden Grund in unlauterer Weise“ und § 23 MarkenG

§§ 14 Abs. 2 Nr. 3, 15 Abs. 3 MarkenG enthalten die Tatbestandselemente „ohne rechtfertigenden Grund in unlauterer Weise“. Nicht zuletzt auf Grund dieser Elemente wird § 14 Abs. 2 Nr. 3 MarkenG – Gleiches gilt für § 15 Abs. 3 MarkenG – häufig als wettbewerbsrechtliche Norm im Gewande des Markenrechts bezeichnet[384].

Wie die beiden Tatbestandselemente „Unlauterkeit“ und „ohne rechtfertigenden Grund“ im Einzelnen auszulegen sind, ob beispielsweise für die Feststellung der Unlauterkeit eine Gesamtwürdigung aller relevanten Umstände sowie eine umfassende Interessenabwägung vorzunehmen sind und inwieweit sich die beiden Tatbestandselemente überschneiden, soll hier nicht erörtert werden[385]. Fest steht, dass im Rahmen der Prüfung der §§ 14 Abs. 2 Nr. 3, 15 Abs. 3 MarkenG eine umfassende Lauterkeitsprüfung vorzunehmen ist.

Es stellt sich damit die Frage, ob der Schutzschranke des § 23 MarkenG im Fall des erweiterten Kennzeichenschutzes eine eigenständige Bedeutung zukommen kann oder ob sie nicht in der umfassenden Lauterkeitsprüfung im Rahmen des Verletzungstatbestands „aufgeht“.

a. Die deutsche Rechtsprechung

Der BGH hat sich erstmals in seinem Urteil „*BIG PACK*“[386] mit dem Problemkomplex „Bekanntes Kennzeichen – Schutzschranke des § 23 MarkenG“ auseinandergesetzt. In der Entscheidung führte der BGH aus, der Regelung des § 23 MarkenG komme grundsätzlich keine eigenständige Bedeutung gegenüber dem

383 *Ingerl/Rohnke*, MarkenG, § 14 Rn. 1354 und § 15 Rn. 125.

384 *Hacker*, MarkenR, § 18 Rn. 484; *Born*, GRUR 2006, 192, 193; ähnlich *Piper*, GRUR 1996, 429, 431: „ein dem Wesen nach wettbewerbsrechtlich orientierter Schutz“.

385 Dazu z.B. *Sack*, WRP 2011, 155, 157 f., der unter anderem das EuGH-Urteil „*L'Oréal/Bellure*“ im Hinblick auf Art. 5 Abs. 2 MarkenRL analysiert.

386 BGH GRUR 1999, 992 – *BIG PACK*.

erweiterten Schutz bekannter Kennzeichen zu, da im Rahmen der in Rede stehenden Anspruchsgrundlagen (das waren §§ 14 Abs. 2 Nr. 3, Abs. 5, 15 Abs. 3, Abs. 4 MarkenG) ohnehin eine umfassende Unlauterkeitsprüfung vorzunehmen sei, die sich überdies mit der Prüfung des in § 23 MarkenG enthaltenen Merkmals des Sittenverstoßes – zumindest teilweise – überschneide[387].

Diese Rechtsprechung führte der BGH fort. Auf die Einschränkung „zumindest teilweise“ verzichtete er[388]. Im Rahmen der Prüfung der Merkmale „ohne rechtfertigenden Grund in unlauterer Weise“ – wobei die Prüfung meist zusammen erfolgt[389] – verwies er stets darauf, dass insoweit „die gleichen Erwägungen“ gelten, die der Annahme eines Verstoßes gegen die guten Sitten im Sinne von § 23 MarkenG entgegenstehen[390]. Oder er formulierte – so im Urteil „*Aluminiumräder*“ –, das nicht auszuschließende Profitieren von dem Abbilden als Zubehör eines Sportwagens mit hohem Prestigewert sei „nicht ohne rechtfertigenden Grund in unlauterer Weise“ geschehen, „wie sich aus den Ausführungen zu § 23 Nr. 3 MarkenG“ ergebe[391]. Der BGH prüfte § 23 MarkenG also nie eigenständig im Anschluss an den Verletzungstatbestand eines bekannten Kennzeichens, sondern immer innerhalb des Verletzungstatbestands.

Das heißt, nach der Rechtsprechung des BGH geht § 23 MarkenG bei bekannten Kennzeichen in dem Merkmal „in unlauterer Weise ohne rechtfertigenden Grund“ auf. Den Verletzungstatbeständen der §§ 14 Abs. 2 Nr. 3, 15 Abs. 3 MarkenG ist die Schutzschranke gleichsam immanent, sie ist in den Tatbestand integriert.

In einem Urteil weicht der BGH allerdings von seiner seit dem Jahr 1999 ansonsten konsequent fortgeführten Rechtsprechung ab, und zwar in dem Urteil „*d-c-fix/CD-FIX*“[392]. In diesem Urteil bejahte der BGH im Rahmen der Prüfung des § 23 Nr. 2 MarkenG die Unlauterkeit der markenmäßigen Verwendung des

---

387 BGH GRUR 1999, 992, 994 – *BIG PACK.*

388 Vgl. BGH GRUR 2002, 622, 625 – *shell.de* (bezüglich der Verwendung des eigenen bürgerlichen Namens); BGH GRUR 2001, 1054, 1057 – *Tagesreport* (zu § 15 Abs. 3 MarkenG: „[…] kommt der Bestimmung des § 23 Nr. 2 MarkenG in diesem Zusammenhang keine eigenständige Bedeutung zu, da im Rahmen des § 15 III MarkenG ohnehin eine umfassende Lauterkeitsprüfung vorzunehmen ist“); BGH GRUR 2001, 1050, 1053 – *Tagesschau* (ebenfalls zu § 15 Abs. 3 MarkenG).

389 Z.B. BGH GRUR 2009, 1162, 1165 (Tz. 37) – *DAX*; BGH GRUR 2008, 798, 800 (Tz. 26) – *POST I*; BGH GRUR 2005, 163, 165 – *Aluminiumräder.*

390 Z.B. BGH GRUR 2011, 134, 140 – *Perlentaucher*; BGH GRUR 2009, 1162, 1165 (Tz. 37) – *DAX*; BGH GRUR 2008, 798, 800 – *POST I.*

391 BGH GRUR 2005, 163, 165 – *Aluminiumräder.*

392 BGH GRUR 2004, 600 – *d-c-fix/CD-FIX.*

Kollisionszeichens durch den Dritten. Gleichzeitig verneinte er die Unlauterkeit im Rahmen der Prüfung des § 14 Abs. 2 Nr. 3 MarkenG[393]:

Die Unlauterkeit der markenmäßigen Verwendung im Rahmen von § 23 Nr. 2 MarkenG bejahte der BGH, da er bei dem Kollisionszeichen „CD-FIX" lediglich „Anklänge an eine beschreibende Benutzung" sah und zudem nichts für ein Freihaltebedürfnis für den allgemeinen Gebrauch ersichtlich war. Im Rahmen des § 14 Abs. 2 Nr. 3 MarkenG hingegen verneinte der BGH das Tatbestandsmerkmal „nicht ohne rechtfertigenden Grund in unlauterer Weise", da die Bezeichnung „CD-FIX" „sinntragend" sei für die Ware der Beklagten. Sie gebe an, das Produkt diene zum Fixieren von CDs. Im Hinblick auf die beschreibende Benutzung von CD-FIX für CD-Haltepunkte sei die Unlauterkeit zu verneinen[394].

Das Urteil erscheint widersprüchlich. Zu berücksichtigen ist jedoch, dass der BGH im Rahmen der Prüfung des § 23 Nr. 2 MarkenG offen ließ, ob es sich bei „CD-FIX" überhaupt um eine beschreibende Angabe i.S.v. § 23 Nr. 2 MarkenG handelte und er nur deswegen zur Prüfung des Unlauterkeitsvorbehalts gelangte. Richtigerweise hätte er, da eben nur beschreibende Anklänge bestanden, bereits das Vorliegen einer beschreibenden Angabe i.S.v. § 23 Nr. 2 MarkenG ablehnen müssen. Dann wäre der Widerspruch nicht aufgetreten. Bei der in dem Urteil „*d-c-fix/CD-FIX*" vorgenommenen, unterschiedlichen Beurteilung der Unlauterkeit hat es sich, wie die nachfolgenden Urteile zeigen, um eine vereinzelt bleibende Entscheidung gehandelt, die sich möglicherweise mit den besonderen Umständen des Einzelfalls erklären lässt.

b. Kritik *Fezers* an der deutschen Rechtsprechung

Der Rechtsprechung des BGH kritisch gegenüber steht *Fezer*[395]. Seiner Ansicht nach wird zwar in der Regel kein inhaltlicher Unterschied zwischen der Unlauterkeit im Sinne der §§ 14 Abs. 2 Nr. 3, 15 Abs. 3 MarkenG und dem Unlauterkeitsvorbehalt im Sinne des § 23 MarkenG bestehen. Dennoch solle zu berücksichtigen bleiben, dass jeweils ein anderes zu schützendes Interesse im Vordergrund steht: Bei den §§ 14 und 15 MarkenG, die den Schutzinhalt normieren, stünden die Individualinteressen des Kennzeicheninhabers im Vordergrund, bei der Schutzschranke des § 23 MarkenG das Freihalteinteresse der Allgemeinheit. Auslegungsdirektive des Kennzeichenschutzes als immaterialgüterrechtlichem

393 BGH GRUR 2004, 600, 602 – *d-c-fix/CD-FIX.*
394 BGH GRUR 2004, 600, 602 – *d-c-fix/CD-FIX.*
395 *Fezer*, MarkenR, § 23 MarkenG Rn. 31.

Eigentumsschutz sei innerhalb der §§ 14 und 15 MarkenG das Freiheits- und Schutzinteresse der Rechtsinhaber, innerhalb der Schutzschranke des § 23 MarkenG das im Wege einer umfassenden Güter- und Interessenabwägung zu konkretisierende Freihalteinteresse der Allgemeinheit.

Fezer ist insoweit zuzustimmen, als dass bei den §§ 14, 15 MarkenG und § 23 MarkenG unterschiedliche Interessen im Vordergrund stehen. Gleichwohl darf nicht übersehen werden, dass auch im Rahmen von § 23 MarkenG nicht nur das Freihalteinteresse der Allgemeinheit, sondern gerade auch das Interesse des Kennzeicheninhabers maßgeblich Berücksichtigung findet. So verpflichtet der Unlauterkeitsvorbehalt der Sache nach den Dritten, den berechtigten Interessen des Markeninhabers nicht zuwider zu handeln[396]. Oftmals greift die Rechtsprechung bei § 23 MarkenG sogar auf die Kriterien zurück, die in den §§ 14 Abs. 2 Nr. 3, 15 Abs. 3 MarkenG ausdrücklich aufgeführt sind[397]. Die §§ 14, 15 MarkenG und § 23 MarkenG unterscheiden sich also allenfalls in Nuancen, die – wie *Fezer* selbst einräumt – nicht zu inhaltlichen Unterschieden führen.

c. Die Rechtsprechung des EuGH

Dem Urteil des EuGH *„Adam Opel/Autec"* könnte zu entnehmen sein, dass der EuGH, anders als der BGH, von einer eigenständigen Prüfung des Art. 6 Abs. 1 MarkenRL auch bei bekannten Marken ausgeht[398]. In dem Urteil differenzierte der EuGH nämlich im Rahmen der Beantwortung der zweiten, sich auf Art. 6 MarkenRL beziehenden Vorlagefrage nicht zwischen Art. 5 Abs. 1 und Abs. 2 MarkenRL[399], nachdem er im Rahmen der ersten Vorlagefrage über das Ersuchen des vorlegenden Gerichts hinausgehend sowohl auf Art. 5 Abs. 1 lit. a) MarkenRL als auch auf Art. 5 Abs. 2 MarkenRL eingegangen war. Berücksichtigt werden muss jedoch, dass der EuGH die zweite, Art. 6 Abs. 1 MarkenRL betreffende Vorlagefrage abstrakt beantwortet und nicht im Hinblick auf die zuvor gegebene Antwort auf die erste Vorlagefrage. Das heißt, aus der fehlenden Differenzierung muss noch nicht der Schluss gezogen werden, dass der EuGH Art. 6 Abs. 1 MarkenRL bei bekannten Marken eigenständig prüft.

---

396 Z.B. EuGH GRUR 2005, 153, 157 (Tz. 82) – *Anheuser-Busch/Budvar*; EuGH GRUR 2004, 234, 235 (Tz. 24) – *Gerolsteiner/Putsch*; BGH GRUR 2008, 798, 799 (Tz. 21) – *POST I*; BGH GRUR 2005, 423, 425 – *Staubsaugerfiltertüten*; BGH GRUR 2005, 163, 164 – *Aluminiumräder*.

397 Vgl. EuGH GRUR 2005, 509, 512 (Tz. 43 f.) – *Gillette* (zu Art. 6 Abs. 1 lit. c) MarkenRL); EuGH GRUR 2005, 135, 137 (Tz. 83) – *Anheuser-Busch/Budvar* (zu Art. 6 Abs. 1 lit. a) MarkenRL); Ströbele/*Hacker*, MarkenG, § 23 Rn. 78.

398 Darauf weisen auch *Ingerl/Rohnke*, MarkenG, § 14 Rn. 1363 und § 15 Rn. 126 hin.

399 EuGH GRUR 2007, 318, 320 (Tz. 43 ff.) – *Adam Opel/Autec*.

Im Urteil „*Gillette*“ zu Art. 6 Abs. 1 lit. c) MarkenRL stellte der EuGH vier Fallgruppen heraus[400], in denen eine Benutzung insbesondere unlauter ist. Auf sie wird noch ausführlich eingegangen werden[401]. Die zweite Fallgruppe jedenfalls ist die, in der der Wert der Marke dadurch beeinträchtigt wird, dass die Art und Weise der Benutzung der fremden Marke deren Unterscheidungskraft oder Wertschätzung in unlauterer Weise ausnutzt. Diese Formulierung stimmt überein mit dem (vom EuGH als eins zusammengefassten) Eingriffstatbestand der bekannten Marke „Ausnutzung der Unterscheidungskraft oder Wertschätzung“. Das zeigt, dass der Schutzschranke zumindest in diesem einen Fall schon denklogisch auch nach dem EuGH keine eigenständige Bedeutung zukommen kann.

Dafür, dass der EuGH der Schutzschranke des Art. 6 Abs. 1 MarkenRL bei bekannten Marken eine eigenständige Bedeutung zusprechen würde, könnte aber sprechen, dass er bei bekannten Marken eine gesonderte Prüfung der Unlauterkeit nicht generell vornimmt[402] und es sogar zu vermeiden scheint, eine „Rechtfertigung“ zu prüfen. Bei der vergleichenden Werbung nämlich hätte sich eine solche Prüfung durchaus angeboten. Der EuGH hat aber den Weg bevorzugt, den Begriff des „unlauteren Ausnutzens“ in Art. 3 a lit. g) der RL 84/450/EWG[403] einheitlich mit dem gleichlaufenden Begriff des Art. 5 Abs. 2 MarkenRL zu verstehen[404]. Da ihm, wenn die Wertungen des Art. 6 Abs. 1 MarkenRL einmal relevant würden, ein solches „Ausweichen“ kaum möglich wäre, müsste er zur Vermeidung Art. 6 Abs. 1 MarkenG bei bekannten Marken eine eigenständige Bedeutung zumessen. – Dieser Gedanke ist jedoch zugegebenermaßen keineswegs zwingend.

Gegen eine eigenständige Bedeutung des Art. 6 Abs. 1 MarkenRL bei bekannten Marken könnte wiederum die oben erörterte[405] Rechtsnatur von Art. 6 Abs. 1 MarkenRL als ohnehin zu den Verletzungstatbeständen gehörende Immanenzschranke sprechen. Der EuGH könnte Art. 6 Abs. 1 MarkenRL daher zwanglos in den Verletzungstatbestand des Art. 5 Abs. 2 MarkenRL integrieren.

Der bisherigen Rechtsprechung des EuGH kann nach allem nicht eindeutig entnommen werden, ob er der Schutzschranke bei bekannten Kennzeichen eine eigenständige Bedeutung zumisst oder nicht bzw. das tun würde oder nicht. Für

---

400 EuGH GRUR 2005, 509, 513 (Tz. 42 ff., 49) – *Gillette.*

401 Vgl. 8. Kapitel, III.2.

402 *Ingerl/Rohnke*, MarkenG, § 14 Rn. 1280.

403 Heute Art. 4 lit. f) der Richtlinie 2006/114/EG; im nationalen Recht § 6 Abs. 2 Nr. 4 UWG.

404 EuGH GRUR 2009, 756, 762 (Tz. 77) – *L'Oréal/Bellure*; EuGH GRUR 2008, 698, 700 (Tz. 49) – *O2 und O2 (UK)/H3G.*

405 Vgl. I.1.

die praktische Anwendung ergibt sich allerdings ohnehin kein Unterschied. Sowohl nach dem EuGH als auch nach dem BGH werden die Wertungen des Art. 6 Abs. 1 MarkenRL / § 23 MarkenG bei bekannten Kennzeichen gleichermaßen berücksichtigt.

V. § 23 MarkenG und die Schutzschranke des § 100 MarkenG

§ 100 Abs. 1 MarkenG normiert für geographische Herkunftsangaben, die als Kollektivmarke eingetragen sind, eine Schutzschranke, die „zusätzlich zu den Schutzschranken, die sich aus § 23 MarkenG ergeben“, besteht. Die Vorschrift stellt einen Ausgleich dar für die Einschränkung des Schutzhindernisses des § 8 Abs. 2 Nr. 2 MarkenG durch § 99 MarkenG, der die Eintragung von geographischen Herkunftsangaben als Kollektivmarken zulässt. Erforderlich dürfte die Vorschrift nicht gewesen sein; ihre Aufnahme in das Gesetz ist der zwingenden Vorgabe von Art. 15 Abs. 2 S. 2 MarkenRL geschuldet[406]. Für § 23 MarkenG ergibt sich aus § 100 Abs. 1 MarkenG nichts. Für Einzelheiten zu § 100 Abs. 1 MarkenG wird auf die Kommentierungen dieser Vorschrift verwiesen. Im Ergebnis dürften die Unterschiede zwischen § 23 (Nr. 2) MarkenG und § 100 Abs. 1 MarkenG kaum praktische Bedeutung erlangen[407].

VI. § 23 MarkenG und Lizenzverträge

Zum Abschluss dieses Kapitels soll untersucht werden, ob das Vorliegen der Voraussetzungen des § 23 MarkenG und die daraus resultierende Freistellung des Dritten von kennzeichenrechtlichen Ansprüchen des Kennzeicheninhabers Einfluss auf die Wirksamkeit zwischen dem Kennzeicheninhaber und dem Dritten geschlossener Lizenzverträge hat. Schließlich hätte es einer vertraglichen Lizenzierung und gar der Zahlung einer Lizenzgebühr nicht bedurft, damit der Lizenznehmer das Zeichen, zumindest im Rahmen der Voraussetzungen des § 23 MarkenG, nutzen darf.

Mit diesem Problembereich beschäftigte sich der BGH in dem Rechtsstreit zwischen der Commerzbank AG und der Deutschen Börse AG, der dem Urteil des BGH „*DAX*“[408] zugrunde lag. Die Parteien hatten im Jahr 2001 einen Lizenzver-

---

406 *Ingerl/Rohnke*, MarkenG, § 100 Rn. 4.

407 Ströbele/Hacker/*Kober-Dehm*, MarkenG, § 100 Rn. 3; *Ingerl/Rohnke*, MarkenG, § 100 Rn. 4; differenzierter *Büscher*/Dittmer/Schiwy, GewRS, § 100 MarkenG Rn. 1 ff.

408 BGH GRUR 2009, 1162 – *DAX*; Vorinstanz: OLG Frankfurt a.M. GRUR-RR 2007, 104 – *DAX-Optionsscheine* (dazu *Seiler*, jurisPR-BKR 3/2008, Anm. 5).

trag geschlossen, in dem die Deutsche Börse AG als Inhaberin zweier Wortmarken „DAX“ und der Wortmarke „DivDAX“ der Commerzbank AG das Recht einräumte, die in dem Vertrag genau benannten, auf verschiedene Indizes bezogenen Finanzinstrumente unter Benutzung der betreffenden Marken der Deutschen Börse AG unter anderem zu emittieren und für sie zu werben. Als Gegenleistung sollte eine Lizenzgebühr gezahlt werden.

Der BGH führte aus, der Wirksamkeit des Lizenzvertrages stehe nicht entgegen, dass die beschreibende Bezugnahme auf den DAX in der Form, die Gegenstand der Feststellungsklage war, keiner Lizenzierung bedurfte[409]. Die Klägerin – die Commerzbank AG – habe selbst geltend gemacht, bei Vertragsschluss sei es aus ihrer Sicht ungewiss gewesen, ob sie für die beabsichtigte Verwendung der Bezeichnung DAX eine Lizenzierung benötigte oder nicht. Habe sie trotz oder gerade wegen der unklaren Rechtslage einen Lizenzvertrag abgeschlossen, so sei dieser Vertrag auch wirksam, wenn sich nachträglich herausstelle, dass es einer Lizenz nicht bedurft hätte. Im Übrigen habe sich aus dem Lizenzvertrag auch eine Berechtigung der Klägerin zur Nutzung der lizenzierten Marken ergeben, die über eine beschreibende Bezugnahme hinausging[410].

Das bedeutet: Schließen zwei Parteien einen Lizenzvertrag, weil oder obwohl sich der Lizenznehmer im Unklaren darüber ist, ob er mit der Benutzung der Marke in das Recht des Lizenzgebers eingreift, kann er, wenn sich herausstellt, dass ein Fall des § 23 Nr. 2 MarkenG vorliegt, keine Vertragsrückabwicklung oder Herausgabe der Lizenzgebühr wegen ungerechtfertigter Bereicherung verlangen.

Will der potentielle Lizenznehmer ausschließen, dass er „vergeblich“ Lizenzgebühren bezahlt, muss er bei Zweifeln über die Lizenzpflichtigkeit der Markennutzung also zunächst gerichtlich klären lassen, ob eine Lizenzpflichtigkeit besteht[411]. Die gerichtliche Klärung kann er dadurch provozieren, dass er die Marke zunächst benutzt und sich von dem Markeninhaber auf Unterlassung in Anspruch nehmen lässt. Gewinnt der Markeninhaber den Verletzungsprozess, da die Nutzung nicht durch § 23 MarkenG freigestellt ist, kann er, wenn auch der potentielle Lizenznehmer Interesse hat, Verhandlungen über den Abschluss eines Lizenzvertrags aufnehmen. In diesem Fall trägt der potentielle Lizenznehmer die Kosten des Rechtsstreits und muss bei Abschluss eines Lizenzvertrages Lizenzgebühren zahlen. Gewinnt der potentielle Lizenznehmer hingegen im Verletzungsprozess, spart er die Kosten des Rechtsstreits, kann das Zeichen in-

409 BGH GRUR 2009, 1162, 1166 (Tz. 68) – *DAX*.
410 BGH GRUR 2009, 1162, 1166 (Tz. 68) – *DAX*.
411 Ähnlich *Berlit*, LMK 2009, 293608.

nerhalb der Grenzen des § 23 MarkenG nutzen und muss keine Lizenzgebühren zahlen.

Für welchen Weg sich ein potentieller Lizenznehmer letztlich entscheidet, ist damit auch eine wirtschaftliche, nicht nur eine rechtliche Entscheidung.

Die aufgezeigten Punkte zeigen – darauf sei vorausgreifend hingewiesen[412] –, dass fremde Marken grundsätzlich nicht als merkmalsbeschreibende Angaben i.S.v. § 23 Nr. 2 MarkenG angesehen werden sollten. Denn so werden zum einen Prozesse vermieden, und zum anderen wird das Recht von Markeninhabern, Lizenzen für ihre Marke zu erteilen, nicht verkürzt.

412 Dazu ausführlich 7. Kapitel, II.2.

4. Kapitel:

Blick auf die Verletzungstatbestände als Voraussetzung für das Eingreifen von § 23 MarkenG

I. Notwendigkeit von Erörterungen

Das Vorliegen eines Verletzungstatbestandes (§§ 14, 15, 17 Abs. 2 MarkenG[413]) ist Voraussetzung dafür, dass das Eingreifen der Schutzschranke des § 23 MarkenG überhaupt in Betracht kommt. Dieser apodiktisch formulierte und aus der Gesetzessystematik heraus logisch zwingend erscheinende Satz wird in der Praxis häufig durchbrochen. Das geschieht (allerdings: nur) in Fällen, in denen die Schutzschranke des § 23 MarkenG im Ergebnis greift, dadurch, dass das Vorliegen des Verletzungstatbestandes unter Hinweis auf das Eingreifen des § 23 MarkenG offen gelassen wird. Dadurch kann das Gericht die möglicherweise schwierige Frage der rechtsverletzenden Benutzung[414] oder der Verwechslungsgefahr[415] dahinstehen lassen.

Aus diesem Vorgehen könnte für die Untersuchung des § 23 MarkenG der Schluss gezogen werden, sich mit den Verletzungstatbeständen und ihren zahlreichen Problemen nicht näher auseinanderzusetzen und als Ausgangspunkt der Untersuchung stets das Vorliegen des Verletzungstatbestandes zumindest zu unterstellen. Um im oben genannten Bild des Filters zu bleiben: Zum Zwecke der vorliegenden Untersuchung könnte man der ersten Stufe eine nur ganz schwache Filterfunktion einräumen, um möglichst viele Fälle in die zweite Stufe gelangen zu lassen, da diese schließlich untersucht werden soll.

Diese Vorgehensweise erscheint jedoch zu kurz gegriffen. Die Gründe wurden bereits erläutert: Um das kennzeichenrechtliche Gesamtsystem zu erfassen, können weder die Verletzungstatbestände isoliert betrachtet werden noch die Schutzschranken. Beide Prüfungsstufen auf dem Weg zur Feststellung einer Rechtsverletzung sind untrennbar miteinander verbunden; es besteht ein komplexer Normzusammenhang. Es ist nicht sachgerecht, die erste Stufe mit ihrer Funktion zu „ignorieren". Gewählt werden soll die aufgezeigte Vorgehensweise dennoch in dem Maße, als dass die erste Stufe, also die Verletzungstatbestände, im Rahmen dieser Arbeit nur in einigen Grundzügen dargestellt wird. Insbesondere die Voraussetzung einer „markenmäßigen Benutzung" – oder: einer „Benutzung als Marke" – „changiert" zur Zeit nämlich – so *Fezer* – „chamä-

413 § 17 Abs. 2 MarkenG soll nachfolgend außer Betracht bleiben.
414 Z.B. BGH GRUR 2009, 1162, 1163 (Tz. 26) – *DAX*.
415 Z.B. BGH GRUR 2008, 798, 799 (Tz. 15) – *POST I*.

leonhaft“ zwischen den verschiedenen Gruppen von rechtlichen Voraussetzungen im Markenkollisionsrecht“[416]. An anderer Stelle bezeichnet *Fezer*, ebenfalls sehr plastisch, die Vermessung der Grenzen des Planungsgebiets mit dem Instrument der Benutzung als Marke als eine „Großbaustelle des Markenverletzungsrechts“[417]. Diese Großbaustelle kann und muss separaten Untersuchungen, der Rechtsprechung sowie möglicherweise dem europäischen Richtliniengeber und deutschen Gesetzgeber überlassen bleiben.

Gänzlich unerörtert bleiben die allgemeinen Voraussetzungen der §§ 14, 15 MarkenG wie etwa das Tatbestandsmerkmal des geschäftlichen Verkehrs und auch sämtliche tatbestandsspezifischen Voraussetzungen wie etwa das Bestehen von Verwechslungsgefahr.

II. Die rechtsverletzende Benutzung im Rahmen von § 14 Abs. 2 MarkenG

1. Rechtsentwicklung vom Erlass der MarkenRL und In-Kraft-Treten des MarkenG bis zum Urteil des EuGH „*L’Oréal/Bellure*“

Unter Geltung des WZG war einhellig anerkannt, dass eine Zeichenverletzung stets einen warenzeichenmäßigen Gebrauch des angegriffenen Zeichens durch einen Dritten voraussetzt, also nur solche Benutzungen untersagt werden konnten, bei denen ein Zeichen dem angesprochenen Verkehr – zumindest auch – als Herkunftskennzeichen nahegebracht wurde[418]. Darauf und auf die Folgen für die Schutzschranke des § 16 WZG wurde bereits eingegangen[419].

Nach Art. 5 Abs. 1 und 2 MarkenRL setzen sämtliche Verletzungstatbestände eine „Benutzung“ des Kollisionszeichens voraus. Das Erfordernis der Benutzung ist also gemeinschaftsrechtlich vorgegeben. Es ist richtlinienkonform auszulegen und wird bestimmt durch die Rechtsprechung des EuGH. Das unmittelbar nur für die Registermarke geltende Gebot der richtlinienkonformen Auslegung schlägt dabei auf alle in § 4 Nr. 1 bis 3 MarkenG genannten Marken durch, da § 14 MarkenG alle Markenarten erfasst[420].

416 *Fezer*, WRP 2011, 387, 389.

417 *Fezer*, WRP 2011, 387, 391.

418 Z.B. BGH GRUR 1985, 41, 43 – *REHAB*; BGH GRUR 1981, 362, 364 – *Aus der Kurfürst-Quelle*; BGH GRUR 1961, 280, 281 – *Tosca*; BGH GRUR 1955, 484, 485 – *Luxor/Luxus*; BGH GRUR 1953, 175, 176 – *Kabelkennstreifen*.

419 Vgl. 2. Kapitel, I.4.

420 *Büscher*/Dittmer/Schiwy, GewRS, Teil 1, Kap. 3, § 14 MarkenG Rn. 119.

Nach Erlass der MarkenRL und In-Kraft-Treten des MarkenG war umstritten, ob im Verletzungstatbestand eine ungeschriebene Voraussetzung der „markenmäßigen Benutzung“ (aus deutscher Sicht: weiterhin, wenn auch möglicherweise modifiziert) gelten sollte.

Eine Auffassung[421] wollte den Tatbestand der rechtsverletzenden Benutzung, wie im früheren Recht, auf markenmäßige Benutzungshandlungen beschränken und berief sich zur Begründung vor allem auf Art. 5 Abs. 5 MarkenRL und die Herkunftsfunktion der Marke. Nach Art. 5 Abs. 5 MarkenRL bleibt es den Mitgliedsstaaten unbenommen, Bestimmungen über den Schutz der Marke gegenüber der Verwendung eines Zeichens zu anderen Zwecken als zur Unterscheidung von Waren und Dienstleistungen vorzusehen. Hierin wurde ein eindeutiger Hinweis darauf gesehen, dass der Benutzungsbegriff des Art. 5 Abs. 1 und 2 MarkenRL nicht jedwede Benutzung erfasst, sondern nur eine Benutzung zur Unterscheidung von Waren und Dienstleistungen eines Unternehmens von solchen anderer Unternehmen, also allein eine markenmäßige Benutzung. Innerhalb dieser Meinungsgruppe war dann umstritten, ob das Erfordernis der markenmäßigen Benutzung weit oder eng verstanden werden sollte.

Die Gegenmeinung[422] erachtete jede Benutzung als rechtsverletzend. Einziges Korrektiv des weiten Benutzungsbegriffs sollte § 23 MarkenG sein. Zur Begründung wurde auf den Wortlaut des Art. 5 Abs. 1 und 2 MarkenRL / § 14 Abs. 2 MarkenG verwiesen. Dort wird einzig eine Benutzung im geschäftlichen Verkehr gefordert. Daneben wurde auf die speziell erwähnten Benutzungstatbestände des Art. 5 Abs. 3 lit. b) und d) MarkenRL / § 14 Abs. 3 Nr. 2 und 5 MarkenG hingewiesen, die mit dem bloßen Besitz rechtsverletzend gekennzeichneter Waren und mit der Benutzung rechtsverletzender Zeichen in der (auch mündlichen) Werbung Handlungen erfassen, die nach herkömmlichen Verständnis nicht als markenmäßig qualifiziert werden konnten. Schließlich wurde angeführt, die Herkunftsfunktion sei nicht mehr die allein geschützte Funktion der Marke.

Vermittelnde Auffassungen[423] gingen davon aus, der Benutzungsbegriff sei in den verschiedenen Verletzungstatbeständen des Art. 5 Abs. 1 und 2 MarkenRL / § 14 Abs. 2 Nr. 1 bis 3 MarkenG unterschiedlich auszulegen. So sollte im Rahmen des Identitätsschutzes jede Benutzung untersagt werden können, nicht aber,

---

421 Z.B. *Sack*, GRUR 1995, 81, 93 ff.; *Piper*, GRUR 1996, 429, 434; *Keller*, GRUR 1996, 607 ff.

422 Z.B. *Ingerl/Rohnke* [1. Aufl.], MarkenG, § 14 Rn. 53 ff.; *Fezer*, GRUR 1996, 566 ff.; *Starck*, GRUR 1996, 688, 690 ff.; *Eichmann*, GRUR 1998, 201, 202 f.; *Nägele*, Die rechtsverletzende Benutzung im Markenrecht, passim.

423 Z.B. *von Gamm*, GRUR 1994, 775, 780.

soweit es um den Schutz gegen Verwechslungsgefahr oder den Schutz für bekannte Marken geht. Weiterhin wurde vorgeschlagen, für die Fälle des Art. 5 Abs. 1 MarkenRL / § 14 Abs. 2 Nr. 1 und Nr. 2 MarkenG am Erfordernis des markenmäßigen Gebrauchs festzuhalten, im Rahmen des Sonderschutzes bekannter Marken gemäß Art. 5 Abs. 2 MarkenRL / § 14 Abs. 2 Nr. 3 MarkenG hingegen Schutz gegenüber jeglicher Benutzung im geschäftlichen Verkehr zu gewähren[424].

Die Rechtsprechung der Instanzgerichte hielt unter Geltung des MarkenG, soweit sie die Frage nicht dahingestellt sein ließ[425], zunächst überwiegend am Erfordernis des markenmäßigen Gebrauchs fest[426]. Ebenso war der BGH anfänglich in einigen obiter dicta vom Erfordernis eines kennzeichenmäßigen Gebrauchs im traditionellen Sinne ausgegangen[427]. In späteren Entscheidungen ließ er die Frage oftmals offen, unter anderem weil er annahm, die beanstandete Verwendung sei nach § 23 MarkenG von markenrechtlichen Ansprüchen freigestellt[428].

Etwas Klarheit brachte schließlich eine Reihe von Entscheidungen des EuGH. Der EuGH befasste sich erstmals mit dem Erfordernis der markenmäßigen Benutzung als Voraussetzung einer Markenverletzung in der Entscheidung „*BMW/Deenik*“[429]. Es folgten unter anderem die Entscheidungen „*Hölterhoff*“, „*Arsenal FC*“, „*Robeco/Robelco*“, „*Adidas/Fitnessworld*“, „*Anheuser-Busch/Budvar*“, „*Gillette*“, „*Opel/Autec*“, „“*Céline*“, „*adidas/Marca Mode*“ sowie „*O_2 und O_2(UK)/H3G*“[430]. Trotz dieser Vielzahl von Entscheidungen verblieb eine nicht geringe „confusion over use“[431], die nicht zuletzt darauf zurückzuführen war, dass die Vorlagefragen naturgemäß durch die nationalen Marken-

---

424 Z.B. *Hacker*, GRUR Int. 2002, 502, 505 ff.

425 Z.B. OLG Köln GRUR 2000, 56, 57 – *Dachbahnen*; LG Düsseldorf GRUR 1998, 159, 161 – *EPSON*.

426 Z.B. OLG Frankfurt GRUR Int. 2002, 764 – *Tiapridex*; OLG Hamburg GRUR 2001, 749, 750 – *based on Steinway*; OLG Frankfurt GRUR 2000, 1066 – *Abkürzung ACC*; OLG Hamburg WRP 1997, 106, 108 und 110 – *Gucci*; KG GRUR 1997, 295, 296 – *Alles wird Teurer*; OLG Hamburg GRUR 1996, 982, 983 – *Für Kinder*.

427 Z.B. BGH GRUR 1996, 68, 70 – *COTTON LINE*; BGH GRUR 1995, 354, 358 – *Rügenwalder Teewurst II*.

428 Z.B. BGH GRUR 1998, 697, 699 – *VENUS MULTI*.

429 EuGH GRUR Int. 1999, 438 – *BMW/Deenik*.

430 EuGH GRUR 2002, 692 – *Hölterhoff*; EuGH GRUR 2003, 55 – *Arsenal FC*; EuGH GRUR 2003, 143 – *Robeco/Robelco*; EuGH GRUR 2004, 58 – *Adidas/Fitnessworld*; EuGH GRUR 2005, 153 – *Anheuser-Busch/Budvar*; EuGH GRUR 2005, 509 – *Gillette*; EuGH GRUR 2007, 318 – *Opel/Autec*; EuGH GRUR 2007, 971 – *Céline*; EuGH GRUR 2008, 503 – *adidas/Marca Mode*; EuGH GRUR 2008, 698 – *O2 und O2 (UK)/H3G*;

431 So daher der Titel eines Aufsatzes von *Kur* (GRUR Int. 2008, 1 ff.).

gesetze und -traditionen determiniert waren und daher oft nur Teilaspekte beleuchtet wurden. Die bestehende „confusion" war insbesondere deswegen bedenklich, da die „markenmäßige Benutzung" die Weiche in den harmonisierten Bereich hinein oder aus ihm heraus stellt, vgl. Art. 5 Abs. 5 MarkenRL.

Allen soeben zitierten Entscheidungen lag ein markenfunktionaler Benutzungsbegriff zugrunde[432]; den deutschen Begriff der „markenmäßigen Benutzung" vermied der EuGH. So hob er stets hervor, das mit einer Marke verbundene ausschließliche Recht werde gewährt, um dem Markeninhaber den Schutz seiner spezifischen Interessen als Markeninhaber zu ermöglichen, d.h. um sicherzustellen, dass die Marke ihre Funktionen erfüllen kann. Die Ausübung dieses Rechts müsse daher auf Fälle beschränkt bleiben, in denen die Benutzung des Zeichens durch einen Dritten die Funktionen der Marke und insbesondere ihre Hauptfunktion, die Gewährleistung der Herkunft der Ware gegenüber den Verbrauchern, beeinträchtigt oder beeinträchtigen könnte[433].

Bis zur Entscheidung „*L'Oréal/Bellure*"[434] hatte der EuGH zwar jeweils die Beeinträchtigung der Markenfunktion*en* (Plural) genannt, konkret in den Blick genommen hat er aber immer nur die Beeinträchtigung der Hauptfunktion der Marke, nämlich die Herkunft der Ware oder Dienstleistung gegenüber den Verbrauchern zu gewährleisten.

Der BGH übernahm die Rechtsprechung des EuGH insoweit, als dass er davon ausging, nur bei Vorliegen des ungeschriebenen Tatbestandsmerkmals der markenmäßigen Benutzung könne eine rechtsverletzende Benutzung i.S.v. § 14 Abs. 2 MarkenG vorliegen[435]. Eine markenmäßige Benutzung nahm er an, wenn das Zeichen im Rahmen des Produktabsatzes jedenfalls auch der Unterscheidung von Waren oder Dienstleistungen eines Unternehmens von denen an-

---

432 *Büscher*/Dittmer/Schiwy, GewRS, Teil 1, Kap. 3, § 14 MarkenG Rn. 120; *Fezer*, WRP 2010, 165, 174.

433 Z.B. bezogen auf „Art. 5 Abs. 1 MarkenRL": EuGH GRUR 2007, 318, 319 (Tz. 21) – *Adam Opel/Autec*; EuGH GRUR 2005, 153, 155 (Tz. 59) – *Anheuser-Busch/Budvar*; bezogen nur auf Art. 5 Abs. 1 lit. a) MarkenRL: EuGH GRUR 2003, 55, 57 (Tz. 51) – *Arsenal FC*; EuGH GRUR 2007, 971, 972 (Tz. 16) – *Céline*; bezogen auf Art. 5 Abs. 1 lit. b) MarkenRL EuGH GRUR 2008, 698, 700 (Tz. 57). – *O2 und O2 (UK)/H3G*.

434 EuGH GRUR 2009, 756 – *L'Oréal/Bellure*.

435 Zum neuen Recht erstmals BGH GRUR 2002, 809, 811 – *FRÜHSTÜCKSDRINK I*; aus jüngerer Zeit etwa BGH GRUR 2010, 838, 839 (Tz. 19) – *DDR-Logo*; GRUR 2009, 1162 (Tz. 26, 55) – *DAX*; BGH GRUR 2009, 1055, 1058 (Tz. 49) – *airdsl*; BGH GRUR 2009, 871 (Tz. 20) – *Ohrclips*; BGH GRUR 2009, 766, 770 (Tz. 45) – *Stofffähnchen*.

derer Unternehmen dient[436]. Zur Begründung des Erfordernisses der markenmäßigen Benutzung verwies der BGH auf die Rechtsprechung des EuGH, wonach die Rechte des Markeninhabers sicherstellen sollten, dass die Marke ihre Funktion erfüllen kann. Ihre Geltendmachung sei daher auf die Fälle beschränkt, in denen die Benutzung des Zeichens durch den Dritten die Funktionen der Marke und insbesondere ihre Hauptfunktion, die Gewährleistung der Herkunft der Ware/Dienstleistung gegenüber dem Verbraucher, beeinträchtigt oder beeinträchtigen könnte[437].

Wie der EuGH und wie im Übrigen schon die unter Geltung des WZG vorherrschenden Auffassungen hatten sich die Rechtsprechung und weite Teile des Schrifttums auf die Herkunftsfunktion der Marke fixiert. Andere Markenfunktionen wurden, außer als Argumentationshilfe bei der Auslegung, unbeachtet gelassen oder ganz abgelehnt[438]. Das Ausschließlichkeitsrecht „Marke" war ein ausschließliches „Herkunftshinweisrecht"[439].

Besonderheiten ergaben sich beim Sonderschutz der bekannten Marke, § 14 Abs. 2 Nr. 3 MarkenG. Bei der bekannten Marke sollte – im Anschluss an die Rechtsprechung des EuGH[440] – kein herkunftshinweisendes Verständnis des angegriffenen Zeichens erforderlich sein. Eine „gedankliche Verknüpfung" – zu unterscheiden von der Verwechslungsgefahr – mit der älteren Marke genügte[441].

---

436 Z.B. BGH GRUR 2009, 1055, 1058 (Tz. 49) – *airdsl*; BGH GRUR 2009, 871 (Tz. 20) – *Ohrclips*; BGH GRUR 2009, 766 (Tz. 45) – *Stofffähnchen*; BGH GRUR 2009, 502 (Tz. 22) – *pcb*; BGH GRUR 2008, 703 (Tz. 60) – *Internet-Versteigerung III*; BGH GRUR 2005, 414, 415 – *Russisches Schaumgebäck*.

437 Z.B. BGH GRUR 2009, 871 (Tz. 20) – *Ohrclips*; BGH GRUR 2009, 766 (Tz. 45) – *Stofffähnchen*; BGH GRUR 2009, 484 (Tz. 60) – *METROBUS*; BGH GRUR 2009, 502 – *pcb*.

438 Die Beschränkung auf die Herkunftsfunktion wurde insbesondere nach Erlass des MarkenG scharf kritisiert. Mit dem MarkenG sei ein Paradigmenwechsel in der markenrechtlichen Funktionenlehre vollzogen worden (*Fezer*, MarkenR [3. Aufl.], Einl MarkenG Rn. 35; ähnlich *Kunz-Hallstein*, Festschrift DPA 100 Jahre Marken®-Amt, S. 147, 156 ff.). Der ökonomischen Multifunktionalität der Marke solle eine rechtliche Multifunktionalität folgen.

439 *Keil*, MarkenR 2010, 195.

440 Im Urteil „*BMW/Deenik*" (GRUR Int. 1999, 438, 441 [Tz. 38]) ließ der EuGH erstmals erkennen, dass der Benutzungsbegriff auch bei der bekannten Marke im Sinne des „markenmäßigen Gebrauchs" ausgelegt werden sollte. Eindeutig führte der EuGH dann im Urteil „*Adidas/Fitnessworld*" (GRUR 2004, 58, 60 [Tz. 39]) aus, dem Schutz der bekannten Marke stehe nicht grundsätzlich entgegen, dass die angesprochenen Verkehrskreise die angegriffene Kennzeichnung als Verzierung auffassen, sofern der Grad der Ähnlichkeit so hoch ist, dass die beteiligten Verkehrskreise das Zeichen und die Marke gedanklich miteinander verknüpfen.

441 BGH GRUR 2005, 583, 584 – *Lila Postkarte*.

Gleichwohl sprach der BGH von einem „identischen Benutzungsbegriff", infolge dessen für das Erfordernis des markenmäßigen Gebrauchs des Kollisionszeichens bei § 14 Abs. 2 Nr. 3 MarkenG nichts anderes gelte als bei § 14 Abs. 2 Nr. 1 und 2 MarkenG[442].

2. Das Urteil des EuGH „*L'Oréal/Bellure*" und der heutige Stand

a. Anerkennung weiterer Markenfunktionen neben der Herkunftsfunktion im Urteil „*L'Oréal/Bellure*"

Eine tiefgreifende Änderung haben der Benutzungsbegriff und damit die Verletzungstatbestände des Art. 5 Abs. 1 und 2 MarkenG / § 14 Abs. 2 MarkenG durch das Urteil des EuGH „*L'Oréal/Bellure*" erfahren.

Der dem EuGH vom britischen Court of Appeal (England und Wales) zur Vorabentscheidung vorgelegten Entscheidung lag die Klage eines Herstellers von Luxusparfums gegen Hersteller von Billig-Imitationen zugrunde. Letztere hatten, um Zwischenhändler und Kunden zu informieren, welche ihrer Parfums welchem Luxusduft entsprechen, Vergleichslisten erstellt, die die Markennamen der imitierten Luxusparfums enthielten.

In dem Urteil benannte der EuGH erstmals explizit andere Funktionen als die Herkunftsfunktion der Marke und erkannte ihnen eine selbständige Bedeutung zu. In einer nicht abschließenden Aufzählung („unter anderem") nannte der EuGH die „Gewährleistung der Qualität" der Ware oder Dienstleistung sowie die „Kommunikations-, Investitions- und die Werbefunktionen"[443].

Die Aufzählung des EuGH geht erstens zurück auf die Schlussanträge des Generalanwalts *Mengozzi* im Verfahren „L'Oréal/Bellure"[444]. Generalanwalt *Mengozzi* hatte zunächst festgestellt, weder die MarkenRL noch die Rechtsprechung des EuGH böten eine Aufzählung und Beschreibung anderer Markenfunktionen als die der Herkunftsgarantie[445]. Dann hatte Generalanwalt *Mengozzi* einen für die Markenfunktionen seiner Ansicht nach „nützlichen Beitrag" von Generalanwalt *Jacobs* in Form seiner Schlussanträge in der Sache „Parfums Christian

---

442 BGH GRUR 2008, 912, 915 (Tz. 33) – *Metrosex*; BGH GRUR 2005, 583 f. – *Lila Postkarte*; kritisch Ströbele/*Hacker*, MarkenG, § 14 Rn. 81; anklingend bei *Ohly*, GRUR 2007, 731, 734 (Fn. 65); *Büscher*, Festschrift für Ullmann, S. 129, 149.

443 EuGH GRUR 2009, 756, 761 (Tz. 58) – *L'Oréal/Bellure*.

444 Schlussanträge des Generalanwalts *Mengozzi* vom 10.2.2009, Rs. C-487/07 – L'Oréal/Bellure (BeckRS 2009, 70201).

445 Tz. 50 der Schlussanträge.

Dior/Evora“[446] aus dem Jahr 1997 zitiert. Generalanwalt *Jacobs* hatte neben der Herkunftsfunktion vier weitere Markenfunktionen genannt, die er aber lediglich als Teil der Herkunftsfunktion bzw. als aus dieser abgeleitet ansah. Als weitere Funktionen hatte Generalanwalt *Jacobs* zunächst die Qualitäts- oder Garantiefunktion genannt. Zu ihr führte er zum einen aus, Marken verdienten Schutz, weil sie Eigenschaften symbolisierten, die die Verbraucher mit bestimmten Waren oder Dienstleistungen verbinden und die garantierten, dass die Waren oder Dienstleistungen die Erwartungen erfüllen. Zum anderen führte Generalanwalt *Jacobs* aus, die Unternehmen müssten in der Lage sein, die Kundschaft durch die Qualität ihrer Erzeugnisse oder ihrer Dienstleistungen an sich zu binden. Das sei nur möglich, wenn es Kennzeichen gebe, mit deren Hilfe sich diese Erzeugnisse oder Dienstleistungen identifizieren ließen. Damit die Marke diese Funktion erfüllen könne, müsse sie die Gewähr bieten, dass alle Erzeugnisse, die mit ihr versehen sind, unter der Kontrolle eines einzigen Unternehmens hergestellt worden sind, das für ihre Qualität verantwortlich gemacht werden kann[447]. Anschließend nannte Generalanwalt *Jacobs* als weitere Funktionen die Kommunikations-, Investitions- und Werbefunktionen. Er stellte fest, diese Funktionen sollten sich daraus ergeben, dass die Investition in die Förderung eines Erzeugnisses um die Marke herum aufgebaut werde[448]. Einen selbständigen Schutz dieser weiteren Funktionen lehnte er ausdrücklich ab.

Die Aufzählung der Markenfunktionen im Urteil „*L'Oréal/Bellure*“ geht zweitens zurück auf eigene Rechtsprechung des EuGH, nämlich der Rechtsprechung zu dem sich aus der Schranken-Schranke des Art. 7 Abs. 2 MarkenRL / § 24 Abs. 2 MarkenG zur Erschöpfung ergebenden Schutz bei Qualitätsveränderungen oder rufschädigender Aufmachung und Ankündigung im Weitervertrieb[449].

Die Aufzählung und rechtliche Anerkennung der weiterer Markenfunktionen erfolgte (nur) bezüglich des Tatbestands der Doppelidentität (Art. 5 Abs. 1 lit. a) MarkenRL, § 14 Abs. 2 Nr. 1 MarkenG).

---

446 Schlussanträge des Generalanwalts *Jacobs* vom 29.4.1997, Rs. C-337/95 – Parfums Christian Dior/Evora (BeckEuRS 1997, 221747).

447 Tz. 41 der Schlussanträge.

448 Tz. 42 der Schlussanträge.

449 *Ingerl/Rohnke*, MarkenG, § 14 Rn. 295 unter Hinweis auf EuGH GRUR 2009, 593 – *Copad* und grdl. EuGH GRUR 1998, 140 – *Parfums Christian Dior.*

b. Nach „*L'Oréal/Bellure*" ergangene Entscheidungen des EuGH und deutscher Gerichte

aa. Die Entscheidungen des EuGH zum Keyword-Advertising

Dem Urteil „*L'Oréal/Bellure*" nachfolgende Entscheidungen des EuGH ergingen im Problemfeld des „Keyword-Advertising"[450]. Beim „Keyword-Advertising" handelt es sich um ein Thema, das im europäischen Markenrecht der letzten Jahre Anlass für zahlreiche Urteile und intensive Auseinandersetzungen war und nach wie vor ist[451]. Mit Spannung erwartetes und wichtigstes Urteil

450 Beim Keyword-Advertising geht es kurz gesagt um Folgendes (entnommen dem Urteil des EuGH „*Google France und Google*" [GRUR 2010, 445]; näher beschrieben auch bei *Schubert/Ott*, MarkenR 2009, 338 f.): Ein Betreiber einer Internetsuchmaschine (Google) bietet gegen Entgelt einen „AdWords" genannten Referenzierungsdienst an. Dieser ermöglicht es Wirtschaftsteilnehmern mittels Auswahl eines oder mehrerer Schlüsselwörter (unter anderem fremde Marken), für den Fall der Übereinstimmung zwischen diesen und den Wörtern, die in der von einem Internetnutzer an die Suchmaschine gerichteten Suchanfrage enthalten sind, einen Werbelink zu seiner Internetseite erscheinen zu lassen. Dieser Werbelink erscheint in der Rubrik „Anzeigen", die am rechten Bildschirmrand, rechts von der eigentlichen Trefferliste, oder im oberen Teil des Bildschirms über der Trefferliste angezeigt wird. Dem Werbelink ist eine kurze Werbebotschaft beigefügt. Rechtliche Probleme erwachsen daraus, dass im Rahmen dieses Internetreferenzierungsdienstes Zeichen als Schlüsselwörter verwendet werden, die Marken entsprechen, deren Inhaber dieser Verwendung nicht zugestimmt haben. Die „Verwender" vertreiben in der Regel entweder Nachahmungen von Waren des Markeninhabers (so in einem der „*Google France und Google*" zugrunde liegenden Verfahren), verkaufen echte Produkte des Markeninhabers weiter (so in dem „*Portakabin/Primakabin*" zugrunde liegenden Verfahren) oder sie stehen schlicht mit dem Markeninhaber in Wettbewerb (so in einem anderen der „*Google France und Google*" zugrunde liegenden Verfahren). Auf die Erörterung der Frage, wer „Täter" beim Keyword-Advertising ist und welche Folgen – bis hin zur möglichen Richtlinienwidrigkeit des § 14 Abs. 4 MarkenG – sich aus der Rechtsprechung des EuGH ergeben, wird in der vorliegenden Untersuchung verzichtet (dazu z.B. *Ohly*, GRUR 2010, 776, 779 m.w.N.).

451 Fünf oberste Gerichte europäischer Staaten haben den EuGH um Vorabentscheidungen zu dieser Problematik ersucht. Vier Fälle hat der EuGH mittlerweile entschieden (EuGH GRUR 2010, 445 – *Google France und Google*; BGH GRUR 2010, 451 – *BergSpechte/trekking.at Reisen*; EuGH GRUR 2010, 641 – *Eis.de/BBY*; EuGH GRUR 2010, 845 – *Portakabin/Primakabin*). Aus der deutschen Rechtsprechung: BGH GRUR 2011, 828 – *Bananabay II*; BGH GRUR 2009, 498 – *Bananabay I* (Vorlagebeschluss zum EuGH); BGH GRUR 2009, 500 – *Beta Layout*; BGH GRUR 2009, 502 – *pcb*; OLG Düsseldorf GRUR-RR 2011, 94 – *Hapimag-Aktien*; OLG Braunschweig GRUR-RR 2011, 91 – *AdWords* (Revision anhängig beim BGH, Az.: I ZR 217/10). Aus der deutschen Literatur: *Hackbarth*, WRP 2011, 1124 ff.; *Henning-Bodewig*, GRUR Int. 2011, 592 ff.; *Ott/Schubert*, MarkenR 2010, 160 ff.; *Eichelberger*, EuZW 2010, 731 ff.; *Splittgerber*, NJW 2010, 2014 ff.; *Ohly*, GRUR 2010, 776 ff.; *ders.*,

war das Urteil „*Google France und Google*“[452]. Dieses soll nachfolgend überwiegend betrachtet werden.

Im Urteil „*Google France und Google*“ stellte der EuGH zunächst bestätigend fest, dass neben der Herkunftsfunktion weitere Funktionen, nämlich unter anderem die in „*L'Oréal/Bellure*“ genannten, existieren, deren Beeinträchtigung einen Anspruch aus Art. 5 Abs. 1 lit. a) MarkenRL begründen kann[453]. Sodann prüfte der EuGH die Beeinträchtigung der herkunftshinweisenden Funktion als der Hauptfunktion der Marke, anschließend die Beeinträchtigung der Werbefunktion. Auf andere Funktionen ging der EuGH nicht ein, obwohl eine Beeinträchtigung der Investitions- und auch der Kommunikationsfunktion durchaus nahegelegen hätte[454]. Unklar bleibt der Hintergrund dieser „beschränkten“ Prüfung. Denkbar ist, dass der EuGH die anderen „neuen“ Funktionen gegenüber der Werbefunktion als subsidiär erachtet oder eine Beeinträchtigung im konkreten Fall für fernliegend hielt.

Im Urteil „*BergSpechte/trekking.at Reisen*“ prüfte der EuGH unter Hinweis auf „*Google France und Google*“ ebenfalls nur die Beeinträchtigung der Herkunfts- und der Werbefunktion, und zwar in umgekehrter Reihenfolge. Ebenso ging er im Beschluss „*Eis.de/BBY*“ vor[455].

Eine Beeinträchtigung der herkunftshinweisenden Funktion soll vorliegen, wenn für einen normal informierten und angemessen aufmerksamen Verbraucher nicht oder nur schwer zu erkennen ist, ob die beworbenen Waren oder Dienstleistungen von dem Inhaber der Marke oder einem mit ihm verbundenen Unternehmen oder einem Dritten stammen[456]. Die Feststellung, ob eine Beeinträchtigung vorliegt, überlässt der EuGH den nationalen Gerichten mit der folgenden „Richtungsvorgabe“: Wird suggeriert, dass zwischen dem Dritten, der das Schlüsselwort verwendet, und dem Markeninhaber eine wirtschaftliche Verbindung besteht, wird auf eine Beeinträchtigung der herkunftshinweisenden Funktion zu schließen sein. Wird das Bestehen einer wirtschaftlichen Verbindung zwar nicht suggeriert, ist die Anzeige aber hinsichtlich der Waren oder Dienstleistungen so

GRUR 2009, 709 ff.; *Engels*, MarkenR 2009, 289 ff.; *Schubert/Ott*, MarkenR 2009, 338 ff.; *Knaak*, GRUR Int. 2009, 551 ff.; *Viefhues*, GRUR-Prax 2009, 28; *Steinberg*, MarkenR 2009, 185 ff.; *Sosnitza*, MarkenR 2009, 35 ff.

452 EuGH GRUR 2010, 445 – *Google France und Google*.

453 EuGH GRUR 2010, 445, 448 (Tz. 77 ff.) – *Google France und Google*; ebenso EuGH GRUR 2010, 451, 453 (Tz. 29 ff.) – *BergSpechte/trekking.at Reisen*; EuGH GRUR 2010, 841, 842 (Tz. 29) – *Portakabin/Primakabin*.

454 *Ohly*, GRUR 2010, 776, 781; *ders.*, Festschrift für Loschelder, S. 265, 271.

455 EuGH GRUR 2010, 641, 642 (Tz. 21 ff.) – *Eis.de/BBY*.

456 EuGH GRUR 2010, 445, 449 (Tz. 84) – *Google France und Google*; EuGH GRUR 2010, 451, 453 (Tz. 35) – *BergSpechte/trekking.at Reisen*.

vage gehalten, dass ein normal informierter und angemessen aufmerksamer Internetnutzer auf der Grundlage des Werbelinks und der ihn begleitenden Werbebotschaft nicht erkennen kann, ob der Werbende im Verhältnis zum Markeninhaber Dritter oder vielmehr mit diesem wirtschaftlich verbunden ist, wird ebenfalls auf eine Beeinträchtigung zu schließen sein[457].

Eine Beeinträchtigung der Werbefunktion – verstanden als Einsatz der Marke zum Zweck der Werbung, um den Verbraucher zu informieren und zu überzeugen[458] –, sieht der EuGH nicht. Die Werbefunktion werde zwar, so kann man den EuGH verstehen, „berührt", nicht aber „beeinträchtigt". Zur Begründung verweist der EuGH – wenig überzeugend – unter anderem darauf, dass die Homepage und Werbe-Website des Markeninhabers in der eigentlichen Trefferliste[459], für den Markeninhaber unentgeltlich, erscheint, und zwar normalerweise an einer der vorderen Stellen. So sei die Sichtbarkeit der Waren oder Dienstleistungen des Markeninhabers für den Internetnutzer gewährleistet, unabhängig davon, ob es dem Markeninhaber gelänge, eine eigene Anzeige (zu ergänzen wäre: entgeltlich[460]) in der Rubrik „Anzeigen" an vorderer Stelle erscheinen zu lassen[461].

Das Urteil „*Google France und Google*" und die darauf größtenteils Bezug nehmenden anderen „AdWords"-Urteile können letztlich dahin verstanden werden, dass der EuGH die neuen Markenfunktionen zurückhaltend, eher eingeschränkt, heranziehen und auslegen will.

bb. Entscheidungen deutscher Gerichte

Die deutschen Gerichte griffen die weiteren Markenfunktionen nach dem Urteil des EuGH „*L'Oréal/Bellure*" auf. Beispielhaft seien einige Entscheidungen genannt:

In dem Urteil „*Opel-Blitz II*"[462] führte der BGH unter Bezugnahme auf die Rechtsprechung des EuGH aus, der Tatbestand des § 14 Abs. 2 Nr. 1 MarkenG

---

457 EuGH GRUR 2010, 445, 449 (Tz. 89 f.) – *Google France und Google.*

458 EuGH GRUR 2010, 445, 449 (Tz. 91) – *Google France und Google. Rohnke/Thiering* umschreiben die Werbefunktion als Möglichkeit des Markeninhabers, seine Marke als Element der Verkaufsförderung oder Instrument der Handelsstrategie einzusetzen (GRUR 2011, 8, 13).

459 Manchmal bezeichnet als „organische" oder „natürliche" Suchergebnisse.

460 Spätestens hier sollte an die Investitionsfunktion der Marke gedacht werden.

461 EuGH GRUR 2010, 445, 450 (Tz. 97) – *Google France und Google.*

462 BGH GRUR 2010, 726, 727 (Tz. 16) – *Opel-Blitz II.*

sei erfüllt, wenn die Benutzung des mit der Marke identischen Zeichens im geschäftlichen Verkehr ohne Zustimmung des Markeninhabers für Waren oder Dienstleistungen erfolge, die mit denjenigen identisch sind, für die die Marke eingetragen ist, und wenn das Zeichen wie eine Marke benutzt wird, d.h. die Benutzung des Zeichens durch den Dritten die Funktionen der Marke und insbesondere ihre wesentliche Funktion, den Verbrauchern die Herkunft der Waren oder Dienstleistungen zu garantieren, beeinträchtigt oder beeinträchtigen kann. Zu den Funktionen der Marke gehörten neben der Hauptfunktion der Gewährleistung der Herkunft auch ihre anderen Funktionen wie unter anderem die Gewährleistung der Qualität oder die Kommunikations-, Investitions- oder Werbefunktionen. Die Beeinträchtigung der anderen Funktionen als der Herkunftsfunktion durch die Verwendung der (auch für Spielzeug eingetragenen) Bildmarke eines Automobilherstellers (des Opel-Blitzes) auf originalgetreu nachgebildeten Spielzeugautos verneinte der BGH. Die auf den Spielzeugautos angebrachte Bildmarke werde vom Verkehr schon nicht mit vom Automobilhersteller hergestellten Spielzeugautos in Verbindung gebracht[463].

Diese Begründung ist insoweit problematisch, als damit doch wieder auf die Herkunftsfunktion der Marke rekurriert wird[464]. Mit Blick auf die EuGH-Rechtsprechung hatte beispielsweise *Hacker* vor Erlass des Urteils „*Opel-Blitz II*“ ausgeführt, eine Beeinträchtigung der anderen Markenfunktionen als der Herkunftsfunktion werde sich kaum verneinen lassen[465]. Der hauptsächliche Grund für den Hersteller des Originals, auch Spielzeugmodelle herzustellen und zu vertreiben, dürfte neben der Besetzung eines Sekundärmarktes in der Werbung für das Original liegen. Dann aber stellt sich das entsprechende Angebot Dritter zumindest als Eingriff in die Werbefunktion der Marke dar. Dass aber auch dieses Ergebnis – der EuGH lehnt ein Eingreifen der Schutzschranke des Art. 6 Abs. 1 lit. b) MarkenRL / § 23 Nr. 2 MarkenG bei Spielzeugmodellen ab[466] – nicht überzeugt, ergibt sich daraus, dass so originalgetreue Spielzeugmodelle mit den entsprechenden Logos (Opel-Blitz, Mercedes-Stern, Ferrari-Pferd, ...) nur noch vom Hersteller der Originalautos bzw. dessen Lizenznehmern vertrieben werden dürften.

Der BGH verneinte im Urteil „*Opel-Blitz II*“ anschließend auch das Vorliegen des Verletzungstatbestands des § 14 Abs. 2 Nr. 3 MarkenG. Das Berufungsgericht sei mit Recht davon ausgegangen, dass die wirklichkeitsgetreue Nachbildung als solche nicht unlauter i.S.v. § 14 Abs. 2 Nr. 3 MarkenG sei, weil insoweit wegen der Erwartungen, welche die angesprochenen Verbraucher an derar-

463 BGH GRUR 2010, 726, 728 (Tz. 25) – *Opel-Blitz II*.
464 *Rohnke/Thiering*, GRUR 2011, 8, 14.
465 *Hacker*, MarkenR 2009, 333, 337.
466 Dazu 7. Kapitel, II.4.b.

tiges Spielzeug stellen, und der darauf beruhende jahrzehntelangen Üblichkeit detailgetreuer Nachbildungen ein berechtigtes Interesse der Beklagten bestehe[467].

Im Urteil „*Bananabay II*“[468], das auf den Beschluss des EuGH „*Eis.de/BBY*“[469] nach Vorlage durch den BGH („*Bananabay I*“[470]) erging, führte der BGH wie im Urteil „*Opel Blitz II*“ aus, der Verletzungstatbestand des Art. 5 Abs. 1 lit. a) MarkenRL setze voraus, dass „ein mit der Marke identisches Zeichen im geschäftlichen Verkehr ohne Zustimmung des Markeninhabers für Waren oder Dienstleistungen benutzt wird, die mit denjenigen identisch sind, für die die Marke eingetragen ist, und dass das Zeichen wie eine Marke benutzt wird, das heißt, dass die Benutzung des Zeichens durch den Dritten die Funktionen der Marke und insbesondere ihre wesentliche Funktion, den Verbrauchern die Herkunft der Waren oder Dienstleistungen zu garantieren, beeinträchtigt oder beeinträchtigen kann“[471]. Der BGH prüfte in Übereinstimmung mit dem EuGH die Beeinträchtigung der Herkunfts- und der Werbefunktion. Beide seien nicht beeinträchtigt.

In dem Urteil „*VW/ATU*“ ging der BGH – das jedenfalls ist der Pressemitteilung zu entnehmen[472] – auf die Werbefunktion der Marke ein. Die Werbefunktion der Klagemarke, des VW-Zeichens im Kreis, sei beeinträchtigt, da mit der Verwendung des Bildzeichens ein Imagetransfer verbunden sei, der die Klagemarke schwäche.

Das OLG Düsseldorf griff in einem Beschluss, in dem es um Google AdWords ging, die Werbefunktion auf. Es verneinte ihre Beeinträchtigung unter Hinweis auf die Feststellungen des EuGH in „*Google France und Google*“[473].

Das OLG Frankfurt verneinte in seinem Urteil „*Blechschilder*“ das Vorliegen von Doppelidentität i.S.v. § 14 Abs. 2 Nr. 1 MarkenG[474]. Es prüfte sodann § 14 Abs. 2 Nr. 2 MarkenG. Eine markenmäßige Benutzung sei, so das Gericht unter Bezugnahme auf die Urteile „*L'Oréal/Bellure*“ und „*Opel-Blitz II*“, im Rahmen

467 BGH GRUR 2010, 726, 729 (Tz. 30) – *Opel-Blitz II*.
468 BGH GRUR 2011, 828 – *Bananabay II*.
469 BGH GRUR 2010, 641 – *Eis.de/BBY*.
470 BGH GRUR 2009, 498 – *Bananabay I*.
471 BGH GRUR 2011, 828, 829 (Tz. 18) – *Bananabay II*. Dazu *Hackbarth*, WRP 2011, 1124 ff.; *Abrar*, GRUR-Prax 2011, 349.
472 Pressemitteilung des BGH Nr. 65/2011. Das noch nicht veröffentlichte Urteil (Stand: 27.9.2011) stammt vom 14.4.2011 (Az.: I ZR 33/10). Es wurde besprochen von *Hackbarth* in der Frankfurter Allgemeinen Zeitung vom 18.5.2011.
473 OLG Düsseldorf GRUR-RR 2011, 94, 95 – *Hapimag-Aktien*.
474 OLG Frankfurt GRUR-RR 2011, 170, 171 – *Blechschilder*.

der Verwechslungsgefahr nur zu bejahen, wenn die Benutzung des Zeichens durch einen Dritten die Hauptfunktion der Marke, d.h. die Gewährleistung der Herkunft der Ware gegenüber den Verbrauchern, beeinträchtigt oder beeinträchtigen könnte. Eine Beeinträchtigung der Herkunftsfunktion sah das Gericht im Ergebnis nicht. Es bejahte allerdings den Verletzungstatbestand des § 14 Abs. 2 Nr. 3 MarkenG, da eine bekannte Marke vorliege, der Verkehr die Aufmachung der Kennzeichen mit der Klagemarke gedanklich verknüpfe und durch die Gestaltung der streitbefangenen Schilder die Wertschätzung der Klagemarken ohne rechtfertigenden Grund in unlauterer Weise ausgenutzt werde. Anders als im Urteil „*Opel Blitz II*“ bestehe kein berechtigtes Interesse der Beklagten an der Verwendung des Original-Zeichens, da der Beklagten unzählige Gestaltungsmöglichkeiten zur Verfügung stünden, um den Blechschildern ein „historisierendes“ und gegebenenfalls „sympathiegetragenes“ Bild der damaligen Fahrzeuge der Klägerin zu geben[475].

c. Konsequenzen für die markenrechtlichen Verletzungstatbestände des Art. 5 Abs. 1 und Abs. 2 MarkenRL / § 14 Abs. 2 MarkenG

Nach dem Urteil „*L'Oréal/Bellure*“ muss – das ist bei allen Fragen und Unsicherheiten, die derzeit bestehen, weitgehend unumstritten – stärker als zuvor zwischen den drei Verletzungstatbeständen differenziert[476] und der Begriff der markenmäßigen Benutzung in seinem traditionellen Verständnis aufgegeben werden.

In dogmatischer Hinsicht streitig ist, wie die Prüfung einer Markenverletzung nun genau zu erfolgen hat. Diskutiert werden im Wesentlichen drei Varianten: Es könnte zum einen den Verletzungstatbeständen des § 14 Abs. 2 MarkenG (weiterhin) ein einheitlicher Begriff der rechtsverletzenden Benutzung zugrunde liegen und innerhalb der Markenkollisionstatbestände den verschiedenen Markenfunktionen nur eine unterschiedliche Gewichtung zukommen[477], der Begriff der Benutzung der Marke also von der Markenfunktionalität inhaltlich konkretisiert werden. Es könnte zum anderen für eine Markenverletzung erforderlich

---

475 OLG Frankfurt GRUR-RR 2011, 170, 172 – *Blechschilder*.

476 *Rohnke/Thiering* führen aus, zwischen den Verletzungstatbeständen sei nun eine noch stärkere Differenzierung angezeigt (GRUR 2011, 8, 13). Nach *Eichelberger* hat der Benutzungsbegriff in den drei Tatbeständen einen unterschiedlichen Inhalt, und er habe zumindest im Identitäts- und Bekanntheitsbereich mit dem herkömmlichen Verständnis kaum noch etwas zu tun (MarkenR 2010, 474, 475). *Hacker* ist der Ansicht, man sei der Sache nach bei einem dreigeteilten Benutzungsbegriff angekommen (MarkenR, § 19 Rn. 516).

477 So *Fezer*, WRP 2010, 165, 175.

und ausreichend sein, dass die unbefugte Verwendung einer fremden Marke eine der markenrechtlich geschützten Markenfunktionen beeinträchtigt oder beeinträchtigen kann[478]. Oder es könnte eine zweistufige Prüfung vorzunehmen sein[479]. Von einer zweistufigen Prüfung soll nachfolgend ausgegangen werden.

Denn in die Richtung einer zweistufigen Prüfung deuten die nach „*L'Oréal/Bellure*" ergangenen Urteile des EuGH, z.B. „*Google France und Google*" und „*BergSpechte/trekking.at Reisen*"[480]. Danach ist zu prüfen, ob (1) die Benutzung für von dem Dritten vertriebene Waren oder erbrachten Dienstleistungen erfolgt und (2) ob es sich um eine Benutzung handelt, die die Funktionen der Marke beeinträchtigt oder beeinträchtigen kann. Das heißt erstens, die Benutzung selbst und die Funktionsbeeinträchtigung (Funktionsstörung) sind voneinander zu unterscheiden. Das heißt zweitens, dass der Benutzungsbegriff der ersten Stufe für sämtliche Verletzungstatbestände identisch und daher sowohl unter Art. 5 Abs. 1 MarkenRL als auch unter Abs. 2 / alle Tatbestände des § 14 Abs. 2 MarkenG zu prüfen ist[481].

Auch der BGH scheint eine zweistufige Prüfung vorzunehmen. Im Urteil „*Bananabay II*" führte er aus: „Der Verletzungstatbestand des Art. 5 Abs. 1 Buchst. a MarkenRL setzt voraus, dass ein mit der Marke identisches Zeichen im geschäftlichen Verkehr ohne Zustimmung des Markeninhabers für Waren oder Dienstleistungen benutzt wird, die mit denjenigen identisch sind, für die die Marke eingetragen ist, und dass das Zeichen wie eine Marke benutzt wird, das heißt die Benutzung des Zeichens durch den Dritten die Funktionen der Marke und insbesondere ihre wesentliche Funktion, den Verbrauchern die Herkunft der Waren oder Dienstleistungen zu garantieren, beeinträchtigt oder beeinträchtigen

---

478 So *Sack*, WRP 2010, 198, 209.

479 So *Ohly*, GRUR 2010, 776, 778; *ders.*, GRUR 2009, 709, 711; *Kur*, GRUR Int. 2008, 1, 11; *Eichelberger*, MarkenR 2010, 474, 476 f.; *Ohly*, Festschrift für Doepner, S. 51, 59; auch *Ingerl/Rohnke* (MarkenG) gehen, wie sich ihrer Kommentierung an mehreren Stellen entnehmen lässt, wohl von einer zweistufigen Prüfung aus (z.B. bei § 14 Rn. 93 ff., 114, 128 ff., 165); ausdrücklich gegen eine zweistufige Prüfung *Sack*, WRP 2010, 198, 209.

480 EuGH GRUR 2010, 445, 447 f. (Tz. 60 ff.: „Benutzung ‚für Waren oder Dienstleistungen'" und Tz. 75 ff.: „Benutzung, die die Funktionen der Marke beeinträchtigen könnte") – *Google France und Google*; EuGH GRUR 2010, 451, 452 (Tz. 19 und 21) – *BergSpechte/trekking.at Reisen*; nochmals bestätigt in EuGH, MMR 2011, 596, 600 (Tz. 88) – *L'Oréal/eBay*.

481 *Ohly*, GRUR 2010, 776, 778. Der EuGH verweist daher im Urteil „*Google France und Google*" bei Prüfung der Verletzung gemäß Art. 5 Abs. 2 MarkenRL durch Google auf seine Ausführungen zu Art. 5 Abs. 1 MarkenRL, in denen begründet wurde, warum Google die Marke nicht benutzt (GRUR 2010, 445, 450 [Tz. 104]).

kann."[482] Auch wenn der BGH nicht ausdrücklich eine Nummerierung verwendet, ist dem zitierten Satz des BGH doch ein gedankliches „Erstens" und ein „Zweitens" zu entnehmen.

Die Differenzierung zwischen den Verletzungstatbeständen hinsichtlich der Funktionsbeeinträchtigung sieht also folgendermaßen aus:

- Der Verletzungstatbestand des Art. 5 Abs. 1 lit. a) MarkenRL / § 14 Abs. 2 Nr. 1 MarkenG kann bei einer „Beeinträchtigung" sämtlicher geschützter Markenfunktionen eingreifen[483].

- Der Verletzungstatbestand des Art. 5 Abs. 1 lit. b) MarkenRL / § 14 Abs. 2 Nr. 2 MarkenG greift (weiterhin) nur bei einer Beeinträchtigung der Herkunftsfunktion ein[484]. Das ergibt sich daraus, dass dieser Verletzungstatbestand das Vorliegen von Verwechslungsgefahr erfordert, die regelmäßig die Herkunftsfunktion beeinträchtigt oder beeinträchtigen kann[485]. Der durch Art. 5 Abs. 1 lit. a) MarkenRL gewährte Schutz ist somit weiter als der nach Art. 5 Abs. 1 lit. b) MarkenRL[486].

- Der erweiterte Schutz der bekannten Marke nach Art. 5 Abs. 2 MarkenRL greift (weiterhin) dann ein, wenn eine gedankliche Verknüpfung zu der bekannten Marke hergestellt wird und die Benutzung des Zeichens die Unterscheidungskraft oder Wertschätzung der bekannten Marke ohne rechtfertigenden Grund in unlauterer Weise ausnutzt oder beeinträchtigt. Die Funktionsbeeinträchtigung geht in den Tatbestandsmerkmalen des Art. 5 Abs. 2 MarkenRL auf.

Als „Ersatz" für den Begriff der markenmäßigen Benutzung werden – beeinflusst dadurch, welche Ansicht zur Dogmatik vertreten wird – unter anderem vorgeschlagen die Benutzung „als Marke", die Benutzung „wie eine Marke"[487], das „Erfordernis eines funktionsverletzenden Gebrauchs"[488] und die „Benutzung

---

482 BGH GRUR 2011, 828, 829 (Tz. 18) – *Bananabay II.*

483 Auf den im Schrifttum bestehenden Streit, ob die vom EuGH anerkannten weiteren Markenfunktionen jeder, also auch der unbenutzten Marke zukommen können oder ob nur die Herkunftsfunktion eine originäre Markenfunktion ist, sei hier nur hingewiesen (dazu z.B. *Büscher*/Dittmer/Schiwy, GewRS, Teil 1, Kap. 3, § 14 MarkenG Rn. 124; *Ingerl/Rohnke*, MarkenG, § 14 Rn. 297; *Fezer*, WRP 2010, 165, 180; *Völker/Elskamp*, WRP 2010, 64, 70 f.; *Hacker*, MarkenR 2009, 333, 334 f.

484 So auch *Ohly*, GRUR 2010, 776, 780; *Eichelberger*, MarkenR 2010, 474, 475.

485 *Büscher*/Dittmer/Schiwy, GewRS, Teil 1, Kap. 3, § 14 MarkenG, Rn. 129.

486 EuGH GRUR 2010, 445, 448 (Tz. 78) – *Google France und Google.*

487 So der BGH zur zweiten Stufe (vgl. nur BGH GRUR 2011, 828, 829 [Tz. 18] – *Bananabay II*).

488 *Hacker*, MarkenR, § 19 Rn. 516.

zum Zweck der Unterscheidung von Waren oder Dienstleistungen"[489]. *Ingerl/Rohnke* wollen einen Bruch mit der bisherigen Terminologie vermeiden. Sie führen die bisherige Beschränkung des Begriffsgehalts von „markenmäßig" auf herkunftshinweisende Verwendungen terminologisch grundsätzlich fort, sprechen aber vorzugsweise von „herkunftshinweisend". Bisweilen verwenden sie auch den Begriff „markenmäßig im engeren Sinne", nämlich dort, wo es ihrer Ansicht nach zur Vermeidung von Missverständnissen hinsichtlich des nunmehr weiteren Begriffs der „rechtsverletzenden Benutzung" notwendig erscheint[490]. Insgesamt besteht ein nahezu „babylonisches Sprachgewirr". Nachfolgend soll, ähnlich wie im Kommentar von *Ingerl/Rohnke*, der Begriff „markenmäßige Benutzung" weitestgehend beibehalten werden.

d. Die „neuen" Markenfunktionen im Einzelnen und mögliche Auswirkungen ihrer Anerkennung

Die vom EuGH im Urteil „*L'Oréal/Bellure*" genannten „neuen" Markenfunktionen sind selbstverständlich nicht neu. Dies wurde bereits unter Hinweis auf Generalanwalt *Jacobs* erwähnt. Mit den verschiedenen Markenfunktionen beschäftigen sich seit jeher Autoren juristischer, betriebswirtschaftlicher, marketingtheoretischer und interdisziplinärer Untersuchungen[491]. Nachfolgend werden die vier vom EuGH genannten Funktionen kurz beleuchtet und zumindest angerissen, in welchen Fallkonstellationen sie aufgrund der Anerkennung als selbständige Funktionen in der Zukunft relevant werden könnten. Auf die Erörterung weiterer Funktionen, deren Anerkennung durchaus in Betracht käme, soll verzichtet werden[492].

aa. Qualitätsfunktion

Generalanwalt *Mengozzi* rechtfertigte in seinen Schlussanträgen zum Verfahren „*L'Oréal/Bellure*" die Verselbständigung der von ihm als „Garantie der Qualität oder vielleicht eher der qualitativen Beständigkeit (oder Homogenität)" verstan-

---

489 *Ohly*, GRUR 2010, 776, 779, bei Annahme einer zweistufigen Prüfung wohl nur bezogen auf die erste Stufe.

490 So die Ausführungen von *Ingerl/Rohnke* zur Terminologie (MarkenG, § 14 Rn. 112).

491 Z.B. *Sack*, GRUR 1972, 402 und 445; *Vanzetti*, GRUR Int. 1965, 128 und 185.

492 Insoweit sei verwiesen z.B. auf *Fezer*, MarkenR, MarkenG Einl. D, Rn. 1 ff. In Rn. 12 ff. nennt er etwa die Vertriebs- und Codierungsfunktion. Verwiesen sei auch auf *Bärenfänger* (WRP 2010, 16, 21 f.), der die Verbraucherschutzfunktion als eine weitere und sogar die wichtigste Markenfunktion ansieht.

denen Qualitätsfunktion damit, dass sie über die herkunftsbezogene Garantie der Ursprungsidentität im Sinne einheitlicher Kontrollverantwortung für die Produktion hinausgehe[493]. Generalanwalt *Jacobs* hatte zuvor, wie bereits zitiert, ähnliche Ausführungen zur Qualitätsfunktion gemacht.

Hacker weist darauf hin, die Qualitätsfunktion sei in der MarkenRL und im MarkenG enthalten und daher letztlich eine Ausprägung der Herkunftsfunktion[494]. So könne sich der Markeninhaber dagegen zur Wehr setzen, dass die Markenware nach ihrem Inverkehrbringen durch den Markeninhaber eine Veränderung oder Verschlechterung erfahre und in diesem Zustand weitervertrieben werde (Art. 7 Abs. 2 MarkenRL / § 24 Abs. 2 MarkenG). Ähnlich könne er nicht nur mit den Mitteln des Vertragsrechts, sondern auch markenrechtlich dagegen vorgehen, dass ein Markenlizenznehmer von der vertraglich vereinbarten Produktqualität abweicht (Art. 8 Abs. 2 MarkenRL / § 30 Abs. 2 Nr. 5 MarkenG).

Ingerl/Rohnke weisen darauf hin, dass die Qualitätsfunktion bei einem weiten Verständnis relevant werden kann beim von der Erschöpfungsregelung nicht erfassten Weitervertrieb von Dienstleistungen mit nachträglichen Qualitätsverschlechterungen. Als Beispiel nennen sie die Weitervermittlung fremder Dienstleistungen unter der Originalmarke zu heimlich verschlechterten Konditionen, z.B. ein Versicherungspaket oder Finanzanlageprodukt zu verschlechterten Konditionen wie etwa ohne Garantiezusagen, Rücktrittsrechte, Serviceleistungen. Der bei Waren ebenfalls unter § 24 Abs. 2 MarkenG fallende Weitervertrieb mit rufschädigender Ankündigung sei bei Dienstleistungen ebenfalls vorstellbar[495]. Diese Ausführungen mit Blick auf Art. 6 Abs. 1 MarkenRL / § 23 MarkenG weiterdenkend könnte die Qualitätsfunktion in Zukunft relevant werden, wenn ein Zubehör-/Ersatzteilhersteller oder ein Dienstleistungen an einem Originalprodukt Anbietender objektiv qualitativ minderwertige, dem Originalprodukt gegebenenfalls sogar schadende Waren oder Dienstleistungen unter Nennung der Originalmarke anbietet.

bb. Werbefunktion

Die Werbefunktion ist die Funktion, die seit dem Urteil „*L'Oréal/Bellure*" in den Urteilen von EuGH und BGH am häufigsten eine Rolle spielte. Sie ist eng verknüpft mit und schwer abzugrenzen von der Kommunikationsfunktion.

---

493 Schlussanträge des Generalanwalts *Mengozzi* vom 10.2.2009, Rs. C-487/07 – L'Oréal/Bellure (BeckRS 2009, 70201; Tz. 53).

494 Ströbele/*Hacker*, MarkenR, Einl. Rn. 35.

495 *Ingerl/Rohnke*, MarkenG, § 14 Rn. 298.

Nach dem EuGH ist Ausdruck der Werbefunktion der Marke letztlich die Möglichkeit des Markeninhabers, seine Marke als Mittel zur Information und Überzeugung[496], d.h. als Element der Verkaufsförderung oder Instrument der Handelsstrategie, einzusetzen.

Der österreichische OGH sah in seinem Vorlagebeschluss „*Bergspechte*" eine mögliche Beeinträchtigung der Werbefunktion in einer Beeinträchtigung der Markttransparenz, die eintrete, wenn durch die Verwendung der Marke als Keyword Werbung für andere Waren erscheine und der Internetnutzer „damit in Bezug auf die Werbefunktion der Marke verunsichert" werde[497].

Der BGH deutete in seinem Vorlagebeschluss „*Bananabay I*" als Beeinträchtigung der Werbefunktion an, dass durch die über das Keyword aufgerufene Werbeanzeige die von der Marke ausgehende Werbekraft geschwächt werden könne[498]. Im Urteil „*Bananabay II*" führte der BGH in Übereinstimmung mit dem EuGH aus, die Werbefunktion bezeichne die Fähigkeit der Marke, sie als Element der Verkaufsförderung oder als Instrument der Handelsstrategie einzusetzen[499].

Fezer versteht unter der Werbefunktion sehr weitgehend die einer Marke eigene Suggestiv- und Attraktionskraft[500]. Die „Werbefunktion und Imagefunktion" – letztere wird von *Fezer* nicht näher konkretisiert, möglicherweise verwendet er die Begriffe synonym – stelle eine rechtlich anerkannte Markenfunktion dar. *Fezer* geht es also um die Attraktivität der Marke als Marke. Seiner Beobachtung nach wird der interpretatorischen Umsetzung der Werbefunktion als rechtlich anerkannter Markenfunktion in der Rechtspraxis bei der Auslegung der Vorschriften des MarkenG nicht immer hinreichend Rechnung getragen.

Diese Zusammenstellung zeigt, dass derzeit und angesichts der wenig verallgemeinerungsfähigen Vorgabe des EuGH nicht zu erkennen ist, wie die Werbefunktion zu konkretisieren ist und wo ihre Grenzen verlaufen. Unklar sind insbesondere auch ihre Abgrenzung und ihr Verhältnis zur Herkunftsfunktion einerseits und zur Kommunikationsfunktion andererseits.

Bei einem eher weiten Verständnis wird die Werbefunktion – wenn auch nicht selbständig, sondern nur im Rahmen von § 14 Abs. 2 Nr. 3 MarkenG – relevant werden in den Fällen vergleichender Werbung, in denen ein „nur" ähnliches Zeichen verwandt wird. Für den Markeninhaber insoweit misslich ist, dass bei

496 EuGH GRUR 2010, 445, 449 (Tz. 91 f.) – *Google France und Google.*
497 OGH GRUR Int. 2009, 446, 448 (Ziff. VI.12) – *Bergspechte.*
498 BGH GRUR 2009, 498, 499 (Tz. 17) – *Bananabay I.*
499 BGH GRUR 2011, 828, 831 (Tz. 30) – *Bananabay II.*
500 *Fezer*, MarkenR, MarkenG Einl. D, Rn. 9.

Verwendung eines ähnlichen Zeichens ohne Verwechslungsgefahr dem Werbenden die Verwendung des Zeichens nicht gemäß Art. 5 Abs. 1 lit. b) MarkenRL / § 14 Abs. 2 Nr. 2 MarkenG untersagt werden kann, und zwar unabhängig davon, ob die vergleichende Werbung alle Zulässigkeitsvoraussetzungen der Werberichtlinie erfüllt[501]. Misslich ist es deshalb, da der Markeninhaber ein Interesse an einer grundsätzlich einheitlichen und originalgetreuen Verwendung seiner Marke gerade und auch bei ihrer Verwendung durch Dritte in vergleichender Werbung hat[502]. Eine Zerfaserung des Erscheinungsbildes der Marke wird der Markeninhaber vermeiden wollen.

Auch bei einem produktgestaltenden Gebrauch könnte die Anerkennung der Werbefunktion in Zukunft eine Rolle spielen und möglicherweise zu anderen Ergebnissen beim Verletzungstatbestand führen. Ein produktgestaltender Gebrauch liegt typischerweise vor, wenn eine fremde Marke zur Gestaltung des eigenen Produkts verwendet wird. Das kann durch die Verwendung als Dekor einer Ware und auf bzw. in der Gestalt von Modellen oder Produktnachbildungen von Originalwaren erfolgen. Hierdurch können, wie auch *Hacker*[503] - anders als der BGH im Urteil „*Opel Blitz II*" – wie bereits erwähnt annahm, weitere Funktionen der Marke, insbesondere die Werbefunktion, beeinträchtigt werden[504]. Beispielsweise in dem dem Urteil „*Pulloverbeschriftung*"[505] zugrunde liegenden Fall, in dem eine Ansammlung von Designermarken als Pulloverdekor diente, dürfte heute eine markenmäßige Benutzung gesehen werden[506].

cc. Kommunikationsfunktion

Auch auf die Kommunikationsfunktion der Marke geht Generalanwalt *Mengozzi* in seinen Schlussanträgen im Verfahren „*L'Oréal/Bellure*" ein. Er spricht von der selbständig schutzwürdigen Eigenschaft der Marke, den Verbrauchern Informationen unterschiedlicher Art über die mit der Marke gekennzeichneten Waren zu vermitteln. Er nennt zunächst Informationen, die unmittelbar durch

---

501 EuGH GRUR 2008, 698 (Tz. 69) – *O2 und O2 (UK)/H3G*.

502 *Ingerl/Rohnke*, MarkenG, § 14 Rn. 339.

503 *Hacker*, MarkenR 2009, 333, 337.

504 Ausführlich hierzu *Ingerl/Rohnke*, MarkenG, § 14 Rn. 203 f. und 348.

505 BGH GRUR 1994, 635 – *Pulloverbeschriftung*.

506 So auch *Ingerl/Rohnke*, MarkenG, § 14 Rn. 348. *Hacker* will diese von ihm ebenfalls ausgemachte Schutzlücke über eine entsprechende Anwendung von § 14 Abs. 2 Nr. 3 MarkenG schließen. Soweit sich allerdings in der Verneinung des markenmäßigen Gebrauchs nur eine Kennzeichnungsschwäche der betreffenden Marke niederschlage, scheide eine entsprechende Anwendung aber aus (Ströbele/*Hacker*, MarkenG, § 14 Rn. 151).

das Zeichen vermittelt werden, das die Marke bildet (z.B. Informationen über materielle Eigenschaften der Ware, die durch beschreibende Elemente vermittelt werden, die gegebenenfalls in einer komplexen Marke enthalten sind). Dieses Beispiel irritiert insoweit, als es zur Annahme des Schutzes beschreibender Angaben (dazu noch sogleich) verleiten könnte. Anschließend nennt Generalanwalt *Mengozzi* Informationen, die mittelbar durch die Marke transportiert werden. Dazu greift er das Bild der Marke als eines Speichers von Informationen auf. Gespeichert seien Informationen über immaterielle Eigenschaften, die das Image des Produkts oder des Unternehmens allgemein (etwa bezüglich Qualität, Verlässlichkeit, Seriosität usw.) oder speziell (z.B. bezüglich eines gewissen Stils, Luxus, Kraft) formten[507].

Steinbeck knüpft die Kommunikationsfunktion an die Aufgabe einer Marke, im Rechtsverkehr zu kommunizieren; die Marke sei gleichsam ein informationsvermittelndes Medium. Die Marke gebe, so *Steinbeck*, der Marktgegenseite Informationen über die Herkunft, die Qualität und das Image eines Produkts. Die Kommunikationsfunktion diene nicht ausschließlich dem Markeninhaber selbst, der mittels der Marke etwas über sein Produkt mitteilen kann. Auch Dritte könnten ein berechtigtes Interesse daran haben, die Kommunikationsfunktion einer fremden Marke zu nutzen[508]. Damit bringt *Steinbeck* einen Gedanken ins Spiel, der im Rahmen der Schutzschanke des Art. 6 Abs. 1 MarkenRL / § 23 MarkenG von Bedeutung ist. Wenn man nämlich die Kommunikationsfunktion der Marke sehr weit versteht, wird die Marke gleichsam selbst zu einer „beschreibenden Angabe", an deren Benutzung Dritte ein berechtigtes Interesse haben können. Eine weitere Dimension eröffnet sich, wenn man, wie *Steinbeck*, nicht nur auf die Interessen eines Dritten, der die fremde Marke als Kommunikationsmittel verwenden will, abstellt, sondern auf das Informationsinteresse der „Allgemeinheit". Unzweifelhaft ist es so, dass potentielle Käufer nur dann eine informierte Entscheidung treffen können, wenn sie etwa die Bestimmung und die Einsatzmöglichkeiten der beworbenen Ware/Dienstleistung in vollem Umfang kennen. Das ist jedoch im Grunde nichts anderes als die Kehrseite davon, dass der Dritte ein berechtigtes Interesse daran hat, potentielle Käufer in bestimmten Fällen unter Verwendung einer fremden Marke umfassend zu informieren. Eine grundlegend andere Betrachtung ergibt sich aber, wenn man das Informationsinteresse der Allgemeinheit als ein selbständiges, vom Dritten losgelöstes Interesse sieht. Ob es beispielsweise durch § 23 Nr. 3 MarkenG geschützt wird und ob es Legi-

---

507 Schlussanträge des Generalanwalts *Mengozzi* vom 10.2.2009, Rs. C-487/07 – L'Oréal/Bellure (BeckRS 2009, 70201; Tz. 54).

508 *Steinbeck*, KSzW 2010, 223, 227.

timationsgrundlage der Schrankenbestimmung des § 23 Nr. 3 MarkenG ist, wird im Rahmen der Erörterungen zu § 23 Nr. 3 MarkenG beleuchtet werden[509].

Fezer sieht die Kommunikationsfunktion als Basisfunktion eines marketingorientierten Markenwesens[510]. Sie beschreibe die Kommunikationsbeziehung zwischen Markeninhaber und Verbraucher aufgrund der Marke. Kommunikationsinhalte bestimmten das Produktimage. Als ein angebotsdifferenzierender Signalcode wirke die Marke im Informationskanal zwischen den Marktseiten des Angebots und der Nachfrage. In der modernen Marketingtheorie seien Marken dynamische Systeme der Kommunikation am Markt. Marken führten einen Dialog zwischen Unternehmer und Verbraucher. Sie seien kommerzielle Kommunikationssysteme[511].

Relevant werden und zu einer Änderung der Rechtsprechung führen könnte die Kommunikationsfunktion bei beschreibenden Verwendungen. *Hacker* führt dazu aus, die pauschale Herausnahme beschreibender Verwendungen aus den markenrechtlich relevanten Benutzungshandlungen könne nicht befriedigen. Benutze ein Dritter, wie im Fall „*Hölterhoff/SPIRIT SUN*“[512], eine kennzeichnungskräftige Marke, um auf eine bestimmte Beschaffenheit seiner eigenen Waren hinzuweisen, liege zumindest ein Eingriff in die Kommunikationsfunktion nahe. Vor allem sei zu bedenken, dass die Marke durch den beschreibenden Drittgebrauch der Gefahr des Verfalls (§ 49 Abs. 2 Nr. 1 MarkenG) ausgesetzt werde. Der Markeninhaber könne dem nur entgehen, indem er gegen den Drittgebrauch vorgehe. Dann aber erscheine es nicht stimmig, ihm das hierfür erforderliche markenrechtliche Instrumentarium aus der Hand zu nehmen[513].

Wie auch immer die Kommunikationsfunktion konkretisiert wird, problematisch ist stets ihr Verhältnis zur Werbefunktion. Der Kommunikationsfunktion zuzuordnende Inhalte dürften nämlich (auch) einen absatzfördernden Charakter haben und daher schon von der Werbefunktion erfasst sein. *Ingerl/Rohnke* schlagen daher vor, auf die Kommunikationsfunktion nur dann zurückzugreifen, wenn es im Einzelfall ausnahmsweise um die Beeinträchtigung der Übermittelbarkeit absatzneutraler Informationen gehen sollte[514].

---

509 8. Kapitel, I.1.b.

510 *Fezer*, MarkenR, MarkenG Einl D, Rn. 10.

511 *Fezer*, MarkenR, MarkenG Einl D, Rn. 11.

512 EuGH GRUR 2002, 692 – *Hölterhoff*; OLG Düsseldorf, WRP 2000, 316 – *SPIRIT SUN*.

513 *Hacker*, MarkenR 2009, 333, 337.

514 *Ingerl/Rohnke*, MarkenG, § 14 Rn. 301.

dd. Investitionsfunktion

Am schwierigsten zu fassen ist die Investitionsfunktion der Marke. Generalanwalt *Mengozzi* hat die Investitionsfunktion in seinen Schlussanträgen, wie ausgeführt unter Bezugnahme auf die älteren Schlussanträge von Generalanwalt *Jacobs*, genannt, nicht aber konkretisiert. Generalanwalt *Jacobs* hatte die Investitionsfunktion ebenfalls nicht näher erläutert, sie aber, wie ausgeführt, auch lediglich als eine aus der Herkunftsfunktion abgeleitete, nicht selbständig schutzwürdige Funktion angesehen[515].

Der EuGH hat sich zu einer Beeinträchtigung der Investitionsfunktion weder generell noch im Zusammenhang mit den von ihm entschiedenen Fällen zum Keyword-Advertising geäußert. Es ist fraglich, ob ein nationales Gericht überhaupt eine Beeinträchtigung der Investitionsfunktion annehmen könnte[516].

Fezer fordert seit langem einen umfassenden Investitionsschutz[517]. Problematisch daran ist, dass allein aus der Tatsache, dass ein Unternehmen in die Verwendung und Verbreitung einer Marke investiert hat, weder ein proportional ansteigender Schutzbedarf noch eine proportional ansteigende Schutzwürdigkeit zwingend resultieren. Zu beachten ist nämlich, dass es trotz aller Marktforschung und Marketingstrategien Fehlinvestitionen gibt. Vom Kostenaufwand kann nicht auf entsprechende (positive) Wirkungen am Markt und bei den Abnehmern bzw. auf eine entsprechende Wertsteigerung der Marke als immaterielles Wirtschaftsgut geschlossen werden. Nicht zuletzt deswegen ist der Wert von Marken so schwer zu beziffern[518].

e. Reaktionen in der Literatur auf die neueren Urteile des EuGH und die Anerkennung weiterer Markenfunktionen neben der Herkunftsfunktion

Die neueren Urteile des EuGH und die Anerkennung weiterer Markenfunktionen neben der herkunftshinweisenden Funktion treffen in der Literatur auf ein geteiltes Echo. Einige der Reaktionen und Bewertungen seien kurz skizziert:

Fezer, der seit jeher vehement die Ansicht vertritt, Kern der Markenkonzeption sei die Multifunktionalität der Marke und der entsprechend die Beschränkung

---

515 Schlussanträge des Generalanwalts *Jacobs* vom 29.4.1997, Rs. C-337/95 – Parfums Dior/Evora (BeckEuRS 1997, 221747; Tz. 42).

516 *Hackbarth*, WRP 2011, 1124, 1127 unter Verweis auf *Ohly*, GRUR 2010, 776, 782.

517 *Fezer*, WRP 2010, 165, 179; *ders.*, GRUR 2003, 457, 464.

518 Zur Markenbewertung z.B. *Fezer*, MarkenR, § 27 MarkenG, Kapitel D (Rn. 86 ff.).

auf die Herkunftsfunktion kritisch gesehen hatte[519], bezeichnet das insoweit bahnbrechende Urteil des EuGH „*L'Oréal/Bellure*" als „Sternstunde der Funktionenlehre"[520]. Durch das Urteil werde das Markenrechtsverständnis des EuGH im Sinne einer funktionalen Kennzeichenrechtstheorie illustriert[521].

Sack steht dem Urteil „*L'Oréal/Bellure*" ebenfalls positiv gegenüber. Seiner Ansicht nach habe es für das Erfordernis der markenmäßigen Benutzung in den bis zu dem Urteil gebräuchlichen Bedeutungen keine tragfähige Begründung gegeben. Entscheidend seien die markenrechtlich geschützten Funktionen der Marke. Sie begrenzten die Reichweite des Markenschutzes. Die Begrenzung der markenrechtlichen Haftung auf Handlungen, die geeignet sind, die markenrechtlich geschützten Markenfunktionen zu beeinträchtigen, entspreche dem Schutzzweck des Markenrechts[522].

Keil steht der Anerkennung neuer Markenfunktionen kritisch bis ablehnend gegenüber, wenngleich er die Grundidee, nämlich der heutigen wirtschaftlichen Bedeutung von Marken, die weit über die reine Herkunftsangabe hinausgeht, gerecht zu werden, begrüßt. *Keil* führt unter anderem aus, das Kriterium der markenmäßigen Benutzung mit Beschränkung auf den Schutz der Herkunftsfunktion sei in der Sache „griffig" gewesen, den weiteren Markenfunktionen fehle bislang jegliche Kontur. Diese könne ihnen zwar durch Rechtsprechung und Literatur gegeben werden, besondere Brisanz erhalte das Urteil „*L'Oréal/Bellure*" aber dadurch, dass die dort genannten Markenfunktionen lediglich exemplarisch aufgezählt würden. Die Entstehung zusätzlicher Funktionen sei jederzeit möglich[523]. Als weitere Argumente gegen die Neuausrichtung der Rechtsprechung des EuGH führt *Keil* die Systematik des Art. 5 MarkenRL, die Tatsache, dass seiner Ansicht nach die Unterlassungstatbestände als Kernregelung des Ausschließlichkeitsrechts „Marke" nur in den Fällen einschlägig seien, in denen mit der Herkunftsfunktion tatsächlich die Hauptfunktion der Marke

---

519 Z.B. *Fezer*, MarkenR [1. Aufl.], Einl. MarkenG, Rn. 30 ff. *Fezer* war der Auffassung, mit dem In-Kraft-Treten des MarkenG sei ein Paradigmenwechsel in den rechtlichen Funktionen der Marke erfolgt. Die Herkunftsfunktion sei nicht mehr die ausschließlich rechtlich geschützte Markenfunktion. Das MarkenG diene dem Schutz sowohl der Herkunftsidentität als auch der Produktidentität; Markenschutz bestehe für alle ökonomischen Funktionen der Marke auf dem Markt (Rn. 35).

520 *Fezer*, WRP 2011, 387, 392; *ders.*, WRP 2010, 165, 178; *ders.*, Festschrift für Loschelder, S. 75, 76.

521 *Fezer*, WRP 2011, 387, 392.

522 *Sack*, WRP 2010, 198, 209.

523 *Keil*, MarkenR 2010, 195, 197.

beeinträchtigt sei, sowie die praktischen Konsequenzen für das Werberecht an[524].

Eichelberger erachtet den möglichen Abschied von dem Erfordernis der markenmäßigen Benutzung im traditionellen Sinne insgesamt als vorteilhaft. Auch wenn teilweise dieselben Unsicherheiten in der konkreten Bewertung des Einzelfalles wiederkehrten, wie sie sich schon zuvor gestellt hatten, so sei es jedenfalls transparenter, die notwendige Einschränkung des Markenschutzes im Einzelfall offen unter dem Topos der geschützten Markenfunktionen vorzunehmen anstatt auf ein letztlich auf dieselben Erwägungen gestütztes ungeschriebenes Tatbestandsmerkmal der markenmäßigen Benutzung zurückzugreifen. Außerdem mache dieses Vorgehen eine unterschiedliche Auslegung des Benutzungsbegriffs innerhalb der drei Verletzungstatbestände überflüssig[525].

Hasselblatt/Kipping sehen das ungeschriebene Tatbestandsmerkmal der markenmäßigen Benutzung nach der neuen Rechtsprechung von EuGH und BGH als „Geschichte" an. Es sei durch die Prüfung der Beeinträchtigung der Markenfunktion(en) zu ersetzen[526]. Als unklar erachten *Hasselblatt/Kipping* die Frage, ob die Prüfung der Funktionsbeeinträchtigung als normatives Tatbestandsmerkmal oder als Tatsachenfrage zu behandeln ist[527]. Insgesamt stehen sie den Neuerungen der Rechtsprechung positiv gegenüber, weisen aber auf einige derzeit bestehende Inkonsistenzen in der Rechtsprechung und die noch nicht mögliche exakte Einordnung der neuen Markenfunktionenlehre hin[528].

Hacker steht dem Schutz anderer Markenfunktionen als der Herkunftsfunktion kritisch gegenüber. Er bezweifelt, dass die Ausdehnung des Begriffs der markenmäßigen Benutzung einen „glücklichen Griff des EuGH" darstellt[529]. Ein Problem sieht *Hacker* darin, dass der EuGH sich nicht deutlich dazu geäußert habe, in welchem Verhältnis die verschiedenen Funktionen zueinander stehen. Seiner Ansicht nach ist die Herkunftsfunktion zwar nach wie vor die Hauptfunktion, die anderen Funktionen stünden zu ihr aber nicht in einem Abhängigkeitsverhältnis, sondern genössen grundsätzlich eigenständigen Schutz[530]. In dogmatischer Hinsicht sei zu bedenken, dass es sich bei dem absoluten Schutz gegen doppelt identische Verwendungen letztlich nur um einen Fall vermuteter Verwechslungsgefahr, also um einen Spezialfall von Art. 5 Abs. 1 lit. b) Mar-

524 *Keil*, MarkenR 2010, 195, 198 ff.
525 *Eichelberger*, MarkenR 2010, 474, 476.
526 *Hasselblatt/Kipping*, KSzW 2010, 236, 239.
527 *Hasselblatt/Kipping*, KSzW 2010, 236, 240.
528 *Hasselblatt/Kipping*, KSzW 2010, 236, 241.
529 *Hacker*, MarkenR 2009, 333, 337.
530 *Hacker*, MarkenR 2009, 333, 334.

kenRL / § 14 Abs. 2 Nr. 2 MarkenG handele. Schon dies spreche dagegen, den Benutzungsbegriff bei Doppelidentität wesentlich anders zu interpretieren als im Rahmen des Verwechslungsschutzes. Hinzu komme, dass der EuGH den Begriff der Zeichenidentität sehr eng verstehe, um eine ungerechtfertigte Ausdehnung des Tatbestandes der Doppelidentität zulasten der von Art. 5 Abs. 1 lit. b) MarkenRL / § 14 Abs. 2 Nr. 2 MarkenG erfassten Sachverhalte, wo es der Feststellung einer Verwechslungsgefahr bedarf, zu vermeiden[531]. Ferner sei es für den Verletzer meist recht einfach, aus der Gefahrenzone des Art. 5 Abs. 1 lit. a) MarkenRL / § 14 Abs. 2 Nr. 1 MarkenG herauszukommen. Insgesamt sei es daher nicht sachgerecht, zwischen den beiden Verletzungstatbeständen, was das Erfordernis des markenmäßigen Gebrauchs angeht, einen so großen Schnitt zu machen.

Ohly bezeichnet die neue Funktionenlehre schlicht als „Fehler“[532]. Ihm fehlt eine überzeugende Begründung für die Erweiterung des Art. 5 Abs. 1 lit. a) MarkenRL auf den Schutz weiterer Markenfunktionen, er macht praktische unbefriedigende Ergebnisse aus und sieht die Gefahr erheblicher Rechtsunsicherheit[533]. Ferner führt *Ohly*, überaus überzeugend, einen weiteren Einwand an[534]. Ausgangspunkt seiner Überlegungen ist der Spezialfall des Keyword-Advertising, es folgen aber grundsätzliche Erwägungen: Wie bereits der Generalanwalt in seinen Schlussanträgen im Verfahren „Google France und Google“ ausgeführt habe, bedürfe es beim Keyword-Advertising einer Interessenabwägung zwischen dem Markenschutz einerseits und der Meinungs- und Wettbewerbsfreiheit andererseits. Das Markenrecht dürfe nicht auf ein Kommunikationsmonopol über das Produkt hinauslaufen. So mögen Produktkritik, die Markenparodie oder die Nutzung fremder Marken auf Modellen Markenfunktionen beeinträchtigen, doch könnten sich die jeweiligen Unternehmer auf beachtliche Gegeninteressen stützen. Während Art. 5 Abs. 2 MarkenRL durch die offenen Tatbestandsmerkmale der „Unlauterkeit“ und des „rechtfertigenden Grundes“ eine Interessenabwägung erlaubten, sei Art. 5 Abs. 1 lit. a) MarkenRL abwägungsresistent formuliert. Das Dilemma, das sich daraus ergebe, werde sowohl in den Schlussanträgen des Generalanwalts als auch im Urteil des EuGH deutlich. Generalanwalt und EuGH seien bestrebt, die Nutzung fremder Marken als Keywords nicht pauschal zu verbieten. Sie fänden aber keinen passenden Ansatzpunkt, um die gegenläufigen Interessen der Werbenden und der Allgemeinheit zum Tragen zu bringen. Daher seien sie bemüht – um nicht zu sagen, zur Erreichen eines interessengerechten Ergebnisses nahezu gezwungen – den Be-

531 *Hacker*, MarkenR 2009, 333, 337.

532 *Ohly*, GRUR 2010, 776, 782; ähnlich *ders.*, IIC 2010, 879, 880 f.

533 Vgl. ausführlich *Ohly*, Festschrift für Loschelder, S. 265, 272 ff.

534 *Ohly*, GRUR 2010, 776, 782.

griff der „Beeinträchtigung“ normativ aufzuladen: Wenn es gute Gründe für die Nutzung der Marke gibt, sind (geringfügige) Beeinträchtigungen der Werbefunktion hinzunehmen. Diese Vorgehensweise sei, so *Ohly*, methodenunehrlich, da die Abwägungskriterien (wohl: die Abwägung) in der Feststellung der Beeinträchtigung versteckt würden. Außerdem führe diese Vorgehensweise zu erheblicher Rechtsunsicherheit. Es sei schwer vorauszusagen, worin der EuGH eine Beeinträchtigung erblickt. Das Merkmal der Beeinträchtigung werde zu einer „Black Box“. Wünschenswert sei daher eine Kurskorrektur.

Senftleben sieht den Markenschutz durch die Anerkennung der „neuen“ Markenfunktionen zu einem „Schwarzen Loch in der Gewerblichen Rechtsschutz-Galaxie“ werden, das quasi alles verschlinge und nichts mehr herauslasse[535].

Ingerl/Rohnke schließlich weisen noch auf Folgendes hin: Mit der „heiklen“ Abgrenzung zu der Anerkennung anderer Funktionen als der Herkunftsfunktion im Rahmen des nur bekannten Marken zukommenden (und in der MarkenRL) fakultativen Schutzes gegen unlautere Ausnutzung oder Beeinträchtigung der Unterscheidungskraft oder Wertschätzung habe sich Generalanwalt *Mengozzi* in seinen Schlussanträgen zwar befasst und die These in den Raum gestellt, die doppelt identische Benutzung könnte aus dem erweiterten Schutz auszuklammern sein[536], dann aber doch alles offengelassen[537].

Speziell die EuGH-Urteile zum Keyword-Advertising betreffend, aber durchaus auch als allgemeine Kritik zu verstehen, wird ferner – die folgende Zusammenstellung erhebt wiederum keinen Anspruch auf Vollständigkeit – Folgendes angemerkt:

Es werde, so *Büscher*, eine Umakzentuierung bei der Prüfung der Beeinträchtigung der Herkunftsfunktion vorgenommen[538]. Diese Umakzentuierung verwische die Tatbestandsmerkmale der rechtsverletzenden Benutzung und der Verwechslungsgefahr. Beim Identitätsschutz nach § 14 Abs. 2 Nr. 1 MarkenG führe sie unzulässigerweise das Kriterium der Verwechslungsgefahr ein[539]. Das werde insbesondere bei den inhaltsgleichen Ausführungen des EuGH zu Art. 5 Abs. 1 lit. a) und lit. b) MarkenRL im Urteil „*BergSpechte/trekking.at Reisen*“[540] augenfällig; das gebe der EuGH sogar selbst zu[541]. Bei der Prüfung des § 14 Abs. 2

535 *Senftleben*, IIC 2011, 383 ff.
536 Schlussanträge des Generalanwalts *Mengozzi* vom 10.2.2009, Rs. C-487/07 – L'Oréal/Bellure (BeckRS 2009, 70201; Tz. 57 ff).
537 *Ingerl/Rohnke*, MarkenG, § 14 Rn. 296.
538 *Büscher*/Dittmer/Schiwy, GewRS, Teil 1, Kap. 3, § 14 MarkenG Rn. 127.
539 Darauf weisen auch *Ingerl/Rohnke* (MarkenG, § 14 Rn. 294) hin.
540 EuGH GRUR 2010, 451, 453 (Tz. 35 und 39) – *BergSpechte/trekking.at Reisen.*
541 Nämlich in EuGH GRUR 2010, 451, 453 (Tz. 39 f.) – *BergSpechte/trekking.at Reisen.*

Nr. 2 MarkenG drohe das Kriterium der rechtsverletzenden Benutzung in einen Zirkelschluss einzumünden, wenn eine rechtsverletzende Benutzung infolge des Bestehens von Verwechslungsgefahr gegeben sei[542]. Der BGH habe diese neuere Formel des EuGH (daher) bislang nicht übernommen.

Ohly kritisiert ähnlich, der EuGH führe zusätzlich zum klassischen Fall der Verwechslungsgefahr ein Transparenzgebot ein. Dieses Transparenzgebot stamme aus dem Lauterkeitsrecht, nämlich aus der E-Commerce-Richtlinie und der UGP-Richtlinie. Im Markenrecht hingegen seien aktive Aufklärungspflichten bislang nicht verankert gewesen[543]. Die vom EuGH vorgegebenen Leitlinien zur Beurteilung der Verwechslungsgefahr beim Keyword-Advertising könnten aus verschiedenen Gründen nicht überzeugen. Ein Grund ist für *Ohly* der, dass die Beurteilung des EuGH einer Divergenz zwischen den europäischen Rechtsordnungen Tür und Tor öffne. Der EuGH gebe keine Leitlinien zur Beurteilung einer Zuordnungsverwirrung vor. Im Gegenteil lasse er die vom Österreichischen OGH und vom niederländischen Hoge Raad gestellten Fragen zur Kennzeichnung und Position der Werbung, die für die Praxis einige Klärungen erbracht hätten, offen. Es bestünde die Gefahr, dass beispielsweise französische Gerichte, die in der Vergangenheit (markeninhaberfreundlich) häufig die Nutzung fremder Marken als Keywords wegen Hervorrufens einer Verwechslungsgefahr verboten hatten, mit dieser Praxis fortführen, während es beispielsweise für den BGH nach dem Urteil „*Google France und Google*“ und dem darauf verweisenden Beschluss im Fall „*Eis.de/BBY*“ möglich und konsequent wäre, im Anschluss an das Urteil „*Beta Layout*“[544] eine Beeinträchtigung der Herkunftsfunktion zu verneinen[545].

Henning-Bodewig kritisiert in die gleiche Richtung gehend zum einen, der EuGH führe ein in seinen Konturen eher verschwommenes Transparenzgebot ein, das, wenn schon auf das Wettbewerbsrecht zurückgegriffen werde, anders verstanden werden müsse als der EuGH das tue[546]. Zum anderen sei der „normal informierte und angemessen aufmerksame Durchschnitts-Internetuser“ konturenlos[547]. Aufgrund dieser beiden Faktoren werde divergierenden Entscheidungen Tür und Tor geöffnet, und zwar nicht nur zwischen den verschiedenen Mitgliedsstaaten, sondern sogar auch innerhalb einzelner Mitgliedsstaaten. Solche divergierenden Entscheidungen seien bereits ergangen, wie der Blick auf jünge-

542 *Büscher*/Dittmer/Schiwy, GewRS, Teil 1, Kap. 3, § 14 MarkenG Rn. 127.
543 *Ohly*, GRUR 2010, 776, 780.
544 BGH GRUR 2009, 500 – *Beta Layout*.
545 *Ohly*, GRUR 2010, 776, 781.
546 *Henning-Bodewig*, GRUR Int. 2011, 592, 596.
547 *Henning-Bodewig*, GRUR Int. 2011, 592, 596 f.

re Urteile in Deutschland und Österreich und verschiedener französischer Gerichte zeige[548].

Knaak wendet sich ganz allgemein gegen eine Fallgruppenbildung wie sie derzeit in der Rechtsprechung des EuGH und der nationalen Gerichte erkennbar wird. Er führt aus, Markenschutz dürfe in einer so zentralen Frage wie derjenigen, ob eine Zeichennutzung unter den Anwendungsbereich der Schutzvorschriften des Art. 5 Abs. 1 oder Abs. 2 MarkenRL falle, nicht von Erwägungen abhängig gemacht werden, die auf spezielle Fallgruppen zugeschnitten sind. Wenn der EuGH seine sich selbst gestellte Aufgabe erfüllen wolle, den Benutzungsbegriff einheitlich auszulegen, müsse er einen einheitlichen Beurteilungsmaßstab vorgeben, der auf jede Zeichennutzung Anwendung finde, in welchem Zusammenhang und in welcher Fallkonstellation auch immer sie stattfindet[549].

f. Blick auf das derzeit beim EuGH anhängige Verfahren „Interflora/Marks & Spencer“

Derzeit ist, soweit ersichtlich, ein Verfahren beim EuGH anhängig, das den Bereich „markenrechtliche Verletzungstatbestände“ / „Markenfunktionen“ betrifft. Bei dem Verfahren handelt es sich um das fünfte und letzte der zeitlich in enger Abfolge beim EuGH anhängig gemachten Vorlageverfahren zum Thema Keyword-Advertising. In dem Verfahren liegen die Schlussanträge des Generalanwalts sowie eine Stellungnahme der EU-Kommission vor. Ihnen können möglicherweise Hinweise entnommen werden, in welche Richtung sich die Rechtsprechung des EuGH entwickeln wird.

In dem Verfahren „Interflora/Marks & Spencer“[550] geht die Klägerin aus ihrer bekannten Marke „Interflora“ vor. Die Klägerin betreibt unter dieser Marke ein aus selbständigen Floristen bestehendes, weltweit tätiges Blumenliefernetz. Die Beklagte – Marks & Spencer, ein großes britisches Einzelhandelsunternehmen, das einen eigenen Blumenlieferdienst anbietet – buchte bei Google das Zeichen „Interflora“ als Keyword. Bei dessen Eingabe in die Suchmaschine erschien eine Anzeige von Marks & Spencer für den eigenen Blumenlieferdienst. Die Anzeige enthielt nicht das Zeichen „Interflora“.

548 *Henning-Bodewig*, GRUR Int. 2011, 592, 594 f. Auch *Hackbarth* macht eine erhebliche Rechtsunsicherheit in Europa aus. Folgethema der AdWords-Rechtsprechung des EuGH sei das Forum Shopping zwischen den Gerichten der EU-Mitgliedsstaaten (WRP 2011, 1124, 1126).

549 *Knaak*, GRUR Int. 2009, 551, 555.

550 Rs. C-323/09; dem EuGH vorgelegt vom britischen High Court of Justice of England and Wales (Chancery Division).

In ihrer Stellungnahme zu diesem Verfahren rügt die EU-Kommission mit deutlichen Worten die umfassende Einbeziehung der Kommunikations-, Werbe und Investitionsfunktion in Art. 5 Abs. 1 lit. a) MarkenRL (§ 14 Abs. 2 Nr. 1 MarkenG). Die Kommission knüpft ihre Kritik unter anderem daran, dass die vom EuGH genannten Markenfunktionen auf verschiedenen Ebenen lägen[551]. Sie führt aus: „[...] Thirdly, the functions of communication, advertising and investment are not functionally on the same level as that of guaranteeing to consumers the origin of the goods or services. Hence they are either not autonomous in respect of that of guaranteeing the origin of the goods or services or, insofar as they are autonomous, they are sufficiently protected by Article 5 (2) [...]."[552]

Generalanwalt *Jääskinen* erwähnt in seinen Schlussanträgen die von der Kommission geübte Kritik, sieht jedoch mangels Relevanz für das Verfahren keinen Anlass, sie zu vertiefen[553]. Es sei jedoch nicht zu bestreiten, dass die Situation des Gerichtshofs, was die Akzeptanz seiner Rechtsprechung zu Art. 5 MarkenRL betreffe, auch im Hinblick auf die Kritik, die von zahlreichen wissenschaftlichen Kommentatoren und führenden nationalen Richtern auf dem Gebiet des Markenrechts geäußert werde, eine große Herausforderung darstelle[554]. Seines Erachtens liegt das Grundproblem jedoch in der problematischen Formulierung von Art. 5 MarkenRL. Der konkreten Situation könne daher besser durch angemessene gesetzliche Maßnahmen als durch eine Neuausrichtung der Rechtsprechung abgeholfen werden. Die Kommission habe im Dezember 2010 eine Studie über das Gesamtfunktionieren des Markensystems in Europa erhalten, und weitere Schritte auf diesem Gebiet könnten hoffentlich erwartet werden[555].

Zum Bekanntheitsschutz – zu ihm werden insbesondere die Ausführungen des EuGH erwartet – führte Generalanwalt *Jääskinen* aus, Art. 5 Abs. 2 MarkenRL sei dahin auszulegen, dass die Benutzung eines Zeichens als Schlüsselwort in einem Internetreferenzierungsdienst für Waren und Dienstleistungen, die identisch sind mit denen, die von einer identischen bekannten Marke erfasst werden, auch in den Anwendungsbereich dieser Vorschrift falle und vom Inhaber der Marke verboten werden könne. Das gelte allerdings nur dann, wenn zum einen

---

551 Darauf weist auch *Fezer* hin (MarkenR, MarkenG Einl. D, Rn. 29 f.).

552 Stellungnahme der EU-Kommission vom 30.11.2009 zur Rechtssache C-323/09 (zitiert nach *Ohly*, Festschrift für Loschelder, S. 265, 273 [Fn. 31]).

553 Schlussanträge des Generalanwalts *Jääskinen* vom 24.3.2011, Rs. C-323/09 – Interflora/Marks & Spencer (BeckRS 2011, 80288; Tz. 7).

554 Tz. 8 der Schlussanträge.

555 Tz. 9 der Schlussanträge. Die EU-Kommission hat die Ergebnisse der „Studie über das Gesamtfunktionieren des Europäischen Markensystems", vorgelegt vom Max-Planck-Institut für Immaterialgüter- und Wettbewerbsrecht, am 8.3.2011 veröffentlicht. Am 26.5.2011 führte die EU-Kommission eine mündliche Anhörung der Nutzerorganisationen zu den Ergebnissen der Studie durch.

in der Werbeanzeige die Marke erwähnt oder dargestellt wird. Zum anderen müsse die Marke dort entweder als Gattungsbegriff für eine Waren- oder Dienstleistungskategorie verwendet werden oder der Werbende versuchen, von der Anziehungskraft der bekannten Marke und ihrem Ruf zu profitieren und diesen auszunutzen[556].

g. Stellungnahme

Derzeit ist nicht ersichtlich, wie das europäische Markensystem in Zukunft aussehen wird. Rechtsprechung, Rechtspraxis und Literatur befinden sich in einem „Zwischenstadium“ auf dem Weg zu einem veränderten, derzeit allerdings noch „im Nebel liegenden“ und wenig konturierten Gesamtgefüge.

Angesichts dieses Zustands drängt sich nicht nur dem praktisch Denkenden die Frage auf, ob an dem Erfordernis der „markenmäßigen Benutzung“ überhaupt noch oder nur noch in bestimmten Fällen festgehalten werden sollte. Praktikabler könnte sein, bei *jeder* Benutzung im geschäftlichen Verkehr den Anwendungsbereich des Markenverletzungsrechts zu eröffnen. Das hieße, der im obigen Sinne erste Filter würde auf „durchlässig“ oder „grobmaschig“ gestellt. Um den Markenschutz aber nicht „ausufern“ zu lassen und das Recht der Markeninhaber nicht zulasten des freien Wettbewerbs und des „Gegenpols“ zu sehr zu erweitern, müsste der „zweite Filter“ entsprechend aufgerüstet, d.h. sehr weit ausgelegt oder durch den Richtlinien- bzw. Gesetzgeber angepasst und erweitert werden. Balance und Lösung wären also letztlich über die Schrankenbestimmungen zu suchen. Auf diesem Wege kann, wie dargestellt, ebenfalls ein ausgewogenes System errichtet werden, wenn auch zugegebenermaßen die eigentlichen Probleme teils nur verlagert würden.

Dafür, den ersten Filter auf „durchlässig“ zu stellen und den zweiten entsprechend aufzurüsten, so dass er der neuen „Flut“ begegnen kann, spricht, dass so kaum vorhersehbare, aufgrund von „Winkelzügen“ unvorhersehbare Einzelfallentscheidungen, die sich bestenfalls zu Fallgruppen zusammenfassen lassen, vermieden werden können. Im Rahmen des zweiten Filters besteht die Möglichkeit zur flexiblen Beurteilung der Fälle. Sie muss nicht erst „methodenunehrlich“ geschaffen werden.

Dagegen, den ersten Filter auf „durchlässig“ zu stellen und den zweiten entsprechend aufzurüsten, spricht, dass das gesamte Markenrecht von überwiegend wettbewerbsrechtlichen Wertungen und Interessenabwägungen geprägt würde

556 Vgl. das Ergebnis der Schlussanträge in Tz. 107.

und das alte, bewährte Regelungsgefüge von Verletzungstatbestand und nur ausnahmsweise eingreifenden Schutzschranken aufgehoben würde.

Wenn aus diesem Grunde an dem Erfordernis der markenmäßigen Benutzung grundsätzlich festzuhalten sein sollte und auch festgehalten werden wird – darauf deutet vieles hin – und die Rechtsprechung auch an den „neuen“ Markenfunktionen festhält, bestehen allerdings die folgenden, teils schon wiedergegebenen Probleme:

Zunächst ist nicht absehbar, wie die vom EuGH beispielhaft genannten Markenfunktionen zu konkretisieren, „mit Leben zu füllen“ sind. Dem Strategiepapier der EU-Kommission zum Schutz des geistigen Eigentums, vorgestellt von EU-Binnenmarktkommissar *Barnier* am 24.5.2011 in Brüssel, ist zu entnehmen, dass der Markenbegriff im Zuge der derzeit geplanten Reformvorhaben der EU-Kommission zur Erhöhung der Rechtssicherheit neu definiert werden soll[557]. Das könnte bedeuten, dass weitere Markenfunktionen in einer europäischen Richtlinie vorgegeben und definiert und nachfolgend in den nationalen Gesetzen verankert werden. Wenn Vorgabe und Definition handhabbar sind und nicht eine Vielzahl von Folgeproblemen hervorrufen, könnten Rechtssicherheit und -klarheit geschaffen werden. Konkrete Vorschläge zur Überarbeitung der gemeinschaftlichen Markenverordnung und der Markenrichtlinie will die Kommission Ende Februar 2012 vorlegen.

Unklar ist derzeit ferner, welche weiteren Markenfunktionen vom EuGH möglicherweise zwischenzeitlich noch anerkannt werden. Denkbar wäre unter anderem die Anerkennung der (bislang abgelehnten) Verbraucherschutzfunktion. Ihre Anerkennung könnte ein weiteres Mal (nämlich ein weiteres Mal nach Erlass der UGP-RL) das Verhältnis von Marken- und Wettbewerbsrecht in Frage stellen[558].

557 Mitteilung der Kommission an das Europäische Parlament, den Rat, den Europäischen Wirtschafts- und Sozialausschuss und den Ausschuss der Regionen vom 24.5.2011 (KOM[2011] 287 endgültig), S. 11 (unter 3.2. „Modernisierung des Markensystems in Europa“); im Internet abrufbar auf der Homepage der EU-Kommission unter http://ec.europa.eu/internal_market/copyright/docs/ipr_strategy/COM_2011_287_de.pdf (Stand: 27.9.2011).

558 Auf der grundsätzlichen Anerkennung der Verbraucherschutzfunktion der Marke und der Einordnung als ihre wichtigste Funktion beruht wesentlich die von *Bärenfänger* erarbeitete „Symbiotische Theorie zum Kennzeichen- und Lauterkeitsrecht“; dazu *Bärenfänger*, Das Spannungsfeld von Lauterkeitsrecht und Markenrecht unter dem neuen UWG – Symbiotische Theorie zum Kennzeichen- und Lauterkeitsrecht; *Bärenfänger*, WRP 2011, 16 ff. und 160 ff.

Problematisch erscheint schon vom Grundsatz her auch, dass die Anerkennung einzelner Funktionen schwer einsichtig ist. Z.B. erscheint die Qualitätsfunktion schwer mit der Tatsache vereinbar, dass es dem Markeninhaber grundsätzlich freisteht, unter seiner beispielsweise für exzellente Qualität stehenden Marke plötzlich Waren minderer Qualität anzubieten.

Ein weiteres Problem erwächst daraus, dass bei der Ausweitung des Tatbestands der Doppelidentität, der einen absoluten Schutz gewährt, unter Umständen (derzeit) keine adäquaten Schranken zur Verfügung stehen, um das System insgesamt ausgewogen zu halten.

Die weiteren, meiner Ansicht nach bestehenden Probleme entsprechen weitestgehend den dargestellten Argumenten der kritischen Stimmen aus der Literatur. Vor allem die Kritik *Ohlys* betreffend die normative Aufladung der „Beeinträchtigung" als vom EuGH geschaffenes „Hintertürchen" und die drohende Verwischung aller markenrechtlicher Verletzungstatbestände wiegen schwer.

3. Ausgewählte Einzelfragen von Relevanz für die Schutzschranke des § 23 MarkenG

a. Benutzung für eigene Waren/Dienstleistungen erforderlich?

Problematisch ist, ob eine Benutzung nur dann vorliegt, wenn das Zeichen direkt und unmittelbar für die *eigenen* Waren oder Dienstleistungen verwendet oder auch dann, wenn es für die fremden, „richtigen" Waren oder Dienstleistungen verwendet wird (schlagwortartig: „richtiges Zeichen für die richtigen Waren oder Dienstleistungen"). Diese Fälle werden von *Ingerl/Rohnke*[559] (aufgegriffen unter anderem vom BGH[560]) unter dem Schlagwort „Markennennung" zusammengefasst. Typische, für die vorliegende Untersuchung relevante Fälle sind die Verwendung eines fremden Kennzeichens im Rahmen einer Bestimmungsangabe für eine eigene Ware/Dienstleistung, die zur Verwendung mit den fremden Originalwaren bestimmt ist (dazu aa.), und die vergleichende Werbung (dazu bb.).

559 *Ingerl/Rohnke*, MarkenG, § 14 Rn. 310 ff.

560 BGH GRUR 2004, 607, 612 – *Genealogie der Düfte*; OLG Düsseldorf, Urteil vom 28.9.2010, Az.: I-20 U 47/10 (BeckRS 2010, 25649); OLG Jena MD 2010, 186, 189 – *Verjährung droht*; OLG Frankfurt GRUR-RR 2008, 249, 253 – *Abstracts*; OLG Frankfurt GRUR-RR 2007, 104, 108 – *DAX-Optionsscheine*. Die Dissertation von *Blankenburg* trägt sogar den Titel „Die Markennennung".

aa. Bestimmungsangaben

Bei der Nennung eines fremden Kennzeichens als Bestimmungsangabe für zum Angebot des Verwenders gehörende Waren/Dienstleistungen ist die aufgeworfene Frage vor allem für die Schutzschranke des § 23 Nr. 3 MarkenG relevant.

Nach früherem Recht scheiterten kennzeichenrechtliche Verletzungsansprüche gegen die Verwendung von Bestimmungsangaben, die ganz eindeutig auf ein nicht aus dem eigenen Unternehmen stammendes Produkt hinwiesen, grundsätzlich bereits am kennzeichenmäßigen Gebrauch[561]. Würde die damalige Rechtsprechung fortgesetzt, hätte die Schranke schlicht keinen Anwendungsbereich.

In dem zeitlich ersten Urteil des EuGH, das nach Erlass von MarkenRL und In-Kraft-Treten von MarkenG ergangen und hier betrachtet werden soll, dem Urteil „*BMW/Deenik*", bejahte der EuGH das Vorliegen einer markenmäßigen Benutzung bei Angaben wie „Instandsetzung und Wartung von BMW-Fahrzeugen", „Fachmann für BMW" oder „spezialisiert auf BMW". Ihre Benutzung sah der EuGH als über Art. 6 Abs. 1 lit. c) MarkenRL von markenrechtlichen Ansprüchen freigestellt an[562]. Begründet wurde das im Hinblick auf die Reparaturdienstleistungen mit der Erwägung, dass mit der Benutzung der fremden Marke „BMW" die Waren, die Gegenstand der Reparaturdienstleistungen seien (BMW-Fahrzeuge), ihrer Herkunft nach unterschieden würden. Der EuGH sah also die Benutzung des Zeichens für die fremden Waren als markenmäßige Benutzung an. Das Urteil war ersichtlich von dem Bemühen geprägt, die Schutzschranke des Art. 6 Abs. 1 lit. c) MarkenRL nicht leerlaufen zu lassen, also in solchen Fällen notfalls „mit Gewalt" den für erforderlich gehaltenen markenmäßigen Gebrauch zu bejahen[563].

Unter Bezugnahme auf das Urteil „*BMW/Deenik*" nahm der BGH im Urteil „*Staubsaugerfiltertüten*" an, der Aufdruck „Filtertüten passend für VORWERK KOBOLD 130" stelle eine kennzeichenmäßige Benutzung dar, da damit auf die Staubsauger eines bestimmten Typs und auch auf deren Hersteller (die Hauptware) hingewiesen werde[564].

Eine Relativierung erfuhr das Urteil „*BMW/Deenik*" durch das Urteil „*Opel/Autec*"[565]. Dort stellte der EuGH, ausgehend vom Erfordernis des Waren-/Dienstleistungsbezugs fest, die Verletzungstatbestände hätten eine Zeichenbe-

---

561 Z.B. BGH GRUR 1968, 49, 51 – *Zentralschloßanlagen*; BGH GRUR 1958, 343 – *Bohnergerät*.

562 EuGH GRUR Int. 1999, 438, 442 (Tz. 58) – *BMW/Deenik*.

563 Ströbele/*Hacker*, MarkenG, § 14 Rn. 95.

564 BGH GRUR 2005, 423, 425 – *Staubsaugerfiltertüten*.

565 EuGH GRUR 2007, 318 – *Opel/Autec*.

nutzung für *von dem Dritten* vertriebene Waren/Dienstleistungen zur Voraussetzung. Die Verwendung der Marken in Bezug auf Waren des Markeninhabers, die der Dritte selbst nicht anbiete, stelle nur in spezifischen Ausnahmefällen eine Benutzung dar. Um sein früheres Urteil „*BMW/Deenik*" nicht aufgeben zu müssen, qualifizierte der EuGH das unter Verwendung einer fremden Warenmarke erfolgte Angebot von Dienstleistungen, deren Gegenstand gerade solche Markenwaren sind, als einen derartigen Ausnahmefall. Ausschlaggebend war insoweit die vom EuGH gesehene „spezifische und untrennbare Beziehung" zwischen den eigenen Dienstleistungen des Dritten und den Waren des Markeninhabers. Grundsatz in der Rechtsprechung des EuGH war seither, dass das Zeichen gerade für Produkte des Dritten verwendet wird[566].

Wenig konsequent und eher ergebnisorientiert erscheinen dann die Feststellungen des EuGH im Urteil „*Gillette*". Der EuGH führte aus, die Benutzung einer Marke mit dem Ziel, die Öffentlichkeit darauf hinzuweisen, dass der Werbende spezialisiert auf (oder Fachmann für) den Verkauf von Waren mit dieser Marke sei oder solche Waren instandsetze und warte, stelle eine Benutzung dar, mit der auf die Bestimmung einer Ware oder Dienstleistung i.S.v. Art. 6 Abs. 1 lit. c) MarkenRL hingewiesen werde. Hier verweist der EuGH auf das Urteil „*BMW/Deenik*"[567].

Der zitierte Grundsatz des EuGH ist auch in der deutschen Rechtsprechung zu finden. So nahm das Berufungsgericht im Verfahren, das zum Urteil des BGH „*DAX*" führte, an, die Verwendung des Begriffs DAX in den von der Klägerin emittierten Wertpapieren diene allein dazu, die von der Beklagten erbrachte Leistung zu bezeichnen, ohne dass hierdurch ein kennzeichnender Bezug zur eigenen Leistung der Klägerin hergestellt werde. Die Marke DAX werde von der Klägerin nur zur Benennung eines fremden Originalprodukts eingesetzt. Das Berufungsgericht habe damit, so der BGH, ersichtlich eine markenmäßige Verwendung der Bezeichnung DAX in den von der Klägerin emittierten Wertpapieren verneint, die Voraussetzung einer Verletzungshandlung nach § 14 Abs. 2 MarkenG sei[568].

Auf welchem Wege der BGH in seinem noch nicht veröffentlichten Urteil vom 14.4.2011 „*VW/ATU*"[569] die Voraussetzung der Benutzung für eigene Waren oder Dienstleistungen bejaht hat, kann nur gemutmaßt werden. Dass der BGH

566 So auch als Grundsatz ausgeführt im Urteil „*O2 und O2 (UK)/H3G*" (GRUR 2008, 698, 699 [Tz. 34]).

567 EuGH GRUR 2005, 509, 511 (Tz. 33) – *Gillette*.

568 Vgl. BGH GRUR 2009, 1162, 1163 (Tz. 26) – *DAX*.

569 BGH, Urteil vom 14.4.2011, Az.: I ZR 33/10 – *VW/ATU* (noch nicht veröffentlicht [Stand: 27.9.2011]).

sie bejaht hat, ergibt sich daraus, dass er, zumindest laut Pressemitteilung, eine Beeinträchtigung der Werbefunktion der Klagemarke annahm[570] und das Eingreifen der Schutzschranke des § 23 Nr. 3 MarkenG verneinte.

Bei einer Gesamtbetrachtung der genannten Urteile dürfte zweierlei feststehen: In der Rechtsprechung ist keine stringente, streng systematische und dogmatische Linie vorhanden; die Beurteilung erfolgt im Wesentlichen ergebnisorientiert. Ferner dürfte feststehen, dass bei bloßen Bestimmungsangaben, wenn auch dogmatisch möglicherweise nicht überzeugend, vom Vorliegen einer markenmäßigen Benutzung auszugehen oder diese offen zu lassen[571] und das Eingreifen der Schutzschranke des Art. 6 Abs. 1 lit. c) MarkenRL / § 23 Nr. 3 MarkenG zu prüfen.

Begründen kann man letzteres auf verschiedene Art und Weise. Zum einen kann man von der Schutzschranke her argumentieren: Würde man bei Bestimmungsangaben schon die markenmäßige Benutzung verneinen, hätte die Schutzschranke keinen Anwendungsbereich. Das kann vom Gesetzgeber nicht gewollt gewesen sein. Zum anderen kann man von der typischerweise bei Bestimmungsangaben vorliegenden Interessenlage her argumentieren. Im Ersatzteil-, Zubehör- und Reparaturgeschäft besteht nämlich, darauf wird noch eingegangen werden, eine diffizile Interessenlage. Es ist sowohl mit Missbräuchen seitens der Originalhersteller als auch mit Missbräuchen seitens der Drittanbieter zu rechnen. Die insoweit vorgezeichneten Konflikte werden sich oft nur streng am Einzelfall orientiert lösen lassen. Die im Gesetz vorhandene Schrankenbestimmung mit ihren von der Rechtsprechung entwickelten, spezifischen Kriterien eignet sich hierfür besser als das allgemeine Kriterium des markenmäßigen Gebrauchs[572].

Um die Benutzung für *eigene* Waren/Dienstleistungen bejahen zu können, kann man zunächst eine markenmäßige Benutzung für die Hauptware annehmen und dann mit der Formel des EuGH, der „spezifischen und untrennbaren Beziehung", argumentieren. Eine solche Beziehung könnte nämlich bei allen Bestimmungsangaben gegeben sein[573]. Eine weitere Möglichkeit besteht darin, die Rechtsprechung des EuGH zur vergleichenden Werbung (dazu ausführlich sogleich) zugrundezulegen und eine markenmäßige Benutzung mittelbar auch für die Waren/Dienstleistungen des eigenen Angebots des Verwenders (also z.B. für

570 Pressemitteilung des BGH Nr. 65/2011 vom 19.4.2011.

571 Diesen Weg hat der BGH z.B. in seinem Urteil „*Aluminiumräder*" gewählt (GRUR 2005, 163, 164).

572 Ströbele/*Hacker*, MarkenG, § 14 Rn. 95; ähnlich *Ingerl/Rohnke*, MarkenG, § 14 Rn. 326.

573 *Ingerl/Rohnke*, MarkenG, § 14 Rn. 327.

die angebotenen Zubehör- oder Ersatzteile) anzunehmen[574]. Durch die Benutzung der fremden Marke wird nämlich eine Unterscheidung hinsichtlich des Benutzungszwecks oder einer Produkteigenschaft bezweckt und getroffen.

bb. Vergleichende Werbung

Auch bei der Nennung einer fremden Marke in der vergleichenden Werbung ist die aufgeworfene Frage mit Blick auf die Schutzschranke des § 23 MarkenG relevant.

Die „vorgelagert" umstrittenen Fragen, wann überhaupt eine vergleichende Werbung vorliegt, ob z.B. auch bei nur mittelbarer Bezugnahme und Erkennbarkeit eine vergleichende Werbung vorliegt[575] und ob eine Internetwerbung mit Keywords, die mit Marken von Wettbewerbern identisch sind, als vergleichende Werbung anzusehen sind[576], sollen hier nicht erörtert werden.

Der EuGH hat es bei der Verwendung fremder Marken in der vergleichenden Werbung für die prinzipielle Einordnung als Benutzung für die von dem Werbenden angebotenen Waren/Dienstleistungen mittlerweile genügen lassen, dass eine vergleichende Werbung generell die Unterscheidung der Erzeugnisse und Dienstleistungen des Werbenden von denjenigen seines Mitbewerbers zur Förderung des eigenen Absatzes bezwecke[577]. Deswegen diene die bezugnehmende Nennung der Marke eines Wettbewerbers z.B. in einem Preis- oder Eigenschaftsvergleich zugleich mittelbar der Identifizierung und Unterscheidung der von dem Werbenden selbst angebotenen Waren/Dienstleistungen.

Der BGH hat die Linie des EuGH zwischenzeitlich übernommen[578]. Zuvor hatte er lediglich klargestellt, die namentliche Nennung eines Wettbewerbers in vergleichender Werbung sei als solche wettbewerbsrechtlich grundsätzlich zulässig, da sonst jede vergleichende Werbung unmöglich wäre. Ferner ginge aus der Richtlinie zur vergleichenden Werbung hervor, dass für ein Verbot „über die bloße Nennung der Marke, des Handelsnamens oder sonstiger Unterscheidungs-

---

574 Davon gehen auch *Ingerl/Rohnke*, MarkenG, § 23 Rn. 108 aus.

575 Dazu z.B. *Sack*, GRUR 2008, 201, 203. Er lehnt eine „vergleichende Werbung" ohne Vergleich ab. A.A. der EuGH im Urteil „*O2 und O2(UK)/H3G*" (GRUR 2008, 698, 699 [Tz. 40 ff.]).

576 Ausdrücklich offen gelassen vom EuGH im Urteil „*Google France und Google*" (GRUR 2010, 445, 448 [Tz. 71]).

577 EuGH GRUR 2008, 698 (Tz. 33 ff.) – *O2 und O2(UK)/H3G*; bestätigt in EuGH GRUR 2009, 756 (Tz. 53) – *L'Oréal/Bellure*. *Knaak* spricht insoweit von einer Doppelfunktion (GRUR Int. 2009, 551, 552).

578 Z.B. BGH GRUR 2010, 161 (Tz. 35) – *Gib mal Zeitung*.

zeichen eines Mitbewerbers hinausgehende Unlauterkeitsumstände" hinzutreten müssten[579]. Im ersten markenrechtlichen Fall hatte der BGH eine wahrheitswidrig bezugnehmende Werbeaussage als kennzeichenmäßig (und sittenwidrig i.S.v. § 23 Nr. 2 MarkenG) eingestuft[580]. In der Zuordnung und Gegenüberstellung eigener und fremder Parfums innerhalb bestimmter Duftnotenkategorien sah der BGH indes eine zulässige Benutzung, da es sich um eine innerhalb wettbewerbsrechtlich zulässiger vergleichender Werbung erfolgende Markennennung handele, die nach § 23 Nr. 3 MarkenG ohne das Hinzutreten weiterer Umstände keine Markenverletzung darstelle[581]. Werbeanzeigen eines Herstellers von Aluminiumrädern, in denen ein mit den Aluminiumrädern ausgerüstetes Porsche-Fahrzeug gezeigt wurde, sah der BGH nicht als vergleichende Werbung an. Schließlich würden keine Verkaufsalternativen gegenübergestellt[582]. Markenrechtlich bejahte er das Eingreifen der Schutzschranke des § 23 Nr. 3 MarkenG, nachdem er die übrigen Voraussetzungen einer Markenverletzung ausdrücklich offengelassen hatte[583].

Wie die aktuelle Rechtsprechung zur markenmäßigen Benutzung in der vergleichenden Werbung letztlich zu bewerten ist, muss gesonderten Erörterungen vorbehalten bleiben. Sehr kritisch und durchaus überzeugend äußern sich *Ingerl/Rohnke* in ihrem Kommentar[584]. Gradliniger wäre es in jedem Falle gewesen, wenn der EuGH offen aussprechen würde, dass auch die Verwendung der Marke zur Kennzeichnung der Produkte des Markeninhabers unter Art. 5 Abs. 1 lit. a) MarkenRL / § 14 Abs. 2 Nr. 1 MarkenG fällt[585]. Ob bei angenommener Einordnung als markenmäßige Benutzung eine adäquate Schutzschranke zur Verfügung steht, wird im 12. Kapitel erörtert werden.

b. Verwendung zu rein beschreibenden Zwecken

Eine andere mit Blick auf die Schutzschranke des § 23 MarkenG zu erläuternde Fallgruppe ist die, in der ein fremdes Zeichen (sei es originär beschreibend oder sei es eine fremde Marke – darauf wird im Rahmen der Erörterungen zu § 23

579 BGH GRUR 2002, 828, 830 – *Lottoschein*; GH GRUR 1999, 501, 502 – *Vergleichen Sie*.
580 BGH GRUR 2004, 712 – *PEE-WEE*.
581 BGH GRUR 2004, 607, 612 – *Genealogie der Düfte*.
582 BGH GRUR 2005, 163, 165 – *Aluminiumräder*.
583 BGH GRUR 2005, 163, 164 – *Aluminiumräder*.
584 *Ingerl/Rohnke*, MarkenG, § 14 Rn. 329 f. und 338 f.
585 *Ohly*, GRUR 2010, 776, 778.

Nr. 2 MarkenG noch einzugehen sein[586]) zu rein beschreibenden Zwecken verwendet wird.

Wie in den soeben unter a. erläuterten Fällen wurden in der Rechtsprechung zum WZG Fälle der rein beschreibenden Verwendung über die Verneinung des markenmäßigen Gebrauchs gelöst. War das verwendete Zeichen beschreibenden Inhalts und wurde es derart mit dem Produkt in Verbindung gebracht, dass der Verkehr hierin eine Bezeichnung des Produkts seiner Gattung oder Eigenschaften nach sah, schied eine kennzeichenmäßige Benutzung in aller Regel aus[587]. Dabei sollte ein Verständnis als Herkunftshinweis umso fernliegender sein, je größer dem Verkehr die Notwendigkeit der Freihaltung des Begriffes für den allgemeinen Gebrauch erscheinen musste[588].

Der EuGH klammerte wiederholt und ausdrücklich „bestimmte Arten der Benutzung zu rein beschreibenden Zwecken" aus dem Benutzungsbegriff des Art. 5 Abs. 1 MarkenRL aus[589]. Diese Arten der Benutzung beeinträchtigten keine der Interessen, deren Schutz diese Bestimmung bezwecke. Sie fielen daher nicht unter den Begriff der Benutzung im Sinne dieser Bestimmung. Das heißt, zumindest bei eindeutig beschreibender Verwendung nimmt der EuGH schon keine Benutzung im Sinne jedenfalls der beiden Verletzungstatbestände des Art. 5 Abs. 1 lit. a) und lit. b) MarkenRL an[590]. Als Gegensatz zu einer rein beschreibenden Verwendung wies der EuGH im Urteil „*L'Oréal/Bellure*" die „Verfolgung von Werbezwecken" aus[591], ohne diese näher zu präzisieren.

Auch der BGH geht heute wie früher davon aus, der Gebrauch einer beschreibenden Angabe stelle keine markenmäßige bzw. kennzeichenmäßige Benutzung dar[592]. In dem Urteil „*Metrosex*" beispielsweise verneinte der BGH die markenmäßige Benutzung mit der Begründung, mit dem Zeichen werde lediglich ein neuer Männertyp beschrieben. Dabei reichte es aus, dass das in Rede stehende Zeichen nur von einem Teil des angesprochenen Verkehrs in diesem beschrei-

586 7. Kapitel, II.

587 Z.B. BGH GRUR 1994, 905, 907 – *Schwarzwald-Sprudel*; BGH GRUR 1991, 138, 139 – *Flacon*; BGH GRUR 1990, 274, 275 – *Klettverschluß*; BGH GRUR 1989, 508, 509 – *Campione del Mondo*; BGH GRUR 1985, 41, 43 – *REHAB*.

588 BGH GRUR 1994, 908, 911 – *WIR IM SÜDWESTEN*.

589 EuGH GRUR 2009, 756, 761 (Tz. 61) – *L'Oréal/Bellure*; EuGH GRUR 2002, 692 – *Hölterhoff*.

590 *Ingerl/Rohnke*, MarkenG, § 14 Rn. 154.

591 EuGH GRUR 2009, 756, 761 (Tz. 62) – *L'Oréal/Bellure*.

592 Z.B. BGH GRUR 2009, 502, 505 (Tz. 29) – *pcb*; BGH GRUR 2008, 912, 913 (Tz. 19) – *Metrosex*; BGH GRUR 2004, 775, 778 – *EURO 2000*; BGH GRUR 2002, 814, 815 – *Festspielhaus*; BGH GRUR 2002, 809, 811 – *FRÜHSTÜCKS-DRINK I*; BGH GRUR 2002, 812, 813 – *FRÜHSTÜCKS-DRINK II*.

benden Sinne verstanden wurde[593]. Die Abgrenzung rein beschreibender Verwendung von dem bisher vor allem als Gegensatz angesehenen herkunftshinweisenden Gebrauch kann im Einzelfall aber schwierig sein. Das räumt der BGH selbst ein[594]. Der vom EuGH gebildete Gegensatz „zur Verfolgung von Werbezwecken" erschwert die Abgrenzung zusätzlich. Nicht zuletzt deshalb hat der BGH die Frage der markenmäßigen Benutzung immer wieder offengelassen, wenn „jedenfalls" die Schutzschranke des § 23 Nr. 2 MarkenG eingriff[595].

Vor dem Hintergrund der Anerkennung weiterer Markenfunktion wird sich, wie bereits erwähnt, die Beurteilung der rein beschreibenden Verwendung von Zeichen möglicherweise ändern. Das ist anzunehmen, obwohl der EuGH im Urteil „*L'Oréal/Bellure*" zum Ausdruck brachte, an der „*Hölterhoff*"-Rechtsprechung, nach der gerade bestimmte Arten der Benutzung zu rein beschreibenden Zwecken aus dem Anwendungsbereich des Art. 5 Abs. 1 MarkenRL herausfallen, festhalten zu wollen[596].

Bei der Einordnung der Verwendung zu rein beschreibenden Zwecken sollte die Tatsache, dass mit Art. 6 Abs. 1 lit. b) MarkenRL/ § 23 Nr. 2 MarkenG eine Schutzschranke für beschreibende Angaben zur Verfügung steht, entscheidend sein. Das heißt, der produktbeschreibende Gebrauch sollte nicht schon aus dem Benutzungsbegriff ausgeklammert werden, um so den Weg über die für beschreibende Angaben gerade vorgesehene Schutzschranke offenzuhalten, zumal der EuGH die Schranke auch auf markenmäßigen Gebrauch für anwendbar erklärt hat[597].

c. Verwendung als Unternehmenskennzeichen

Unter Geltung von WZG und § 16 UWG a.F. ging die deutsche Rechtsprechung jahrzehntelang davon aus, dass firmen- und markenmäßige Benutzung ineinan-

593 BGH GRUR 2008, 912, 913 (Tz. 20 f.) – *Metrosex*.

594 BGH GRUR 2005, 581, 582 – *The Colour of Elégance*. Zu den Abgrenzungsfaktoren im Einzelnen z.B. *Ingerl/Rohnke*, MarkenG, § 14 Rn. 158 ff.

595 Z.B. BGH GRUR 2009, 1162, 1163 (Tz. 26) – *DAX*: Es handelte sich um einen Fall der „Markennennung", der nach der Ansicht des BGH von § 23 Nr. 2 MarkenG erfasst wird (dazu ausführlich 7. Kapitel, II.2.); BGH GRUR 2008, 798, 799 (Tz. 15) – *POST I*; BGH, Urteil vom 5.6.2008, Az.: I ZR 105/08 – *CITY POST* (BeckRS 2008, 13487; Tz. 17): Der BGH ließ die Frage des Vorliegens von Verwechslungsgefahr offen; auf die Frage der markenmäßigen Benutzung ging er nicht ein. Er schien sie selbstverständlich zu bejahen.

596 EuGH GRUR 2009, 756, 761 (Tz. 61) – *L'Oréal/Bellure*.

597 Dazu 7. Kapitel, I.2.

der übergehen[598]. Nach dieser Rechtsprechung konnte eine Marke dadurch verletzt werden, dass ein Dritter, der ähnliche Waren oder Dienstleistungen anbot, sie als Bezeichnung seines Unternehmens verwendete, ebenso wie umgekehrt eine Unternehmensbezeichnung dadurch verletzt werden konnte, dass sie von einem Dritten als Produktkennzeichnung verwendet wurde. Dieser Rechtsprechung lag die Erwägung zugrunde, dass eine Produktbezeichnung häufig auch das Unternehmen bezeichnet und umgekehrt das Unternehmenskennzeichen zumindest mittelbar auch die Herkunft der aus dem Betrieb stammenden Waren[599]. Ferner wurde zur Begründung stets die allen Kennzeichenrechten gemeinsame Herkunftsfunktion genannt.

Unter Geltung des MarkenG hielt der BGH an dieser Rechtsprechung lange Zeit fest[600]. Gleichsam der Boden entzogen wurde ihr durch die drei Urteile des EuGH „*Robeco/Robelco*“, „*Anheuser-Busch/Budvar*“ und „*Céline*“[601]. Der EuGH nahm an, die Verwendung eines Zeichens ausschließlich als Unternehmenskennzeichen stelle keine markenverletzende Benutzungshandlung dar. Ausgangspunkt für die Betrachtungsweise des EuGH ist das Erfordernis einer Benutzung „für Waren oder Dienstleistungen“. Eine Gesellschaftsbezeichnung, ein Handelsname oder ein Firmenzeichen sollen nach dem EuGH für sich genommen nicht den Zweck haben, Waren oder Dienstleistungen zu unterscheiden. Eine Gesellschaftsbezeichnung solle nämlich eine Gesellschaft näher bestimmen, ein Handelsname oder ein Firmenzeichen ein Geschäft. Werde eine Gesellschaftsbezeichnung, ein Handelsname oder ein Firmenzeichen nur für die nähere Bestimmung einer Gesellschaft oder die Bezeichnung eines Geschäfts benutzt, könne diese Benutzung daher nicht als eine solche „für Waren oder Dienstleistungen“ angesehen werden[602].

In der deutschen Literatur lösten die Entscheidungen kontroverse und kritische Betrachtungen aus[603]. Der BGH hielt in Reaktion auf das erste der Urteile, „*Robeco/Robelco*“, in dem Urteil „*Leysieffer*“ an der Aussage fest, dass firmen- und

598 Z.B. RGZ 100, 266, 267 – *Salem Aleikum*; BGH GRUR 1975, 257 – *Buddelei*; BGH GRUR 1977, 789, 790 – *Tina Spezialversand I*; BGH GRUR 1983, 764, 765 – *Haller II*; BGH GRUR 1984, 354, 356 – *Tina Spezialversand II*.

599 So zusammengefasst in BGH GRUR 2004, 512, 514 – *Leysieffer*.

600 Z.B. BGH GRUR 2002, 972 – *FROMMIA*; BGH GRUR 2000, 967, 969 f. – *Hotel Adlon*.

601 EuGH GRUR 2003, 143 – *Robeco/Robelco*; EuGH GRUR 2005, 153 – *Anheuser-Busch/Budvar*; EuGH GRUR 2007, 971 – *Céline*.

602 EuGH GRUR 2007, 971, 972 (Tz. 21) – *Céline*.

603 Z.B. *Büscher*, MarkenR 2007, 453; *Lange*, MarkenR 2007, 457; *Kur*, GRUR Int. 2008, 1, 3; *Fezer*, Festschrift für Ullmann, S. 187, 201 ff.; *Knaak*, Festschrift für von Mühlendahl, S. 83, 91 ff.; *Rohnke*, Festschrift für Ullmann, S. 359 ff.; *Büscher*, Festschrift für Ullmann, S. 129 ff.

markenmäßige Benutzung regelmäßig ineinander übergehen. Er führte aus, die in der „*Robeco/Robelco*“-Entscheidung des EuGH zur Unterscheidung von firmen- und markenmäßigem Gebrauch angestellten Erwägungen beträfen allein die Reichweite der Markenrechtsrichtlinie und besagten nichts darüber, ob das nationale Markenrecht den Schutzumfang einer Marke auch auf andere Verwendungen als den markenmäßigen Gebrauch erstrecken könne. Schon gar nicht sagten diese Erwägungen etwas über den Schutzumfang von Unternehmenskennzeichen, die als ältere Rechte einer Marke entgegengehalten werden könnten[604]. Nach dem dritten Urteil des EuGH, „*Céline*“, sah sich der BGH jedoch gezwungen, die Vorgaben des EuGH zu übernehmen[605]. Gleichzeitig betonte er in seinem Urteil „*Peek & Cloppenburg II*“, dass die Vorgaben des EuGH nur „in die eine Richtung“ gelten, d.h. nur der rein firmenmäßige Gebrauch keine markenmäßige Benutzung i.S.v. Art. 5 Abs. 1 MarkenRL / § 14 Abs. 2 MarkenG darstellt, nicht aber der markenmäßige nicht auch einen kennzeichenmäßigen i.S.v. § 15 Abs. 2 MarkenG. Der BGH führt in Leitsatz 3 des Urteils nämlich aus, der Schutz des Unternehmenskennzeichens setze nicht voraus, dass die kollidierende Bezeichnung firmenmäßig benutzt werde. Eine Verwendung als Produktkennzeichnung könne für eine rechtsverletzende Benutzung i.S.v. § 15 Abs. 2 MarkenG genügen[606].

Der EuGH hatte seine Rechtsprechung aus dem Urteil „*Robeco/Robelco*“ mit den beiden späteren Urteilen präzisiert und in ihren Wirkungen abgeschwächt. Die „Privilegierung“ von Unternehmenskennzeichen gegenüber dem harmonisierten Markenschutz reicht dadurch nicht so weit, wie anfangs anzunehmen war. Die Verwendung eines Unternehmenskennzeichens stellt nach dem EuGH nämlich immer dann doch eine Benutzung „für Waren oder Dienstleistungen“ i.S.v. Art. 5 Abs. 1 MarkenRL / § 14 Abs. 2 MarkenG dar, wenn das Unternehmenskennzeichen neben seiner Funktion als Unternehmenskennzeichen vom Verkehr auch als produktbezogener Herkunftshinweis verstanden werden kann. Ein solches Verständnis kommt dabei nicht nur in Betracht, wenn das Unternehmenskennzeichen auf den vertriebenen Waren selbst oder deren Verpackung angebracht wird, sondern auch ohne eine solche körperliche Fixierung generell dann, wenn das Zeichen in der Weise benutzt wird, dass eine „Verbindung“ zwi-

---

604 BGH GRUR 2004, 512, 514 – *Leysieffer*.

605 Beginnend mit BGH GRUR 2008, 254, 255 f. (Tz. 22) – *THE HOME STORE* (für Gemeinschaftsmarken) über BGH GRUR 2008, 1002, 1003 (Tz. 22) – *Schuhpark* (für deutsche Marken); nachfolgend BGH GRUR 2009, 772, 775 (Tz. 48) – *Augsburger Puppenkiste*; auch die Instanzgerichte ziehen nach, z.B. OLG Frankfurt MMR 2009, 401 – *Verwendung im Blog*; OLG Hamm NJOZ 2010, 1558 – *Brillenmode und Hörakustik*.

606 BGH GRUR 2011, 623 (Leitsatz 3) – *Peek & Cloppenburg II*, wiederholt in Tz. 44 des Urteils.

schen dem Unternehmenskennzeichen und den von dem Dritten vertriebenen Waren oder Dienstleistungen hergestellt wird[607]. Die „Verbindung" kann dabei bereits durch Verwendung (nur) in einem Katalog, einem Internetauftritt oder auf Werbeflyern geschaffen werden[608], erst recht in produktbezogener Werbung z.B. mit Produktabbildungen[609]. Sie kann auch durch die Anbringung des Zeichens auf Geschäftsbriefen, Prospekten und Werbedrucksachen sowie am Geschäftslokal – als Ladenschild – erfolgen. Gerade das Ladenschild ist bei Dienstleistungsmarken die typische Benutzungsform, da der Verkehr erkennt, dass mit einer Bezeichnung wie z.B. „L Brillenmode & Hörakustik" auf dem Ladenschild nicht nur der Geschäftsbetrieb benannt, sondern auch auf die im Betrieb angebotenen Dienstleistungen Bezug genommen wird[610].

Als rein firmenmäßig angesehen wurde beispielsweise die Verwendung des Firmennamens einer zur Verbreitung von Informationen über eine neue Technologie gegründeten Gesellschaft auf der eigenen Homepage, auf der nur die Technologie beschrieben wird[611], ferner die Verwendung als auf das Unternehmen bezogener „Claim" in nicht produktbezogener Unternehmens-Imagewerbung, in der die Leistungsfähigkeit ohne jeder Bezugnahme auf bestimmte konkrete Produktangebote im Verkehr kommuniziert wurde[612].

Diese insgesamt als weit zu beurteilende Bestimmung der notwendigen „Verbindung" führt letztlich dazu, dass die Ausnahme zur Regel wird, nachdem die meisten Unternehmenskennzeichen in dieser Weise gebraucht werden[613]. Das heißt, bei dieser engen Auslegung des „rein firmenmäßigen Gebrauchs" werden im Regelfall die gleichen Ergebnisse erzielt werden wie unter der alten Rechtsprechung; anders wäre es, wenn der rein firmenmäßige Gebrauch weit ausgelegt würde.

Trotzdem erheben vor allem *Ingerl/Rohnke* vehement Kritik an der Rechtsprechung des EuGH[614]. Die Ausklammerung der Verwendung nur als Unter-

607 EuGH GRUR 2007, 971, 972 (Tz. 23) – *Céline*; BGH GRUR 2008, 254, 256 (Tz. 23) – *THE HOME STORE.*

608 BGH GRUR 2008, 254, 256 (Tz. 23) – *THE HOME STORE*; BGH GRUR 2009, 1055, 1059 (Tz. 59) – *airdsl*; BGH GRUR 2009, 772, 775 (Tz. 48) – *Augsburger Puppenkiste.*

609 *Ingerl/Rohnke*, MarkenG, § 14 Rn. 121.

610 OLG Hamm NJOZ 2010, 1558, 1559 – *Brillenmode & Hörakustik.*

611 OLG Hamburg NJOZ 2007, 5765, 5774 – *Metro Ethernet.*

612 OLG Hamburg GRUR-RR 2009, 302 – *Answer for Life.*

613 *Ingerl/Rohnke*, MarkenG, § 14 Rn. 119.

614 *Ingerl/Rohnke*, MarkenG, § 14 Rn. 104 und 122 ff. Auch *Sack* sieht die Rechtsprechung kritisch und schlägt vor, entweder den Wortlaut von Art. 5 Abs. 1 lit. b) MarkenRL und Art. 5 Abs. 2 MarkenRL dahingehend zu ändern, dass auch die unbe-

nehmenskennzeichen aus dem Begriff der Benutzung „für Waren und Dienstleistungen" verbiete sich schon wegen des häufigen Zusammentreffens von marken- und firmenmäßiger Verwendung. In der Praxis sei eine verlässliche Unterscheidung oft unmöglich, und der Durchschnittsverbraucher mache sich darüber keine weiteren Gedanken. Dadurch, dass die Fälle der firmenmäßigen Benutzung aus dem harmonisierten Bereich herausfielen, sei wohl auf die „Notnägel" des Wettbewerbsrechts und § 823 Abs. 1 BGB zurückzugreifen. Das stelle einen unerträglichen Rückschritt gegenüber der umfassenden Regelung der Kennzeichenverletzung im reformierten Markenrecht dar. Stattdessen sollte in die Regelung des § 14 Abs. 2 bis 3 MarkenG ein Benutzungsbegriff im weiteren Sinne hineininterpretiert werden, der nur partiell gemeinschaftsrechtlich determiniert ist, um den auch vom EuGH im Rahmen des Art. 5 Abs. 5 MarkenRL, also wenigstens bei unlauterer Ausnutzung oder Beeinträchtigung der Wertschätzung oder Unterscheidungskraft der Marke, zugelassenen Schutz gegen Unternehmenskennzeichen im Sinne der alten deutschen Rechtsprechung aufrechtzuerhalten[615].

Dieser Argumentation ist zwar weitestgehend zuzustimmen, gleichwohl lohnt der Argumentationsaufwand kaum, da – wie dargestellt – die Praxis nicht zur Realisierung der den Ausführungen zugrunde liegenden Befürchtungen führt. Denn wenn ein rein firmenmäßiger Gebrauch, der aus dem harmonisierten Bereich herausführt, über das Merkmal der Verbindung in nur sehr wenigen Fällen angenommen wird, muss kaum auf die „Notnägel" zurückgegriffen werden. Der befürchtete unerträgliche Rückschritt bleibt aus. Zudem ist die etwaige Schutzlücke auch deswegen nicht so groß, da sie im Bereich des Schutzes bekannter Marken ohne Weiteres durch § 14 Abs. 2 Nr. 3 MarkenG geschlossen werden kann[616].

III. Die rechtsverletzende Benutzung von Unternehmenskennzeichen und Werktiteln im Rahmen von § 15 Abs. 2 und Abs. 3 MarkenG

Vorbehaltlich der weiteren Voraussetzungen der § 15 Abs. 2 und Abs. 3 MarkenG, auf die hier nicht eingegangen werden soll, untersagen beide Verletzungs-

---

fugte Benutzung geschützter Marken als Unternehmenskennzeichen erfasst werden oder in einer Legaldefinition oder in den Erwägungsgründen eine Klarstellung vorzunehmen (WRP 2010, 1000, 1004).

615 *Ingerl/Rohnke*, MarkenG, § 14 Rn. 124.

616 *Büscher*/Dittmer/Schiwy, GewRS, Teil 1, Kap. 3, § 14 MarkenG Rn. 143; *Büscher*, Festschrift für Ullmann, S. 129, 151.

tatbestände des § 15 MarkenG dem Dritten, die geschäftliche Bezeichnung oder ein ähnliches Zeichen „zu benutzen“.

Nach herrschender Rechtsprechung setzt der Schutz des Unternehmenskennzeichens nach §§ 15 Abs. 2, 5 Abs. 2 MarkenG eine kennzeichenmäßige Verwendung der kollidierenden Bezeichnung voraus[617], und zwar unter Einbeziehung des markenmäßigen Gebrauchs für Waren oder Dienstleistungen. So formulierte der BGH etwa in dem Urteil „*ahd.de*“[618], in der Benutzung eines Domainnamens im geschäftlichen Verkehr könne eine kennzeichenmäßige Verwendung liegen, wenn der Verkehr darin keine bloße Adressbezeichnung, sondern einen Hinweis auf das Unternehmen oder auf die betriebliche Herkunft von Waren oder Dienstleistungen aus einem bestimmten Unternehmen sehe[619]. Diese Formulierung lässt erkennen, dass der BGH davon ausgeht, dass eine markenmäßige Verwendung auch einbezogen ist[620]. Die insoweit differenzierende Rechtsprechung des EuGH zu den eingetragenen Marken ändert daran nichts. Das hat der BGH, wie ausgeführt, in seinem Urteil „*Peek & Cloppenburg II*“[621] ausdrücklich festgestellt.

Die titelmäßige Verwendung eines Zeichens genügt regelmäßig nicht[622], da der Titel grundsätzlich keinen betrieblichen Herkunftshinweis enthält. Soweit das im Einzelfall doch der Fall ist, wie insbesondere bei bekannten Zeitungs- und Zeitschriftentiteln, kann aber auch ein titelmäßiger Gebrauch den Tatbestand des § 15 Abs. 2 MarkenG erfüllen[623].

Beim erweiterten Schutz bekannter Unternehmenskennzeichen tritt wie bei bekannten Marken an die Stelle der Verwechslungsgefahr das Erfordernis der gedanklichen Verknüpfung[624]. Dafür ist ein geringerer Grad der Zeichenähnlichkeit ausreichend als für die Begründung der Verwechslungsgefahr, bei Zeichen-

617 BGH GRUR 2009, 685, 687 (Tz. 20) – *ahd.de*; BGH GRUR 2009, 500, 501 (Tz. 13) – *Beta Layout*; BGH GRUR 2007, 65, 66 (Tz. 15) – *Impuls*; BGH GRUR 2005, 419, 422 – *Räucherkate*.

618 BGH GRUR 2009, 685 – *ahd.de*.

619 BGH GRUR 2009, 685, 687 (Tz. 20) – *ahd.de*.

620 Das ist auch den Urteilen „*Impuls*“ (GRUR 2007, 65 [Tz. 15 und 17]), „*Seicom*“ (BGH GRUR 2005, 871, 872) sowie „*Leysieffer*“ (GRUR 2004, 512, 513 f.) zu entnehmen.

621 BGH GRUR 2011, 623 – *Peek & Cloppenburg II*.

622 BGH GRUR 1994, 908, 910 – *WIR IM SÜDWESTEN*; Ströbele/*Hacker*, MarkenG, § 15 Rn. 18; *Büscher*/Dittmer/Schiwy, GewRS, Teil 1, Kap. 3, § 15 MarkenG Rn. 43: „nur ausnahmsweise möglich“.

623 Ströbele/*Hacker*, MarkenG, § 15 Rn. 18.

624 *Ingerl/Rohnke*, MarkenG, § 15 Rn. 123. Nur terminologisch abweichend BGH GRUR 2009, 484, 489 (Tz. 52) – *METROBUS*, wonach der Verkehr durch das angegriffene Zeichen an das ältere „erinnert werden“ muss.

unähnlichkeit scheidet aber auch die Anwendung von § 15 Abs. 3 MarkenG aus[625].

Nach der erläuterten Ausweitung des Tatbestands der identischen Verletzung von Marken durch den EuGH auf die Beeinträchtigung auch anderer Markenfunktionen als der Herkunftsfunktion stellt sich angesichts der häufig parallelen Verwendung und damit gegebenenfalls auch der parallelen Benutzung von Marken und Unternehmensnamen durch Dritte die bislang ungeklärte und auch hier offen zu lassende Frage, ob auch der nicht harmonisierte Schutz von Unternehmenskennzeichen auf die Beeinträchtigung anderer Kennzeichenfunktionen zu erstrecken ist. Dagegen spricht jedenfalls die Struktur des § 15 Abs. 2 MarkenG, der anders als § 14 Abs. 2 Nr. 1 MarkenG in allen Fällen „Verwechslungsgefahr" voraussetzt[626].

Für den titelschutzrechtlichen Begriff der Benutzung gelten seit jeher eigene, den Besonderheiten dieser Kennzeichenart Rechnung tragende Regeln. Auf sie soll hier nicht näher eingegangen werden. Bekannte Werktitel sind ebenso wie bekannte Marken und bekannte Unternehmenskennzeichen gegen eine rechtsverletzende Benutzung durch gedankliche Verknüpfung geschützt[627].

---

625 BGH GRUR 2009, 772, 778 (Tz. 76 unter Hinweis auf Tz. 71) – *Augsburger Puppenkiste*.

626 *Ingerl/Rohnke*, MarkenG, § 15 Rn. 41; Ströbele/*Hacker*, § 15 Rn. 32.

627 *Büscher*/Dittmer/Schiwy, GewRS, Teil 1, Kap. 3, § 15 MarkenG Rn. 49; *Ingerl/Rohnke*, MarkenG, § 15 Rn. 132.

5. Kapitel:

Die für alle Tatbestände des § 23 MarkenG geltenden Tatbestandsmerkmale und Allgemeines zum Unlauterkeitsvorbehalt

I. Der Inhaber einer Marke oder geschäftlichen Bezeichnung und der Dritte

§ 23 MarkenG beschränkt das Recht des Inhabers einer Marke oder geschäftlichen Bezeichnung. Unter Marken fallen, unabhängig von ihrer Entstehung, alle Marken i.S.d. § 4 Nr. 1 bis 3 MarkenG, nämlich eingetragene Marken (Registermarken), benutzte Marken mit Verkehrsgeltung (Benutzungsmarken) und notorisch bekannte Marken (Notoritätsmarken). Geschäftliche Bezeichnungen sind gemäß § 5 Abs. 1 MarkenG Unternehmenskennzeichen und Werktitel.

Inhaber des Kennzeichenrechts ist, wie in den Verletzungstatbeständen der §§ 14 und 15 MarkenG, stets der materiellrechtliche Inhaber. Zu hinterfragen ist in diesem Zusammenhang, ob ein Lizenznehmer als „Inhaber" einer Marke oder geschäftlichen Bezeichnung im Sinne von § 23 MarkenG anzusehen ist. Nach § 30 Abs. 3 MarkenG ist der Marken-Lizenznehmer bei Zustimmung des Markeninhabers zur Geltendmachung der Ansprüche des Inhabers der Marke im eigenen Namen befugt, und zwar unabhängig davon, ob ihm eine einfache oder eine ausschließliche Lizenz erteilt ist. Die Zustimmung enthält auch eine „Bevollmächtigung" des Lizenznehmers zur Geltendmachung[628]. Die eigene Klagebefugnis des Markeninhabers soll nach der Rechtsprechung[629] hiervon unberührt bleiben, d.h. Markeninhaber und Lizenznehmer können gleichzeitig nebeneinander klagen[630].

Mit Lizenzeinräumung und nach erteilter Zustimmung wird der Marken-Lizenznehmer aber nicht „Inhaber" der Marke, was nach dem Wortlaut von § 23 MarkenG und auch von § 14 MarkenG aber Voraussetzung ist. In beiden genannten Vorschriften ist nicht etwa vom „Verletzten" oder dem „aus der Marke

628 OLG Köln WRP 2009, 1290, 1294 – *ACUA CLEAN KOI*; *Ingerl/Rohnke*, MarkenG, Vor §§ 14-19d Rn. 14.

629 BGH GRUR 2005, 427, 429 – *Lila Postkarte*; BGH GRUR 2001, 448, 450 – *Kontrollnummernbeseitigung II*; BGH GRUR 1999, 161, 163 – *MAC DOG*.

630 Für die Aufgabe dieser Rechtsprechung sprechen sich *Ingerl/Rohnke* aus (MarkenG, Vor §§ 14-19d Rn. 14).

Berechtigten" die Rede[631]. Gleichwohl wäre es höchst formalistisch, eine Änderung des Wortlauts der §§ 14 und 23 MarkenG dahingehend zu fordern, dass der „Inhaber" durch den „Verletzten" oder den „aus der Marke Berechtigten" ersetzt würde. In jedem Falle muss der „Inhaber" in §§ 14 und 23 MarkenG einheitlich ausgelegt werden.

Auf die umstrittene Frage, ob dem (ausschließlichen) Lizenznehmer entgegen der Rechtsprechung des BGH[632] wie etwa bei anderen Schutzrechten[633] eigene Verletzungsansprüche zustehen sollten, kann hier nicht näher eingegangen werden[634]. Wenn man eine Änderung der Rechtsprechung annähme, der (ausschließliche) Marken-Lizenznehmer also Verletzungsansprüche aus eigenem Recht gegen Dritte geltend machen könnte, müsste der Dritte sich in jedem Fall auch ihm gegenüber auf § 23 MarkenG berufen können.

Für Unternehmenskennzeichen und Werktitel enthält das MarkenG keine dem § 30 Abs. 3 und 4 MarkenG vergleichbaren Regelungen. Bei Zugrundelegung der Rechtsprechung des BGH zum Nicht-Bestehen eigener Rechte eines Marken-Lizenznehmers ist davon auszugehen, dass Lizenznehmer von geschäftlichen Bezeichnungen stets einer Ermächtigung zur Klage in gewillkürter Prozessstandschaft bedürfen bzw. die Ansprüche abgetreten werden müssen[635].

„Dritter" im Sinne des § 23 MarkenG kann – wie auch bei den §§ 14 und 15 MarkenG – jede nicht mit dem Markeninhaber identische Person sein, einschließlich des Lizenznehmers einer Marke und gesellschaftsrechtlich oder konzernmäßig verbundener Unternehmen[636].

---

631 § 97 UrhG und § 139 Abs. 1 und Abs. 2 PatG sprechen hingegen von dem „Verletzten". In diesen Bestimmungen ist die Einbeziehung des Lizenznehmers ohne weiteres möglich.

632 Grundlegend BGH GRUR 2007, 877, 880 (Tz. 32) – *Windsor Estate* (zum Schadensersatzanspruch); nachfolgend BGH GRUR 2008, 614, 615 (Tz. 14) – *ACERBON* sowie zur Gemeinschaftsmarke BGH GRUR 2008, 254, 258 (Tz. 46) – *THE HOME STORE.*

633 Vgl. zum PatG: BGH GRUR 2008, 896, 899 (Tz. 35) – *Tintenpatrone*; zum UrhG: Dreier/*Schulze*, UrhG, § 97 Rn. 19 m.w.N.

634 Verwiesen sei auf *Ingerl/Rohnke*, MarkenG, Vor §§ 14-19d Rn. 14; *Steinbeck*, GRUR 2008, 110 ff.

635 *Ingerl/Rohnke*, MarkenG, Vor §§ 14-19d Rn. 16.

636 *Ingerl/Rohnke*, MarkenG, § 14 Rn. 34.

II. Handeln im geschäftlichen Verkehr

Das in § 23 MarkenG enthaltene Tatbestandsmerkmal des Handelns im geschäftlichen Verkehr hat angesichts der Tatsache, dass der Kennzeichenschutz nach dem MarkenG generell[637] nur gegenüber im geschäftlichen Verkehr vorgenommenen Handlungen besteht[638] und eine solche, um überhaupt zur Schrankenbestimmung zu gelangen, bereits im Rahmen des Verletzungstatbestands (§§ 14, 15 MarkenG) bejaht wurde, keine eigenständige Bedeutung[639].

III. Allgemeines zum Unlauterkeitsvorbehalt

Für alle Tatbestände des § 23 MarkenG gilt schließlich, dass die Benutzung des Zeichens nur zulässig ist, sofern die Benutzung „nicht gegen die guten Sitten verstößt" (§ 23 a.E. MarkenG). Trotz Geltung für alle Tatbestände ist dieser sogenannte Unlauterkeitsvorbehalt – von *von Hellfeld* auch als Unlauterkeitsschranke bezeichnet[640] – je nach dem Zweck des jeweiligen Freistellungstatbestandes tatbestandsspezifisch auszulegen. Aus diesem Grunde werden an dieser Stelle der Untersuchung lediglich einige allgemeine Erörterungen vorgenommen; ansonsten wird auf die jeweiligen Abschnitte im Rahmen der Erörterungen der einzelnen Tatbestände des § 23 MarkenG verwiesen.

1. Die „guten Sitten"

Der Unlauterkeitsvorbehalt in § 23 MarkenG wird bestimmt von dem Begriff der „guten Sitten". Der Begriff der guten Sitten fand sich zum Zeitpunkt des Erlasses des MarkenG, wie erwähnt, an exponierter Stelle in der wettbewerbsrechtlichen Generalklausel des § 1 UWG a.F.

Der Begriff der guten Sitten in § 23 a.E. MarkenG ist nach der ständigen Rechtsprechung des BGH richtlinienkonform auszulegen. Der BGH stellte wiederholt

---

637 Einzige Ausnahme ist der nicht auf den geschäftlichen Verkehr abstellende § 16 MarkenG zur Markennennung in Nachlagewerken.

638 Die DurchsetzungsRL (RL 2004/48/EG des Europäischen Parlaments und des Rates vom 29.4.2004, ABl. L 195, S. 16 ff.) hat daran nichts geändert: Aus den insoweit missverständlichen Erwägungsgründen kann angesichts des klaren Wortlauts der RL selbst (Art. 2 Abs. 3 lit. a), nach dem die gemeinschaftlichen Bestimmungen zum materiellen Recht auf dem Gebiet des geistigen Eigentums unberührt bleiben) keine Änderung gefolgert werden, vgl. ausführlich Ströbele/*Hacker*, MarkenG, § 14 Rn. 35.

639 HK-MarkenR/*von Hellfeld*, § 23 MarkenG Rn. 21.

640 HK-MarkenR/*von Hellfeld*, § 23 MarkenG Rn. 14 f.

die inhaltliche Übereinstimmung mit der Richtlinie trotz der sprachlichen Differenz fest[641]. Er nimmt eine richtlinienkonforme Auslegung unabhängig davon vor, ob es um die Verletzung einer (dem harmonisierten Bereich unterfallenden) eingetragenen Marke oder um die Verletzung eines (nicht in den harmonisierten Bereich fallenden) Unternehmenskennzeichens geht[642].

Nach dem EuGH entspricht das Tatbestandsmerkmal der den anständigen Gepflogenheiten in Gewerbe oder Handel entsprechenden Benutzung der Sache nach der Pflicht, den berechtigten Interessen des Markeninhabers nicht in unlauterer Weise zuwiderzuhandeln[643]. In der neueren Entscheidung „*Portakabin /Primakabin*" führte der EuGH zusätzlich aus, die Bedingung, dass die Benutzung den anständigen Gepflogenheiten in Gewerbe oder Handel entsprechen muss, sei Ausdruck einer „Loyalitätspflicht" im Hinblick auf die berechtigten Interessen des Markeninhabers[644].

Tatbestandübergreifende Fallgruppen wurden in der Rechtsprechung (bislang) nicht entwickelt. Aufgrund der Verschiedenartigkeit der Tatbestände und aufgrund des generalklauselartigen Charakters des Unlauterkeitsvorbehalts ist das naturgemäß auch kaum möglich. Es finden sich allenfalls Ansätze zur Bildung von „Negativ-Fallgruppen"[645], in denen von einem Verstoß gegen die guten Sitten auszugehen sein dürfte. Mittlerweile feststehen dürfte indes, dass der EuGH – erstaunlicherweise – ein subjektives Verantwortlichkeitselement als einen relevanten Umstand in die Gesamtwürdigung einbeziehen möchte. So hat er sowohl in Urteilen zu Art. 6 Abs. 1 lit. a) MarkenRL als auch in solchen zu Art. 6 Abs. 1 lit. b) und lit. c) MarkenRL als einen zu berücksichtigenden Umstand genannt, inwieweit sich der Dritte hätte bewusst sein müssen, dass die Verwendung der Marke oder des Handelsnamens zumindest von einem erheblichen Teil der beteiligten Verkehrskreise als Hinweis auf eine Verbindung zwischen den

---

641 Z.B. BGH GRUR 2009, 1162, 1163 (Tz. 27) – *DAX*; BGH GRUR 2008, 798, 799 (Tz. 17) – *POST I*.

642 BGH GRUR 1999, 992, 995 – *BIG PACK*.

643 St. Rspr. seit EuGH GRUR Int. 1999, 438, 442 (Tz. 61) – *BMW*; nachfolgend EuGH GRUR 2007, 971, 973 (Tz. 33) – *Céline;* EuGH GRUR 2005, 509, 512 (Tz. 41) – *Gillette*; EuGH GRUR 2005, 153, 157 (Tz. 82) – *Anheuser-Busch/Budvar*; dem EuGH folgend BGH GRUR 2009, 1162, 1164 f. (Tz. 29 und 62) – *DAX*; BGH GRUR 2009, 678, 680 (Tz. 22) – *POST/RegioPost*; BGH GRUR 2008, 798, 799 (Tz. 21) – *POST I*.

644 EuGH GRUR 2010, 841, 845 (Tz. 67) – *Portakabin/Primakabin*.

645 Z.B. EuGH GRUR 2005, 509, 512 (Tz. 42 ff.) – *Gillette*, zu Art. 6 Abs. 1 lit. c) MarkenRL.

Waren oder Dienstleistungen des Dritten und dem Markeninhaber oder einer zur Benutzung der Marke befugten Person aufgefasst wird[646].

2. Unlauterkeit als Rechtsfrage, Vornahme einer Gesamtwürdigung

Die Frage nach der Unlauterkeit in § 23 a.E. MarkenG ist keine Tatsachen-, sondern eine Rechtsfrage[647]. Ihre Beantwortung erfordert aber in tatsächlicher Hinsicht eine Gesamtwürdigung aller relevanten Umstände des Einzelfalls[648]. Dabei ist es – wie der EuGH immer wieder betont – Sache der nationalen Gerichte, die Gesamtwürdigung vorzunehmen[649].

Welche Umstände in die Gesamtwürdigung einzustellen und mit welchem Gewicht sie zu berücksichtigen sind, ist von Fall zu Fall und vor allem von Tatbestand zu Tatbestand innerhalb des § 23 MarkenG verschieden. Die Rechtsprechung betrachtet immer den jeweiligen Einzelfall, sammelt die jeweiligen Umstände des Einzelfalls und bezieht bisweilen Erwägungen ein, die als rein wettbewerbspolitisch erachtet werden könnten und deren Einbeziehung jedenfalls kritisch zu hinterfragen ist. So hat der BGH in den zahlreichen „POST-Entscheidungen" besondere Regeln aufgestellt für neu auf bisher (staatlich vorgegebene) Monopolmärkte tretende Unternehmen, die im Rahmen der Erörterung des § 23 Nr. 2 MarkenG kritisch betrachtet werden sollen[650].

Folgendes steht für die Prüfung des Unlauterkeitsvorbehalts allerdings fest: Weder die kennzeichenverletzende Benutzung als solche noch die Tatsache, dass Identität oder Verwechslungsgefahr besteht, also das Vorliegen der Tatbestandsvoraussetzungen eines Verletzungstatbestands, können der im Rahmen des Unlauterkeitsvorbehalts entscheidende Umstand sein. Sie können einbezogen werden, dürfen aber nicht den Ausschlag für die Annahme der Unlauterkeit

646 EuGH GRUR 2010, 841, 845 (Tz. 67) – *Portakabin/Primakabin*; EuGH GRUR 2007, 971, 973 (Tz. 34) – *Céline*; EuGH GRUR 2005, 153, 157 (Tz. 83) – *Anheuser-Busch/Budvar*.

647 Z.B. BGH GRUR 2005, 423, 426 – *Staubsaugerfiltertüten*. Aus diesem Grund hat der Senat nicht an das Berufungsgericht zurückverwiesen, sondern die Frage, ob ein Verstoß gegen die guten Sitten vorliegt, selbst beantwortet.

648 St. Rspr. seit EuGH GRUR 2004, 234, 235 (Tz. 26) – *Gerolsteiner/Putsch*; EuGH GRUR 2007, 971, 973 (Tz. 35) – *Céline*; EuGH GRUR 2005, 153, 157 (Tz. 80) – *Anheuser-Busch/Budvar*; ebenso der BGH, z.B. BGH GRUR 2009 1162, 1164 (Tz. 29) – *DAX*.

649 EuGH GRUR 2010, 841, 845 (Tz. 71) – *Portakabin/Primakabin*; EuGH GRUR 2005, 509, 513 (Tz. 52) – *Gillette*; EuGH GRUR 2004, 234, 235 (Tz. 26 f.) – *Gerolsteiner/Putsch*.

650 Vgl. 7. Kapitel, III.3.

geben, allein deswegen, weil die Schutzschranke des § 23 MarkenG sonst leer liefe. Nicht zuletzt aus diesem Grunde hat der BGH bisweilen betont, die Unlauterkeit sei „nach eigenen Kriterien" zu beurteilen[651].

3. Enge Auslegung oder allgemeine Güter- und Interessenabwägung?

In der Kommentarliteratur besteht Streit darüber, ob der Unlauterkeitsvorbehalt in § 23 a.E. MarkenG Raum gibt für eine allgemeine Güter- und Interessenabwägung oder ob er als eine im verfassungsrechtlichen Sinne Schranken-Schranke[652] eng auszulegen ist[653].

Pragmatisch geht die Rechtsprechung mit dieser Frage um. Sie legt sich, soweit ersichtlich, bezüglich der umstrittenen, eher theoretischen Grundsatzfrage nicht ausdrücklich fest: Dem Urteil *„Staubsaugerfiltertüten"*[654] könnte entnommen werden, dass der BGH zu einer engen Auslegung tendiert. In dem Urteil stellte er erhöhte Anforderungen an den Nachweis einer einen Verstoß gegen die guten Sitten begründenden Täuschungsgefahr und führte unter anderem aus, wenn eine fremde Marke als Hinweis auf die Bestimmung der eigenen Ware verwendet werde, insbesondere zu beachten sei, inwieweit das Verständnis der befragten Personen durch die (an sich erlaubte) Verwendung als notwendige Bestimmungsangabe beeinflusst sei[655]. In die entgegengesetzte Richtung, nämlich für eine großzügige Auslegung des Unlauterkeitsvorbehalts im Sinne einer globalen Abwägung, könnte das Urteil *„POST I"*[656] deuten. Dort schien der BGH die Begriffe „Gesamtwürdigung der Umstände" und „Gesamtabwägung" synonym zu verwenden. Er führte aus, es müsse eine „Gesamt*würdigung* aller relevanten Umstände des Einzelfalls" vorgenommen werden. Nur zwei Sätze später fuhr er fort, zugunsten der Klägerin sei „bei der gebotenen Gesamt*abwägung*"[657] das

---

651 BGH GRUR 2005, 423, 425 – *Staubsaugerfiltertüten*; BGH GRUR 2004, 712 – *PEE-WEE.*

652 Der Begriff der Schranken-Schranken bezeichnet im Verfassungsrecht die Beschränkungen, die für den Gesetzgeber gelten, wenn er dem Grundrechtsgebrauch Schranken zieht.

653 Für eine umfassende Güter- und Interessenabwägung *Fezer* (MarkenR, § 23 MarkenG Rn. 26), dafür, den Unlauterkeitsvorbehalt als (eng auszulegende) Schranken-Schranke zu verstehen *Ingerl/Rohnke* (MarkenG, § 23 Rn. 16), *Schalk* (Büscher/Dittmer/Schiwy, GewRS, Teil 1, Kap. 3, § 23 MarkenG Rn. 1), *Müller* (Spindler/Schuster, Recht der elektronischen Medien, § 23 MarkenG Rn. 7) und *Ohly* (GRUR 2010, 776, 783).

654 BGH GRUR 2005, 423 – *Staubsaugerfiltertüten.*

655 BGH GRUR 2005, 423, 426 f. – *Staubsaugerfiltertüten.*

656 BGH GRUR 2008, 798 – *POST I.*

657 Hervorhebung jeweils durch Verf.

Vorliegen der Verwechslungsgefahr zu unterstellen[658]. Das könnte erkennen lassen, dass der BGH im Rahmen des Unlauterkeitsvorbehalts eine umfassende Abwägung aller Umstände vornimmt.

Dagegen, den Unlauterkeitsvorbehalt eng auszulegen, spricht, dass durch den Unlauterkeitsvorbehalt wettbewerbsrechtliche Wertungen ausdrücklich in das MarkenG integriert wurden und diese nicht durch eine enge Auslegung des Unlauterkeitsvorbehalts nur geringe Beachtungsmöglichkeiten finden dürfen. Das würde umso mehr gelten, wenn man etwa mit *Bärenfänger* von einem „allgemeinen Lauterkeitsvorbehalt im Markenrecht" ausginge[659], der sich unter anderem in § 23 a.E. MarkenG zeigen soll.

Dafür, den Unlauterkeitsvorbehalt als eng auszulegende Schranken-Schranke zu verstehen, spricht das von *Ingerl/Rohnke* angeführte Argument, dass eine umfassende Güter- und Interessenabwägung allzu leicht zu einer generellen Relativierung der von § 23 MarkenG zugunsten des freien Gebrauchs getroffenen Grundentscheidung führt[660].

Die Ansicht, die sich für eine enge Auslegung des Unlauterkeitsvorbehalts ausspricht, überzeugt: § 23 MarkenG soll das grundsätzlich umfassend geschützte Interesse des Kennzeicheninhabers an einer möglichst weitgehenden Monopolisierung seines Kennzeichens im geschäftlichen Verkehr ausnahmsweise zurücktreten lassen, wenn die Benutzung bestimmter Zeichen unmöglich würde, an denen Dritte ein die Interessen des Kennzeicheninhabers überwiegendes Nutzungsinteresse haben. Würde über den Unlauterkeitsvorbehalt die Grundentscheidung des Gesetzgebers, die Interessen Dritter in den von § 23 MarkenG erfassten Fällen als überwiegend anzusehen, durch eine großzügige Güter- und Interessenabwägung weitgehend in die entgegengesetzte Richtung verschoben werden können, könnte § 23 MarkenG seinen Zweck nicht oder kaum mehr erfüllen. Er würde zu einem Einfallstor wettbewerbsrechtlicher Erwägungen „degradiert".

Diese Ansicht – das sei vorsorglich angemerkt – widerspricht nicht der oben im Grundsatz abgelehnten engen Auslegung von Ausnahmevorschriften. Vielmehr steht sie gerade in Einklang mit der hier vertretenen Auffassung, Ausnahmevorschriften weder eng noch weit auszulegen, sondern ausschließlich nach ihrem Sinn und Zweck.

---

658 BGH GRUR 2008, 798, 799 f. (Tz. 21 f.) – *POST I*.

659 *Bärenfänger*, WRP 2011, 16, 23; *ders.*, Das Spannungsfeld von Lauterkeitsrecht und Markenrecht unter dem neuen UWG, S. 189 f.

660 *Ingerl/Rohnke*, MarkenG, § 23 Rn. 16.

6. Kapitel:

Name und Anschrift (§ 23 Nr. 1 MarkenG)

§ 23 Nr. 1 MarkenG stellt die Benutzung des eigenen Namens oder der eigenen Anschrift eines Dritten vom Verbietungsrecht des Kennzeicheninhabers frei, sofern die Benutzung nicht gegen die guten Sitten verstößt.

I. Funktion und Anwendungsbereich

Die Funktion des § 23 Nr. 1 MarkenG besteht darin, es jedermann zu ermöglichen, seinen Namen oder seine Anschrift im geschäftlichen Verkehr[661] zu benutzen, auch wenn Name oder Anschrift mit einer prioritätsälteren Marke oder geschäftlichen Bezeichnung kollidieren. § 23 Nr. 1 MarkenG ist – so die Begründung des Gesetzesentwurfs[662] – „Ausdruck des allgemeinen Grundsatzes, dass niemand an der lauteren Führung seines Namens im geschäftlichen Verkehr gehindert werden soll". Hintergrund des genannten Grundsatzes ist: Der Name einer Person stellt – formal – das üblichste und effektivste Mittel dar, sich von anderen Personen zu unterscheiden. Er ist Ausdruck der Identität und Individualität[663] und gehört zur Persönlichkeit jedes Menschen. Entsprechend ist der Name grundrechtlich geschützt, und zwar als Teil des von der Rechtslehre und Rechtspraxis entwickelten, in Art. 2 Abs. 1 i.V.m. Art. 1 Abs. 1 GG verankerten allgemeinen Persönlichkeitsrechts[664], das auch den geschäftlichen Bereich erfasst[665]. Gleichzeitig hat der bürgerliche Name einen gewissen „Zwangscharakter". Er ist nicht frei wählbar und kann nur unter engen Voraussetzungen geändert werden. Teilweise muss er getragen werden, beispielsweise, wenn er gleichzeitig Firma ist gemäß §§ 17, 29 HGB, §§ 15a und b GewO.

Die Einbeziehung der Anschrift in § 23 Nr. 1 MarkenG rechtfertigt sich aus einem ähnlichen „Zwangscharakter". Die Anschrift ist nicht frei wählbar in dem Sinne, dass man entscheiden könnte, wie man seine Straße, seinen Ortsteil, seine

---

661 Außerhalb des geschäftlichen Verkehrs liegt schon keine Verletzungshandlung nach §§ 14, 15 MarkenG vor, so dass es einer Freistellung über § 23 Nr. 1 MarkenG nicht bedarf.

662 Amtl. Begr. zum Reg.-Entw. des Markenrechtsreformgesetzes, BT-Drucks. 12/6581, S. 53, 80.

663 Z.B. BVerfG NJW 2004, 1155.

664 Z.B. BVerfG NJW 2004, 1155; umfassend zum allgemeinen Persönlichkeitsrecht Maunz/Dürig/*Di Fabio*, GG, Art. 2 Abs. 1, Rn. 127 ff.

665 Vgl. Büscher/Dittmer/Schiwy/*Schalk*, GewRS, Teil 1, Kap. 3, § 23 MarkenG Rn. 3.

Stadt o.ä. bezeichnen möchte, auch wenn selbstverständlich die Wahl, sein Unternehmen an einer bestimmten Stelle anzusiedeln, frei ist. Die Anschrift ist auch nicht frei abänderbar. Ferner muss sie im geschäftlichen Verkehr oft angegeben werden.

§ 23 Nr. 1 MarkenG ist grundsätzlich bei jeder Verletzung durch die Verwendung eines prioritätsjüngeren Handelsnamens anwendbar. Ein mögliches Eingreifen von § 23 Nr. 1 MarkenG ist also sowohl gegenüber Ansprüchen aus einer älteren Marke nach § 14 MarkenG als auch gegenüber Ansprüchen aus älteren Unternehmenskennzeichen nach § 15 MarkenG zu prüfen.

Die Anwendbarkeit des § 23 Nr. 1 MarkenG ist bei einem markenmäßigen oder titelmäßigen Gebrauch des Handelsnamens nicht (mehr) ausgeschlossen. Die „Abschichtung" eines „rein produktkennzeichnenden Gebrauchs" im Rahmen des § 23 Nr. 1 MarkenG, den die Schutzschranke des lauteren (Handels)Namensgebrauchs von vornherein nicht freistellen kann, liegt – so *Ingerl/Rohnke*[666] – fern und würde nicht zur Einbeziehung jeder markenmäßigen Benutzung in die anderen beiden Tatbestände des Art. 6 Abs. 1 MarkenRL / § 23 MarkenG passen[667]. Die Verwendungsform ist aber im Rahmen des Unlauterkeitsvorbehalts in die Gesamtwürdigung einzubeziehen.

II. Tatbestandsvoraussetzung: Vorliegen eines Namens oder einer Anschrift

1. Der Name i.S.v. § 23 Nr. 1, 1. Fall MarkenG

a. Ursprüngliche, enge Auslegung

Der Namensbegriff des § 23 Nr. 1 MarkenG / Art. 6 Abs. 1 lit. a) MarkenRL sollte nach der ausdrücklich geäußerten Auffassung von deutschem Gesetzgeber bzw. Europäischem Rat und Europäischer Kommission auf die Namen natürlicher Personen beschränkt sein. So heißt es in Nr. 7 der Protokollerklärung zu Art. 6 Abs. 1 lit. a) MarkenRL[668]: „Der Rat und die Kommission sind der Auffassung, dass die Befugnis eines Dritten, seinen Namen gemäß Buchstabe a) zu

---

666 *Ingerl/Rohnke*, MarkenG, § 23 Rn. 20.

667 Dazu 7. Kapitel, I.2. sowie 8. Kapitel, 2.2. Ebenso Ströbele/*Hacker*, MarkenG, § 23 Rn. 12.

668 Gemeinsame Erklärungen des Rates und der Kommission der Europäischen Gemeinschaften im Protokoll des Rates anlässlich der Annahme der Ersten Richtlinie des Rates vom 21.12.1988 zur Angleichung der Rechtsvorschriften der Mitgliedstaaten über die Marken (abgedruckt in Anhang 6 bei *Eisenführ/Schennen*, GMV).

benutzen, nur für natürliche Personen gilt." Der deutsche Gesetzgeber führte in der Amtlichen Begründung zum MarkenG aus, der Begriff „Name" sei im Sinne des „Familiennamens" zu verstehen. Das bedeute, dass auch nur solche Firmen, die den Familiennamen (Nachnamen) ihres Inhabers enthalten, privilegiert seien[669]. Der Namensbegriff in § 23 Nr. 1 MarkenG war damit ein anderer, engerer als der in § 5 Abs. 2 S. 1 MarkenG[670] (und im Übrigen auch als in § 12 BGB, der gemeinhin als „Generalklausel des gesamten Bezeichnungsrechts" bezeichnet wird[671]).

Die Beschränkung auf die Namen[672] natürlicher Personen wurde allgemein als sachgerecht empfunden. Zur Begründung wurde unter anderem angeführt, nur der bürgerliche Name unterfalle dem allgemeinen Persönlichkeitsrecht, nur er sei nicht frei wählbar, unabänderlich – von den seltenen Fällen der Namensänderung nach dem NamensänderungsG abgesehen – und unmittelbar mit der Persönlichkeit seines Inhabers verbunden[673]. Die fehlende Wählbarkeit bzw. die schwierige, unzumutbare Abänderbarkeit des Namens sei aber gerade der die Privilegierung des § 23 Nr. 1 MarkenG und der entsprechenden europäischen Regelungen rechtfertigende Grundgedanke[674]. Zudem würde eine Ausdehnung auf die weiteren durch § 5 Abs. 2 S. 1 MarkenG ebenfalls als „Namen" geschützten frei wählbaren Bezeichnungen den Zeichenschutz in erheblichem Maße ohne sachlichen Grund aushöhlen. Das das Zeichenrecht beherrschende Prioritätsprinzip würde ungerechtfertigterweise durch eine Lauterkeitsprüfung ersetzt[675].

---

669 Amtl. Begr. zum Reg.-Entw. des Markenrechtsreformgesetzes, BT-Drucks. 12/6581, S. 53, 80.

670 Insoweit sei auf die einschlägigen Kommentierungen verwiesen, z.B. *Ingerl/Rohnke*, MarkenG, § 5 Rn. 16 ff.; Büscher/Dittmer/Schiwy/*Schalk*, GewRS, Teil 1, Kap. 3, § 5 MarkenG Rn. 4 ff.; Ströbele/*Hacker*, MarkenG, § 5 Rn. 9 ff.

671 MüKo-BGB/*Bayreuther*, § 12 Rn. 6; *Fezer*, MarkenR, § 15 MarkenG Rn. 53; *Baumbach/Hefermehl*, Wettbewerbsrecht [17. Aufl.], § 16 Rn. 5, 13; *Nägele*, GRUR 2007, 1007, 1010. Zum Konkurrenzverhältnis zwischen § 12 BGB und § 15 MarkenG z.B. Palandt/*Ellenberger*, BGB, § 12 Rn. 14 m.w.N.

672 Umstritten war, ob nur der Familienname oder auch der Vorname umfasst ist. Eine Beschränkung auf den Familiennamen nahmen, wie zitiert, der deutsche Gesetzgeber an, ebenso *Fezer*, MarkenR [3. Aufl.], § 23 MarkenG Rn. 20. Den Vornamen einbeziehen wollten *Ingerl/Rohnke*, MarkenG [2. Aufl.], § 23 Rn. 12.

673 HK-MarkenR/*von Hellfeld*, § 23 Rn. 24.

674 *Ingerl/Rohnke*, MarkenG [2. Aufl.], § 23 Rn. 12; *Egerer*, Die markenrechtliche Zulässigkeit beschreibender Angaben im geschäftlichen Verkehr, S. 21.

675 HK-MarkenR/*von Hellfeld*, § 23 MarkenG Rn. 24; *Ingerl/Rohnke*, MarkenG [2. Aufl.], § 23 Rn. 12; Büscher/Dittmer/Schiwy/*Schalk* [1. Aufl.], Teil 1, Kap. 3, § 23 MarkenG Rn. 3.

b. Weite Auslegung durch den EuGH in den Urteilen „*Anheuser-Busch/Budvar*" und „*Céline*"

Der EuGH hat den Namensbegriff des Art. 6 Abs. 1 lit. a) MarkenRL in den Urteilen „*Anheuser-Busch/Budvar*"[676] und „*Céline*"[677] über das ursprüngliche enge Verständnis hinausgehend ausgelegt.

aa. Maßgeblicher Inhalt der beiden Urteile

Dem Urteil „*Anheuser-Busch/Budvar*" lag ein in Finnland anhängiger Rechtsstreit zwischen der tschechischen Brauerei „Budweiser Budvar" und der US-amerikanischen Brauerei „Anheuser-Busch Inc." zugrunde. Anheuser-Busch hatte Budweiser Budvar unter anderem wegen Verletzung ihrer in Finnland geschützten Marken „Budweiser" und „Bud" durch Verwendung des Handelsnamens „Budweiser Budvar"[678] auf Etiketten von Bierflaschen in Anspruch genommen. Die dem EuGH vom finnischen Obersten Gerichtshof zur Vorabentscheidung vorgelegten Fragen lauteten im Wesentlichen, ob und unter welchen Voraussetzungen ein Handelsname als ein Zeichen für Waren i.S.v. Art. 16 Abs. 1 TRIPS angesehen werden und ob und unter welchen Voraussetzungen ein solcher Handelsname ein „bestehendes älteres Recht" i.S.d. Art. 16 Abs. 1 S. 3 TRIPS sein kann.

Nach Bejahung seiner Zuständigkeit für die Auslegung von Bestimmungen des TRIPS-Übereinkommens[679] und Prüfung der Frage der zeitlichen Anwendbarkeit des TRIPS auf den Ausgangsfall machte der EuGH zunächst Ausführungen zum Benutzungsbegriff. Sodann ergänzte er seine Antwort auf die vorgelegte Frage um einen Hinweis, der dem vorlegenden Gericht bei seiner Entscheidung

---

676 EuGH GRUR 2005, 153 – *Anheuser-Busch/Budvar.*

677 EuGH GRUR 2007, 971 – *Céline.*

678 Der Handelsname war im Jahr 1967 in das tschechoslowakische Handelsregister eingetragen worden. Die Eintragung erfolgte auf Tschechisch („Budějovický Budvar"), Englisch und Französisch (beide Male „Budweiser Budvar"), jeweils gefolgt von der Rechtsformangabe in der jeweiligen Sprache.

679 EuGH GRUR 2005, 153, 154 (Tz. 41) – *Anheuser-Busch/Budvar.* Nach seiner Rechtsprechung sei der EuGH für die Auslegung von Bestimmungen des TRIPS-Übereinkommens zuständig, um den Bedürfnissen der Gerichte der Mitgliedstaaten bei der Anwendung ihrer nationalen Rechtsvorschriften im Rahmen der Anordnung der Maßnahmen zum Schutz von Rechten, die sich aus einer gemeinschaftsrechtlichen Regelung ergeben, die in den Anwendungsbereich dieses Übereinkommens fällt, gerecht zu werden (vgl. in diesem Sinne EuGH GRUR Int. 2001, 327, 329 [Tz. 35 und 40 m.w.N.] – *Dior/Tuk Consultancy*).

„von Nutzen sein" könnte[680]. Die nationalen Gerichte hätten auch die mögliche Auswirkung von Art. 17 des TRIPS-Übereinkommens[681] zu prüfen. Diese Vorschrift erlaube den Mitgliedern der WTO, begrenzte Ausnahmen von den Rechten aus einer Marke vorzusehen wie etwa eine lautere Benutzung beschreibender Angaben oder die Angabe von Name oder Adresse, wenn diese Ausnahmen die berechtigten Interessen des Inhabers der Marke und von Dritten berücksichtigten. In der Europäischen Gemeinschaft gehörten dazu die nach Art. 6 Abs. 1 lit. a) MarkenRL gezogenen Grenzen der Befugnisse des Markeninhabers gegenüber einer redlichen Benutzung des Zeichens durch einen Dritten zur Angabe seines Namens oder seiner Anschrift.

Der EuGH stellte fest, der Anwendungsbereich des Art. 6 Abs. 1 lit. a) MarkenRL beziehe sich entgegen der Gemeinsamen Erklärung des Rates der Europäischen Union und der Kommission der Europäischen Gemeinschaften bei Verabschiedung der MarkenRL nicht allein auf die redliche Benutzung des Namens natürlicher Personen[682]. Ein Dritter könne sich auf die Beschränkung der Befugnisse des Markeninhabers gemäß Art. 6 Abs. 1 lit. a) MarkenRL auch dann berufen, wenn er seinen Handelsnamen in einer den anständigen Gepflogenheiten in Gewerbe und Handel entsprechenden Weise benutze. Die in der Gemeinsamen Erklärung vertretene Auslegung könne aber nicht berücksichtigt werden, wenn ihr Inhalt in der fraglichen Bestimmung – hier Art. 6 Abs. 1 lit. a) MarkenRL – keinen Ausdruck gefunden habe und ihm somit keine rechtliche Bedeutung zukomme[683]. Rat und Kommission hätten die Unverbindlichkeit ihrer Erklärung im Übrigen in der Vorbemerkung selbst anerkannt. Dort heißt es: „Die Erklärungen des Rates und der Kommission, die im Folgenden wiedergegeben sind, sind nicht Bestandteile des Rechtsaktes und präjudizieren daher nicht dessen Auslegung durch den EuGH".

Der EuGH subsumierte also Handelsnamen unter „Name" i.S.v. Art. 6 Abs. 1 lit. a) MarkenRL und erweiterte damit den Anwendungsbereich der Schutzschranke erheblich.

Im Urteil „*Céline*" bestätigte der EuGH diese weite Auslegung. Dem Urteil lag ein in Frankreich anhängiger Rechtsstreit zwischen der „Céline SA" und der

680 EuGH GRUR 2005, 153, 156 (Tz. 75 ff.) – *Anheuser-Busch/Budvar.*

681 Der Wortlaut des Art. 17 TRIPS-Übereinkommens lautet: „Die Mitglieder können begrenzter Ausnahmen von den Rechten aus einer Marke vorsehen, wie etwa eine lautere Benutzung beschreibender Angaben, wenn diese Ausnahmen die berechtigten Interessen des Inhabers der Marke und Dritter berücksichtigen."

682 EuGH GRUR 2005, 153, 156 (Tz. 78 ff.) – *Anheuser-Busch/Budvar.* In Tz. 78 wird das Protokoll zur MarkenRL ersichtlich falsch wiedergegeben. Statt „nicht" muss es „nur" heißen (Ströbele/*Hacker*, § 23 MarkenG Fn. 15).

683 EuGH GRUR 2005, 153, 156 (Tz. 79 f.) – *Anheuser-Busch/Budvar.*

„Céline SARL“ über die Benutzung der Gesellschaftsbezeichnung „Céline“ und des Firmenzeichens „Céline“ durch die Céline SARL zugrunde. Zur Auslegung von Art. 6 Abs. 1 lit. a) MarkenRL führte der EuGH – wiederum im Rahmen eines Hinweises, der dem vorlegenden Gericht bei der Entscheidung des bei ihm anhängigen Verfahren von Nutzen sein könnte[684] – aus, er habe entschieden, dass die Bestimmung des Art. 6 Abs. 1 lit. a) MarkenRL nicht auf die Namen natürlicher Personen beschränkt sei[685]. Für den Fall, dass das vorlegende Gericht zu dem Schluss komme, dass die Céline SA die Benutzung des Zeichens „Céline“ durch die Céline SARL gemäß Art. 6 Abs. 1 lit. a) MarkenRL verbieten könne, sei zu prüfen, ob Art. 6 Abs. 1 lit. a) MarkenRL den Markeninhaber daran hindere, einem Dritten zu verbieten, ein mit seiner Marke identisches Zeichen als Gesellschaftsbezeichnung oder Handelsname zu benutzen[686]. In seiner zusammenfassenden Antwort auf die Vorlagefrage zu Art. 6 Abs. 1 lit. a) MarkenRL erwähnte der EuGH zusätzlich das Firmenzeichen[687].

bb. Einordnung, Reaktionen in der Literatur und Bewertung

(1) Einordnung als verbindliche Vorgabe

Bei den Ausführungen des EuGH in den Urteilen „*Anheuser-Busch/Budvar*“ und „*Céline*“ handelt es sich nicht lediglich um obiter dicta. Der EuGH hat die Ausführungen zu Art. 6 Abs. 1 lit. a) MarkenRL ausdrücklich in seine Antworten auf die vorgelegten Fragen aufgenommen. Er hat damit eine für die nationalen Gerichte verbindliche Auslegung von Art. 6 Abs. 1 lit. a) MarkenRL vorgenommen. Danach sind unter dem „Namen“ im Sinne dieser Vorschrift auch der „Handelsname“, die „Gesellschaftsbezeichnung“ und der „Firmenname“ zu verstehen[688].

684 EuGH GRUR 2007, 971, 972 f. (Tz. 29) – *Céline*.
685 EuGH GRUR 2007, 971, 973 (Tz. 31) – *Céline*.
686 EuGH GRUR 2007, 971, 973 (Tz. 32) – *Céline*.
687 EuGH GRUR 2007, 971, 973 (Tz. 36) – *Céline*. In seiner Antwort auf die Vorlagefrage zu Art. 5 Abs. 1 lit. a) MarkenRL hatte der EuGH ebenfalls von der Gesellschaftsbezeichnung, dem Handelsnamen und dem Firmenzeichen gesprochen (Tz. 21 ff.).
688 *Rohnke*, Festschrift für Ullmann, S. 359, 366 (aufgrund des Zeitpunkts der Verfassung des Aufsatzes nur zu „*Anheuser-Busch/Budvar*“).

(2) Reaktionen in der Literatur

Die Urteile „*Anheuser-Busch*“ und „*Céline*“ und die damit verbundenen Änderungen wurden und werden einer kritischen Betrachtung unterzogen:

Knaak äußert erhebliche Bedenken an der Ausdehnung der Schutzschranke auf die Benutzung von Namen auf Handelsnamen jeder Art und jeden Inhalts. Seiner Ansicht nach verdienen Handelsnamen, die aus Phantasiebezeichnungen bestehen oder solche – kombiniert mit Sachangaben – enthalten, im Konflikt mit älteren Marken keine andere Beurteilung als jüngere Marken oder andere jüngere Kennzeichen[689].

Kur steht der Ausdehnung der Schutzschranke ebenfalls kritisch gegenüber. Sie geht aber davon aus, dass weder der EuGH seine Rechtsprechung überdenken und gegebenenfalls revidieren[690] noch eine Änderung des Wortlauts des Art. 6 Abs. 1 lit. a) MarkenRL vorgenommen werde. *Kur* ist dementsprechend – pragmatisch – bereit, sich mit Argumenten, die zu einer Bestätigung der Rechtsprechung des EuGH führen, auseinanderzusetzen und diese anzuerkennen.

Die neuere Kommentarliteratur, etwa von *Fezer, Schalk, Hacker* oder *von Hellfeld*, enthält weitgehend keine kritische Auseinandersetzung mehr mit den Urteilen des EuGH, sondern folgt deren Vorgaben und stellt die letztlich unausweichlichen Konsequenzen für die deutsche Rechtspraxis dar[691].

Einzig *Ingerl/Rohnke* und *Eisenführ* setzen sich sehr kritisch mit der Rechtsprechung des EuGH auseinander[692]. *Eisenführ* sieht es als „bedenklich“ an, auch den Firmennamen (Handelsnamen) in die Freistellung der Schutzschranke einzubeziehen, da dieser frei wählbar sei und keinen Personennamensbestandteil aufweisen müsse[693]. Nach der Ansicht von *Ingerl/Rohnke* führt die Rechtsprechung des EuGH ebenfalls zu einer „bedenklichen“ Ersetzung des Prioritätsprinzips durch den Unlauterkeitsvorbehalt. Eine Rechtfertigung für die Durchbrechung des Prioritätsprinzips zugunsten verletzender Handelsnamen – im Gegensatz zur Behandlung von verletzenden Produktkennzeichen – sei der EuGH bislang schuldig geblieben. Hinsichtlich frei gebildeter Unternehmenskennzeichen sei die damit drohende Aufweichung des Markenschutzes sachwidrig. Nur für jüngere Unternehmenskennzeichen, die auf Namen natürlicher Per-

689 *Knaak*, Festschrift für von Mühlendahl, S. 83, 92.

690 *Kur*, GRUR Int. 2008, 1, 4 (Fn. 38).

691 *Fezer*, MarkenR, § 23 MarkenG Rn. 38 ff. und 48; Büscher/Dittmer/Schiwy/*Schalk*, GewRS, Teil 1, Kap. 3, § 23 MarkenG Rn. 3; Ströbele/*Hacker*, MarkenG, § 23 Rn. 10; HK-MarkenR/*von Hellfeld*, § 23 MarkenG Rn. 26.

692 *Ingerl/Rohnke*, MarkenG, § 23 Rn. 21.

693 *Eisenführ*/Schennen, Art. 12 GMV Rn. 12.

sonen zurückgingen, passten die früher als Legitimation angesehenen Gesichtspunkte der Angewiesenheit auf die Verwendung des eigenen bürgerlichen Namens auch im Geschäftsverkehr und damit des Rechts auf Führung des eigenen Namens auch im geschäftlichen Bereich.

(3) Stellungnahme

Die Ausdehnung der Schutzschranke des Art. 6 Abs. 1 lit. a) MarkenRL durch die Rechtsprechung des EuGH auf alle Handelsnamen, Gesellschaftsbezeichnungen und Firmennamen (Unternehmenskennzeichen) hat zur Folge, dass der Markenschutz gegenüber der Verwendung von Handelsnamen bzw. Unternehmenskennzeichen – jedenfalls potentiell[694] – eingeschränkt wird. Dadurch werden zwei grundlegende Prinzipien des Kennzeichenrechts angegriffen und zumindest partiell außer Kraft gesetzt: Zum einen wird das Prioritätsprinzip[695] als eines der Prinzipien, das gemeinschaftsweit anerkannt ist, durchbrochen; nicht der Zeitrang entscheidet, sondern allein, ob der (jüngere) Benutzer seines Namens sittenwidrig handelt oder nicht. Zum anderen wird der Grundsatz der Gleichwertigkeit der Kennzeichenrechte durchbrochen, da dem Namen schon allein aufgrund der Durchbrechung des Prioritätsprinzips zumindest eine Sonderposition eingeräumt wird. Welchen Ausgang die Interessenabwägung nimmt, ist damit indes nicht präjudiziert.

Eine Einschränkung des Markenschutzes und eine Schwächung oder gar Ersetzung des Prioritätsprinzips dürfen nur zugelassen werden, wenn besondere Gründe vorliegen, die die Einschränkung rechtfertigen. Besondere Gründe liegen jedenfalls vor, wenn der Handelsname den Personennamen enthält, der die

694 Auf die Bedeutung, die dem Unlauterkeitsvorbehalt in diesem Zusammenhang möglicherweise zukommt, wird an späterer Stelle ausführlich eingegangen.

695 Schon im Sachsenspiegel wurde vom sächsischen Ritter Eike von Repgow das gewohnheitsrechtliche Zuteilungsverfahren „Wer zuerst zu der Mühle kommt, mahlt zuerst“ beschrieben. Heute wird das Prioritätsprinzip im Kennzeichenrecht unter anderem in § 6 Abs. 1 MarkenG, Art. 31 GVO zwar nicht ausdrücklich normiert, aber vorausgesetzt. Der BGH spricht, vor allem im Zusammenhang mit dem Streit um Domain-Namen, vom „Gerechtigkeitsprinzip der Priorität“ (z.B. BGH GRUR 2006, 159, 160 f. – *hufeland.de*; BGH GRUR 2002, 622, 625 – *shell.de*; BGH GRUR 2001, 1061, 1064 – *Mitwohnzentrale.de.* Der EuGH führt aus, dass der Grundsatz des Vorrangs des älteren Rechts „einen der Grundsätze des Markenrechts und allgemeiner des gesamten Rechts des gewerblichen Eigentums“ bilde (EuGH GRUR 2005, 153, 158 – *Anheuser-Busch/Budvar*). Allgemein zum Prioritätsprinzip: GK-*Teplitzky*, UWG, § 16 Rn. 247; *Bröcher*, MMR 2005, 203 ff.; *Neuner*, AcP 203 [2003], 47 ff.; *Hubmann*, AcP 155 [1956], 85, 111; *Simon,* in: Festschrift für vom Stein, S. 120 ff.; *Haupt,* Die Bedeutung des Prioritätsgrundsatzes im Recht der Kennzeichen, S. 61 ff.

besonderen persönlichkeitsrechtlichen Interessen verkörpert. In diesen Fällen greift die Schutzschranke auch nach dem ursprünglichen, engen Verständnis des Begriffs des Namens unzweifelhaft ein.

Besondere Gründe liegen zumindest auf den ersten Blick nicht vor, wenn es um den Konflikt zwischen einem Handelsnamen, der aus Phantasiebezeichnungen oder Sachangaben besteht, mit einer älteren Marke oder einem anderen jüngeren Kennzeichen geht[696]. Diskutiert werden kann allenfalls, ob sich solche besonderen Gründe im Einzelfall aus der enormen, insbesondere wirtschaftlichen Bedeutung des Unternehmenskennzeichens für das jeweilige Unternehmen ergeben können[697]. In diese Richtung weist *Rohnke*[698]. Er bezeichnet den Angriff auf die Firma (das Unternehmenskennzeichen) als den „markenrechtlich Größten Anzunehmenden Unfall" für ein Unternehmen. Er weist zum einen auf die wirtschaftlichen Konsequenzen hin, die eine Untersagung der Fortführung des Unternehmenskennzeichens hat. Zum anderen gehe der Verlust der Unternehmenskennzeichnung mit einem Verlust der Priorität hinsichtlich dieses wichtigen Kennzeichens einher. Im Rahmen der Suche nach einer neuen Unternehmenskennzeichnung müsse ferner eine umfassende, gegebenenfalls weltweite (registerlose) Recherche durchgeführt werden; das Risiko eines erneuten Verletzungsprozesses bestünde dennoch. Nicht zuletzt sehe sich das Unternehmen potentiell hohen Schadensersatzforderungen ausgesetzt[699].

Die Ausführungen *Rohnkes* verdeutlichen, welche Bedeutung dem Unternehmenskennzeichen im Wirtschaftsleben zukommt. Sie reicht aber nicht als Grund aus, um den Markenschutz wie beim bürgerlichen Namen einzuschränken und das Prioritätsprinzip durch eine Interessenabwägung im Rahmen des Unlauterkeitsvorbehalts zu ersetzen.

Zuzugeben ist allerdings, dass von einer generellen Privilegierung von Handelsnamen in der Kollision mit älteren Marken aufgrund der neueren Rechtsprechung des EuGH – jedenfalls noch – nicht auszugehen ist[700]. Im Rahmen der Interessenabwägung kann immer noch Berücksichtigung finden, dass der Handelsname, der nicht aus dem bürgerlichen Namen besteht, frei wählbar war und keine persönlichkeitsrechtliche Komponente hat.

---

696 Ähnlich *Knaak*, Festschrift für von Mühlendahl, S. 83, 92.
697 Im Sinne einer ökonomischen Analyse des Rechts. Dazu z.B. *Eidenmüller*, Effizienz als Rechtsprinzip.
698 *Rohnke*, Festschrift für Ullmann, S. 359 f.
699 *Rohnke*, Festschrift für Ullmann, S. 359 f.
700 Davon scheint *Kur* (GRUR Int. 2008, 1, 4 [Fn. 38]) aber auszugehen.

Abschließend bleibt festzuhalten, dass die Ausweitung der Schutzschranke durch den EuGH nicht sachgerecht erscheint. Sie kann aber durch die entsprechende Handhabung des Unlauterkeitsvorbehalts „korrigiert“ werden. So dürften letztlich interessengerechte Ergebnisse zu erzielen sein. Die aus grundsätzlichen Erwägungen erwachsenden Bedenken hinsichtlich der Ersetzung des Prioritätsprinzips durch den Unlauterkeitsvorbehalt bleiben aber selbstverständlich bestehen.

Solange der Richtliniengeber indes nicht in der Art und Weise tätig wird, dass er im Wortlaut von Art. 6 Abs. 1 lit. a) MarkenRL die Beschränkung auf die Namen natürlicher Personen – sei es mit oder ohne Vornamen – verankert, ist mit einer Änderung der Rechtslage nicht zu rechnen.

c. Heutige, weite Auslegung

aa. Im durch die MarkenRL harmonisierten Bereich

Im Urteil „*Anheuser-Busch/Budvar*“ bezog der EuGH, wie dargestellt, den „Handelsnamen“ in den Namensbegriff des Art. 6 Abs. 1 lit. a) MarkenRL ein, im Urteil „*Céline*“ darüber hinaus die „Gesellschaftsbezeichnung“ und das „Firmenzeichen“. Der EuGH will damit offensichtlich möglichst weitgehend Unternehmensbezeichnungen in den Namensbegriff des Art. 6 Abs. 1 lit. a) MarkenRL einbeziehen. Eine Differenzierung in der Sache leitet er aus den verschiedenen, von ihm verwendeten Begriffen nicht ab[701].

Der Begriff des Handelsnamens stammt aus Art. 8 PVÜ. Art. 8 PVÜ normiert eine Verpflichtung der Mitgliedsstaaten zum Schutz des Handelsnamens, enthält aber keine Definition des Begriffs „Handelsname“. Versuche, eine Definition in Art. 8 PVÜ aufzunehmen, sind auf Konferenzen zur Revision der PVÜ wiederholt gescheitert[702]. Das heißt, die Reichweite des Begriffs sowie Art und Umfang des Schutzes entscheiden die Mitgliedsstaaten selbst[703]. Die deutsche Rechtsprechung und Literatur haben den Schutz des Handelsnamens nicht auf die vollständige Firmenbezeichnung beschränkt, sondern darunter auch Firmen-

701 *Fezer*, MarkenR, § 23 MarkenG Rn. 41; *Büscher*, MarkenR 2007, 453, 455.

702 Die einzelnen Konferenzen und Vorschläge zeichnet nach *Heim*, GRUR Int. 2005, 545, 546.

703 Busche/Stoll/*Brand*, TRIPs, Art. 2 Rn. 82; *Fezer*, MarkenR, Art. 8 PVÜ Rn. 1.

schlagworte, -bestandteile und -abkürzungen sowie besondere Geschäftsbezeichnungen verstanden[704].

Als Namen i.S.v. § 23 Nr. 1 MarkenG kommen damit neben den bürgerlichen Namen sämtliche Unternehmenskennzeichen nach § 5 Abs. 2 S. 1 MarkenG, also nur solche, die über Namensfunktion verfügen, in Betracht[705]. Eingeschlossen sind die Namen von Handelsgesellschaften und juristischen Personen[706]. Geschäftsabzeichen und sonstige Zeichen nach § 5 Abs. 2 S. 2 MarkenG, die innerhalb der beteiligten Verkehrskreise als Kennzeichen eines Geschäftsbetriebs gelten, aber nicht über Namensfunktion verfügen, fallen nicht unter den Begriff des Namens i.S.v. § 23 Nr. 1 MarkenG[707].

Wappen, Siegel und Embleme können unter den Namensbegriff des § 23 Nr. 1 MarkenG fallen, wenn ihnen als Unternehmenskennzeichen Namensfunktion zukommt[708]. Domain-Namen können Namen i.S.v. § 23 Nr. 1 MarkenG sein, wenn sich der Domaininhaber auf ein eigenes Namensrecht berufen kann. Dabei kann er sich nicht nur dann auf die Schutzschranke berufen, wenn er eine natürliche Person ist und die Domain seinem Familiennamen entspricht, sondern entsprechend der Rechtsprechung des EuGH auch dann, wenn der Domaininhaber ein Unternehmen ist, das eine der Domain entsprechende Bezeichnung als Unternehmenskennzeichen verwendet[709]. Auf die Bedeutung des § 23 MarkenG bei internetspezifischen Sachverhalten wird ausführlich im 9. Kapitel eingegangen.

---

704 BGH GRUR 1997, 903, 905 – *GARONOR;* BGH GRUR 1995, 825, 826 – *Torres;* BGH GRUR 1973, 661, 662 – *Metrix. Beier/Krieger* berichten von einem Vorschlag mit folgender Definition: „Als Handelsname ist jede Bezeichnung anzusehen, unter der eine natürliche oder juristische Person oder eine Gesellschaft eine geschäftliche Tätigkeit ausübt oder unter der sie im geschäftlichen Verkehr bekannt ist, sofern die Bezeichnung eine ursprüngliche oder durch Benutzung erworbene Unterscheidungskraft besitzt" (GRUR Int. 1969, 103, 104).

705 *Fezer*, MarkenR, § 23 MarkenG Rn. 40; *Büscher*, MarkenR 2007, 453, 455.

706 *Ingerl/Rohnke*, MarkenG, § 23 Rn. 17. A.A. wohl *Goldmann*, der im Rahmen einer Tagung des Max-Planck-Instituts für Geistiges Eigentum, Wettbewerbs- und Steuerrecht im Oktober 2007 in Berlin die Auffassung vertrat, dass unter Art. 6 Abs. 1 lit. a) MarkenRL nach der EuGH-Rechtsprechung nur Personennamen sowie Sach- und Phantasiefirmen fielen. Eine Erweiterung des Namensbegriffs auf Bezeichnungen von Unternehmen ließe sich aus der Rechtsprechung nicht ableiten (vgl. *Baiocchi/Brasfalean/u.a.*, GRUR Int. 2008, 122, 125).

707 *Fezer*, MarkenR, § 23 MarkenG Rn. 40; *Büscher*, MarkenR 2007, 453, 455. A.A. *Hacker*. Er will alle Unternehmenskennzeichen i.S.v. § 5 Abs. 2 MarkenG einbeziehen, also auch solche ohne Namensfunktion (Ströbele/*Hacker*, MarkenG, § 23 Rn. 10). Ebenso *Rohnke*, Festschrift für Ullmann, S. 359, 365.

708 *Fezer*, MarkenR, § 23 MarkenG Rn. 50.

709 *Ingerl/Rohnke*, MarkenG, Nach § 15 Rn. 165.

bb. Im nicht durch die MarkenRL harmonisierten Bereich

Zu untersuchen ist, ob die weite Auslegung des Namensbegriffs durch den EuGH auch für den nicht durch die MarkenRL harmonisierten Bereich, namentlich das Unternehmenskennzeichenrecht, gilt.

Nach *Kunz-Hallstein*[710] ist es auszuschließen, dass die neue Rechtsprechung des EuGH auch für den Konflikt zwischen zwei Unternehmenskennzeichen gilt. Zur Begründung führt *Kunz-Hallstein* mehrere Umstände an: Der Gesetzgeber des MarkenG sei von einer engen, auf den Namen natürlicher Personen beschränkten Bedeutung des Art. 6 Abs. 1 lit. a) MarkenRL ausgegangen; er habe daher den Schutz geschäftlicher Bezeichnungen nur gegenüber „Firmennamen" beschränken wollen, die aus dem Familiennamen des Inhabers gebildet sind. Der EuGH befasse sich nur mit den durch Art. 6 Abs. 1 lit. a) MarkenRL bestimmten Beschränkungen der Wirkungen der Marke, nicht aber auch mit entsprechenden Beschränkungen der Rechte an geschäftlichen Bezeichnungen. Deren Schutz habe die Gemeinschaft bisher nicht geregelt. Die im Regelungsbereich des Art. 6 Abs. 1 lit. a) MarkenRL angeordnete Ersetzung des Prioritätsprinzips durch den Unlauterkeitsvorbehalt möge im Übrigen im Verhältnis von Marken und Handelsnamen erträglich sein, wenn man den Schutz dieser Rechte mit dem Generalanwalt des Verfahrens „*Anheuser-Busch/Budvar*" auf unterschiedlichen Ebenen angesiedelt sehe, die nicht grundsätzlich miteinander in Konflikt stehen. Im Verhältnis von kollidierenden Unternehmenskennzeichen sei das gerade nicht der Fall. Wollte man anders entscheiden, käme es zu der Ersetzung des Prioritätsprinzips, das der EuGH jedoch nach wie vor als einen das gesamte Recht des gewerblichen Eigentums beherrschenden Grundsatz betrachte.

Ähnlich war das OLG Hamburg in seinem Urteil „*Navigon/Nav N Go*"[711] der Ansicht, bei der Kollision zweier Unternehmenskennzeichen sei die neuere Rechtsprechung des EuGH nicht einschlägig. Das OLG bejahte zunächst einen Unterlassungsanspruch aus § 14 Abs. 2 Nr. 2, Abs. 5 MarkenG aus der Marke „Navigon" gegenüber der Bezeichnung „Nav N Go", und zwar sowohl bezüglich der Verwendung als Marke als auch bezüglich der Verwendung als Unternehmenskennzeichen. Innerhalb der Prüfung der Frage, ob der Unterlassungsanspruch auch die Verwendung von „Nav N Go" als Unternehmenskennzeichen erfasst, ging das OLG Hamburg auf § 23 Nr. 1 MarkenG ein. Es nahm an, die Verwendung des Unternehmenskennzeichens „Nav N Go" werde zumindest von einem erheblichen Teil der beteiligten Verkehrskreise dahingehend aufgefasst, dass eine Verbindung zwischen den Waren und Dienstleistungen der Parteien

---

710 *Kunz-Hallstein*, Festschrift für Schricker, S. 827, 833.
711 OLG Hamburg NJOZ 2008, 2753 – *Navigon/Nav N Go*.

bestehe[712]. Dessen habe sich die Antragsgegnerin auch bewusst sein können. § 23 Nr. 1 MarkenG griff also im Ergebnis nicht ein. Für den Fall, dass Zweifel bestehen sollten, dass die Antragstellerin aus ihrer Marke „Navigon" die Verwendung des Unternehmenskennzeichens „Nav N Go" verbieten lassen könne, sei der Unterlassungsanspruch jedenfalls aus § 15 Abs. 2 und 4 MarkenG zu bejahen. Denn insoweit stünden sich zwei Unternehmenskennzeichen gegenüber; die Rechtsprechung des EuGH sei für diese Konstellation nicht einschlägig. Der Antragstellerin stehe ein mit der Marke identisches Unternehmenskennzeichen „Navigon" zu, und es bestehe Verwechslungsgefahr. Der Senat ging hier mit keinem Wort auf § 23 MarkenG ein[713].

Rohnke indes erachtet es in seinem Festschriftbeitrag für Ullmann als dogmatisch fragwürdig und wenig interessengerecht, für rein firmenmäßige Verwendungen des Handelsnamens weiterhin das nationale Recht gelten zu lassen[714]. *Rohnke* führt aus, dass ohne Rücksicht auf den Wortlaut des § 23 Nr. 1 MarkenG eine weitere Unterscheidung zwischen marken- und firmenmäßiger Benutzung eingeführt würde, die auf der Rechtsfolgenseite sonst gerade keine Rolle spiele. Darüber hinaus würde, so *Rohnke*, das Bestreben des BGH, die Vorschriften des nationalen Rechts möglichst an den gemeinschaftsrechtlichen Vorgaben zu orientieren, konterkariert. Vor allem würde eine derartige restriktive Auslegung aber zu dem – so *Rohnke* – „kuriosen Ergebnis" führen, dass eine Benutzung der Firmen selbst (als Unternehmenskennzeichen) nach nationalem Recht untersagt werden könnte. Das würde im nächsten Schritt dazu führen, dass der Beklagte sich einen neuen Handelsnamen suchen müsste und daher auch die Benutzung des früheren Handelsnamens in markenmäßiger Form auf seinen Produkten unterlassen müsste. Denn § 23 Nr. 1 MarkenG könne nicht mehr eingreifen, wenn die Firma geändert wurde. Auf diesem Wege würde also die verbindliche Vorgabe des EuGH zur Auslegung des Art. 6 Abs. 1 lit. a) MarkenRL ausgehebelt[715].

Harte-Bavendamm und *Goldmann* setzen sich in einem Festschriftbeitrag aus der Zeit vor „*Anheuser-Busch/Budvar*" und „*Céline*" [716] zwar nicht mit der hier erörterten Frage auseinander. Sie stellen aber allgemeine Erwägungen zu Unternehmenskennzeichen unter dem Einfluss der Markenrechtsharmonisierung an. In ihrem Ausblick stellen sie fest, das harmonisierte Markenrecht habe eine „Vorreiter- und Modellfunktion" auch für Ausschnitte des Kennzeichenrechts,

712 OLG Hamburg NJOZ 2008, 2753, 2762 f. – *Navigon/Nav N Go.*
713 OLG Hamburg NJOZ 2008, 2753, 2763 (unter c)) – *Navigon/Nav N Go.*
714 *Rohnke*, Festschrift für Ullmann, S. 359, 367.
715 Genau so wäre es gewesen, wenn das OLG Hamburg in dem dargestellten Fall „*Navigon/Nav N Go*" die Voraussetzungen des § 23 Nr. 1 MarkenG angenommen hätte.
716 *Harte-Bavendamm/Goldmann*, Festschrift für von Mühlendahl, S. 23 ff.

die der deutsche Gesetzgeber an sich nicht der dynamischen Entwicklung der Markenrechtsharmonisierung habe überantworten wollen. Das Unternehmenskennzeichen gerate durch seine Einpassung in das MarkenG in den „Sog der Harmonisierung", der sich durch die ständig wachsenden Judikate von HABM, EuG und EuGH kontinuierlich beschleunige. Diese Entwicklung sei zu begrüßen, da sie die Annäherung und Harmonisierung nationaler Kennzeichenrechte abrunde[717].

Hacker und *Ingerl/Rohnke* gehen davon aus, dass § 23 Nr. 1 MarkenG auch bei der Kollision zwischen zwei Unternehmenskennzeichen, bei der das prioritätsjüngere aus einer Phantasiebezeichnung besteht, weit i.S.d. Rechtsprechung des EuGH auszulegen sei. *Ingerl/Rohnke* stellen diese Auslegung ausdrücklich fest[718], der Kommentierung von *Hacker* ist sie mittelbar zu entnehmen[719].

Die Ansicht, die die weite Auslegung des Namensbegriffs auch im Unternehmenskennzeichenrecht annimmt, ist zutreffend. Das Aufzeigen des „kuriosen Ergebnisses" (*Rohnke*) trifft den Kern und verdeutlicht, welche praktischen, aber auch welche rechtlichen Konsequenzen – nämlich die Aushebelung der Vorgaben des EuGH – die gegenteilige Auffassung hat. Wie oben bereits erwähnt, verbleibt bei der weiten Auslegung immer noch die „Korrekturmöglichkeit" über den Unlauterkeitsvorbehalt, so dass im Einzelfall als interessengerecht zu beurteilende Ergebnisse erreicht werden sollten.

2. Die Anschrift i.S.v. § 23 Nr. 1, 2. Fall MarkenG

Die Anschrift i.S.d. § 23 Nr. 1, 2. Fall MarkenG umfasst die (vollständige) Angabe der Straße, Hausnummer, Postleitzahl, des Ortes, der Telefon- und der Telefaxnummer. § 23 Nr. 1, 2. Fall MarkenG privilegiert die Verwendung als Adresse, nicht aber die Aufnahme von Adressbestandteilen in ein Unternehmenskennzeichen, wo sie aber im Einzelfall auch bloß beschreibend wirken und dann über § 23 Nr. 2 MarkenG freigestellt werden können[720]. § 23 Nr. 1, 2. Fall Mar-

717 *Harte-Bavendamm/Goldmann*, Festschrift für von Mühlendahl, S. 23, 42.

718 *Ingerl/Rohnke*, MarkenG, § 23 Rn. 18.

719 Ströbele/*Hacker*, MarkenG, § 23 Rn. 22 ff. und 44 ff.

720 *Ingerl/Rohnke*, MarkenG, § 23 Rn. 24. Sehr interessant hat das OLG Hamburg in seinem Urteil „*Weingarten Eden*" (GRUR-RR 2006, 228, 231) eine „Gesamtschau" aller Umstände vorgenommen und ausgeführt, die Beklagte könne für beide Wortanteile der Bezeichnung „Weingarten Eden" ein lauteres Verwendungsinteresse in einer Kombination aus den Nrn. 1 und 2 von § 23 MarkenG für sich in Anspruch nehmen.

kenG gilt nur für die tatsächliche Anschrift, nicht aber für willkürliche Angaben oder Verfremdungen[721].

Internet-Domain-Namen haben zwar eine adressähnliche Funktion, fallen aber schon dem eng zu verstehenden Wortlaut nach nicht unter § 23 Nr. 1, 2. Fall MarkenG[722]. Dafür spricht ferner, dass Domain-Namen frei wählbar sind, auch wenn § 23 Nr. 1 MarkenG insgesamt heute nicht mehr, wie gezeigt, auf nicht frei wählbare Angaben beschränkt ist. Nicht unter § 23 Nr. 1, 2. Fall MarkenG fallen ferner E-Mail-Adressen[723] und sogenannte Vanity-Telefonnummern[724].

Auf die Anschrift i.S.v. § 23 Nr. 1, 2. Fall MarkenG soll im Verlauf der weiteren Untersuchung nicht mehr eingegangen werden.

III. Der Unlauterkeitsvorbehalt bei § 23 Nr. 1 MarkenG

1. Allgemeines

Wie alle Tatbestände des § 23 MarkenG unterliegt § 23 Nr. 1 MarkenG dem Vorbehalt, dass die Benutzung – im Wortlaut des MarkenG – nicht gegen die guten Sitten verstößt bzw. – im Wortlaut der MarkenRL – den anständigen Gepflogenheiten in Gewerbe oder Handel entspricht. Insoweit sei zunächst auf die allgemeinen Ausführungen verwiesen[725]. Der Namensinhaber hat alles zu unterlassen, was den berechtigten Interessen des Kennzeicheninhabers in unlauterer Weise zuwiderläuft. Diese Beurteilung ist unter Berücksichtigung aller Umstände des Einzelfalles vorzunehmen.

Von entscheidender Bedeutung für die „Ausfüllung" des Unlauterkeitsvorbehalts im Rahmen des § 23 Nr. 1 MarkenG ist, ob es um die Freistellung einer Markenverletzung nach § 14 MarkenG oder um die einer Verletzung eines Unternehmenskennzeichens nach § 15 MarkenG geht. Geht es um die Verletzung eines Unternehmenskennzeichen durch ein anderes Unternehmenskennzeichen, gelten nämlich – wie zu zeigen sein wird – andere Grundsätze als bei der Verlet-

---

721 RG GRUR 1931, 982 – *Johann Maria Farina gegenüber dem Jülichsplatz*; *Ingerl/Rohnke*, MarkenG, § 23 Rn. 24.

722 *Ingerl/Rohnke*, MarkenG, § 23 Rn. 25; Ströbele/*Hacker*, MarkenG, § 23 Rn. 13; Büscher/Dittmer/Schiwy/*Schalk*, GewRS, Teil 1, Kap. 3, § 23 MarkenG Rn. 4.

723 *Ingerl/Rohnke*, MarkenG, § 23 Rn. 25; Büscher/Dittmer/Schiwy/*Schalk*, GewRS, Teil 1, Kap. 3, § 23 MarkenG Rn. 4; *Fezer*, MarkenR, § 23 MarkenG Rn. 53; a.A. bzgl. Art. 12 lit. a) GMV Büscher/Dittmer/Schiwy/*Hoffrichter-Daunicht*, GewRS, Teil 1, Kap. 4, Art. 12 GMV Rn. 5.

724 Dazu *Jonas/Schmitz*, GRUR 2000, 183, 185.

725 5. Kapitel, III.

zung einer prioritätsälteren Marke durch ein prioritätsjüngeres Unternehmenskennzeichen.

Da § 23 Nr. 1 MarkenG in einer Vielzahl von unterschiedlichen Kollisionskonstellationen einschlägig sein kann, die durch zahlreiche Parameter bestimmt werden (dazu sogleich), kann der Unlauterkeitsvorbehalt nicht abstrakt erörtert werden. Es müssen einzelne Kollisionskonstellationen herausgegriffen werden. Dadurch soll die Gefahr der Unübersichtlichkeit minimiert werden. Unschärfen sind aber auch dabei selbstverständlich nicht zu vermeiden.

2. Parameter, die die Kollisionskonstellationen bestimmen

§ 23 Nr. 1 MarkenG kann in einer Vielzahl von Kollisionskonstellationen einschlägig sein, die sich in nahezu unübersehbarer Zahl bilden lassen. Die denkbaren Konstellationen werden bestimmt durch die folgenden Parameter:

- Ist das prioritätsältere Kennzeichen eine Marke oder ein Unternehmenskennzeichen?
- Ist das prioritätsjüngere Kennzeichen eine Marke oder ein Unternehmenskennzeichen?
- Wenn das prioritätsältere Kennzeichen ein Unternehmenskennzeichen ist: Besteht es aus einem bürgerlichen Namen oder einer „Phantasiebezeichnung“[726]?
- Wenn das prioritätsjüngere Kennzeichen ein Unternehmenskennzeichen ist: Besteht es aus einem bürgerlichen Namen oder einer „Phantasiebezeichnung“?
- Was gilt, wenn bei der Kollision zweier Unternehmenskennzeichen die Priorität nicht (mehr) feststellbar ist und die beiden kollidierenden Kennzeichen jahrelang unbeanstandet nebeneinander bestanden haben?
- Wie werden die kollidierenden Kennzeichen genutzt?

Je nachdem, wie die einzelnen Parameter besetzt sind, wie die Kollisionskonstellation also konkret aussieht, fällt die rechtliche Beurteilung aus. Angesichts der Vielzahl der Parameter ist es unmöglich, sämtliche Kollisionskonstellationen

726 Der Begriff „Phantasiebezeichnung“ soll lediglich ausdrücken, dass es sich nicht um den bürgerlichen Namen, sondern eine frei wählbare Bezeichnung handelt. Alternativen wären „anderer Handelsname“ oder „Wahlname“.

auch nur darzustellen oder gar ein Schema zu entwickeln. Daher wird sich die vorliegende Arbeit darauf beschränken, exemplarisch einige Kollisionskonstellationen herauszugreifen und zu erörtern.

3. Erörterung exemplarischer Kollisionskonstellationen

Als Kollisionskonstellationen sollen herausgegriffen werden die Kollision zwischen

- einer prioritätsälteren Marke und einem prioritätsjüngeren Unternehmenskennzeichen; hier soll nach der Beschaffenheit des prioritätsjüngeren Unternehmenskennzeichens differenziert werden (dazu a.), und
- zwei Unternehmenskennzeichen; hier soll nach der Beschaffenheit beider Unternehmenskennzeichen differenziert werden (dazu b).

a. Kollision zwischen einer prioritätsälteren Marke und einem prioritätsjüngeren Unternehmenskennzeichen

aa. Die prioritätsältere Marke und das prioritätsjüngere Unternehmenskennzeichen bestehen aus einer Phantasiebezeichnung

Die hier als erste zu untersuchende Konstellation lag den bereits unter anderen Gesichtspunkten erläuterten Urteilen des EuGH „*Anheuser-Busch/Budvar*“ und „*Céline*“[727] zugrunde. Zeitlich vor den genannten Urteilen war ausgeschlossen, dass § 23 Nr. 1 MarkenG bei dieser Kollisionskonstellation eingreifen konnte; eine Konkretisierung des Unlauterkeitsvorbehalts musste daher nie Gegenstand der Rechtsprechung oder Literatur sein.

(1) Vorgaben des EuGH

In den genannten Urteilen führte der EuGH aus, bei der Beurteilung, ob die markenverletzende Benutzung eines prioritätsjüngeren Handelsnamens gegen die guten Sitten verstoße, sei zu berücksichtigen,

- inwieweit die Verwendung des Handelsnamens des Dritten von den beteiligten Verkehrskreisen oder zumindest einem erheblichen Teil dieser

727 EuGH GRUR 2005, 153 – *Anheuser-Busch/Budvar*; EuGH GRUR 2007, 971 – *Céline*.

Kreise als Hinweis auf eine Verbindung zwischen den Erzeugnissen des Dritten und dem Markeninhaber oder einer zur Benutzung der Marke befugten Person aufgefasst werde, und

- inwieweit der Dritte sich dessen hätte bewusst sein müssen.

Bei dieser Beurteilung sei – so der EuGH – ebenfalls zu berücksichtigen, ob es sich um eine Marke handele, die in dem Mitgliedstaat, in dem sie eingetragen ist und in dem Maßnahmen zu ihrem Schutz beantragt werden, von einer gewissen Bekanntheit ist, die der Dritte beim Vertrieb seiner Erzeugnisse ausnutzen könnte[728].

Das unter dem ersten Spiegelstrich genannte Element bezeichnet *Büscher* als „vertikale Verbindung“[729]. Es ist das „objektive Element“ und erinnert stark an die Verwechslungsgefahr im weiteren Sinne, soll aber offenbar nicht das Gleiche, wohl etwas „weniger“ sein. Hier spielt beispielsweise eine Rolle, ob es um einen Fall des Identitätsschutzes oder des Verwechslungsschutzes geht und bei letzterem, von welchem Grad der Verwechslungsgefahr auszugehen ist. Weiter wird eine Rolle spielen, ob der Unternehmenskennzeicheninhaber sich in irgendeiner Weise optisch der Marke annähert (über die Wahl der Schriftart oder der Farben). So erwähnte der EuGH in dem Urteil „*Anheuser-Busch/Budvar*“ ausdrücklich die „Etikettierung der Flasche“[730]. Das heißt, es kommt nicht nur auf das Zeichen selbst an, sondern auf die gesamte Aufmachung eines Produkts als Teil der zu berücksichtigenden Gesamtumstände.

Mit dem unter dem zweiten Spiegelstrich genannten Element hat der EuGH eine „überraschend subjektiv formulierte Frage“[731], ein „Verletzungsbewusstsein“

---

728 Erstmals EuGH GRUR 2005, 153, 157 (Tz. 83) – *Anheuser-Busch/Budvar*; nachfolgend EuGH GRUR 2007, 971, 973 (Tz. 34) – *Céline*; EuGH GRUR 2010, 841, 845 (Tz. 67) –*Portakabin/Primakabin*, allerdings nicht zu Art. 6 Abs. 1 lit. a) MarkenRL und ohne das unter dem dritten Spiegelstrich angeführte Element zu nennen. *Knaak* (Festschrift von Mühlendahl, S. 83, 87) versteht das Urteil „*Anheuser-Busch/Budvar*“ abweichend so, dass der EuGH für die Prüfung, ob die Voraussetzung der anständigen Gepflogenheiten erfüllt sei, drei sehr einzelfallbezogene Kriterien nenne. Zunächst solle berücksichtigt werden, inwieweit die Verwendung des Handelsnamens eines Dritten von den beteiligten Verkehrskreisen als Hinweis auf eine Verbindung zwischen dessen Produkten und dem Markeninhaber aufgefasst wird und inwieweit sich der Dritte hätte bewusst sein müssen. Zweitens solle es darauf ankommen, ob die Marke in dem Mitgliedsstaat, in dem der Schutz durchgesetzt werden soll, eine gewisse Bekanntheit erlangt hat, und drittens sei auf die Etikettierung der Bierflaschen zu achten.

729 *Büscher*, MarkenR 2007, 453, 456.

730 EuGH GRUR 2005, 153, 157 (Tz. 84) – *Anheuser-Busch/Budvar*.

731 *Ingerl/Rohnke*, MarkenG, § 23 Rn. 22.

oder „subjektives Element“ in den Unlauterkeitsvorbehalt eingeführt. Zur Konkretisierung dieses Elements wurden bereits verschiedene Vorschläge gemacht; eine einheitliche Linie zeichnet sich aber nicht ab (dazu sogleich).

Das dritte vom EuGH genannte Element ist kein eigenständiges Element, sondern ein (zusätzlicher) Faktor für eine Rufausbeutung[732].

(2) Insbesondere: Das subjektive Element / Verletzungsbewusstsein

Ob das subjektive Element, das Verletzungsbewusstsein, unabdingbar für die Annahme der Unlauterkeit oder nur eines von in die Gesamtwürdigung einzustellenden Elementen ist und wie das subjektive Element überhaupt zu konkretisieren ist, ist bislang weitgehend unklar.

(a) Der EuGH und Generalanwältin *Sharpston* im Verfahren „Céline“

Die Urteile des EuGH geben auf beides keine Antwort. In den drei Urteilen „*Anheuser-Busch/Budvar*“, „*Céline*“ und „*Portakabin/Primakabin*“ beschränkte sich der EuGH auf die zitierten Ausführungen.

Generalanwältin *Sharpston* war in ihren Schlussanträgen in dem Verfahren „Céline“[733] auf das Thema „Kenntnis“, also die Frage nach der Konkretisierung des subjektiven Elements, eingegangen. Sie führte aus, die Einhaltung anständiger Gepflogenheiten bei der Wahl eines Namens, der im geschäftlichen Verkehr verwendet werden soll, setze voraus, dass mit angemessener Sorgfalt festgestellt werde, dass der gewählte Name nicht mit einer bestehenden Marke kollidiert. Es müsse also mit angemessener Sorgfalt geprüft worden sein, ob eine solche Marke besteht. Die Einsichtnahme in das nationale Markenregister oder das Gemeinschaftsmarkenregister sei in der Regel nicht besonders schwierig oder mühsam[734]. Wenn angemessene Sorgfalt aufgewendet worden sei und erwiesenermaßen keine solche Marke ausfindig gemacht wurde, könne nicht geltend gemacht werden, dass derjenige, der den Namen übernommen habe, den anständigen Gepflogenheiten in Gewerbe oder Handel zuwider gehandelt habe. Sei hingegen eine solche Marke ausfindig gemacht worden, richte sich der Umfang, in

732 *Ingerl/Rohnke*, MarkenG, § 23 Rn 13.
733 Schlussanträge der Generalanwältin *Sharpston* vom 18.1.2007, Rs. C 17/06 – Céline (BeckEuRS 2007, 441182).
734 Tz. 55 der Schlussanträge.

dem der Markeninhaber die Benutzung des Namens verbieten kann, nach dem weiteren Verhalten des Benutzers. Anständige Gepflogenheiten setzten „vermutlich" – so die Generalanwältin[735] – voraus, dass sich der Benutzer zumindest mit dem Markeninhaber in Verbindung setzt und um Stellungnahme bittet. Widerspreche dieser mit guten Gründen der Benutzung des Namens, entspräche die nachfolgende Benutzung nicht den anständigen Gepflogenheiten im Handel. Der EuGH griff diese Argumentation, wie ausgeführt, in seinem Urteil „*Céline*" allerdings nicht auf.

(b) Ansichten in der Literatur

Einzig *Büscher* erörtert, soweit ersichtlich, die Frage, ob das subjektive Element unabdingbar für die Annahme einer Unlauterkeit ist oder nur eines der in die Gesamtwürdigung einzustellenden Elemente. Er ist der Ansicht, aus dem Umstand, dass der EuGH den nationalen Gerichten die Gesamtwürdigung aller Umstände aufgebe, sei zu folgern, dass er keines der von ihm aufgezeigten Kriterien für die Annahme einer Unlauterkeit als unabdingbar ansehe. Es sei deshalb auch nicht davon auszugehen, dass nur dann, wenn dem Dritten hätte bewusst sein müssen, die angesprochenen Verkehrskreise würden eine Verbindung zwischen den Erzeugnissen oder Dienstleistungen und dem Markeninhaber herstellen, ein Verstoß gegen die anständigen Gepflogenheiten in Gewerbe oder Handel in Betracht komme[736].

Für die Konkretisierung des subjektiven Elements will *Büscher* die Grundsätze zum fahrlässigen Verhalten heranziehen[737]. Der Dritte müsse eine Markenrecherche im Hinblick auf nationale Marken und Gemeinschaftsmarken durchführen. Ergebe die Prüfung, dass identische oder ähnliche Marken bereits vorhanden sind, deren Schutzbereich verletzt werden könnte, müsse der Dritte mit seinem Unternehmenskennzeichen einen ausreichenden Abstand einhalten. Anders als bei prioritätsjüngeren Unternehmenskennzeichen, die aus dem Namen natürlicher Personen abgeleitet sind, die Unternehmensträger sind, und bei denen der Namensinhaber genügenden Abstand nur durch Zusätze erreichen könne, oder bei Zeichen, die die Waren- oder Dienstleistungen ihrer Herkunft nach bezeichnen, habe der Dritte bei der Wahl einer Sach- oder Phantasiebezeichnung als Unternehmenskennzeichen einen wesentlich größeren Spielraum, um einen genügenden Abstand zu wahren.

---

735 Tz. 57 der Schlussanträge.
736 *Büscher*, MarkenR 2007, 453, 456.
737 *Büscher*, MarkenR 2007, 453, 456.

Ingerl/Rohnke wollen ebenfalls die strengen Fahrlässigkeitsregeln des gewerblichen Rechtsschutzes zur Anwendung bringen, und zwar einschließlich der von *Büscher* vorgeschlagenen Recherchepflicht[738].

In einem älteren Festschriftbeitrag führte *Rohnke* aus, das subjektive Element stehe in einer Wechselwirkung zum Bekanntheitsgrad und zur Zeichenähnlichkeit. Es möge für den Prioritätsjüngeren entlastend wirken, wenn er vor Benutzungsaufnahme eine Ähnlichkeitsrecherche durch eine kompetente Kanzlei habe durchführen lassen und dabei die Auskunft erhalten habe, das – nicht identische, sondern nur ähnliche – ältere Zeichen sei nicht verwechslungsfähig[739].

Kur schlägt vor, am Aspekt der (konkreten) Irreführungsgefahr anzusetzen. Die Koexistenz von Marke und Handelsname würde nur dort dem Lauterkeitserfordernis genügen können, wo der Abstand zwischen den Zeichen ungeachtet der prinzipiell bestehenden Verwechslungsgefahr so groß ist, dass er die Unterscheidung der betrieblichen Herkunft noch zulässt. Sei der Abstand hingegen so gering, dass die Unterscheidung nicht oder nur bei Aufbietung besonderer Aufmerksamkeit erfolgen kann, könne bei dieser Betrachtung keine Vereinbarkeit mit den Erfordernissen des lauteren Handelsverkehrs angenommen werden. Dem Verbietungsrecht des Markeninhabers würden bei dieser Betrachtung insbesondere identische oder quasiidentische (gewillkürte) Handelsnamen unterliegen, wobei auch der Abstand zwischen den jeweiligen Geschäftsbereichen zu berücksichtigen wäre[740]. Alternativ erwägt *Kur* eine Rechercheobliegenheit, bei der das „Kennenmüssen" aber auf eindeutige Verwechslungsfälle beschränkt sein müsse und fahrlässige Fehleinschätzungen nicht ausreichen dürften.

Knaak versteht den EuGH so – und kritisiert ihn –, dass bereits die unbewusste Herbeiführung eines Konflikts eines Handelsnamens mit einer älteren Marke außerhalb des Markenschutzes bleiben solle[741].

Lange unterscheidet bei der Vorwerfbarkeit zunächst zwischen der „Erkennbarkeitsfrage", der „Beeinträchtigungsfrage" und der (seiner Ansicht nach nicht beachtlichen) „Zeichenbedeutungsfrage"[742]. Seiner Ansicht nach kann es keine auf alle Fälle passenden Kriterien für die Vorwerfbarkeit geben. Der erforderliche Grad der „Bösgläubigkeit" des Unternehmenskennzeicheninhabers bzw. der Vorwerfbarkeit seiner Unkenntnis werde vielmehr bestimmt durch das jeweilige

---

738 *Ingerl/Rohnke*, MarkenG, § 23 Rn. 22.
739 *Rohnke*, Festschrift für Ullmann, S. 359, 369.
740 *Kur,* GRUR Int. 2008, 1, 4.
741 *Knaak*, Festschrift für von Mühlendahl, S. 83, 91.
742 *Lange*, MarkenR 2007, 457, 463.

„Verletzungspotential“ bzw. die „Verletzungsintensität“[743]. Je nachdem, ob der Inhaber sein Unternehmenskennzeichen auf seinen Waren benutze oder eine bekannte ältere Marke in sein Unternehmenskennzeichen aufnehme, oder ob sich der Warenbezug nur aus allgemeinen Umständen ergebe, sei der Maßstab unter Umständen so streng, dass die Schutzschranke ihn nicht freistellen könne, oder eben weniger streng[744].

(c) Stellungnahme

Die Ansicht *Büschers* zur Frage, ob das subjektive Element nur eines der in die Gesamtwürdigung einzustellenden Elemente ist, überzeugt. Die Beantwortung dieser Frage ist allerdings ohnehin nicht entscheidend, wenn man das subjektive Element wie nachfolgend vertreten konkretisiert. Dann nämlich wird in der hier erörterten Kollisionskonstellation meist von einem Verletzungsbewusstsein auszugehen sein.

Die Frage nach der Konkretisierung des subjektiven Elements bzw. danach, wann das vom EuGH geforderte Verletzungsbewusstsein in der hier untersuchten Kollisionskonstellation vorliegt, muss von der Funktion, die dem Unlauterkeitsvorbehalt zukommt bzw. zukommen soll, her beantwortet werden.

Oben unter II.1.b.bb.(3) wurde angeführt, der Unlauterkeitsvorbehalt stelle eine „Korrekturmöglichkeit“ der kritisch betrachteten weiten Auslegung des Namensbegriffs durch den EuGH dar. Um diese Möglichkeit tatsächlich bieten zu können, muss das subjektive Element ergebnisorientiert so konkretisiert werden, dass in aller Regel vom Vorliegen eines Verletzungsbewusstseins auszugehen ist und die Interessenabwägung daher zu Lasten des Dritten ausfällt. Nur dann ist das als sachgerecht empfundene Ergebnis zu erzielen, dass nämlich das prioritätsjüngere Unternehmenskennzeichen nicht zuletzt wegen der bestehenden Wahlmöglichkeit in den allermeisten Fällen der älteren Marke wird weichen müssen.

Das heißt zunächst: Die bloße Unkenntnis von der (ähnlichen) prioritätsälteren Marke reicht in keinem Fall aus, um ein Fehlen des Verletzungsbewusstseins annehmen zu können. Wenn man dies annähme, käme das einer Einladung zum bewussten und willentlichen Augen-Verschließen bzw. zu völliger Passivität gleich. Gleichzeitig dürfen die Anforderungen nicht so hoch sein, dass das reine, objektive Auffinden-Können der Marke ausreicht, um das Vorliegen des Verlet-

743 *Lange*, MarkenR 2007, 457, 464.

744 *Ingerl/Rohnke* sind der Ansicht, die Ausführungen *Langes* seien „durcheinander“ (MarkenG, § 23 Rn. 22).

zungsbewusstseins zu bejahen. Dann wäre die Schranke in ihrer Auslegung, die sie durch den EuGH erfahren hat, in der gerade erörterten Kollisionskonstellation praktisch nie einschlägig. Im Ergebnis bestünde der Rechtszustand fort, der vor den EuGH-Entscheidungen „*Anheuser-Busch/Budvar*“ und „*Céline*“ bestanden hatte[745].

Mit diesen Feststellungen ist zunächst der „Korridor“ abgesteckt, innerhalb dessen sich die Anforderungen an das Verletzungsbewusstsein bewegen müssen.

Die Heranziehung der strengen Grundsätze, die zum fahrlässigen Verhalten entwickelt wurden, erscheint in ihrer Gesamtheit nicht sachgerecht. Es würden nämlich zu hohe Anforderungen gestellt.

Nach den Grundsätzen zum fahrlässigen Verhalten gilt – allgemein – Folgendes:

Gemäß § 276 Abs. 2 BGB handelt fahrlässig, wer die im Verkehr erforderliche Sorgfalt außer acht lässt. Die im Verkehr erforderliche Sorgfalt ist im gewerblichen Rechtsschutz traditionell sehr weitgehend, d.h., es werden hohe Anforderungen an die zu beachtenden Sorgfaltspflichten eines Verletzers gestellt[746]. Zu den Sorgfaltspflichten gehört danach eine Überwachungs- und Erkundigungspflicht, insbesondere bei der Ingebrauchnahme einer neuen Kennzeichnung[747]. Insoweit ist eine sorgfältige, professionell durchgeführte Recherche nach möglicherweise entgegenstehenden Rechten Dritter geboten. Die Recherche darf sich dabei nicht auf identische Registermarken beschränken, sondern muss sich auch auf bloß ähnliche Marken sowie auf nicht eingetragene Rechte wie z.B. Benutzungsmarken erstrecken. Das erfordert – über die Einsicht in das Markenregister und die Nutzung privater Datenbanken hinaus – eine entsprechende Marktanalyse.

Etwaige Schwierigkeiten bei der Beurteilung rechtlicher Fragen wie der Verwechslungsgefahr oder der Reichweite des Bekanntheitsschutzes verpflichten zusätzlich zur Einholung rechtskundigen Rates. Das Einholen rechtskundigen Rates allein kann den Verletzer aber nicht ohne weiteres entlasten. Bei zweifelhafter Rechtslage trifft grundsätzlich den Verletzer das Fahrlässigkeitsrisiko[748]. Ein trotz (oder infolge) fachkundiger Beratung eingetretener Rechtsirrtum kann den Verletzer nur dann entlasten, wenn er mit einer anderen Beurteilung durch die Gerichte nicht zu rechnen brauchte[749].

745 Darauf weist auch *Kur* (GRUR Int. 2008, 1, 4) hin.
746 Ströbele/*Hacker*, MarkenG, § 14 Rn. 347.
747 Ströbele/*Hacker*, MarkenG, § 14 Rn. 348.
748 *Ingerl/Rohnke*, MarkenG, Vor §§ 14-19 Rn. 223.
749 Ströbele/*Hacker*, MarkenG, § 14 Rn. 349 m.w.N.

Sachgerecht erscheint mir, für das hier zu konkretisierende Verletzungsbewusstsein eine vor Benutzungsaufnahme bestehende Rechercheobliegenheit[750], und zwar im Hinblick auf nationale Marken und Gemeinschaftsmarken, einschließlich der Obliegenheit zur Marktbeobachtung anzunehmen. Ebenfalls sollte, wenn eine identische oder ähnliche Marke in einer Klasse, die nicht fern dem Tätigkeitsfeld des eigenen Unternehmens ist, gefunden wurde, entweder sogleich das geplante Unternehmenskennzeichen so verändert werden, dass eindeutig ausreichender Abstand zu der älteren Marke besteht, oder es sollte rechtskundiger Rat einzuholen sein. Insoweit können also die dargestellten allgemeinen Grundsätze zum fahrlässigen Verhalten im gewerblichen Rechtsschutz zur Konkretisierung des Verletzungsbewusstseins herangezogen werden.

Nicht übertragen werden kann meines Erachtens aber alles Weitergehende, insbesondere dass den Verletzer das Fahrlässigkeitsrisiko trifft. Das Verletzungsbewusstsein darf nicht schon dann angenommen werden, wenn sich der Verletzer erkennbar in einem Grenzbereich des rechtlich Zulässigen (bezogen auf den Verletzungstatbestand) bewegt. Wenn die Recherche beispielsweise ergeben hat, dass eine ähnliche Marke, eingetragen in einer Klasse, die zum eigenen Geschäftsfeld passt, existiert, eine Verwechslungsgefahr aber als unwahrscheinlich und gering anzusehen sein dürfte, liegt kein Verletzungsbewusstsein vor. Das Verletzungsbewusstsein darf nur angenommen werden in Fällen, in denen es überwiegend wahrscheinlich erscheinen musste, es nahezu eindeutig war, dass der Verletzungstatbestand erfüllt ist und der Verkehr das gewählte Unternehmenskennzeichen als Hinweis auf eine Verbindung zwischen dem das geplante Unternehmenskennzeichen Verwendenden und der prioritätsälteren Marke verstehen wird. Ein solcher eindeutiger Fall liegt etwa vor, wenn wie im Fall „Céline" ein (nahezu) identisches Zeichen in der gleichen Branche verwendet wird.

Die Anwendung dieses Maßstabs führt wegen der genannten Einschränkung nicht dazu, dass ein umfassender, nahezu objektiver Schutz der Marke erreicht wird. Auch eine zu Zeichenähnlichkeit und Verwechslungsgefahr hinzutretende „zweite Abstandslehre" oder gar eine Absenkung auf nur noch wettbewerbsrechtliches Schutzniveau wird vermieden[751].

750 Hier würde es sich wohl um eine Obliegenheit, nicht um eine Pflicht handeln. Denn für den „Berechtigten" wird weder ein Erfüllungsanspruch noch bei Verletzung eine Schadensersatzforderung begründet. Die Durchführung der Recherche ist eine „Last", deren Erfüllung im wohlverstandenen eigenen Interesse des Belasteten liegt, da sonst ein Rechtsnachteil eintritt („Verpflichtung gegenüber sich selbst").

751 Vgl. *Ingerl/Rohnke*, MarkenG, § 23 Rn. 22 (allerdings bezogen auf die vollständige Übernahme der strengen Fahrlässigkeitsregeln des gewerblichen Rechtsschutzes).

bb. Das prioritätsjüngere Unternehmenskennzeichen besteht aus einem bürgerlichen Namen, die prioritätsältere Marke aus einer Phantasiebezeichnung

Besteht das prioritätsjüngere Unternehmenskennzeichen aus einem bürgerlichen Namen, stellt sich die Frage, ob das grundsätzlich bestehende Recht, zur Bezeichnung seines Unternehmens im geschäftlichen Verkehr seinen (Familien-) Namen nutzen zu dürfen, im Rahmen des Unlauterkeitsvorbehalts einer der im Rahmen der Gesamtabwägung zu beachtenden Umstände ist („§ 23 Nr. 1 MarkenG pur") oder ob das sogleich unter b.aa. erörterte Recht der Gleichnamigen mit all seinen Besonderheiten zur Anwendung kommt.

Ginge man von „§ 23 Nr. 1 MarkenG pur" aus, bestünde die Gefahr, dass im Rahmen des Unlauterkeitsvorbehalts die Interessenabwägung in den allermeisten Fällen zugunsten des Namensträgers ausfallen und mithin eine Besserstellung der prioritätsjüngeren Kennzeichnung allein aus dem Grund, dass sie den bürgerlichen Namen enthält, erreicht würde. Dadurch würde der Markenschutz „aufgeweicht". Kein Markeninhaber, dessen Marke keine älteren Rechte verletzt, könnte mehr darauf vertrauen, dass später nicht ein prioritätsjüngerer Namensträger mit gleichem oder ähnlichem Namen seine Marke unter Umständen maßgeblich schwächt.

Das von der Rechtsprechung entwickelte Recht der Gleichnamigen, so viel sei vorweggenommen, bietet ein Interessenausgleichmodell für Fälle, in denen das prioritätsältere Recht ebenfalls das eines Namensträgers ist. Fraglich war und ist jedoch, ob dieses Interessenausgleichsmodell auch zur Anwendung kommen kann, wenn sich ein bürgerlicher Name und eine prioritätsältere Phantasiebezeichnung gegenüberstehen. Für die Anwendung spricht, dass es vom Sinn und Zweck des Rechts der Gleichnamigen her nicht darauf ankommen kann, ob das prioritätsältere Recht ebenfalls auf einem Familiennamen beruht oder nicht[752]. Daher wird gemeinhin die Ansicht vertreten, dass das Recht der Gleichnamigen auch in dieser Kollisionskonstellation einschlägig ist[753].

Diese Ansicht überzeugt. Das Recht der Gleichnamigen versucht, die Interessen zweier Namensträger bestmöglich miteinander in Einklang zu bringen. Für die Anwendung des Rechts der Gleichnamigen kann es aber nicht darauf ankommen, ob es sich bei dem älteren Kennzeichen um ein Unternehmenskennzeichen oder eine Marke handelt und ob das Recht der Älteren einen „wirklichen" Namen oder eine Phantasiebezeichnung zum Gegenstand hat. Entscheidend für die

752 *Goldmann*, Der Schutz des Unternehmenskennzeichens, § 17 Rn. 51.
753 Ströbele/*Hacker*, MarkenG, § 23 Rn. 26; *von Schultz*, GRUR 1992, 487, 489 ff.; *Goldmann,* Der Schutz des Unternehmenskennzeichens, § 17 Rn. 51.

Anwendbarkeit spricht, dass so die Interessen beider Seiten hinreichend berücksichtigt werden können dadurch, dass eine Koexistenzregelung getroffen wird und den prioritätsjüngeren Namensträger in der Regel gewisse Pflichten treffen werden. Insoweit muss für diese Kollisionskonstellation auf die Ausführungen unter b.aa. zum Recht der Gleichnamigen verwiesen werden.

b. Kollision zwischen zwei Unternehmenskennzeichen

aa. Beide Unternehmenskennzeichen bestehen aus bürgerlichen Namen – Das Recht der Gleichnamigen

(1) Problemaufriss, Anwendungsfälle und Grundregel

Familiennamen werden in den allermeisten Fällen von mehreren Personen getragen. Kennzeichenrechtliche Konflikte entstehen daraus dann, wenn unterschiedliche Personen denselben Familiennamen als Unternehmenskennzeichen oder als Marke im geschäftlichen Verkehr führen wollen. Solche Konflikte können nicht streng nach dem das Kennzeichenrecht beherrschenden, formalen Prioritätsprinzip gelöst werden, da das aus dem allgemeinen Persönlichkeitsrecht hergeleitete Namensführungsrecht nicht hinreichend gesichert werden kann.

Rechtsprechung und Literatur haben, da keine gesetzliche Regelung bestand, über Jahrzehnte hinweg ein von den allgemeinen kennzeichenrechtlichen Grundsätzen, insbesondere dem Prioritätsprinzip, abweichendes Interessenausgleichsmodell entwickelt. Es wurde zu einer bedeutsamen (ungeschriebenen) Schranke kennzeichenrechtlicher Ansprüche. Seine Regelungen wurden und werden unter dem Stichwort „Recht der Gleichnamigen" zusammengefasst.

Das Recht der Gleichnamigen in seinem ursprünglichen Anwendungsbereich befasst sich – kurz gesagt – mit der Frage, ob und inwieweit sich eine Person im geschäftlichen Verkehr seines bürgerlichen Namens bedienen darf, wenn und obwohl es dadurch zu einer Kollision mit dem Kennzeichenrecht eines Dritten kommt, der – bezogen auf seinen Auftritt im geschäftlichen Verkehr – eine bessere Priorität genießt. Es schafft eine differenzierte Koexistenzregelung. Entsprechende Anwendung findet das Recht der Gleichnamigen bei sogenannten kennzeichenrechtlichen Gleichgewichtslagen[754]. Anwendung findet das Recht

754 Dazu ausführlich unter (8).

der Gleichnamigen schließlich im Rahmen des erweiterten Schutzes bekannter Kennzeichen, wenn es um die Vermeidung einer Verwässerungsgefahr geht[755].

Die „Grundregel" der Rechts der Gleichnamigen lautet: Der Inhaber des prioritätsälteren Kennzeichenrechts muss die Verwechslungsgefahr hinnehmen, die der Träger des prioritätsjüngeren Namens dadurch hervorruft, dass er seinen Namen im geschäftlichen Verkehr führt, wenn er ein schutzwürdiges Interesse an der Benutzung hat, redlich handelt und alles Erforderliche und Zumutbare tut, um eine Verwechslungsgefahr auszuschließen oder auf ein hinnehmbares Maß zu verringern[756]. Aus dem Recht der Gleichnamigen folgt mithin kein unbegrenztes Recht zur Namensführung im geschäftlichen Verkehr[757]. In seltenen Ausnahmefällen kann (auch) den Prioriätsälteren eine Pflicht zur Abgrenzung treffen.

(2) Obsolet durch die europäische Harmonisierung?

Nach einer, soweit ersichtlich nur von *Hildebrandt* vertretenen Ansicht[758] wurde das Recht der Gleichnamigen durch die europäische Harmonisierung obsolet. Art. 6 Abs. 1 lit. a) MarkenRL und damit auch § 23 Nr. 1 MarkenG legitimierten nämlich trotz markenrechtlicher Kollisionslage nicht nur die lautere Benutzung von Namen natürlicher, sondern auch von Namen juristischer Personen. Es erscheine wenig sachgerecht, § 23 Nr. 1 MarkenG unterschiedlich auszulegen je nachdem, ob Marke oder geschäftliche Bezeichnung betroffen ist. Denn der Gesetzgeber habe gerade eine einheitliche Regelung in einer einheitlichen Vorschrift gewollt. Für ein Recht der Gleichnamigen neben § 23 Nr. 1 MarkenG bleibe daher kein Raum. Soweit der BGH ausführe, das Recht der Gleichnamigen sei im Rahmen des § 23 Nr. 1 MarkenG unverändert anwendbar, verkenne er den Wechsel der maßgeblichen Vorschrift und die Auslegungskompetenz des EuGH[759]. Die Ausführungen des BGH seien „kaum weiterführend"[760]. Das am Grundsatz von Treu und Glauben i.S.v. § 242 BGB und an Rücksicht-

755 BGH GRUR 1966, 623, 625 – *Kupferberg*, OLG Hamm ZUM-RD 1998, 566 – *krupp.de*; *Ingerl/Rohnke*, MarkenG, § 23 Rn. 29.

756 Z.B. BGH GRUR 2010, 738, 741 (Tz. 18) – *Peek & Cloppenburg I*; BGH GRUR 2008, 801, 802 (Tz. 24) – *Hansen Bau*; BGH GRUR 1993, 579, 580 – *Römer GmbH*; BGH GRUR 1987, 182, 183 – *Stoll*; BGH GRUR 1985, 389, 390 – *Familienname*; *Ingerl/Rohnke*, MarkenG, § 23 Rn. 27.

757 BGH GRUR 1985, 389, 390 – *Familienname*; Ströbele/*Hacker*, MarkenG, § 23 Rn. 32.

758 *Hildebrandt*, Marken und andere Kennzeichen, § 15 Rn. 9 und § 18 Rn. 21.

759 *Hildebrandt*, Marken und andere Kennzeichen, § 18 Rn. 21.

760 *Hildebrandt*, Marken und andere Kennzeichen, § 15 Rn. 9.

nahmepflichten orientierte Gleichnamigenrecht weiche dem Verbot eines Handelns gegen anerkannte Gepflogenheiten in Gewerbe und Handel i.S.v. § 23 MarkenG. Nach diesem Maßstab werde eine Benutzung unter Umständen häufiger als rechtmäßig zu beurteilen sein als nach den Maßstäben des Gleichnamigenrechts. Vor allem werde sich die deutsche Rechtsprechung kaum fortsetzen lassen, wonach unter Umständen auch den Prioritätsälteren Pflichten zur Rücksichtnahme treffen können[761]. Ansprüche des Prioritätsjüngeren gegen den Älteren seien systemfremd geworden[762].

Der Ansicht von *Hildebrandt* ist nicht zu folgen. Gegen sie spricht wesentlich das Argument, dass das Recht der Unternehmenskennzeichen nicht Gegenstand der europäischen Harmonisierung ist. Das schließt, wie ausgeführt, auf der einen Seite zwar nicht aus, dass die weite Auslegung des Namensbegriffs i.S.v. Art. 6 Abs. 1 lit. a) MarkenRL / § 23 Nr. 1 MarkenG durch den EuGH auch bei Kollisionsfällen zwischen zwei Unternehmenskennzeichen gilt. § 23 Nr. 1 MarkenG differenziert nämlich gerade nicht nach der Art des älteren Kennzeichens und muss insoweit einheitlich ausgelegt werden. Das schließt es aber auf der anderen Seite auch nicht aus, dass nationale Besonderheiten im Recht der Unternehmenskennzeichen (fort-)gelten, insbesondere dann, wenn spezielle Konstellationen eines differenzierten und bewährten Interessenausgleichs bedürfen. Das Recht der Gleichnamigen ist damit nicht obsolet. Ganz im Gegenteil kann es nach den beiden Urteilen „*Anheuser-Busch/Budvar*“[763] und „*Céline*“[764] nun gesetzlich verankert werden (dazu sogleich). Denn das Recht zur Führung des Handelsnamens ist durch Art. 6 Abs. 1 lit. a) MarkenRL, wie dargestellt, nunmehr anerkannt[765].

(3) Geschichtliche Entwicklung des Rechts der Gleichnamigen

Vor Inkrafttreten des MarkenG im Jahr 1995 war das Unternehmenskennzeichenrecht, wie bereits ausgeführt, im UWG geregelt[766]. Der Regelung des § 8 UWG 1896 war die grundsätzliche Anerkennung des Rechts zu entnehmen, den eigenen Namen im geschäftlichen Verkehr zu benutzen. § 8 UWG 1896 normierte einen Schadensersatz- und Unterlassungsanspruch für den Fall, dass die Benutzung des Namens darauf „berechnet und geeignet“ war, Verwechslungen

---

761 *Hildebrandt*, Marken und andere Kennzeichen, § 18 Rn. 22.

762 *Hildebrandt*, Marken und andere Kennzeichen, § 18 Rn. 23.

763 EuGH GRUR 2005, 153 – *Anheuser-Busch/Budvar*.

764 EuGH GRUR 2007, 971 – *Céline*.

765 *Büscher*/Dittmer/Schiwy, GewRS, Teil 1, Kap. 3, § 15 MarkenG Rn. 22.

766 Vgl. zur geschichtlichen Entwicklung auch *Goldmann*, Der Schutz des Unternehmenskennzeichens, § 17 Rn. 4 ff.

mit dem Namen eines anderen hervorzurufen, der den Namen befugterweise benutzt[767]. Die Nachfolgeregelung des § 16 UWG a.F. verzichtete auf die subjektive Voraussetzung („berechnet") und sprach nur noch davon, dass die Benutzung „geeignet" sein muss, Verwechslungen herbeizuführen[768]. Daraufhin wurde in der Literatur der 1920er Jahre darüber gestritten, ob grundsätzlich noch ein Recht zur redlichen Führung des eigenen Namens im geschäftlichen Verkehr anzuerkennen sei[769].

Das RG wählte zur Lösung der zwischen Gleichnamigen auftretenden Konflikte zunächst einen rein formalen Ansatz: Erlaubt war die Führung des eigenen Namens, wenn ein registerrechtlicher Zwang bestand, wie er sich aus §§ 18, 19 HGB a.F. [770] ergab. Die §§ 18, 19 HGB a.F. verdienten, so das RG, grundsätzlich – soweit nicht unredliche Verhaltensweisen eine andere Beurteilung geböten – Vorrang[771]. Folgerichtig hatte das RG Einschränkungen des Schutzes aus § 16 UWG a.F. nur in solchen Fällen gelten lassen, in denen der prioritätsjüngere Namensträger eine Rechtsform gewählt hatte, auf die die Vorschriften der §§ 18, 19 HGB a.F. anzuwenden waren. Für Firmierungen, in denen die Ver-

767 Der Wortlaut des § 8 UWG 1896 war: „Wer im geschäftlichen Verkehr einen Namen, eine Firma oder die besondere Bezeichnung eines Erwerbsgeschäfts, eines gewerblichen Unternehmens oder einer Druckschrift in einer Weise benutzt, welche darauf berechnet und geeignet ist, Verwechselungen mit dem Namen, der Firma oder der besonderen Bezeichnung hervorzurufen, wenn sich ein anderer befugterweise bedient, ist diesem zum Ersatze des Schadens verpflichtet. Auch kann der Anspruch auf Unterlassung der mißbräuchlichen Art der Benutzung geltend gemacht werden."

768 Der Wortlaut des § 16 Abs. 1 UWG a.F. war: „Wer im geschäftlichen Verkehr einen Namen, eine Firma oder die besondere Bezeichnung eines Erwerbsgeschäfts, eines gewerblichen Unternehmens oder einer Druckschrift in einer Weise benutzt, welche geeignet ist, Verwechselungen mit dem Namen, der Firma oder der besonderen Bezeichnung hervorzurufen, deren sich ein anderer befugterweise bedient, kann von diesem auf Unterlassung der Benutzung in Anspruch genommen werden." Abs. 2 lautete: „Der Benutzende ist dem Verletzten zum Ersatze des Schadens verpflichtet, wenn er wußte oder wissen mußte, daß die mißbräuchliche Art der Benutzung geeignet war, Verwechselungen hervorzurufen."

769 Zu den einzelnen Positionen *Goldmann*, Der Schutz des Unternehmenskennzeichens, § 17 Rn. 5 m.w.N.; allgemein auch *Klippel*, Der zivilrechtliche Schutz des Namens, S. 324 ff.

770 Die §§ 18 und 19 HGB a.F. schrieben für den Kaufmann, der sein Geschäft allein oder mit einem stillen Gesellschafter betreibt, vor, seinen Familiennamen mit mindestens einem ausgeschriebenen Vornamen als Firma zu führen; die Firma einer offenen Handelsgesellschaft musste den (Familien-)Namen wenigstens eines Gesellschafters und die Firma einer Kommanditgesellschaft den Namen wenigstens eines persönlich haftenden Gesellschafters enthalten. Die §§ 18, 19 HGB a.F. waren gültig bis zum Inkrafttreten des Handelsrechtsreformgesetzes (BGBl. I, S. 1474 ff.) am 1.7.1998.

771 RGZ 116, 209, 210 ff. – *Stollwerk*; RG GRUR 1941, 110, 112 ff. – *Nieten- und Schraubenfabrik*; vgl. auch *Knaak*, Das Recht der Gleichnamigen, S. 33 ff.

wendung des bürgerlichen Namens nicht registerrechtlich vorgeschrieben war, hatte es keine Privilegierung gelten lassen[772]. In der Wahl der Rechtsform hat das RG den Namensträger allerdings nicht beschränkt[773].

Später modifizierte das RG seinen rein formalen Ansatz, indem es feststellte, der Prioritätsjüngere könne unter Umständen einen „wertvollen Besitzstand" an seinem Namen geschaffen haben, der zu seinen Gunsten zu berücksichtigen sei. Im Urteil „*Hä/Orange*" stellte das RG beispielsweise fest, es könne grundsätzlich niemandem verwehrt werden, unter seinem Namen im Wirtschaftsleben aufzutreten. Sofern der Gebrauch des eigenen Namens zu Verwechslungen führen könne, bestehe aber die Pflicht, dem durch eine Gestaltung vorzubeugen, die diese Gefahr nach Möglichkeit ausschließe[774].

Der BGH gab die wesentlich auf die registerrechtliche Namensführungspflicht abstellende Rechtsprechung des RG mit der Entscheidung „*Kupferberg*"[775] endgültig auf[776]. Bis heute macht er die Verwendung des Namens durch den Prioritätsjüngeren davon abhängig, dass der Prioritätsjüngere ein „schutzwürdiges Interesse hat und im Rahmen des Zumutbaren das Geeignete und Erforderliche tut, um einer Verwechslung der Bezeichnungen nach Möglichkeit zu begegnen"[777]. Der BGH vollzog damit einen Paradigmenwechsel hin zum persönlichkeitsrechtlichen – durch Art. 2 Abs. 1 GG abgesicherten – Namensführungsrecht[778]. Dass der BGH das Recht der Gleichnamigen seither mit dem persönlichkeitsrechtlichen Namensführungsrecht begründet, lässt auch die Entscheidung „*Caren Pfleger*"[779] erkennen. Dort führte der BGH aus, ein Namensträger dürfe bei Vorliegen „besonderer, gewichtiger Gründe" – etwa bei besonderen schöpferischen Leistungen im Modebereich, die an das Persönlichkeitsrecht anknüpfen – seinen Namen ausnahmsweise auch zur Kennzeichnung von Waren verwenden,

---

772 RGZ 116, 209, 211 f. – *Stollwerk*; RGZ 111, 66, 72 – *Arnheim*; RGZ 110, 234, 236 f. – *Malzmann*; RG GRUR 1926, 482 – *Wagner*; Einzelheiten bei *Baumbach/Hefermehl*, Wettbewerbsrecht [17. Aufl.], § 16 Rn. 79.

773 RG GRUR 1941, 110, 113 – *Nieten- und Schraubenfabrik.*

774 RGZ 170, 265, 270 – *Hä/Orange.*

775 BGH GRUR 1966, 623 – *Kupferberg.*

776 Die Rechtsprechung des RG war vom BGH zunächst übernommen worden, vgl. BGH NJW 1951, 520 – *Luppy*; BGHZ 14, 155 – *Farina*; BGH GRUR 1957, 342, 346 – *Underberg.*

777 BGH GRUR 1966, 623, 625 – *Kupferberg.*

778 Vgl. auch OLG Hamburg GRUR 1986, 84, 85 – *Underberg* mit ausdrücklicher Berufung auf Art. 2 Abs. 1 GG; aus der Literatur: *Ingerl/Rohnke*, § 23 MarkenG Rn. 18; HK-MarkenG/*von Hellfeld*, § 23 Rn. 23; *Scholz*, GRUR 1996, 679, 681 f.; *Beier*, GRUR 1966, 627, 628; *Goldmann*, Das Recht des Unternehmenskennzeichens, § 17 Rn. 7; *Heyers*, Schutz- und Verkehrsfähigkeit von Namensmarken, S. 237.

779 BGH GRUR 1991, 475 – *Caren Pfleger.*

obwohl grundsätzlich ein weit geringeres Bedürfnis für die Eintragung des Namens als Warenzeichen bestehe als für die Führung des eigenen Namens als Firma[780].

Die Loslösung von der registerrechtlichen Namensführungspflicht hatte auch zur Folge, dass die grundlegende Reform des Handelsrechts im Jahr 1998, die eine praktisch vollständige Aufhebung des handelsrechtlichen Zwangs zur Verwendung des bürgerlichen Namens beinhaltete, keine Auswirkungen auf das Recht der Gleichnamigen hatte[781].

(4) Gesetzliche Verankerung des Rechts der Gleichnamigen

(a) Vor In-Kraft-Treten des MarkenG

Im früheren Schrifttum wurde das Recht der Gleichnamigen aus immanenten Beschränkungen namensrechtlicher Ansprüche nach § 12 BGB abgeleitet[782]. Teilweise wurde dabei die Grundlage in dem in § 12 BGB enthaltenen Merkmal der Unbefugtheit gesehen[783], teilweise in der in § 12 BGB vorgesehenen Interessenabwägung[784].

(b) Nach Inkrafttreten des MarkenG

Weitgehend unstreitig war, dass die Grundsätze des Rechts der Gleichnamigen nach In-Kraft-Treten des MarkenG fortgelten. Streitig war indes, ob und wenn ja wo das Recht der Gleichnamigen im Gesetz verankert werden kann.

---

780 BGH GRUR 1991, 475, 478 – *Caren Pfleger*.

781 Dazu ausführlich *Plaß*, WRP 2000, 40 ff., *Goldmann*, Der Schutz des Unternehmenskennzeichens, § 17 Rn. 33.

782 GK-*Teplitzky*, § 16 Rn. 385; *von Gamm*, Wettbewerbsrecht, Kap. 54 Rn. 1; *Knaak*, Das Recht der Gleichnamigen, S. 53; a.A.: *von Falck*, GRUR 1966, 501, 502, der das Recht der Gleichnamigen als Beschränkung der Verwechslungsgefahr einordnet sowie *Tilmannn*, GRUR 1981, 621, 625, der § 1 UWG als die „richtige Ergänzungsregel“ ansieht.

783 *Knaak*, Das Recht der Gleichnamigen, S. 53.

784 *von Gamm*, Wettbewerbsrecht, Kap. 54 Rn. 1.

(aa) Offenlassen des gesetzlichen Anknüpfungspunkts

Das OLG Hamburg, das wiederholt mit Fällen der Gleichnamigkeit überwiegend anlässlich der Auseinandersetzung zwischen zwei gleichnamigen Bekleidungsunternehmen („Peek & Cloppenburg") befasst ist[785], nennt in keinem seiner Urteile einen konkreten gesetzlichen Anknüpfungspunkt. Es spricht nur davon, dass der Unterlassungsanpruch „aus" oder „nach" „dem Recht der Gleichnamigen" oder „entsprechend den Grundsätzen des Rechts der Gleichnamigen" begründet[786] bzw. nicht begründet sei[787]. Das OLG Hamburg scheint das Recht der Gleichnamigen damit als eigenständiges, von der Rechtsprechung entwickeltes Rechtsinstitut anzusehen, das keines gesetzlichen Anknüpfungspunkts bedarf[788].

Etwas anderes kann auch dem Urteil des OLG Hamburg *„derrick.de"*[789] nicht entnommen werden. Dort führte das Gericht aus, der Beklagte könne sich nicht mit Erfolg auf „das Recht der Gleichnamigen" stützen, wenn auch jedermann das Recht habe, sich unter seinem bürgerlichen Namen als selbständiger Gewerbetreibender im Geschäftsverkehr zu betätigen und dieser Grundsatz in § 23 Nr. 1 MarkenG zum Ausdruck komme[790]. Auch dieses Urteil zeigt, dass das OLG Hamburg das Recht der Gleichnamigen als eigenständiges Rechtsinstitut betrachtet und lediglich dessen Grundgedanken auch in § 23 Nr. 1 MarkenG verankert sieht.

Diese Vorgehensweise ist pragmatisch, da die Frage nach dem gesetzlichen Anknüpfungspunkt für die Beurteilung eines Falles nicht von Bedeutung ist: Unab-

---

785 Z.B. OLG Hamburg GRUR-RR 2008, 342 – *powered by P & C*; OLG Hamburg, Urteil vom 3.4.2008, Az.: 3 U 270/07 – *P & C Shoppingcard* (BeckRS 2008, 12934; Leitsätze in GRUR-RR 2008, 346); OLG Hamburg, Urteil vom 17.1.2008, Az.: 3 U 143/07 – *ein Hemd von P & C* (BeckRS 2008, 12932; Leitsätze in GRUR-RR 2008, 345); OLG Hamburg, Urteil vom 4.8.2005, Az.: 3 U 12/04 – *P & C Kundenkarte* (NJOZ 2006, 2782; Leitsätze in GRUR-RR 2006, 335); OLG Hamburg, Urteil vom 4.8.2005, Az. 3 U 142/04 – *P & C Lufthansa Bonusmeilen* (BeckRS 2008, 15338).

786 So OLG Hamburg GRUR-RR 2008, 342, 343 – *powered by P & C*; OLG Hamburg, Urteil vom 17.1.2008, Az.: 3 U 143/07 – *ein Hemd von P & C* (BeckRS 2008, 12932).

787 So OLG Hamburg, Urteil vom 3.4.2008, Az.: 3 U 270/07 – *P & C Shoppingcard* (BeckRS 2008, 12934).

788 Ähnlich geht *Heyers* (Schutz- und Verkehrsfähigkeit von Namensmarken, S. 238) davon aus, es gebe keine Rechtsgrundlage, die das Gleichnamigenrecht umfassend abdecken würde. Eine solche sei aber auch nicht notwendig. Er will die Kollision zwanglos im Rahmen einer umfassenden Interessenabwägung auflösen. Später schreibt *Heyers* aber, § 23 Nr. 1 MarkenG bilde „eine wesentliche Grundlage" des Gleichnamigenrechts (S. 245).

789 OLG Hamburg GRUR-RR 2002, 100 – *derrick.de.*

790 OLG Hamburg GRUR-RR 2002, 100, 103 – *derrick.de.*

hängig davon, wie sie beantwortet wird, kommen, wenn die Voraussetzungen vorliegen, die von der Rechtsprechung entwickelten Grundsätze zur Anwendung[791]. Das ist aus der Sicht des Praktikers ausreichend.

(bb) § 12 BGB

Nach dem In-Kraft-Treten des MarkenG wurde, wie zuvor, die Auffassung vertreten, das Recht der Gleichnamigen sei bei § 12 BGB anzusiedeln, der insofern weiterhin anwendbar sei[792]. Diese Ansicht passt jedoch nicht zur Systematik des MarkenG und dem Vorrang des § 15 MarkenG als der in seinem Anwendungsbereich spezielleren Vorschrift[793], die – grundsätzlich zumindest[794] – nur den Schutzschranken des MarkenG unterliegt[795]. *Ingerl/Rohnke* weisen in diesem Zusammenhang ferner darauf hin, § 13 Abs. 2 Nr. 1 MarkenG verdeutliche die grundsätzliche Geltung des Prioritätsprinzips gerade auch im Verhältnis zu Namensrechten, so dass eine Begründung aus dem jüngeren Namensrecht des Gleichnamigen allein die Einschränkungen nicht trage[796].

(cc) § 15 Abs. 2 MarkenG

Nach anderer Auffassung waren die Grundsätze des Rechts der Gleichnamigen in das in § 15 Abs. 2 MarkenG enthaltene Tatbestandsmerkmal „unbefugt" hineinzulesen[797]. Gegen diese Ansicht spricht zunächst, dass das Merkmal der

---

791 Ähnlich führt *Lange* aus, der Streit könne offen bleiben, da nach beiden (allen) Ansichten die von der Rechtsprechung entwickelten Grundsätze gelten (Marken- und Kennzeichenrecht, Rn. 2623). Auch *von Hellfeld* (HK-MarkenR, § 23 MarkenG Rn. 30) führt aus, die Frage der systematischen Zuordnung habe keinen Einfluss auf die inhaltliche Ausgestaltung des (eigenständigen) Rechts der Gleichnamigen.

792 *Emmerich*, Unlauterer Wettbewerb [6. Aufl.], S. 289 f. In der aktuellen Auflage lässt *Emmerich* den Anknüpfungspunkt offen (Unlauterer Wettbewerb, S. 288 f.).

793 BGH GRUR 2008, 1099, 1100 – *afilias.de*; BGH GRUR 2005, 430 – *mho.de*; BGH GRUR 2002, 622, 623 – *shell.de*; zum Verhältnis von § 12 BGB und § 15 MarkenG auch: *Nägele*, GRUR 2007, 1007 ff.

794 Auf spezielle außermarkenrechtliche Schutzschranken wird noch im Zusammenhang mit der vergleichenden Werbung zurückzukommen sein.

795 *Ingerl/Rohnke*, MarkenG [2. Aufl.], § 23 Rn. 21; ähnlich *Goldmann*, Das Recht des Unternehmenskennzeichens, § 17 Rn. 9.

796 *Ingerl/Rohnke*, MarkenG [2. Aufl.], § 23 Rn. 21.

797 So noch BGH WRP 1997, 751, 755 – *B.Z./Berliner Zeitung*; *Scholz*, GRUR 1996, 679, 680; wohl auch *Lange* (Marken- und Kennzeichenrecht, Rn. 2623), der den Streit im Ergebnis aber offen lässt; *Fezer* stellt das Recht der Gleichnamigen bei § 15 MarkenG dar (MarkenR, § 15 MarkenG Rn. 142 ff.) und trifft keine Aussage zum gesetzlichen

Unbefugtheit in § 15 Abs. 2 MarkenG grundsätzlich eng ausgelegt wird. Gegen diese Ansicht spricht weiterhin, dass die Schutzbeschränkungen des Rechts der Gleichnamigen weder auf § 15 Abs. 2 MarkenG noch überhaupt auf Ansprüche aus § 15 MarkenG beschränkt sind. Sie gelten auch, wenn die jüngere Bezeichnung aus einer Marke des älteren Gleichnamigen angegriffen wird, wofür aber in § 14 Abs. 2 Nr. 1 und Nr. 2 ein vergleichbares Merkmal der Unbefugtheit gerade fehlt[798].

(dd) § 23 Nr. 1 MarkenG

Von der Anknüpfung der Grundsätze des Rechts der Gleichnamigen an § 23 Nr. 1 MarkenG ging der Gesetzgeber des MarkenG aus. In der Begründung zu § 23 MarkenG heißt es: „Die Vorschrift [§ 23 Nr. 1 MarkenG] bietet vielmehr die Handhabe zur Fortführung der heutigen Rechtsprechung zur Befugnis der Namensführung. Denn die Nummer 1 ist ein Ausdruck des allgemeinen Grundsatzes, dass niemand an der lauteren Führung seines Namens im geschäftlichen Verkehr gehindert werden soll."[799] Dass der Gesetzgeber damit auf etwas anderes als das Recht der Gleichnamigen Bezug nehmen wollte, ist nicht vorstellbar[800].

Auch der BGH stellte in seiner Entscheidung „*Hansen-Bau*" fest, dass die Grundsätze des Rechts der Gleichnamigen „im Rahmen des § 23 Nr. 1 MarkenG unverändert anwendbar bleiben"[801]. Ähnlich führte der BGH in dem Urteil „*Peek & Cloppenburg I*" aus, zur Beurteilung der Fälle von Gleichnamigkeit, in denen eine geschützte Bezeichnung mit einer aus einem bürgerlichen Namen gebildeten Bezeichnung zusammentrifft, habe der BGH Grundsätze entwickelt, die im Rahmen des § 23 Nr. 1 MarkenG unverändert anwendbar seien[802]. Dies wiederholt der BGH im Urteil „*Peek & Cloppenburg II*"[803]. Ebenso sehen weite

---

Anknüpfungspunkt; ohne Aussage zum Anknüpfungspunkt auch *Stuckel* (von Schultz, MarkenR, § 23 MarkenG Rn. 10).

798 *Ingerl/Rohnke* [2. Aufl.], § 23 MarkenG, Rn. 20; *Goldmann*, Der Schutz des Unternehmenskennzeichens, § 17 Rn. 10.

799 Amtl. Begr. zum Reg.-Entw. des Markenrechtsreformgesetzes, BT-Drucks. 12/6581, S. 53, 80.

800 *Goldmann*, Der Schutz des Unternehmenskennzeichens, § 17 Rn. 11; ähnlich Ströbele/*Hacker*, MarkenG, § 23 Rn. 24. Auch der BGH stellte unlängst fest, § 23 Nr. 1 MarkenG biete nach dem Willen des Gesetzgebers die Handhabe zur Fortführung der Rechtsprechung betreffend die Befugnis zur Namensführung (GRUR 2011, 835, 837 [Tz. 23] – *Gartencenter Pötschke*).

801 BGH GRUR 2008, 801, 802 (Tz. 24) – *Hansen-Bau.*

802 BGH GRUR 2010, 738, 741 (Tz. 18) – *Peek & Cloppenburg I.*

803 BGH GRUR 2011, 623, 626 (Tz. 35) – *Peek & Cloppenburg II.*

Teile der Literatur die Vorschrift des § 23 Nr. 1 MarkenG als gesetzlichen Anknüpfungspunkt des Rechts der Gleichnamigen an[804].

(ee) Stellungnahme

Die Verankerung des Rechts der Gleichnamigen bei § 23 Nr. 1 MarkenG ist richtig. Durch § 23 Nr. 1 MarkenG wird dem Namensführungsrecht Vorrang gegenüber dem Prioritätsprinzip eingeräumt. § 23 a.E. MarkenG bietet in Gestalt des Unlauterkeitsvorbehalts Raum für die Interessenabwägung, die, wie sogleich erörtert wird, wesentlicher Bestandteil und Kern des Rechts der Gleichnamigen ist. Damit weist § 23 Nr. 1 MarkenG den materiellen Gehalt auf, den die über Jahrzehnte entwickelten Regeln des Rechts der Gleichnamigen beinhalten: eine Modifikation des Prioritätsprinzips unter dem Vorbehalt des lauteren Verhaltens im Wettbewerb.

Für die Verankerung bei § 23 Nr. 1 MarkenG spricht ferner, dass so neben dem Konflikt zwischen zwei Namensrechten auch die Konstellation berücksichtigt werden kann, in der ein prioritätsjüngerer Namensträger einer prioritätsälteren Marke oder einem anderen älteren Kennzeichenrecht gegenübersteht[805].

Der Hinweis, § 23 Nr. 1 MarkenG schließe die Verbietungsansprüche des Kennzeicheninhabers aus, während aus dem Recht der Gleichnamigen das Recht zur koexistierenden Nutzung kollidierender Zeichen folge[806], spricht ebenfalls nicht gegen die Anknüpfung an § 23 Nr. 1 MarkenG. Es geht nicht darum festzustellen, das Recht der Gleichnamigen „sei" § 23 Nr. 1 MarkenG; es geht lediglich um die Frage nach einem gesetzlichen Anknüpfungspunkt.

---

804 *Ingerl/Rohnke,* MarkenG, § 23 Rn. 30 f.; Ströbele/*Hacker*, MarkenG, § 23 Rn. 24; HK-MarkenR/*von Hellfeld*, § 23 MarkenG Rn. 30; *Büscher*/Dittmer/Schiwy, Teil 1, Kap. 3, § 15 MarkenG Rn. 22; *Plaß*, WRP 2000, 40, 41; *von Schultz*, GRUR 1997, 408, 410; *Rohnke*, Festschrift für Ullmann, S. 359, 363; *Goldmann*, Der Schutz der Unternehmenskennzeichen, § 17 Rn. 11 ff.

805 *Goldmann*, Der Schutz des Unternehmenskennzeichens, § 17 Rn. 13; Ströbele/*Hacker*, MarkenG, § 23 Rn. 24; *Ingerl/Rohnke*, MarkenG, § 23 Rn. 31.

806 Spindler/Schuster/*Müller*, 6. Teil, § 23 MarkenG Rn. 2.

(5) Grundvoraussetzung für die Anwendbarkeit des Rechts der Gleichnamigen: Lautere Namenswahl und -führung

Grundvoraussetzung für die Anwendbarkeit des Rechts der Gleichnamigen ist die lautere Wahl und lautere Führung des Namens[807]. Die Lauterkeit von Namenswahl und -führung spielt damit sowohl für die Anwendbarkeit des Rechts der Gleichnamigen als auch in der späteren Interessenabwägung eine Rolle. Bei der Prüfung der Anwendbarkeit des Rechts der Gleichnamigen kommt es darauf an, *ob* Lauterkeit vorliegt. Bei der Interessenabwägung kommt es auf den *Grad* der Lauterkeit als ein in der Gesamtwürdigung zu berücksichtigender Umstand an[808].

Unlauterkeit liegt vor allem in Fällen sogenannter Strohmanngründungen und in Fällen der Namensführung in Verwechslungsabsicht vor[809]. Von einer Strohmanngründung spricht man in diesem Zusammenhang dann, wenn der Träger eines Namens, der mit einer bekannten Firmenbezeichnung identisch ist, an einer Unternehmensgründung nur zur Aufnahme seines Namens in die Firma beteiligt wird, um dadurch die Namensidentität mit der bekannten, prioritätsälteren Firma ausnutzen zu können[810]. Unerheblich ist in solchen Fällen, ob er selbst (auch wirtschaftlich) am Unternehmen beteiligt ist oder nur seinen Namen zum Gebrauch überlässt[811]. Die Namensübereinstimmung soll in diesen Fällen durch einen „schieberhaften Namensgebrauch“[812] ausgebeutet, das Namensführungsrecht erschlichen werden. Es besteht keine Individualisierungs-, sondern eine Täuschungsabsicht[813]. Die Berufung auf das Namensrecht ist in diesen Fällen ausgeschlossen, da es an einem schutzwürdigen Interesse des Namensträgers fehlt[814]. Entscheidend bei Beantwortung der Frage, ob eine Strohmanngründung vorliegt, sind also in erster Linie subjektive Gesichtspunkte. Lediglich ergänzend werden objektive Indizien wie die Größe und Dauer der Beteiligung des

---

807 BGH GRUR 1993, 579, 580 – *Römer GmbH*; *Ingerl/Rohnke*, MarkenG, § 23 Rn. 35; GK-*Teplitzky*, UWG, § 16 Rn. 392.

808 BGH GRUR 1993, 579, 580 – *Römer GmbH*.

809 *Fezer*, MarkenR, § 15 MarkenG Rn. 143 f.; *von Gamm*, Wettbewerbsrecht, Kap. 54 Rn. 5.

810 *von Gamm*, Wettbewerbsrecht, Kap. 54 Rn. 6; GK-*Teplitzky*, § 16 UWG Rn. 392.

811 *Fezer*, MarkenR, § 15 MarkenG Rn 143.

812 *Goldmann*, Der Schutz des Unternehmenskennzeichens, § 17 Rn. 24.

813 Vgl. BGH GRUR 1985, 185, 187 – *Wyeth*; BGH GRUR 1952, 511, 512 f. – *Urköl'sch*.

814 *Fezer*, § 15 MarkenG Rn. 143; *Baumbach/Hefermehl* [17. Aufl.], Wettbewerbsrecht, § 16 UWG Rn. 74.

Namensgebers[815] oder dessen vorherige (branchenfremde oder branchennahe) Betätigung[816] herangezogen.

Ähnlich gelagert und damit ebenfalls unlauter sind die Fälle, in denen der Namensträger zwar nicht als Strohmann auftritt, seinen Namen jedoch gezielt zur Rufausbeutung oder Herbeiführung einer Verwechslungsgefahr mit dem bekannten prioritätsälteren Namensträger einsetzt[817].

Das Recht der Gleichnamigen kann auch von einem Rechtsnachfolger, der ein Unternehmen erworben hat, geltend gemacht werden[818]. Ihm können aber seinerseits die Unlauterkeitsgründe entgegengehalten werden, die der ursprünglichen Namenswahl durch den Rechtsvorgänger anhafteten[819].

Im Übrigen gilt das Recht der Gleichnamigen unabhängig von der Rechtsform des jüngeren Namensträgers[820]. Das heißt, die Verwendung des Namens in der Firma einer Kapitalgesellschaft wird ebenso vom Recht der Gleichnamigen erfasst wie die Benutzung als einzelkaufmännische Firma oder als Firma einer Personenhandelsgesellschaft[821]. Der Jüngere muss sich also nicht darauf verweisen lassen, dass er auch eine reine Sachfirma hätte wählen können[822].

(6) Kern des Rechts der Gleichnamigen: Interessenabwägung und Abgrenzungspflicht

Aus dem Recht der Gleichnamigen folgt kein unbegrenztes Recht zur Namensführung im geschäftlichen Verkehr[823]. Charakteristischer Gedanke des Rechts

815 Vgl. OLG Frankfurt, WRP 1992, 718 – *Ferrari*: Enrico Ferrari war mit einem nicht stimmberechtigten Geschäftsanteil von nur 1% des Stammkapitals an der Gesellschaft beteiligt, der er seinen Namen gab. Zudem trat er noch am Tag der Gründung seinen Anteil an einen anderen Gesellschafter ab.

816 Auch dazu OLG Frankfurt, WRP 1992, 718 – *Ferrari*: Enrico Ferrari war, bevor er sich an dem beklagten Kosmetikunternehmen beteiligte, Gastwirt.

817 Vgl. OLG Köln, GRUR 1987, 935, 937 – *Rothschild* (gegenüber § 12 BGB); BGH GRUR 1966, 623, 625 – *Kupferberg*; BGH GRUR 1958, 185, 187 – *Wyeth*.

818 *Ingerl/Rohnke*, MarkenG, § 23 Rn. 34; *Goldmann*, Der Schutz des Unternehmenskennzeichens, § 17 Rn. 70.

819 RGZ 82, 164, 166 f. (zu § 37 Abs. 2 HGB).

820 Ströbele/*Hacker*, MarkenG, § 23 Rn. 28; *Ingerl/Rohnke*, MarkenG, § 23 Rn. 34.

821 Vgl. zur GmbH: BGH GRUR 2008, 801, 802 (Tz. 24) – *Hansen-Bau*; BGH GRUR 1966, 623 – *Kupferberg*.

822 Vgl. z.B. BGH GRUR 1968, 212, 213 – *Hellige*.

823 BGH GRUR 1985, 389, 390 – *Familienname*.

der Gleichnamigen[824] ist vielmehr eine „umfassende Interessenabwägung“[825], aufgrund derer beide „Zugeständnisse“ machen müssen. Im Rahmen der vorzunehmenden Interessenabwägung ist zu bestimmen, was im Einzelfall an Maßnahmen erforderlich und zumutbar ist, um die Verwechslungsgefahr auszuschließen oder auf ein hinnehmbares Maß zu vermindern. Das heißt, ein aufgrund der Namensgleichheit „unvermeidlicher“[826] „Rest von Verwechslungsgefahr“[827] kann von beiden hinzunehmen sein.

Im Rahmen der Interessenabwägung findet auf der Seite des Prioritätsälteren insbesondere der Wert seines Kennzeichens Berücksichtigung. Der Wert wird bestimmt durch eine Vielzahl von Umständen. Zu den Umständen zählen etwa die Kennzeichnungskraft, der Umfang und die Dauer (bislang ungestörter) Benutzung, die gewonnene Verkehrsbekanntheit, ein etwa mit der Kennzeichnung durch Produktqualität und/oder Werbeaufwand verbundener besonderer Ruf, kurzum alle besitzstandsbegründenden Umstände[828].

Auf Seite des Prioritätsjüngeren berücksichtigt wird, wie nahe die Branche, in der der Prioritätsjüngere die Bezeichnung benutzen will, derjenigen des Prioritätsälteren kommt und wie groß das Interesse gerade an der gewählten Bezeichnung ist (der „Grad des Namensführungsinteresses“). Für das Interesse gerade an der gewählten Bezeichnung war nach der alten Rechtsprechung unter Geltung der §§ 18, 19 HGB, wie ausgeführt, entscheidend, ob eine firmenrechtliche Pflicht zur Namensführung bestand. Auch wenn die Pflicht zur Namensführung durch das Handelrechtsreformgesetz des Jahres 1998 aufgehoben wurde, haben Einzelkaufleute und Personenhandelsgesellschaften[829] nach wie vor ein gesteigertes, letztlich persönlichkeitsrechtlich fundiertes und anerkennenswertes Interesse daran, ihren bürgerlichen Namen auch im Geschäftsverkehr zu führen[830]. Das heißt, aus der genannten Rechtsänderung des HGB ergaben sich keine gravierenden Folgen für die Interessenabwägung[831].

---

824 So der BGH im Urteil „*Caren Pfleger*“ (GRUR 1991, 475, 478).

825 Z.B. BGH GRUR 2008, 801, 802 (Tz. 25) – *Hansen-Bau*; BGH GRUR 1993, 579, 580 – *Römer GmbH*. *Droste* führte in seiner Anmerkung zum Urteil des BGH „*Hellige*“ aus, das Urteil zeige, welche gewissenhafte und sorgfältige Güter- und Interessenabwägung der BGH im Recht der Gleichnamigen für jeden konkreten Einzelfall fordere (GRUR 1968, 214).

826 So *Baumbach/Hefermehl*, Wettbewerbsrecht [17. Aufl.], § 16 UWG Rn. 81.

827 BGH GRUR 1968, 212, 213 – *Hellige*.

828 GK-*Teplitzky*, UWG, § 16 Rn. 401.

829 Jedenfalls, soweit es sich nicht um Publikumsgesellschaften handelt.

830 Ströbele/*Hacker*, MarkenG, § 23 Rn. 33.

831 Ströbele/*Hacker*, MarkenG, § 23 Rn. 33.

In aller Regel ergibt die Interessenabwägung, dass der Prioritätsjüngere zur Rücksichtnahme verpflichtet ist. Er hat durch geeignete Zusätze zu seinem Namen die Verwechslungsgefahr oder eine Beeinträchtigung zu vermeiden oder sie im Rahmen des Zumutbaren wenigstens zu reduzieren[832]. Das ist jedoch nicht, wie beispielsweise von *Teplitzky* und *Schulz-Süchting* angenommen[833], Folge einer Fortgeltung des Prioritätsgrundsatzes im Recht der Gleichnamigen. Im Recht der Gleichnamigen ist der von § 6 MarkenG vorausgesetzte Prioritätsgrundsatz nur noch für die Frage bedeutsam, wer als Inhaber eines älteren Kennzeichens gegen den eines jüngeren vorgehen kann. Ansonsten ist er als formales (Ordnungs-)Prinzip im Recht der Gleichnamigen außer Kraft gesetzt und vollständig durch die Interessenabwägung ersetzt[834]. Lediglich mittelbar spielt die Priorität eine Rolle, da mit steigender Benutzungsdauer der Wert des Kennzeichens mutmaßlich steigt und Abwägungsgesichtspunkte wie die Bekanntheit oder der gute Ruf dadurch an Gewicht gewinnen.

Welche Anforderungen an unterscheidungskräftige Zusätze zu stellen sind, richtet sich vorrangig nach den allgemeinen Grundsätzen zur Verwechslungsgefahr[835]. Mehr als einige Grundlinien die Anforderungen betreffend können nicht aufgezeigt werden; maßgeblich ist immer der Einzelfall[836]. Jedoch:

Der denkbar klarstellendste Zusatz „... nicht zu verwechseln mit ..." erscheint wegen seines „diskriminierenden Charakters" jedenfalls kaum zumutbar[837].

Die Hinzufügung des (abweichenden) Vornamens wurde häufig als nicht geeignet angesehen, die Verwechslungsgefahr hinreichend zu reduzieren[838]. Das galt insbesondere dann, wenn es sich um einen normal kennzeichnungskräftigen Nachnamen handelte und der Prioritätsältere keine anderweitig kennzeichnungskräftigen Bestandteile verwendete[839]. Diese Grundlinie – dass die Hinzufügung des Vornamens regelmäßig nicht ausreichen soll – ist angesichts der ak-

---

832 BGH GRUR 2008, 801, 802 (Tz. 25) – *Hansen Bau*; BGH GRUR 2002, 706, 708 – *vossius.de*; Ströbele/*Hacker*, MarkenG, § 23 Rn. 35.

833 GK-*Teplitzky*, UWG, § 16 Rn. 412; Gloy/*Schulz-Süchting*, Hdb. WettbR [1. Aufl.], § 59 Rn. 6.

834 *Goldmann*, Der Schutz des Unternehmenskennzeichens, § 17 Rn. 43.

835 *Ingerl/Rohnke*, MarkenG, § 23 Rn. 41.

836 *Baumbach/Hefermehl*, Wettbewerbsrecht [17. Aufl.], § 16 UWG Rn. 81.

837 So *Goldmann*, Der Schutz des Unternehmenskennzeichens, § 17 Rn. 34. Ähnlich GK-*Teplitzky*, der davon ausgeht, dass ein solcher Zusatz dem Namensträger den Gebrauch seines Namens „eher verleiden" werde (GK, § 16 UWG Rn. 402).

838 Z.B. BGH GRUR 1987, 182, 183 – *Stoll*; OLG Köln GRUR 1983, 787, 789 – *Tina Farina*.

839 BGH GRUR 1991, 475, 477 – *Caren Pfleger* unter Hinweis auf GRUR 1991, 398 – *Ott International*; BGH GRUR 1987, 182, 184 – *Stoll*.

tuellen und teils kritisch betrachteten[840] Rechtsprechung zu Namensmarken zu überprüfen. So lehnte der EuGH im Urteil „*BARBARA BECKER*"[841] die generelle Annahme einer Verwechslungsgefahr bei übereinstimmenden Nachnamen ab. Auch der BGH betont in ständiger Rechtsprechung, dass es keinen Erfahrungssatz gebe, demzufolge sich der Verkehr bei Marken, die aus Vor- und Nachnamen bestehen, regelmäßig an dem Familiennamen als prägendem Bestandteil orientiere[842]. Der Gesamtname erhalte nicht nur einen Teil seiner Einprägsamkeit, sondern auch seine eigentliche Individualisierungsfunktion nicht zuletzt durch den Vornamen[843]. Für das Recht der Gleichnamigen muss diese neuere Rechtsprechung bedeuten, dass der Vorname als unterscheidungskräftiger Zusatz grundsätzlich ausreicht[844]. Selbstverständlich kommt es aber auch hier auf den Einzelfall an.

Die Hinzufügung eines Namenskürzels oder der Namensinitialen, eines Nachfolgezusatzes oder einer Rechtsformangabe reichen in der Regel nicht aus, um die Verwechslungsgefahr hinreichend zu verringern. Branchenzusätze können die Verwechslungsgefahr sogar noch erhöhen, wenn beide Unternehmen in derselben Branche tätig sind. Gleiches gilt für andere Zusätze beschreibenden Inhalts[845]. Auch die zusätzliche Angabe des Firmensitzes bei sonst identischem Firmennamen reicht in der Regel nicht aus. In dem Urteil „*ein Hemd von P & C*"[846] beispielsweise hat das OLG Hamburg, wie schon in Urteilen zuvor[847], ausgeführt, die Angabe des Firmensitzes sei grundsätzlich nicht geeignet, der

---

840 Z.B. *Ingerl/Rohnke*, MarkenG, § 14 Rn. 1112 ff.

841 EuGH GRUR 2010, 933, 934 (Tz. 36 ff.) – *BARBARA BECKER*; dazu *Onken*, MarkenR 2011, 141 ff.

842 BGH GRUR 2005, 513, 514 – *MEY/Ella May*; BGH GRUR 2000, 1031, 1032 – *Carl Link*; *Hacker* sieht aufgrund dieser Rechtsprechung erhebliche Probleme bei der Durchsetzung von Namensmarken (Ströbele/*Hacker*, MarkenG, § 9 Rn. 326). Das BPatG stimmt *Hacker* zu und erachtet die Probleme im Modebereich als besonders gravierend (BPatG, Beschluss vom 25.1.2011, Az.: 27 W (pat) 533/10 – *ROCCO MILES* [juris; Tz. 59]).

843 BGH GRUR 2000, 1031, 1032 – *Carl Link*; BGH GRUR 2000, 233, 234 – *RAUSCH/ELFI RAUCH*.

844 Das deutet auch der BGH in dem Urteil „*Jette Joop*" an (GRUR 2011, 641, 642 [Tz. 24]). *Douglas* entnimmt dem Urteil ebenfalls, dass der Kartellsenat unmissverständlich die Abkehr von der „Caren Pfleger"-Entscheidung abgeschlossen und somit eine Kohärenz mit der Entscheidungspraxis des EuGH (namentlich dem Urteil „*BARBARA BECKER*") erreicht habe (GRUR-Prax 2011, 204).

845 *Ingerl/Rohnke*, MarkenG, § 23 Rn. 41.

846 OLG Hamburg, Urteil vom 17.1.2008, Az.: 3 U 143/07 – *ein Hemd von P & C* (BeckRS 2008, 12932). Dass es in dem Urteil um eine kennzeichenrechtliche Gleichgewichtslage ging, ist hier nicht von Bedeutung.

847 Z.B. OLG Hamburg NJOZ 2006, 2782, 2787 f. – *P & C* (Leitsätze in GRUR-RR 2006, 335).

Verwechslungsgefahr wirksam zu begegnen. Schon nach allgemeiner Lebenserfahrung sei davon auszugehen, dass der Durchschnittsverbraucher weder allgemein firmengeschichtliche Entwicklungsbesonderheiten kenne noch speziell diejenigen der Parteien[848].

Bildliche Zusätze genügten laut eines Urteils des BGH aus dem Jahr 1954 nicht, da ihnen keine namensmäßige Unterscheidungskraft zukomme[849]. Daran mag man heute zweifeln, da Käufer heute stärker als früher „optisch" kaufen, z.B. im Internet oder den großen Einzelhandelsgeschäften ohne die frühere Bedienung und Beratung durch Verkaufspersonal.

Ausnahmsweise und sehr selten trifft nach Vornahme der Interessenabwägung den Prioritätsälteren (entweder zusätzlich zum Prioritätsjüngeren oder allein) die Pflicht, seinerseits Maßnahmen zur Verringerung der Verwechslungsgefahr zu ergreifen[850]. Das kann beispielsweise der Fall sein, wenn sein Zeitvorsprung minimal ist und dementsprechend ein Besitzstand noch gar nicht entstanden ist. Den Prioritätsälteren kann weiterhin die Pflicht treffen, wenn er einen nur geringen Besitzstand und der Prioritätsjüngere gleichzeitig ein erhebliches Interesse an einer hinreichend deutlichen Herausstellung des eigenen Namens (etwa als Folge seines Ansehens in der Branche) hat, dem bei einseitiger Abgrenzungspflicht des Prioritätsjüngeren nicht hinreichend Rechnung getragen werden könnte[851].

---

848 OLG Hamburg, Urteil vom 17.1.2008, Az.: 3 U 143/07 – *ein Hemd von P & C* (BeckRS 2008, 12932; unter B.II.4.).

849 BGH GRUR 1955, 42, 44 – *Farina Rote Blume*; ebenso Ströbele/*Hacker*, MarkenG, § 23 Rn. 35.

850 Ströbele/*Hacker*, MarkenG, § 23 Rn. 36; GK-*Teplitzky*, UWG, § 16 Rn. 412. In diesem Zusammenhang genannt wird oft BGH GRUR 1990, 364, 366 – *Baelz*. Der Fall stellt jedoch bei genauer Betrachtung keinen solchen Ausnahmefall dar. Der Prioritätsältere hatte den Namen „Baelz" als Bestandteil einer vollen Firmenbezeichnung verwendet, nicht aber in Alleinstellung. Die Verwendung in Alleinstellung habe der Prioritätsältere – so der Prioritätsjüngere – erst nach dem Eintritt in den Geschäftsverkehr durch den Prioritätsjüngeren begonnen bzw. jedenfalls verstärkt. Der BGH verwies insoweit an das Berufungsgericht zurück, stellte aber fest, dass es dem Prioritätsälteren verwehrt sein könne, sich auf die Priorität der vollen Firmenbezeichnung für eine Benutzung des Firmenbestandteils „Baelz" in Alleinstellung zu berufen. Die Priorität könne sich in solchen Fällen nach dem Auftreten im geschäftlichen Verkehr bestimmen, so dass nicht die Firmenpriorität als solche maßgeblich sei, sondern die erst später aufgenommene Firmenbenutzung in der die Kollision herbeiführenden Weise. Der BGH verschob also den zeitlichen Anknüpfungspunkt für die Feststellung der Priorität.

851 GK-*Teplitzky*, UWG, § 16 Rn. 412.

Bei Internet-Domain-Namen und E-Mail-Adressen gelten Besonderheiten, die im Rahmen des 9. Kapitels erörtert werden.

(7) Rechtfertigung auch der markenmäßigen Benutzung des Namens und/oder seiner Eintragung als Marke?

Problematisch war und ist, ob das Recht der Gleichnamigen nur die Benutzung des Namens als Unternehmenskennzeichen erfasst oder ob es auch zur markenmäßigen Benutzung und/oder zur Eintragung des Namens als Marke berechtigt.

(a) Rechtsprechung des BGH

In seinem Urteil „*Wyeth*“ aus dem Jahr 1957 stellte der BGH fest, es sei davon auszugehen, dass es dem Namensträger in der Regel nicht verwehrt werden könne, seinen Namen zur Kennzeichnung seiner Waren und zur Bildung einer Firma zu verwenden[852].

In späteren Urteilen, beginnend mit dem Urteil „*Merck*“, vertrat der BGH die gegenteilige Auffassung[853]. In dem Urteil „*Merck*“ stellte er entscheidend darauf ab, dass der Familienname zwar ein übliches und (damals) weithin sogar vorgeschriebenes Element zur Bildung von Firmenbezeichnungen sei[854]. Anders als auf dem Gebiet des stärker persönlichkeitsorientierten Firmenrechts bestehe aber keine Notwendigkeit, auch die Herkunft einer Ware durch Familiennamen zu kennzeichnen. Ein schutzwürdiges Interesse an der Eintragung derart gebildeter Zeichen könne jedenfalls dann nicht anerkannt werden, wenn der warenzeichenmäßige Gebrauch in ältere Warenzeichenrechte eines Mitbewerbers eingreife. Dieser müsse nur die firmenmäßige Benutzung ähnlicher Namen dulden, nicht aber zusätzlich Verwechslungsmöglichkeiten aus einem warenzeichenmäßigen Gebrauch hinnehmen[855].

---

852 BGH GRUR 1958, 185, 187 – *Wyeth.*

853 Erstmals: BGH GRUR 1966, 499, 501 – *Merck* (zur Kollision zweier Warenzeichen); nachfolgend: BGH GRUR 1986, 402, 403 – *Fürstenberg* (zur Kollision einer prioritätsälteren Firmenbezeichnung mit einem Warenzeichen); BGH GRUR 1995, 825, 828 – *Torres* (Kollision eines prioritätsälteren Firmennamens mit einem Warenzeichen); zustimmend *Baumbach/Hefermehl*, Wettbewerbsrecht [17. Aufl.], § 16 UWG Rn. 85; *von Gamm*, Wettbewerbsrecht, Kap. 54 Rn. 3; Gloy/*Schulz-Süchting*, Hdb. WettbR [1. Aufl.], § 59 Rn. 6; *Knaak*, Das Recht der Gleichnamigen, S. 115 i.V.m. S. 60 ff.

854 BGH GRUR 1966, 499, 501 – *Merck.*

855 BGH GRUR 1966, 499, 501 – *Merck.*

Eine Präzisierung und Relativierung nahm der BGH in der Entscheidung „*Caren Pfleger*“[856] vor. Der BGH führte aus, der für das Recht der Gleichnamigen charakteristische Gedanke der Interessenabwägung könne im Falle einer Kollision mit einem aus einem Eigennamen gebildeten Warenzeichen eine Rolle spielen, wenn besondere, gewichtige Gründe für eine Ausnahme vorlägen. Als ein solcher Grund könne in Betracht kommen, dass ein Namensträger durch besondere, schöpferische Leistungen, die er bei der Schaffung oder Gestaltung einer bestimmten Ware oder Warenart unter seinem Namen erbracht habe, für den Verkehr erkennbar eine so enge Beziehung zwischen Ware und Namen hergestellt habe, dass es ihm unzumutbar wäre, auf die Kennzeichnung auch der Ware selbst mit dem Namen, mit dem der Verkehr ihn aufgrund der schöpferischen Leistung ohnehin weitgehend identifiziert, zu verzichten[857]. Dieser Gedanke könne es unter Umständen rechtfertigen – der BGH hat die Frage nicht entschieden und insoweit zurückverwiesen –, den Namen beispielsweise eines Modeschöpfers gegenüber einem prioritätsälteren Namensgleichen nach den Grundsätzen des Rechts der Gleichnamigen zu behandeln, wenn der Name zeichenrechtlich für die von dem prioritätsjüngeren Namenträger – unterstellt in rufbegründender schöpferischer Weise – hergestellten Waren benutzt oder gar zur Eintragung als Warenzeichen angemeldet würde[858].

In seinen beiden jüngeren Urteilen „*Peek & Cloppenburg II*“[859] und „*Gartencenter Pötschke*“[860] bestätigte der BGH diese Rechtsprechung: Das Recht der Gleichnamigen trage dem Umstand Rechnung, dass eine Partei ein erhebliches Interesse daran habe, ihren eigenen Namen als Unternehmenskennzeichen im geschäftlichen Verkehr zu führen. Ein vergleichbares rechtlich schützenswertes Interesse bestehe für die Kennzeichnung von Waren und Dienstleistungen durch einen Familiennamen nicht. Es sei daher in aller Regel nicht gerechtfertigt, dass der Inhaber älterer Kennzeichenrechte nicht nur den persönlichkeitsrechtlich privilegierten Gebrauch des Namens als Unternehmenskennzeichen, sondern auch den markenmäßigen Gebrauch oder die Eintragung als Marke dulden müsse[861]. Allenfalls unter engen Voraussetzungen könne das Recht der Gleichnamigen einen markenmäßigen Gebrauch und die Eintragung von Marken rechtferti-

---

856 BGH GRUR 1991, 475 – *Caren Pfleger*.
857 BGH GRUR 1991, 475, 478 – *Caren Pfleger*.
858 BGH GRUR 1991, 475, 478 – *Caren Pfleger*.
859 BGH GRUR 2011, 623, 626 (Tz. 38) – *Peek & Cloppenburg II*. Nicht von Bedeutung ist hier, dass in dem Urteil eine kennzeichenrechtliche Gleichgewichtslage bestand (dazu sogleich unter (8)).
860 BGH GRUR 2011, 835, 837 (Tz. 20) – *Gartencenter Pötschke*.
861 BGH GRUR 2011, 835, 837 (Tz. 20) – *Gartencenter Pötschke*, unter anderem mit Hinweis auf die Urteile „*Merck*“, „*Fürstenberg*“, „*Caren Pfleger*“ und „*Peek & Cloppenburg II*“ (Hervorhebung durch Verf.).

gen[862]. Möglich sei eine Ausnahme nur, wenn besondere, gewichtige Gründe vorliegen, nach denen eine so enge Beziehung zwischen Ware und Namen besteht, dass es für den Namensträger unzumutbar wäre, auf die Benutzung seines Namens als Marke zu verzichten[863].

(b) Ansichten in der Literatur

Teplitzky spricht – selbstverständlich ohne die Urteile „*Peek & Cloppenburg II*" und „*Gartencenter Pötschke*" zu kennen – der Rechtsprechung des BGH den Vorzug der Folgerichtigkeit und der dogmatisch einwandfreien Begründbarkeit zu. Gleichzeitig sah er den Nachteil vorgegebener Abgrenzungsschwierigkeiten im Hinblick auf die von der Rechtsprechung weitgehend vollzogene Gleichsetzung des firmen- und zeichenmäßigen Gebrauchs sowie geringerer pragmatischer Elastizität[864]. Die Anerkennung von Ausnahmen wie im Urteil „*Caren Pfleger*" begrüßte *Teplitzky* aufgrund gewisser praktischer Vorteile. Sie ergeben sich seiner Ansicht nach daraus, dass die Anwendbarkeit der Gleichnamigengrundsätze nicht von der im Einzelfall schwierigen Abgrenzung zwischen firmen- und zeichenmäßigem Gebrauch allein abhängig sei, sondern – jedenfalls in besonderen Grenzfällen – die Frage der Anwendbarkeit ihrerseits schon zum Gegenstand einer – vorverlegten – Interessenabwägung gemacht werde[865]. Diese Vorteile sowie die Möglichkeit einer billigen Rechtsfindung im Einzelfall dürften, so *Teplitzky*, groß genug sein, um die Aufgabe oder Verwässerung der dogmatischen Grundlage zu rechtfertigen.

Meines Erachtens ist der BGH nicht im Sinne *Teplitzkys* zu verstehen. Im Urteil „*Caren Pfleger*" prüfte der BGH nicht die Anwendbarkeit des Rechts der Gleichnamigen im Rahmen einer vorverlegten Interessenabwägung. Vielmehr prüfte er innerhalb der Interessenabwägung des Rechts der Gleichnamigen, ob eine markenmäßige Benutzung und/oder die Eintragung einer Marke durch das Recht der Gleichnamigen (ausnahmsweise) gerechtfertigt werden kann. Auch die von *Teplitzky* konsequenterweise gesehene Aufgabe oder Verwässerung der dogmatischen Grundlage des Rechts der Gleichnamige liegt daher nicht vor. Wie auch *Goldmann* überzeugend ausführt[866], wird in der Entscheidung „*Caren*

862 BGH GRUR 2011, 623, 626 f. (Tz. 41) – *Peek & Cloppenburg II*; nur den markenmäßigen Gebrauch nennend BGH GRUR 2011, 835, 837 (Tz. 22) – *Gartencenter Pötschke*.

863 BGH GRUR 2011, 835, 837 (Tz. 22) – *Gartencenter Pötschke*; BGH GRUR 2011, 623, 627 (Tz. 42) – *Peek & Cloppenburg II*.

864 GK-*Teplitzky*, UWG, § 16 Rn. 389.

865 GK-*Teplitzky*, UWG, § 16 Rn. 390.

866 *Goldmann*, Das Recht des Unternehmenskennzeichens, § 17 Rn. 55 ff.

Pfleger" gerade dem Kern des Rechts der Gleichnamigen, nämlich der Interessenabwägung, Genüge getan. Die Interessenabwägung bestimme, so *Goldmann*, auch den sachlichen Umfang des Namensführungsrechts: Das Interesse des Prioritätsjüngeren könne unter Umständen so groß sein, dass er seinen Namen nicht nur als Name/Firma, sondern eben auch als Marke benutzen dürfe.

Von Gamm geht – zeitlich vor dem Urteil „*Caren Pfleger*" – davon aus, dass der Namensgleiche den Namen zwar zeichenmäßig (markenmäßig) benutzen dürfe[867]. Die Zubilligung eines Firmenrechts erfasse nämlich grundsätzlich jeden kennzeichenmäßigen Gebrauch. Für einen zusätzlichen Warenzeichenschutz bestehe aber meist kein Bedürfnis. Eine abweichende Beurteilung könne jedoch geboten sein, wenn der Aufnahme des bürgerlichen Namens in das Warenzeichen nur eine untergeordnete Bedeutung zukomme. *Von Gamm* erkennt also differenzierend eine Berechtigung zum markenmäßigen Gebrauch des Namens an, nicht aber eine Berechtigung zur Eintragung des Namens als Marke.

Plaß lehnt die vom BGH im Urteil „*Caren Pfleger*" in Erwägung gezogene Ausnahme ab[868]. Dem aus dem Persönlichkeitsrecht des Herstellers einer besonders schöpferisch gestalteten Ware fließenden Interesse, die Ware mit seinem Namen zu kennzeichnen, trage der „Anspruch auf Namensnennung"[869] (eher: das Namensnennungsrecht) aus § 13 S. 2 UrhG hinreichend Rechnung. Der Gedanke von *Plaß* scheint das Problem zunächst auf verblüffend einfache Weise lösen zu können, beinhaltet das Namensnennungsrecht aus § 13 S. 2 UrhG im Fall der körperlichen Verwertung eines Werkes doch, dass der Name auf Original und Vervielfältigungsstücken angebracht werden darf[870]. Gleichwohl verkennt *Plaß* zum einen, dass der BGH die besonderen schöpferischen Leistungen nur als ein Beispiel für besondere Umstände, die die Eintragung einer Marke ausnahmsweise rechtfertigen könnten, in Erwägung zieht. Besondere, gewichtige Gründe können sich aber durchaus auch aus anderen Bereichen als dem des Urheberrechts ergeben[871]. Zum anderen verkennt *Plaß*, dass das urheberrechtli-

867 *von Gamm*, Wettbewerbsrecht, Kap. 54 Rn. 3.

868 *Plaß*, WRP 2000, 40, 47.

869 Der BGH hat bislang offen gelassen, ob sich aus § 13 S. 1 UrhG ein allgemeiner Namensnennungsanspruch ableiten lässt (BGH GRUR 2007, 691, 693 [Tz. 35] – *Staatgeschenk*; Büscher/Dittmer/Schiwy/*Haberstumpf*, GewRS, Teil 1, Kap. 10, § 13 UrhG Rn. 5).

870 Büscher/Dittmer/Schiwy/*Haberstumpf*, GewRS, Teil 1, Kap. 10, § 13 UrhG Rn. 6.

871 Davon, dass das grundsätzlich möglich ist, geht auch der BGH aus. In dem Urteil „*Peek & Cloppenburg II*" (GRUR 2011, 623, 627 [Tz. 47 f.]) prüft er nämlich (auch wenn er es im Ergebnis, anders als das Berufungsgericht, verneint), ob sich ein besonderer gewichtiger Grund aus dem Umstand ergibt, dass viele Unternehmen dieselbe Bezeichnung nicht nur als Unternehmenskennzeichen, sondern auch als Marke verwenden und der Verkehr inzwischen in vielen Bereichen, namentlich im Mode- und

che Namensnennungsrecht „lediglich“ Ausdruck des Kerns des Urheberpersönlichkeitsrechts ist und nichts über die kennzeichenrechtliche Zulässigkeit einer solchen Nennung im Verhältnis zu einem Inhaber eines älteren Kennzeichenrechts auszusagen vermag[872]. Zudem hat nicht jede besondere schöpferische Leistung, jedes Modedesign, die für den Urheberrechtsschutz erforderliche Gestaltungs-/Schöpfungshöhe.

Scholz kritisiert die Rechtsprechung des BGH mit dem Hinweis, das Interesse an der Namensmarke werde grundsätzlich unterbewertet[873]. Er geht bei seiner Kritik von der Feststellung des BVerfG aus, nach der ein angemessener Spielraum zur Entfaltung von Unternehmensinitiative unantastbar sei[874]. Verstehe man das Grundrecht aus Art. 2 Abs. 1 GG sowohl als persönlichkeitsbezogenes Schutzrecht als auch als Grundfreiheitsrecht für unternehmerisches Handeln, umfasse es auch das Recht des Namensträgers, seine in der Schaffung und/oder Vermarktung einer Ware/Dienstleistung liegende persönliche Leistung, auch wenn sie keine schöpferische Qualität habe, mit seinem Namen zu kennzeichnen[875]. *Scholz* führt damit beachtliche Argumente gegen den BGH an, auf die im Rahmen des eigenen Lösungsvorschlags sogleich unter (c) zurückzukommen sein wird.

Goldmann schließt sich der Rechtsprechung des BGH an und entwickelt weitere Argumente zu ihrer Stützung[876], die der BGH in seinem Urteil *„Gartencenter Pötschke“* ausdrücklich aufgreift[877]. *Goldmann* verweist unter anderem auf die „Systematik“ des § 23 MarkenG. Die Vorschrift sei insgesamt von dem Bestreben geprägt, andere Gewerbetreibende in ihrem unabdingbaren Bedürfnis zu schützen, bestimmte Bezeichnungen trotz eines an sich entgegenstehenden prioritätsälteren Rechts benutzen zu dürfen. Daher sei ein strenger Maßstab geboten.

Accessoirebereich, daran gewöhnt ist, dass Firmenschlagwörter und Firmenabkürzungen zur Produktkennzeichnung verwandt werden. Schon im ersten Leitsatz hatte er entsprechend formuliert, das allgemeine Interesse der Partei an einer zweckmäßigen und wirtschaftlich sinnvollen markenmäßigen Verwendung der Unternehmensbezeichnung reiche für die Annahme des Ausnahmefalls nicht aus. Auch im Urteil *„Caren Pfleger“* hatte der BGH, wie dargestellt, bereits ausgeführt, eine Ausnahme könne bestehen, wenn besondere, gewichtige Gründe vorliegen und ist dann nur beispielhaft auf besondere, schöpferische Leistungen eingegangen (BGH GRUR 1991, 475, 478 – *Caren Pfleger*).

872 *Ingerl/Rohnke*, MarkenG, § 23 Rn. 36.

873 *Scholz*, GRUR 1996, 679, 686 ff.; ebenfalls zumindest angedeutet von *Ingerl/Rohnke*, MarkenG, § 23 Rn. 36.

874 So BVerfG NJW 1984, 476, 477.

875 *Scholz*, GRUR 1996, 679, 687.

876 *Goldmann*, Das Recht des Unternehmenskennzeichens, § 17 Rn. 56 f.

877 BGH GRUR 2011, 835, 837 (Tz. 24) – *Gartencenter Pötschke*.

§ 23 Nr. 1 MarkenG erstrecke sich nicht auf lediglich zweckmäßige und angenehme Verwendungsformen, sondern sichere ausschließlich essentialia.

Die Reaktionen in der Literatur auf die beiden neuen Urteile „*Peek & Cloppenburg II*“ und „*Gartencenter Pötschke*“ fallen (bislang jedenfalls) kurz aus. *Diekmann* führt in seiner Urteilsanmerkung zu „*Peek & Cloppenburg II*“ aus, der BGH habe mit dem Festhalten an der „*Caren-Pfleger*“-Rechtsprechung der Tendenz der Einzelfallentscheidung Einhalt geboten und dadurch der Rechtssicherheit in diesem unübersichtlichen Rechtsgebiet einen Dienst erwiesen[878]. *Goldmann* gibt in seiner Urteilsanmerkung zu „*Gartencenter Pötschke*“ das Urteil lediglich wieder[879].

Zusammenfassend lässt sich feststellen: Die Rechtsprechung des BGH stieß und stößt in der Literatur weit überwiegend auf Zustimmung.

(c) Stellungnahme und Lösungsvorschlag

Trotz der neuerlichen Bestätigung durch den BGH und der zustimmenden Stellungnahmen in der Literatur überzeugt die Rechtsprechung des BGH nicht. Sowohl der markenmäßige Gebrauch des Namens als auch die Eintragung des Namens als Marke dürfen nicht erst bei Vorliegen besonderer, gewichtiger Gründe, die den Verzicht auf die markenmäßige Verwendung des Namens und die Eintragung als Marke unzumutbar machen würden, als gerechtfertigt angesehen werden. Die Schwelle ist, wie nachfolgend erörtert, maßgeblich abzusenken.

(aa) Markenmäßige Benutzung des Namens

Hinsichtlich des markenmäßigen Gebrauchs des Namens sollte die Interessenabwägung in aller Regel gleichlaufend mit der zur „Grundfrage“ ausfallen, ob der Prioritätsjüngere überhaupt und wie er unter seinem Namen im geschäftlichen Verkehr neben dem prioritätsälteren Namensgleichen auftreten darf. Dafür sprechen rein pragmatische Gründe. Es bestehen erhebliche Abgrenzungsschwierigkeiten zwischen marken- und firmenmäßigem Gebrauch[880]. Auch wenn der alte Grundsatz der deutschen Rechtsprechung, nach dem marken- und firmenmäßiger Gebrauch regelmäßig ineinander übergehen, aufgrund der neue-

---

878 *Diekmann*, GRUR-Prax 2011, 267.
879 *Goldmann*, GRUR-Prax 2011, 373.
880 *Ingerl/Rohnke*, MarkenG, § 23 Rn. 36.

ren Rechtsprechung des EuGH nicht aufrechtzuerhalten ist[881], stellt es sich doch nach wie vor so dar, dass in der Verwendung eines Zeichens als Unternehmenskennzeichen in aller Regel auch eine markenmäßige Benutzung liegt. Eine klare Grenze, an der die firmenmäßige Benutzung endet und die (rein) markenmäßige beginnt, kann nicht gezogen werden; eine „Abschichtung“[882] des (rein) markenmäßigen Gebrauchs eines Namens ist kaum möglich.

Gegen die vorgeschlagene, grundsätzlich gleichlaufende Interessenabwägung bei firmen- und markenmäßigem Gebrauch des Namens spricht nicht die vom BGH angeführte „Systematik“ des § 23 MarkenG. Diese „Systematik“ – so man sie angesichts der Verschiedenartigkeit der Tatbestände des § 23 MarkenG überhaupt ausmachen kann – spricht vielmehr gerade dafür, das Recht der Gleichnamigen bzw. § 23 Nr. 1 MarkenG auch den markenmäßigen Gebrauch erfassen zu lassen. Sowohl in § 23 Nr. 2 MarkenG als auch in § 23 Nr. 3 MarkenG schließt der markenmäßige Gebrauch die Anwendbarkeit der Schutzschranke nämlich nicht aus[883]. Bei § 23 Nr. 1 MarkenG und auch dem Recht der Gleichnamigen grundsätzlich das Gegenteil anzunehmen, stört die „Systematik“ – verstanden als „Symmetrie“ – des § 23 MarkenG eher.

(bb) Eintragung des Namens als Marke

Hinsichtlich der Eintragung des Namens als Marke sollte die Interessenabwägung schon bei Vorliegen eines schutzwürdigen Interesses an der Eintragung einer Namensmarke zugunsten des Prioritätsjüngeren ausfallen, wenn der Prioritätsjüngere dem übereinstimmenden Namen einen unterscheidungskräftigen Zusatz anfügt und er mit der Markenanmeldung gegenüber dem Prioritätsälteren ein uneingeschränktes, bedingungsloses, unwiderrufliches und ausreichend strafbewehrtes Angebot abgibt, bestimmte Handlungen zu unterlassen. Im Einzelnen:

Ein Interesse des Prioritätsjüngeren an der Eintragung seines Namens als Marke erwächst zunächst aus den von *Scholz* angeführten, überwiegend grundrechtlich motivierten Gründen: Das grundrechtlich geschützte allgemeine Persönlichkeitsrecht umfasst, wie das BVerfG festgestellt hat[884], das Recht auf Unternehmerinitiative und auf unternehmerische Persönlichkeitsentfaltung. Dafür nahezu unerlässlich ist die Eintragung einer Namensmarke. Denn die heutigen Kennzei-

881 Vgl. dazu 4. Kapitel, II.3.c.
882 Ausdruck von *Ingerl/Rohnke*, MarkenG, § 23 Rn. 20.
883 Dazu 7. Kapitel, I.2. und 8. Kapitel, I.2.
884 BVerfG NJW 1984, 476, 477.

chengewohnheiten gehen dahin, dass viele Unternehmen dieselbe Bezeichnung nicht nur als Unternehmenskennzeichen, sondern auch als (eingetragene) Marke[885] verwenden. Der Verkehr „liebt" einfache Zuordnungen („Unternehmenskennzeichen gleich Marke"). Er ist daran gewöhnt, dass Firmenschlagwörter und -namen auch zur Produktkennzeichnung verwendet werden[886]. Das gilt für nahezu alle Industrie- und Geschäftszweige, wie die Beispiele „Porsche", „Joop", „Siemens" oder „Bosch" zeigen. Das heißt, jeder Unternehmenskennzeicheninhaber hat grundsätzlich ein Interesse daran, den eigenen Namen auch als (eingetragene) Marke nutzen zu können, nicht zuletzt, um nicht hinter „nichtgleichnamigen" Wettbewerbern zurückzustehen.

Ein Interesse an einer Namensmarke erwächst ferner daraus, dass eine Marke gegenüber Dritten aufgrund ihres bundesweiten Schutzes zunächst eine stärkere Rechtsposition einräumt als ein Unternehmenskennzeichen. Dessen territorialer Geltungsbereich muss unter Umständen erst bestimmt werden[887].

All diese Gesichtspunkte begründen ein schutzwürdiges Interesse an der Eintragung einer Namensmarke. Es mögen, in den Worten des BGH, bloß „allgemeine Interessen der Zweckmäßigkeit und Nützlichkeit von Markeneintragungen"[888] sein. Immerhin sind es aber Interessen, die schutzwürdig und in der Interessenabwägung entscheidend zu berücksichtigen sind. Überschritten ist die Grenze der Schutzwürdigkeit allerdings bei einer umfassenden Namensvermarktung, etwa durch die Vergabe von Lizenzen[889].

Auch die vom BGH angeführte „Systematik" des § 23 MarkenG zwingt nicht zur Errichtung höherer Hürden wie der der Unzumutbarkeit des Verzichts. Im Gegenteil: Bei § 23 Nr. 2 MarkenG bedarf es keiner Rechtfertigung der Angabenverwendung als solcher, insbesondere keiner Notwendigkeit der Benutzung im Sinne einer Alternativlosigkeit. Der Dritte darf eine kollidierende beschreibende Angabe auch dann verwenden, wenn Ausweichmöglichkeiten zur Beschreibung seiner Ware/Dienstleistung bestehen. Das zeigt deutlich, eine „Systematik" dahingehend, dass § 23 MarkenG nur absolute „essentialia" freistellt, besteht nicht.

Gemäß der allgemeinen Regel muss der Prioritätsjüngere bei der Bildung der Namensmarke alles Erforderliche und Zumutbare tun, um einer Erhöhung der

---

885 BGH GRUR 2001, 344 f. – *DB Immobilienfonds*.

886 So das OLG Düsseldorf (Urteil vom 31.8.2008, Az.: 20 U 24/07 [BeckRS 2010, 25299]).

887 Vgl. zum räumlichen Schutzbereich von Unternehmenskennzeichen z.B. *Ingerl/Rohnke*, MarkenG, § 15 Rn. 24 f. und § 5 Rn. 14 f. m.w.N.

888 So der BGH im Urteil „*Gartencenter Pötschke*" (GRUR 2011, 835, 838 [Tz. 27]).

889 So auch *Scholz*, GRUR 1996, 679, 687.

Verwechslungsgefahr weitestgehend entgegenzuwirken. Das heißt zum einen, er muss die Marke mit einem unterscheidungskräftigen Zusatz versehen und mit ihr einen hinreichenden Abstand zu dem Unternehmenskennzeichen des Prioritätsälteren wahren. Die Marke darf also beispielsweise nicht nur aus dem übereinstimmenden Namensbestandteil oder einem Firmenschlagwort in Alleinstellung bestehen. Der Prioritätsjüngere muss etwa seinen Vornamen oder den Firmensitz anfügen. Beides dürfte – anders als teils beim Unternehmenskennzeichen[890] – ausreichen. Das heißt zum anderen, der Prioritätsjüngere muss (im Sinne einer Obliegenheit) mit Anmeldung der Marke gegenüber dem Prioritätsälteren ein uneingeschränktes, bedingungsloses, unwiderrufliches und ausreichend strafbewehrtes Angebot abgeben. Der Inhalt des Angebots richtet sich im Wesentlichen nach dem Einzelfall. Enthalten sein müsste aber beispielsweise die Verpflichtung des Prioritätsjüngeren, die Marke nicht an Dritte zu übertragen und sie nicht zu lizenzieren[891]. Dadurch würde der immer wieder gesehenen Gefahr der „Verselbständigung der Benutzungsbefugnis“[892], der Gefahr der „Vermehrung verkehrsfähiger Zeichenrechte“[893], begegnet werden können. Gegebenenfalls kann ferner daran gedacht werden, in das Angebot eine Art „Change of Control“-Klausel, wie sie oft in Lizenzverträgen enthalten ist, aufzunehmen für den Fall, dass sich bei dem Prioritätsjüngeren die Beteiligungsverhältnisse maßgeblich ändern (etwa bei Übernahme durch einen Finanzinvestor). In dem Angebot enthalten sein könnte ferner in dem Fall, in dem die Namensgleichen bezüglich ihrer Unternehmenskennzeichen eine kartellrechtlich zulässige, räumliche Abgrenzungsvereinbarung getroffen haben, die Verpflichtung des Prioritätsjüngeren, diese Vereinbarung auch mit der Marke einzuhalten. Dadurch würde sich der Schutzbereich der Marke sachlich mit dem der Geschäftstätigkeit decken.

Insgesamt wird nach dieser Lösung den Interessen der beiden Namensgleichen Genüge getan.

---

890 Vgl. (6).

891 Letzteres jedenfalls zur Klarstellung, da nach der hier mit *Scholz* vertretenen Ansicht ohnehin schon kein schutzwürdiges Interesse an einer Lizenzierung besteht.

892 Erwähnt z.B. von *Scholz*, GRUR 1996, 679, 688. Er ist allerdings der Ansicht, die durch Übertragung der Namensmarke entstehende Lage sei im Grunde keine andere als bei der Veräußerung des namensgleichen Unternehmens mit dem Namensfortführungsrecht.

893 So der BGH im Urteil „*Gartencenter Pötschke*“ (GRUR 2011, 835, 838 [Tz. 39]).

(8) Entsprechende Anwendung der Grundsätze des Rechts der Gleichnamigen auf kennzeichenrechtliche Gleichgewichtslagen

(a) Allgemeines

Die zu den „echten" Gleichnamigkeitsfällen entwickelten Grundsätze gelten nach ständiger Rechtsprechung des BGH entsprechend für sogenannte kennzeichenrechtliche Gleichgewichtslagen[894] (synonym verwendet werden die Begriffe „besondere Wettbewerbslagen"[895] und „anderweitig entstandene Koexistenzsituationen"[896]).

Kennzeichenrechtliche Gleichgewichtslagen sind dadurch gekennzeichnet, dass zwei Parteien mit i.S.d. § 15 Abs. 2 MarkenG verwechslungsfähigen Zeichen über einen längeren Zeitraum hinweg ungestört nebeneinander koexistiert und jeweils einen schützenswerten Besitzstand an ihrem Zeichen erlangt haben[897]. Auf die ursprüngliche Priorität kommt es nicht mehr an. Das heißt, in der Praxis ist es entbehrlich, die oft schon streitigen historischen Abläufe genau festzustellen.

Bei kennzeichenrechtlichen Gleichgewichtslagen geht es – neben der Pflicht zur Tolerierung – nicht darum, welche Pflichten bei der Benutzungsaufnahme bestehen, sondern darum, dass keiner der Beteiligten die Gleichgewichtslage einseitig stören darf, die Gleichgewichtslage zu erhalten ist. Stört eines der beiden Unternehmen die Gleichgewichtslage ohne dass das andere es hinzunehmen hat,

---

894 So z.B. der BGH in seinem Urteil *„Peek & Cloppenburg II"* (GRUR 2011, 623, 626 [Tz. 36]). Das OLG Hamburg spricht von „Gleichgewichtslagen" (z.B. GRUR-RR 2008, 342, 343 – *powered by P & C* und Urteil vom 17.1.2008, Az.: 3 U 143/07 – *ein Hemd von P & C* [BeckRS 2008, 12932].

895 So z.B. GK-*Teplitzky*, § 16 UWG Rn. 413; *Goldmann*, Der Schutz des Unternehmenskennzeichens, § 17 Rn. 58 ff.

896 So z.B. *Ingerl/Rohnke*, MarkenG, § 23 Rn. 46. Das OLG Düsseldorf verwendet oft schlicht „Koexistenzlage" (vgl. das Urteil vom 31.1.2008, Az.: 20 U 24/07 [BeckRS 2010, 25299]).

897 Die nachfolgend erörterten Fragen werden teilweise noch den „echten Gleichnamigkeitsfällen" zugeordnet (vgl. z.B. *Ingerl/Rohnke*, MarkenG, § 23 Rn. 42 ff.). Sachgerechter erscheint es aber, Konflikte zwischen Namensgleichen, die einen gewissen Zeitraum (möglicherweise kann eine Parallele gezogen werden zur Rechtsprechung des BPatG, nach der eine zehntägige Zeichennutzung bereits einen schützenswerten Besitzstand begründen kann, vgl. BPatG, Beschluss vom 23.2.2011, Az.: 26 W (pat) 516/10 [BeckRS 2011, 06540]) koexistiert haben und später beispielsweise Änderungen der Kennzeichen vornehmen wollen, den kennzeichenrechtlichen Gleichgewichtslagen zuzuordnen. Entscheidend dürfte sein, ab welchem Zeitraum des Nebeneinanders man von einer kennzeichenrechtlichen Gleichgewichtslage ausgeht. Sachliche Unterschiede ergeben sich aber ohnehin nicht.

besteht ein Anspruch auf Unterlassung gemäß § 15 Abs. 2, Abs. 4 MarkenG und gegebenenfalls auf Schadensersatz gemäß § 15 Abs. 2, Abs. 5 MarkenG. Stören beide Unternehmen die Gleichgewichtslage, kann jedes der beiden gegen das andere vorgehen. Der Einwand der „unclean-hands“ greift im Recht der Gleichnamigen grundsätzlich nicht durch[898].

Dogmatisch rechtfertigt sich die Gleichsetzung kennzeichenrechtlicher Gleichgewichtslagen mit den „echten“ Gleichnamigkeitsfällen daraus, dass an die Stelle des persönlichkeitsrechtlichen Namensführungsrechts, das für die Entwicklung der Grundsätze des Rechts der Gleichnamigen maßgeblich war, ein Namensführungsrecht kraft Besitzstands tritt[899].

Man könnte die „echten“ Gleichnamigkeitsfälle auch als „primäre Gleichnamigkeitskonflikte“, die Störung bereits bestehender kennzeichenrechtlicher Gleichgewichtslagen als „sekundäre Gleichnamigkeitskonflikte“ bezeichnen[900].

(b) Vorzugswürdige Lösung nach den Regeln der Verwirkung?

Vor Erörterung der kennzeichenrechtlichen Gleichgewichtslagen im Einzelnen soll diskutiert werden, ob sie besser nach den Regeln der Verwirkung[901] als mittels einer entsprechenden Anwendung der Grundsätze des Rechts der Gleichnamigen behandelt werden sollten. In Erwägung zu ziehen ist sowohl eine Anknüpfung an § 21 Abs. 2 MarkenG[902] als auch eine Anknüpfung an § 21 Abs. 4 MarkenG i.V.m. § 242 BGB[903].

Nach § 21 Abs. 1 und Abs. 2 MarkenG sind Ansprüche aus einer Marke oder einer geschäftlichen Bezeichnung verwirkbar. § 21 Abs. 2 MarkenG regelt die Verwirkung in den Fällen, in denen es sich bei dem jüngeren Kennzeichenrecht nicht um eine eingetragene Marke, sondern beispielsweise um eine geschäftliche Bezeichnung i.S.v. § 5 MarkenG handelt. Voraussetzung für die Verwirkung ist unter anderem eine ununterbrochene fünfjährige Benutzung des prioritätsjünge-

---

898 OLG Hamburg, Urteil vom 17.1.2008, Az.: 3 U 142/07 – *„unclean-hands“-Einwand* (BeckRS 2009, 10785); *Ingerl/Rohnke*, MarkenG, § 23 Rn. 45.

899 GK-*Teplitzky*, UWG, § 16 Rn. 413.

900 *Goldmann*, Das Recht des Unternehmenskennzeichens, § 17 Rn. 48.

901 So zum Recht vor In-Kraft-Treten des MarkenG *Baumbach/Hefermehl*, Wettbewerbsrecht [17. Aufl.], § 16 UWG Rn. 84. *Teplitzky* spricht von einer wechselseitigen Tolerierungspflicht, die der Rechstausübungssperre der Verwirkung ähnelt (GK, § 16 UWG Rn. 413).

902 So wohl *Emmerich*, Unlauterer Wettbewerb, S. 287.

903 *Rohnke*, Festschrift für Ullmann, S. 359, 363; *Patt*, Die Stellung der Gleichnamigen im Wettbewerbsrecht, S. 133 ff.

ren Kennzeichens. Diese Frist ist starr und kann auch bei Vorliegen besonderer Umstände nicht verkürzt oder verlängert werden[904]. Weitere Voraussetzungen für die Verwirkung sind die Kenntnis des Inhabers des prioritätsälteren Kennzeichens von der Benutzung des prioritätsjüngeren Kennzeichens über fünf Jahre hinweg[905] sowie die Duldung.

Nach den allgemeinen Grundsätzen der Verwirkung i.S.v. § 21 Abs. 4 MarkenG i.V.m. § 242 BGB setzt sich die Verwirkung aus vier Elementen zusammen. Diese sind: eine länger andauernde redliche Nutzung, die Duldung der Nutzung durch den Berechtigten, ein auf der Duldung beruhendes berechtigtes Vertrauen des Verletzers und ein wertvoller Besitzstand des Verletzers[906]. Die Elemente stehen in einer Wechselwirkung zueinander[907]. So kann z.B. ein durch positives Tun des Verletzers verstärkter Duldungsanschein einen verhältnismäßig geringen Besitzstand kompensieren[908]. Als Ausprägung von § 242 BGB ist der allgemeine Verwirkungseinwand von einer Abwägung der beiderseitigen Interessen geprägt[909].

Gegen die beiden in Erwägung zu ziehenden Anknüpfungspunkte sprechen Argumente, die es – entgegen dem ersten Anschein, der insbesondere für die Anknüpfung an § 21 Abs. 4 MarkenG spricht – richtig erscheinen lassen, auf kennzeichenrechtliche Gleichgewichtslagen in Übereinstimmung mit der Rechtsprechung die Grundsätze des Recht der Gleichnamigen entsprechend anzuwenden:

Die starre Fünfjahresfrist des § 21 Abs. 2 MarkenG, dessen Forderung nach positiver Kenntnis und dass das Vorliegen eines schutzwürdigen Besitzstands des Verletzers nicht von Bedeutung ist[910], „passen" nicht zu dem Namensführungsrecht kraft Besitzstands, um das es bei den kennzeichenrechtlichen Gleichgewichtslagen geht. Gegen die Anknüpfung an die Verwirkungsregeln spricht weiterhin, dass eine Duldung i.S.v. § 21 Abs. 2 MarkenG nur vorliegen kann, wenn

---

904 Büscher/Dittmer/Schiwy/*Schalk*, GewRS, Teil 1, Kap. 3, § 21 MarkenG Rn. 3; Ströbele/*Hacker*, MarkenG, § 21 Rn. 11.

905 Büscher/Dittmer/Schiwy/*Schalk*, GewRS, Teil 1, Kap. 3, § 21 MarkenG Rn. 4.

906 Vgl. z.B. BGH GRUR 2008, 1104, 1107 (Tz. 33) – *HAUS & GRUND II*; BGH GRUR 2006, 56, 59 f. (Tz. 45) – *BOSS Club*; *Ingerl/Rohnke*, MarkenG, § 21 Rn. 26.

907 BGH GRUR 1993, 151, 154 – *Universitätsemblem*; BGH GRUR 1992, 45, 48 – *Cranpool*; Ströbele/*Hacker*, MarkenG, § 21 Rn. 36.

908 BGH GRUR 1992, 45, 48 – *Cranpool*; BGH GRUR 1963, 478, 481 – *Bleiarbeiter*; Büscher/Dittmer/Schiwy/*Schalk*, GewRS, Teil 1, Kap. 3, § 21 MarkenG Rn. 11.

909 BGH GRUR 1996, 427, 428 – *Prince Albert*; BGH GRUR 1975, 434, 437 – *BOUCHET*; BGH GRUR 1957, 25, 28 – *Hausbücherei*; Ströbele/*Hacker*, MarkenG, § 21 Rn. 36.

910 Darauf weisen *Ingerl/Rohnke*, MarkenG, § 21 Rn. 15 ausdrücklich hin.

es dem Verletzten überhaupt rechtlich möglich war, gegen den Verletzer vorzugehen, er aber die ihm zur Verfügung stehenden Möglichkeiten nicht genutzt hat. Bei Vorliegen eines Gestattungsvertrags beispielsweise ist die Möglichkeit des rechtlichen Vorgehens gegen den „Verletzer" ausgeschlossen. Gestattungskonstellationen sind aber – dazu sogleich – ein häufiger Entstehungsgrund von kennzeichenrechtlichen Gleichgewichtslagen.

Der allgemeine Verwirkungstatbestand, § 21 Abs. 4 MarkenG i.V.m. § 242 BGB, bezieht zwar unter anderem das Element eines wertvollen Besitzstands ein und enthält keine starren Fristen. Hinzukommen muss aber ein berechtigtes Vertrauen des Verletzers darauf, dass der Prioritätsältere auch in Zukunft nicht gegen ihn vorgehen werde. Diese Voraussetzung des allgemeinen Verwirkungstatbestands passt wiederum nicht recht, wenn die Gleichgewichtslage auf vertraglichen Regelungen beruht. Nach Abschluss eine Gestattungsvertrages oder einer Abgrenzungsvereinbarung besteht allenfalls ein Vertrauen in die Vertragstreue des Vertragspartners bis zum Ablauf des Vertrages. Ein durch Untätigkeit des Verletzten begründetes Vertrauen besteht nicht.

Ferner können die Rechtsfolgen der Verwirkung den Interessen der sich in einer kennzeichenrechtlichen Gleichgewichtslage Befindenden nicht hinreichend Rechnung tragen. Unterlassungsansprüche verwirken nämlich im Hinblick auf einen konkreten Status quo. Die Verwirkung schafft keine zusätzlichen Rechtspositionen[911]. Änderungen dieses konkreten Status quo (etwa durch Abwandlungen des Zeichens) unterfallen der Verwirkung nicht. Das heißt, der Verletzte kann aufgrund der Veränderungen – trotz Verwirkung der älteren Unterlassungsansprüche – Ansprüche gegen den Verletzer geltend machen. Bei kennzeichenrechtlichen Gleichgewichtslagen muss aber nach flexiblen Lösungen gesucht werden, ob und wie einer der beiden Änderungen vornehmen kann, etwa weil sie sachlich gerechtfertigt sind.

Festzuhalten ist, die starren Verwirkungsregelungen können den Interessen von Parteien, die sich in einer kennzeichenrechtlichen Gleichgewichtslage befinden, nicht hinreichend Rechnung tragen. Dazu ist – wie eben im Recht der Gleichnamigen – ein differenziertes Interessenausgleichsmodell, einschließlich wechselseitiger Tolerierungspflichten und einer Interessenabwägung, erforderlich, das bei § 23 Nr. 1 MarkenG verankert werden kann.

---

911 BGH GRUR 2008, 803, 805 (Tz. 29) – *HEITEC*; *Ingerl/Rohnke*, MarkenG, § 21 Rn. 53.

(c) Entstehungsgründe kennzeichenrechtlicher Gleichgewichtslagen

Kennzeichenrechtliche Gleichgewichtslagen können dadurch entstehen, dass zwei „echte Gleichnamige" einen ausreichenden Kennzeichenabstand hergestellt haben, sich an die jeweiligen Regeln halten und so ohne (weitere) rechtliche Auseinandersetzungen nebeneinander bestehen. *Scholz* bezeichnet diese Lage als eine „beiderseits tolerierte oder zu tolerierende labile Beruhigungssituation in einem latent fortbestehenden Namenskonflikt"[912].

Kennzeichenrechtliche Gleichgewichtslagen können ferner dadurch entstehen, dass der prioritätsältere Kennzeicheninhaber dem prioritätsjüngeren die Benutzung eines i.S.d. § 15 Abs. 2 MarkenG verwechslungsfähigen Zeichens ausdrücklich gestattet[913] und die beiden Unternehmen auf dieser Grundlage nebeneinander bestehen.

Eine kennzeichenrechtliche Gleichgewichtslage entsteht auch dann, wenn ein Dritter, beispielsweise eine Konzernmutter, zwei voneinander unabhängigen, konzernangehörigen Gesellschaften die Verwendung ihres Namens gestattet. Hierzu sei der dem Urteil des OLG Düsseldorf „*Mannesmann*"[914] zugrunde liegende Fall dargestellt: Die Klägerin und die Beklagte des Verfahrens waren Tochtergesellschaften des Mannesmann-Konzerns. Die Klägerin führte in dem Konzern das auf eine längere Tradition zurückgehende Röhren-Geschäft. Die Beklagte wurde 1997 gegründet, um die Aktivitäten des Mannesmann-Konzerns im Bereich der Kunststofftechnik zusammenzufassen. Anlässlich der Auflösung des Mannesmann-Konzerns im Jahr 2000 wurden beide Gesellschaften verkauft. Die Klägerin sah sich aufgrund ihrer älteren Rechte allein als befugt an, den Namen „Mannesmann" als Unternehmenskennzeichen zu führen. Das OLG Düsseldorf ging davon aus, dass die geltend gemachten Unterlassungsansprüche nicht bestünden. Beide Gesellschaften hätten als ehemalige Tochterunternehmen des Mannesmann-Konzerns die gleichen Rechte. In der Zeit der Konzernzugehörigkeit habe sich eine Gleichgewichtslage zwischen den (partiell) gleichnamigen Parteien ergeben, die unter ihren damaligen Bezeichnungen auf dem Markt

912 *Scholz*, GRUR 1996, 679, 681.

913 Z.B. BGH GRUR 1993, 574 – *Decker*. Die Gestattung hat zunächst nur schuldrechtliche Wirkungen zwischen dem Gestattenden und dem Gestattungsempfänger, d.h., der Gestattungsempfänger kann Unterlassungsansprüche des Gestattenden unter Hinweis auf die Gestattung abwehren. Dritten gegenüber kann der Gestattungsempfänger ein vom Gestattenden abgeleitetes besseres Recht entsprechend § 986 BGB einwenden (sog. Grundsätze der *Decker*-Rechtsprechung).

914 OLG Düsseldorf GRUR-RR 2008, 80 – *Mannesmann*.

nebeneinander tätig waren. Grundlage war die seinerzeitige Gestattung durch die Konzernmutter gegenüber beiden Gesellschaften[915].

Ein weiterer Entstehungsgrund kennzeichenrechtlicher Gleichgewichtslagen liegt darin, dass zwei i.S.d. § 15 Abs. 2 MarkenG verwechslungsfähige Unternehmensbezeichnungen – auch Phantasiebezeichnungen – über einen längeren Zeitraum ungestört nebeneinander koexistiert haben und die beiden Unternehmen unter diesen Bezeichnungen einen schutzwürdiger Besitzstand erworben haben[916].

Ferner kann eine an sich unzulässige Veränderung einer bestehenden Gleichgewichtslage ihrerseits wieder zu einer Gleichgewichtslage werden, wenn sie nach Verwirkungsgrundsätzen zu dulden ist[917].

Eine kennzeichenrechtliche Gleichgewichtslage kann weiterhin dadurch entstehen, dass zwei Unternehmen mit verwechslungsfähigen Bezeichnungen eine firmenrechtliche Abgrenzungsvereinbarung getroffen haben mit dem Inhalt, dass räumlich, bezogen auf das Bundesgebiet, die jeweiligen Wirtschaftsräume klar definiert und voneinander abgegrenzt werden und sie auf dieser Grundlage nebeneinander bestehen.

Lediglich ergänzend sei angemerkt, dass solche firmenrechtlichen Abgrenzungsvereinbarungen, für die aufgrund der Einheitlichkeit der Kennzeichenrechte die zu markenrechtlichen Abgrenzungsvereinbarungen[918] entwickelten Grundsätze heranzuziehen sein dürften, stets kartellrechtlichen Bedenken begegnen[919]. Nichtig ist eine Abgrenzungsvereinbarung dann, wenn bei ihrem Abschluss kein ernsthafter, objektiv begründeter Anlass zu der Annahme bestand, dem begünstigten Vertragspartner stehe ein entsprechender Unterlassungsan-

---

915 OLG Düsseldorf GRUR-RR 2008, 80, 81 – *Mannesmann.*

916 Z.B. die Bezeichnungen „Hotel Krone“ und „Gasthof Krone“ von Betrieben in unterschiedlichen Stadtteilen derselben Stadt, die jahrelang koexistiert haben (so in BGH GRUR 1984, 378 – *Hotel Krone*); Ströbele/*Hacker*, MarkenG, § 23 Rn. 38.

917 Der BGH verweist im Urteil „*Peek & Cloppenburg II*“ (GRUR 2011, 623, 628 [Tz. 60 f.]) unter anderem aus dem Grund, dass das Berufungsgericht keine Feststellungen zum Einwand der Verwirkung getroffen hatte, die Sache zur neuen Verhandlung und Entscheidung an das Berufungsgericht zurück; BGH GRUR 1985, 389, 390 – *Familienname*; *Ingerl/Rohnke*, MarkenG, § 23 Rn. 45.

918 Vgl. dazu z.B. BGH GRUR 2011, 641, 642 (Tz. 18 ff.) – *Jette Joop*; dazu *Fammler/Niebel*, GRUR 2011, 646 f.; *Douglas*, GRUR-Prax 2011, 204; *Bechtold*, GWR 2011, 219.

919 Auf sie weist in dem Urteil „*Peek & Cloppenburg II*“ auch der BGH hin (GRUR 2010, 623, 628 [Tz. 61]).

spruch zu[920]. Abgrenzungsvereinbarungen dürfen nicht zu einer Markt- bzw. Gebietsaufteilung führen, die nicht durch den Schutzinhalt des Kennzeichenrechts gedeckt ist. Im Geltungsbereich von Art. 101 AEUV hat der EuGH darauf abgestellt, ob die Abgrenzungsvereinbarung dazu dient, Verwechslungen oder Konflikte zu vermeiden, oder ob sie in Wahrheit nur eine Marktaufteilung oder andere Wettbewerbsbeschränkungen bezweckt[921]. Im letztgenannten Fall liegt ein Verstoß gegen Art. 101 Abs. 1 AEUV vor[922].

Danach kommt es bei firmenrechtlichen Abgrenzungsvereinbarungen wie den hier erörterten darauf an, ob die Gebietsabgrenzung sich an den jeweiligen Einzugsbereichen der vorhandenen Standorte und damit am Geltungsbereich der Unternehmenskennzeichen orientiert oder ob es sich um eine Marktaufteilung, um ein räumlich beschränktes Wettbewerbsverbot ohne Rücksicht auf die Einzugsbereiche handelt.

Als Beispiel für eine solche kennzeichenrechtliche Gleichgewichtslage sei die Situation der rechtlich und wirtschaftlich voneinander unabhängigen Unternehmen „Peek & Cloppenburg" genannt. Beide Unternehmen führen die Unternehmensbezeichnung „Peek & Cloppenburg KG"[923] und verwenden als Firmenschlagwort „Peek & Cloppenburg". Eines der beiden Unternehmen hat seinen Hauptsitz in Düsseldorf (nachfolgend „P & C Süd" genannt), das andere in Hamburg (nachfolgend „P & C Nord" genannt).

Die beiden Unternehmen führen Bekleidungshäuser an mehreren Standorten in Deutschland und Europa[924]. Sie haben das Bundesgebiet in zwei Wirtschaftsräume aufgeteilt und die Abrede getroffen, dass ein Unternehmen im Wirtschaftsraum des jeweils anderen keine Filiale eröffnet. Ihre Werbekampagnen führten und führen die beiden Unternehmen ganz überwiegend unabhängig voneinander für ihre jeweiligen Bekleidungshäuser durch. Nur zwischen 1996 und 2000 hatte es eine Zusammenarbeit gegeben, im Zuge derer sie gemeinsam bundesweite Werbung in überregionalen Zeitschriften schalteten.

---

920 BGH GRUR 2011, 641, 642 (Tz. 18 ff.) – *Jette Joop*; BGH GRUR 1976, 323, 325 – *Thermalquelle*, BGH GRUR 1955, 418, 420; *Ingerl/Rohnke*, MarkenG, § 30 Rn. 137; *Bechtold*, GWR 2011, 219.

921 BGH GRUR Int. 1985, 399, 402 (Tz. 33) – *Toltecs/Dorcet II*.

922 Näheres zur kartellrechtlichen Beurteilung von Abgrenzungsvereinbarungen *Harte-Bavendamm/v. Bomhard*, GRUR 1998, 530, 532 f.

923 Vgl. BGH GRUR 2010, 738 (Tz. 1) – *Peek & Cloppenburg I*.

924 Europa soll hier außer Betracht bleiben. P & C Nord tritt auf den internationalen Märkten unter der Bezeichnung „VAN GRAAF" auf, P & C Süd unter „Peek & Cloppenburg" (Quelle: Homepages der Unternehmen).

Die beiden Unternehmen führen seit langem und bis in die jüngste Zeit hinein gerichtliche Auseinandersetzungen bis zum BGH[925]. Diese Auseinandersetzungen sollen sich durch die nachfolgenden Erörterungen ziehen. Sie sollen gleichsam als „Fallmaterial" dienen, anhand derer die Besonderheiten, die innerhalb einer kennzeichenrechtlichen Gleichgewichtslage bestehen können, exemplarisch dargestellt und untersucht werden.

Der Streit zwischen den beiden Unternehmen beginnt schon bei der Frage, welchem der beiden das prioritätsältere Recht am Unternehmenskennzeichen „Peek & Cloppenburg KG" und dem Firmenschlagwort „Peek & Cloppenburg" zusteht. P & C Süd behauptet stets, sie habe das prioritätsältere Recht. Sie sei Rechtsnachfolgerin der im Jahr 1900 gegründeten Peek & Cloppenburg GmbH. P & C Nord sei erst im Jahr 1911 – mit Gestattung der Peek & Cloppenburg GmbH – gegründet worden, die Priorität ihres Unternehmenskennzeichens reiche überhaupt nur auf das Jahr 1972 zurück[926].

Die Gerichte nehmen regelmäßig an, dass es nicht darauf ankomme, wem das prioritätsältere Recht am Unternehmenskennzeichen „Peek & Cloppenburg KG" und dem Firmenschlagwort „Peek & Cloppenburg" zustehe[927]. Die Parteien bestünden jedenfalls seit dem Jahr 1972 auf Grund einer zwischen ihnen getroffenen Abgrenzungsvereinbarung mit demselben Unternehmenskennzeichen auf dem deutschen Markt nebeneinander; sie hätten in redlicher Weise jeweils einen schützenswerten Besitzstand an ihren Unternehmensbezeichnungen erlangt. Der jeweilige Rechtsstreit sei daher nicht nach Prioritätsgrundsätzen, sondern nach den zum Recht der Gleichnamigen entwickelten Grundsätzen, die entsprechend bei Gleichgewichtslagen gelten, zu entscheiden[928].

---

925 Z.B. BGH GRUR 2011, 623 – *Peek & Cloppenburg II* (Vorinstanz: OLG Düsseldorf, Urteil vom 31.1.2008, Az.: 20 U 24/07 [BeckRS 2010, 25299]); BGH GRUR 2010, 738 – *Peek & Cloppenburg I* (Vorinstanzen: OLG Düsseldorf, Urteil vom 9.10.2007, Az.: 20 U 166/05 [BeckRS 2010, 12797] und LG Düsseldorf, Urteil vom 20.7.2005, Az.: 2a O 117/04 [BeckRS 2010, 12798]); OLG Hamburg, Urteil vom 3.4.2008, Az.: 3 U 270/07 – *P & C Shoppingcard* (BeckRS 2008, 12934); OLG Hamburg GRUR-RR 2008, 342 – *powered by P & C*; OLG Hamburg, Urteil vom 17.1.2008, Az.: 3 U 143/07 – *ein Hemd von P & C* (BeckRS 2008, 12932).

926 So dem Urteil „*Peek & Cloppenburg II*" zu entnehmen (GRUR 2011, 623, 626 [Tz. 37]).

927 Z.B. BGH GRUR 2011, 623, 626 (Tz. 37) – *Peek & Cloppenburg II*; OLG Hamburg GRUR-RR 2008, 342, 344 – *powered by P & C*; OLG Hamburg, Urteil vom 17.1.2008, Az.: 3 U 143/07 – *ein Hemd von P & C* (BeckRS 2008, 12932).

928 Z.B. BGH GRUR 2010, 738, 742 (Tz. 19 f.) – *Peek & Cloppenburg I*.

(d) Interessenabwägung und Pflichten beider Parteien

Bei Bestehen einer kennzeichenrechtlichen Gleichgewichtslage geht es, wie einleitend ausgeführt, hauptsächlich darum, die Gleichgewichtslage nicht zu stören, sie also aufrechtzuerhalten oder bestenfalls sogar zu entspannen. Im Einzelnen:

Sind mehrere Unternehmen berechtigt, das gleiche Unternehmenskennzeichen zu führen, so haben sie sich so zu verhalten, dass nicht die vorhandene[929] und von beiden hinzunehmende Verwechslungsgefahr erhöht wird. Sie dürfen die zwischen ihnen bestehende Gleichgewichtslage nicht stören und nicht in den redlich erworbenen Besitzstand des anderen eingreifen. Diese Pflicht obliegt beiden Unternehmen. Sie stehen einander gleichberechtigt gegenüber.

Die Pflicht zur Aufrechterhaltung der kennzeichenrechtlichen Gleichgewichtslage führt aber nicht dazu, dass der bestehende Zustand für immer „festbetoniert" ist. Die Gleichgewichtslage ist kein statischer Zustand. Die Unternehmen müssen die Möglichkeit haben, sich den wechselnden Gegebenheiten des Marktes anzupassen[930]. Änderungen sind, selbst wenn sie die Verwechslungsgefahr erhöhen und damit die Gleichgewichtslage stören, in engen Grenzen zulässig und von dem anderen Kennzeichenrechtsinhaber hinzunehmen, wenn der Ändernde ein schutzwürdiges Interesse an der Benutzung hat und alles Erforderliche und Zumutbare tut, um einer Erhöhung der Verwechslungsgefahr weitestgehend entgegenzuwirken[931].

Eine Erhöhung der Verwechslungsgefahr und damit eine Störung der Gleichgewichtslage kann sich beispielsweise aus einer Verstärkung der Ähnlichkeit der einander gegenüberstehenden Bezeichnungen, einer Verringerung des Abstands des wirtschaftlichen Tätigkeitsbereichs der Parteien, also aus einer Ausdehnung des sachlichen oder räumlichen Tätigkeitsgebiets der einen Partei zu Lasten der anderen Partei, ergeben[932].

---

929 Die Annahme, dass keine Verwechslungsgefahr mehr bestehe, weil der Verkehr gelernt habe, die Unternehmen trotz gleichen Firmenkerns zu unterscheiden, ist „ein Trugschluß" (so *Baumbach/Hefermehl*, Wettbewerbsrecht [17. Aufl.], § 16 UWG Rn. 84) und wird von der Rechtsprechung nicht angenommen (vgl. BGH GRUR 2010, 738, 742 [Tz. 26] – *Peek & Cloppenburg I*).

930 OLG Düsseldorf, Urteil vom 31.1.2008, Az.: I-20 U 24/07 (BeckRS 2010, 25299).

931 BGH GRUR 2011, 623, 626 (Tz. 37) – *Peek & Cloppenburg II*; BGH GRUR 2010, 738, 742 (Tz. 19) – *Peek & Cloppenburg I*; BGH GRUR 1995, 754 – *Altenburger Spielkartenfabrik*; BGH GRUR 1991, 780, 782 – *TRANSATLANTISCHE*; BGH GRUR 1984, 378 – *Hotel Krone*; BGH GRUR 1987, 182, 183 – *Stoll*.

932 BGH GRUR 2010, 738, 742 (Tz. 22) – *Peek & Cloppenburg I*.

(aa) Pflichten bei Änderungen des Kennzeichens selbst, die zu einer Störung der kennzeichenrechtlichen Gleichgewichtslage führen

Geht es um die Zulässigkeit von Änderungen der Kennzeichen selbst, muss zunächst festgestellt werden, ob die Änderung überhaupt zu einer Erhöhung der Verwechslungsgefahr und damit zu einer Störung der Gleichgewichtslage führt. Rein optische Modernisierungen eines Zeichens etwa erhöhen die Verwechslungsgefahr in der Regel nicht.

Ist die Änderung des Kennzeichens so erheblich, dass die Verwechslungsgefahr erhöht und die Gleichgewichtslage damit gestört wird, kommt es, wie ausgeführt, darauf an, ob ein schutzwürdiges Interesse des Ändernden an der Benutzung des geänderten Zeichens besteht und ob er alles Erforderliche und Zumutbare getan hat, um der Erhöhung der Verwechslungsgefahr weitestgehend entgegenzuwirken[933].

Das heißt zum einen: Grundsätzlich hat derjenige, der die Änderung vornimmt (der „Störer"), für eine möglichst geringe Erhöhung der Verwechslungsgefahr zu sorgen und klarstellende Zusätze o.ä. als „Kompensationsmaßnahme" anzubringen. Welche Maßnahmen nötig und zumutbar sind, entscheidet wiederum eine umfassende Interessenabwägung[934]. Das heißt zum anderen: Eine Erhöhung der Verwechslungsgefahr ist auch dann nicht gerechtfertigt, wenn die Änderung als solche sachlich berechtigt oder sogar zwingend geboten ist, die Erhöhung aber durch eine andere Art der Änderung, insbesondere Zusätze, hätte verringert werden können.

Nachfolgend sollen einige „Negativ-Beispiele" von Änderungen des Kennzeichens, die im Regelfall nicht gerechtfertigt sind, gegeben werden:

Im Regelfall nicht gerechtfertigt ist es, wenn eine der Parteien eine Änderung dahingehend vornimmt, dass sie beschreibende Zusätze fortfallen lässt[935] oder einen Ortsnamen abändert oder hinzufügt[936]. Änderungen in Richtung auf eine zunehmende Benutzung in Alleinstellung muss der andere Kennzeicheninhaber im Regelfall ebenfalls nicht dulden, da sie den (zu vermeidenden) Eindruck ei-

---

933 Z.B. BGH GRUR 2011, 623, 626 (Tz. 37) – *Peek & Cloppenburg II.*

934 *Ingerl/Rohnke*, § 23 Rn. 42; GK-*Teplitzky*, § 16 UWG Rn. 413; *Goldmann*, Der Schutz des Unternehmenskennzeichens, § 17 Rn. 47.

935 Z.B. BGH GRUR 1987, 182, 183 – *Stoll.*

936 Z.B. OLG Hamburg MD 1998, 396, 400 – *Brinkmann II*; OLG Hamburg MD 1997, 602, 606 – *Brinkmann I.*

ner Alleinstellung oder Vorrangstellung erwecken[937]. Auch eine Herausstellung oder schlagwortartige Hervorhebung des übereinstimmenden Firmenbestandteils ist in der Regel nicht gerechtfertigt.

In die Interessenabwägung einfließen können im Übrigen, wie stets, sämtliche Umstände des Einzelfalls. Zu beachten sein kann in Gestattungsfällen beispielsweise, dass bei Änderung durch den Gestattenden eher eine geringfügige Erhöhung der Verwechslungsgefahr hinzunehmen sein kann als wenn der andere das Zeichen ändert[938]. Einfließen kann auch, ob es sich um eine willkürliche Änderung handelt oder ob sie sich notwendigerweise aus veränderten Umständen (z.B. gesetzlicher Zwang zur Umfirmierung) ergibt[939].

(bb) Pflichten bei sonstigen Änderungen, die zu einer Störung der kennzeichenrechtlichen Gleichgewichtslage führen

Änderungen, die nicht das Kennzeichen selbst betreffen, können die kennzeichenrechtliche Gleichgewichtslage ebenfalls stören. Zu differenzieren ist zwischen Änderungen, die unmittelbar (dazu unter (α)) und Änderungen, die mittelbar (dazu unter (β)) zu einer Störung der Gleichgewichtslage führen.

(α) Änderungen, die unmittelbar zu einer Störung der kennzeichenrechtlichen Gleichgewichtslage führen

Änderungen, die unmittelbar zu einer Störung der kennzeichenrechtlichen Gleichgewichtslage führen, sind solche, die die geschäftliche Tätigkeit eines der beiden Unternehmen an sich, den „Kern" der Unternehmenstätigkeit betreffen.

Im Rahmen ihrer Erörterung sollen zwei Fälle herausgegriffen werden, nämlich erstens die räumliche Ausdehnung einer der beiden Kennzeicheninhaber und zweitens die Verwendung des Unternehmenskennzeichens zur Kennzeichnung von Waren oder Dienstleistungen. Hier soll, wie angekündigt, die Auseinandersetzung zwischen den beiden Unternehmen „Peek & Cloppenburg" – soweit aus Urteilsveröffentlichungen bekannt und als Kundin beobachtet herangezogen werden.

937 BGH GRUR 2011, 623, 628 (Tz. 53) – *Peek & Cloppenburg II*; BGH GRUR 1990, 364, 366 – *Baelz*; BGH GRUR 1985, 389, 390 – *Familienname*; *Ingerl/Rohnke*, MarkenG, § 23 Rn. 42.

938 BGH GRUR 1991, 780, 782 – *TRANSATLANTISCHE*.

939 GK-*Teplitzky*, § 16 UWG Rn. 416.

Eine räumliche Ausdehnung der Geschäftstätigkeit liegt beispielsweise vor, wenn eines der beiden Unternehmen beginnt, überregionale, den im Sinne der Abgrenzungsvereinbarung fremden Wirtschaftsraum erreichende Werbung zu schalten[940]. Dadurch wird, so das OLG Hamburg[941], die Verwechslungsgefahr „ganz erheblich" gesteigert. Die Werbung von P & C Süd – so lag der Fall – begegne dem Publikum im Wirtschaftsraum von P & C Nord „gleichsam unvorbereitet", da dort nur Bekleidungshäuser von P & C Nord existierten. Die Lebenserfahrung spreche dafür, dass man im Wirtschaftsraum von P & C Nord selbstverständlich davon ausgehe, es handele sich um eine Werbung von P & C Nord[942]. Diese Veränderung der Gleichgewichtslage liege allein im Verantwortungsbereich von P & C Süd. Das bedeute, P & C Süd sei nach dem Recht der Gleichnamigen gehalten, durch einen Firmenzusatz oder entsprechend deutliche Hinweise der Abstandsverringerung zwischen den Unternehmen wirksam zu begegnen[943].

Da dem Gericht der in dem konkreten Fall angefügte Firmensitz („Düsseldorf") nicht genügte, kam es entscheidend darauf an, ob der gegebene Hinweis zur „Kompensation" ausreichte.

Allgemein gilt für den zu gebenden Hinweis, dass er dann zur Kompensation ausreicht, wenn er hinreichend deutlich ist. Von einer hinreichenden Deutlichkeit ist auszugehen, wenn der Hinweis unübersehbar und unmissverständlich ist. Dabei spielen selbstverständlich der Inhalt, aber auch die drucktechnische Gestaltung eine Rolle. Insgesamt dürfen an die Deutlichkeit des Hinweises keine zu geringen Anforderungen gestellt werden[944].

Unübersehbarkeit liegt vor, wenn der Hinweis aufgrund der drucktechnischen Gestaltung der Unternehmenskennzeichnung unmittelbar zugeordnet wird[945],

940 Z.B. in bundesweit erhältlichen Zeitschriften wie den Zeitschriften "ELLE" oder "InStyle". Die Werbung kann etwa in Form von herkömmlichen Anzeigen oder in Form eines „produktbezogenen Sponsorings" von Magazin-Sonderheften wie dem „InStyle Style Guide", der der Zeitschrift üblicherweise zu Beginn einer Saison beiliegt, erfolgen.

941 OLG Hamburg GRUR-RR 2008, 342, 343 – *powered by P & C.*

942 OLG Hamburg GRUR-RR 2008, 342, 343 – *powered by P & C.*

943 OLG Hamburg GRUR-RR 2008, 342, 344 – *powered by P & C.*

944 OLG Hamburg GRUR-RR 2008, 342, 344 – *powered by P & C.*

945 Das wurde verneint, als die erläuternde Angabe drucktechnisch durch einen Strich von der Firmenbezeichnung getrennt war (OLG Hamburg GRUR-RR 2008, 342, 344 – *powered by P & C*). Ebenfalls verneint wurde es in dem Fall, in dem bei einer Werbung mit einem Testergebnis („Die Stiftung Warentest bestätigt: Es gibt nichts besseres als ein Hemd von Peek & Cloppenburg") ein Sternchen nach der Firmenangabe und bei der Sternchenauflösung der aufklärenden Hinweis angebracht war, da der Verkehr das Sternchen eher auf das Testergebnis bzw. das abgebildete Hemd als gera-

wenn er nicht „winzig“ und „praktisch nur mit der Lupe zu entziffern“ ist[946], wenn er nicht wegen fehlenden Kontrasts zum Hintergrund oder in einem Fließtext „verschwindet“ und daher vom Verkehr insgesamt als unwichtig angesehen wird. Für die Unübersehbarkeit in diesem Sinne dürfte z.B. auch erforderlich sein, den Hinweis bei einer mehrseitigen Anzeige in einer Zeitschrift nicht nur auf der letzten Seite der Anzeige erscheinen zu lassen, sondern bereits auf der ersten und zusätzlich bei doppelseitigen Anzeigenseiten auf zumindest einer der beiden (oben oder unten, nicht seitlich quer), in nicht zu kleiner Schrift und in gutem Kontrast.

Unmissverständlichkeit in diesem Sinne ist anzunehmen, wenn der Hinweis bei Printanzeigen etwa folgendermaßen lautet: „Es gibt zwei unabhängige Unternehmen Peek & Cloppenburg mit ihren Hauptsitzen in Düsseldorf und Hamburg. Dies ist eine Information der Peek & Cloppenburg KG Düsseldorf mit folgenden Standorten: [Aufzählung der Standorte, sogenannte „Häuserzeile“, differenziert danach, in welchen Häusern alle abgebildeten Kleidungsstücke zu erhalten sind und in welchen nur eine Auswahl]“[947] oder im Internet „Es gibt zwei rechtlich und wirtschaftlich unabhängige Unternehmen Peek & Cloppenburg. Dies ist die Website der Peek & Cloppenburg KG Düsseldorf / in Hamburg. Standorte finden Sie hier [Link]“[948].

Eine zu einer Störung der Gleichgewichtslage führende räumliche Ausdehnung dürfte ferner vorliegen, wenn eines der Unternehmen Kundenkarten, die ab bestimmten Einkaufsbeträgen gestaffelt Rabatte gewähren und deren Inhaber von Sonderaktionen o.ä. profitieren, ausgibt, und zwar auch an Kunden, die nicht innerhalb des Einzugsbereichs / im Wirtschaftsraum des ausgebenden Unternehmens wohnen. Die Mobilität der Kunden bringt es mit sich, dass Kunden aus dem einen Wirtschaftsgebiet in das jeweils andere fahren und dort Bekleidungshäuser besuchen. Wollte man den Unternehmen die Ausgabe von Kundenkarten, einer modernen Form des Marketing und der Kundenbindung (insbesondere nach Abschaffung des Rabattgesetzes) an „wirtschaftraumfremde“ Kunden untersagen, dürfte das – abgesehen von erheblichen praktischen Problemen – auf eine unzulässige Wettbewerbsbeschränkung hinauslaufen.

---

de auf die Firma beziehen werde (OLG Hamburg, Urteil vom 17.1.2008, Az.: 3 U 143/07 – *ein Hemd von P & C* [BeckRS 2008, 12932]).

946 Dies nahm das OLG Hamburg, ebenso wie bereits das LG, in dem entschiedenen Fall „*powered by P & C*“ an (GRUR-RR 2008, 342, 344).

947 So gesehen z.B. in der Zeitschrift „ELLE“ (Ausgabe Oktober 2011) sowie in der Zeitschrift „InStyle“ (Ausgabe April 2011).

948 So gesehen auf den Homepages der beiden Unternehmen.

Allerdings käme es für die Zulässigkeit von Kundenkarten darauf an, dass – als Kompensation – sämtliche Begleitunterlagen wie beispielsweise Werbefaltblätter für die Kundenkarte und das beim Kunden verbleibende Antragsformular eindeutig und für den Kunden unmissverständlich mit dem vollständigen Hinweis ausgestaltet sind. Ferner müsste die Kundenkarte selbst, da relativ klein[949], wenigstens die Kurzversion des ausführlichen Hinweises ohne die Angabe der einzelnen Standorte enthalten. Außerdem müsste bei jedem Kundenkontakt nach Beantragung der Kundenkarte, etwa bei Werbebriefen, Einladungen zu „exklusiven Events“ o.ä., der vollständige Hinweis enthalten sein.

Die Ausgabe einer kreditkartengroßen „Shoppingcard“ – einer Gutscheinkarte – nur in den jeweils eigenen Bekleidungshäusern und damit nur im eigenen Wirtschaftsraum wurde vom OLG Hamburg nicht als relevante Veränderung der Gleichgewichtslage angesehen[950]. Der Grund dafür mag zum einen darin gelegen haben, dass – anders als bei Werbeanzeigen im „fremden“ Wirtschaftsraum – gerade keine gezielte Konfrontation der insoweit unvorbereiteten Werbeadressaten mit der gleichnamigen Firmenkennzeichnung in Rede stand. Der Grund mag zum anderen darin gelegen haben, dass die Shoppingcards auf ihrer Rückseite den vollständigen, gut lesbaren Hinweis einschließlich der Häuserzeile enthielten. Eine Besonderheit bestand ferner darin, dass bis zu dem Rechtsstreit um die Shoppingcards von beiden Unternehmen Papier-Gutscheine mit der Funktion von Bargeld ausgegeben worden waren, die keine aufklärenden Hinweise enthielten. Die Kunden konnten einem Gutschein daher nicht entnehmen, aus welchem der beiden P & C-Unternehmen er stammte. Selbst beim Einlösen wurde dem Kunden nicht bekannt, ob er in einem „richtigen“ oder „falschen“ Bekleidungshaus kaufte. Denn es gab zwischen den beiden Unternehmen jahrelang die Absprache, dass fremde Gutscheine zahlungshalber entgegengenommen werden und die Abrechnung intern erfolgt.

Allein aus der Internetpräsenz eines ansonsten lokal oder regional tätigen Unternehmens folgt keine räumliche Ausdehnung und damit keine Störung der kennzeichenrechtlichen Gleichgewichtslage[951]. Die Gleichgewichtslage kann aber dadurch gestört werden, dass eines der beiden Unternehmen das Unternehmenskennzeichen als Internetadresse oder auf seinen Internetseiten verwendet, ohne

949 Ein anderes Format als das verkehrsübliche Kreditkarten-Format dürfte unzumutbar sein. Die Rückseite solcher Karten wird allerdings schon mehr als zur Hälfte mit dem Magnetstreifen, dem Unterschriftsfeld, Hinweisen zum Vorgehen bei Verlust der Karte o.ä. belegt sein.

950 OLG Hamburg, Urteil vom 3.4.2008, Az.: 3 U 270/07 – *P & C Shoppingcard* (BeckRS 2008, 12934).

951 BGH GRUR 2010, 738, 742 (Tz. 24) – *Peek & Cloppenburg I*; BGH GRUR 2006, 159 (Tz. 18 ff.) – *hufeland.de*.

dabei ausreichend deutlich zu machen, dass es sich nicht um den Internetauftritt des anderen Unternehmens handelt[952]. Das Interesse, die Unternehmensbezeichnung als Bestandteil von Internet- und E-Mail-Adressen zu verwenden, ist zwar grundsätzlich anerkannt[953]. Insoweit gilt auch hier das bei Domain-Namen allgemein gültige Gerechtigkeitsprinzip der Priorität der Registrierung[954]. Das jeweilige Unternehmen ist aber verpflichtet, auf der ersten sich öffnenden Internetseite deutlich zu machen, dass es sich nicht um den Internetauftritt des anderen Unternehmens handelt[955]. Es besteht, dem allgemeinen Grundsatz entsprechend, die Verpflichtung, das Erforderliche und Zumutbare zu tun, um die erhöhte Verwechslungsgefahr auf ein hinnehmbares Maß zu vermindern. Hierzu ist es nach der Rechtsprechung des BGH erforderlich und zumutbar, auf der ersten Seite des Internetauftritts mittels eines Hinweises deutlich zu machen, um wessen Internetauftritt es sich handelt. Die Gestaltung des Hinweises steht dem Unternehmen frei. Der Hinweis muss nur – wie auch die Hinweise in Printanzeigen o.ä. – hinreichend deutlich sein. Das ist er dann, wenn er leicht erkennbar und deutlich lesbar ist, insbesondere mit einem Blick auf den Bildschirm erfasst werden kann und in ausreichender Schriftgröße verfasst ist[956].

Eine Störung der Gleichgewichtslage kann ferner dadurch eintreten, dass ein Unternehmen vom firmenmäßigen zum (auch) markenmäßigen Gebrauch wechselt[957]. Geht man mit der oben vertretenen Ansicht davon aus, dass die Grundsätze des Rechts der Gleichnamigen auch die markenmäßige Verwendung des Unternehmenskennzeichens rechtfertigen können[958], kann auch im Rahmen einer kennzeichenrechtlichen Gleichgewichtslage die markenmäßige Benutzung gerechtfertigt sein.

Hinsichtlich des Problembereichs „Marken" ist zwischen drei Fallkonstellationen zu unterscheiden:

- Wenn keines der beiden Unternehmen bei Entstehung der kennzeichenrechtlichen Gleichgewichtslage über eine markenrechtliche Position verfügt, also keines der Unternehmen Marken in die Gleichgewichtslage „eingebracht" hat, soll-

---

952 BGH GRUR 2010, 738 (Leitsatz) – *Peek & Cloppenburg I*. Zu diesem Urteil *Berlit*, GRUR-Prax 2010, 264.
953 BGH GRUR 2006, 159, 160 – *hufeland.de*.
954 Zur Gleichnamigkeit im Internet ausführlich 9. Kapitel, III.1.
955 BGH GRUR 2010, 738, 743 (Tz. 36) – *Peek & Cloppenburg I*. Gleiches gilt nach dem BGH für die Verbreitung von lediglich mit „Peek & Cloppenburg" gekennzeichneten Werbebeilagen über die Website.
956 BGH GRUR 2010, 738, 743 (Tz. 36) – *Peek & Cloppenburg I*.
957 BGH GRUR 2011, 623, 627 (Tz. 50) – *Peek & Cloppenburg II*; *Ingerl/Rohnke*, MarkenG, § 23 Rn. 49.
958 Vgl. dazu oben (7)(c)(aa).

te der oben entwickelte Lösungsvorschlag zur Anwendung gelangen. Die Eintragung einer Marke muss unter den genannten Voraussetzungen[959] gerechtfertigt werden können (Stichworte: „schutzwürdiges Interesse“, „Anfügung eines unterscheidungskräftigen Zusatzes“, „Angebot des Anmelders“; das Angebot müsste insbesondere bei Bestehen einer räumlichen Abgrenzungsvereinbarung die Verpflichtung enthalten, die Vereinbarung auch mit der Marke einzuhalten).

- Wenn eines der beiden Unternehmen bei Entstehung der kennzeichenrechtlichen Gleichgewichtslage bereits über eine markenrechtliche Position verfügt, also Marken mit in die Gleichgewichtslage „eingebracht“ hat, und *dieses* Unternehmen weitere Markeneintragungen vornehmen will[960], wird die Gleichgewichtslage meines Erachtens dann schon nicht nachteilig verändert, wenn die angemeldeten Marken in ihrem kennzeichnenden Charakter einer bereits eingetragenen Marke i.S.d. § 26 Abs. 3 S. 1 MarkenG entsprechen und sie einen unterscheidungskräftigen Zusatz enthalten. Als unterscheidungskräftiger Zusatz ausreichend wäre hier bereits die Anfügung des Firmensitzes in allenfalls geringfügig kleinerer Schrift als das Unternehmenskennzeichen selbst (z.B. „VOGUE Peek & Cloppenburg Düsseldorf“). Durch das Erfordernis eines unterscheidungskräftigen Zusatzes und die entsprechende optische Gestaltung werden eine Änderung in Richtung auf eine zunehmende Benutzung des Unternehmenskennzeichens als Schlagwort sowie das Erwecken des Eindrucks einer Allein- oder Vorrangstellung vermieden.

Dieser Ansicht war vom Grundsatz her auch das OLG Düsseldorf als Vorinstanz im Fall „*Peek & Cloppenburg II*“[961]. Das OLG führte aus, in einem Fall, in dem eines der Unternehmen zu Beginn der Koexistenz bereits eine markenrechtliche Position gehabt habe, sei die Gleichgewichtslage von Beginn an davon geprägt gewesen, dass einem Unternehmen – in dem Fall P & C Süd – an der Bezeichnung „Peek & Cloppenburg“ nicht nur Unternehmenskennzeichen-, sondern eben auch Markenrechte zustanden. Dann könne der die Markenrechte besitzenden Seite eine maßvolle Fortentwicklung dieser Position nicht generell versagt werden[962]. Eine Koexistenzlage brauche kein statischer Zustand zu sein. Die Unternehmen müssten die Möglichkeit haben, sich den wechselnden Gegebenheiten des Marktes anzupassen. Im Rahmen der gebotenen Abwägung der beiderseitigen Interessen seien solche einem sachlichen Erfordernis entsprechenden

959 Vgl. dazu oben (7)(c)(bb).

960 So die Konstellation in dem dem Urteil „*Peek und Cloppenburg II*“ zugrunde liegenden Fall.

961 OLG Düsseldorf, Urteil vom 31.1.2008, Az.: 20 U 24/07 (BeckRS 2010, 25299).

962 OLG Düsseldorf, Urteil vom 31.1.2008, Az.: 20 U 24/07 (BeckRS 2010, 25299). Die durchaus interessante Frage, wie die Rechtslage bei der Anmeldung von Gemeinschaftsmarken ausgesehen hätte, musste das Berufungsgericht nicht entscheiden.

Veränderungen hinzunehmen, durch die die Gleichgewichtslage nicht nachteilig verändert werde. Das OLG Düsseldorf erkannte ein legitimes Interesse von P & C Süd, den ohnehin bestehenden Markenschutz zu festigen und an die allgemeine Entwicklung anzupassen, an.

Der BGH hingegen stellte in seinem Urteil „*Peek & Cloppenburg II*“ fest, jede weitere Anmeldung einer Marke durch einen Gleichnamigen, unabhängig davon, ob die zusätzlich eingetragene(n) Marke(n) den kennzeichnenden Charakter der bereits vorhandenen Marken i.S.v. § 26 Abs. 3 S. 1 MarkenG veränderten, stelle eine Vermehrung von – jeweils für sich genommen verkehrsfähigen (§§ 27, 30 MarkenG) – Zeichenrechten dar, die die Gleichgewichtslage stören oder eine bereits eingetretene Störung intensivieren könnte. Dies gelte erst recht, wenn Firmenschlagworte in Alleinstellung oder in Abwandlungen als Marken eingetragen würden. Änderungen in Richtung auf eine zunehmende Benutzung als Schlagwort sowie die Hervorhebung des übereinstimmenden Firmenbestandteils müsste in der Regel keiner der Gleichnamigen dulden, da sie den Eindruck einer Allein- oder Vorrangstellung erzeugten[963].

Zwar mag der BGH mit dieser Rechtsprechung der kategorischen Ablehnung (weiterer) Markeneintragungen der Tendenz zu Einzelfallentscheidungen Einhalt geboten und dadurch der Rechtssicherheit einen Dienst erwiesen haben[964]. Der BGH wird damit aber den bestehenden Interessen nicht gerecht. Das kann über die oben vorgeschlagene Lösung erreicht werden.

- Wenn schließlich eines der beiden Unternehmen bei Entstehung der kennzeichenrechtlichen Gleichgewichtslage über eine markenrechtliche Position verfügt hat und das *andere* Unternehmen ebenfalls Markeneintragungen vornehmen will, muss dies unter den entwickelten Voraussetzungen gerechtfertigt werden können. Voraussetzung ist wiederum das Bestehen eines schutzwürdigen Interesses, die Hinzufügung eines unterscheidungskräftigen Zusatzes einschließlich eines hinreichenden Abstands zu den Marken des anderen Unternehmens sowie die Abgabe eines Angebots mit einem entsprechend modifizierten Inhalt, der weitgehend einer markenrechtlichen Abgrenzungsvereinbarung entsprechen dürfte.

963 BGH GRUR 2011, 623, 628 (Tz. 53) – *Peek & Cloppenburg II.*
964 So *Dieckmann*, GRUR-Prax 2011, 267.

(β) Änderungen, die mittelbar zu einer Störung der kennzeichenrechtlichen Gleichgewichtslage führen

Änderungen, die mittelbar zu einer Störung der kennzeichenrechtlichen Gleichgewichtslage führen, sind solche, die nicht die Geschäftstätigkeit an sich, sondern den allgemeinen Auftritt und die allgemeine Wahrnehmung des Unternehmens in der Gesellschaft betreffen. Darunter fallen alle Aktivitäten, die unter den Schlagworten „Image-Werbung“ oder „rein imagebezogenes Sponsoring“ zusammengefasst werden können.

Es gibt unzählige Fälle, in denen Unternehmen beispielsweise Sport- oder Kulturveranstaltungen (mit-)sponsern[965], Orchester, Formel-1-Teams, Fußballmannschaften oder Stadien unterstützen bzw. finanzieren[966], ohne dass damit direkt und unmittelbar für die eigenen Produkte oder Dienstleistungen geworben wird. Auch sogenannte Social-Responsibility-Projekte können zu diesen Image-Aktivitäten gezählt werden.

Wenn sich nun eines der Unternehmen als (Mit-)Sponsor an einer Veranstaltung[967], einem Projekt o.ä. zur Förderung des eigenen Images beteiligt, dürfte das die Verwechslungsgefahr zwar erhöhen und damit die kennzeichenrechtliche Gleichgewichtslage stören. Von einer Erhöhung der Verwechslungsgefahr und einer Störung der Gleichgewichtslage dürfte allein deshalb auszugehen sein, weil eines der beiden Unternehmen (bundesweit) verstärkt in die Öffentlichkeit tritt und damit einen Teil des Publikum im Sinne der Rechtsprechung des OLG Hamburg „unvorbereitet“ trifft. Ob das (positive) Auftreten dem anderen Unternehmen letztlich möglicherweise ebenfalls zugute kommt oder ob es dem anderen Unternehmen, im Gegenteil, eher „schadet“ – und sei es auch nur aus Grün-

965 Z.B. als „offizieller Sponsor“ (= von der FIFA mit exklusiven Marketingrechten ausgestattet) von Fußball-Weltmeisterschaften (z.B. adidas) oder Tennisturnieren (z.B. Gerry Weber Open in Halle/Westfalen), als Sponsor der Salzburger Festspiele (z.B. Siemens) oder von einzelnen Konzertabenden im Rahmen des Rheingau-Musik-Festivals (z.B. Helaba), als Sponsor besonderer Kunstausstellungen (z.B. die Deutsche Bank für die Ausstellung „Gesichter der Renaissance“ in Berlin), als Sponsor von Modeveranstaltungen (Mercedes Benz Fashion Week in Berlin) u.v.m.

966 Z.B. die Deutsche Bank als Partner der Berliner Philharmoniker, das Red-Bull-Team in der Formel 1, Evonik als auf den Trikots von Borussia Dortmund zu sehender Sponsor, die Esprit-Arena in Düsseldorf u.v.m.

967 P & C Süd beispielsweise ist alljährlich Mit-Sponsor der BAMBI-Verleihung und der Charity-Veranstaltung „Tribute to BAMBI“. Dabei handelt es sich aber nicht um rein imagebezogenes Sponsoring, da P & C Süd zu diesen Veranstaltungen regelmäßig Kollektionen herausbringt (im Jahr 2011 z.B. die „Tribute to Bambi Charity Collection“) und die Veranstaltungen regelmäßig mit Aktivitäten in den eigenen Häusern (Postkarten, Gewinnspiele, Kreativwettbewerbe, …) begleitet.

den des gewünschten Images des anderen Unternehmens[968] –, kann hier keine Rolle spielen. Es kommt allein auf eine kennzeichenrechtliche Betrachtung an.

Untersagt werden dürfte die Image-Werbung oder das rein imagebezogene Sponsoring aber nicht, wenn, wie stets, das Unternehmen ein schutzwürdiges Interesse hat und alles Erforderliche und Zumutbare tut, um der Erhöhung der Verwechslungsgefahr weitestgehend entgegenzuwirken.

Jedes Unternehmen hat ein Recht und ein Interesse daran, sein Image in der Öffentlichkeit auch über andere Wege als den seiner Produkte und/oder Dienstleistungen zu lenken und zu beeinflussen. Gerade Sponsoring ist heute ein effektiver Weg für Unternehmen, ihr Image in eine gewünschte Richtung positiv zu verändern. Vielen Verbrauchern ist es wichtig, ob und wie sich ein Unternehmen in der Gesellschaft engagiert und welche Assoziationen mit ihm allgemein geweckt werden.

Bei den zur Kompensation zu treffenden Maßnahmen kommt es in Fällen der Image-Werbung oder des rein imagebezogenen Sponsorings noch mehr als in den bereits erläuterten Fällen auf die Erforderlichkeit und insbesondere die Zumutbarkeit an: Auch wenn ein Unternehmen grundsätzlich beispielsweise verpflichtet ist, in Werbeanzeigen und auf seiner Homepage stets und umfassend darauf hinzuweisen, dass es ein weiteres, gleichnamiges Unternehmen gibt, kann das nicht in gleicher Weise für Fälle der Image-Werbung und des rein imagebezogenen Sponsorings gelten. Im Falle eines rein imagebezogenen Sponsorings ist es weder dem Unternehmen noch gar den Mit-Sponsoren zuzumuten, beispielsweise auf Werbewänden, vor denen Stars oder Sportler posieren, Interviews geführt werden o.ä., einen solchen ausführlichen Hinweis anzubringen. Ein ausführlicher Hinweis würde die Werbewände nahezu ausfüllen und das Gesamtbild der Werbewände erheblich stören; der Hinweis würde im Verhältnis zu den Kennzeichen der anderen Sponsoren zu viel Platz beanspruchen. In die gleiche Richtung ließen sich unzählige Beispiele bilden: Einem Formel-1-Sponsor beispielsweise wäre nicht zuzumuten, auf den Autos oder den Rennfahrer-Anzügen umfassende Hinweise anzubringen – zumal sie ohnehin niemand lesen könnte. Bei Merchandising-Produkten könnten wiederum ausführlichere Hinweise erforderlich und zumutbar sein. Dem Sponsor eines Konzertabends wäre es nicht zuzumuten, auf den standardisierten Konzertkarten, die nur ein kleines Feld zur Nennung des jeweiligen Sponsors bereithalten, einen umfassenden Hinweis zu drucken u.v.m.

968 Ein hypothetisches, in England spielendes Beispiel wäre, wenn ein Unternehmen ein großes „Fox-Hunting-Event" fördert, das andere Unternehmen Fox Hunting aber strikt ablehnt und damit nicht in Verbindung gebracht werden möchte. Fox-Hunting sorgt in England stets für kontroverse Auseinandersetzungen und ist höchst umstritten.

Durch das die Gleichgewichtslage störende Unternehmen nicht gänzlich zu verhindern sein dürfte ferner, dass in Zeitschriften über das Unternehmen, seine Produkte, sein Engagement o.ä. berichtet wird, ohne dass deutlich wird, um welches der beiden Unternehmen es geht[969]. Das Unternehmen trifft aber zumutbar die Pflicht, sämtliche Informationen, die es selbst an die Presse gibt, mit dem vollständigen Hinweis zu versehen und um weitestmögliche Klarstellung im Rahmen der Berichterstattung zu bitten.

(9) Keine „Außenwirkung" auf Dritte

Zu erörtern ist die Frage, ob die Grundsätze des Rechts der Gleichnamigen nur zwischen den Gleichnamigen bzw. den sich in einer kennzeichenrechtlichen Gleichgewichtslage befindlichen Unternehmen wirken oder ob sie möglicherweise auch eine gewisse „Außenwirkung" auf Dritte haben. Denkbar ist beispielsweise, dass die Kennzeichnungskraft der Zeichen der Gleichnamigen gerade aufgrund der Verwendung durch beide geschwächt wird und ein Dritter daraus einen Vorteil für sich ziehen kann. In dem Beschluss „*Malteserkreuz II*"[970] stellte der BGH dazu fest, die aus den Grundsätzen des Rechts der Gleichnamigen folgende Verpflichtung von Kennzeicheninhabern zur wechselseitigen Duldung der Zeichen bewirke keine Verringerung des Schutzes der Kennzeichen im Verhältnis zu Dritten. Ein Dritter könne daher aus der Verpflichtung der Zeicheninhaber zur wechselseitigen Duldung nach dem Recht der Gleichnamigen keine Vorteile für sich herleiten[971].

(10) Entsprechende Anwendung auf Kollisionsfälle anlässlich der deutschen Einheit

Mit der deutschen Einheit am 3.10.1990 wurden zwei Gebiete zusammengeführt, auf denen bis dahin territorial beschränkte Kennzeichenrechte bestanden hatten. Der Einigungsvertrag vom 31.8.1990 sah vor, dass die Altrechte (vorläufig) auf das bisherige Schutzgebiet beschränkt blieben und weiterhin den für sie geltenden Rechtsvorschriften unterlagen. Diese Regelung galt jedoch nicht für Handelsnamen. Das bedeutete, dass der firmenrechtliche Schutz mit der Herstel-

---

969 In der Zeitschrift „InStyle" (Ausgabe Mai 2011) ist z.B. ein Artikel mit der Überschrift „Peek & Cloppenburg-Department-Opening" über die Eröffnung einer großen „Fashionation-Abteilung" in Berlin zu finden, der keinen ausdrücklichen Hinweis enthält, welches der beiden Unternehmen das Haus in Berlin führt.

970 BGH GRUR 2010, 833 – *Malteserkreuz II.*

971 BGH GRUR 2010, 833, 834 (Tz. 17) – *Malteserkreuz II.*

lung der Rechtseinheit am 3.10.1990 keinen räumlichen Erstreckungsbeschränkungen ausgesetzt war und sich bestehender firmenrechtlicher Schutz (sowohl in der BRD als auch in der DDR gemäß § 16 UWG a.F.[972]) auf das Hoheitsgebiet des vereinigten Deutschlands erstreckte, jedenfalls, soweit das Unternehmen nach seinem Zuschnitt auf eine bundesweite Tätigkeit ausgerichtet war[973]. Ein zum 3.10.1990 bestehendes Firmen(alt)recht war damit hinsichtlich seiner räumlichen Schutzwirkung so anzusehen, als hätte niemals eine Teilung Deutschlands bestanden[974]. Aus der vorbehaltlosen Freigabe des Handelsnamens folgte, dass auch das spätere ErstrG keine Kollisionsregelungen für geschäftliche Bezeichnungen enthielt[975]. Der die Kollision zweier eingetragener Marken, die jeweils Bestandsschutz genießen, regelnde § 30 ErstrG fand keine Anwendung, auch keine analoge[976].

Bei der Beurteilung einer Kollision zwischen den Bezeichnungen von Handelsunternehmen aus den ehemaligen beiden Teilen Deutschlands war danach zu fragen, ob im Zeitpunkt der Herstellung der Einheit Deutschlands firmenrechtliche (Alt-)Rechte bestanden. Unterlagen diese ihrer Natur nach keiner Erstreckungsbeschränkung, so war ein nicht nach dem Prioritätsprinzip zu regelnder

972 BGH GRUR 1995, 754, 758 – *Altenburger Spielkartenfabrik*; BGH GRUR 1997, 749, 751 – *L'Orange*. Zum Urteil „*Altenburger Spielkartenfabrik*" ausführlich *Bär-Bouyssiere*, DtZ 1996, 69 ff. und *Gaedertz*, GRUR 1996, 897 ff.

973 BGH GRUR 1995, 754, 756 – *Altenburger Spielkartenfabrik*; BGH GRUR 1995, 117, 121 – *NEUTREX*; zur Beschränkung des räumlichen Schutzbereichs eines Unternehmenskennzeichens unter anderem GRUR 1993, 923, 924 – *PicNic*; BGH GRUR 1991, 155, 156 – *Rialto*; BGHZ 24, 238, 241 f. – *tabu I*.

974 BGH GRUR 1995, 754, 757 – *Altenburger Spielkartenfabrik*.

975 Für Warenzeichen oder Marken, die infolge der Erstreckung miteinander oder mit sonstigen Kennzeichenrechten kollidierten, fürchtete man um den Verlust der Funktion der Kennzeichnung und Identifizierung, wenn man hier, wie etwa bei den technischen Schutzrechten, eine Koexistenzlösung vorgesehen hätte. So bestimmen die §§ 30, 31 ErstrG, dass jedes der Zeichen in dem Gebiet, auf das es erstreckt wird, nur mit Zustimmung des Inhabers des anderen Zeichens benutzt werden darf, während es im bisherigen Gebiet ohne weiteres aufrecht erhalten bleibt (Grundsatz der territorialen Ausschließlichkeit). Ausnahmsweise bedarf es einer solchen Zustimmung nicht, beispielsweise, wenn eine Werbung nicht in zumutbarer Weise gebietlich beschränkt werden kann oder wenn sonst der Ausschluss von der Benutzung im anderen Teil Deutschlands unbillig wäre (§ 30 Abs. 2 ErstrG); allerdings kann dann bei unzumutbarer Beeinträchtigung wenigstens eine Entschädigung verlangt werden (§ 30 Abs. 3 ErstrG).

976 BGH GRUR 1995, 754, 757 – *Altenburger Spielkartenfabrik*.

Kollisionsfall gegeben. Die Lösung wurde vom BGH nach den zum Recht der Gleichnamigen entwickelten Grundsätzen herbeigeführt[977].

Das hieß: Entsprechend dem Recht der Gleichnamigen stand es dem Grundsatz nach jedem Gewerbetreibenden aus den beiden ehemaligen deutschen Staaten frei, sich seiner in lauterer Weise erworbenen Firma auch nach der Vereinigung der deutschen Staaten zu bedienen. Die Ausübung dieses Kennzeichnungsrechts unterlag aber, wie jede wettbewerbliche Handlung, dem Gebot der Lauterkeit. Bei einem Zusammentreffen von gleichen Firmenbezeichnungen musste die Verwechslungsgefahr so weit wie möglich durch eine unterschiedliche Gestaltung der Firma ausgeräumt werden. Dabei bestimmten die beiderseitigen gewerblichen und wettbewerblichen Gegebenheiten, welcher der beiden redlichen Kennzeicheninhaber durch geeignete Maßnahmen zur Beseitigung oder Verminderung der Verwechslungsgefahr beizutragen hatte.

Das Recht der Gleichnamigen kam sowohl bei Unternehmenskennzeichnen[978] als auch bei Titelrechten[979] zur Anwendung. Seine Anwendung setzte aber immer voraus, dass die jeweilige Firma trotz etwaiger Enteignung und Umwandlung in einen „Volkseigenen Betrieb" (VEB) rechtserhaltend fortbestand[980] oder dass der (vor der Enteignung bestehende) Name des Unternehmens aufgrund seiner Geltung oder Berühmtheit dem Verkehr wenigstens in Erinnerung geblieben ist und dem „wiederbelebten" Unternehmen zugeordnet wird[981].

Angesichts des zeitlichen Abstands von mittlerweile über 20 Jahren werden solche Fälle heute nicht mehr auftreten; es handelte sich insoweit um eine Übergangserscheinung[982].

Auf sonstige kennzeichenrechtliche Fragestellungen, die sich im Rahmen der Deutschen Einigung ergaben – beispielhaft genannt sei das vom BGH als möglich erachtete Wiederaufleben der ursprünglichen Priorität bei Berühmtheit eines Unternehmensnamens (Fall „Hotel Adlon"[983]) –, kann hier nur hingewiesen werden.

---

977 BGH GRUR 2006, 159, 160 – *hufeland.de*; BGH GRUR 1995, 754, 759 – *Altenburger Spielkartenfabrik*; für die Zustimmungslösung analog § 31 ErstrG etwa *Knaak*, GRUR Int. 1993, 18, 27 f.

978 BGH GRUR 1995, 754, 759 – *Altenburger Spielkartenfabrik.*

979 BGH GRUR 1997, 661, 662 – *B.Z./Berliner Zeitung.*

980 BGH GRUR 1997, 749, 752 – *L'Orange.*

981 BGH GRUR 1997, 749, 753 – *L'Orange.*

982 Ströbele/*Hacker*, MarkenG, § 23 Rn. 39.

983 Vgl. BGH GRUR 2002, 967 – *Hotel Adlon.*

bb. Nur das prioritätsjüngere Unternehmenskennzeichen besteht aus einem bürgerlichen Namen

In dem Fall, in dem nur das prioritätsjüngere Unternehmenskennzeichen aus einem bürgerlichen Namen besteht, das prioritätsältere indes aus einer Phantasiebezeichnung, stellt sich die Frage, ob das Recht der Gleichnamigen Anwendung finden kann.

Richtigerweise wurde die Anwendbarkeit des Rechts der Gleichnamigen schon in älteren Beiträgen, beispielsweise von *von Schulz*, bejaht[984]. Begründet wurde die Anwendbarkeit wesentlich mit dem Bedürfnis nach einem Interessenausgleich, der nicht auf das „Alles-oder-Nichts-Prinzip" hinausläuft. Auf der einen Seite dürfe das Namensführungsrecht nicht zu hoch bewertet werden etwa dadurch, dass ihm a priori Vorrang eingeräumt wird. Dadurch würde es zu einer nicht zu rechtfertigenden Aushöhlung des Prioritätsprinzips kommen. Auf der anderen Seite müsse das Interesse des Prioritätsälteren an Rechtssicherheit hinreichend berücksichtigt werden. Rechtssicherheit bestünde aber nicht, wenn ein Unternehmen, das sich in redlicher Weise einer Phantasiebezeichnung bedient, die keine älteren Rechte verletzt, sich nicht mehr darauf verlassen könnte, diese ungestört benutzen zu dürfen, da es mit dem jederzeit möglichen Auftauchen jüngerer Namensträger rechnen müsste[985].

cc. Beide Unternehmenskennzeichen bestehen aus Phantasiebezeichnungen

Bestehen beide Unternehmenskennzeichen aus Phantasiebezeichnungen, kann § 23 Nr. 1 MarkenG aufgrund der weiten Auslegung, die die Regelung durch den EuGH erfahren hat, und der einheitlichen Auslegung der Regelung zwar grundsätzlich zur Anwendung gelangen. Im Rahmen des Unlauterkeitsvorbehalts wird die Interessenabwägung aber in aller Regel[986] zu Lasten des Prioritätsjüngeren ausfallen und ein Verstoß gegen die guten Sitten anzunehmen sein.

Hacker begründet dieses Ergebnis mit den gegebenen Recherchemöglichkeiten[987] (z.B. in Firmenregistern). Eine Freistellung nach § 23 Nr. 1 MarkenG könne nur in Ausnahmefällen in Betracht kommen, so etwa wenn das ältere Recht schwer recherchierbar (z.B. eine im Inland wenig benutzte ausländische Unter-

984 *von Schultz*, GRUR 1992, 487, 490.
985 *von Schultz*, GRUR 1992, 487, 490.
986 Eine Ausnahme besteht bei den erörterten kennzeichenrechtlichen Gleichgewichtslagen.
987 Ströbele/*Hacker*, MarkenG, § 23 Rn. 44.

nehmensbezeichnung) und die Verletzungsintensität gering sei. Die Begründung *Hackers* erscheint sachgerecht. Im Regelfall bleibt es damit beim Prioritätsprinzip. Gleichzeitig kann über den flexiblen Unlauterkeitsvorbehalt besonderen Fallkonstellationen Rechnung getragen werden.

7. Kapitel:

Beschreibende Angaben (§ 23 Nr. 2 MarkenG)

§ 23 Nr. 2 MarkenG stellt die Benutzung eines mit der Marke oder der geschäftlichen Bezeichnung identischen Zeichens oder eines ähnlichen Zeichens als Angabe über Merkmale oder Eigenschaften von Waren oder Dienstleistungen, wie insbesondere ihre Art, ihre Beschaffenheit, ihre Bestimmung, ihren Wert, ihre geographische Herkunft oder die Zeit ihrer Herstellung oder ihrer Erbringung, vom Verbietungsrecht des Kennzeicheninhabers frei, sofern die Benutzung nicht gegen die guten Sitten verstößt.

I. Allgemeines

1. Funktionen

a. Ergänzung der absoluten Schutzhindernisse, insbesondere des § 8 Abs. 2 Nr. 2 MarkenG

§ 23 Nr. 2 MarkenG sichert, allgemein gefasst, die freie Verwendbarkeit beschreibender Angaben. Die freie Verwendbarkeit (originär) beschreibender Angaben ist unverzichtbar. Nur, wer sein Angebot anhand von sachlichen Merkmalen darstellen kann, hat eine Chance, am Markt erfolgreich zu agieren. Zur Gewährleistung der freien Verwendbarkeit beschreibender Angaben sind beschreibende Angaben schon nicht eintragungsfähig, § 8 Abs. 2 Nr. 2 MarkenG. § 8 Abs. 2 Nr. 2 MarkenG und § 23 Nr. 2 MarkenG haben damit die gleiche Aufgabe.

§ 23 Nr. 2 MarkenG bildet daher die „zweite Säule der Bestimmungen zur Wahrung des Freihaltebedürfnisses“[988], einen „Flankenschutz“ des Freihaltebedürfnisses[989]. Dass die erste Säule aufgrund Bestehens der zweiten Säule nicht etwa mit „hoffnungsvollem“ Blick auf die zweite „schwach“ oder „streichholzartig“ sein darf, wurde im 3. Kapitel unter III.2. erläutert. Schon die erste Säule muss

988 Ausdruck von *Ingerl/Rohnke*, MarkenG, § 23 Rn. 50 unter Verweis auf EuGH GRUR 2008, 503 (Tz. 46) – *adidas/Marca Mode*, zu Art. 6 lit. b) MarkenRL: „Ausprägung des Freihaltebedürfnisses“ und BGH GRUR 2009, 678 (Tz. 27) – *POST/RegioPost:* „§ 23 Nr. 2 MarkenG ist Ausprägung des Freihaltebedürfnisses an beschreibenden Angaben“.

989 Ausdruck ebenfalls von *Ingerl/Rohnke*, MarkenG, § 23 Rn. 50 ff.; aufgegriffen z.B. von OLG Frankfurt GRUR 2000, 905 – *Schaftol/Schaftöl.*

stark sein, nicht zuletzt um das von einer einmal eingetragenen Marke ausgehende Droh- und Einschüchterungspotential gering zu halten. Besondere Bedeutung kommt § 23 Nr. 2 MarkenG als Flankenschutz in den Fällen zu, in denen § 8 Abs. 2 Nr. 2 MarkenG die freie Verwendbarkeit beschreibender Angaben nicht vollständig absichern kann.

aa. Ergänzung bei Marken, die an eine beschreibende Angabe angelehnt oder einer beschreibenden Angabe „wesensgleich" sind

§ 8 Abs. 2 Nr. 2 MarkenG kann die freie Verwendbarkeit beschreibender Angaben zunächst bei Zeichen, die an eine beschreibende Angabe angelehnt oder einer beschreibenden Angabe „wesensgleich" (aber nicht identisch)[990] und daher gerade noch schutzfähig sind, nicht vollständig absichern. Solche Marken sind eintragungsfähig, gleichwohl soll ihre Eintragung, so die Gesetzesbegründung[991], dem Markeninhaber in aller Regel kein Recht geben, die Benutzung der beschreibenden Angabe selbst zu untersagen.

Als Beispiel für eine solche, an eine beschreibende Angabe angelehnte oder mit ihr „wesensgleiche" Marke sei zunächst die Marke „Tour de KULTUR" genannt, mit der sich der BGH im Urteil *„Tour de culture"*[992] befasste. Dem Urteil lag, sehr kurz gefasst, der folgende Sachverhalt zugrunde: Die Klägerin, eine Reiseveranstalterin von Kultur-Radreisen, war Inhaberin der Marke „Tour de KULTUR". Die Beklagten boten wie die Klägerin Radreisen an, die an einem Kultur-Radweg entlang führten. Ihr Angebot hatten sie in einer Pressenotiz mit „Tour de culture" überschrieben. Dagegen ging die Klägerin vor.

Der BGH verneinte den markenrechtlichen Anspruch wegen Eingreifens der Schutzschranke des § 23 Nr. 2 MarkenG: „Tour de culture" sei als eine Angabe über Merkmale und Eigenschaften der angebotenen Radreise benutzt worden. Bei „Tour de culture" handele es sich zwar um einen fremdsprachigen, gleichwohl aber für die angesprochenen Verkehrskreise ohne weiteres verständlichen Begriff, mit dem der Bildungs- und Kulturbezug der zu vermittelnden Reise verdeutlicht, aber auch – durch den Anklang an das bekannte Radsportereignis „Tour de France" – im gegebenen Zusammenhang auf das Fahrrad als Fortbewegungsmittel hingewiesen werde. Für diese doppelte Bedeutung bedürfe es der Verwendung der französischen Sprache, weil mit dem ins Deutsche übersetzten

990 So die Amtl. Begr. zum Reg.-Entw. des Markenrechtsreformgesetzes, BT-Drucks. 12/6581, S. 53, 80.

991 Amtl. Begr. zum Reg.-Entw. des Markenrechtsreformgesetzes, BT-Drucks. 12/6581, S. 53, 80.

992 BGH GRUR 1999, 238 – *Tour de culture*.

Begriff der „Kultur-Rundreise“ (oder „Kultur-Tour“) nur die erste Bedeutung, nicht aber der Einsatz des Fahrrads (in Anlehnung an die Tour de France) zum Ausdruck gebracht werde[993].

Als weiteres Beispiel für eine an eine beschreibende Angabe angelehnte, gerade noch schutzfähige Marke sei die Marke „Schaftol“, eingetragen für Spezialöl zur Pflege von Gewehrschäften, genannt. Die Marke gewähre, so das OLG Frankfurt, kein Abwehrrecht gegen die Benutzung der Bezeichnung „Schaftöl“ für ein Gewehrschaftöl. Unter Anwendung von § 23 Nr. 2 MarkenG könne die Verwendung von „Schaftöl“ für Schaftöl nicht versagt werden; denn es handele sich um die exakte und zutreffende Beschreibung des angebotenen Produkts. Überdies stellte das OLG Frankfurt fest, die Benutzung der beschreibenden Angabe könne trotz blickfangmäßigen Herausstellens des Begriffs auf der Verpackung erlaubt sein[994].

bb. Ergänzung bei Marken, die nicht für die eingetragenen Waren/ Dienstleistungen beschreibend sind, aber für ähnliche

Besondere Bedeutung kommt § 23 Nr. 2 MarkenG ferner zu bei Marken, die zwar nicht für die Waren/Dienstleistungen beschreibend sind, für die sie eingetragen sind, die jedoch bei (ausschließlicher und angegriffener) Verwendung für andere, ähnliche Waren/Dienstleistungen als beschreibend verstanden werden.

Dass § 8 Abs. 2 Nr. 2 MarkenG hier „versagt“, hängt damit zusammen, dass im Eintragungsverfahren die absoluten Schutzhindernisse des § 8 Abs. 2 Nr. 1 bis 4 MarkenG konkret im Hinblick auf die Waren/Dienstleistungen des angemeldeten Zeichens geprüft werden, nicht aber im Hinblick auf ähnliche Waren/ Dienstleistungen[995]. Im Interesse des allgemeinen Freihaltebedürfnisses bestehe nämlich – so der BGH – keine Veranlassung, das absolute Eintragungshindernis auf Waren auszudehnen, die das Warenverzeichnis nicht erfasse, die vielmehr den erfassten Waren nur ähnlich sind. Der Gefahr einer Aushöhlung der freizuhaltenden Angabe durch die für ähnliche Waren eingetragene Marke sei nicht im Eintragungs- oder Löschungsverfahren, sondern im Verletzungsprozess zu begegnen[996].

993 BGH GRUR 1999, 238, 239 f. – *Tour de culture.*

994 OLG Frankfurt GRUR 2000, 905 – *Schaftol/Schaftöl.*

995 *Ingerl/Rohnke*, MarkenG, § 8 Rn. 58 und 64.

996 BGH GRUR 1997, 634, 636 – *Turbo II*; BGH GRUR 1977, 717, 718 – *Cokies* (zum WZG).

Als Beispiel sei die Konstellation des Urteils „*Turbo II*" genannt. Das Wort „Turbo" könne, so der BGH, als beschreibender Sachhinweis für Werkzeugteile, die für den Einsatz an einem turbinengetriebenen Schleifgerät bestimmt sind, dienen. Nicht beschreibend wirke „Turbo", wenn es um die Kennzeichnung anderer Werkzeugteile gehe[997]. Ein Eintragungshindernis war (im Eintragungszeitpunkt Dezember 1983 zumindest) auch nicht deshalb anzunehmen, weil das Wort „Turbo" eine Bedeutungserweiterung erfahren hatte und als Synonym für „Schnelligkeit, Leistungsstärke, Wirksamkeit" verwendet wurde[998].

cc. Ergänzung bei Marken, die aufgrund von Verkehrsdurchsetzung, § 8 Abs. 3 MarkenG, oder fehlerhaft eingetragen wurden

Das absolute Schutzhindernis des § 8 Abs. 2 Nr. 2 MarkenG „versagt" schließlich dann, wenn es aufgrund von Verkehrsdurchsetzung, § 8 Abs. 3 MarkenG, überwunden wurde. Das DPMA kann bei Nachweis der Verkehrsdurchsetzung die freie Verwendbarkeit der beschreibenden Angabe nicht mehr gewährleisten, es muss die Marke eintragen.

Schließlich kommt es gelegentlich zu Fehleintragungen durch das DPMA. Hier kann sich der Markeninhaber zwar auf eine formale Rechtsposition berufen. Seine Rechtsposition ist aber aufgrund der für Dritte bestehenden Möglichkeit, die Löschung der Marke zu erreichen (§§ 50, 54 MarkenG), schwach. Wenn aber sogar die Löschung der Marke erreichen werden kann, sollte es Dritten erst recht möglich sein, das Zeichen zur Beschreibung eigener Waren/Dienstleistungen zu benutzen.

In den beiden letztgenannten Fällen lässt es der Wortlaut von § 23 Nr. 2 MarkenG („identisches Zeichen") zu, dass der Grundsatz der Bindung des Verletzungsgerichts an die Markeneintragung unterlaufen werden kann.

Das Eingreifen der Schutzschranke des § 23 Nr. 2 MarkenG ist nicht ausgeschlossen, wenn die betreffende Bezeichnung im Begriff ist, Verkehrsdurchsetzung zugunsten des Klägers zu erlangen. Die „Störung" dieses Prozesses ist – insoweit sei hier auf den Unlauterkeitsvorbehalt vorgegriffen –, solange er noch nicht abgeschlossen ist, grundsätzlich nicht als sittenwidrig anzusehen[999]. Bloß

997 BGH GRUR 1997, 634, 635 f. – *Turbo II.*
998 BGH GRUR 1997, 634, 636 – *Turbo II.*
999 BGH GRUR 1994, 905, 908 – *Schwarzwald-Sprudel* (zu § 1 UWG a.F.); Ströbele/*Hacker*, MarkenG, § 23 Rn. 68; Büscher/Dittmer/Schiwy/*Schalk*, GewRS, Teil 1, Kap. 3, § 23 MarkenG Rn. 15.

tatsächliche Anwartschaften genießen nämlich grundsätzlich keinen marken- oder wettbewerbsrechtlichen Schutz.

Nicht von § 23 Nr. 2 MarkenG gedeckt ist – darauf sei der Vollständigkeit halber hingewiesen – die Benutzung einer fremden (insbesondere bekannten) Marke als Gattungsbezeichnung. Das gilt insbesondere, wenn die Benutzung planmäßig geschieht, um den Umwandlungsprozess zu beschleunigen und so zur Löschungsreife der Marke, § 49 Abs. 2 Nr. 1 MarkenG, beizutragen[1000].

b. Beschränkung des Einwands des Bestehens eines Freihaltebedürfnisses auf die gesetzlich normierten Fälle

In der bereits dargestellten Entscheidung *„adidas/Marca Mode“* stellte der EuGH fest, das Freihaltebedürfnis habe in Art. 6 Abs. 1 lit. b) MarkenRL seine abschließende Ausprägung gefunden. Es könne über Art. 6 Abs. 1 lit. b) MarkenRL hinaus keine selbständige Beschränkung der Wirkungen einer Marke sein, die zu den in Art. 6 Abs. 1 lit. b) MarkenRL ausdrücklich vorgesehenen Beschränkungen hinzutrete. Nur im Fall von Angaben, die sich auf ein Merkmal der von dem Dritten vertriebenen Ware oder erbrachten Dienstleistung beziehen, könne sich der Dritte auf das der Vorschrift des Art. 6 Abs. 1 lit. b) MarkenRL zugrunde liegende Freihaltebedürfnis berufen[1001].

Aus der zitierten Rechtsprechung des EuGH folgt: Eine weitere Funktion des Art. 6 Abs. 1 lit. b) MarkenRL / § 23 Nr. 2 MarkenG ist die, den Einwand des Bestehens eines Freihaltebedürfnisses auf die gesetzlich normierten Fälle, nämlich merkmalsbeschreibende Angaben, zu beschränken. Das Freihaltebedürfnis hat nicht den Charakter einer selbständigen, ungeschriebenen und gleichsam beliebig erweiterbaren Schranke.

2. Anwendbarkeit auch bei kennzeichenmäßigem Gebrauch

Lange umstritten war, ob § 23 Nr. 2 MarkenG nur bei einem beschreibenden Gebrauch der beschreibenden Angabe anwendbar ist oder ob und inwieweit die Freistellung des § 23 Nr. 2 MarkenG auch demjenigen zugute kommen kann,

1000 Ströbele/*Hacker*, MarkenG, § 23 Rn. 68.
1001 EuGH GRUR 2008, 503, 505 (Tz. 47) – *adidas/Marca Mode*.

der eine beschreibende Angabe kennzeichenmäßig bzw. markenmäßig benutzt[1002].

Nach der Vorstellung des Gesetzgebers sollte der Kennzeicheninhaber gegen die Verwendung einer beschreibenden Angabe in aller Regel auch dann nicht vorgehen können, wenn die Verwendung markenmäßig erfolgt[1003].

Die instanzgerichtliche Rechtsprechung hatte trotzdem nahezu einhellig die Vorschrift bei kennzeichenmäßigem Gebrauch für unanwendbar gehalten oder sah wenigstens die kennzeichenmäßige Verwendung im Regelfall als sittenwidrig an[1004].

In der Literatur gab es Stimmen für beide Positionen[1005]; eine „herrschende Meinung" war dabei nicht auszumachen.

Für den BGH bestand lange Zeit kein Anlass, die Frage zu entscheiden. In dem zitierten Urteil „*Tour de culture*" beispielsweise führte er aus, für die zu entscheidende Streitfrage komme es nicht darauf an, ob § 23 Nr. 2 MarkenG – anders als § 16 WZG – auch dann anzuwenden sei, wenn die Angabe in der Art einer Marke, also markenmäßig benutzt werde[1006].

In dem Verfahren „GERRI/KERRY Spring"[1007] wurde die Frage entscheidungserheblich. Der BGH legte dem EuGH zwei Fragen vor, nämlich: Ist Art. 6 Abs. 1 lit. b) MarkenRL / § 23 Nr. 2 MarkenG auch anwendbar, wenn ein Drit-

1002 Den Streit stellen z.B. *Ingerl/Rohnke*, MarkenG [2. Aufl.], § 23 Rn. 41 ff. sowie *Wolf*, Die Schutzschranke des § 23 MarkenG, S. 214 ff. umfassend dar.

1003 Amtl. Begr. zum Reg.-Entw. des Markenrechtsreformgesetzes, BT-Drucks. 12/6581, S. 53, 80: „[…] soll die Eintragung einer solchen Marke in aller Regel kein Recht geben, die Benutzung der beschreibenden Angabe selbst zu untersagen, und zwar auch dann nicht, wenn die beschreibende Angabe im herkömmlichen Sinne „markenmäßig" benutzt wird."

1004 Z.B. OLG Köln GRUR 1999, 66, 68 – *DAN/DANNE*; OLG Hamburg GRUR 1996, 982, 983 – *Für Kinder*; OLG Nürnberg GRUR 1996, 206, 207 f. – *Leitungsrohre*; ebenso *Raßmann*, GRUR 1999, 384, 387 f. Er argumentiert, die kennzeichenmäßige Verwendung der beschreibenden Angabe schieße über den Normzweck des § 23 Nr. 2 MarkenG hinaus. Zudem werde der durch das Patentamt gewährte Schutz unterlaufen.

1005 Z.B. *Raßmann*, GRUR 1999, 384, 387 (s. vorherige Fn.); *Teplitzky*, WRP 1999, 461, 465; *Sambuc*, GRUR 1997, 403, 405; *von Schultz*, GRUR 1997, 408, 412 f.; *Starck*, GRUR 1996, 688, 693; *Keller*, GRUR 1996, 607, 612; *Fezer*, WRP 1996, 973, 974 f., 977; *Wolf*, Die Schutzschranke des § 23 MarkenG, S. 215 ff.; *Egerer*, Die markenrechtliche Zulässigkeit beschreibender Angaben im geschäftlichen Verkehr, S. 84 ff.

1006 BGH GRUR 1999, 238, 239 – *Tour de culture*.

1007 BGH GRUR 2002, 613 – *GERRI/KERRY Spring* (Vorinstanz: OLG München, das das Vorliegen einer Verwechslungsgefahr i.S.v. § 14 Abs. 2 Nr. 2 MarkenG verneint hatte).

ter die dort aufgeführten Angaben markenmäßig benutzt und– bejahendenfalls –, ist die markenmäßige Benutzung ein Umstand, der im Rahmen der nach Art. 6 Abs. 1 letzter Halbsatz MarkenRL gebotenen Abwägung beim Merkmal der „anständigen Gepflogenheiten in Gewerbe oder Handel" mit zu berücksichtigen ist.

Der BGH führte in seinem Vorlagebeschluss aus, seiner Ansicht nach solle der notwendige Ausgleich zwischen dem Markenschutz und dem Interesse, beschreibende Angaben freizuhalten, dadurch erreicht werden, dass ein markenmäßiger Gebrauch nicht von vornherein vom Anwendungsbereich des Art. 6 Abs. 1 lit. b) MarkenRL / § 23 Nr. 2 MarkenG ausgenommen werde. Vielmehr solle bei der nach Art. 6 Abs. 1 a.E. MarkenRL / § 23 a.E. MarkenG vorgesehenen Prüfung, ob die Benutzung den anständigen Gepflogenheiten in Gewerbe oder Handel entspricht, der Umstand einer markenmäßigen Benutzung des Zeichens durch den Dritten berücksichtigt werden. Im Rahmen der Beurteilung der Voraussetzungen des Art. 6 Abs. 1 MarkenRL sollte, so der BGH, der markenmäßige Gebrauch ein Kriterium sein, das im jeweiligen Einzelfall einen Verstoß gegen die anständigen Gepflogenheiten in Gewerbe oder Handel (mit-)begründen kann. Dies könne etwa dann der Fall sein, wenn die beschreibende Funktion der Angabe ganz oder teilweise hinter der kennzeichnenden zurücktritt[1008].

Der EuGH hat auf die BGH-Vorlage in dem Urteil „*Gerolsteiner/Putsch*" festgestellt, einem „Begriff wie markenmäßig" könne „keine Bedeutung für die Festlegung des Geltungsbereichs" des Art. 6 Abs. 1 lit. b) MarkenRL zukommen[1009].

Der BGH folgt dem in ständiger Rechtsprechung. In seinem Urteil „*DAX*" beispielsweise hieß es, § 23 Nr. 2 MarkenG unterscheide nicht nach den verschiedenen Möglichkeiten der Verwendung der in § 23 Nr. 2 MarkenG genannten Angaben. Die Anwendung des § 23 Nr. 2 MarkenG sei auch dann nicht ausgeschlossen, wenn bei dem angegriffenen Zeichen die Voraussetzungen einer markenmäßigen Verwendung vorliegen[1010]. Im gleichen Sinne hat der BGH unter anderem in seinen Urteilen „*OFFROAD*"[1011], „*POST/RegioPost*"[1012], „*POST I*"[1013], „*GAZOZ*"[1014], „*d-c-fix/CD-fix*"[1015] und „*PEE-WEE*"[1016] entschieden.

1008 BGH GRUR 2002, 613, 615 – *GERRI/KERRY Spring*.

1009 EuGH GRUR 2004, 234, 236 (Tz. 15) – *Gerolsteiner/Putsch*. Auch Generalanwältin *Stix-Hackl* war in ihren Schlussanträgen (Schlussanträge vom 10.7.2003, Rs.: C-1/02 – Gerolsteiner/Putsch [BeckEuRS 2003, 278028]) von einer Anwendbarkeit bei markenmäßiger Benutzung ausgegangen.

1010 BGH GRUR 2009, 1162, 1163 f. (Tz. 27) – *DAX*.

1011 BGH GRUR 2010, 646, 649 (Tz. 23) – *OFFROAD*.

Die Kommentarliteratur schließt sich der Rechtsprechung an[1017], ohne den mittlerweile überholten Meinungsstreit vertieft darzustellen[1018].

Die Rechtsprechung von EuGH und BGH erscheint vom Grundsatz her folgerichtig. Da die Anwendung der Schutzschranke systematisch zwingend voraussetzt, dass der Verletzungstatbestand und damit eine markenmäßige Benutzung vorliegen, muss die Schutzschranke, um nicht leerzulaufen, bei markenmäßiger Benutzung eingreifen können. Ob die markenmäßige Benutzung „auch markenmäßig" oder „nur markenmäßig", ob nur ein Teil des angesprochenen Verkehrs die Angabe als beschreibende Angabe erkennt oder ob die beschreibende Angabe als „Produktname" verwendet wird, spielt für die Möglichkeit des Eingreifens der Schutzschranke keine Rolle. Im Rahmen des Unlauterkeitsvorbehalts können die Art der Benutzung, die Tatsache einer gespaltenen Verkehrsauffassung o.ä. allerdings berücksichtigt werden.

II. Tatbestandsvoraussetzung: Angabe über Merkmale oder Eigenschaften

1. „Originär beschreibende" Angaben

a. Weitgehende Übereinstimmung mit § 8 Abs. 2 Nr. 2 MarkenG

Nach § 23 Nr. 2 MarkenG darf der Kennzeicheninhaber einem Dritten unter dem Vorbehalt der Lauterkeit nicht untersagen, ein mit der Marke oder der geschäftlichen Bezeichnung identisches Zeichen oder ein ähnliches Zeichen „als Angabe über Merkmale oder Eigenschaften von Waren oder Dienstleistungen" zu benutzen. Im Tatbestand des § 23 Nr. 2 MarkenG folgt eine nicht abschließende Insbesondere-Aufzählung. Aufgezählt werden: die Art, die Beschaffenheit, die Bestimmung, der Wert, die geographische Herkunft oder die Zeit der Herstellung oder Erbringung.

1012 BGH GRUR 2009, 678, 680 (Tz. 18) – *POST/RegioPost*.

1013 BGH GRUR 2008, 798, 799 (Tz. 17) – *POST I*.

1014 BGH GRUR 2004, 947, 948 – *GAZOZ* (zu Art. 12 lit. b) GMV).

1015 BGH GRUR 2004, 600, 602 – *d-c-fix/CD-fix*.

1016 BGH GRUR 2004, 712 – *PEE-WEE*.

1017 Das Urteil sehr kritisch betrachtet *von Linstow* (GRUR 2009, 111 ff.). Er erachtet eine allzu pauschale Aussage des Inhalts „eine markenmäßige Benutzung schließt die Anwendbarkeit der Schutzschranke nicht aus" als nicht sachgerecht. Seines Erachtens müsste die Aussage lauten „eine *auch* markenmäßige Benutzung ...".

1018 Z.B. Ströbele/*Hacker*, MarkenG, § 23 Rn. 52; *Ingerl/Rohnke*, MarkenG, § 23 Rn. 56; Büscher/Dittmer/Schiwy/*Schalk*, GewRS, Teil 1, Kap. 3, § 23 MarkenG Rn. 9; *Fezer*, MarkenR, § 23 MarkenG Rn. 14 ff.

Grundsätzlich kann § 23 Nr. 2 MarkenG jede Angabe erfassen, die sich originär, d.h. aufgrund des ihr nach allgemeinem Sprachverständnis zugewiesenen Bedeutungsgehalts, zur Beschreibung einer Ware/Dienstleistung eignet. Bis auf zwei Ausnahmen stimmt der Begriff in § 23 Nr. 2 MarkenG mit § 8 Abs. 2 Nr. 2 MarkenG[1019] überein: Nicht nach § 23 Nr. 2 MarkenG freistellungsfähig sind zum einen Abwandlungen beschreibender Angaben[1020], und zwar selbst dann, wenn sie so geringfügig sind, dass auch die Abwandlung dem Schutzausschließungsgrund des § 8 Abs. 2 Nr. 2 MarkenG unterfällt[1021]. Von § 23 Nr. 2 MarkenG nicht erfasst werden zum anderen Bezeichnungen, die nach Art eines sprechenden Zeichens lediglich beschreibende Anklänge aufweisen, ohne jedoch tatsächlich beschreibenden Charakter zu haben[1022].

Die Aussage, wonach grundsätzlich alle Angaben erfasst sind, die sich originär zur Beschreibung eignen, bedeutet nicht, dass § 23 Nr. 2 MarkenG auch zukünftig (potentiell) freihaltebedürftige Zeichen erfasst[1023]. Das ergibt sich schon daraus, dass § 23 Nr. 2 MarkenG nur in einer konkreten, aktuellen Kollisionskonstellation relevant werden kann. Bei § 23 Nr. 2 MarkenG kommt es daher nur auf das aktuelle Verkehrsverständnis von der angegriffenen Bezeichnung in dem für die Entscheidung im Verletzungsprozess maßgeblichen Zeitpunkt an[1024].

Maßgeblich ist das Verständnis des inländischen Verkehrs[1025]. Schon aufgrund der im Deutschen bestehenden Möglichkeit, beliebig zusammengesetzte Wörter

---

1019 Nach § 8 Abs. 2 Nr. 2 MarkenG sind von der Eintragung ausgeschlossen „Marken, die ausschließlich aus Zeichen oder Angaben bestehen, die im Verkehr zur Bezeichnung der Art, der Beschaffenheit, der Menge, der Bestimmung, des Wertes, der geographischen Herkunft, der Zeit der Herstellung der Waren oder der Erbringung der Dienstleistungen oder zur Bezeichnung sonstiger Merkmale der Waren oder Dienstleistungen dienen können".

1020 BGH GRUR 2008, 803, 805 (Tz. 25) – *HEITEC*.

1021 Vgl. BGH GRUR 2003, 882, 883 – *Lichtenstein*; Ströbele/*Hacker*, MarkenG, § 23 Rn. 58; Büscher/Dittmer/Schiwy/*Schalk*, GewRS, Teil 1, Kap. 3 Rn. 11.

1022 Ströbele/*Hacker*, MarkenG, § 23 Rn. 58; Büscher/Dittmer/Schiwy/*Schalk*, GewRS, Teil 1, Kap. 3 Rn. 11; etwas vorsichtiger formuliert von *Ingerl/Rohnke* (MarkenG, § 23 Nr. 65: Es sei Vorsicht geboten vor einer vorschnellen Bejahung beschreibenden Charakters nur „sprechender" Zusammenstellungen).

1023 Ebenso *Ingerl/Rohnke*, MarkenG, § 23 Rn. 63. A.A. wohl OLG Köln, das in seinem Urteil *„Frucht des Marulabaumes"* (MarkenR 2009, 228, 230) ausführt, für die Annahme eines Freihaltebedürfnisses genüge es, dass eine solche beschreibende Verwendung vernünftigerweise für die Zukunft zu erwarten sei. Ein objektiv beschreibender Charakter der Zeichen reiche aus.

1024 *Ingerl/Rohnke*, MarkenG, § 23 Rn. 63.

1025 Vgl. BGH GRUR 1999, 238, 240 – *Tour de culture* (unter Bezugnahme auf § 8 Abs. 2 Nr. 2 MarkenG); OLG Frankfurt LMRR 1999, 66 – *Pindjur*; *Ingerl/Rohnke*, MarkenG, § 23 Rn. 67.

zu bilden, kommt es auf einen lexikalischen Nachweis aber nicht an[1026]. „Verständnis“ setzt allerdings voraus, dass der Begriff zum allgemeinen Sprachschatz gehört. Es reicht nicht aus, dass der Verkehr einen Begriff bzw. ein Wort aufgrund der konkreten Art der Verwendung versteht. Als Beispiel hierfür seien die bekannten (Ferrero-Kinder-)„Schoko-Bons“ genannt. Das Wort „Bons“ – Gegenstand eines Verfahrens vor dem OLG Hamburg[1027] – gehört nicht zum allgemeinen Sprachschatz; niemand wird es isoliert ohne weiteres als Abkürzung für „Bonbons“ verstehen – man denkt eher an „Bon“ mit der Bedeutung „Kassenzettel“ – oder gar benutzen. Gleichwohl wird der Verkehr es in Verbindung mit „Schoko“ als Abkürzung für „Bonbon“ verstehen. Für Abkürzungen gilt allgemein, dass sie beschreibende Angaben i.S.v. § 23 Nr. 2 MarkenG sein können, wenn die Abkürzung selbst als beschreibende Angabe anzusehen ist[1028]. Das wäre zweifellos bei „Schoko“ als Abkürzung für „Schokolade“ der Fall.

Bei gespaltener Verkehrsauffassung, die insbesondere, aber nicht nur, bei fremdsprachigen beschreibenden Angaben auftritt[1029], wenn also nur ein (relevanter) Teil der angesprochenen Verkehrskreise die beschreibende Bedeutung eines Begriffs kennt[1030], ist der Anwendungsbereich von § 23 Nr. 2 MarkenG zwar eröffnet. Die besondere Verständnislage ist aber im Rahmen des Unlauterkeitsvorbehalts zu berücksichtigen. Die einzelfallbezogene Beurteilung der Unlauterkeit erscheint hier sachgerechter als eine generelle Nichtanwendung der Schutzschranke[1031]. Grundsätzlich soll nach der Rechtsprechung ein Verständnis als merkmalsbeschreibend umso naheliegender sein, je größer dem Verkehr die Notwendigkeit der Freihaltung für den allgemeinen Gebrauch erscheinen muss[1032]. *Ingerl/Rohnke* weisen in diesem Zusammenhang zu Recht darauf hin,

1026 Vgl. BGH GRUR 2003, 436, 439 – *Feldenkrais*; *Ingerl/Rohnke*, MarkenG, § 23 Rn. 65; enger OLG Stuttgart NJW-RR 1996, 1258, 1259 – *Baggerparty*.

1027 Vgl. OLG Hamburg WRP 1996, 215 – *Kinder-Schoko-Bons*.

1028 *Ingerl/Rohnke*, MarkenG, § 23 Rn. 65; *Fezer*, MarkenR, § 23 MarkenG Rn. 91.

1029 Beispielsweise werden nur türkischkundige Verbraucher erkennen, dass „Gazoz“ „Brauselimonade“ bedeutet (vgl. BGH GRUR 2004, 947 – *Gazoz*). Allgemein zum Markenschutz für beschreibende Angaben in fremder Sprache *Kurtz*, GRUR 2004, 32 ff.

1030 Beispielsweise kennt nur ein kleiner Teil des Verkehrs den beschreibenden Gehalt von „Marula“ (afrikanischer Elefantenbaum, vgl. OLG Köln MarkenR 2009, 228, 230 – *Frucht des Marulabaumes*), wenngleich z.B. „Marula-Öl“ oft Bestandteil von Gesichtspflegeprodukten ist.

1031 *Ingerl/Rohnke*, MarkenG, § 23 Rn. 67.

1032 BGH GRUR 1999, 992, 994 – *BIG PACK*; BGH GRUR 1999, 238, 239 – *Tour de culture*.

dass diese Formel nicht als Frage nach einer normativen Bewertung durch den Verkehr missverstanden werden darf[1033].

Wie konkret das Verständnis des Verkehrs vom Inhalt der beschreibenden Angabe sein muss, ist eine Frage des Einzelfalls. In der Rechtsprechung scheint eine eher großzügige Handhabung zu bestehen. So führte das OLG München in seiner Entscheidung „*Mozart*", in der es um die Bezeichnung „Mozart-Torte" ging, aus, der Verkehr werde zwanglos erkennen, mit „Mozart-Torte" werde in irgendeiner Weise eine Torte näher bezeichnet. Dem Verkehr seien zahlreiche beschreibende Zusammensetzungen ähnlicher Art (Käse-Torte, Prinzregenten-Torte, Sacher-Torte,...) bekannt, so dass für ihn die Annahme nahe läge, auch „Mozart-Torte" sei eine Bezeichnung, die das unter ihr angebotene Produkt seiner Art nach – nicht seiner betrieblichen Herkunft nach – näher kennzeichnet. Dabei komme es nicht entscheidend darauf an, ob der Verkehr, wie dies bei einer reinen Sachbezeichnung („Käse-Torte"), einer im Verkehr bekannten Phantasiebezeichnung („Prinzregenten-Torte") oder bei einer zur Gattungsbezeichnung gewordenen Herkunftsbezeichnung („Sacher-Torte") der Fall ist, in der Lage sei, sich von der jeweils bezeichneten Torte und ihrem Rezept eine genaue Vorstellung zu machen. Denn für die Erkenntnis der Tatsache, dass eine Angabe über die Art der Ware und keine Herkunftsangabe vorliege, reiche es aus, dass die Angabe als solche über die Art der Ware erkannt wird[1034].

Das blickfangmäßige Hervorheben einer beschreibenden Angabe schließt ein Verkehrsverständnis als beschreibende Angabe nicht von vornherein aus[1035]. Berücksichtigung finden kann es aber im Rahmen des Unlauterkeitsvorbehalts.

In jedem Fall muss die beschreibende Bedeutung gerade in Bezug auf ein Merkmal der von dem Dritten vertriebenen bzw. erbrachten konkreten Waren/Dienstleistungen gegeben sein („produktspezifisch")[1036]. Ein treffendes Beispiel, in dem zwar eine beschreibende Angabe, nämlich eine Angabe über die Herkunft, verwendet wird, diese aber offensichtlich nicht produktspezifisch ist, ist das des Zeichens „Nordpol" für Bananen[1037]. Der soeben genannte Grundsatz wird in der Rechtsprechung konsequent beachtet. Das soll anhand von zwei Beispielen aus der Rechtsprechung zu Produktverpackungen (Urteil „*BIG PACK*"

1033 *Ingerl/Rohnke*, MarkenG, § 23 Rn. 68.

1034 OLG München GRUR-RR 2002, 12, 13 – *Mozart*.

1035 BGH GRUR 1999, 992, 994 – *BIG PACK*; OLG Frankfurt LMRR 1999, 66 – *Pindjur*; *Ingerl/Rohnke*, MarkenG, § 23 Rn. 69.

1036 Das ergibt sich nicht zuletzt aus der dargestellten Rechtsprechung des EuGH (Urteil „*adidas/Marca Mode*") zur Funktion des Art. 6 Abs. 1 lit. b) MarkenRL /§ 23 Nr. 2 MarkenG, die Einwendbarkeit des Freihaltebedürfnisses zu beschränken.

1037 Beispiel übernommen von *Egerer*, Die markenrechtliche Zulässigkeit beschreibender Angaben im geschäftlichen Verkehr, S. 37.

des BGH[1038] und Urteil „*Schneeflöckchen*" des OLG Nürnberg[1039]) und anhand des Urteils „*OSTSEE-POST*" des BGH demonstriert werden.

Im Urteil „*BIG PACK*" hatte der BGH anerkannt, dass § 23 Nr. 2 MarkenG auch beschreibende Angaben erfasst, die unmittelbar nur die Produktverpackung – nämlich deren Größe – beschreiben[1040]. Zumindest mittelbar beschrieb die Angabe „BIG PACK" aber auch das Produkt als solches (ein Päckchen Zigaretten mit einer großen/größeren als im Standardpäckchen Anzahl Zigaretten). Im Fall „*Schneeflöckchen*" des OLG Nürnberg ging es um die Konstellation, in der eine Bezeichnung („Schneeflöckchen") nur die drucktechnische Aufmachung eines Produkts (Verpackung gestaltet mit herabrieselnden Schneeflocken vor himmelblauem Hintergrund) beschrieb, nicht aber – nicht einmal mittelbar – Eigenschaften oder Merkmale des Produkts selbst (nämlich Tee). Die Beklagte des Verfahrens konnte sich daher nicht auf § 23 Nr. 2 MarkenG berufen. Im Urteil „*OSTSEE-POST*" differenzierte der BGH genau, für welche Waren/Dienstleistungen der Begriff „Post" eine beschreibende Merkmalsangabe ist und für welche nicht. Für die Dienstleistungen der Beförderung und Zustellung von Briefen und Paketen beschreibe der Bestandteil „Post" der angegriffenen Zeichen den Gegenstand, auf den sich die Dienstleistungen beziehen[1041]. Für die übrige Vielzahl von Waren/Dienstleistungen, für die die angegriffenen Marken eingetragen waren, hatte der BGH erhebliche Bedenken daran, dass „Post" hier auch eine Merkmalsangabe ist[1042].

Eine „Angabe über Merkmale oder Eigenschaften" i.S.v. § 23 Nr. 2 MarkenG liegt im Übrigen immer nur dann vor, wenn das Zeichen tatsächlich eine Angabe macht *über* die jeweilige Ware/Dienstleistung, sie von der Ware/Dienstleistung gleichsam abtrennbar, wesensverschieden ist bzw. „von außen" wirkt. Eine beschreibende Angabe liegt danach nicht vor, wenn die Angabe das Merkmal oder die Eigenschaft erst begründet und sie Teil der Ware/Dienstleistung ist. Das spielt insbesondere in den unter 4.b. zu erörternden Spielzeugmodell-Fällen eine Rolle. Das soeben Gesagte heißt nicht zugleich, dass die beschreibende Angabe verbalisierbar sein muss[1043]; sie kann auch mittels eines allgemein üblichen Symbols, einer Farbe o.ä. vermittelt werden.

1038 BGH GRUR 1999, 992 – *BIG PACK.*

1039 OLG Nürnberg LMuR 2011, 51 – *Schneeflöckchen.*

1040 BGH GRUR 1999, 992, 994 – *BIG PACK.*

1041 BGH GRUR 2009, 672, 677 (Tz. 44) – *OSTSEE-POST.*

1042 BGH GRUR 2009, 672, 677 (Tz. 47) – *OSTSEE-POST.*

1043 Vgl. auch *Kur*, Festschrift für Schricker, S. 835, 841.

b. Keine enumerative Aufzählung der Merkmals- und Eigenschaftsarten

Das Wort „insbesondere" zeigt, dass die in § 23 Nr. 2 MarkenG enthaltene Aufzählung der Merkmals- und Eigenschaftsarten keine enumerative ist.

Als von § 23 Nr. 2 MarkenG ebenfalls erfasst anzusehen sind die aufgrund eines, wie ausgeführt[1044], anzunehmenden Redaktionsversehens fehlenden Angaben über die „Menge"[1045].

Umstritten ist, ob Gattungsbezeichnungen unter § 23 Nr. 2 MarkenG fallen oder ob die Vorschrift bei Gattungsbezeichnungen analog anzuwenden ist. *Fezer* möchte § 23 Nr. 2 MarkenG analog anwenden. Gattungsbezeichnungen seien keine beschreibenden Angaben. Es liege eine (planwidrige) Gesetzeslücke vor, und es bestehe eine vergleichbare Interessenlage[1046]. *Ingerl/Rohnke* und *Schalk*[1047] nehmen dagegen an, Gattungsbezeichnungen seien beschreibende Angaben, da sie die Zugehörigkeit des Produkts zu einer bestimmten Gattung angeben und ihm damit zugleich die gattungstypischen Produkteigenschaften zuweisen. § 23 Nr. 2 MarkenG sei daher direkt anzuwenden. Letztgenannte Ansicht überzeugt aufgrund der genannten Argumente. Auch der BGH scheint davon auszugehen, dass Gattungsbezeichnungen direkt unter § 23 Nr. 2 MarkenG fallen. Das ist dem Urteil „*OSTSEE-POST*" zumindest mittelbar zu entnehmen. Der BGH führte aus, bei dem Begriff „Post" handele es sich um einen Begriff, der die Dienstleistungen „ihrer Gattung nach glatt beschreibt"[1048].

Den beschreibenden Angaben gleichzustellen sind ferner üblich gewordene Bezeichnungen i.S.v. § 8 Abs. 2 Nr. 3 MarkenG[1049].

2. Nicht „originär beschreibende" Zeichen als merkmalsbeschreibende Angabe i.S.v. § 23 Nr. 2 MarkenG?

a. Ausgangsproblem und erste Annäherung

Eine der interessantesten Fragen im Zusammenhang mit § 23 Nr. 2 MarkenG ist, ob das Tatbestandsmerkmal „Angabe über Merkmale oder Eigenschaften" auf solche Zeichen beschränkt ist, die „originär beschreibend" sind, die also einen

1044 2. Kapitel, III.3.a.aa.
1045 *Ingerl/Rohnke*, MarkenG, § 23 Rn. 65.
1046 *Fezer*, MarkenR, § 23 MarkenG Rn. 107 f.
1047 *Ingerl/Rohnke*, MarkenG, § 23 Rn. 65; Büscher/Dittmer/Schiwy/*Schalk*, GewRS, Teil 1, Kap. 3, § 23 MarkenG Rn. 11.
1048 BGH GRUR 2009, 672, 676 (Tz. 31) – *OSTSEE-POST*.
1049 Ströbele/*Hacker*, MarkenG, § 23 Rn. 59; *Lehmann-Richter*, WRP 2002, 1391, 1394.

beschreibenden Sinngehalt aufweisen, oder ob das Tatbestandsmerkmal weit zu verstehen ist in dem Sinne, dass auch kennzeichnungskräftige Marken gleich welcher Markenform (Wortmarken, Bildmarken, Farbmarken, dreidimensionale Marken), die keinen per se beschreibenden Sinngehalt aufweisen, erfasst werden.

Bei einem weiten Verständnis würde § 23 Nr. 2 MarkenG Fälle der „beschreibenden Markennennung" erfassen. Um eine Markennennung handelte es sich deswegen, weil zur Benennung eines fremden Originalprodukts das hierfür von dessen Hersteller selbst verwendete Originalkennzeichen offen verwendet wird. Beschreibend wäre die Markennennung deswegen, weil mit Hilfe der fremden Marken die Ware/Dienstleistung des Dritten, z.B. ihr Bestimmungszweck oder ihre Beschaffenheit, beschrieben wird.

Als Beispiele seien die folgenden genannt: Ein Hersteller von Laptops stattet seine Geräte mit „Intel-Pentium-Prozessoren" aus und wirbt damit unter Nennung der Wort-/Bildmarke. Ein Schneider von Maßanzügen verwendet für seine Anzüge feinste Stoffe von „Ermenegildo Zegna" und wirbt damit unter Nennung der Wortmarke. Ein Müsli-Hersteller stellt ein Schoko-Müsli her, das „Milka"-Schokolade enthält. Die beiden Unternehmen (der Müsli-Hersteller und der Markeninhaber von „Milka") arbeiten nicht zusammen[1050], sondern – zugegebenermaßen hypothetisch und konstruiert – der Müsli-Hersteller erwirbt die Schokolade am freien Markt[1051] und gibt sie seinem Müsli zu. Die farbliche Gestaltung der Müsli-Packung enthält zahlreiche lilafarbene Elemente (z.B. ist die Müsli-Bezeichnung in „Milka-lila"-Schrift gehalten). Der Müsli-Hersteller wirbt also unter Nennung der Farbmarke lila.

Bestehen in all diesen Beispielsfällen keine vertraglichen Vereinbarungen, könnte sich der Dritte in einem Verletzungsprozess bei einem weiten Verständnis der merkmalsbeschreibenden Angabe auf § 23 Nr. 2 MarkenG berufen. Es käme dann entscheidend auf die Prüfung des Unlauterkeitsvorbehalts an. Dort müsste unter anderem zu berücksichtigen sein, ob der unzutreffende Eindruck, die Ware stamme vom Markeninhaber, entsteht oder ob die Benutzung im kon-

1050 Es gibt Produkte am Markt, bei denen offensichtlich eine Zusammenarbeit zwischen einem Hersteller „schokoladenähnlicher" Produkte und dem Markeninhaber von Milka stattfindet (z.B. die „Milka Kuhflecken Torte" von Coppenrath & Wiese, den „Jacobs Choco Cappuccino" mit „Milka Schokonote", wobei Jacobs-Kaffee und Milka-Schokolade aus dem gleichen Konzern stammen [vgl. Artikel in der Frankfurter Allgemeinen Zeitung vom 5.8.2011: „Aus Kraft werden zwei Lebensmittelkonzerne"]).

1051 Mögliche Einwände aus dem Gesichtspunkt der Erschöpfung, § 24 MarkenG / Art. 7 MarkenRL, bleiben um der Beispielsbildung willen außen vor. Auch, dass es sich bei der Farbmarke lila um eine bekannte Marke handeln dürfte, soll hier außen vor bleiben.

kreten Umfang „notwendig" ist. Das zeigt zweierlei und gibt eine gewisse Tendenz vor:

Zum einen zeigt es, dass die Grenzen zu § 23 Nr. 3 MarkenG erheblich verwischt würden. § 23 Nr. 3 MarkenG müsste mit den zu ihm entwickelten Fallgruppen und seinem Tatbestandsmerkmal der Notwendigkeit in § 23 Nr. 2 MarkenG transferiert werden, um die Interessen des Markeninhabers nicht unangemessen gering zu berücksichtigen. Das hieße, einerseits würde § 23 Nr. 2 MarkenG alle Fälle des § 23 Nr. 3 MarkenG in sich aufnehmen, andererseits würden die strengeren Maßstäbe des § 23 Nr. 3 MarkenG auf § 23 Nr. 2 MarkenG übertragen – ein wenigstens dogmatisch fragwürdiges Ergebnis. Zum anderen zeigt es, dass geradezu absurdes Vorbringen im Prozess herausgefordert würde. So könnte die Schutzschranke des § 23 Nr. 2 MarkenG bei jeder identischen Kennzeichenverwendung mit dem Argument eingewandt werden, das verletzende Zeichen solle gerade die Übereinstimmung der Nachahmung mit dem Originalprodukt „beschreiben"[1052].

Überprüft werden soll, ob dieses unsystematische Herangehen an die aufgeworfene Frage durch eine fundiertere Betrachtung bestätigt werden kann. Dazu soll zunächst die Rechtsprechung von EuGH und BGH betrachtet und anschließend anhand der Auslegungsgrundsätze eine eigene Antwort entwickelt werden.

b. Die Rechtsprechung von BGH und EuGH

Der BGH hat seit der Markenrechtsreform des Jahres 1994 keine stringente Linie hinsichtlich nicht originär beschreibender Zeichen und der Schutzschranke des § 23 Nr. 2 MarkenG erkennen lassen. Die festzustellenden Schwankungen hingen dabei immer wesentlich mit der Beurteilung der markenmäßigen Benutzung zusammen. Hier zeigt sich einmal mehr, wie eng Verletzungstatbestand und Schutzschranke miteinander verknüpft sind. Wurde die Voraussetzung der markenmäßigen Benutzung offen gelassen oder bejaht, wurde meist die Schutzschranke weit verstanden. Eine nähere Erörterung dieses Verständnisses findet sich aber nicht; die Rechtsprechung war vielmehr ersichtlich bestrebt, zu einem interessengerechten Ergebnis zu gelangen.

Beispielhaft erläutert seien die Entscheidungen des BGH „*VENUS MULTI*", „*Aufarbeitung von Fahrzeugkomponenten*", „*DAX*" und „*Perlentaucher*"[1053] so-

1052 Dieser zweite Gedanke stammt von *Ingerl/Rohnke*, MarkenG, § 23 Rn. 76.

1053 BGH GRUR 1998, 697 – *VENUS MULTI*; BGH GRUR 2007, 705 – *Aufarbeitung von Fahrzeugkomponenten*; BGH GRUR 2009, 1162 – *DAX*; BGH GRUR 2011, 134 – *Perlentaucher*.

wie die des EuGH „*Adam Opel/Autec*", „*adidas/Marca Mode*" „*Portakabin/ Primakabin*"[1054].

Der Entscheidung des BGH „*VENUS MULTI*" lag folgender Sachverhalt zugrunde: Die Klägerin vertrieb Geldspielautomaten unter ihrer Marke „VENUS MULTI". Die Automaten waren von Gesetzes wegen nur für einen bestimmten Zeitraum zum Geldspiel zugelassen. Nach Ablauf der Zulassung kaufte die Beklagte solche Geräte auf, um sie nach einem Umbau als „Punktespielgeräte" – ohne die Möglichkeit des Geldgewinns – wieder auf den Markt zu bringen. Der Umbau betraf die Teile der Automaten, welche der Auszahlung des Geldes dienten; der Spiel- und Gewinnplan der Automaten wurde nicht verändert. Die Geräte erhielten beim Umbau eine neue Frontplatte. Auf den Geräten wurde sinngemäß der folgende Hinweis angebracht: „Umbau des Spielgerätes VENUS MULTI der Klägerin in das Punktespielgeräte Fruit Point durch die Beklagte." In der Entscheidung ließ der BGH die Frage der markenmäßigen Benutzung offen und den geltend gemachten markenrechtlichen Anspruch an der Schutzschranke des § 23 Nr. 2 MarkenG scheitern[1055]. Sehr knapp führte er aus, der beanstandete Hinweis diene „der gebotenen Information der Abnehmer der umgebauten Geräte". Ein Verstoß gegen die guten Sitten liege nicht vor. Es gäbe keine Anhaltspunkte dafür, dass die Bezugnahme auf die Marke der Klägerin deren guten Ruf schädigen könnte.

Etwas anders, aber in Bezug auf § 23 Nr. 2 MarkenG gleich, ging der BGH in der Entscheidung „*Aufarbeitung von Fahrzeugkomponenten*"[1056] vor. Er nahm an, die herkunftshinweisende Funktion einer Marke könne dadurch teilweise aufgehoben werden, dass unter Beibehaltung der Marke auf der vom Markeninhaber in Verkehr gebrachten Ware ein weiteres Zeichen angebracht und damit deutlich gemacht werde, dass die ursprünglich herkunftshinweisende Bedeutung beschränkt sei. Die Frage nach der markenmäßigen Benutzung ließ der BGH offen[1057]. Die Erwähnung der ursprünglichen Herstellermarke halte sich aber im Rahmen der vom markenrechtlichen Schutz freistellenden Schrankenbestimmung des § 23 Nr. 2 MarkenG[1058]. Die Benutzung einer fremden Marke zur Beschreibung des eigenen Produkts i.S.v. § 23 Nr. 2 MarkenG ließ der BGH in dieser Entscheidung also zu.

1054 EuGH GRUR 2007, 318 – *Adam Opel/Autec*; EuGH GRUR 2008, 503 – *adidas/Marca Mode*; EuGH GRUR 2010, 841 – *Portakabin/Primakabin*.

1055 BGH GRUR 1998, 697, 699 – *VENUS MULTI*.

1056 BGH GRUR 2007, 705 – *Aufarbeitung von Fahrzeugkomponenten*.

1057 BGH GRUR 2007, 705, 707 (Tz. 21) – *Aufarbeitung von Fahrzeugkomponenten*; in dem ähnlich gelagerten Fall „*SodaStream*" (GRUR 2005, 162) bejahte der BGH die markenmäßige Benutzung.

1058 BGH GRUR 2007, 705, 707 (Tz. 23) – *Aufarbeitung von Fahrzeugkomponenten*.

Gleiches tat der BGH im Urteil „*DAX*". Die Klägerin des Verfahrens, die Commerzbank AG, handelt und emittiert Wertpapiere. Darunter waren Optionsscheine, die auf den Deutschen Aktienindex (DAX, der bekannteste und wichtigste deutsche Aktienindex) bezogen waren. Die Optionsscheine enthielten unter anderem die Angabe „bezogen auf den DAX®" verbunden mit dem Hinweis, dass „DAX" eine eingetragene Marke der Deutschen Börse AG – der Beklagten des Verfahrens – sei. Weiterhin emittierte die Commerzbank auf den DivDAX (gebildet aus den DAX-Unternehmen mit der höchsten Dividendenrendite) bezogene Optionsscheine, die sie in dem Verkaufsprospekt als „UnlimitedDivDax® Indexzertifikat" bezeichnete. Der BGH ließ die Frage der markenmäßigen Benutzung dahinstehen, da „jedenfalls" § 23 Nr. 2 MarkenG eingreife. Der Hinweis „bezogen auf den DAX®" sei ein Hinweis auf die Berechnungsmethode zur Wertermittlung der Papiere. Dies stelle eine beschreibende Angabe über eine wesentliche Eigenschaft der Finanzprodukte der Commerzbank dar. Hinsichtlich der Benutzung des Zeichens DivDAX® als Bestandteil der angegriffenen Gesamtbezeichnung stellt der BGH nicht ausdrücklich fest, dass es sich um eine beschreibende Angabe i.S.v. § 23 Nr. 2 MarkenG handelt. Er stellt allerdings – nur bezogen auf die Verwendung von DivDAX® innerhalb des Produktkennzeichens – einen Verstoß gegen die guten Sitten fest[1059]. Daraus ist zu ersehen, dass er das Vorliegen einer beschreibenden Angabe bejaht.

In der Entscheidung „*Perlentauche*r" ging es um die Erstellung sogenannter Abstracts zur Inhaltsangabe von (urheberrechtlich geschützten) Texten. Die Beklagte des Verfahrens betreibt unter „perlentaucher.de" ein Kulturmagazin. Auf der Website werden unter anderem Abstracts von Buchrezensionen aus verschiedenen Zeitungen eingestellt. Die Abstracts tragen jeweils eine Überschrift wie etwa „Notiz zur FAZ vom …". Die Frankfurter Allgemeine Zeitung (FAZ) sah darin unter anderem eine Verletzung ihrer Markenrechte. Der BGH ließ auch hier die Frage der markenmäßigen Benutzung dahinstehen. Ebenfalls offen ließ er das Vorliegen einer Verwechslungsgefahr i.S.v. § 14 Abs. 2 Nr. 2 MarkenG und einer Rufausbeutung i.S.v. § 14 Abs. 2 Nr. 3 MarkenG. Jedenfalls verstoße die Benutzung nicht gegen die guten Sitten i.S.v. § 23 Nr. 2 MarkenG und erfolge nicht in unlauterer Weise i.S.v. § 14 Abs. 2 Nr. 3 MarkenG[1060]. Im Rahmen von § 23 Nr. 2 MarkenG ging der BGH davon aus, die Beklagte weise mit der Angabe „Notiz zur FAZ" darauf hin, dass ihre Zusammenfassungen in der FAZ erschiene Originalrezensionen zum Gegenstand haben. Die Beklagte benutze das Zeichen FAZ damit als Angabe über ein Merkmal ihrer Dienstleis-

1059 BGH GRUR 2009, 1162, 1166 (Tz. 61 f.) – *DAX*.
1060 BGH GRUR 2011, 134, 140 (Tz. 58 ff.) – *Perlentaucher*.

tung i.S.v. § 23 Nr. 2 MarkenG. Ein weiteres Mal verstand der BGH den Begriff der beschreibenden Angabe in § 23 Nr. 2 MarkenG weit[1061].

Der EuGH hat erkennen lassen, dass der Freistellungstatbestand des Art. 6 Abs. 1 lit. b) MarkenRL nicht auf beschreibende Angaben beschränkt sein muss. In seinem Urteil „*Adam Opel/Autec*“ führte er nämlich aus: „Zwar soll diese Vorschrift [Art. 6 Abs. 1 lit. b) MarkenRL] in erster Linie verhindern, dass ein Markeninhaber Wettbewerbern verbietet, einen beschreibenden Begriff oder Begriffe, die Teil seiner Marke sind, zu verwenden, um auf Merkmale ihrer eigenen Waren hinzuweisen [...], ihr Wortlaut ist aber keineswegs auf einen solchen Fall beschränkt. Es kann daher nicht grundsätzlich ausgeschlossen werden, dass die genannte Vorschrift einem Dritten erlaubt, eine Marke zu benutzen, wenn diese Benutzung darin besteht, eine Angabe über die Art, die Beschaffenheit oder über andere Merkmale der von dem Dritten vertriebenen Waren zu machen, sofern die genannte Benutzung den anständigen Gepflogenheiten in Gewerbe oder Handel entspricht.“[1062]

Auf ein engeres Verständnis des EuGH könnte hingegen aus dem Urteil „*adidas/Marca Mode*“ geschlossen werden. Dort ging der EuGH davon aus, Art. 6 Abs. 1 lit. b) MarkenRL sei eine Ausprägung des Freihaltebedürfnisses[1063]. Ein Freihaltebedürfnis besteht nach herkömmlichem Verständnis nur an „originär beschreibenden“ Begriffen. Wenige Sätze später nahm der EuGH allerdings auf das Urteil „*Adam Opel/Autec*“ Bezug[1064].

Aus dem Urteil „*Portakabin/Primakabin*“ ist ein enges Verständnis des EuGH herauszulesen. Das nationale Gericht werde, so der EuGH, im Rahmen der Prüfung, ob die Voraussetzungen des Art. 6 Abs. 1 lit. b) MarkenRL vorliegen, zu berücksichtigen haben, dass nach den Ausführungen von „Primakabin“, der Beklagten des in England anhängigen Rechtsstreits, der Ausdruck „Portakabin“ nicht ein als Gattungsbegriff verwendet worden sei[1065]. Das lässt erkennen, dass

---

1061 *Peifer* merkt zu dem Urteil an, es sei nicht überraschend, dass der BGH in dem Hinweis „Notiz aus der FAZ“, also einer klar beschreibenden Markenverwendung, keine Markenrechtsverletzung gesehen habe. Schon der Vorwurf einer solche Verletzung werde zunehmend zum immaterialgüterrechtlichen Ärgernis, weil durch die versuchte Einschränkung der hinweisenden Zeichenverwendung die freie Kommunikation sehr viel stärker eingeschränkt werde als dies das Urheberrecht jemals könne. Hier solle endlich zur Durchsetzung kommen, was der US-Justice Holmes auf die einprägsame Formulierung gebracht habe: „A trademark ... is not a taboo“ (jurisPR-WettbR 2/2011, Anm. 1 [unter E.]).

1062 EuGH GRUR 2007, 318, 320 (Tz. 42 f.) – *Adam Opel/Autec*.

1063 EuGH GRUR 2008, 503, 505 (Tz. 46) – *adidas/Marca Mode*.

1064 EuGH GRUR 2008, 503, 505 (Tz. 47) – *adidas/Marca Mode*.

1065 EuGH GRUR 2010, 841, 844 (Tz. 61) – *Portakabin/Primakabin*.

der EuGH nur originär beschreibende Angaben oder Gattungsbegriffe unter Art. 6 Abs. 1 lit. b) MarkenRL fassen will und gerade nicht kennzeichnungskräftige fremde Marken.

Zusammenfassend lässt sich festhalten, dass der BGH das Tatbestandsmerkmal „Angabe über Merkmale oder Eigenschaften" weit versteht, der EuGH indes wohl eng.

c. Anwendung der klassischen Auslegungsmethoden

Die sprachlich-grammatikalische Auslegung lässt Raum für ein weites Verständnis. Der Wortlaut des § 23 Nr. 2 MarkenG lautet „*als* Angabe über", d.h. es könnte allein auf den Zweck ankommen, den der Dritte der Verwendung des fremden Kennzeichens im konkreten Fall gibt bzw. die Art und Weise der jeweiligen Verwendung, nicht jedoch auf die Beschaffenheit des Zeichens selbst.

Die systematische Auslegung des Tatbestands spricht für ein enges Verständnis. Die Existenz des § 23 Nr. 3 MarkenG zeigt, dass der Fall der Verwendung einer kennzeichnungskräftigen fremden Marke zur Information der Marktgegenseite nur unter dessen strengeren Voraussetzungen, nämlich nur bei „Notwendigkeit" der Benutzung, zulässig sein soll. § 23 Nr. 3 MarkenG lautet nämlich „hat nicht das Recht, einem Dritten zu untersagen, [...] *die Marke oder die geschäftliche Bezeichnung* [...] zu benutzen"; § 23 Nr. 2 MarkenG hingegen lautet „ein mit der Marke oder der geschäftlichen Bezeichnung identisches *Zeichen* oder ein ähnliches Zeichen [...] zu benutzen". Es ist davon auszugehen, dass ein Gesetz keine überflüssigen Regelungen enthält. § 23 Nr. 3 MarkenG würde bei einem weiten Verständnis von § 23 Nr. 2 MarkenG aber (nahezu) überflüssig, da die beschreibende Benutzung nicht beschreibender fremder Kennzeichen schon unter den weniger strengen Voraussetzungen des § 23 Nr. 2 MarkenG zulässig wäre.

Die historische Auslegung gibt keine entscheidenden Hinweise. Die Gesetzesbegründung wiederholt lediglich den Gesetzeswortlaut: Nach Nr. 2 sei die Verwendung eines Zeichens, das mit einer Marke oder einer geschäftlichen Bezeichnung identisch oder dieser ähnlich sei, dann zulässig, wenn das Zeichen als beschreibende Angabe benutzt werde[1066].

Die teleologische Auslegung spricht für ein enges Verständnis. § 23 Nr. 2 MarkenG bildet, wie ausgeführt, die zweite Säule der markengesetzlichen Bestim-

1066 Amtl. Begr. zum Reg.-Entw. des Markenrechtsreformgesetzes, BT-Drucks. 12/6581, S. 53, 80.

mungen zur Wahrung des Freihaltebedürfnisses an beschreibenden Angaben. Bei den freihaltebedürftigen Zeichen i.S.v. § 23 Nr. 2 MarkenG soll es sich um solche handeln, die aufgrund der ihnen zukommenden Eigenart und unabhängig davon, ob und dass ein Unternehmen sie sich als Marke hat schützen lassen oder als Kennzeichen verwendet, von Dritten benötigt werden. Sinn und Zweck des § 23 Nr. 2 MarkenG ist nicht, Dritten zu ermöglichen, ihre Waren/Dienstleistungen mit anderen Begriffen als den allgemeinverfügbaren, gebräuchlichen zu beschreiben und eine fremde, ihrerseits unterscheidungskräftige Marke zur Informationsvermittlung zu benutzen. Hier entsteht und besteht eine Verbindung zur Systematik: § 23 Nr. 3 MarkenG ermöglicht die Benutzung von Zeichen, die (nur) im Zusammenhang mit bestimmen Verwendungssituationen benötigt werden. Die in § 23 Nr. 3 MarkenG genannten Marken und geschäftlichen Bezeichnungen sind für den Dritten wichtig, weil ein Unternehmen sie sich hat schützen lassen, quasi „nur" bzw. „gerade weil".

Die richtlinienkonforme Auslegung spricht ebenfalls für ein enges Verständnis. Nach Art. 6 Abs. 1 lit. b) MarkenRL sind abweichend von § 23 Nr. 2 MarkenG lediglich freigestellt „Angaben über die Art, Beschaffenheit, …", also die in Art. 3 Abs. 1 lit. c) MarkenRL erwähnten beschreibenden Angaben, nicht aber kennzeichnungskräftige Bezeichnungen.

Systematik, Sinn und Zweck sowie der Grundsatz der richtlinienkonformen Auslegung sprechen damit für ein enges Verständnis des Tatbestandsmerkmals „Angabe über Merkmale oder Eigenschaften" in § 23 Nr. 2 MarkenG.

Weiterhin zu berücksichtigen ist, dass § 23 MarkenG die Rechte des Markeninhabers einschränkt; das sollte nicht bereits bei jedem „Informationsvermittlungsinteresse" eines Dritten zulässig sein. Auch wenn die endgültige Entscheidung grundsätzlich im Unlauterkeitsvorbehalt erfolgen könnte, greifen die im Rahmen der „unsystematischen Annäherung" angeführten Bedenken, dass nämlich § 23 Nr. 3 MarkenG weitestgehend in § 23 Nr. 2 MarkenG transferiert werden müsste, § 23 Nr. 3 MarkenG keine eigenständige Bedeutung mehr hätte und die beiden Tatbestände verschwimmen würden.

Das hier vertretene enge Verständnis führt möglicherweise zu dem von *Peifer* ausgemachten „immaterialgüterrechtlichen Ärgernis", das daraus erwachsen soll, dass in bestimmten Fällen der Markennennung überhaupt der Vorwurf der Markenverletzung erhoben werden kann. Gleichwohl sollte zum einen bedacht werden, dass die Marke ein Ausschließlichkeitsrecht, wenn auch zweifellos kein „taboo", wie *Peifer* unter Hinweis auf US-Justice Holmes angemerkt hatte[1067],

---

1067 *Peifer*, jurisPR-WettbR 2/2011, Anm. 1 (unter E.). *Peifer* bezieht sich auf eine einprägsame Formulierung in einem US-amerikanischen Urteil aus dem Jahr 1924. Dort

ist. Zum anderen sollte bedacht werden, dass Urheberrecht und Markenrecht unterschiedliche Schutzzwecke verfolgen. Ihre jeweiligen Wertungen sind nicht ohne weiteres auf das jeweils andere Rechtsgebiet übertragbar, schon gar nicht im Wege eines „Erst-recht-Schlusses“ vom Urheberrecht auf das Markenrecht. Ein solcher wäre allenfalls unter der Prämisse einer „Minorität“ des Markenrechts zu ziehen.

Das von *Peifer* dennoch nicht zu Unrecht ausgemachte „Ärgernis“ ebnet aber den Weg für eine im 11. Kapitel vertretene These, dass nämlich die Schutzschranke des § 23 MarkenG in ihrer derzeitigen Fassung nicht alle Fälle erfasst, die von markenrechtlichen Ansprüchen freigestellt sein sollten. Insoweit besteht eine „Schrankenlücke“ für bestimmte Fälle der bezugnehmenden/referierenden Benutzung. Zumindest wäre eine Klarstellung, auch um das Problem der markenmäßigen Benutzung zu entzerren, im Gesetz wünschenswert.

3. Vorliegen einer merkmalsbeschreibenden Angabe, wenn das beschreibende Zeichen Element eines Gesamtzeichens ist?

Zu erörtern ist, ob eine merkmalsbeschreibende Angabe i.S.d. § 23 Nr. 2 MarkenG auch dann vorliegt, wenn das beschreibende Zeichen Teil eines Gesamtzeichens, das aus mehreren Bestandteilen besteht, ist.

Nach einer Ansicht ist § 23 Nr. 2 MarkenG nicht anwendbar, wenn die beschreibende Angabe lediglich einen Bestandteil eines rechtsverletzenden Gesamtzeichens bildet[1068]. In diesen Fällen sei vielmehr nach den zur Ähnlichkeit mehrgliedriger Marken entwickelten Regeln zu verfahren[1069]. Die notwendige Berücksichtigung des Freihaltebedürfnisses verlange, dass strenge Anforderungen an die Annahme einer kollisionsbegründenden Eigenschaft von beschreibenden Angaben gestellt würden[1070]. Bei Zugrundelegung dieser Ansicht erscheint es, worauf *Hacker* hinweist, dogmatisch nicht unbedenklich, dass der BGH die Kollision zwischen der zugunsten der Deutschen Post AG im Wege der Verkehrsdurchsetzung geschützten Marke „POST“ und der Bezeichnung

---

hieß es: „When the mark is used in a way that does not deceive the public, we see no such sanctity in the word as to prevent its being used to tell the truth. It is not a taboo.” (Prestonettes, Inc. v. Coty, 264 U.S. 359 [1924]).

1068 Ströbele/*Hacker*, MarkenG, § 23 Rn. 55; Büscher/Dittmer/Schiwy/*Schalk*, GewRS, Teil 1, Kap. 3, § 23 MarkenG Rn. 10.

1069 Dazu Ströbele/*Hacker*, MarkenG, § 9 Rn. 254 ff.

1070 Ströbele/*Hacker*, MarkenG, § 9 Rn. 256.

„Die Neue Post“ eines Post-Konkurrenten über § 23 Nr. 2 MarkenG gelöst hat[1071].

Nach anderer Ansicht umfasst § 23 Nr. 2 MarkenG auch die Verwendung der beschreibenden Angabe als beschreibender Bestandteil einer aus mehreren Elementen bestehenden Gesamtkennzeichnung[1072], und zwar auch bei der die Elemente noch erkennbar lassenden Zusammenschreibung (z.B. MARULABLU für Likör aus der Frucht des Marulabaumes)[1073]. *Ingerl/Rohnke* verweisen dabei unter anderem auf das Urteil des EuGH *„Adam Opel/Autec“*[1074] und zitieren Tz. 42 des Urteils mit „Teil einer Marke“[1075]. Voraussetzung ist nach dieser Ansicht, dass der übernommene Zeichenbestandteil trotz Verbindung und Verwendung mit kennzeichnungskräftigen Elementen aufgrund besonderer Umstände vom Verkehr noch als eigenständige beschreibende Angabe angesehen wird und nicht lediglich als Element zur Bildung eines dem Gesamteindruck nach insgesamt nicht als beschreibende Angabe verstandenen Zeichens. So entschied das OLG Hamburg, dass der Verkehr bei dem Zeichen „TNT Post Deutschland“ in „TNT“ den alleinigen Herkunftshinweis sehe und dem Begriff „Post“ allein die Bedeutung zumessen werde, dass das Unternehmen „TNT“ im Bereich des Postwesens tätig sei[1076]. Ähnlich entschied das OLG Hamburg im Urteil *„OP OSTSEE-POST“*. Es ging davon aus, dass dem Begriff „Post“ im Rahmen der Gesamtzeichen „OSTSEE-POST“ und „OP OSTSEE-POST“ allein die Bedeutung zugemessen werde, einen Hinweis auf den Waren- und Dienstleistungsbereich zu geben[1077]. Auch dem Urteil des BGH *„DAX“* ist zu entnehmen, dass die beschreibende Angabe Teil eines Gesamtzeichens sein kann, da der BGH

1071 Ströbele/*Hacker*, MarkenG, § 23 Rn. 55.

1072 OLG Hamburg NJOZ 2007, 1610, 1629 – *OP OSTSEE-POST*; *Ingerl/Rohnke*, MarkenG, § 23 Rn. 71 und § 14 Rn. 199.

1073 OLG Köln MarkenR 2009, 228, 229 f. – *Frucht des Marulabaumes*; *Ingerl/Rohnke*, MarkenG, § 23 Rn. 71.

1074 EuGH GRUR 2007, 318 – *Adam Opel/Autec*.

1075 Das Zitat von *Ingerl/Rohnke* erscheint nicht ganz korrekt. Sie zitieren den EuGH mit „Begriffe, die Teil einer Marke sind“ und wollen damit belegen, es reiche aus, wenn die beschreibende Angabe Teil des Zeichens des Dritten ist. In dem Urteil des EuGH heißt es indes: „Zwar soll diese Vorschrift [Art. 6 Abs. 1 lit. b) MarkenRL] in erster Linie verhindern, dass ein Markeninhaber Wettbewerbern verbietet, einen beschreibenden Begriff oder Begriffe, die *Teil seiner Marke* sind [Hervorhebung durch Verf.], zu verwenden, um auf Merkmale ihrer eigenen Waren hinzuweisen […].“ Der EuGH spricht von Teilen der Marke des Markeninhabers selbst. Das ergibt sich aus dem Possessivpronomen „seiner“, das sich allein auf die Marke des Markeninhabers beziehen kann, nicht auf die Marke oder das Zeichen der Wettbewerber. Dann hieße es nämlich „ihrer“.

1076 OLG Hamburg GRUR-RR 2005, 149, 154 – *TNT Post Deutschland*.

1077 OLG Hamburg NJOZ 2007, 1610, 1629 – *OP OSTSEE-POST*.

„UnlimitedDivDax®“ – unabhängig von der unter 2. erörterten Problematik – als beschreibende Angabe i.S.v. § 23 Nr. 2 MarkenG angesehen hat.

Für die letztgenannte Ansicht spricht entscheidend, dass der EuGH der Schutzschranke des Art. 6 Abs. 1 lit. b) MarkenG / § 23 Nr. 2 MarkenG, sobald das Freihaltebedürfnis berührt ist, trotz systematischer Ungenauigkeiten den Vorrang einräumen will. Ferner überzeugt die aufgestellte Voraussetzung, dass der beschreibende Bestandteil noch als eigenständige beschreibende Angabe gesehen werden muss und nicht lediglich als Element zur Bildung eines dem Gesamteindruck nach insgesamt nicht als beschreibende Angabe verstandenen Zeichens. Nur dann nämlich kann überhaupt noch von einer merkmalsbeschreibenden Angabe die Rede sein.

4. Ausgewählte Problemfälle

a. Inhaltsbeschreibende Werktitel

Da die Verwendung inhaltsbeschreibender Werkbezeichnungen ohne weiteres titelmäßig und titelverletzend sein kann, bedarf es einer teleologischen Reduktion des Begriffs der merkmalsbeschreibenden Angabe bei der Schutzschranke des § 23 Nr. 2 MarkenG. Anderenfalls würde der Gebrauch der zahlreichen inhaltsbeschreibenden Titel zu weitgehend freigestellt; Titelschutz könnte nur noch im Rahmen des Unlauterkeitsvorbehalts des § 23 MarkenG gewährt werden[1078]. Das heißt, inhaltsbeschreibende Titel fallen nur dann unter § 23 Nr. 2 MarkenG, wenn ihnen jede Kennzeichnungskraft im Sinne der titelspezifisch niedrigen Anforderungen der Rechtsprechung[1079] fehlt[1080].

Als beschreibende Angaben i.S.v. § 23 Nr. 2 MarkenG angesehen werden in der Rechtsprechung aber an sich nicht beschreibende Titel von Werken, die nach

1078 *Ingerl/Rohnke*, MarkenG, § 15 Rn. 134 und § 23 Rn. 79.

1079 Im Bereich des Werktitelschutzes sind die Anforderunten an den erforderlichen Grad der Originalität und Kennzeichnungskraft deutlich vermindert. Der Grund liegt darin, dass es häufig erforderlich ist, den Inhalt des Werkes kurz und prägnant zu beschreiben. Das wiederum ist oft nur durch Bezeichnungen möglich, die jedenfalls eng an beschreibende Angaben angelehnt sind. Bejaht wurde die Kennzeichnungskraft bei Zeitungen z.B. für „Berliner Morgenpost“ (BGH NJW-RR 1992, 1128) und „Ärztlicher Allgemeine“ (BGH GRUR 1991, 331), verneint wurde sie z.B. für den Zeitschriftentitel „Snow Board“ (OLG Hamburg, Beschluss vom 11.7.1991, Az.: 3 U 108/91 [Orientierungssatz bei juris]).

1080 *Ingerl/Rohnke*, MarkenG, § 23 Rn. 79 unter Hinweis auf § 5 Rn. 92 ff.

§ 64 UrhG gemeinfrei geworden sind[1081], für darauf bezogene neue Werke wie z.B. eine Neuausgabe des Originalwerks oder eine originalnahe Verfilmung des Originalwerks. Zum Hintergrund: Zwischen der urheberrechtlichen Gemeinfreiheit und dem Titelschutz besteht ein schwierig aufzulösendes Spannungsverhältnis[1082]. Dieses erwächst daraus, dass ein Werk (einschließlich seines Titels) einerseits nach Ablauf von 70 Jahren nach dem Tod des Schöpfers von jedermann und ohne Zustimmung der/des Rechtsnachfolger(s) verwertet werden kann[1083], andererseits aber am Titel z.B. einer Verfilmung des Werks, die den Originaltitel trägt, Werktitelrechte nach § 5 Abs. 3 MarkenG bestehen können. Letztere ermöglichen es ihrem Inhaber, gegen die Verwendung eines ähnlichen oder identischen Titels vorzugehen, wenn dieser geeignet ist, Verwechslungen mit dem geschützten Titel hervorzurufen, § 15 Abs. 2 MarkenG.

Das Urteil des OLG München „*Der Seewolf*“[1084] hatte dieses Spannungsverhältnis zum Gegenstand. „Der Seewolf“ ist bekanntermaßen der Titel eines Romans des (im Jahr 1916 verstorbenen) Autors Jack London. Der Roman wurde Anfang der 1970er Jahre von der Klägerin des Verfahrens verfilmt. Die Verfilmung trug den Titel des Romans „Der Seewolf“; sie wurde mehrfach bis in die jüngste Zeit vor allem im öffentlich-rechtlichen Fernsehen ausgestrahlt. Im Jahr 2008 ließ der Fernsehsender ProSieben den Roman unter dem identischen Titel neu verfilmen. Mit ihrer gegen die von ProSieben beauftragte Produktionsfirma gerichteten Klage versuchte die Klägerin, gestützt auf ihre Werktitelrechte aus der früheren Verfilmung, ein Verbot für die Nutzung des Original-Titels für die Neuverfilmung durchzusetzen. Das OLG München ließ den Anspruch aus § 15 Abs. 4 i.V.m. §§ 15 Abs. 2, 5 Abs. 3 MarkenG im Ergebnis wegen Eingreifens der Schutzschranke des § 23 Nr. 2 MarkenG scheitern. Das OLG München stellte fest, mit dem Titel werde eine zentrale Eigenschaft des Films beschrieben, nämlich, dass es sich um eine (originalnahe) Verfilmung des Romans von Jack London handelt[1085].

Die Auffassung, dass § 23 Nr. 2 MarkenG grundsätzlich eingreifen können muss, wenn ein Titel zum Ausdruck bringt, womit sich der Film befasst, hatte unter anderem *Deutsch* bereits vertreten[1086]. Seiner Ansicht nach gilt das zu-

---

1081 Nach § 64 UrhG erlischt das Urheberrecht siebzig Jahre nach dem Tod des Urhebers. Nach Ablauf der 70jährigen Schutzfrist wird das Werk gemeinfrei.

1082 Vgl. dazu z.B. *Neuwald/von der Bey/Vonnahme*, GRUR-RR 2009, 281 ff.; *Deutsch*, MarkenR 2006, 185 ff..

1083 Meistens ist auch der Titel integraler Bestandteil des Werks, vgl. *Neuwald/von der Bey/Vonnahme*, GRUR-RR 2009, 281.

1084 OLG München GRUR-RR 2009, 307 – *Der Seewolf.*

1085 OLG München GRUR-RR 2009, 307, 308 – *Der Seewolf.*

1086 *Deutsch*, MarkenR 2006, 185, 191.

nächst unabhängig davon, ob ein Film der Romanvorlage eng folgt, er eine freie Bearbeitung („based on the novel …") ist oder gar eine neu erdachte Geschichte mit bekannten Romanfiguren (z.B. neue Abenteuer des Harry Potter) zum Inhalt hat. Je nach Einzelfall müssen seiner Ansicht nach aber unterscheidende Zusätze angefügt oder aufklärende Hinweise gegeben werden[1087], die bei Prüfung des Unlauterkeitsvorbehalts zum Tragen kommen.

b. Produktgestaltender Gebrauch / Spielzeugmodell-Fälle

In der Rechtsprechung von EuGH und BGH ist bislang lediglich anerkannt, dass es der Annahme eines markenverletzenden Gebrauchs nicht entgegensteht, dass fremde Marken auf dem Produkt eines Dritten auch, aber nicht nur als Verzierung aufgefasst werden[1088] bzw. sie „auch schmückend wirken"[1089]. Angenommen, man bejaht die rechtsverletzende Benutzung[1090], kommt man zur Prüfung der Schutzschranke, und es stellt sich die Frage, ob § 23 Nr. 2 MarkenG auch den produktgestaltenden Gebrauch erfasst.

In seinem Urteil „*adidas/Marca Mode*" stellte der EuGH, wie ausgeführt, allgemein für Fälle des dekorativen Gebrauchs fest, dass der rein dekorative Gebrauch keine Merkmalsangabe darstelle und daher nicht von der Schutzschranke des Art. 6 Abs. 1 lit. b) MarkenRL / § 23 Nr. 2 MarkenG erfasst sein könne[1091]. Das Anbringen der Streifenmotive zu dekorativen Zwecken auf der Bekleidung diene nicht dazu, eine Angabe über ein Merkmal dieser Waren zu machen. In dem Urteil „*adidas/Marca Mode*" stellte der EuGH also heraus, dass die Schutzschranke nur Merkmalsangaben und nicht andere möglicherweise freihaltebedürftige Zeichen erfasst und bei dekorativen Elementen keine Merkmalsangabe vorliegt. Nicht vergessen werden darf aber die dem Urteil zugrunde liegende Sonderkonstellation, dass nämlich das dekorative Drei-Streifen-Motiv von adidas Markenschutz aufgrund von Verkehrsdurchsetzung erlangt hatte, also „Freihaltebedürfnis" und „dekorative Verwendung" ineinander spielten.

1087 *Deutsch*, MarkenR 2006, 185, 191.

1088 EuGH GRUR Int. 2004, 121, 124 (Tz. 39 f.) – *Adidas/Fitnessworld* (zu Art. 5 Abs. 2 MarkenRL); EuGH GRUR 2008, 503 (Tz. 33 f.) – *adidas/Marca Mode* (zu Art. 5 Abs. 1 lit. b) MarkenRL).

1089 BGH GRUR 2005, 583, 584 – *Lila Postkarte* (zu § 14 Abs. 2 Nr. 3 MarkenG, auch bei Verständnis nur als Verzierung Verletzung nicht ausgeschlossen); enger BGH GRUR 2004, 775, 777 – *EURO 2000* (veranstaltungsbezogene Ballaufschrift als „schmückender Werbezusatz" möglicherweise nicht markenmäßig); BGH GRUR 1998, 830, 834 – *Les-Paul-Gitarren*.

1090 Gute Argumente dafür führen *Ingerl/Rohnke* (MarkenG, § 14 Rn. 207 ff.) an.

1091 EuGH GRUR 2008, 503 (Tz. 46 ff.) – *adidas/Marca Mode*.

In seinem Urteil „*Adam Opel/Autec*“, in dem es um die Verwendung von Marken auf originalgetreuen Spielzeugmodellen ging[1092], stellte der EuGH fest, die Anbringung eines mit einer unter anderem für Kraftfahrzeuge eingetragenen Marke identischen Zeichens auf verkleinerten Modellen von Fahrzeugen dieser Marke, um diese Fahrzeuge originalgetreu nachzubilden, diene nicht dazu, eine Angabe über ein Merkmal der genannten Modelle zu machen, sondern sei nur Teil der originalgetreuen Nachbildung der Originalfahrzeuge[1093]. Der EuGH konkretisierte also den Begriff der Merkmalsangabe und schränkte ihn dahingehend ein, dass die Angabe die Eigenschaft (z.B. „originalgetreue Nachbildung eines Kraftfahrzeugs“) nicht erst begründen darf, sondern die Eigenschaft auch ohne die Marke vorhanden sein muss, die Verwendung der Marke nicht „konstitutiv“ für die potentiell zu beschreibende Eigenschaft sein darf.

Kur äußert sich kritisch zu dieser Rechtsprechung. Sie stellt fest, die Rechtsprechung des EuGH scheine auf der Vorstellung zu beruhen, dass ein Zeichen in seiner konkreten Benutzung nur eines sein kann – entweder Merkmal eines Produkts oder Angabe über dieses. Diese Betrachtungsweise könne allerdings weder aus logischer noch aus semantischer Sicht zugestimmt werden. Vielmehr sei es so, dass Zeichen eine Doppelbedeutung haben könnten und das Erstarken eines Bedeutungsinhalts nicht gleichbedeutend sei mit dem Erlöschen eines anderen[1094]. Die Angabe liege nämlich darin, welche Fahrzeugmarke/welcher Fahrzeugtyp Gegenstand der Nachbildung sei[1095].

Der nicht zu übersehende Vorteil der Ansicht von *Kur* liegt in dem allerdings außerkennzeichenrechtlichen Gesichtspunkt, dass nur bei potentiellem Eingreifen der Schutzschranke langfristig der Markt für freie Spielzeugmodellhersteller

---

1092 In dem der Vorabentscheidung des EuGH zugrunde liegenden Verfahren vor dem LG Nürnberg-Fürth ging die Adam Opel AG gegen die Autec AG vor. Autec nutzte den Opel-Blitz auf von ihr hergestellten funkferngesteuerten Miniaturmodellen. Der Opel-Blitz war wie bei dem Original-Auto auf dem Kühlergrill angebracht. Die Adam Opel AG hatte sich den Opel-Blitz sowohl für Kraftfahrzeuge als auch für Spielzeug als Marke eintragen lassen. Spielzeugmodelle beschäftigten die Gerichte viele Male, vgl. z.B. BGH GRUR 1994, 732 – *McLaren*; LG Köln, Urteil vom 29.1.2009, Az.: 31 O 537/08 (BeckRS 2009, 04994 [zu Modelleisenbahnen]).

1093 EuGH GRUR 2007, 318, 320 (Tz. 44) – *Adam Opel/Autec*.

1094 *Kur*, GRUR Int. 2008, 1, 7. Zur Problematik rund um Spielzeugmodelle ferner *Lerach*, MarkenR 2007, 303 ff. Auch er äußert sich kritisch zum Urteil „*Adam Opel/Autec*“ (S. 307). Generalanwalt *Colomer* hatte in seinen Schlussanträgen vom 7.3.2006, Rs. C-48/05 – Adam Opel/Autec (BeckRS 2006, 422976), nach Verneinung der markenmäßigen Benutzung allerdings nur hilfsweise, ebenfalls die gegenteilige Auffassung vertreten.

1095 Ähnlich schon *Kur*, Festschrift für Schricker, S. 835, 841.

erhalten werden kann[1096]. Es könnte einzelfallbezogen jeweils im Unlauterkeitsvorbehalt geprüft werden, ob über die Verwendung des Kennzeichens auf dem Modell hinaus Umstände vorliegen, die die Benutzung als gegen die guten Sitten verstoßend erscheinen lassen[1097]. Möglicherweise könnte danach differenziert werden, ob es sich bei den Spielzeugmodellen um solche handelt, die für Sammler und Spezialisten oder um solche, die rein als Spielzeug für (Klein-)Kinder gedacht sind. Zwar drängt sich auch hier der Gedanke der „Degradierung zum bloßen Unlauterkeitsschutz" auf. Dem könnten hier aber die Gründe der Möglichkeit der Doppelbedeutung und der spezifischen Marktgegebenheiten entgegengehalten werden.

III. Der Unlauterkeitsvorbehalt bei § 23 Nr. 2 MarkenG

1. Allgemeines

§ 23 Nr. 2 MarkenG steht – wie alle Tatbestände des § 23 MarkenG – unter dem Unlauterkeitsvorbehalt „sofern die Benutzung nicht gegen die guten Sitten verstößt". Der Benutzer hat – insoweit sei auf die allgemeinen Ausführungen verwiesen[1098] – grundsätzlich im Sinne einer Obliegenheit alles zu unterlassen, was den berechtigten Interessen des Markeninhabers in unlauterer Weise zuwiderläuft. Dabei sind, wie ebenfalls ausgeführt, alle Umstände des Einzelfalles zu würdigen, also auch sämtliche Begleitumstände und möglicherweise „abseitig" erscheinende Umstände.

Nicht in den Unlauterkeitsvorbehalt bei § 23 Nr. 2 MarkenG hineingelesen werden darf das in § 23 Nr. 3 MarkenG enthaltene Tatbestandsmerkmal der Notwendigkeit. Der BGH stellte wiederholt fest, dass es in den Fällen der Nr. 2 nicht entscheidend darauf ankomme, ob derjenige, der das fremde Zeichen benutzt, auf diese Benutzung angewiesen ist bzw. ob andere „Benutzungsalternati-

1096 *Kur* (GRUR Int. 2008, 1, 7) weist zutreffend darauf hin, dass die Originalhersteller und ihre Lizenznehmer es in der Hand haben, die Marktsituation nachhaltig zu verändern und freie Anbieter vom Markt zu verdrängen, wenn sie sich verstärkt darum bemühten, die eigene Herstellung und/oder Lizenzierung im Spielzeugsektor zum Regelfall zu machen und dadurch die Verkehrsvorstellung dahin zu wandeln, dass üblicherweise von dem Zugrundeliegen wirtschaftlicher Beziehungen zwischen Original und Modell ausgegangen wird, wie das im Übrigen bei Merchandisingprodukten von Sportvereinen der Fall sein dürfte (vgl. das Urteil des EuGH „*Arsenal FC*" [GRUR 2003, 55]).

1097 Wenn z.B. auf der Packung nicht hinreichend dargestellt wird, dass das Modell nicht vom Hersteller der Vorlage oder einem Lizenznehmer stammt oder wenn die Marke betont werbemäßig herausgestellt wird.

1098 5. Kapitel, III.

ven" zur Verfügung stehen[1099]. Insofern unterscheide sich diese Bestimmung von der Schutzschranke des § 23 Nr. 3 MarkenG[1100].

Durch das Wort „entscheidend" macht der BGH die insoweit fundamentalen Unterschiede zwischen Nr. 2 und Nr. 3 deutlich: Bei Nr. 2 kann (muss aber nicht) die Notwendigkeit der Zeichennutzung (zur Unterscheidung soll nachfolgend der Begriff „Erforderlichkeit" verwendet werden) eine Rolle spielen und ein Umstand von mehreren sein, der in der Gesamtabwägung Berücksichtigung findet. Bei Nr. 3 muss, da Tatbestandsmerkmal, die Notwendigkeit im Sinne einer Alternativlosigkeit vorliegen[1101]. Ferner kann es, je nachdem, wie man das Tatbestandsmerkmal der Notwendigkeit in § 23 Nr. 3 MarkenG versteht[1102], bei Nr. 3 um eine „starre" Notwendigkeit (entweder sie liegt vor oder nicht) gehen, bei Nr. 2 indes um ein graduell abgestufte Erforderlichkeit.

Bei § 23 Nr. 2 MarkenG bedarf es nicht einmal einer Rechtfertigung der Angabenverwendung als solcher. Vielmehr müssen gleichsam umgekehrt besondere Umstände den Unlauterkeitsvorwurf begründen[1103]. Wie im allgemeinen Teil zum Unlauterkeitsvorbehalt ausgeführt, reicht hierfür das Vorliegen einer identischen oder verwechslungsfähigen Benutzung für identische oder ähnliche Waren/Dienstleistungen allein nicht aus. Ansonsten liefe die Schutzschranke, wie der BGH immer wieder betont[1104], leer.

Zu den in die Gesamtwürdigung einzustellenden Umständen des Einzelfalls zählen unter anderem

- auf Seite des Kennzeicheninhabers:
    - Art und Wert des Kennzeichens,
    - frühere Duldung einer ähnlichen Verwendung durch Dritte,

1099 So formuliert in BGH GRUR 2010, 646, 649 (Tz. 25) – *OFFROAD.*

1100 Z.B. BGH GRUR 2009, 1162 (Tz. 27) – *DAX*; BGH GRUR 2009, 678 (Tz. 30) – *Post/RegioPost.*

1101 Auf das Tatbestandsmerkmal der Notwendigkeit bei § 23 Nr. 3 MarkenG wird ausführlich im 8. Kapitel unter II.2. eingegangen.

1102 Es kann so verstanden werden, dass es auch eine Notwendigkeit nach dem konkreten Umfang und nach der Form der Darstellung umfasst (das „Wie" der Kennzeichenverwendung). Es kann auch so verstanden werden, dass es nur die Frage des „Ob" der Kennzeichenbenutzung umfasst und das „Wie" im Unlauterkeitsvorbehalt zu prüfen ist. Dazu ausführlich 8. Kapitel, II.2.

1103 *Ingerl/Rohnke*, MarkenG, § 23 Rn. 85 f.

1104 Z.B. BGH GRUR 2009, 678, 680 (Tz. 23) – *POST/RegioPost*; BGH GRUR 2008, 798, 800 (Tz. 22) – *POST I.*

- Zweck der Verwendung des Kennzeichens,

- auf Seite des Dritten:

  - der Grad des allgemeinen Freihaltebedürfnisses an der Angabe,

  - der Grad der konkreten Angewiesenheit auf die Verwendung der Angabe,

  - die Gestaltung der konkreten Verwendungsform, einschließlich der kennzeichenmäßigen Benutzung und des Grades der Annäherung,

  - außerhalb des Zeichens selbst liegende Gesichtspunkte wie z.B. vorangegangene Kennzeichenverletzungen, Geschäftsbeziehungen sowie außerkennzeichenrechtliche Rechtfertigungsgründe[1105].

2. Einzelne unlauterkeitsbegründende Umstände / Unlauterkeitsfallgruppen

Nachfolgend wird versucht, einzelne in der Rechtsprechung für die Beurteilung der Unlauterkeit als relevant erachtete Umstände zu systematisieren und Unlauterkeits-Fallgruppen zu bilden. Vorläufer dafür gibt es in der Literatur. Meines Erachtens können die Fallgruppen aber teils anders und deutlicher gefasst werden. Nicht gelingen wird indes eine immer trennscharfe Abgrenzung.

a. Erwecken des unzutreffenden Eindrucks, die Ware/Dienstleistung stamme vom Markeninhaber oder es bestehe eine Handelsbeziehung zu ihm

Von der Unlauterkeit der Verwendung eines Zeichens ist dann auszugehen, wenn durch die Verwendung der Angabe (oder der kennzeichnungskräftigen Marke, wenn die Fälle der Markennennung entgegen der hier vertretenen Auffassung unter § 23 Nr. 2 MarkenG gefasst werden) der unzutreffende Eindruck erweckt wird, die von dem Dritten stammende Ware/Dienstleistung stamme vom Markeninhaber[1106] oder es bestünde eine (Handels-)Beziehung zu ihm.

1105 Aufzählung im Wesentlichen übernommen von *Ingerl/Rohnke*, MarkenG, § 23 Rn. 87.

1106 Nachfolgend soll überwiegend von der Marke/dem Markeninhaber die Rede sein, da Marken in der Praxis hier die größte Rolle spielen und die Urteile des EuGH alle zu Marken ergingen. Die Ausführungen gelten jedoch gleichermaßen für geschäftliche Bezeichnungen.

Als unlauterkeitsbegründend war der Umstand des Erweckens des unzutreffenden Eindrucks des Bestehens einer Handelsbeziehung erstmals vom EuGH in den Urteilen „*BMW/Deenik*"[1107] und „*Gillette*"[1108] zu Art. 6 Abs. 1 lit. c) MarkenRL genannt worden. Im Urteil „*Portakabin/Primakabin*" fügte der EuGH das aus den Urteilen „*Anheuser-Busch*" und „*Céline*" bekannte, im Rahmen von § 23 Nr. 1 MarkenG erörterte[1109] subjektive Element an. Er führte aus, zu berücksichtigen sei, inwieweit die Benutzung durch den Dritten die beteiligten Verkehrskreise oder zumindest einen erheblichen Teil von ihnen dazu veranlasse, eine Verbindung zwischen den Waren oder Dienstleistungen des Dritten und denen des Markeninhabers oder einer zur Benutzung der Marke befugten Person anzunehmen, und inwieweit der Dritte sich dessen hätte bewusst sein müssen[1110].

Der BGH hatte in seinem Urteil „*POST/Regio Post*" noch offengelassen, ob diese ursprünglich zu Art. 6 Abs. 1 lit. c) MarkenRL / § 23 Nr. 3 MarkenG herausgearbeitete Unlauterkeits-Fallgruppe auf § 23 Nr. 2 MarkenG zu übertragen ist[1111]. Bejaht hat der BGH die Übertragung auf § 23 Nr. 2 MarkenG dann im Urteil „*DAX*" [1112]: In Tz. 35 des Urteils führte der BGH aus, das Berufungsgericht habe zutreffend festgestellt, die Bezugnahme auf den Aktienindex DAX in der streitgegenständlichen Form erfolge sachlich und informativ. Durch die Bezugnahme werde nicht der Eindruck erweckt, das Wertpapier werde von der Beklagten (der Deutschen Börse AG als Markeninhaberin) emittiert[1113] oder es bestünden Handelsbeziehungen zwischen den Parteien. In Tz. 58 des Urteils führte der BGH dann (allerdings im Rahmen der Prüfung der markenmäßigen Benutzung) aus, bei der Bezeichnung „Unlimited DivDax® Indexzertifikat", also der Aufnahme der Angabe in die eigene Produktbezeichnung, bestehe die Gefahr, dass der Verkehr von einer gemeinsamen Verantwortung der Parteien für die Emission des derart bezeichneten Wertpapiers ausgeht. Die Unlauterkeit prüfte der BGH anschließend nur noch sehr kurz[1114]. Auf die Frage, ob die Verwendung des ®-Symbols, verbunden mit einem klarstellenden Hinweis auf die Markeninhaberschaft der Deutschen Börse AG, eine Rolle spielt, ist der BGH im

1107 EuGH GRUR Int. 1999, 438, 442 (Tz. 62 f. i.V.m. Tz. 51) – *BMW/Deenik.*

1108 EuGH GRUR 2005, 509, 512 (Tz. 42) – *Gillette.*

1109 6.Kapitel, III.3.a.aa.(2).

1110 EuGH GRUR 2010, 841, 845 (Tz. 67) – *Portakabin/Primakabin.*

1111 BGH GRUR 2009, 678, 680 (Tz. 24) – *POST/RegioPost.*

1112 BGH GRUR 2009, 1162 – *DAX.*

1113 Insoweit ging der BGH über den EuGH hinaus. Er stellte nicht nur auf das Erwecken des unzutreffenden Eindrucks von Handelsbeziehungen ab, sondern bezog im Wege eines „Erst-recht"-Schlusses das Erwecken des Eindrucks, das Produkt stamme vom Markeninhaber, ein.

1114 Vgl. BGH GRUR 2009, 1162, 1166 (Tz. 62) – *DAX.*

Rahmen der Prüfung des Unlauterkeitsvorbehalts in seinem Urteil nicht eingegangen. Ob solche Maßnahmen der Annahme der Unlauterkeit entgegenstehen können, dürfte je nach Einzelfall zu beurteilen sein. Die Verwendung des ®-Symbols zusammen mit klarstellenden Hinweisen auf die Markeninhaberschaft kann den Eindruck besonderer Beziehungen nämlich sogar fördern[1115].

b. Ausnutzung der Wertschätzung der Marke in unlauterer Art und Weise, Ruf- und Aufmerksamkeitsausbeutung („Trittbrettfahren")

Von der Unlauterkeit der Verwendung eines Zeichens ist nach der Rechtsprechung ferner auszugehen, wenn durch die Verwendung der Angabe (oder Marke im Fall einer Markennennung) die Wertschätzung der geschützten Marke in unlauterer Art und Weise ausgenutzt wird, wenn eine Ruf- oder eine Aufmerksamkeitsausbeutung vorliegt. Diese Fälle können meines Erachtens im Rahmen des § 23 MarkenG zu der Unlauterkeits-Fallgruppe „Trittbrettfahren"[1116] zusammengefasst werden. Gemeinsamkeit dieser Fälle ist nämlich, dass der Dritte jeweils einen Vorteil für sich aus der Verwendung der Angabe oder Marke ziehen will und zieht, der über den „systemimmanenten" Vorteil hinausgeht, den die Schutzschranke des § 23 Nr. 2 MarkenG mit sich bringt.

Wiederum sei hier als Beispiel das Urteil „*DAX*" genannt. Der BGH führte aus, das Berufungsgericht habe zu Recht angenommen, eine Unlauterkeit der Ver-

---

1115 *Ingerl/Rohnke*, MarkenG, § 23 Rn. 97. Zur wettbewerbsrechtlichen Irreführung durch die Verwendung des ®-Symbols z.B. BGH GRUR 2009, 888 – *Thermoroll*; Büscher/Dittmer/Schiwy/*Schalk*, GewRS, Teil 1, Kap. 3, § 2 MarkenG Rn. 18.

1116 Dieser Ausdruck geht zurück auf das Urteil des EuGH „*L'Oréal/Bellure*" (GRUR 2009, 756). Dort hatte der EuGH im Zusammenhang mit dem Tatbestand „Ausnutzung der Unterscheidungskraft oder Wertschätzung" bei bekannten Marken im Rahmen des Art. 5 Abs. 2 MarkenRL ausgeführt, versuche ein Dritter, sich durch die Verwendung eines Zeichens, das einer bekannten Marke ähnlich ist, in den Bereich der Sogwirkung der Marke zu begeben, um von ihrer Anziehungskraft, ihrem Ruf und ihrem Ansehen zu profitieren, und ohne jede finanzielle Gegenleistung und ohne dafür eigene Anstrengungen machen zu müssen, die wirtschaftlichen Anstrengungen des Markeninhabers zur Schaffung und Aufrechterhaltung des Images dieser Marke auszunutzen, sei der sich aus dieser Verwendung ergebende Vorteil als unlautere Ausnutzung der Unterscheidungskraft oder Wertschätzung anzusehen (Tz. 49). Generalanwalt *Jääskinen* spricht in seinen Schlussanträgen vom 24.3.2011, Rs. C-323/09 – Interflora/Marks & Spencer (BeckRS 2011, 80288; Tz. 53 f.) von „Trittbrettfahren", „free-riding" und „Parasitismus". Kritisch zur Rechtsprechung des EuGH *Ohly*, dessen Erachtens die EuGH-Formel vage sei, mit emotional aufgeladenen Begriffen arbeite und keine hinreichende Abgrenzung zur Lauterkeit enthalte. Er bevorzugt mit dem BGH den Begriff „Imagetransfer" (GRUR 2010, 166, 167).

wendung liege nicht deshalb vor, weil durch die Bezugnahme die Wertschätzung des Aktienindex DAX in unlauterer Art und Weise ausgenutzt werde. Nicht der Aktienindex DAX als Bezugswert, sondern die in ihm abgebildeten Aktien der wichtigsten deutschen Aktiengesellschaften und ihre Wertentwicklung sowie die Bedingungen des emittierten Wertpapiers und die Bonität des Emittenten bestimmten „in erster Linie" die Wertschätzung der Finanzprodukte[1117]. Zwar finde in geringem Umfang eine Übertragung der Wertschätzung, die dem Aktienindex DAX entgegengebracht wird, bei der Verwendung als Bezugswert der Finanzprodukte der Klägerin statt. Diese Rufübertragung sei aber nicht unlauter. Der Aktienindex DAX werde von der Beklagten selbst veröffentlicht. Sie müsse daher hinnehmen, dass der Index zur Grundlage der Wertermittlung von Optionsscheinen gemacht werde. Zuvor hatte der BGH schon ausgeführt, der Begriff DAX stehe als Synonym für den deutschen Aktienindex[1118], er sei einem statistischen Wert ähnlich[1119].

Das heißt: Je eher der Markeninhaber marken- bzw. produktartbedingt[1120] – schließlich handelte es sich um Dienstleistungsmarken für die (vereinfacht ausgedrückt) Ermittlung, Berechnung und Veröffentlichung eines Aktienindex[1121] – damit rechnen muss, dass seine Marke von Dritten verwendet wird, desto seltener liegt ein Fall des „Trittbrettfahrens" vor.

c. Über das „erforderliche" Maß hinausgehende Verwendung

Vom Vorliegen der Unlauterkeit ist nach der Rechtsprechung dann auszugehen, wenn die Verwendung über das „erforderliche" Maß hinausgeht. Dabei zieht sie nicht nur unmittelbar mit dem Kennzeichen selbst zusammenhängende Umstände, sondern auch außerhalb des Kennzeichens liegende Umstände heran wie etwa, ob für eine bestimmte Gestaltungsform eine technische Notwendigkeit besteht. Dass es bei § 23 Nr. 2 MarkenG, anders als bei § 23 Nr. 3 MarkenG, nicht

1117 BGH GRUR 2009, 1162, 1164 (Tz. 34) – *DAX*.
1118 BGH GRUR 2009, 1162, 1164 (Tz. 30) – *DAX*.
1119 BGH GRUR 2009, 1162, 1164 (Tz. 31) – *DAX*.
1120 Begriff von *Ingerl/Rohnke*, MarkenG, § 23 Rn. 96.
1121 Die beiden Wortmarken DAX waren unter anderem eingetragen für die Dienstleistungen „Börsenkursnotierungen, Ermittlung, einschließlich der Berechnung eines Aktienindex" und „Finanzwesen, insbesondere Dienstleistungen einer Börse, einer Bank und eines Börsen- und/oder Finanzmaklers, einschließlich Ausgeben von, Handel mit und Vermittlung und Verwaltung von börsennotierten Werten wie Aktien, Fondsanteile und Terminkontrakte". Die Wortmarke DivDAX war für die Dienstleistungen einer Bank und die Ermittlung und Berechnung von Indizes im Zusammenhang mit Wertpapieren und Terminkontrakten eingetragen (vgl. Tatbestand des Urteils „*DAX*").

auf die Notwendigkeit als eigenständiges Tatbestandsmerkmal, verstanden als ein Angewiesensein im Sinne einer Alternativlosigkeit, ankommt, wurde unter I. bereits ausgeführt.

Einige Beispiele: In dem vom OLG Köln entschiedenen Fall „*ARAL*“[1122] ging es um das Bedrucken von in (ARAL-)Tankstellen verwendeten Kassenbon-Rollen mit der Wort-/Bildmarke von ARAL durch einen Hersteller von Verbrauchsmaterialien wie Kassenbon-Rollen, dem nicht von ARAL entsprechende Rechte eingeräumt worden waren. ARAL klagte unter anderem auf Unterlassung der Verwendung der Marke auf den Bon-Rollen. Das OLG Köln führte im Rahmen seiner Prüfung des Unlauterkeitsvorbehalts des § 23 MarkenG aus, die konkrete Abbildung der Wort-/Bildmarke von ARAL sei nicht erforderlich. Zwar könne unterstellte werden, dass die belieferten Tankstellenpächter nach umsatz- und mineralölsteuerrechtlichen Bestimmungen verpflichtet sind, im Rahmen des von ihnen getätigten Agenturgeschäfts darzulegen, in wessen Namen und für wen sie das Umsatzgeschäft vorgenommen haben. Die Angabe der Firma im Fließtext reiche aber aus, um diesen Zweck zu erfüllen. Der Hersteller der Bon-Rollen könne daher nicht Erfüllungsgehilfe der Tankstellenpächter sein, da sich ihre Verpflichtung eben nicht auf die Verwendung der Wort-/Bildmarke erstreckte[1123]. Bemerkenswert an dem Urteil ist, dass das OLG Köln mit dem Hinweis auf die fehlende Erforderlichkeit sowohl das Eingreifen von § 23 Nr. 2 MarkenG als auch das von § 23 Nr. 3 MarkenG verneinte. Das zeigt, dass die Erforderlichkeit im hier verstandenen Sinne als ein Element des Unlauterkeitsvorbehalts bei § 23 Nr. 2 MarkenG und das Tatbestandsmerkmal der Notwendigkeit bei § 23 Nr. 3 MarkenG – je nachdem, welche Ansicht zu seiner Reichweite vertreten wird – inhaltlich ähnlich, wenn nicht gar deckungsgleich sind.

Um eine technische Notwendigkeit, aus der eine zeichenrechtliche Erforderlichkeit hätte folgen können, ging es in dem Urteil des OLG Köln „*Entlüftungsstreifen*“[1124]. In dem Verfahren ging es um Sportschuhe, deren obere Textilschicht vier parallele, als Lüftungsschlitze dienende Aussparungen aufwies, die sich mit vier ebenfalls parallel verlaufenden, farblich kontrastierenden Riemen des Obermaterials abwechselten (kurz gesagt: die Gestaltung kam in ihrer Wirkung dem Drei-Streifen-Motiv von adidas sehr nahe). Die von adidas in Anspruch genommene Beklagte hatte vorgetragen, die Auslassungen stellten technisch bedingte Lüftungsöffnungen dar, für die es nach Funktion und Kostenaufwand keine gleichwertige Alternative gebe. Der farbliche Kontrast diene dem gemäß § 23 Nr. 2 MarkenG erlaubten Hinweis auf diese Funktion. Dazu führte das OLG Köln aus, eine technische Erforderlichkeit der Gestaltung der Lüftungsöff-

1122 OLG Köln NJWE-WettbR 1999, 186 – *ARAL*.

1123 OLG Köln NJWE-WettbR 1999, 186, 188 – *ARAL*.

1124 OLG Köln GRUR-RR 2003, 170 – *Entlüftungsstreifen*.

nungen gerade in der streitgegenständlichen Form sei nicht dargetan. Offen bleiben könne, ob die farbliche Kontrastierung der Streifen zu ihrem Untergrund überhaupt dazu diene, den Interessenten auf die Lüftungsöffnungen hinzuweisen. Denn es sei jedenfalls unlauter, in einer Weise auf ein Ausstattungsmerkmal hinzuweisen, die zu Markenverwechslungen führt, obwohl dieses technisch nicht notwendig ist. Nichts anderes würde – so das OLG Köln – aber auch bei angenommener technischer Notwendigkeit gelten. Denn der angegriffene farbliche Kontrast wäre als Hinweis auf die Lüftungsöffnungen nicht erforderlich. Der Umstand, dass die Schuhe auch in einer – von adidas nicht angegriffenen – einfarbigen Version auf dem Markt waren, sprach nach Ansicht des OLG Köln für sich[1125].

Im Urteil „*DAX*“ führte der BGH aus, im Hinblick auf die berechtigten Interessen des Markeninhabers müsse sich die Bezugnahme auf die Marke auf das Maß beschränken, das zur Benutzung „erforderlich“ sei[1126]. Als erforderlich erachtete der BGH eine sachliche und informative Bezugnahme, die er im Sinne der soeben unter a. erläuterten Unlauterkeits-Fallgruppe darin begründet sah, dass nicht der falsche Eindruck von Handelsbeziehungen erweckt werde.

Im Urteil „*POST I*“ stellte der BGH fest, es komme nicht entscheidend darauf an, dass die Beklagte zur Kennzeichnung ihrer Dienstleistungen und ihres Unternehmens nicht zwingend auf den Begriff „Post“ angewiesen sei, sondern auch andere Bezeichnungen hätte wählen können[1127]. Der BGH prüfte das erforderliche Maß der Verwendung sodann im Sinne der nächsten hier erörterten Unlauterkeits-Fallgruppe.

d. Zu geringer Abstand zur Klagemarke / Annäherung durch Übernahme besonderer Gestaltungselemente („überschießende Übernahme“)

Von einer Unlauterkeit der Verwendung der Angabe (oder Marke) geht die Rechtsprechung ferner bei einer bestimmten Auswahl und Gestaltung des Zeichens durch den Dritten aus. Diese Fallgruppe ist eng verknüpft mit der zuvor erläuterten.

Im Urteil „*POST I*“ stellte der BGH fest, die neu auf den Postdienstmarkt tretenden Wettbewerber („Newcomer“), die die beschreibende Angabe nutzen wollten (also die Dritten i.S.v. § 23 MarkenG), müssten (1) sich durch Zusätze von dem in Alleinstellung benutzten Markenwort abgrenzen und dürften (2) nicht durch

1125 OLG Köln GRUR-RR 2003, 170, 172 – *Entlüftungsstreifen*.
1126 BGH GRUR 2009, 1162, 1164 (Tz. 35) – *DAX*.
1127 BGH GRUR 2008, 798, 800 (Tz. 23) – *POST I*.

eine Anlehnung an weitere Zeichen des Markeninhabers (z.B. Posthorn, Farbe Gelb) die Verwechslungsgefahr zusätzlich erhöhen[1128].

Im Urteil *„OFFROAD“* griff der BGH diese Kriterien auf und stellte fest, der Beklagte habe mit den angegriffenen Bezeichnungen[1129] einen „hinreichenden Abstand“ zu den Klagezeichen gewahrt, um nicht gegen die anständigen Gepflogenheiten in Gewerbe und Handel zu verstoßen. In bildlicher Hinsicht bestünden bedeutsame Unterschiede. Die bloße Übereinstimmung im Klang und im Bedeutungsgehalt könne einen Verstoß gegen die guten Sitten nicht begründen, zumal der Beklagte sich durch die Aufnahme zusätzlicher Bestandteile in den Titel seiner Zeitschrift weiter vom Kläger abgegrenzt habe[1130].

Das heißt: Der Dritte darf sich auf der einen Seite nicht durch eine „überschießende“ Übernahme von Gestaltungselementen an das fremde Kennzeichen annähern. Auf der anderen Seite muss er sein Zeichen so wählen und gestalten, dass der Abstand vergrößert und im Ergebnis „ausreichend“ – auch unter Berücksichtigung der Kennzeichnungskraft und Bekanntheit der Klagemarke[1131] – wird. Beides (keine „überschießende“ Annäherung und Vergrößerung des Abstands) gilt kumulativ, wie die vom BGH verwendete Konjunktion „und“ zeigt. Es erinnert im Übrigen an die im Recht der Gleichnamigen bestehende Pflicht des Prioritätsjüngeren, im Rahmen des Zumutbaren das Geeignete und Erforderliche zu tun, um Verwechslungen nach Möglichkeit zu begegnen.

Diese von *Ingerl/Rohnke* als „neue Abstandslehre“ des BGH bezeichnete Rechtsprechung des BGH ist nicht einfach zu handhaben und hat für den Dritten eine gewisse Unsicherheit zur Folge. *Ingerl/Rohnke* weisen zu Recht darauf hin, dass diese neue Abstandlehre naturgemäß die bestehende Gefahr eines mittelbaren Verbots isoliert betrachtet rechtmäßiger Handlungen und Gestaltungen bei Verwendung in Verbindung mit der beschreibenden Angabe in sich birgt[1132]. Innerhalb der Schutzschranke des § 23 Nr. 2 MarkenG wird ein weiteres „Einfallstor“ für wertende Betrachtungen geschaffen.

In dieser Unlauterkeits-Fallgruppe berücksichtigt die Rechtsprechung auch außerhalb des Kennzeichens liegende Umstände wie verwendete Gestaltungselemente, die zwar nicht Teil des (Klage-)Kennzeichens, aber doch charakteristisch sind. Dazu können bildliche Zusätze, Farben, die Schriftart u.v.m. zählen.

1128 BGH GRUR 2009, 798, 800 (Tz. 23) – *POST I.*

1129 In dem Verfahren ging es um die Titel von Autozeitschriften, nämlich „OFFROAD“ und „automobil Extra 2005 OFFROAD“.

1130 BGH GRUR 2010, 646, 649 (Tz. 26) – *OFFROAD.*

1131 So der BGH z.B. im Urteil *„POST/RegioPost“* (GRUR 2009, 678, 681 [Tz. 30]).

1132 *Ingerl/Rohnke*, MarkenG, § 23 Rn. 90.

e. Verwässerung eines Kennzeichens durch Verwendung als Gattungsbezeichnung

Innerhalb der Unlauterkeits-Fallgruppe des Vorwurfs der Verwässerung eines Kennzeichens durch Verwendung als Gattungsbezeichnung ist Marken, die eine beschreibende Angabe enthalten oder nur aus einer beschreibenden Angabe bestehen, ohnehin ein gewisser Verwässerungseffekt immanent deswegen, weil dem Verkehr die Marke als beschreibende Angabe geläufig ist[1133]. Diese Unlauterkeits-Fallgruppe wird daher bei diesen Marken selten einschlägig sein.

Geht man entgegen der hier vertretenen Auffassung davon aus, dass § 23 Nr. 2 MarkenG auch Fälle der Markennennung erfasst, ist diese Unlauterkeits-Fallgruppe indes von größerer Bedeutung. Unlauterkeit ist dann anzunehmen, wenn eine gezielte und planmäßige Verwendung als Gattungsbezeichnung erfolgt, um die Kennzeichnungskraft einer Marke zu beeinträchtigen.

So erachtete es beispielsweise das OLG Hamburg als (wettbewerbsrechtlich) unlauter, wenn „merci" (d.h. die hinter dieser Marke stehende Unternehmensgruppe als Antragsgegnerin) das noch nicht zum Gattungsbegriff gewordene Wort „Bon" [1134] wie einen Gattungsbegriff verwendet („merci Bon"), um die Monopolisierung des Wortes „Bons" für die Markeninhaberin von „Kinder-Schoko-Bons" und „Schoko-Bons", die Antragstellerin, zu verhindern[1135]. Dieses Ziel sei mit den Regeln des lauteren Wettbewerbs nicht vereinbar. Es bestehe kein schutzwürdiges Interesse. Mit einer „Monopolisierung" würde der Antragsgegnerin nichts genommen, was sie gegenwärtig hätte. In Wahrheit schiebe die Antragsgegnerin schon mit der Wahl dieses Begriffes die Dinge auf ein falsches Gleis. Ein Monopolist bemächtige sich aufgrund seiner Macht einer Sache, die ohne ihn allen zur Verfügung stünde. Das Wort „Bons" stehe aber nicht

---

1133 Vgl. *Ingerl/Rohnke*, MarkenG, § 23 Rn. 92 unter Hinweis auf BGH GRUR 1968, 425, 427 f. – *feuerfest II* und BGH GRUR 1964, 82, 85 ff. – *Lesering*.

1134 Dieser Fall wurde bereits oben unter II.1.a. angesprochen.

1135 Das OLG Hamburg führte aus, „Bon" habe durch die Verbindung mit „Schoko" eine sprechende Bedeutung erlangt, die auf den beschreibenden Begriff „Bonbon" hinweise und an ihn denken lasse. Die Antragstellerin habe sich diesen Zusammenhang zunutze gemacht und auf diese Weise eine ganz eigentümliche und damit individualisierende, gleichwohl auf eine Süßigkeit hinweisende Bezeichnung geschaffen, die in ihrer unmittelbaren Verständlichkeit und Einfachheit einen gelungenen Einfall darstelle, der umso überzeugender sei, als er so naheliegend erscheint, ohne dass zuvor jemand auf ihn gekommen sei. Dieser „sprechende" Charakter von „Bons" in Verbindung mit beschreibenden Angaben möge ihm die Eignung verleihen, nach einer Zeit der Gewöhnung im Verkehr selbst als Gattungsbegriff verwendet zu werden. Gegenwärtig (im Jahr 1995) sei das jedoch nicht der Fall (OLG Hamburg WRP 1996, 215, 217 – *Kinder-Schoko-Bons*).

allen zur Verfügung. Es sei eine Kunstschöpfung der Antragstellerin in der für ihre Erzeugnisse gewählten Bezeichnung „Schoko-Bons“[1136]. Die Bezeichnung sei mit großem Aufwand am Markt etabliert worden. Die Antragstellerin werde um die Früchte ihrer Bemühungen gebracht, wenn der allein individualisierende Bestandteil „Bons“ seiner Eigentümlichkeit beraubt und zu einem Gattungsbegriff würde[1137].

Die von den Gerichten im Rahmen der Prüfung wettbewerbsrechtlicher Ansprüche vorgenommenen Erwägungen können dabei im Rahmen des § 23 Nr. 2 MarkenG bei entsprechender Fallgestaltung herangezogen werden.

f. Vorliegen besonderer Umstände, wenn es sich um fremdsprachige beschreibende Angaben handelt

Nach der Rechtsprechung des BGH kommt es bei fremdsprachigen beschreibenden Angaben im Rahmen der Unlauterkeitsprüfung entscheidend auf die Beschaffenheit des Marktes an, auf dem das jeweilige Produkt angeboten wird. Besteht die Marktgegenseite ausschließlich oder weit überwiegend aus der Fremdsprache Mächtigen, ist die Verwendung der beschreibenden Angabe, da sie eben als solche verstanden wird, nur dann unlauter, wenn besondere Umstände hinzutreten. Das dürften im Wesentlichen die soeben unter a. bis e. erläuterten sein, z.B. das Erwecken des unzutreffenden Eindrucks, die Ware stamme von dem Markeninhaber oder die Ausnutzung der Wertschätzung der Marke in unlauterer Weise.

Besteht die Marktgegenseite hingegen, und sei es infolge einer schrittweisen Ausdehnung der Geschäftstätigkeit, nicht (mehr) aus überwiegend „fremdsprachigen“ Kunden, die die beschreibende Angabe als solche erkennen, ist zwar immer noch von einer „beschreibenden Angabe“ i.S.v. § 23 Nr. 2 MarkenG auszugehen, im Rahmen der Unlauterkeitsprüfung ist die besondere Verständnislage dann aber zu berücksichtigen. Im Regelfall dürfte hier – ohne dass es auf das Hinzutreten besonderer Umstände ankäme – von einer Unlauterkeit auszugehen sein.

Zwei Fälle, in denen die Marktgegenseite überwiegend aus „fremdsprachigen“ Marktteilnehmern bestand, sollen dargestellt werden: In einem vom BGH entschiedenen Fall ging es um das Wort „Gazoz“[1138]. „Gazoz“ bedeutet auf Türkisch „Brauselimonade“ und wird von der türkischsprachigen Bevölkerung auf

1136 OLG Hamburg WRP 1996, 215, 216 – *Kinder-Schoko-Bons.*
1137 OLG Hamburg WRP 1996, 215, 217 – *Kinder-Schoko-Bons.*
1138 BGH GRUR 2004, 947 – *Gazoz.*

Limonadenflaschen naturgemäß als beschreibende Angabe verstanden. Als Gemeinschaftsmarke eingetragen war „Gazoz“ unter anderem für Mineralwässer, kohlensäurehaltige Wässer und andere alkoholfreie Getränke[1139]. Die Klägerin – es handelte sich um eine negative Feststellungsklage – vertrieb unter ihrer Handelsmarke „marmara“ Lebensmittel und Getränke, mit denen sie sich überwiegend an in Deutschland lebende Türken wandte. Unter den Getränken war eine Limonade. Auf den Etiketten verwandte die Klägerin auf der einen Seite prominent das Wort „Gazoz“, auf der anderen, entgegengesetzten Seite der Flasche das Wort „Brause“. Der BGH verneinte das Vorliegen besonderer Umstände für eine unlautere Benutzung, wie etwa das Anhängen an den guten Ruf des Beklagten (des Markeninhabers). Vielmehr entspreche es dem berechtigten Interesse der Klägerin, ihre Brauselimonade gegenüber dem türkischen Publikum mit dem entsprechenden Begriff der türkischen Sprache zu versehen und diesen Begriff auf dem Etikett in derselben Weise herauszustellen wie die deutsche Gattungsbezeichnung „Brause“[1140]. In einem vom OLG Hamburg entschiedenen Fall ging es um das Wort „Stolitschnaja“, verwendet für eine Wurstsorte, die in Geschäften mit überwiegend russischsprachigen Kunden angeboten wurde. Das russische Wort „Stolitschnaja“ bedeutet zwar „Die Hauptstädtische“ bzw. „Die Städtische“[1141] und ist daher nicht unmittelbar beschreibend für eine Wurstsorte. Gleichwohl verstehen, so die Feststellungen des OLG Hamburg, die angesprochenen russischsprachigen Verkehrskreise „Stolitschnaja“ als Gattungsbezeichnung für eine in den Ländern der ehemaligen Sowjetunion bekannte und populäre Wurstsorte[1142]. Einen Verstoß gegen die guten Sitten i.S.v. § 23 a.E. MarkenG lehnte das OLG Hamburg ab, da die Klägerin nicht dargelegt hatte, dass die Klagemarke „STOLITSCHNAJA“ in dem maßgeblichen Verkehrskreis eine gewisse Bekanntheit als herkunftshinweisendes Zeichen erlangt hat, welche die Beklagte hätte ausnutzen können[1143].

g. Verwendung nach vorangegangener Kennzeichenverletzung

Als unlauterkeitsbegründenden Umstand sieht die Rechtsprechung ferner ein kennzeichenrechtsverletzendes Vorverhalten des Dritten an. So führte das OLG Köln in seinem Urteil *„EnzyMax/Enzymix“* – wenn auch nur ergänzend, da es bereits das Vorliegen einer beschreibenden Angabe i.S.v. § 23 Nr. 2 MarkenG verneint hatte – aus, die Verwendung des Zeichens „Enzymix“ verstoße gegen

1139 BGH GRUR 2004, 947, 948 – *Gazoz.*
1140 BGH GRUR 2004, 947, 949 – *Gazoz.*
1141 Die Übersetzung war zwischen den Parteien umstritten.
1142 OLG Hamburg GRUR-RR 2006, 400, 401 – *STOLITSCHNAJA.*
1143 OLG Hamburg GRUR-RR 2006, 400, 402 – *STOLITSCHNAJA.*

die guten Sitten, weil die Beklagte damit an eine früher begangene Verletzung der Markenrechte der Klägerin anknüpfe. Sie sei angesichts dieses Vorverhaltens verpflichtet gewesen, einen möglichst großen Abstand[1144] zu den klägerischen Zeichen zu wahren[1145].

Die Einbeziehung dieses Umstandes überrascht zunächst, sind doch die kennzeichenrechtlichen Verletzungstatbestände und damit auch die Schutzschranke auf die Beurteilung des aktuellen Benutzungsfalles zugeschnitten. Ein an Fortwirkungen anknüpfender Sanktionscharakter ist ihnen an sich fremd. Bei näherer Betrachtung ist die Einbeziehung aber zumindest konsequent: Auch bei Prüfung der Verwechslungsgefahr im Rahmen des § 14 Abs. 2 Nr. 2 MarkenG wird eine Fortwirkung vorausgegangener Verletzungen als relevanter Umstand berücksichtigt. Nach herrschender Meinung sollen vorausgegangene Kennzeichenverletzungen dazu führen können, dass von dem Verletzer ein größerer Abstand zu dem geschützten Zeichen verlangt werden kann, als es der Schutzumfang eigentlich verlangt[1146].

Wenn der Dritte die Verwendung (sogar) zur Fortsetzung der Ausnutzung einer vorangegangenen Kennzeichenverletzung tätigt, kann das ebenfalls unlauterkeitsbegründend wirken. Nach der Rechtsprechung kann für die – wiederum heranzuziehende – wettbewerbliche Beurteilung eines bestimmten Verhaltens von Bedeutung sein, dass der Verletzer bereits in der Vergangenheit eine ähnliche Bezeichnung wettbewerbswidrig benutzt hatte[1147]. Es entspreche einem allgemeinen Rechtsgedanken, von dem Verletzer zu fordern, die Folgen eines vorangegangen wettbewerbswidrigen Verhaltens nicht noch zu verschärfen und eine selbst eingeleitete Verkehrsverwirrung auszunutzen. Im Fall „*Sternbild*“ zum Beispiel hatte die Beklagte, Verlegerin einer Wochen-Illustrierten, eine Buchwerbung unter Verwendung unsymmetrischer, fünfzackiger Sterne für ihre Verlagsprodukte veröffentlicht. Dadurch wurde nach Ansicht des BGH eine

---

1144 Auch hier findet sich also eine „Abstandslehre“.

1145 OLG Köln GRUR-RR 2010, 41, 43 – *EnzyMax/Enzymix*; vgl. auch Ströbele/*Hacker*, MarkenG, § 23 Rn. 75. Der BGH ist in seiner Entscheidung mit keinem Wort mehr auf § 23 Nr. 2 MarkenG eingegangen (GRUR 2011, 826 – *Enzymax/Enzymix*).

1146 Z.B. OLG Hamburg GRUR-RR 2006, 219, 221 f. – *EVIAN/REVIAN's*; BGH GRUR 1961, 343, 346 – *Meßmer Tee I*; BGH GRUR 1959, 360, 363 – *Elektrotechnik*. Kritisch zu dieser Rechtsprechung *Ingerl/Rohnke* (MarkenG, § 14 Rn. 439). Sie erachten es als vorzugswürdig, den Schutz vor Ausnutzung von Fortwirkungen früherer Verletzungen nicht auf kennzeichenrechtlicher Ebene, sondern auf wettbewerbsrechtlicher Grundlage zu gewähren. Das solle jedenfalls für die Verletzungstatbestände der §§ 14 Abs. 2 Nr. 2, 15 Abs. 2 MarkenG gelten. Nicht von vornherein auszuschließen sei aber eine gewisse markenrechtliche Berücksichtigung im Rahmen des erweiterten Schutzes nach §§ 14 Abs. 2 Nr. 3, 15 Abs. 3 MarkenG.

1147 Z.B. BGH GRUR 1960, 126, 129 – *Sternbild*.

Verkehrsverwirrung mit der Marke der Illustrierten „Der Stern“ (ein unsymmetrischer, sechszackiger Stern) eingeleitet. Eine nachfolgende Plakatwerbung wurde als Verschärfung der vorangegangenen Buchwerbung und damit als wettbewerbswidrig angesehen[1148].

3. Besonderheiten bei auf bisher durch Monopolstrukturen gekennzeichneten Märkten

a. Die Rechtsprechung des BGH

Besondere Regeln hat der BGH für „Newcomer“, die auf bisher durch Monopolstrukturen gekennzeichnete Märkte (namentlich den Postdienstmarkt) treten, entwickelt. Denkbar wäre ähnliche Rechtsprechung zum schienengebundenen Personennahverkehr, in dem aufgrund der Bahnreform des Jahres 1994 mehr und mehr private Anbieter ihre Transportdienstleistungen anbieten können (z.B. die NordWestBahn in der Region Weser-Ems).

Im Urteil *„POST I“* stand der Annahme eines Verstoßes gegen die anständigen Gepflogenheiten in Gewerbe oder Handel nach Ansicht des BGH der Umstand entgegen, dass die Rechtsvorgängerin der Klägerin, die Deutsche Bundespost, als früheres Monopolunternehmen ausschließlich mit der Postbeförderung betraut war. Seit der teilweisen Öffnung des Marktes für Postdienstleistungen für private Anbieter in den 1990er Jahren bestehe ein besonderes Interesse dieser Unternehmen an der Verwendung des in Rede stehenden, Dienstleistungen beschreibenden Wortes „Post“ zur Kennzeichnung ihrer Dienstleistungen. Ohne eine entsprechende Beschränkung des Schutzumfangs der Klagemarke („POST“) würden die erst später auf den Markt eintretenden privaten Wettbewerber von vornherein von der Benutzung des Wortes „Post“ ausgeschlossen und ausschließlich auf andere (Phantasie-)Bezeichnungen verwiesen. Da Art. 6 Abs. 1 MarkenRL / § 23 MarkenG dazu dienten, die Interessen des Markenschutzes und des freien Warenverkehrs sowie der Dienstleistungsfreiheit in der Weise in Einklang zu bringen, dass das Markenrecht seine Rolle als wesentlicher Teil eines Systems unverfälschten Wettbewerbs spielen kann, sei Wettbewerbern, die neu auf einen bisher durch Monopolstrukturen gekennzeichneten Markt treten, die Benutzung eines beschreibenden Begriffs wie „Post“ zu gestatten. Das gelte selbst dann, wenn eine Verwechslungsgefahr mit dem gleichlautenden, für die Rechtsnachfolgerin des bisherigen Monopolunternehmens einge-

1148 Kritisch in seiner Urteilsbesprechung *von Falck* (GRUR 1960, 129, 130). Seine Kritik richtet sich jedoch nicht gegen den Grundsatz, bei der wettbewerblichen Beurteilung vorangegangenes wettbewerbswidriges Verhalten einzubeziehen.

tragenen bekannten Wortmarke bestehe. Dadurch trete zwar eine Beschränkung des Schutzumfangs der Klagemarke ein. Diese Beschränkung sei wegen der Schutzschranke des § 23 Nr. 2 MarkenG aber im Kern bereits dadurch angelegt, dass eine beschreibende Angabe als Marke verwendet werde[1149].

In Folgeentscheidungen betonte der BGH, dass die Einbeziehung der dargestellten wettbewerbspolitischen Überlegungen in die Beurteilung, ob die Verwendung der angegriffenen Bezeichnungen den anständigen Gepflogenheiten in Gewerbe oder Handel entspricht, nicht unzulässig sei[1150]. § 23 Nr. 2 MarkenG sei Ausprägung des Freihaltebedürfnisses an beschreibenden Angaben. Durch die Vorschrift solle allen Wirtschaftsteilnehmern die Möglichkeit erhalten bleiben, beschreibende Angaben zu benutzen. Sie sei nicht eng auszulegen[1151], sondern im Sinne ihres Ziels, allen Wirtschaftsteilnehmern die Möglichkeit zu erhalten, beschreibende Angaben zu benutzen. Die Beurteilung, ob die Verwendung der angegriffenen Zeichen den anständigen Gepflogenheiten in Gewerbe oder Handel entspricht, habe unter Einbeziehung des Umstands zu erfolgen, dass die Rechtsvorgängerin der Klägerin als früheres Monopolunternehmens ausschließlich mit der Postbeförderung in Deutschland betraut war und die Klägerin noch über eine bis zum 31.12.2007 befristete gesetzliche Exklusivlizenz für die Beförderung bestimmter Briefsendungen verfügte. Dies sei im Hinblick auf Sinn und Zweck des Art. 6 MarkenRL von Bedeutung, die grundsätzlichen Interessen des Markenschutzes einerseits und des freien Waren- und Dienstleistungsverkehrs andererseits derart in Einklang zu bringen, dass das Markenrecht seine Rolle als wesentlicher Teil eines Systems unverfälschten Wettbewerbs spielen kann. Vor der Liberalisierung des Marktes für Postdienstleistungen hätten die Wettbewerber ihr Interesse an der Verwendung des Begriffs „Post“ nicht oder nur schrittweise zur Geltung bringen können, während die Klägerin in dieser Zeit geschützt vor einem freien Wettbewerb eine etwaige Verkehrsdurchsetzung ihrer Marke habe erreichen können[1152].

Der BGH stellte ferner ausdrücklich fest, einer Vorlage an den EuGH bedürfe es nicht. Die allgemeinen Rechtsfragen zum Anwendungsbereich der Schutzschranke des Art. 6 Abs. 1 lit. b) MarkenRL seien durch die Rechtsprechung des EuGH geklärt. Die Frage, ob der Begriff „Post“ ein Merkmal der in Rede stehenden Dienstleistungen beschreibe, und ob die Verwendung der angegriffenen Bezeichnungen einen Verstoß gegen die anständigen Gepflogenheiten in Gewerbe oder Handel darstelle, sei eine Frage der Anwendung der vom EuGH

1149 BGH GRUR 2008, 798, 800 (Tz. 23) – *POST I.*

1150 Z.B. BGH, Urteil vom 2.4.2009, Az.: I ZR 111/06 – *POST/Regionalpost Delmenhorst* (BeckRS 2009, 12965; Tz. 23).

1151 Zur Auslegung bereits 1. Kapitel, V.

1152 Z.B. BGH GRUR 2009, 678, 681 (Tz. 28) – *POST/RegioPost.*

entwickelten Grundsätze auf den jeweils zu entscheidenden Fall, die den nationalen Gerichten obliege[1153].

b. Kritische Betrachtung der Rechtsprechung des BGH

Die soeben dargestellte Rechtsprechung des BGH ist in keinem Fall „selbstverständlich". Es werden wettbewerbspolitische, -funktionale, kartellrechtliche Überlegungen in die Beurteilung der Frage, ob eine Benutzung den anständigen Gepflogenheiten in Gewerbe oder Handel entspricht bzw. sie nicht gegen die guten Sitten verstößt, einbezogen.

Insbesondere *Ingerl/Rohnke* kritisieren die Rechtsprechung des BGH nicht zuletzt aus diesem Grund. Der BGH unterstelle kennzeichenbedingte Marktzugangshürden ohne nachvollziehbare wettbewerbstatsächliche Grundlagen, schaffe problematische Bezugsfälle und Argumentationshilfen für eine Unterminierung des Kennzeichenschutzes, der sich doch eigentlich gerade gegenüber Newcomern bewähren müsse. In Verbindung mit der „neuen Abstandslehre" führe sie einen Kennzeichenschutz zweiter Klasse nach bloßen Lauterkeitskriterien ein. Unverständlich ist *Ingerl/Rohnke* die beharrliche Weigerung des BGH, derartige Grundsatzfragen dem EuGH vorzulegen, obwohl von einer Klärung der sehr wohl allgemeinen Rechtsfrage durch den EuGH keine Rede sein könne[1154].

Kritisch betrachtete auch *Fezer*, zeitlich vor den „POST-Entscheidungen" des BGH und in einem Beitrag zur Frage der Entstehung von Markenschutz[1155], das Ansinnen, für Monopolunternehmen besondere Grundsätze aufzustellen. *Fezer* stellte fest, im europäischen Markenrecht werde der Registermarkenschutz einem Unternehmen unabhängig von seiner wettbewerbsrechtlichen Stellung im Markt gewährt. Die konkreten Marktverhältnisse im Sinne kompetitiver oder monopolistischer Marktstrukturen, innerhalb derer der Anmelder eines markenfähigen Zeichens die konkreten Waren oder Dienstleistungen anbietet oder erbringt, seien weder für die Unterscheidungseignung noch für die absoluten Eintragungs-/Schutzhindernisse von Bedeutung; das Bestehen von Wettbewerb sei für den Markenschutz nicht konstitutiv. Das Markeneigentum an einem Zeichen sei einem Monopolunternehmen gleichermaßen verfassungsrechtlich verbürgt wie einem in Wettbewerb stehenden Unternehmen[1156].

1153 Z.B. BGH GRUR 2009, 678, 681 (Tz. 29) – *POST/RegioPost*.

1154 *Ingerl/Rohnke*, MarkenG, § 23 Rn. 99.

1155 *Fezer*, WRP 2005, 1 ff.

1156 *Fezer*, WRP 2005, 1, 14 f.

Jänich/Schrader hingegen sehen – zeitlich vor den BGH-Urteilen, aber nach instanzgerichtlicher „POST-Rechtsprechung“ – es als unproblematisch an, im Rahmen des Unlauterkeitsvorbehalts des § 23 MarkenG das „Allgemeininteresse an Marktöffnung“ zu berücksichtigen[1157]. Insoweit erachten sie die Entscheidung des OLG Hamburg *„TNT Post Deutschland“*[1158] als sachgerecht. *Jänich/Schrader* sind der Auffassung, § 23 Nr. 2 MarkenG könne der Rechtsdurchsetzung gerade bei den Rechtsnachfolgern ehemaliger Monopolunternehmen entgegenstehen[1159]. Ergänzend erwägen sie Ausübungsbeschränkungen aus dem Kartell- und Wettbewerbsrecht, namentlich aus Art. 82 EGV [Art. 102 AEUV] / § 19 GWB unter den beiden Punkten „Bloße Rechtsausübung als Missbrauch einer marktbeherrschenden Stellung?“ und „Pflicht zur Lizenzerteilung?“ sowie aus § 4 Nr. 10 UWG[1160].

Ohne nähere Auseinandersetzung nehmen *Schalk*[1161] und *Hacker*[1162] die „POST-Rechtsprechung“ in ihre Kommentierungen auf. Beide stellen lediglich fest, es liege keine Sittenwidrigkeit vor, wenn die Verkehrsdurchsetzung unter dem Schutz eines früheren staatlichen Monopols entstanden sei. Der nachstoßende Wettbewerb dürfe sich einer beschreibenden Angabe bedienen, müsse sich aber durch geeignete Zeichenzusätze von den privatisierten Nachfolgeunternehmen des ehemaligen Staatsmonopolisten absetzen und alles unterlassen, was die Verwechslungsgefahr erhöhen könnte.

Festzustellen ist, dass der BGH mit seiner Rechtsprechung wettbewerbspolitische und kartellrechtliche Erwägungen in den Unlauterkeitsvorbehalt transferiert. Damit gibt er dem Unlauterkeitsvorbehalt eine neue Dimension und errichtet eine „wettbewerbspolitische“ / „kartellrechtsdeterminierte“ Schranke für das Kennzeichenrecht, wenn auch nur in einer ganz bestimmten Ausnahmekonstellation. In den „POST-Fällen“ kommen, wie ausgeführt, verschiedene ungewöhnliche Aspekte zusammen: Zunächst wurde der Markenschutz für „POST“ aufgrund von Verkehrsdurchsetzung, § 8 Abs. 3 MarkenG, erlangt. Der erforderliche Grad der Verkehrsdurchsetzung wiederum wurde überhaupt nur deswegen erreicht, weil der Staat ein „Gewächshaus“, eine „Schutzglocke“ in Gestalt des Post-Monopols zur Verfügung gestellt hatte. Das heißt, das staatlich eingeräumte Dienstleistungsmonopol führte auch zu einem Kennzeichenmonopol; der an sich nicht monopolisierbare, da beschreibende Begriff „Post“ wurde durch den Markenschutz monopolisiert. Als das staatliche Monopol aus Gründen der wett-

1157 *Jänich/Schrader*, WRP 2006, 656, 662.
1158 OLG Hamburg GRUR-RR 2005, 149, 153 f. – *TNT Post Deutschland.*
1159 *Jänich/Schrader*, WRP 2006, 656, 663.
1160 *Jänich/Schrader*, WRP 2006, 656, 662 f.
1161 Büscher/Dittmer/Schiwy/*Schalk*, GewRS, Teil 1, Kap. 3, § 23 MarkenG Rn. 17.
1162 Ströbele/*Hacker*, MarkenG, § 23 Rn. 76.

bewerbspolitisch angestrebten Liberalisierung und zur Schaffung von Wettbewerb aufgehoben wurde, sollten und sollen, wollten und wollen Newcomer auf den Markt stoßen. Das können sie – insoweit ist dem BGH zuzustimmen – zumindest wesentlich einfacher, wenn sie *den* beschreibenden Begriff, der zum Kennzeichen des ehemaligen Monopolisten geworden ist, in ihren eigenen Kennzeichen verwenden dürfen und sie nicht auf „sperrige" Umschreibungen oder Phantasiebegriffe ausweichen müssen. Insoweit erscheint die Rechtsprechung des BGH im Ergebnis richtig und nicht unausgewogen. Sie gibt den Newcomern im Gegenzug, wie erläutert, auf, sich nicht „überschießend" an das Kennzeichen des früheren Monopolisten anzunähern und zugleich beschreibende oder kennzeichnungskräftige Zusätze[1163] anzufügen.

Ingerl/Rohnke zuzugeben ist aber, dass so nahezu ein Kennzeichenschutz „zweiter Klasse" für den ehemaligen Monopolisten eingeführt wird. Zuzugeben ist ihnen auch, dass eine Vorlage an den EuGH des Inhalts, ob auch wettbewerbspolitische, kartellrechtliche Erwägungen im Rahmen des Unlauterkeitsvorbehalts eine Rolle spielen dürfen, durchaus angezeigt gewesen wäre, da vom EuGH gerade noch nicht geklärt. Der EuGH führt zwar in ständiger Rechtsprechung aus, die Beurteilung, ob ein Verhalten den anständigen Gepflogenheiten in Gewerbe oder Handel entspricht, sei Sache der nationalen Gerichte. Ob und ggf. welche dem Kennzeichenrecht „fernen" Umstände berücksichtigt werden dürfen, hat der EuGH nie konkretisiert. Die vom EuGH gebildeten Unlauterkeitsfallgruppen waren zumindest stets sehr eng mit dem Markenrecht und seinen Wertungen verbunden. Selbst in den Spielwarenfällen, in denen sich kennzeichenrechtsfremde Überlegungen zumindest bei einem anderen Verständnis des Tatbestandsmerkmals „beschreibende Angabe", wie dargestellt, durchaus angeboten hätten, hat der EuGH derartige Überlegungen nicht angeführt. Nicht zuletzt zur Schaffung einer einheitlichen europäischen Rechtsprechung hätte der BGH einen der „POST-Fälle" dem EuGH vorlegen müssen.

Abschließend angemerkt sei, dass der BGH auch im Rahmen der Prüfung wettbewerbsrechtlicher Ansprüche (z.B. aus §§ 3, 5 Abs. 1 S. 1 und S. 2 Nr. 1 UWG) die Tatsache, dass auf einem Markt eine Monopolstellung eines Unternehmens bestand, besonders berücksichtigt. So führte der BGH unter ausdrücklicher Bezugnahme auf die „vergleichbare Prüfung bei § 23 Nr. 2 MarkenG" und sein Urteil „*POST/RegioPost*" im Urteil „*Rote Briefkästen*"[1164] aus, im Rah-

---

1163 Ein beschreibender Zusatz wäre etwa „Köln-Post", ein kennzeichnungskräftiger Zusatz wäre „TNT Post".

1164 BGH GRUR 2011, 166 – *Rote Briefkästen*. In dem Fall wandte sich die Deutsche Post AG gegen einen Newcomer, der im Stadtgebiet von Nürnberg 52 rot lackierte Briefkästen, 26 davon in unmittelbarer Nähe zu Filialen oder Briefkästen der Deutschen Post, aufgestellt hatte. Die roten Briefkästen entsprachen in der Höhe denen der Deut-

men einer relevanten Irreführung sei zu berücksichtigen, dass eine entsprechende Fehlvorstellung der Verbraucher auf das noch bis 1998 bestehende und danach auch nur schrittweise gelockerte Monopol zurückgeht, das zu Gunsten der Rechtsvorgängerin der Klägerin (der Deutschen Post AG) für die Postbeförderung in Deutschland bestanden habe. Dies gebiete die im Rahmen des § 5 UWG gebotene Interessenabwägung, bei der nach Aufhebung und Lockerung eines Monopols dem Interesse neu hinzutretender Wettbewerber des bisherigen Monopolisten maßgebliches Gewicht zukomme, ihre Leistungen angemessen anbieten zu können. Es sei anerkannt, dass Fehlvorstellungen des Verkehrs, die sich in einer Übergangszeit nach einer Gesetzesänderung bilden, hingenommen werden müssten. Anderenfalls würde die alte Rechtslage mit Hilfe des Irreführungstatbestandes perpetuiert[1165].

4. Einbeziehung urheberrechtlicher Wertungen?

Im Urteil „*Perlentaucher*" stellte der BGH fest, die Beurteilung der Sittenwidrigkeit einer Zeichenbenutzung erfordere zwar eine Gesamtwürdigung aller relevanten Umstände des Einzelfalls. Für die Beurteilung, ob die Benutzung eines Zeichens gegen die guten Sitten verstoße, sei jedoch nicht relevant, ob „die Zeichenbenutzung im Zusammenhang mit einer Urheberrechtsverletzung" stehe[1166]. Das OLG Frankfurt als Vorinstanz hatte urheberrechtliche Wertungen einbezogen und einen Verstoß gegen die guten Sitten deswegen abgelehnt, weil die Verwendung für das urheberrechtlich zulässige Geschäftsmodell der Beklagten nicht nur unerlässlich, sondern darüber hinaus nach § 63 Abs. 1 UrhG, der Pflicht zur Quellenangabe, sogar gefordert sei. Es wäre, so das OLG Frankfurt, mehr als ungereimt, wenn man die gesetzlich geforderte Quellenangabe als Markenrechtsverstoß bewerten würde[1167]. Problematisch war dieses Urteil insoweit, als dass das Geschäftsmodell als Legitimation erwogen wurde[1168]. Das Ergebnis von BGH und OLG Frankfurt war das Gleiche: Beide Gerichte verneinten das Eingreifen der Schutzschranke des § 23 Nr. 2 MarkenG. Der BGH

---

schen Post. Sie trugen eine in weiß gehaltene Aufschrift „Brief24", ferner waren die Telefonnummer einer Service-Hotline sowie der Hinweis auf die Leerungszeit angegeben. Die Deutsche Post war der Ansicht, das Verhalten sei als Behinderungswettbewerb, vermeidbare Täuschung über die betriebliche Herkunft und Rufausbeutung wettbewerbswidrig (§§ 4 Nr. 9 und 10, 5 UWG).

1165 BGH GRUR 2011, 166, 168 (Tz. 23) – *Rote Briefkästen.* Dazu *Kefferpütz*, GRUR-Prax 2010, 563.

1166 BGH GRUR 2011, 134, 140 (Tz. 60) – *Perlentaucher.*

1167 OLG Frankfurt, Urteil vom 11.12.2007, Az.: 11 U 75/06 – *Abstracts* (BeckRS 2008, 00181).

1168 *Ingerl/Rohnke*, MarkenG, § 23 Rn. 100.

schloss die Einbeziehung urheberrechtlicher Wertungen allerdings von vornherein aus. Das scheint mit der Berücksichtigung außerkennzeichenrechtlicher Wertungen in den „POST-Fällen" nicht in Einklang zu stehen.

IV. § 23 Nr. 2 MarkenG bei dreidimensionalen Marken

Abschließend zu § 23 Nr. 2 MarkenG soll die Bedeutung dieser Schutzschranke bei dreidimensionalen Marken untersucht werden.

Bei den dreidimensionalen Marken ist zu unterscheiden zwischen sogenannten selbständigen Formmarken, also Zeichen, die weder das Produkt selbst noch seine Verpackung wiedergeben, und als produkt- bzw. verpackungsabbildend zu bezeichnenden Marken, die die Form eines der im Warenverzeichnis beanspruchten Produkte oder eine Verpackung eines Produkts wiedergeben. Zu ersteren zählen etwa besonders geformte Hinweise auf bestimmte geschäftliche Niederlassungen (z.B. „Pylone" von Autohöfen), Kühlerfiguren von Automobilen, Marken in Form von Anhängern usw. Zu letzteren zählen etwa Waschmittel- und Weinflaschen, Stabtaschenlampen, Schokoladenhasen[1169], ein Auto als Ganzes oder Einzelteile (der „Porsche Boxster"[1170] oder ein Kühlerrahmen[1171]).

Für die vorliegende Untersuchung interessant sind insbesondere die zuletzt genannten dreidimensionalen Marken. Schon ihre Eintragung ist wegen der absoluten Schutzhindernisse des § 8 Abs. 2 Nr. 1 und Nr. 2 MarkenG mit besonderen Schwierigkeiten verbunden, auf die hier nicht näher eingegangen werden soll[1172]. Auch eine Eintragung aufgrund von Verkehrsdurchsetzung, § 8 Abs. 3 MarkenG, ist schwierig. Stets zu berücksichtigen ist nämlich, dass die Bekanntheit eines Produkts in der Form der Marke nicht notwendig bedeutet, dass die Form in gleichem Umfang als Herkunftshinweis aufgefasst wird[1173]. Eine Verkehrsdurchsetzung der als Marke angemeldeten Warenform setzt aber voraus, dass diese Form „als Marke" benutzt worden ist, das heißt in einer Art und Wei-

---

1169 Der Lindt-Goldhase etwa war Gegenstand zahlreicher Urteile, vgl. z.B. EuG GRUR 2011, 425 – *Goldhase*; BGH GRUR 2011, 148 – *Goldhase II*; BGH GRUR 2007, 235 – *Goldhase I.*

1170 Vgl. BGH GRUR 2006, 679 – *Porsche Boxster*; ferner BPatG GRUR 2005, 330 – *Fahrzeugkarosserie* (zum Porsche 911).

1171 Vgl. etwa BPatG GRUR 2005, 333 – *Kraftfahrzeugteile.*

1172 Verwiesen sei auf *Ingerl/Rohnke*, MarkenG, § 8 Rn. 186 ff. und 225 f. sowie auf *Ströbele*/Hacker, MarkenG, § 8 Rn. 177 ff. und 347 ff.; zu Warenformmarken jüngst *Gärtner/Crützen*, MarkenR 2011, 288 ff.

1173 *Ströbele*/Hacker, MarkenG, § 8 Rn. 391.

se, die dazu dient, dass die beteiligten Verkehrskreise in der Warenform als solcher einen Herkunftshinweis erblicken[1174].

Wenn nun eine dreidimensionale Marke eingetragen wurde, die sich darin erschöpft, die Form der Ware selbst oder einer Verpackung wiederzugeben, könnte ein Dritter die dreidimensionale Marke nutzen und sich im Verletzungsprozess[1175] auf § 23 Nr. 2 MarkenG berufen. Für ein Eingreifen der Schutzschranke müsste die Warenform zunächst überhaupt eine „merkmalsbeschreibende Angabe" i.S.v. § 23 Nr. 2 MarkenG darstellen. Das ist schon nicht unproblematisch, weil die Warenform als solche keine Merkmale o.ä. des Produkts beschreibt, sondern sie schlicht das Produkt ist. Auf diese Problematik wurde bereits eingegangen. Verpackungen können eine beschreibende Angabe sein, wenn der Verkehr aus der Form der Verpackung auf die Art des Inhalts schließt[1176]. Das kann der Fall sein bei typischen Flaschenformen, die der Verkehr z.B. als Hinweis auf Wein einer bestimmten Lage oder Sorte versteht. In den meisten Fällen dürfte die Schutzschranke des § 23 Nr. 2 MarkenG aber bereits am Vorliegen des Tatbestandsmerkmals „merkmalsbeschreibende Angabe" scheitern.

Wenn man das Vorliegen einer merkmalsbeschreibenden Angabe bejaht, läge meines Erachtens bei Übernahme der Ware oder Verpackung ein Verstoß gegen die guten Sitten vor. Bei Prüfung des Unlauterkeitsvorbehalts sind, wie ausgeführt, alle relevanten Umstände des Einzelfalls zu würdigen. Dazu gehört auf der Seite des Kennzeicheninhabers unter anderem die Art des Kennzeichens. Könnte der Dritte bei dreidimensionalen Marken eine Freistellung von markenrechtlichen Verletzungsansprüchen über § 23 Nr. 2 MarkenG erreichen, würde die dreidimensionale Marke nahezu vollständig „entwertet". Die Art des Kennzeichens spricht damit für das Vorliegen von Unlauterkeit. Auf der Seite des Dritten gehört zu den zu berücksichtigenden Umständen der Grad des Angewiesenseins auf die Verwendbarkeit der Angabe sowie die Gestaltung der konkreten Verwendungsform einschließlich des Grads der Annäherung. Ersterer dürfte gering sein, zumindest dann, wenn, wie im Regelfall[1177], keine technische Erforderlichkeit der Übernahme besteht. So dürfte im „Flaschen-Fall" selbstverständlich die Produktform „Flasche an sich", nicht aber die „Flasche in der spe-

---

1174 BGH GRUR 2007, 780, 784 – *Pralinenform.*

1175 Zur Frage, wann Verwechslungsgefahr vorliegt z.B. *Schrader*, MarkenR 2006, 310, 311 f.

1176 Zur problematischen Rechtsprechung des EuGH *Ingerl/Rohnke*, MarkenG, § 8 Rn. 226; *Ströbele*/Hacker, MarkenG, § 8 Rn. 349.

1177 Gemäß § 3 Abs. 2 Nr. 1 und 2 MarkenG sind Zeichen, die ausschließlich aus einer Form bestehen, die durch die Art der Ware selbst bedingt ist oder die zur Erreichung einer technischen Wirkung erforderlich ist, nicht als Marke schutzfähig. Wenn also bei der Marke Schutzfähigkeit vorliegt, wird für die Übernahme auch keine technische Erforderlichkeit vorliegen.

ziellen ästhetischen Gestaltung“ erforderlich sein. Die Tatsache, dass eine identische oder nahezu identische Übernahme vorliegen dürfte, spricht ebenfalls für das Vorliegen von Sittenwidrigkeit.

Abschließend ist festzuhalten: Bei dreidimensionalen Marken, die sich auf die Wiedergabe der Form der beanspruchten Ware oder eine Verpackung beschränken, greift die Schutzschranke des § 23 Nr. 2 MarkenG im Regelfall nicht ein.

8. Kapitel:

Notwendige Bestimmungsangaben (§ 23 Nr. 3 MarkenG)

§ 23 Nr. 3 MarkenG stellt die Benutzung einer Marke oder geschäftlichen Bezeichnung als Hinweis auf die Bestimmung einer Ware, insbesondere als Zubehör oder Ersatzteil, oder einer Dienstleistung frei, soweit die Benutzung dafür notwendig ist und sofern die Benutzung nicht gegen die guten Sitten verstößt. Etwas überspitzt formuliert hat § 23 Nr. 3 MarkenG die Wirkung einer – anders als im Patentrecht[1178] sogar unentgeltlichen und gesetzlich, gleichsam automatisch erteilten – Zwangslizenz: Liegen die Voraussetzungen des § 23 Nr. 3 MarkenG vor, darf ein Dritter die Marke genau so, wie sie geschützt ist, benutzen.

I. Allgemeines

1. Funktionen

a. Primäre Funktion und Bedeutung in der Praxis für Drittanbieter

Viele Produkte des täglichen Lebens benötigen, je nach Beschaffenheit, Zubehör- und Ersatzteile sowie Service- und Wartungsleistungen. Solche Produkte können sein besonders langlebige und hochpreisige wie Kraftfahrzeuge, es können sein Haushaltsgeräte wie Kapsel-Espressomaschinen und Staubsauger, Haushaltsgegenstände wie Wasserfilter, Elektrogeräte wie Handys und Drucker oder Produkte für den persönlichen Gebrauch wie Nassrasierer. Naturgemäß liegt es im Interesse der Originalhersteller, die oft sehr gewinnträchtigen Folgemärkte (Sekundärmärkte) mit ihren eigenen Waren und Dienstleistungen[1179] ausschließlich bestimmen zu können, Dritthersteller und Drittanbieter also möglichst weitgehend aus den Sekundärmärkten herauszuhalten.

Dass ein generelles Verbot des Anbietens von Zubehör-, Reparaturteilen o.ä. und entsprechenden Dienstleistungen ausscheidet, ergibt sich im Wesentlichen

---

1178 Vgl. § 24 PatG. Das Rechtsinstitut der Zwangslizenz ermöglicht es, das Ausschließungsrecht des Patentinhabers aufzubrechen, wo seine Ausübung zum Missbrauch wird, den technischen Fortschritt oder die wirtschaftliche Entwicklung in untragbarer Weise hemmt oder der Befriedigung wesentlicher sozialer Bedürfnisse entgegensteht (*Kraßer*, Patentrecht, § 34, IV.b)).

1179 Unter „eigene" Waren und Dienstleistungen sollen auch solche fallen, die durch Dritte, denen die Herstellung/Erbringung vertraglich und „exklusiv" gestattet wurde, erbracht werden, beispielsweise im Kfz-Bereich Vertragswerkstätten.

aus der Grundentscheidung für eine wettbewerblich organisierte Wirtschaftsordnung, dem bereits erwähnten Grundsatz der Nachahmungsfreiheit sowie teils aus speziellen Regelungen des Geschmacksmusterrechts, auf die hier nicht näher eingegangen werden kann[1180]. Daher ist es grundsätzlich zulässig, Zubehör, Ersatzteile o.ä. – soweit kein Sonderrechtsschutz (mehr) besteht – und Dienstleistungen auf den Sekundärmärkten anzubieten[1181]. Ob der Kunde das Angebot der Nicht-Originalhersteller annimmt, ist eine andere, von vielen Faktoren abhängende Frage. Schließlich ist „nur das Original das Original", spielen auf Seiten des Produkts Qualität und Preis-Leistungs-Verhältnis, auf Seiten des Verbrauchers Markenbewusstsein, Markenvertrauen, Markentreue oder Identifikation mit einer Marke eine nicht zu unterschätzende Rolle.

Trotz der grundsätzlichen Zulässigkeit gelänge eine zumindest faktische „Marktabschottung" der Sekundärmärkte relativ leicht, wenn Drittanbieter nicht die Möglichkeit hätten, ihre Waren und Dienstleistungen unter Hinweis auf das Originalprodukt und regelmäßig unter Verwendung von dessen Marke anzubieten, also eine kennzeichenrechtliche Hürde für Drittanbieter bestünde. Wenn der potentielle Käufer nicht auf den ersten Blick erkennen kann, dass z.B. die günstigeren Filterkartuschen der Eigenmarke eines Drogeriemarkts (z.B. „profissimo" des Drogeriemarkts „dm") in den im Haushalt vorhandenen „BRITA"-Wasserfilter passen, wird er sich im Zweifel gegen den Kauf der Drogeriemarkt-Filterkartuschen entscheiden. Der Hersteller der Filterkartuschen wäre wirtschaftlich „gezwungen", sie vom Markt zu nehmen.

Es besteht also ein Spannungsfeld in dem im 1. Kapitel aufgezeigten Sinne zwischen den Interessen der Originalhersteller/Kennzeicheninhaber auf der einen und den Interessen der Drittanbieter auf der anderen Seite. Die Interessen der Originalhersteller/Kennzeicheninhaber liegen insbesondere darin, die möglicherweise mühsam erschaffene Aura der Exklusivität oder allgemein des aufgebauten Markenimages zu erhalten, also keine „Schwächung" ihres Kennzeichens durch Rufausbeutung, Rufschädigung, Imagetransfer und Verwässerung hinnehmen zu müssen. Die Interessen der Drittanbieter liegen darin, sich zur (unmissverständlichen und eindeutigen) Beschreibung und Darstellung ihres Angebots des Kennzeichens des Originalherstellers bedienen zu dürfen. Ihr Interesse kann man als „aktives Informationsinteresse" bezeichnen; sie wollen das fremde Kennzeichen zum Transport von Informationen über das eigene Angebot aktiv verwenden.

1180 Zur Frage der Schutzfähigkeit von Ersatzteilen z.B. *Götting*, Gewerblicher Rechtsschutz, § 47 Rn. 1; ferner zu diesem Problembereich *Drexl/Hilty/Kur*, GRUR Int. 2005, 449 ff.

1181 *Fezer*, MarkenR, § 23 MarkenG Rn. 98; Ströbele/*Hacker*, MarkenG, § 23 Rn. 80.

Die dargestellten Interessen müssen miteinander in Konflikt geraten; es entsteht ein Spannungsfeld. In dieses wirkt § 23 Nr. 3 MarkenG hinein: Die Vorschrift soll es einerseits den Drittanbietern ermöglichen, sich auf die Kennzeichen der Originalhersteller zu beziehen. Dazu stellt sie die Benutzung von markenrechtlichen Ansprüchen frei. Andererseits soll die Vorschrift die Freistellungsmöglichkeiten im Interesse der Kennzeicheninhaber begrenzen. Dazu enthält sie die Beschränkung auf den „notwendigen“ Kennzeichengebrauch und enthält zusätzlich den Unlauterkeitsvorbehalt. § 23 Nr. 3 MarkenG hat damit in besonderem Maße und primär eine wettbewerbsermöglichende Aufgabe[1182]. Die Vorschrift öffnet Märkte und dient dem Verbraucher, der so günstigere und im besten Falle gleich gute oder gar bessere Waren und Dienstleistungen erlangen kann.

Als aktuelles Beispiel für die nicht zuletzt wirtschaftliche Bedeutung des Grundkonflikts, den § 23 Nr. 3 MarkenG zu klären sucht, sei einer der vor schweizerischen Gerichten ausgetragenen Rechtsstreite zwischen „Nespresso“/„Nestlé“ und „Denner“, einem schweizerischen Discounter, genannt[1183]. Nespresso, ein Tochterunternehmen von Nestlé, bietet seit knapp 25 Jahren sehr erfolgreich ein System zur automatisierten Zubereitung von Espresso an. Das System besteht aus zwei Komponenten: aus speziellen Espressomaschinen und in die Maschinen einzusetzenden, für einen Espresso portionierten Kaffee-Kapseln. Die Kapseln werden exklusiv in sogenannten Nespresso-Boutiquen und über das Internet nur an Mitglieder des Nespresso-Clubs vertrieben. Das System wird mit mutmaßlich hohen Werbeaufwendungen unter anderem mit dem Schauspieler George Clooney beworben. Nespresso wurden für die Kapseln, die Brühtechnik und die zahlreichen Maschinen rund 1.700 Patente erteilt, um die ebenfalls gestritten wird.

Denner bot im Vergleich zu den Nespressso-Kapseln preisgünstigere Kaffee-Kapseln (unter „Denner Dolce Vita“) an, die – wie ausdrücklich in der Werbung („Kompatibel zu Ihrer Nespresso-Maschine* – und Ihrem Budget“) und auf der Verpackung („Kompatibel zu Nespresso-Maschinen*“) angegeben – für die Espresso-Zubereitung in Nespresso-Maschinen zu verwenden waren. Unter dem

1182 *Ingerl/Rohnke*, MarkenG, § 23 Rn. 107.

1183 Über diesen Fall wurde sowohl in deutschen als auch in schweizerischen Medien ausführlich berichtet. Z.B. in der Frankfurter Allgemeinen Zeitung, Artikel vom 27.3.2011: „Kampf um Kaffeekapseln – Nespresso wird auch in der Schweiz attackiert“; Artikel auf www.nzz.ch vom 4.3.2011: „Denner darf wieder Kaffee-Kapseln verkaufen – St. Galler Handelsgericht entscheidet sich gegen Nespresso“; Artikel auf www.tagesschau.sf.tv vom 28.6.2011: „Streit um Nespresso-Klon: Denner-Kapsel muss raus – darf rein – muss wieder raus“; Artikel auf www.nzz.ch vom 28.6.2011: „Nespresso-Streit geht in eine neue Runde“.

Sternchen fand sich folgender Hinweis: „Diese Marke gehört Dritten, die keinerlei Verbindung mit der Denner AG haben“.

Gegen den Verkauf der Kapseln, die Behauptung „Kompatibel zu Ihrer Nespresso-Maschine“ sowie den Werbeslogan „Denner – was suscht?“ (hochdeutsch: „Denner – was sonst?“, angelehnt an den Nespresso-Slogan „Nes-presso – what else?“) wandten sich Nespresso/Nestlé in einem einstweiligen Rechtsschutzverfahren. Sie erlangten dort zunächst ein „superprovisorisches Verkaufsverbot“[1184], das in der nächsten Instanz jedoch teilweise, nämlich bis auf das Verbot des Slogans, wieder aufgehoben wurde. Die von Nespresso/Nestlé daraufhin eingereichte Beschwerde verwies das Bundesgericht zu neuer Beurteilung zurück[1185]. Da das Schweizerische Bundesgericht vorsorgliche Maßnahmen wie das superprovisorische Verkaufsverbot nur auf die Verletzung verfassungsmäßiger Rechte überprüfen kann, ist für die vorliegende Untersuchung allein der Blick auf den Entscheid des Instanzgerichts lohnend.

Das Instanzgericht stellte zunächst fest, Denner sei berechtigt, die angegriffenen Kaffeekapseln herzustellen, zu verkaufen und zu bewerben; an der Gültigkeit der für die Kapseln von Nespresso eingetragenen Formmarke bestünden nämlich erhebliche Zweifel. Es liege weder ein Verstoß gegen das Markenschutzgesetz noch gegen das Wettbewerbsgesetz vor, wenn Denner in der Werbung und auf den Verpackungen vermerke „Kompatibel zu Nespresso-Maschinen*“ bzw. „Kompatibel zu Ihrer Nespresso-Maschine*“. Das gelte allerdings nur dann, wenn der Sternchenhinweis den zitierten Inhalt habe und der Hinweis insgesamt nicht mit derart großen Buchstaben angebracht sei, dass in wettbewerbswidriger Weise eine Annäherung an die Produkte von Nespresso erzeugt werde[1186].

Ähnliche Prozesse werden möglicherweise in naher Zukunft in Frankreich geführt werden, wenn dort unter anderem von der „Ethical Coffee Company“

1184 Superprovisorisch bedeutet ohne Anhörung der Gegenpartei.

1185 Urteil vom 28.6.2011, Az.: 4A_178/2011, abrufbar auf der Homepage des Schweizerischen Bundesgerichts unter http://www.bger.ch/index/juridiction/jurisdiction-inherit-template/jurisdiction-recht/jurisdiction-recht-urteile2000.html [Stand: 27.9.2011].
Vgl. auch die Medienmitteilung des Bundesgerichts, abrufbar unter http://www.bger.ch/mm_4a_178_2011_d.pdf [Stand: 27.9.2011].

1186 S. 17 des Entscheids des Handelsgerichtspräsidenten des Kantons St. Gallen vom 4.3.2011, (HG.2011.10-HGP). Abrufbar unter http://www.gerichte.sg.ch/home/dienstleistungen/rechtsprechung/kantonsgericht/entscheid_2011/0.Par.0001.DownloadListPar.0001.File.tmp/Entscheid_HG_2011_10-HGP__2_.pdf [Stand: 27.9.2011].

preisgünstigere Nespresso-kompatible Kaffee-Kapseln in Supermärkten angeboten werden[1187].

Offensichtlich geht Nespresso mittlerweile aber auch „elegantere“ Wege, um der Konkurrenz der Fremdkapseln das Leben zu erschweren. So hat Nespresso die neue Maschinengeneration („Pixie“) wohl so konstruiert, dass die Maschinen die Fremdkapseln zwar aufnehmen, sie nach dem Brühvorgang aber nicht mehr ohne Komplikationen ausgeben[1188].

Das Beispiel „Nespresso“ zeigt anschaulich, welche Interessen auf den Sekundärmärkten kollidieren und welche Bedeutung das Kennzeichenrecht spielt. Dürften Denner und andere Konkurrenten von Nespresso nicht auf die Kompatibilität ihrer Kapseln hinweisen, hätten sie faktisch keine Chance, die Kapseln abzusetzen. Gleichzeitig müssen die kennzeichenrechtlichen Interessen von Nespresso daran berücksichtigt werden, die Verwässerung der Marke, einen Imagetransfer o.ä. zu vermeiden und letztlich nicht um die „Früchte der Arbeit“ gebracht zu werden.

b. Sekundäre Funktion des Schutzes des Informationsinteresses der Marktgegenseite

§ 23 Nr. 3 MarkenG hat, wie soeben dargestellt, primär eine wettbewerbsermöglichende Funktion: Er soll eine faktische Abschottung der Sekundärmärkte durch die Originalhersteller im Interesse der Drittanbieter verhindern. Zunächst reflexhaft befriedigt § 23 Nr. 3 MarkenG das Informationsinteresse der Marktgegenseite (synonym wird „der Öffentlichkeit“ und „der Verbraucher“ verwendet), die so eine Information über die Bestimmung einer Ware oder Dienstleistung erhält. Das Informationsinteresse der Marktgegenseite besteht darin, umfassend und leicht verständlich über die angebotenen Waren/Dienstleistungen informiert zu werden. Man kann dieses Interesse – in Abgrenzung zum oben erwähnten „aktiven Informationsinteresse“ der Drittanbieter – als „passives Informationsinteresse“ bezeichnen.

Über den zunächst reflexartigen, unselbständigen Schutz des Informationsinteresses der Marktgegenseite hinaus könnte man der Vorschrift des § 23 Nr. 3 MarkenG die eigenständige, von den Interessen der Drittanbieter losgelöste Funktion zumessen, die Information der Marktgegenseite zu ermöglichen und dem bestehenden „passiven“ Informationsinteresse zu dienen. Dann hätte die

1187 Vgl. dazu den Artikel vom 6.4.2011 in der „Welt“: „Nespresso bekommt Rivalen“.

1188 Vgl. dazu den Artikel vom 7.6.2011 in der Frankfurter Allgemeinen Zeitung: „Kaffeekult und Kapselkritik“.

Vorschrift des § 23 Nr. 3 MarkenG eine zweite, sekundäre, marktgegenseitenbezogene Funktion.

Die Anerkennung einer weiteren, eigenständigen Funktion wäre aber nur möglich, wenn nicht lediglich der Markeninhaber selbst als „Anfüller" des Mediums Marke mit für die Marktgegenseite relevanten Informationen – etwa zur Herkunft, Qualität und zum Image eines Produkts – die Kommunikationsfunktion der Marke nutzen könnte, sondern auch Dritte. *Steinbeck* nimmt das an. Sie geht davon aus, die Kommunikationsfunktion diene nicht ausschließlich – wie man auf den ersten Blick meinen könne – dem Markeninhaber selbst, der mittels der Marke etwas über sein Produkt mitteilen könne. Auch Dritte könnten ein berechtigtes Interesse daran haben, die Kommunikationsfunktion einer fremden Marke zu nutzen. Dies sei beispielsweise dann der Fall, wenn ein Hersteller einer Ware über die Einsatzmöglichkeiten oder Vorzüge seines Produkts informieren möchte und hierbei zu Zwecken der Erläuterung ein fremdes Produkt mit dessen Marke heranziehe[1189]. *Steinbeck* vertritt die Ansicht, die Schutzschranke des § 23 Nr. 3 MarkenG erlange ihre Legitimation überhaupt erst aus dem Gedanken, dass der potentielle Käufer nur dann eine informierte Entscheidung treffen könne, wenn er die Bestimmung und die Einsatzmöglichkeiten in vollem Umfang kennt. *Steinbeck* betrachtet § 23 Nr. 3 MarkenG also überwiegend vom Informationsinteresse der Marktgegenseite, der potentiellen Käufer und Verbraucher, her.

Steinbeck ist zuzustimmen. Dritte haben in bestimmten Ausnahmefällen ein berechtigtes Interesse daran, die Kommunikationsfunktion einer fremden Marke zu nutzen. Das kommt bereits dadurch zum Ausdruck, dass der Gesetzgeber Dritten in bestimmten (Ausnahme-)Fällen ein Recht zur Nutzung eingeräumt hat. Vom Recht der Nutzung kann die Nutzung der Marke als „Kommunikationskanal" nicht ausgenommen werden. Erkennt man dieses Recht an, ist es konsequent, der Vorschrift des § 23 Nr. 3 MarkenG auch die selbständige Funktion beizumessen, das Informationsinteresse der Marktgegenseite, der potentiellen Käufer, zu schützen. Zur Begründung kann nicht zuletzt die alle Rechtsgebiete durchziehende Tendenz der europäischen und nationalen Gesetzgebung, den Interessen der Verbraucher weitgehend Geltung zu verschaffen[1190], angeführt werden.

1189 *Steinbeck*, KSzW 2010, 223, 227.

1190 Vgl. Art. 169 AEUV, nach dem die Europäische Union einen Beitrag zur Förderung der Interessen der Verbraucher und zur Gewährleistung eines hohen Verbraucherschutzniveaus zum Schutz unter anderem der wirtschaftlichen Interessen der Verbraucher sowie zur Förderung unter anderem ihres Rechts auf Information leistet. Zum Verbraucherschutz im UWG z.B. *Köhler*/Bornkamm, UWG, § 1 Rn. 17. Mittlerweile ist Aufgabe des Lauterkeitsrechts auch, den Verbraucher generalpräventiv vor unzulässigen Beeinflussungen vor, bei und nach einem Vertragsschluss zu schützen und si-

Keine Rolle spielt dabei, dass eine Verbraucherschutzfunktion der Marke (bislang jedenfalls) rechtlich nicht anerkannt ist.

Konsequenzen wird die Anerkennung dieser zweiten, sekundären, marktgegenseitenbezogenen Funktion für die Auslegung des Tatbestandsmerkmals der Notwendigkeit (dazu II.2.) haben.

2. Anwendbarkeit auch bei kennzeichenmäßigem Gebrauch

Ähnlich wie im Rahmen des § 23 Nr. 2 MarkenG stellt sich die Frage, ob § 23 Nr. 3 MarkenG auch bei kennzeichenmäßigem Gebrauch des Zeichens eingreifen kann.

Wie bereits erörtert, erachtet die Rechtsprechung Fälle der „Markennennung", insbesondere im Rahmen von Bestimmungsangaben, als markenmäßige Benutzungshandlungen auch für die Waren/Dienstleistungen des eigenen Angebots des Verwenders[1191]. Konsequenz dieser Rechtsprechung ist, dass § 23 Nr. 3 MarkenG bei kennzeichenmäßigem Gebrauch, soll er nicht vollständig seines Anwendungsbereichs beraubt werden, eingreifen muss. Entsprechend stellte der BGH beispielsweise im Urteil „*Staubsaugerfiltertüten*" fest, ebenso wie bei § 23 Nr. 2 MarkenG sei § 23 Nr. 3 MarkenG auch in Fällen anzuwenden, in denen eine kennzeichenmäßige Benutzung des Zeichens nicht verneint werden könne[1192].

3. Verhältnis zu § 23 Nr. 2 MarkenG

Zu untersuchen ist, in welchem Verhältnis § 23 Nr. 2 und Nr. 3 MarkenG zueinander stehen.

Fezer ist der Ansicht, der Bestimmungshinweis auf eine Ware als Zubehör oder Ersatzteil nach § 23 Nr. 3 MarkenG stelle eine besondere Fallkonstellation einer deskriptiven Angabe nach § 23 Nr. 2 MarkenG dar. Die lediglich klarstellende Bedeutung von § 23 Nr. 3 MarkenG zeige sich insbesondere bei dem Bestimmungshinweis für eine Dienstleistung, der schon unter die Bestimmungsangaben nach § 23 Nr. 2 MarkenG zu subsumieren sei[1193]. Auch *Wolf* vertritt die Auffas-

---

cherzustellen, dass er eine informierte und rationale Entscheidung treffen kann (sogenannte Konsumentensouveränität).

1191 4. Kapitel, II.3.a.aa.

1192 BGH GRUR 2005, 423, 425 – *Staubsaugerfiltertüten.*

1193 *Fezer*, MarkenR, § 23 MarkenG Rn. 6.

sung, der Bestimmungshinweis i.S.v. § 23 Nr. 3 MarkenG sei ein Unterfall der beschreibenden Angabe. Dies folge bereits aus dem Wortlaut des § 23 Nr. 2 MarkenG, der unter anderem auch Angaben über die Bestimmung eines Produkts aufführe. Daher sei es überzeugender, § 23 Nr. 3 MarkenG als lex specialis[1194] gegenüber § 23 Nr. 2 MarkenG anzusehen[1195].

Die Gegenansicht, vertreten unter anderem von *Ingerl/Rohnke*[1196], *Hacker*[1197] und dem OLG Düsseldorf[1198], misst § 23 Nr. 3 MarkenG eine eigenständige Bedeutung zu. § 23 Nr. 3 MarkenG solle Bestimmungsangaben ermöglichen, die gerade nicht aus (merkmals-)beschreibenden Angaben bestünden. Die Vorschrift solle vielmehr die Möglichkeit eröffnen, ein geschütztes Kennzeichen als solches zu benutzen, um diejenigen Original-Waren/Dienstleistungen des Kennzeicheninhabers zu identifizieren, für welche die Ware/Dienstleistung des Verwenders bestimmt ist. Ihrer Ansicht nach besteht also keine „Schnittmenge" zwischen § 23 Nr. 2 und Nr. 3 MarkenG.

Der EuGH scheint, wie die unter anderem von *Ingerl/Rohnke* und *Hacker* vertretene Gegenansicht, davon auszugehen, dass es sich bei Art. 6 Abs. 1 lit. b) und lit. c) MarkenRL um zwei eigenständige Tatbestände – der EuGH spricht bisweilen auch von „Fallgestaltungen"[1199] – handelt. So prüfte er in dem Urteil „*Portakabin/Primakabin*" zunächst, ob Art. 6 Abs. 1 lit. b) MarkenRL und anschließend – prüfungstechnisch abgesetzt –, ob Art. 6 Abs. 1 lit. c) MarkenRL

1194 So auch das OLG Köln in der Entscheidung „*Vier Ringe über Audi*" (GRUR-RR 2001, 301, 303). Der BGH ist in dem Verfahren nicht mehr auf § 23 MarkenG eingegangen, da er, anders als das Berufungsgericht, die Voraussetzungen einer Erschöpfung annahm. Auch *von Hellfeld* ist der Ansicht, § 23 Nr. 3 MarkenG sei ein Spezialfall der beschreibenden Angabe (HK-MarkenR/*von Hellfeld*, § 23 MarkenG Rn. 52). Im Urteil „*Getunter Bentley*" indes scheint das OLG Köln nicht mehr davon auszugehen, § 23 Nr. 3 MarkenG sei lex specialis zu § 23 Nr. 2 MarkenG. Es führt aus:„[…] die Schutzschranke des § 23 Nr. 3 MarkenG entgegen. Inwieweit darüber hinaus eine beschreibende Verwendung nach § 23 Nr. 2 MarkenG vorliegt, bedarf keiner Entscheidung." (MarkenR 2008, 65, 67). Gegen die Annahme zumindest einer Spezialität im engeren Sinne spricht, dass sie nur vorliegt, wenn der Anwendungsbereich der spezielleren Norm ganz im Anwendungsbereich der allgemeineren Norm aufgeht (vgl. *Larenz/Canaris*, Methodenlehre der Rechtswissenschaft, S. 88 f.). Das ist bei § 23 Nr. 2 und Nr. 3 MarkenG nicht der Fall, da sie nach der hier vertretenen Ansicht zur Markennennung unterschiedliche Voraussetzungen aufweisen. Es kommt daher allenfalls ein Vorrang in Betracht.

1195 *Wolf*, Die Schutzschranke des § 23 MarkenG, S. 242 f.

1196 *Ingerl/Rohnke*, MarkenG, § 23 Rn. 109.

1197 Ströbele/*Hacker*, MarkenG, § 23 Rn. 82.

1198 OLG Düsseldorf NJOZ 2003, 2771, 2772 – *Porsche SCENELIVE.*

1199 EuGH GRUR 2010, 841, 845 (Tz. 62) – *Portakabin/Primakabin.*

eingreift[1200]. Wenn Art. 6 Abs. 1 lit. c) MarkenRL nach Ansicht des EuGH ein Spezialfall bzw. Unterfall von Art. 6 Abs. 1 lit. b) MarkenRL wäre, hätte es nahe gelegen, diesen zuerst zu prüfen. Abgesehen davon lassen auch die Ausführungen selbst erkennen, dass der EuGH Art. 6 Abs. 1 lit. c) MarkenRL eine eigenständige Bedeutung beimisst. So stellte er deutlich den Zweck von Art. 6 Abs. 1 lit. c) MarkenRL heraus. Dieser liege darin, es Anbietern von Waren und Dienstleistungen, die die vom Markeninhaber angebotenen Waren oder Dienstleistungen ergänzen, zu erlauben, die Marke zu benutzen, um das Publikum über den Sachzusammenhang zwischen ihren eigenen Waren und Dienstleistungen und denen des Markeninhabers zu unterrichten[1201]. Hier verwies der EuGH ohne weitere Vorgabe einer „Marschrichtung" (ohne „Segelanweisungen") an das nationale Gericht[1202]. Zu Art. 6 Abs. 1 lit. b) MarkenRL hingegen stellte der EuGH fest, zu beachten sei, dass die Benutzung eines mit einer fremden Marke identischen oder ihr ähnlichen Zeichens als Schlüsselwort im Rahmen eines Internetreferenzierungsdienstes in der Regel nicht dazu diene, Angaben über eines der Merkmale der Waren oder Dienstleistungen zu machen, die der die Benutzung vornehmende Dritte anbietet[1203]. Hier gab der EuGH also eine „Segelanweisung".

Wenn der EuGH im weiteren Verlauf seiner Entscheidung ausführte, dass, sollte das vorlegende Gericht zu dem Ergebnis gelangen, in dem dem Ausgangsrechtsstreit zugrunde liegenden Sachverhalt liege eine der unter Art. 6 Abs. 1 lit. b) *und* lit. c) MarkenRL (nicht: „oder") fallenden Benutzungen vor[1204], ist das eine sprachliche, in der deutschen Übersetzung begründete Ungenauigkeit. Dieser Teil der Vorlageentscheidung besagt nicht, dass der EuGH annimmt, Art. 6 Abs. 1 lit. c) MarkenRL sei ein Spezialfall von Art. 6 Abs. 1 lit. b) MarkenRL.

Das belegt der Blick in die englische, französische und niederländische Fassung des Urteils. In der englischen Fassung heißt es: „In the event that the referring court should find that the dispute in the main proceedings involves one of the uses covered by Article 6 (1) (b) *or* (c) of Directive 89/104, it will be required, ultimately, to determine whether the condition that that use be in accordance with honest practices in industrial or commercial matters has been satisfied". In der französischen Fassung heißt es: „Dans le cas où la juridiction de renvoi conclurait qu'il est fait, dans l'affaire au principal, l'un des usages visés à l'article 6, paragraphe 1, sous b) *ou* c), de la directive 89/104, [...]". In der niederländi

1200 EuGH GRUR 2010, 841, 845 (Tz. 59 ff. und Tz. 62 ff.) – *Portakabin/Primakabin.*
1201 EuGH GRUR 2010, 841, 845 (Tz. 64) – *Portakabin/Primakabin.*
1202 EuGH GRUR 2010, 841, 845 (Tz. 65) – *Portakabin/Primakabin.*
1203 EuGH GRUR 2010, 841, 845 (Tz. 60) – *Portakabin/Primakabin.*
1204 EuGH GRUR 2010, 841, 845 (Tz. 66) – *Portakabin/Primakabin.*

schen Fassung[1205] heißt es „bedoeld in artikel 6, lid 1, sub b *of* c, van richtlijn 89/104“[1206]. In allen drei Sprachfassungen ist also von einer Alternativität zwischen Art. 6 Abs. 1 lit. b) und c) MarkenRL die Rede.

Entscheidend für die Frage nach dem Verhältnis zwischen § 23 Nr. 2 und Nr. 3 MarkenG ist, welcher Auffassung zur Auslegung des Tatbestandsmerkmals der beschreibenden Angabe in § 23 Nr. 2 MarkenG gefolgt wird. Beschränkt man die „beschreibenden Angaben“ in § 23 Nr. 2 MarkenG auf originär beschreibende Angaben, hat § 23 Nr. 3 MarkenG einen eigenständigen Anwendungsbereich. Ist man der Ansicht, § 23 Nr. 2 MarkenG finde auch auf solche Zeichen Anwendung, die als solche keinen beschreibenden Sinngehalt aufweisen, hat § 23 Nr. 3 MarkenG keine eigenständige Bedeutung. § 23 Nr. 3 MarkenG wäre sogar nahezu überflüssig, da die Benutzung nicht beschreibender fremder Kennzeichen schon unter den weniger strengen Voraussetzungen des § 23 Nr. 2 MarkenG zulässig wäre[1207]. Dieses Argument sprach bereits für ein enges Verständnis des Tatbestandsmerkmals der beschreibenden Angabe in § 23 Nr. 2 MarkenG.

Gerade die strengen Voraussetzungen des § 23 Nr. 3 MarkenG, namentlich das Tatbestandsmerkmal der Notwendigkeit, sprechen dafür, der Vorschrift eine eigenständige Bedeutung zuzumessen. Bei § 23 Nr. 3 MarkenG geht es um die Benutzung kennzeichnungskräftiger Kennzeichen von Originalherstellern, die in der Regel mit großem (finanziellen) Aufwand eine herausragende Stellung auf dem Primärmarkt erreicht haben und die unter anderem aus wettbewerbspolitischen Gründen Konkurrenz auf den Sekundärmärkten hinnehmen müssen. Drittanbietern muss die Möglichkeit gegeben werden, das fremde Kennzeichen als Bestimmungsangabe zu benutzen. Das darf jedoch nur bei einem Angewiesensein und nur in engen Grenzen geschehen, um die Interessen der Originalhersteller hinreichend zu schützen. Bei § 23 Nr. 2 MarkenG dagegen geht es nach der hier vertretenen Auffassung um die Verwendbarkeit originär beschreibender Angaben, an denen ein Freihaltebedürfnis besteht. Der Kennzeicheninhaber soll nicht verbieten können dürfen, dass solche Angaben benutzt werden. Dabei sind weniger strenge Voraussetzungen zu erfüllen.

All das heißt: § 23 Nr. 3 MarkenG stellt eine eigenständige Regelung dar. Die Bestimmungsangaben des § 23 Nr. 3 MarkenG sind kein Unterfall der beschreibenden Angaben im Sinne des § 23 Nr. 2 MarkenG.

1205 Niederländisch war Verfahrungssprache.

1206 „Of“ bedeutet „oder“ („und“ heißt „en“). Die verschiedenen Sprachfassungen sind abrufbar unter http://curia.europa.eu; Hervorhebung jeweils durch Verf.

1207 So argumentiert auch *Hacker*, wenngleich bei Erörterung der Frage nach der Reichweite des Tatbestandsmerkmals von § 23 Nr. 2 MarkenG „beschreibende Angabe“ (Ströbele/Hacker, MarkenG, § 23 Rn. 54).

II. Tatbestandsvoraussetzungen

1. Hinweis auf die Bestimmung einer Ware oder Dienstleistung

a. Im Gesetz genannte Bestimmungshinweise: Bestimmung der Ware insbesondere als Zubehör oder Ersatzteil

§ 23 Nr. 3 MarkenG erfasst Angaben, die als Hinweis auf die Bestimmung der Ware oder Dienstleistung des Dritten verwendet werden. § 23 Nr. 3 MarkenG nennt als Bestimmung für Waren „insbesondere", also beispielhaft, die Bestimmung der Ware als Zubehör oder Ersatzteil. Bei der Bestimmung von Waren als Zubehör oder Ersatzteil handelt sich um geläufige (typische) Sachverhalte, in denen es notwendig ist, eine Marke zu benutzen, um auf ihre Bestimmung hinzuweisen[1208]. Für Dienstleistungen werden im Gesetz keine Beispiele (denkbar wäre „insbesondere zur Reparatur oder Wartung") genannt.

Den beiden genannten Warenarten „Zubehör" und „Ersatzteil" gemeinsam ist, dass sie bestimmungsgemäß zusammen mit, an oder in einer anderen Ware verwendet werden; es sind „produktbezogene Waren". Will man die Warenarten „Zubehör" und „Ersatzteil" näher bestimmen, können die Definitionen folgendermaßen aussehen:

Bei „Zubehör" kann man daran denken, von der Legaldefinition des BGB auszugehen. Das BGB definiert in § 97 Abs. 1 S. 1 Zubehör als bewegliche Sachen, die, ohne Bestandteile der Hauptsache zu sein, dem wirtschaftlichen Zwecke der Hauptsache zu dienen bestimmt sind und zu ihr in einem dieser Bestimmung entsprechenden räumlichen Verhältnis stehen. Eine Sache ist nicht Zubehör, wenn sie im Verkehr nicht als Zubehör angesehen wird, § 97 Abs. 1 S. 2 BGB. Für das Markenrecht passt diese Legaldefinition wegen des erforderlichen räumlichen Verhältnisses jedoch nicht recht. Das BGB will dem wirtschaftlichen Zusammenhang einer Sache mit der Hauptsache Rechnung tragen; Zubehör soll daher im Zweifel deren rechtliches Schicksal teilen[1209]. Die Einordnung als Zubehör im markenrechtlichen Sinne muss abstrakt, ausgehend von der Funktion und dem vorgesehenen Gebrauchszweck, erfolgen. Die Zubehöreigenschaft kann nicht erst durch die Herstellung eines räumlichen Verhältnisses begründet werden.

Der Begriff Zubehör im markenrechtlichen Sinne ist damit funktional zu bestimmen. Erfasst werden Waren, die in einem funktionalen Verhältnis zu einer anderen Ware stehen, indem sie deren Nutzungs- und Einsatzmöglichkeiten er-

---

1208 So der EuGH erstmals in seinem Urteil „*Gillette*" (GRUR 2005, 509, 511 [Tz. 32]); wiederholt im Urteil „*Portakabin/Primakabin*" (GRUR 2010, 841, 845 [Tz. 63]).

1209 Palandt/*Ellenberger*, BGB, § 97 Rn. 1.

weitern, ergänzen, rein optisch zu Verbesserungen führen („Zierteile") oder ihrem Erhalt dienen. Zubehör kann entweder Teil des Hauptprodukts werden oder zusammen mit ihm/an ihm eingesetzt werden. Stets ist es ein „Extra", ein „Accessoire". Wirtschaftlich betrachtet dürfte Zubehör meist mit einem Aufpreis bzw. separaten Erwerbskosten verbunden sein. Beispiele sind Dachgepäckträger für Kraftfahrzeuge, Häuser für „Barbie"-Puppen, farbige bzw. „designte" Handyschalen oder Handytaschen.

Der Begriff Ersatzteil im markenrechtlichen Sinne ist ebenfalls funktional zu bestimmen. Erfasst werden alle Waren, die der Wiederherstellung oder dem Erhalt des Ursprungszustands und der Gebrauchsfähigkeit des Hauptprodukts dienen. Typisch für Ersatzteile ist, dass sie „Grundteile" ersetzen, die bei Beschädigung oder Verschleiß wirtschaftlich rentabel einzeln ausgetauscht werden können. Sie werden Teil des (in der Regel komplexen) Hauptprodukts. Zu einer Erweiterung der Nutzungs- oder Einsatzmöglichkeiten der Ursprungssache führen Ersatzteile nicht. Ein Beispiel ist der Scheinwerfer eines bestimmten Automodells.

Da § 23 Nr. 3 MarkenG „Zubehör" und „Ersatzteile" beispielhaft nennt, können weitere Waren in den Anwendungsbereich von § 23 Nr. 3 MarkenG fallen. Dabei sind zunächst solche Waren einzubeziehen, die Zubehör und Ersatzteilen ähnlich – weil ebenfalls „produktbezogene Waren" – sind. Dazu zählen Waren, die – anders als Zubehör – unverzichtbarer Teil des Hauptprodukts sind, deren Lebensdauer bestimmungsgemäß – anders als bei Ersatzteilen – aufgrund von Verbrauch im weitesten Sinne wesentlich kürzer als die des Hauptprodukts ist und die leicht, in der Regel durch den Verwender des Hauptprodukts als „Laien" selbst, austauschbar sind[1210]. Man könnte sie als „Verbrauchsteile" bezeichnen. Beispiele sind Klingen von Nassrasierern, Filterkartuschen für Wasserfilter, Druckerpatronen, Kaffeekapseln und Staubsaugerbeutel. Dazu zählen ferner solche Waren, die, ohne Zubehör oder Ersatzteile zu sein, kompatibel sind mit einer anderen Ware. Im Verfahren vor dem EuGH „Gillette" nannte die Regierung des Vereinigten Königreichs das Beispiel, dass ein von der Firma A hergestellter Taschenrechner und ein von der Firma B entwickeltes Betriebssystem miteinander kompatibel sind[1211]. Weitere Beispiele sind Computerspiele oder Virenprogramme, die auf Computern mit bestimmten Betriebssystemen gespielt oder installiert werden können.

1210 Das OLG Hamburg erachtete solche Teile in seinem Urteil „*Pflasterspender*" (GRUR-RR 2003, 101, 103) als nicht von § 23 Nr. 3 MarkenG erfasst.

1211 Vgl. die Schlussanträge des Generalanwalts *Tizzano* vom 9.12.2004, Rs. C-228/03 – Gillette (BeckEuRS 2004, 396613 [Tz. 35]).

Die soeben vorgenommene Definition bzw. Konkretisierung der Warenkategorien „Zubehör", „Ersatzteil" und „sonstige Ware" kann nicht so präzise gelingen, dass keine Zweifelsfälle verbleiben. So kann man einige der Verbrauchsteile auch als Zubehör oder als Ersatzteil ansehen; ein Zubehörteil kann auch Ersatzteil sein und umgekehrt, je nachdem. wie die Ausstattung des Ursprungsmodells (etwa bei Kraftfahrzeugen) war.

Nicht zuletzt aufgrund der Abgrenzungs- und Definitionsschwierigkeiten halten Rechtsprechung und Literatur sowohl die genaue Definition der beiden Begriffe Zubehör und Ersatzteil als auch die Einordnung einer Ware in eine bestimmte Kategorie („Zubehör", „Ersatzteil", „andere Ware", „Hauptware") aufgrund einer qualitativen Gleichwertigkeit für entbehrlich. So hatte Generalanwalt *Tizzano* in seinen Schlussanträgen im Verfahren „Gillette" die Ansicht vertreten, keine Ware oder Dienstleistung könne prinzipiell vom Anwendungsbereich des Art. 6 Abs. 1 lit. c) MarkenRL ausgeschlossen werden. Ist die Angabe der fremden Marke erforderlich, um auf die Bestimmung der Ware hinzuweisen, sei die in Rede stehende Voraussetzung erfüllt, gleichgültig, ob es sich um eine Hauptware, Zubehör oder ein Ersatzteil handelt[1212]. Diese Auffassung hat sich der EuGH zu Eigen gemacht. Er nannte in seinem Urteil „*Gillette*" keine Kriterien, anhand derer geprüft werden könnte, ob eine Ware Ersatzteil oder Zubehör ist. Auch die Frage, welche Merkmale „sonstige Waren" aufweisen müssen, wird nicht erörtert. Erforderlich ist nach dem EuGH nur, dass die Angabe der fremden Marke erforderlich ist, um eine verständige und vollständige Information über die Bestimmung der Ware oder Dienstleistung zu liefern[1213].

Das bedeutet: Entscheidend ist nicht die Art der Ware, sondern die Art der Angabe. Die Angabe muss der Bezeichnung der „Bestimmung" der Ware oder Dienstleistung dienen. Die Bestimmung der Ware ist – wie sich aus dem beispielhaft genannten Zubehör und den Ersatzteilen ergibt – in § 23 Nr. 3 MarkenG immer eng zu verstehen im Sinne „Bestimmung *für*" eine andere Ware, nicht weit im Sinne von „Eigenschaft" oder „Natur" einer Ware.

b. Äquivalenzangaben als Bestimmungshinweise i.S.v. § 23 Nr. 3 MarkenG?

Das soeben unter a. Ausgeführte bedeutet: Nicht unter die Bestimmungsangaben i.S.v. § 23 Nr. 3 MarkenG fallen solche Angaben, die allenfalls mittelbar der Bestimmung einer Ware dienen, indem sie eine Äquivalenz- oder zumindest

1212 Tz. 36 und 39 der Schlussanträge.
1213 EuGH GRUR 2005, 509, 511 f. (Tz. 34) – *Gillette*.

Ähnlichkeitsbehauptung zu einem anderen, im Einsatzbereich identischen Produkt aufstellen[1214]. Solche Äquivalenzangaben werden oft den Tatbestand der vergleichenden Werbung erfüllen[1215], so dass sich der weitere Problembereich des Verhältnisses zwischen Markenrecht und vergleichender Werbung öffnet.

Die hier soeben vertretene Ansicht ist allerdings nicht unproblematisch: Als Beispiel sei der dem Urteil des EuGH „*Toshiba/Katun*"[1216] – das erste Urteil zum Verhältnis der Richtlinie über irreführende und vergleichende Werbung und der Markenrichtlinie – zugrunde liegende Sachverhalt dargestellt. Klägerin des beim LG Düsseldorf anhängigen Verfahrens war Toshiba Europe, ein Unternehmen, das Fotokopiergeräte sowie Ersatzteile und Verbrauchsmaterialien für diese vertrieb. Die Beklagte, das Unternehmen Katun, vertrieb Ersatzteile und Verbrauchsmaterialien, die in Toshiba-Geräte passten. Katun stellte in seinen Katalogen unter anderem die Toshiba-Artikelnummern den eigenen Artikelnummern gegenüber. Es ging damit um Äquivalenzangaben des Inhalts, dass die Ersatzteile bzw. Verbrauchsmaterialien von Katun in ihrem Einsatzbereich dem gegenübergestellten Artikel von Toshiba entsprechen.

Der EuGH führte aus, aus Art. 6 Abs. 1 lit. c) MarkenRL und der Rechtsprechung des EuGH – er verweist auf sein Urteil „*BMW/Deenik*" – ergebe sich, dass die Benutzung der Marke eines anderen erlaubt sein kann, wenn sie erforderlich ist, um den Verkehr über die Natur der Erzeugnisse zu informieren[1217]. Der EuGH hat damit stillschweigend den Wortlaut der Richtlinie umformuliert von Hinweis auf die „Bestimmung" einer Ware in die (wesentliche weitere) Information über die „Natur" einer Ware. Anders hätte er die Artikelnummern auch nicht unter Art. 6 Abs. 1 lit. c) MarkenRL fassen können. Denn die Bestimmung der Ersatzteile oder Verbrauchsmaterialien lag in ihrer Verwendbarkeit für bestimmte Fotokopiergeräte, nicht aber in ihrer Verwendbarkeit für die genannten „identischen" Toshiba-Artikel.

Ingerl/Rohnke vermuten, dass der EuGH in dem Urteil keine Erweiterung des Art. 6 Abs. 1 lit. c) MarkenRL für alle Fälle der vergleichenden Werbung habe einläuten wollen, sondern er nur wegen der Betroffenheit der in dieser Bestimmung genannten Ersatzteile auf die obige Auslegung „verfallen" sei[1218]. Ferner

1214 Zu unterstellen ist, dass die Bezeichnung überhaupt markenrechtlichen Schutz genießt.

1215 Vgl. z.B. BGH GRUR 2003, 444 – *Ersetzt*; zur Frage, ob und wann bei Werbung für Ersatzteile und Zubehör der Tatbestand der vergleichenden Werbung erfüllt ist *Sack*, GRUR 2004, 720 ff.

1216 EuGH GRUR 2002, 354 – *Toshiba/Katun*. Das Urteil wurde vielfach kritisiert, z.B. von *Sack*, WRP 2004, 1405, 1419.

1217 EuGH GRUR 2002, 354, 355 (Tz. 34) – *Toshiba/Katun*.

1218 *Ingerl/Rohnke*, MarkenG, § 23 Rn. 112.

führen sie zu dem Urteil „*Toshiba/Katun*" aus, die Bezugnahme auf Art. 6 Abs. 1 lit. c) MarkenRL habe eigentlich nur dazu gedient, die Korrektur einer Art Redaktionsfehler in Gestalt des nach dem Wortlaut der Richtlinie über irreführende und vergleichende Werbung zu eng ausgefallenen Vergleichsbegriffs zusätzlich zu legitimieren[1219].

Bottenschein merkte zu dem Urteil an, der EuGH habe schlichtweg nicht geprüft, ob die Gegenüberstellung der Artikelnummern überhaupt als Benutzung eines Bestimmungshinweises aufgefasst werden kann[1220]. Der Anwendungsbereich des Art. 6 Abs. 1 lit. c) MarkenRL hätte verneint werden müssen.

Die Vermutung *Ingerl/Rohnkes* wird bestätigt durch die dem Urteil „*Toshiba/Katun*" nachfolgenden Urteile des EuGH zur vergleichenden Werbung, die Urteile „*L'Oréal/Bellure*" und „*O_2 und O_2 (UK)/H3G*". In diesen Entscheidungen ging der EuGH mit keinem Wort mehr auf Art. 6 Abs. 1 lit. c) MarkenRL ein, privilegierte die vergleichende Werbung aber im Ergebnis wiederum. Dies erfolgte jedoch weder über den Benutzungsbegriff, noch über die Anwendung von Art. 6 Abs. 1 MarkenRL, sondern über eine eigenständige, ungeschriebene Schutzschranke. Darauf wird im 11. Kapitel einzugehen sein.

Zusammenfassend lässt sich festhalten, dass auch der EuGH, wenngleich nicht ausdrücklich entschieden, Äquivalenzangaben heute wohl nicht mehr unter Art. 6 Abs. 1 lit. c) MarkenRL fassen wird.

Überholt ist daher auch das Urteil des BGH „*Genealogie der Düfte*"[1221]. Dort ging es um sogenannte Duftvergleichslisten, in denen der Hersteller von Parfums, die bekannten Markenparfums sehr nahe kommen, seine Duftnummern den bekannten Markenparfums in Listen zuordnete. Dies erfolgte teils einzeln – etwa: „Nr. 16" entspricht dem Parfum „Coco" von Chanel –, teils eingeteilt in Duftrichtungen – etwa: in die Duftrichtung „blumig-grün" soll das Parfum „Chanel Nr. 19" fallen; ihm entsprechen die Duftnummern 1 und 41 der Liste. Der BGH führte aus, die im Rahmen einer zulässigen vergleichenden Werbung erfolgende Markennennung stelle nach § 23 Nr. 3 MarkenG ohne das Hinzutreten weiterer Umstände keine rechtsverletzende Markenbenutzung dar[1222]. Wenn Äquivalenzangaben wie hier vertreten nicht unter die Bestimmungsangaben

---

1219 *Ingerl/Rohnke*, MarkenG, § 14 Rn. 335.

1220 *Bottenschein*, GRUR 2006, 462, 465.

1221 BGH GRUR 2004, 607 – *Genealogie der Düfte*. Als „zweifelhaft" erachtet auch *Ohly* das Urteil (Festschrift für Doepner, S. 51, 57 [Fn. 49]).

1222 BGH GRUR 2004, 607, 612 – *Genealogie der Düfte*.

i.S.v. § 23 Nr. 3 MarkenG fallen, kann dieses Urteil nicht aufrechterhalten werden[1223].

In keinem Fall unter Bestimmungsangaben i.S.v. § 23 Nr. 3 MarkenG fallen Angaben, die nicht einmal mittelbar der Angabe der Bestimmung einer Ware/Dienstleistung dienen. Das sind insbesondere Angaben, die allein den Imitationscharakter einer Ware beschreiben.

Lediglich ergänzend angemerkt sei: Selbst wenn man Äquivalenzangaben unter die Bestimmungsangaben i.S.v. § 23 Nr. 3 MarkenG fasst, dürfte es in Fällen, in denen neben der Artikelnummer auch das Modell eines Fotokopierers, Staubsaugers o.ä. genannt wird, an der Notwendigkeit fehlen (dazu unter 2.). Selbst bei einer Vielzahl von Ersatzteilen und Verbrauchsmaterialien wird die Angabe der Artikelnummer nämlich oft nicht notwendig sein, um den Einsatzbereich der Ware überhaupt erst zu identifizieren.

c. Redaktionelle und sonstige bezugnehmende Nennungen als Bestimmungshinweise i.S.v. § 23 Nr. 3 MarkenG?

Bei einer Nennung im Rahmen eines redaktionellen Beitrags besteht zwar ein inhaltlicher Bezug zum geschützten Zeichen und den darunter vertriebenen Waren/Dienstleistungen, es wird aber regelmäßig keine Angabe über die Bestimmung der Ware/Dienstleistung gemacht. Gleiches gilt für sonstige bezugnehmende Nennungen, auch wenn sie im Rahmen einer vergleichenden Werbung geschehen (wenn nicht ohnehin schon eine Äquivalenzangabe vorliegt).

Unzutreffend ist daher – mit *Ingerl/Rohnke* [1224] – das Urteil des OLG Düsseldorf „*Porsche SCENELIVE*“[1225]. In dem Fall ging es um eine Porsche-Fan-Zeitschrift mit dem Titel „Porsche SCENELIVE“. Das OLG Düsseldorf ließ offen, ob Verwechslungsgefahr gegeben ist. Der auf Marken- und Firmenrechte gestützte Verbotsantrag scheitere jedenfalls an § 23 Nr. 3 MarkenG. Das OLG Düsseldorf erachtete „Porsche SCENELIVE“ als Bestimmungsangabe i.S.v. § 23 Nr. 3 MarkenG und prüfte ausführlich das Tatbestandsmerkmal der Notwendigkeit. Der Titel der Zeitschrift macht aber keine Angabe über die Bestimmung der Zeitschrift, etwa als Zubehör zu Porsche-Fahrzeugen o.ä. Allenfalls wäre der Titel als eine beschreibende Angabe i.S.v. § 23 Nr. 2 MarkenG anzusehen gewesen, da er den Inhalt der Zeitschrift – mutmaßlich Neues und Wissenswertes

---

1223 Ebenso *Ingerl/Rohnke*, MarkenG, § 23 Rn. 112.

1224 *Ingerl/Rohnke*, MarkenG, § 23 Rn. 115 (allerdings versehentlich das OLG Hamburg nennend).

1225 OLG Düsseldorf NJOZ 2003, 2771 – *Porsche SCENELIVE.*

rund um Porsche-Fahrzeuge – beschreibt. Da § 23 Nr. 2 MarkenG aber, wie erläutert, nach der hier vertretenen Auffassung Fälle der Markennennung nicht erfasst, hätte eine Freistellung auch über § 23 Nr. 2 MarkenG nicht erfolgen können. Damit tut sich eine „Schrankenlücke“ auf, die gegebenenfalls durch eine Erweiterung des § 23 MarkenG geschlossen werden könnte (dazu im 11. Kapitel).

d. Problematik der „Radkappen-Fälle“

Problematisch sind die Fälle, in denen der Dritte ein Ersatzteil anbietet, auf dem die Marke angebracht ist, weil es ein Originalteil ersetzen soll, auf dem seinerseits die Marke angebracht war. Das ist beispielsweise bei Radkappen von Kraftfahrzeugen der Fall[1226]. Hier könnte die Verwendung der fremden Marke eine Bestimmungsangabe i.S.v. § 23 Nr. 3 MarkenG darstellen. Bei einer Radkappe könnte die Marke nämlich besagen, zu den Fahrzeugen welches Herstellers die Radkappe passt.

Meines Erachtens liegt in den „Radkappen-Fällen“ keine Bestimmungsangabe i.S.v. § 23 Nr. 3 MarkenG vor. Zwar begründet die fremde Marke nicht erst die Bestimmung der Ware; insoweit besteht ein Unterschied zu den oben erörterten Spielzeugfällen, in denen die Anbringung der Marke erst die Eigenschaft als originalgetreues Spielzeugmodell begründet hatte und daher das Vorliegen einer beschreibende Angabe i.S.v. § 23 Nr. 2 MarkenG abgelehnt wurde. Bei Radkappen besteht die Bestimmung, an Kraftfahrzeugen eines bestimmten Herstellers angebracht zu werden, unabhängig davon, ob die Marke auf dem Ersatzteil aufgebracht ist oder nicht. Entscheidend ist hier vielmehr, dass es sich nicht um einen Hinweis handelt. Wesen eines Bestimmungshinweises bei Ersatzteilen ist nämlich, dass der Hinweis „außerhalb“[1227] des Ersatzteils steht und als solcher erkennbar ist. Ein Hinweis „erschöpft“ sich typischerweise in dem Moment, in dem das Ersatzteil eingebaut ist. Er bleibt nicht dauerhaft erhalten. Bei einer Radkappe ist es aber so, dass sich der „Bestimmungshinweis“ gerade nicht erschöpft; er ruft nach Montage der Radkappe vielmehr den Eindruck hervor, die Radkappe stamme von dem Markeninhaber/Originalhersteller.

1226 Beispiel aus BGH GRUR 1962, 537 – *Radkappe.*

1227 Das heißt nicht, dass bei Radkappen nicht auf der Rückseite der Hinweis eingestanzt sein könnte, für welche Fahrzeuge sie passen.

e. Mögliche Erscheinungsformen von Bestimmungshinweisen

Bestimmungshinweise müssen nicht verbalisiert und schriftlich, sondern können auch in bildlicher Form erfolgen. So kann etwa die Ware des Dritten beim bestimmungsgemäßen Einsatz mit/an dem Hauptprodukt, auf dem das fremde Kennzeichen zu erkennen ist, gezeigt werden[1228]. Selbst die Darstellung „am Objekt", wenn beispielsweise auf einem Messestand die Funktionen eines Zubehörteils am Original demonstriert oder bei einer Fahrzeugausstellung die optisch-ästhetisch wirkenden Ergebnisse von Tuning-Dienstleistungen dargestellt werden, kann eine zulässige Erscheinungsform sein[1229].

2. Notwendigkeit der Benutzung durch den Dritten

§ 23 Nr. 3 MarkenG gestattet die Benutzung fremder Kennzeichen durch Dritte nur, soweit die Benutzung notwendig ist.

Die besondere Bedeutung des Tatbestandsmerkmals der Notwendigkeit wurde in den vorstehenden Ausführungen mehrfach erwähnt. Trotz seiner Bedeutung wurde dieses Tatbestandsmerkmal in der Rechtsprechung und Literatur bislang oft wenig differenziert behandelt. Die Gerichte prüften die Notwendigkeit der Kennzeichennutzung (in den allermeisten Fällen handelte es sich um Marken) selbstverständlich im Rahmen von § 23 Nr. 3 MarkenG, allerdings eher kurz und oberflächlich[1230] oder, in einem Fall, nicht ohne gewisse Zweifel hervorzurufen[1231]. Noch nicht einmal hinsichtlich des Inhalts des Tatbestandsmerkmals der Notwendigkeit besteht Einigkeit in Rechtsprechung und Literatur. Einigkeit besteht lediglich insoweit, als das Tatbestandsmerkmal der Notwendigkeit die Frage nach dem „Ob" der Kennzeichenverwendung umfasst. Umstritten ist, ob Notwendigkeit darüber hinaus auch bezüglich der Art und Weise, des „Wie" der Kennzeichenverwendung, bestehen muss, sich die Prüfung der Notwendigkeit also auch auf die Frage erstreckt, ob das fremde Kennzeichen in dem konkreten Umfang und in der konkreten Art und Weise verwendet werden „muss". Die Ansicht, die die Einbeziehung des „Wie" in das Tatbestandsmerkmal der Notwendigkeit ablehnt, stellt die identischen Erwägungen im Rahmen des Unlauterkeitsvorbehalts an.

1228 BGH GRUR 2005, 163, 164 f. – *Aluminiumräder*; OLG Köln MarkenR 2008, 65, 67 f. – *Getunter Bentley*; *Ingerl/Rohnke*, MarkenG, § 23 Rn. 114.

1229 OLG Köln MarkenR 2008, 65, 69 – *Getunter Bentley*; *Ingerl/Rohnke*, MarkenG, § 23 Rn. 114.

1230 Z.B. BGH GRUR 2005, 423, 425 – *Staubsaugerfiltertüten*; OLG Hamburg, Beschluss vom 7.10.2007, Az.: 3 W 174/07 (juris; Tz. 27).

1231 BGH GRUR 2005, 163 – *Aluminiumräder*.

Eine Klärung dieser Streitfrage enthält möglicherweise das Urteil des BGH vom 14.4.2011 „*VW/ATU*"[1232]. Das Urteil ist bislang[1233] nicht veröffentlicht; aus der Pressemitteilung des BGH[1234] lassen sich keine eindeutigen Schlüsse ziehen.

a. Notwendigkeit hinsichtlich des „Ob" der Benutzung

Die Frage, wann Notwendigkeit hinsichtlich des „Ob" der Kennzeichenverwendung vorliegt, wurde vom Ansatz her bereits mit Anerkennung der selbständigen Funktion des § 23 Nr. 3 MarkenG, dem Informationsinteresse der Marktgegenseite zu dienen (oben unter I.1.b.), beantwortet.

Gleichwohl sollen die verschiedenen Ansätze, die exemplarisch in dem Verfahren „Gillette" vor dem EuGH vertreten wurden, dargestellt werden:

Dem dem EuGH vom Obersten Gerichtshof Finnlands zur Vorabentscheidung vorgelegten Verfahren lag folgender Sachverhalt zugrunde: Die amerikanische Gillette Company war Inhaberin der Marken „Gillette" und „Sensor", in Finnland eingetragen unter anderem für Rasierapparate. Sie bzw. ihre finnische Tochtergesellschaft vertrieb unter diesen Marken unter anderem Nassrasierer, die aus einem Griff einschließlich Klingenhalterung und einer auswechselbaren Rasierklinge bestehen. Gillette vertrieb außerdem separat zum Nachkauf einzelne Rasierklingen. Das Unternehmen LA-Laboratories bot unter der Marke „Parason Flexor" konstruktionsgleiche Nassrasierer sowie ebenfalls separat einzelne Rasierklingen an. Auf der Verkaufsverpackung der Klingen war ein Etikett mit der Aufschrift „Diese Klinge passt für alle Parason Flexor und alle Gillette Sensor Apparate" angebracht.

Gillette vertrat die Ansicht, das Tatbestandsmerkmal der Notwendigkeit sei restriktiv und ausschließlich wirtschaftlich begründet auszulegen[1235]. Das heißt, es müssten hohe Anforderungen an die Notwendigkeit hinsichtlich des „Ob" gestellt und verlangt werden, dass die Verwendung der fremden Marke für den Dritten überhaupt erst die Möglichkeit eröffnet, seine Ware mit Aussicht auf Absatz am Markt anbieten zu können. Um die Notwendigkeit in dem beschrie-

1232 Urteil vom 14.4.2011, Az.: I ZR 33/10 – *VW/ATU*. In dem Fall warb die bundesweit tätige Autowerkstattkette ATU in einem Prospekt mit der dreidimensional wirkenden Bildmarke von VW. Hiergegen klagte VW (vgl. die Entscheidungsbesprechung von *Hackbarth* in der Frankfurter Allgemeinen Zeitung vom 18.5.2011).

1233 Stand: 27.9.2011.

1234 Pressemitteilung des BGH Nr. 65/2011vom 19.4.2011.

1235 Vgl. Tz. 48 der Schlussanträge des Generalanwalts *Tizzano* vom 9.12.2004, Rs. C-228/03 – Gillette (BeckEuRS 2004, 396613).

benen Fall bejahen zu können, hätten demnach verschiedene Bedingungen erfüllt sein müssen: LA-Laboratories als Dritter i.S.v. Art. 6 Abs. 1 MarkenRL hätte nicht selbst Rasierapparate anbieten dürfen, zu denen die Klingen passen. Denn bei einem eigenen Rasierapparate-Angebot hätte der Hinweis auf die eigenen Apparate ausgereicht, um Klingen am Markt absetzen zu können. Weiterhin hätte es sich nicht um einen durch Normen standardisierten Markt handeln dürfen – etwa mit einer Standardgröße (ähnlich „Briefumschlag DIN C 6") und einer Standardtechnik der Klingen zum Einsatz in die Rasierapparate.

Die Regierung des Vereinigten Königreichs vertrat dagegen die Ansicht, für das Vorliegen der Notwendigkeit reiche es aus, wenn die Nennung der Marke ein wirksames und zielgenaues Mittel sei, um potentiellen Käufern der Ware Informationen über ihre Bestimmung zu vermitteln[1236]. Es bestünde sonst die Gefahr, dass Art. 6 Abs. 1 lit. c) MarkenRL in der Praxis leer liefe, wenn die Voraussetzung der Notwendigkeit des Hinweises auf die fremde Marke nur dann als erfüllt anzusehen wäre, wenn eine Vermittlung der Information, die der potentielle Käufer braucht, um die Bestimmung der Ware zu erfassen, anders nicht möglich sei[1237].

Die finnische Regierung und die EU-Kommission schlugen vor, die Eigenschaften der potentiellen Käufer einzubeziehen. Bei der Definition, wann ein Hinweis notwendig sei, sei danach zu unterscheiden, ob die Ware für den Endverbraucher oder andere Unternehmer bestimmt sei. Nur bei letzteren könnten technische Angaben die Informationen über die Bestimmung der Ware angemessen vermitteln, so dass es nicht notwendig sei, die fremde Marke zu erwähnen. Dem Durchschnittsverbraucher erschwere es das Fehlen einer solchen Erwähnung, die Bestimmung einer Ware zu erfassen, sofern es keine allgemein bekannten technischen Standards gebe, die es ihm ermöglichten, die Bestimmung der ihn interessierenden Ware leicht zu erfassen[1238].

Generalanwalt *Tizzano* schließlich legte in seinen Schlussanträgen dar, dass zwar sowohl Wortlaut als auch Entstehungsgeschichte des Art. 6 Abs. 1 lit. c) MarkenRL eine restriktive Auslegung nahe legen[1239]. Die Norm spreche von „Notwendigkeit" und nicht bloß von „Effektivität". Außerdem sei der Vorschlag der Kommission, nach dem der Dritte die fremde Marke „als Hinweis auf die Bestimmung von Zubehör- und Ersatzteilen" hätte benutzen können, nicht in die endgültige Richtlinien-Fassung aufgenommen worden. Die Vorschrift sei enger gefasst worden. Im Ergebnis sprach sich Generalanwalt *Tizzano* aber gegen eine

1236 Vgl. Tz. 44 der Schlussanträge.
1237 Vgl. Tz. 46 der Schlussanträge.
1238 Vgl. Tz. 47 der Schlussanträge.
1239 Tz. 51 f. der Schlussanträge.

restriktive Auslegung aus. Maßgeblich waren teleologische Erwägungen. Schutzzweck des Art. 6 Abs. 1 MarkenRL sei, einen Ausgleich zwischen dem umfassend geschützten Interesse des Markeninhabers an einer möglichst weitgehenden Monopolisierung seines Kennzeichens einerseits und dem Interesse des Wettbewerbs an einem freien Warenverkehr sowie der Dienstleistungsfreiheit im Gemeinsamen Markt andererseits zu finden. Das System eines unverfälschten Wettbewerbs müsse dem Verbraucher die Möglichkeit eröffnen, zwischen mehreren untereinander austauschbaren Waren zu wählen[1240]. Diese Wahlmöglichkeit sei nur gegeben, wenn der Verbraucher die Bestimmung der beworbenen Ware in vollem Umfang erkennen kann. Nur so könne der Wettbewerb zwischen Waren, die demselben Bedürfnis dienen, gesichert werden. Bei Fehlen eines Hinweises auf die Marken von Gillette auf den Verpackungen der Rasierklingen von LA-Laboratories würden die Verbraucher möglicherweise über keine anderen Mittel verfügen, von der zwischen diesen Waren und den Rasierapparaten von Gillette bestehenden Kompatibilität Kenntnis zu erlangen. Es bestünde somit die Gefahr, dass sie eine für ihre wirtschaftlichen Entscheidungen nützliche Auskunft nicht erhielten[1241].

Der EuGH stellte im Urteil „*Gillette*“[1242] zunächst fest, zum einen würden die Gillette-Marken von LA-Laboratories verwendet, um der Öffentlichkeit eine verständliche und vollständige Information über die Bestimmung der vertriebenen Ware zu liefern darüber, dass sie zu den Waren mit den Gillette-Marken passen. Zum anderen genüge die Feststellung, dass eine solche Benutzung einer Marke in den Fällen notwendig sei, in denen diese Information der Öffentlichkeit von einem Dritten praktisch nicht übermittelt werden kann, ohne die Marke zu benutzen, deren Inhaber der Dritte nicht ist. Die Benutzung müsse praktisch das einzige Mittel darstellen, um eine solche Information zu liefern. Dabei sei zu berücksichtigen, ob es gegebenenfalls technische Standards oder Normen gibt, die für die von dem Dritten vertriebene Warenart allgemein verwendet werden und der Öffentlichkeit, für die diese Warenart bestimmt ist, bekannt sind. Solche Normen und andere Merkmale müssten, so der EuGH weiter, geeignet sein, dieser Öffentlichkeit eine verständliche und vollständige Information über die Bestimmung der von dem Dritten vertriebenen Ware zu liefern, um das System eines unverfälschten Wettbewerbs auf dem Markt für diese Ware zu erhalten[1243].

Das heißt: Der EuGH verlangt nicht, dass der Dritte seine Ware ohne Verwendung der fremden Marke schlechthin nicht bewerben kann. Er lässt es genügen, wenn die *konkrete* Information, die die Nennung der Marke vermitteln soll, der

1240 Tz. 56 der Schlussanträge.
1241 Tz. 64 der Schlussanträge.
1242 EuGH GRUR 2005, 509 – *Gillette.*
1243 EuGH GRUR 2005, 509, 511 f. (Tz. 34 ff.) – *Gillette.*

Marktgegenseite anders nicht gegeben werden kann[1244]. Der EuGH legt es damit in die Hand des Dritten zu bestimmen, welche Informationen übermittelt werden sollen. So konnte LA-Laboratories die Information übermitteln, dass die Klingen auch für die (verbreiteten) Gillette-Rasierer passen. Notwendigkeit besteht dann wiederum aber nur, wenn die Verwendung der fremden Marke zur konkreten Informationsübermittlung alternativlos, sie also das praktisch einzige Mittel ist, die Information zu vermitteln. An die Eignung der Alternativen stellt der EuGH strenge Anforderungen. Nur, wenn die alternative Beschreibung ebenso verständlich und vollständig ist wie die Beschreibung unter Verwendung der fremden Marke, liegt eine („echte“) Alternative vor, die die Notwendigkeit der Markenverwendung entfallen lässt. Alternativen dürfte es damit nur in wenigen Fällen geben, etwa, wie vom EuGH erwähnt, bei Bestehen technischer Standards oder Normen, die dem Durchschnittsverbraucher bekannt sind. Insbesondere bei Waren oder Dienstleistungen, die gerade und ausschließlich auf Produkte einer bestimmten Marke ausgerichtet sind, dürften keine „echten“ Alternativen bestehen[1245]. Der EuGH will also die Notwendigkeit der Verwendung einerseits streng im Sinne einer Alternativlosigkeit geprüft wissen, stellt aber andererseits hohe Anforderungen an die Eignung alternativer Möglichkeiten zur Angabe der Bestimmung[1246].

Die soeben getroffene Feststellung, es liege in der Hand des Dritten zu bestimmen, welche konkreten Informationen er übermitteln will, muss nochmals aufgegriffen und konkretisiert werden. Sie bedeutet, dass grundsätzlich – sehr weit – jede Benutzung zu Informationszwecken und jede sachlich gebotene Information[1247], durch die die Marktgegenseite erfährt, wie das Produkt einsetzbar ist,

1244 *Steinbeck*, JZ 2005, 1106, 1107.

1245 So auch das OLG Köln. In seinem Urteil „*Getunter Bentley*“ stellte es fest, das beworbene Dienstleistungsangebot (Tuning-Dienstleistungen) beziehe sich ausdrücklich und ausschließlich auf Automobile der klägerischen Marke (Bentley), so dass deren Darstellung in einer Werbung, aus der die Bestimmung der angebotenen Leistung deutlich werden soll, unumgänglich erscheine (OLG Köln MarkenR 2008, 65, 68 – *Getunter Bentley*).

1246 *Ingerl/Rohnke*, MarkenG, § 23 Rn. 116.

1247 Nicht erfasst sind selbstverständlich abwegige und ersichtlich vorgeschobene Angaben, um sich an eine Marke anhängen zu können. Ein Beispiel wäre ein Hersteller gewöhnlicher Schuhpflegemittel, der angibt, seine Schuhpflege sei bestimmt für die Schuhe einer bestimmten Marke. Insoweit kann auf die alte, unter Geltung des WZG zu § 1 UWG a.F. ergangene Rechtsprechung zurückgegriffen werden: Die Notwendigkeit der Verwendung wurde bejaht, wenn die Benennung mit der fremden Marke oder geschäftlichen Bezeichnung zu einer Aufklärung des Verkehrs über den Verwendungszweck des Zubehörs oder Ersatzteils für ein fremdes Originalprodukt sachlich geboten war und insoweit eine sachliche Rechtfertigung für die Benutzung der fremden Marke oder geschäftlichen Bezeichnung bestand (vgl. z.B. BGH GRUR 1968,

übermittelt werden darf und damit freistellungsfähig ist[1248], solange es sich um eine Bestimmungsangabe im oben definierten Sinne zur Information der Marktgegenseite handelt (und selbstverständlich kein Verstoß gegen die guten Sitten vorliegt). Das ist nicht zuletzt Folge der Anerkennung der selbständigen Funktion des Art. 6 Abs. 1 lit. c) MarkenRL / § 23 Nr. 3 MarkenG, dem Informationsinteresse der Marktgegenseite zu dienen.

Bei Zugrundelegung der dargestellten Rechtsprechung und der hier vertretenen Ansicht ist das Urteil des BGH „*Aluminiumräder*"[1249] kritisch zu betrachten. Dort ging es unter anderem um die Notwendigkeit hinsichtlich des „Ob" einer Markenverwendung[1250]. Die Porsche AG klagte gegen eine Herstellerin von Aluminiumrädern. Die Beklagte hatte in der Werbung für ihre Aluminiumräder einen Porsche 911 abgebildet, der mit ihren Rädern ausgerüstet war. Neben der Abbildung stand der Werbespruch „So wie Mode Menschen macht, so verändern Räder Autos. Wir von R.A. [Bekl.] machen Mode fürs Auto." Da das Fahrzeug von schräg-vorne fotografiert worden war, war die als Porsche-Wappen bekannte Wort-/Bildmarke der Porsche AG deutlich auf der Motorhaube zu erkennen. Die Porsche AG sah darin eine Verletzung ihrer Rechte. Dieser Ansicht schloss sich der BGH nicht an. Er sah vielmehr die Voraussetzungen des § 23 Nr. 3 MarkenG als erfüllt an, weil nach der Art des Produkts eine solche Darstellung notwendig sei[1251]. Der ästhetische Eindruck, auf den es Käufern solcher Räder in erster Linie ankomme, könne in vollem Umfang nur vermittelt werden, wenn die Räder nicht isoliert und nicht nur im Ausschnitt eines Radkastens gezeigt würden. Solche Aluminiumräder sollten das Fahrzeug schmücken. Ihre volle ästhetische Wirkung entfalteten sie nur in der Gesamtbetrachtung mit dem Fahrzeug[1252].

698, 700 – *Rekordspritzen*; BGH GRUR 1962, 537, 540 – *Radkappe*; BGH GRUR 1958, 343, 344 – *Bohnergerät*; vgl. auch *Fezer*, MarkenR, § 23 MarkenG Rn. 102).

1248 So auch *Steinbeck*, KSzW 2010, 223, 227. Sie führt unter anderem aus, der EuGH habe durch eine weite Auslegung der Schutzschranke im Urteil „*Gillette*" dazu beigetragen, dass den Interessen der Verbraucher an *weitgehender* Produktinformation angemessen Rechnung getragen werde (Hervorhebung durch Verf.). Enger *Ingerl/Rohnke*, MarkenG, § 23 Rn. 117.

1249 BGH GRUR 2005, 163 – *Aluminiumräder*.

1250 *Hacker* ist abweichend der Ansicht, das Urteil betreffe die Notwendigkeit hinsichtlich des „Wie" der Markenverwendung (Ströbele/*Hacker*, MarkenR, § 23 Rn. 86). *Ingerl/Rohnke* führen aus, das Urteil könne auch als das „Wie" betreffend verstanden werden (MarkenG, § 23 Rn. 119).

1251 BGH GRUR 2005, 163, 164 – *Aluminiumräder*.

1252 Auf den zu vermittelnden Gesamteindruck stellte auch das OLG Köln in einem ähnlichen „Tuning-Fall" ab (OLG Köln MarkenR 2008, 65 – *Getunter Bentley*). Es führte aus: Da es den Interessenten – Liebhabern exklusiver Marken-Automobile – vor allem

Meines Erachtens lag hier eine Notwendigkeit hinsichtlich des „Ob“, nämlich das Fahrzeug so abzubilden, dass die Wort-/Bildmarke auf der Motorhaube deutlich sichtbar ist, nicht vor. Eine Aufnahme des Fahrzeugs aus einer anderen Perspektive – ohne Abbildung der Wort-/Bildmarke – hätte selbst dem phantasielosen Betrachter, der Wert auf den ästhetischen Gesamteindruck legt, einen gleichwertigen Eindruck vermittelt. Gleiches wäre bei einem Wegretuschieren des Porsche-Wappens der Fall gewesen. Hier hätten also „echte“ Alternativen im obigen Sinne bestanden. Die zu übermittelnde Information und sogar der Gesamteindruck wären ohne Abbildung des Porsche-Wappens vollständig und verständlich gewesen[1253]. Aus diesem Grund ging es im Übrigen auch um das „Ob“ und nicht um das „Wie“ der Markenverwendung. Darauf, dass man den Porsche 911 als solchen auch bei einer anderen Aufnahme erkannt hätte, wäre es nicht angekommen. Denn die Porsche AG ist nicht aus der Formmarke an der Karosserie, sondern aus ihrer Wort-/Bildmarke vorgegangen[1254].

b. Notwendigkeit auch hinsichtlich des „Wie“ der Benutzung?

Wie einleitend zu diesem Abschnitt erwähnt, besteht Streit darüber, ob das Tatbestandsmerkmal der Notwendigkeit auch das „Wie“ der Markenverwendung – die Art und Weise der Verwendung – erfasst. Die Frage ist also, ob eine Notwendigkeit der Kennzeichenverwendung nur dann vorliegt, wenn sich der „Eingriff“ des Dritten in das fremde Kennzeichenrecht – konkret – auf ein Minimum beschränkt oder ob die Notwendigkeit schon vorliegt, wenn der Dritte im soeben unter a. erörterten Sinne – abstrakt – überhaupt auf eine Kennzeichenverwendung angewiesen ist.

In der instanzgerichtlichen Rechtsprechung wird sowohl die Ansicht vertreten, das „Wie“ der Kennzeichenverwendung sei dem Tatbestandsmerkmal der Notwendigkeit zuzuordnen als auch die, die Notwendigkeit beschränke sich auf das „Ob“ der Markenverwendung.

---

auf den ästhetischen Gesamteindruck ankomme, den das getunte Fahrzeug vermittelt (in der Werbung war zusammenfassend von einem Aerodynamik-Design die Rede), sei es notwendig, nicht allein die einzubauenden Ersatzteile, sondern auch das (mittels Frontspoilersatz, Seitenschwellern und Heckschürze sowie weiteren exklusiven Zubehör- und Zierteilen) veränderte Fahrzeug insgesamt in der Werbung abzubilden. Ohne Wiedergabe der Klagemarke würde der Gesamteindruck des getunten Fahrzeugs verfälscht (S. 68). Auf diese Feststellungen verwies das OLG Köln im Urteil noch mehrfach, z.B. bezüglich eines Sportlenkrads, das einschließlich Mittelachse, Airbag und Klagemarke abgebildet worden war (S. 69).

1253 *Steinbeck*, JZ 2005, 1106, 1107.

1254 *Steinbeck*, JZ 2005, 1106, 1107.

Das OLG Düsseldorf etwa prüfte in seinem Urteil „*Peugeot-Tuning*" bei der Notwendigkeit im Rahmen des § 23 Nr. 3 MarkenG das „Wie" der Kennzeichenverwendung[1255]. Die konkrete Verwendung des Zeichens „Peugeot" als einzigem unterscheidungskräftigen Bestandteil in der Internetadresse „peugeot-tuning.de" ohne Zusatz, der darauf schließen lässt, dass es sich nur um eine Bestimmungsangabe der von einem Drittanbieter angebotenen Dienstleistung handelt, sei nicht notwendig i.S.v. § 23 Nr. 3 MarkenG, um auf die Art und die Bestimmung der von dem Beklagten angebotenen Dienstleistungen hinzuweisen. Offen bleiben könne, ob hierzu überhaupt die Verwendung des geschützten Zeichens gerade in der Internet-Domain erforderlich sei. Jedenfalls bestehe keine Notwendigkeit für die Benutzung in der konkreten Art und Weise. Es sei dem Beklagten, einem unabhängigen Anbieter von Tuning-Dienstleistungen, ohne weiteres möglich gewesen, durch Aufnahme seines Namens und eines weiteren Zusatzes (z.B. Tuning „von" Peugeot-Fahrzeugen) deutlich zu machen, dass er, nicht die Klägerin (das deutsche Tochterunternehmen der französischen Peugeot S.A.) oder ein von ihr hierzu ermächtigtes Unternehmen der Anbieter der Tuning-Dienstleistungen sei. Er habe die angesprochenen Verkehrskreise dennoch verständlich über die Bestimmung der von ihm angebotenen Dienstleistungen informieren können. Das OLG Düsseldorf bejahte also die Notwendigkeit hinsichtlich des „Ob" der Markenverwendung, die hinsichtlich des „Wie" prüfte und verneinte es.

Das OLG München indes stellte in einem Urteil klar, die Notwendigkeit i.S.v. § 23 Nr. 3 MarkenG enthalte kein wertendes Element. Eine notwendige Benutzung sei stets gegeben, wenn die Benennung der fremden Marke zur Aufklärung des Verkehrs über den Verwendungszweck des Zubehörs oder Ersatzteils sachlich geboten sei. Erst bei Prüfung eines Verstoßes gegen die guten Sitten sei eine wertende Beurteilung im Hinblick auf die Art und Weise der Markenverwendung vorzunehmen. Der Unlauterkeitsvorbehalt würde bedeutungslos, wenn schon auf der Prüfungsebene der Notwendigkeit qualitative Gesichtspunkte berücksichtigt würden[1256]. Alle möglicherweise im „Wie" zu prüfenden Umstände ordnete das OLG München dem Unlauterkeitsvorbehalt zu.

Der BGH hat meines Erachtens bislang – wenn nicht im erwähnten, noch nicht veröffentlichten Urteil „*VW/ATU*" – keine eindeutigen Ausführungen zu dieser Streitfrage gemacht. Allenfalls aus dem dargestellten Urteil „*Aluminiumräder*" könnte geschlossen werden, welcher Ansicht der BGH ist. Die in der Literatur aus diesem Urteil gezogenen Schlüsse sind freilich höchst unterschiedlich: *Sacré/Kops* lesen aus dem Urteil „*Aluminiumräder*" (und im Übrigen auch aus dem

1255 OLG Düsseldorf GRUR-RR 2007, 102, 103 – *Peugeot-Tuning*.
1256 OLG München, Urteil vom 13.2.2003, Az.: 29 U 3639/02 (BeckRS 2003, 30306766).

Urteil „*Staubsaugerfiltertüten*") heraus, der BGH prüfe nur das „Ob" der Markenverwendung im Rahmen des Tatbestandsmerkmals der Notwendigkeit; das „Wie" prüfe er im Rahmen der Lauterkeit[1257]. *Hacker* versteht das Urteil „*Aluminiumräder*" so, als habe der BGH hier das „Wie" der Markenverwendung im Rahmen des Tatbestandsmerkmals der Notwendigkeit geprüft[1258]. Ähnlich, aber nur als eine Verständnismöglichkeit von mehreren, führen *Ingerl/Rohnke* aus, im Sinne einer Prüfung der Notwendigkeit der konkreten Verwendungsform (des „Wie") könne es verstanden werden, wenn der BGH die Notwendigkeit der bildlichen Darstellung der Reifen an einem Porsche damit begründe, dass ihr ästhetischer Eindruck in vollem Umfang nur vermittelt werden könne, wenn sie nicht lediglich isoliert oder im Ausschnitt des Radkastens gezeigt würden, sondern in der Gesamtbetrachtung mit dem Fahrzeug[1259].

Meines Erachtens ging es dem BGH in der Entscheidung, wie ausgeführt, einzig um das „Ob" der Verwendung des Porsche-Wappens durch den Hersteller der Aluminiumräder, der die Information über die Bestimmung seiner Räder – abstrakt betrachtet – auch ohne Verwendung einer Porsche-Marke, sei es des Wappens, sei es einer Angabe in Normalschrift neben dem Foto wie „passend für den Porsche 911" oder „schmücken den Porsche 911"[1260], hätte übermitteln können.

In dem noch nicht veröffentlichten Urteil „*VW/ATU*" ging es, soweit der Pressemitteilung des BGH und der Entscheidungsbesprechung von *Hackbarth* in der Frankfurter Allgmeinen Zeitung zu entnehmen ist, um das „Wie" der Verwendung der VW-Marke. In dem Fall war es nach Ansicht des BGH offensichtlich hinsichtlich des „Ob" der Markenverwendung notwendig, die Marke VW überhaupt zu verwenden, um das eigene Dienstleistungsangebot, nämlich unter anderem die Inspektion von Fahrzeugen des Herstellers VW, zu beschreiben. Die Prüfung der Art und Weise der Markenverwendung – ob im Rahmen des Tatbestandsmerkmals der Notwendigkeit oder des Unlauterkeitsvorbehalts ist nicht ersichtlich – führte dazu, dass der BGH das Eingreifen der Schutzschranke des § 23 Nr. 3 MarkenG ablehnte: ATU hätte ohne weiteres auf die Wortzeichen „VW" oder „Volkswagen" zurückgreifen können; auf die Verwendung der Bildmarke war ATU „nicht angewiesen"[1261].

1257 *Sacré/Kops*, MarkenR 2007, 468, 470.

1258 Ströbele/*Hacker*, MarkenG, § 23 Rn. 86.

1259 *Ingerl/Rohnke*, MarkenG, § 23 Rn. 119.

1260 Wie solche Angaben im Rahmen des Unlauterkeitsvorbehalts zu bewerten sind, bleibt an dieser Stelle unerörtert.

1261 So der Wortlaut der Pressemitteilung des BGH (Nr. 65/2011).

Der EuGH hat die zu beantwortende Frage ebenfalls noch nicht ausdrücklich erörtert. Mittelbar können allenfalls Schlüsse aus dem Urteil „*BMW/Deenik*“[1262] gezogen werden. Der EuGH unterschied im Rahmen der Notwendigkeit nicht zwischen den verschiedenen Wort- und Bildmarken von BMW. Er sprach schlicht von „den BMW-Marken“[1263], deren Verwendung notwendig sei, um den Zweck der Dienstleistung zu bezeichnen. Eine Unterscheidung hätte der EuGH aber vorgenommen, wenn er die Frage des „Wie“ dem Tatbestandsmerkmal der Notwendigkeit zuordnen würde. Schließlich wäre die – auch noch zusätzlich zur Wortmarke erfolgende – Verwendung der Bildmarken ein „Paradefall“ gewesen, auf das „Wie“ der Markenverwendung einzugehen und die Notwendigkeit der Markenverwendung insgesamt zu verneinen.

In der Literatur werden zur Frage der Reichweite des Tatbestandsmerkmals der Notwendigkeit ebenfalls beide Ansichten vertreten:

Ingerl/Rohnke und *Hacker* sind, allerdings ohne eine nähere Begründung zu geben, der Auffassung, die Prüfung der Notwendigkeit erstrecke sich auch auf das „Wie“ der Markenverwendung[1264].

Steinbeck indes ist der Ansicht, bei dem Erfordernis der Notwendigkeit komme es allein auf die Frage an, ob die Nennung der fremden Marke erforderlich ist, um die Bestimmung der Ware zu verdeutlichen. Im Rahmen der Schranken-Schranke – dem Unlauterkeitsvorbehalt – sei zu prüfen, ob die Art und Weise der Markennennung und der Werbung insgesamt den anständigen Gepflogenheiten in Gewerbe und Handel entspricht[1265]. Der Übergang zwischen beiden Tatbestandsmerkmalen sei, so räumt *Steinbeck* ein, freilich fließend. *Sacré/Kops* vertreten in ihrem Beitrag zu der Frage, ob Bildmarken als Bestimmungs- und Verwendungshinweis notwendig i.S.v. § 23 Nr. 3 MarkenG sein können[1266], die Auffassung *Steinbecks*: Hinter dem Erfordernis der Notwendigkeit stehe nicht mehr als die Frage, ob die Verwendung der Marken für den Fremdanbieter allgemein erforderlich ist. Im Rahmen der Notwendigkeit sei daher allein die Frage zu stellen: „Braucht der Anbieter grundsätzlich die fremde Marke / die fremden Marken für seine geschäftliche Tätigkeit?“. Im Rahmen der Lauterkeit sei zu

1262 EuGH GRUR Int. 1999, 438 – *BMW/Deenik*.

1263 EuGH GRUR Int. 1999, 438, 442 (Tz. 60) – *BMW/Deenik*. Tz. 6 des Urteils (S. 439) ist zu entnehmen, dass BMW beim Beneluxmarkenamt den Markennamen BMW sowie zwei Bildzeichen unter anderem für Motoren und Kraftfahrzeuge sowie Ersatzteile und Zubehör von Motoren und Kraftfahrzeugen hat eintragen lassen. Diese Marken bezeichnet der EuGH zusammenfassend als „BMW-Marken“.

1264 *Ingerl/Rohnke*, MarkenG, § 23 Rn. 119; Ströbele/*Hacker*, MarkenG, § 23 Rn. 86.

1265 *Steinbeck*, JZ 2005, 1106, 1107.

1266 *Sacré/Kops*, MarkenR 2007, 468 ff.

fragen: „Darf er sie so nutzen?“[1267] Auch *Schalk* vertritt die Auffassung, im Rahmen der Notwendigkeitsprüfung sei allein entscheidend, ob der Drittnutzer die Marken für seine Zwecke brauche[1268].

Für die Prüfung auch des „Wie“ der Markenverwendung im Rahmen des Tatbestandsmerkmals der Notwendigkeit könnte der Wortlaut von § 23 Nr. 3 MarkenG sprechen. Er lautet, „*soweit* die Benutzung dafür notwendig ist“. „Soweit“ deutet darauf hin, dass es nicht um ein „Entweder-Oder“ geht, sondern dass es auch eine „teilweise Notwendigkeit“ geben kann. Sie wiederum ist nur möglich, wenn das „Wie“ einbezogen wird. Der Wortlaut von Art. 6 Abs. 1 lit. c) MarkenRL lautet allerdings, „*falls* dies notwendig ist“. Die Gesetzesbegründung zum MarkenG enthält keine Hinweise, dass die abweichende Wortwahl auf eine inhaltliche Abweichung zielt. Da die Richtlinienvorgaben verbindlich und inhaltliche Abweichungen daher grundsätzlich unzulässig sind[1269], kann aus dem Wort „soweit“ in § 23 Nr. 3 MarkenG nicht geschlossen werden, dass sich das Tatbestandsmerkmal der Notwendigkeit auch auf das „Wie“ der Kennzeichenverwendung bezieht.

Gegen die Einbeziehung auch des „Wie“ der Kennzeichenverwendung in das Tatbestandsmerkmal der Notwendigkeit sprechen meines Erachtens die besseren Argumente: Der Unlauterkeitsvorbehalt wird, wie in den tatbestandsübergreifenden Erörterungen dargestellt, von EuGH und BGH in ständiger Rechtsprechung so verstanden, dass er der Sache nach der Pflicht des Dritten entspricht, den berechtigten Interessen des Kennzeicheninhabers nicht in unlauterer Weise zuwiderzuhandeln. Das heißt, die Interessen des Kennzeicheninhabers sind maßgeblich für die Beantwortung der Frage, ob eine Kennzeichenverwendung gegen die guten Sitten verstößt bzw. eine Markenverwendung den anständigen Gepflogenheiten in Gewerbe und Handel entspricht. Dass die Kennzeichenverwendung auf möglichst „schonende“ Art und Weise erfolgt, sie sich also auf ein Minimum beschränkt, entspricht gerade dem Interesse des Kennzeicheninhabers. Gesetzessystematisch erscheint es daher angebracht, das „Wie“ der Kennzeichenverwendung im Rahmen des Unlauterkeitsvorbehalts zu prüfen, der Raum bietet für die Berücksichtigung der Interessen des Kennzeicheninhabers. Das eher auf eine starre, schematische Prüfung deutende Tatbestandsmerkmal der Notwendigkeit sollte nicht ohne Grund mit wertenden Betrachtungen angefüllt werden, wenn prüfungstechnisch nachgelagert ausreichend Raum besteht. *Sacré/Kops* weisen ferner, wie schon Generalanwalt *Tizzano*, auf die Entstehungsgeschichte der MarkenRL hin. Dass hinter dem Erfordernis der Notwen-

1267 *Sacré/Kops*, MarkenR 2007, 468, 472.
1268 Büscher/Dittmer/Schiwy/*Schalk*, GewRS, Teil 1, Kap. 3, § 23 MarkenG Rn. 21.
1269 Das galt auch schon für den abweichenden Wortlaut des Unlauterkeitsvorbehalts. Vgl. dazu *Steinbeck*, JZ 2005, 1106, 1108 (Fn. 7).

digkeit nicht mehr stehe als die Frage, ob die Verwendung der Marke für den Fremdanbieter allgemein erforderlich sei, könne man letztlich dem Vorschlag der Kommission für die MarkenRL entnehmen. Im Gegensatz zur endgültigen Fassung von Art. 6 MarkenRL habe dieser vorgesehen, dass Dritte die fremde Marke „als Hinweis für die Bestimmung von Zubehör- und Ersatzteilen" benutzen können. Die spätere Hinzunahme der Notwendigkeit belege, dass hiermit ganz andere als die wertenden Kriterien des Verstoßes gegen die guten Sitten erfasst werden sollten[1270].

Zusammenfassend ist festzuhalten: Nach der hier vertretenen Ansicht ist im Rahmen des Tatbestandsmerkmals der Notwendigkeit lediglich zu prüfen, ob der Dritte der Marktgegenseite eine verständliche und vollständige Information über die Bestimmung seiner Ware/Dienstleistung praktisch nur mittels Verwendung des fremden Kennzeichens geben kann. Alles Weitere ist im Rahmen des Unlauterkeitsvorbehalts zu prüfen, insbesondere, ob es „schonendere" Möglichkeiten als die konkrete Kennzeichenverwendung gibt.

III. Der Unlauterkeitsvorbehalt bei § 23 Nr. 3 MarkenG

Die Freistellung nach § 23 Nr. 3 MarkenG steht, wie die übrigen Tatbestände des § 23 MarkenG, unter dem Vorbehalt, dass die Benutzung nicht gegen die guten Sitten verstößt. Der Sache nach entspricht, wie ausgeführt, der Unlauterkeitsvorbehalt der Pflicht des Dritten, den berechtigten Interessen des Kennzeicheninhabers nicht in unlauterer Weise zuwiderzuhandeln.

1. Allgemeines

Wie im Rahmen von § 23 Nr. 2 MarkenG ist die Frage, ob Unlauterkeit vorliegt, unter Würdigung aller Umstände des Einzelfalls zu beantworten. Es sind neben der Benutzungshandlung selbst alle Begleitumstände zu berücksichtigen, also auch Umstände, die außerhalb des eigentlichen Zeichenvergleichs liegen[1271]. Allein der Umstand, dass die fremde Marke markenmäßig benutzt wird, reicht für die Annahme der Unlauterkeit nicht aus. Die Unlauterkeit kann auch nicht allein damit begründet werden, dass der Verletzungstatbestand der Doppeliden-

1270 *Sacré/Kops*, MarkenR 2007, 468, 471.

1271 Ströbele/*Hacker*, MarkenG, § 23 Rn. 87; Büscher/Dittmer/Schiwy/*Schalk*, GewRS, Teil 1, Kap. 3, § 23 MarkenG Rn. 22.

tität, § 14 Abs. 2 Nr. 1 MarkenG, oder der der Verwechslungsgefahr, §§ 14 Abs. 2 Nr. 2, 15 Abs. 2 MarkenG, erfüllt ist[1272].

Zu den in die Gesamtwürdigung einzustellenden Umständen, die sich alle in den nachfolgend unter 2. dargestellten Unlauterkeitsfallgruppen wiederfinden, zählen unter anderem

- die Art bzw. der Gegenstand der Ware/Dienstleistung des Dritten,
- die Art und Weise der Verwendung des fremden Kennzeichens, insbesondere der konkrete Umfang und die Form der Darstellung im Rahmen der „Gesamtdarbietung" der von dem Dritten vertriebenen Ware/angebotenen Dienstleistung,
- Kenntnisse der angesprochenen Verkehrskreise über die konkreten Marktgegebenheiten,
- ob der Dritte selbst Waren vertreibt, mit/an denen zusammen die beschriebene Ware/Dienstleistung verwendet/erbracht werden kann,
- ob der Dritte eine eigene Marke oder ein eigenes Zeichen für diese Waren hat.

2. Einzelne unlauterkeitsbegründende Umstände / Unlauterkeitsfallgruppen

Der EuGH hat im Urteil „*Gillette*" vier Unlauterkeitsfallgruppen herausgearbeitet, die allerdings ergänzt werden können und denen weitere hinzuzufügen sind. Die vom EuGH im Urteil „*Gillette*" herausgearbeiteten Unlauterkeitsfallgruppen sollen dennoch einmal als gedanklicher Ausgangspunkt komprimiert aufgelistet werden.

Der EuGH führte aus: Die Benutzung der Marke entspricht den anständigen Gepflogenheiten in Gewerbe oder Handel insbesondere dann nicht, wenn

- sie in einer Weise erfolgt, die glauben macht, dass eine Handelsbeziehung zwischen dem Dritten und dem Markeninhaber besteht,
- sie den Wert der Marke dadurch beeinträchtigt, dass sie deren Unterscheidungskraft oder deren Wertschätzung in unlauterer Weise ausnutzt,

1272 Ströbele/*Hacker*, MarkenG, § 23 Rn. 88.

- durch sie diese Marke herabgesetzt oder schlechtgemacht wird oder
- der Dritte seine Ware als Imitation oder Nachahmung der Ware mit der Marke darstellt, deren Inhaber er nicht ist[1273].

Die ersten beiden Fallgruppen hatte der EuGH bereits im Urteil „*BMW/Deenik*“[1274] entwickelt, die letzten beiden entwickelte er im Urteil „*Gillette*“ ersichtlich unter Rückgriff auf die Richtlinie über vergleichende Werbung[1275].

Mehr als diese abstrakten „Obersätze“ lassen sich den Urteilen des EuGH nicht entnehmen[1276]. Der EuGH wies vielmehr selbst ausdrücklich darauf hin, es sei Sache des vorlegenden Gerichts, anhand der „Gesamtdarbietung“ zu prüfen, ob die Benutzung der Marken im Einzelfall den anständigen Gepflogenheiten in Gewerbe oder Handel entsprochen hat[1277].

a. Erwecken des unzutreffenden Eindrucks, die Ware/Dienstleistung stamme vom Markeninhaber oder es bestehe eine Handelsbeziehung zu ihm

Unlauterkeitsbegründend ist, wenn der Dritte das fremde Kennzeichen in einer Weise benutzt, die bei den angesprochenen Verkehrskreisen den unzutreffenden Eindruck erweckt, es handele sich um Waren/Dienstleistungen des Originalherstellers/Markeninhabers[1278] oder es bestehe zumindest eine Handelsbeziehung zu ihm.

Den Dritten trifft also die Obliegenheit, eine Irreführung der angesprochenen Verkehrskreise zu vermeiden, die darin besteht, dass der Verkehr beispielsweise einem Markeninhaber die Ware des Dritten zurechnet oder er davon ausgeht, ein Dienstleistungsanbieter gehöre zum Vertriebsnetz des Markeninhabers. Der Dritte muss also einer Herkunftstäuschung entgegenwirken; der Sache nach geht es um Irreführungsschutz. Eine Herkunftstäuschung in diesem Sinne liegt nicht schon vor, wenn das Vorliegen einer Verwechslungsgefahr bejaht wurde. Her-

---

1273 EuGH GRUR 2005, 509, 513 (Tz. 49) – *Gillette*.

1274 EuGH GRUR Int. 1999, 438, 442 (Tz. 51 f.) – *BMW/Deenik*.

1275 Richtlinie 84/450/EWG des Rates vom 10.9.1984 über irreführende und vergleichende Werbung (ABl L 250, S. 17); heute: Richtlinie 2006/114/EG des Europäischen Parlaments und des Rates vom 12.12.2006 über irreführende und vergleichende Werbung (ABl L 376, S. 21).

1276 *Steinbeck*, JZ 2005, 1006, 1008.

1277 EuGH GRUR 2005, 509, 512 (Tz. 46) – *Gillette*.

1278 Das gilt auch dann, wenn der Eindruck entsteht, die Ware/Dienstleistung stamme aus einer Zweitlinie des Kennzeicheninhabers.

kunftstäuschung und (tatbestandliche) Verwechslungsgefahr sind nicht identisch. Eine Herkunftstäuschung kann nämlich – dazu sogleich – durch klarstellende Angaben vermieden werden. Dagegen finden derartige Angaben und alle sonstigen Begleitumstände der Zeichennutzung bei der Verwechslungsgefahr gerade keine Berücksichtigung[1279].

Nicht zuletzt um einen ausreichenden Abstand zur Verwechslungsgefahr sicherzustellen, stellt der BGH erhöhte Anforderungen an den Nachweis der Herkunftstäuschung bzw. – in seinen Worten – der Täuschungsgefahr. Nachzuweisen sei, so der BGH im Urteil „*Staubsaugerfiltertüten*", eine Täuschungsgefahr, die über die der Bestimmungsangabe immanente Verbindung hinausgehe und die auf der konkreten Aufmachung der Angabe beruhen müsse. Die Täuschungsgefahr dürfe nicht nur auf mangelndem Wettbewerb, eingefahrenen Wettbewerbsstrukturen oder Vertriebsbesonderheiten beruhen[1280]. Der Einholung eines Umfragegutachtens zur Klärung des Verkehrsverständnisses als Vorfrage der Unlauterkeitsbeurteilung solle es dennoch allenfalls in Ausnahmefällen bedürfen und auch nur dann, wenn das Gericht nicht zu den angesprochenen Verkehrskreisen gehört.

Um einer Herkunftstäuschung entgegenzuwirken, bedarf es – neben der Vermeidung einer „überschießenden" Kennzeichenverwendung, auf die unter d. ausführlich eingegangen wird – regelmäßig klarstellender Angaben seitens des Dritten. Welche Angaben geeignet sind, der jeder Bestimmungsangabe i.S.v. § 23 Nr. 3 MarkenG immanenten Gefahr des Erweckens eines unzutreffenden Eindrucks entgegenzuwirken, ist eine Frage des Einzelfalls. Gleichwohl lassen sich einige allgemeinere Feststellungen treffen:

Angaben wie „passend für …" oder „geeignet für …" dürften für sich genommen nicht ausreichen, um eine Herkunftstäuschung zu vermeiden. Sie werden nämlich typischerweise in genau dieser Art und Weise vom Originalhersteller verwendet, der seine Originalersatzteile und sein Zubehör beschreibt. Gleichzeitig sind solche Formulierungen die gängigste und für den Dritten einfachste, fast alternativlose Möglichkeit, auf die Bestimmung seines Produkts hinzuweisen. Das heißt, wenn sich aus anderen Umständen eindeutig ergibt, dass das beschriebene Produkt nicht vom Kennzeicheninhaber stammt, ist eine Angabe wie „passend für …" geeignet, einer Herkunftstäuschung entgegenzuwirken.

1279 Z.B. BGH GRUR 2004, 860, 863 – *Internetversteigerung I* (zu den Begleitumständen der Offenlegung der Fälschung und Preisgestaltung); *Steinbeck*, KSzW 2010, 223, 228; Ströbele/*Hacker*, MarkenG, § 14 Rn. 182 ff.

1280 BGH GRUR 2005, 423, 425 f. – *Staubsaugerfiltertüten*.

Macht der Dritte die Angabe, sein Produkt passe für Produkte einer Vielzahl von Herstellern (z.B. „Rasierklingen passend für Gillette Sensor, Wilkinson Sword und Balea Fantastique[1281]"), dürfte eine Herkunftstäuschung in der Regel ausgeschlossen sein. Denn die angesprochenen Verkehrskreise werden die Angabe kaum so verstehen, als bestünden Handelsbeziehungen zu einem der genannten Hersteller oder die Klingen stammten aus dem Hause eines der Original-Hersteller[1282].

Die gleichzeitige Benutzung der eigenen Marke des Dritten dürfte dann nicht genügen, wenn sie für eine Zweitmarke des Originalherstellers gehalten werden kann. Eine Rolle für das Verständnis spielen wird etwa, ob die Marke des Originalherstellers im Verhältnis klein, gleichgroß oder sogar größer als die eigene Marke des Dritten erscheint und ob sie nur im Fließtext verwendet wird oder blickfangmäßig hervorgehoben ist.

b. Erwecken des unzutreffenden Eindrucks, die Ware/Dienstleistung sei vom Markeninhaber geprüft und empfohlen

Als unlauterkeitsbegründend ist es anzusehen, wenn der Dritte den unzutreffenden Eindruck erweckt, seine Ware/Dienstleistung sei vom Markeninhaber geprüft, gebilligt und sogar empfohlen.

Auf diesen Umstand ging der BGH im Urteil „*Aluminiumräder*" ein. Er führte aus: Dass es sich um eine von der Markeninhaberin – der Porsche AG – geprüfte und gebilligte Baureihe handelt, wird der Verkehr nur bei Rädern annehmen, die die Markeninhaberin für die Erstausstattung ihrer Fahrzeuge wählt sowie möglicherweise bei Rädern, die im Zubehörhandel der mit ihr verbundenen Vertragswerkstätten angeboten werden. Bei Rädern, die Dritte für die Verwendung an einem Porsche-Fahrzeug anbieten, dränge sich, so der BGH, ein solcher Eindruck dagegen auch dann nicht auf, wenn sie an einem Porsche-Fahrzeug montiert abgebildet werden[1283].

1281 Der „Balea Fantastique" als im Drogeriemarkt „dm" erhältlicher Rasierapparat soll beispielhaft für in Drogerien und Supermärkten unter Handelsmarken vertriebene Waren stehen.

1282 *Bottenschein*, GRUR 2006, 462, 464.

1283 BGH GRUR 2005, 163, 165 – *Aluminiumräder*.

c. Erwecken des unzutreffenden Eindrucks, die Ware/Dienstleistung sei hinsichtlich Qualität und Eigenschaften gleichwertig mit der des Markeninhabers

Als unlauterkeitsbegründend kann eine Bestimmungsangabe anzusehen sein, die den unzutreffenden Eindruck erweckt, die Ware/Dienstleistung des Dritten sei hinsichtlich Qualität und Eigenschaften gleichwertig mit der des Markeninhabers. Dabei ist zu berücksichtigen, dass der EuGH davon ausgeht, die Bestimmungsangabe bedeute „nicht notwendigerweise", dass der Dritte seine Ware als eine Ware mit gleicher Qualität oder mit Eigenschaften darstelle, die denjenigen der mit dieser Marke versehenen Ware gleichwertig sind. Eine derartige Darstellung hänge vom Sachverhalt des Einzelfalls ab. Es sei Sache des vorlegenden Gerichts, nach den Umständen des Ausgangsverfahrens zu beurteilen, ob sie vorliege[1284].

Fehlvorstellungen über eine bestimmte technische Eignung, eine gewisse Qualität oder eine gewisse Eigenschaft der beschriebenen Ware/Dienstleistung sind, das sei nur ergänzend angemerkt, über die Anwendung von Lauterkeits- und nicht von Markenrecht zu sanktionieren[1285].

d. „Überschießende" Markenverwendung

Der unlauterkeitsbegründende Umstand der „überschießenden" Markenverwendung erfasst viele Fälle, die die Vertreter einer „Ob *und* Wie-Notwendigkeit" dem „Wie" zuordnen. Von einer Unlauterkeit ist danach auszugehen, wenn der Dritte sich bei Verwendung der fremden Marke nicht auf das Minimum beschränkt. Wo das Minimum liegt, ist eine Frage des Einzelfalls.

Diese Fallgruppe ist oft nicht scharf zu trennen von der unter a. erläuterten, da insbesondere eine „überschießende" Kennzeichenverwendung den unzutreffenden Eindruck erwecken kann, die beschriebene Ware/Dienstleistung stamme vom Kennzeicheninhaber oder es bestehe eine Handelsbeziehung zwischen Drittem und Kennzeicheninhaber.

1284 EuGH GRUR 2005, 509, 512 (Tz. 47) – *Gillette.*

1285 So auch das OLG Hamburg in seinem Beschluss „*Modellbausätze*" (Beschluss vom 7.10.2007, Az.: 3 W 174/07 [BeckRS 2009, 10706]); a.A. wohl *Ingerl/Rohnke*, MarkenG, § 23 Rn. 122.

aa. Verwendung der fremden (Wort-/)Bildmarke anstelle der möglichen Verwendung der Wortmarke

Problematisch ist, ob es unlauterkeitsbegründend wirkt, wenn der Dritte die fremde (Wort-/)Bildmarke[1286] verwendet, obwohl er seine Ware/Dienstleistung mittels der Wortmarke gleichfalls hätte beschreiben können.

Schon das Aufwerfen dieses Problems enthält eine gewisse Wertung. Die Wertung ist die, dass die Verwendung einer (Wort-/)Bildmarke grundsätzlich eingriffsintensiver ist als die Verwendung einer Wortmarke. Gegen diese Wertung wenden sich *Sacré/Kops* in ihrem erwähnten Beitrag[1287]. Sie führen aus, an keiner Stelle im MarkenG oder der MarkenRL gebe es Anhaltspunkte für rechtliche oder qualitative Unterschiede zwischen den verschiedenen Markentypen, und zwar weder bei den Verbots- noch bei den Erlaubnistatbeständen[1288]. Ihr Hauptargument gegen eine Differenzierung zwischen Wort- und (Wort-/)Bildmarken auf der Ebene der Lauterkeit ist die Parallelität zwischen den §§ 23 und 24 MarkenG. Ausgangspunkt ihrer Argumentation ist die Feststellung des EuGH im Urteil „*BMW/Deenik*“, nach der die Grenze der anständigen Gepflogenheiten in Gewerbe oder Handel i.S.v. Art. 6 Abs. 1 lit. c) MarkenRL vollumfänglich dem berechtigten Grund i.S.v. Art. 7 Abs. 2 MarkenRL entspreche[1289]. Grund für diese Feststellung sei, dass beide Regelungen – Art. 6 und 7 MarkenRL – dazu dienten, die Interessen des Markeninhabers sowie die Interessen des freien Warenverkehrs und der Dienstleistungsfreiheit in Einklang zu bringen. Aufgrund der identischen Zielrichtung der beiden Vorschriften seien daher auch ihre jeweiligen Schranken, d.h. der „berechtigte Grund“ in Art. 7 Abs. 2 MarkenRL und die „anständigen Gepflogenheiten in Gewerbe oder Handel“ in Art. 6 Abs. 1 MarkenRL, identisch auszulegen[1290]. Im Rahmen von Art. 7 Abs. 2 MarkenRL / § 24 Abs. 2 MarkenG sei ein ungebundener Händler von Originalware nach der Rechtsprechung[1291] nicht auf ein „Minimum an Markenverwendung“ beschränkt. Wenn aber eine Parallelität zwischen Art. 6, 7 MarkenRL / §§ 23, 24 MarkenG bestehe und der Drittanbieter im Rahmen des Werbehinweis- und Ankündigungsrechts aus § 24 MarkenG im Grundsatz genau die Marke verwenden

1286 Nicht weiter differenziert werden soll danach, ob es sich um die aktuelle und moderne, möglicherweise mit 3D-Effekt versehene, plastisch gestaltete (Wort-/)Bildmarke oder „nur“ um eine ältere Version handelt.

1287 *Sacré/Kops*, MarkenR 2007, 468 ff.

1288 *Sacré/Kops*, MarkenR 2007, 468, 471.

1289 Vgl. EuGH GRUR Int. 1999, 438, 442 (Tz. 61 ff.) – *BMW/Deenik*.

1290 *Sacré/Kops*, MarkenR 2007, 468, 471.

1291 *Sacré/Kops* nennen die Urteile des BGH „*Mitsubishi*“ (MarkenR 2003, 105) und „*Vier Ringe über Audi*“ (MarkenR 2003, 395).

dürfe, die sich auf der Originalware tatsächlich befindet, dürfe für den Anbieter von Service oder Ersatzteilen nichts anderes gelten.

Gegen diese Argumentation wendet *Hacker* – wenn auch im Zusammenhang mit der Frage, ob das Tatbestandsmerkmal der Notwendigkeit auch das „Wie" der Markenverwendung umfasst – mit Recht ein, bei der Erschöpfung des Werberechts gehe es um die Fremdwerbung für Originalware des Markeninhabers, bei § 23 Nr. 3 MarkenG dagegen um die Bewerbung des eigenen Waren-/Dienstleistungsangebots des Dritten[1292].

Auch wenn das Argument der Parallelität zwischen Art. 6, 7 MarkenRL / §§ 23 und 24 MarkenG aufgrund des Gegenargument von *Hacker* nicht überzeugt, ist die Verwendung einer (Wort-/)Bildmarke doch mangels Differenzierung im Gesetz grundsätzlich nicht als eingriffsintensiver und damit nicht stets als unlauterkeitsbegründend anzusehen.

Hinsichtlich der hier zu erörternden Frage, ob und wann die Verwendung der (Wort-/)Bildmarke anstelle der Wortmarke unlauterkeitsbegründend ist, muss differenziert werden:

In Fällen, in denen der Originalhersteller keine Wortmarke besitzt oder diese dem Verkehr zumindest nicht bekannt ist[1293], wird die Verwendung der (Wort-/) Bildmarke schon mangels Alternative für den Dritten nicht als unlauterkeitsbegründend anzusehen sein.

In Fällen, in denen der Originalhersteller auch eine Wortmarke besitzt – ob im Register eingetragen oder „nur" im tatsächlichen Gebrauch – und diese dem Verkehr bekannt ist, dürfte die Verwendung der (Wort-/)Bildmarke durch den Dritten im Regelfall unlauterkeitsbegründend sein. Denn es entspricht dem berechtigten Interesse des Markeninhabers, den Dritten auf die Verwendung der Wortmarke zu beschränken. Das berechtigte Interesse des Markeninhabers ergibt sich daraus, dass – auch wenn rein rechtlich gesehen keine Unterschiede zwischen den verschiedenen Markenarten bestehen – in der oft überwiegend auf „optische Reize" reagierenden, flüchtigen und assoziativen heutigen Welt eine (Wort-/)Bildmarke für den Markeninhaber in der Regel von größerer Bedeutung ist als eine schlichte Wortmarke. (Wort-/)Bildmarken haben einen hohen „Aufmerksamkeitswert". Ferner verkörpern Bildmarken wie der „Dreizackstern im Ring" von Mercedes oder der „BMW-Propeller" geradezu den guten Ruf von Waren, Dienstleistungen und eines Unternehmens; sie sind oft Inbegriff der

1292 Ströbele/*Hacker*, MarkenG, § 23 Rn. 86.

1293 Ein Beispiel könnte das charakteristische Monogramm „LV" auf den oft gefälschten Taschen von Louis Vuitton sein.

„Corporate Identity“ eines Unternehmens und das Erkennungszeichen der gesamten Vertriebsorganisation. Hier besteht eine Verzahnung mit der unter a. erörterten Fallgruppe der Herkunftstäuschung: Verwendet der Dritte das (aktuelle) Original-Logo, wird oft selbst bei zusätzlichen Angaben des Dritten eine Herkunftstäuschung hervorgerufen werden.

Wie bereits ausgeführt, kommt es aber immer auf die Umstände des Einzelfalls an. In Fällen, in denen dem ästhetischen Gesamteindruck maßgebliche Bedeutung zukommt, wenn das „Zielprodukt“, auf dem sich die Marke befindet, selbst abgebildet wird oder wenn die Verwendungsform die „am Objekt“ ist, wird die Verwendung der (Wort-/)Bildmarke regelmäßig wiederum kein unlauterkeitsbegründender Umstand sein.

bb. Verwendung der fremden Marke trotz eigener Produkte und/oder Zeichen des Dritten

Wann von einer unlauterkeitsbegründenden „überschießenden“ Kennzeichenverwendung auszugehen ist, hängt ferner davon ab, ob der Werbende selbst Waren/Dienstleistungen anbietet, mit denen zusammen die beworbene Ware verwendet werden kann. Wenn dieser Umstand, wie erörtert, auch nicht die Notwendigkeit der Kennzeichenverwendung entfallen lässt, wird man ihn doch als relevanten Umstand im Rahmen des Unlauterkeitsvorbehalts berücksichtigen müssen. Unlauterkeitsbegründend dürfte es sein, wenn der Dritte in diesem Falle nur den fremden Markennamen/das fremde Kennzeichen erwähnt oder diesen/dieses gegenüber dem eigenen, ebenfalls passenden Produkt unangemessen herausstellt[1294].

cc. Parallele Verwendung mehrerer fremder Kennzeichen

Auch die parallele Verwendung mehrerer fremder Kennzeichen kann unlauterkeitsbegründend sein. Wenn die Verwendung der Kennzeichen, bis auf eines (nämlich regelmäßig der reinen Wortmarke), nicht schon am Tatbestandsmerkmal der Notwendigkeit scheitert, wird die Verwendung mehrerer Kennzeichen nebeneinander, etwa einer Wortmarke und einer Bildmarke, den berechtigten Interessen des Kennzeicheninhabers zuwiderlaufen.

1294 *Steinbeck*, JZ 2005, 1006, 1008.

e. Ausnutzung der Wertschätzung der Marke in unlauterer Art und Weise, Ruf- und Aufmerksamkeitsausbeutung („Trittbrettfahren")

Von der Unlauterkeit der Verwendung der fremden Marke ist ferner auszugehen, wenn durch die Verwendung des Kennzeichens die Wertschätzung des geschützten Kennzeichens in unlauterer Art und Weise ausgenutzt wird, wenn eine Ruf- oder eine Aufmerksamkeitsausbeutung vorliegt. Diese Fälle können meines Erachtens ebenso wie im Rahmen von § 23 Nr. 2 MarkenG[1295] zu der Unlauterkeits-Fallgruppe „Trittbrettfahren" zusammengefasst werden. Gemeinsamkeit dieser Fälle ist, dass der Dritte jeweils einen Vorteil für sich allein schon aus der Verwendung der Marke ziehen will und zieht, der über den „systemimmanenten" Vorteil hinausgeht, den die Schutzschranke des § 23 Nr. 3 MarkenG mit sich bringt.

Die Bedeutung dieser Fallgruppe ist gering. *Hacker* weist zu Recht darauf hin, dass in Fällen, die in diese Unlauterkeitsfallgruppe fallen können, meist § 14 Abs. 2 Nr. 3 oder § 15 Abs. 3 MarkenG eingreifen wird, so dass § 23 Nr. 3 MarkenG nicht eigenständig zum Zuge komme[1296].

f. Herabsetzen oder Schlechtmachen des fremden Kennzeichens durch die Verwendung des Dritten

Als unlauterkeitsbegründend ist es anzusehen, wenn durch die Verwendung des Dritten das Kennzeichen herabgesetzt oder schlecht gemacht wird.

Diese vom EuGH gebildete Fallgruppe ist, wie erwähnt, angelehnt an die Regelungen zur vergleichenden Werbung[1297]. Dort besteht eine Herabsetzung in der sachlich nicht gerechtfertigten Verringerung der Wertschätzung (des Rufs) des Mitbewerbers und/oder seiner Produkte in den Augen der angesprochenen Verkehrskreise. Sie kann sowohl durch wahre oder unwahre Tatsachenbehauptungen als auch durch Werturteile erfolgen[1298].

Auch die Bedeutung dieser Unlauterkeitsfallgruppe ist gering. Der Grund dafür liegt darin, dass es kaum Fälle des Herabsetzens oder Schlechtmachens geben wird.

1295 Zu § 23 Nr. 2 MarkenG 7. Kapitel, III.2.b.

1296 Ströbele/*Hacker*, MarkenG, § 23 Rn. 91.

1297 Heute: Art. 4 lit. d) der RL 2006/114/EG, teils umgesetzt in § 6 Abs. 2 Nr. 5 UWG.

1298 *Köhler*/Bornkamm, UWG, § 6 Rn. 166.

Anders als bei der vergleichenden Werbung, wo sich ein Herabsetzen oder Verunglimpfen des Mitbewerbers „anbietet" und „lohnt", läuft bei Bestimmungsangaben ein Herabsetzen oder Schlechtmachen des „Zielprodukts" den Interessen des Dritten selbst zuwider. Denn es kommt dem Absatz seiner Produkte nicht zugute, wenn der Dritte das in Bezug genommene Produkt des Kennzeicheninhabers herabsetzt oder schlecht macht.

Eine Herabsetzung oder ein Schlechtmachen des Kennzeichens durch den Dritten kann allerdings auch indirekt erfolgen. Zu einer Herabsetzung einer Marke dürfte es nämlich beispielsweise führen, wenn der Dritte, dessen Waren für hochpreisige, exquisite Markenwaren bestimmt sind, seine Waren zu kleinsten Preisen etwa in „1-Euro-Shops" oder „Ramsch-Läden" anbietet. Dadurch kann das Markenimage, das unter Umständen Exklusivität, Eleganz oder Status beinhalten kann, verringert, die Marke also herabgesetzt werden. Gleiches könnte gelten, wenn der Dritte seine Produkte für exquisite Markenwaren auf der Internetplattform „eBay" zum geringsten Startpreis von 1,- Euro anbietet.

In dem Beschluss des OLG Hamburg *„Modellbausätze"*[1299] ging es um den Fall, in dem ein unautorisierter Dritter Einzelteile aus im Handel angebotenen Marken-Modellbausätzen anbot, die er entweder unverbauten Originalbausätzen entnommen oder aus komplett zusammengebauten Modellen wieder ausgebaut hatte. Er bot diese „ausgeeinzelten" Teile unter Nennung der Originalmarke im Internet an, unter anderem auf eBay zum Startpreis von 1,- Euro. Das OLG Hamburg stellte fest, es sei kein zur Sittenwidrigkeit des Handelns führender Grund, dass die Teile regelmäßig mit einem Mindestgebot von 1,- Euro ausgelobt und damit erheblich billiger als die von ihr vertriebenen Ersatzteile angeboten würden. Die Marke habe nicht die Funktion, die Preise zu kontrollieren und damit Preiswettbewerb zu verhindern.

Wenn auch in dem Fall die Besonderheit bestand, dass der Dritte immer noch „Originalteile" anbot[1300], ist den Ausführungen des OLG Hamburg doch die allgemeine und zutreffende Feststellung zu entnehmen, dass ein „schlechtes werbliches Umfeld"[1301] oder die Preisgestaltung in aller Regel nicht zu einem Herabsetzen oder Schlechtmachen des fremden Kennzeichens führt[1302].

1299 OLG Hamburg, Beschluss vom 7.10.2007, Az.: 3 W 174/07 – *Modellbausätze* (BeckRS 2009, 10706).

1300 Im ersten Teil des Beschlusses geht es daher um die Erschöpfung, § 24 MarkenG.

1301 Ausdruck von *Hacker* (Ströbele/Hacker, MarkenG, § 23 Rn. 92).

1302 So auch *Ingerl/Rohnke* (MarkenG, § 23 Rn. 122). Sie verorten die Preisstellung allerdings nicht explizit bei dieser Unlauterkeitsfallgruppe.

g. Darstellung als Imitation oder Nachahmung

Als unlauterkeitsbegründend ist es schließlich anzusehen, wenn die Ware/Dienstleistung des Dritten von ihm selbst als eine Imitation oder Nachahmung dargestellt wird.

Bei Herausarbeitung dieser Unlauterkeitsfallgruppe hat der EuGH ersichtlich Art. 3a Abs. 1 lit. g) RL 84/450/EWG (jetzt Art. 4 lit. g) RL 2006/114/EG) im Auge gehabt, nach dem eine vergleichende Werbung unzulässig ist, wenn der Vergleich eine Ware oder Dienstleistung – gemeint ist die eigene des Werbenden[1303] – als Imitation oder Nachahmung einer unter einem geschützten Kennzeichen vertriebenen Ware oder Dienstleistung darstellt (sogenannte Parfumklausel). Diese Unlauterkeitsfallgruppe hat nach der hier vertretenen Auffassung keine Bedeutung. Bei einer Darstellung als Imitation oder Nachahmung wird nämlich keine Bestimmungsangabe im oben dargestellten Sinne vorliegen: Es wird sich stets um eine Äquivalenzangabe handeln – etwa bei Gegenüberstellung mit den OEM-Nummern oder im Rahmen einer Beschreibung eines Generikums.

1303 Büscher/*Dittmer*/Schiwy, GewRS, Teil 1, Kap. 7, § 6 UWG Rn. 80.

9. Kapitel:
§ 23 MarkenG und Domain-Namen

I. Problemaufriss

Das Internet spielt heute eine extrem wichtige Rolle, sowohl im privaten als auch im geschäftlichen Verkehr. Der Private kann eine Domain, bestehend aus seinem bürgerlichen Namen, erlangen wollen, um dort alle nur denkbaren Inhalte wie einen Blog o.ä. einzustellen. Ein Unternehmen kann eine Domain, bestehend aus dem Unternehmenskennzeichen, der Marke eines seiner Produkte oder der Beschreibung der angebotenen Dienstleistungen erlangen wollen, um das Unternehmen und sein Angebot zu präsentieren, zu informieren, einen Online-Shop zu errichten usw. Dritte können fremde Marken im eigenen Domain-Namen und/oder auf ihrer Website verwenden wollen, um potentiellen Kunden ihr eigenes Angebot nahe zu bringen. Aktivitäten, die auf eine internetbasierte Kunden-Interaktion zielen und gemeinhin unter „Web 2.0“ oder „Social Media“ zusammengefasst werden, spielen für viele Unternehmen eine große Rolle. Gleichzeitig gibt es permanent technische Neuentwicklungen, deren juristische Einordnung erst einige Zeit nach ihrer Etablierung erfolgen kann, nachdem nämlich erste Streitfälle aufgetreten sind. Die rechtliche Bewertung hinkt daher der tatsächlichen Sachlage immer hinterher, und der Jurist tritt manches Mal als „Spielverderber“ auf, der den Beteiligten die „Spielwiese Internet“ verdirbt[1304]. – Die Rolle des Spielverderbers kommt dem Juristen allerdings nicht nur auf der Spielwiese Internet zu.

Internetspezifische rechtliche Konflikte entstehen unter anderem aus der Registrierung und Verwendung von Domain-Namen. Auf sie soll sich die nachfolgende Darstellung beschränken, und dort beschränkt auf speziell kennzeichenrechtliche Fragen. Alle weiteren Konflikte mit internetspezifischen Sachverhalten, wie etwa die Problematik von Keywords, Metatags oder Affiliates, sollen – soweit sie nicht bereits angeschnitten wurden – nicht Gegenstand einer vertieften Auseinandersetzung sein, auch wenn die Schutzschranke des § 23 MarkenG dort eine Rolle spielt[1305].

Rechtliche Konflikte rund um Domain-Namen entstehen aus mehreren Gründen: Ein Grund liegt in der Tatsache, dass jede Domain in einer bestimmten

1304 Ausdruck von *Hoeren/Utz*, in: Marken im Internet, S. 363, 369.

1305 Vgl. z.B. BGH GRUR 2009, 1167, 1171 f. (Tz. 31) – *Partnerprogramm*; BGH GRUR 2009, 502, 505 (Tz. 25) – *pcb*; BGH GRUR 2007, 65, 67 (Tz. 20) – *Impuls* sowie EuGH GRUR 2010, 841 – *Portakabin/Primakabin* (zu Art. 6 Abs. 1 MarkenRL).

Schreibweise und unter einer bestimmten Top-Level-Domain nur ein einziges Mal vergeben werden kann. Es besteht eine technisch bedingte Ausschließlichkeit, als Folge derer zu klären ist, wer die „attraktivste“ oder „einschlägigste“ Domain[1306] erhält, wenn mehrere Personen ein berechtigtes Interesse an ihr haben oder zumindest anmelden. Ein weiterer Grund für Konflikte im hier bezeichneten Bereich liegt in der Tatsache, dass offline- und online-Welt häufig bezüglich der Priorität nicht übereinstimmen und – damit verknüpft – sich die oft entscheidende Frage stellt, ob und unter welchen Voraussetzungen Kennzeichenrechte im Internet entstehen können. Letztere Frage ist etwa relevant, wenn zwar feststeht, dass der Domaininhaber offline über ein entsprechendes Kennzeichenrecht verfügt, dieses aber prioritätsjünger ist als das Zeichen des Gegners. Dann kann zu prüfen sein, ob durch die Verwendung als Domain-Name zu einem früheren Zeitpunkt ein dann wiederum prioritätsälteres Kennzeichenrecht des Offline-Jüngeren entstanden ist. Das nämlich kann sowohl in der Aktiv- (der Domaininhaber geht gegen den Dritten vor, der dann allenfalls über ein jüngeres Zeichen verfügt) als auch in der Passivsituation (Domaininhaber hält dem Angriff eines Dritten ein älteres Recht entgegen) relevant sein[1307].

Ein dritter Grund für rechtliche Konflikte liegt in der Tatsache, dass durch die Registrierung und/oder Benutzung einer Domain identische oder ähnliche Namens- oder Kennzeichenrechte Dritter verletzt werden können.

Schließlich werden mit der anstehenden Einführung neuer Top-Level-Domains[1308] zahlreiche neue Konflikte um Domain-Namen entstehen. Die amerikanische Organisation ICANN, eine Art Weltverwaltungsbehörde für das Internet, hat im Juni 2011 beschlossen, die bisher überschaubare Zahl von möglichen Endungen für Internetadressen erheblich auszuweiten. Zusätzlich zu den bisherigen Top-Level-Domains wie „.com“ oder „.de“ wird es eine Vielzahl neuer Endungen geben. Möglich wird sein, Internetadressen mit Endungen in Form von Unternehmensnamen wie „.apple“ oder „.bmw“, von regionalen Bezeichnungen wie „.koeln“ oder „.nrw“ oder auch von Gattungsbegriffen wie „.sport“ oder „.kultur“ zu registrieren. Dass angesichts dieser Möglichkeiten trotz eines detaillierten Regelwerks und ausgefeilten Registrierungsverfahrens,

---

1306 Die leichte Auffindbarkeit im Internet ist wichtig. Bei „Fehlleitungen“ bleiben potentielle Kunden oft auf der „fremden“ Website hängen. Zudem spielt bei Marken der Auftritt unter der Domain „www.marke.de“ für die stringente Markenführung und Marketingstrategie offline und online eine große Rolle. Die Verwendung des bestehenden Markennamens hilft Nutzern beim Auffinden der Website, da der im Kopf verankerte Markenname direkt eingegeben werden kann.

1307 *Ingerl/Rohnke*, MarkenG, Nach § 15 Rn. 35.

1308 Vgl. dazu z.B. den Artikel in der Frankfurter Allgemeinen Zeitung vom 21.6.2011: „Eine neue Internetära jenseits von dot.com“. Umfassende Informationen, auch zum geplanten Zeitablauf, sind auf der Homepage der ICANN (www.icann.org) abrufbar.

das unter anderem ein nach Einspruch durchgeführtes „Dispute Resolution Procedure“ vorsieht, Streit und Missbrauch vorprogrammiert sind, liegt auf der Hand.

II. Verletzung von Kennzeichenrechten durch Domain-Namen: Anspruchsgrundlagen und markengesetzliche Anspruchsvoraussetzungen

Durch die Registrierung und Verwendung von Domain-Namen können identische oder ähnliche Kennzeichenrechte Dritter verletzt werden. Als Anspruchsgrundlagen eines Kennzeicheninhabers gegen den Domaininhaber kommen regelmäßig die §§ 14, 15 MarkenG und § 12 BGB in Betracht. Daneben sind Ansprüche wegen Behinderung gemäß § 4 Nr. 10 UWG oder vorsätzlicher sittenwidriger Schädigung gemäß § 826 BGB möglich, gelegentlich auch ein Anspruch aus § 823 Abs. 1 BGB.

Das Verhältnis der Anspruchsgrundlagen zueinander ist von erheblicher Bedeutung. Der Grund dafür liegt wesentlich in den unterschiedlichen Rechtsfolgen. Das sei anhand des Vergleichs der §§ 14, 15 MarkenG und des § 12 BGB kurz erläutert:

Liegen die Voraussetzungen für einen Anspruch aus §§ 14, 15 MarkenG vor, hat der Kennzeicheninhaber einen Anspruch auf „Unterlassung“. Anspruchsinhalt ist aber nur in seltenen Ausnahmefällen, nämlich vor allem dann, wenn jede Belegung der unter dem Domain-Namen betriebenen Website notwendig die Voraussetzungen einer Kennzeichenverletzung nach §§ 14 Abs. 2 Nr. 2 oder 3, 15 Abs. 2 oder Abs. 3 MarkenG erfüllt[1309], ein uneingeschränktes Verbot der Nutzung des Domain-Namens bzw. gar der Verzicht auf den Domain-Namen. Regelmäßig wird der Kennzeicheninhaber nur erreichen können, dass die unter dem Domain-Namen konkret angebotenen Waren/Dienstleistungen oder die darunter ausgeübten Tätigkeiten zu beschränken sind oder die Nutzung nur im privaten Verkehr erfolgen darf. Aus § 12 BGB indes resultiert regelmäßig nicht nur ein Unterlassungsanspruch, sondern ein weitergehender Anspruch auf Beseitigung in Form eines Verzichts[1310] oder – damit gleichbedeutend – der Lö-

---

1309 BGH GRUR 2010, 235, 236 (Tz. 24 ff.) – *AIDA/AIDU*; BGH GRUR 2009, 685, 689 (Tz. 36) – *ahd.de* („Löschungsanspruch nur begründet, wenn schon das Halten des Domain-Namens durch die Bekl. für sich gesehen eine Verletzung des Kennzeichenrechts der Kl. darstellte“); OLG Köln GRUR-RR 2010, 477 – *dsds-news.de*.

1310 Der Anspruch auf „Verzicht“ ist bei marken- und namensrechtlichen Ansprüchen allerdings nur ein Freigabeanspruch und kein Umschreibungsanspruch. Bei einem Freigabeanspruch besteht die Gefahr, dass der Anspruchsberechtigte den Domain-Namen nach der Freigabe nicht für sich registrieren lassen kann, wenn ein Prätendent sich in

schung[1311]. Dieser Anspruchsinhalt dürfte im Regelfall dem Ziel des Kennzeicheninhabers entsprechen.

Wenn in einem Fall die Voraussetzungen sowohl von §§ 14, 15 MarkenG als auch von § 12 BGB erfüllt sind, stellt sich die Frage des Verhältnisses der beiden Ansprüche zueinander. Der BGH geht davon aus, dass im Anwendungsbereich der speziellen Vorschriften des MarkenG ein Rückgriff auf den Namensschutz des § 12 BGB grundsätzlich ausgeschlossen ist[1312].

Ausgehend vom Untersuchungsgegenstand der Arbeit soll nachfolgend ein Überblick lediglich über die markengesetzlichen Vorschriften und deren Anspruchsvoraussetzungen gegeben werden.

Um eine Kennzeichenrechtsverletzung durch Registrierung und Verwendung eines Domain-Namens feststellen zu können, müssen die allgemeinen Voraussetzungen erfüllt sein, d.h., der Anspruchsteller muss zunächst über eine Marke, ein Unternehmenskennzeichen oder einen Werktitel verfügen und der In-Anspruch-Genommene im geschäftlichen Verkehr handeln. Ferner muss eine rechtsverletzende Benutzung gegeben sein. Hier gilt bis auf einige internetspezifische Besonderheiten weitgehend das im 4. Kapitel Ausgeführte. Hingewiesen sei darauf, dass die bloße Registrierung einer Domain oder das bloße Halten der Registrierung nach heutiger Rechtsprechung grundsätzlich keine rechtsverletzende Benutzung darstellt[1313]. Wird unter der Domain eine aktive Website betrieben, liegt in der Regel eine markenrechtlich relevante Benutzung vor[1314]. Etwas anderes gilt nur dann, wenn dem Domain-Namen ausnahmsweise eine reine Adressfunktion zukommt oder wenn er vom Verkehr nur als beschreibende An-

---

der Zwischenzeit mit einem Dispute-Eintrag gesichert hat (vgl. BGH GRUR 2010, 944, 945 [Tz. 21] – *braunkohle-nein.de*).

1311 Vgl. zum Ganzen *Ingerl/Rohnke*, MarkenG, Nach § 15 Rn. 59 ff. sowie Rn. 203 ff.

1312 Z.B. BGH GRUR 2002, 622, 623 – *shell.de*.

1313 Z.B. BGH GRUR 2009, 484, 489 f. (Tz. 64) – *Metrobus*; BGH GRUR 2008, 912, 913 (Tz. 16) – *Metrosex*; BGH GRUR 2005, 687, 689 – *weltonline.de*; OLG Köln GRUR-RR 2009, 27, 28 – *Admin-C*. Die Begründung ist bislang unklar, vgl. dazu *Ingerl/Rohnke*, MarkenG, Nach § 15 Rn. 112. Eine Ausnahme von diesem Grundsatz soll in dem seltenen Fall gelten, dass jede Benutzung des Domain-Namens für eine aktive Website notwendig auch die weiteren Voraussetzungen eines der Verletzungstatbestände erfüllen würde, vgl. dazu *Ingerl/Rohnke*, MarkenG, Nach § 15 Rn. 113 m.w.N.

1314 Ständige Rechtsprechung, z.B. BGH GRUR 2009, 1055, 1058 (Tz. 49) – *airdsl*; BGH GRUR 2005, 431, 433 – *HOTEL MARITIME*. Auch eine rein firmenmäßige Benutzung, die keine markenmäßige Benutzung sein könnte, wird bei einer aktiven Website meist ausscheiden, da die Website typischerweise auch Werbung für konkrete Waren/Dienstleistungen enthält (vgl. BGH GRUR 2009, 1055, 1059 (Tz. 59) – *airdsl.de*).

gabe verstanden wird[1315]. Ferner muss eine identische Verletzung gegeben sein oder Verwechslungsgefahr vorliegen. Die Verwechslungsgefahr prüft die Rechtsprechung dabei trotz bestehender Besonderheiten im Internet nach den allgemeinen Kriterien[1316].

All das heißt: Aus einem Kennzeichen kann grundsätzlich nicht gegen jedwede Registrierung und Verwendung eines Domain-Namens vorgegangen werden, sondern (vom Fall des bekannten Kennzeichens vielleicht abgesehen) nur gegen die Benutzung für konkrete Internetangebote, die – bei Marken – sich auf Waren/Dienstleistungen beziehen, die mit den eigenen zumindest ähnlich sind oder bei denen – bei Unternehmenskennzeichen – Branchennähe hinsichtlich des Inhalts der Website und der dort konkret entfalteten Tätigkeit besteht.

III. Die Bedeutung der Schutzschranke des § 23 MarkenG bei Domainstreitigkeiten

Die Schutzschranke des § 23 MarkenG kann zur Anwendung kommen, wenn der Domaininhaber aus einer Marke, einem Unternehmenskennzeichen oder einem Werktitel in Anspruch genommen wird. Wird eine Verletzung des Namensrechts gemäß § 12 BGB geltend gemacht – darauf sei ergänzend hingewiesen –, finden die der Schutzschranke des § 23 MarkenG zugrunde liegenden Gedanken im Rahmen des Verletzungstatbestands Berücksichtigung[1317].

1. § 23 Nr. 1 MarkenG / Gleichnamigkeit im Internet

Die Schutzschranke des § 23 Nr. 1 MarkenG kann grundsätzlich eingreifen, wenn sich der angegriffene Domaininhaber auf ein eigenes Namensrecht i.S.d. § 23 Nr. 1 MarkenG berufen kann. Auch hier kommt die durch die Rechtsprechung des EuGH mit den Urteilen „*Anheuser-Busch/Budvar*“ und „*Céline*“ erfolgte weite Auslegung des Namensbegriffs zum Tragen: § 23 Nr. 1 MarkenG kann nicht nur dann eingreifen, wenn der Domain-Name der bürgerliche Name des Domaininhabers ist, sondern auch dann, wenn der Domain-Name dem Un-

1315 BGH GRUR 2009, 1055, 1058 (Tz. 49) – *airdsl.*

1316 BGH GRUR 2009, 1055, 1059 (Tz. 63 ff.) – *airdsl*; BGH GRUR 2009, 772, 775 f. (Tz. 50 ff.) – *Augsburger Puppenkiste*; BGH GRUR 2009, 685, 687 (Tz. 23 ff.) – *ahd.de.*

1317 *Ingerl/Rohnke*, MarkenG, Nach § 15 Rn. 164. So sei die Verwendung als nur beschreibende Angabe im Rahmen der Zuordnungsverwirrung und der Verletzung schutzwürdiger Interessen zu berücksichtigen.

ternehmenskennzeichen des Unternehmens, das Domaininhaber ist, entspricht[1318].

Über das Recht zur Benutzung der eigenen Anschrift kann § 23 Nr. 1 MarkenG keine Anwendung finden, da, wie ausgeführt[1319], der Domain-Name als solcher keine Anschrift i.S.v. § 23 Nr. 1 MarkenG darstellt.

Zur Gleichnamigkeit im Internet wurden in der Rechtsprechung an das Recht der Gleichnamigen angelehnte, aber insgesamt doch eigenständige Regeln entwickelt. Diese können, wie die Grundsätze des Rechts der Gleichnamigen offline auch, bei § 23 Nr. 1 MarkenG verankert werden[1320]. Die Entwicklung der speziellen Grundsätze zur Gleichnamigkeit im Internet durch den BGH begann mit dem Urteil „*shell.de*"[1321] und setzte sich in einer Vielzahl weiterer Urteile[1322] fort. Der Standardfall, in dem diese Grundsätze zum Tragen kommen, ist der, dass sowohl der Anspruchsteller als auch der Anspruchsgegner sich auf ein eigenes Kennzeichenrecht berufen. Ihre Rechte werden meist in unterschiedlichen Tätigkeitsbereichen entstanden sein, so dass ihre parallele Nutzung bislang offline nicht zu Konflikten und Beeinträchtigungen geführt hatte.

Sind also zwei (oder mehr) Personen – juristische oder natürliche – berechtigt, dieselbe Bezeichnung zu führen, entscheidet nach der Rechtsprechung des BGH[1323] über die Berechtigung, diese Bezeichnung auch als Domain-Namen zu verwenden, grundsätzlich die frühere Registrierung der Domain bei der zuständigen Vergabestelle („first come, first served" oder auch „first in time, first in line"). Das gilt unabhängig davon, auf welchem Rechtsgrund das Recht an der Bezeichnung beruht (Marke, Unternehmenskennzeichen, Titel oder bürgerlicher Name) und unabhängig davon, worauf die gleiche Offline-Berechtigung des anderen beruht (fehlende Verwechslungsgefahr wegen Branchenverschieden-

1318 *Ingerl/Rohnke*, MarkenG, Nach § 15 Rn. 165.

1319 6. Kapitel, II.2.

1320 *Ingerl/Rohnke*, MarkenG, Nach § 15 Rn. 165.

1321 BGH GRUR 2002, 622 – *shell.de*; dazu *Hoeren*, MMR 2002, 386 ff.; *Körner*, NJW 2002, 3442 ff.; *Pahlow*, WRP 2002, 1228 ff.; *Weidert/Lührig*, WRP 2002, 880 ff.

1322 Z.B. BGH GRUR 2002, 898 – *defacto*; BGH GRUR 2005, 430 – *mho.de*; BGH GRUR 2006, 159 – *hufeland.de*; BGH GRUR 2007, 811 – *grundke.de*; dazu insgesamt *Bröcher*, MMR 2005, 203 sowie *dies.*, Domain-Names und das Prioritätsprinzip im Kennzeichenrecht.

1323 In der instanzgerichtlichen Rechtsprechung war umstritten, ob in diesen Fällen die Priorität des offline entstandenen Kennzeichenrechts für die Berechtigung, eine Domain registrieren zu lassen, ausschlaggebend sein sollte (vgl. dazu *Ingerl/Rohnke*, MarkenG [2. Aufl.], Nach § 15 Rn. 70 m.w.N.).

heit[1324], Gleichnamigenrecht im geschäftlichen Verkehr – auch nach der deutschen Wiedervereinigung[1325] –, bürgerliches Namensführungsrecht im Privatverkehr oder vertragliche Gestattung der Namensführung[1326] oder Benutzung als Gattungsbegriff[1327]). Der BGH spricht dabei vom „Gerechtigkeitsprinzip der Priorität“[1328].

Mit dem Abstellen auf die erste Registrierung als Grundregel ist eine im Grundsatz leicht handhabbare, praktikable und zu Rechtssicherheit führende Lösung und Grundregel gefunden worden[1329]. Stellte man nicht auf die erste Registrierung ab, müsste jeder Domaininhaber ständig fürchten, dass ein älterer Offline-Berechtigter ihm die Domain streitig macht. Dass im Einzelfall Offline-Prioritätsjüngere die „einschlägigste“ oder „attraktivste“ Domain erlangen[1330], muss in Kauf genommen werden und wird dadurch gemindert, dass unterschiedliche Top-Level-Domains („.de“, „.com“) und verschiedene Schreibweisen als Ausweichlösung zur Verfügung stehen[1331]. Ferner ist zu berücksichtigen, dass die Domain offline in der Regel nicht zu Zuordnungsverwirrungen führen wird, wenn die Tätigkeitsbereiche der Parteien weit voneinander entfernt sind (zum Gebot der Rücksichtnahme aber sogleich). Ein Teilhabeanspruch an der Domain in Gestalt eines „Domain-Sharings“, das möglicherweise auf den ersten Blick „gerechter“ erscheint, wurde vom BGH in Fällen der Gleichnamigkeit nicht in Erwägung gezogen[1332].

1324 BGH GRUR 2005, 430 – *mho.de*; exemplarisch seien genannt „Bounty“ für Kokos-Schokoriegel und Küchentücherrollen sowie „Dove“ für Körper-/Haarpflegeprodukte und Schokoladenbonbons. Zur Entscheidung „mho.de“ *Hackbarth*, WRP 2006, 519 ff.

1325 BGH GRUR 2006, 159 – *hufeland.de.*

1326 BGH GRUR 2002, 706 – *vossius.de.*

1327 BGH GRUR 2005, 687 – *weltonline.de.*

1328 BGH GRUR 2002, 622, 625 – *shell.de* unter Hinweis auf BGH GRUR 2001, 1061 – *Mitwohnzentrale.de.*

1329 *Ingerl/Rohnke*, MarkenG, Nach § 15 Rn. 100; Ströbele/*Hacker*, MarkenG, § 23 Rn. 40.

1330 Der BGH hat für Domain-Namen das Interesse jedes Gleichnamigen an der Verwendung einer schlagwortartigen Kurzbezeichnung im Gegensatz zu zusammengesetzten Domain-Namen ausdrücklich anerkannt. Letztere erforderten nicht nur eine längere Eingabe, sondern dem Internetnutzer sei oft nicht klar, ob die Bestandteile mit Binde- oder Unterstreichungsstrich, mit Punkt oder ohne jedes Zeichen miteinander verbunden seien (BGH GRUR 2006, 159, 160 – *hufeland.de*).

1331 *Ingerl/Rohnke*, MarkenG, Nach 15 Rn. 100.

1332 Anders im Zusammenhang mit generischen Domain-Namen, z.B. BGH GRUR 2001, 1061, 1064 – *Mitwohnzentrale.de*; allgemein dazu z.B. *Buchner*, GRUR 2006, 984, 986; *Viefhues*, MMR 2000, 334, 338; *Renk*, WRP 2000, 264 ff.; *Potysch/Rickert/Sabel*, in: Marken im Internet, S. 247, 253 ff. Ein Beispiel für das Domain-Sharing ist die Homepage von „Aldi“. Unter „www.aldi.de“ kann man nach

Nicht ganz zutreffend erscheint es, wenn der BGH vom „Gerechtigkeitsprinzip der Priorität" spricht. Denn die Registrierung einer Domain bringt kein Kennzeichenrecht zur Entstehung. Der Eintrag eines Domain-Namens ist nicht wie ein absolutes Recht einer bestimmten Person zugewiesen; durch die Registrierung eines Domain-Namens erwirbt der Inhaber der Internet-Adresse weder das Eigentum an dem Domain-Namen selbst noch ein sonstiges absolutes Recht, welches ähnlich der Inhaberschaft an einem Immaterialgüterrecht verdinglicht wäre[1333]. Von „Priorität" lässt sich aber immer nur im Verhältnis zweier absoluter Rechte sprechen[1334]. Insoweit ist es, mit *Hacker*, terminologisch vorzuziehen, von einem „Prinzip der Erstregistrierung" zu sprechen[1335], oder, mit *Ingerl/Rohnke*, wenigstens vom „Gerechtigkeitsprinzip der Priorität der Registrierung"[1336] oder dem „Gerechtigkeitsprinzip der Registrierungspriorität"[1337]. In der späteren Entscheidung *„Peek & Cloppenburg I"* hat der BGH nun auch, mit *Ingerl/Rohnke*, den Begriff „Gerechtigkeitsprinzip der Priorität der Registrierung" verwendet[1338].

Wenn also die Wahl einer Domain grundsätzlich frei ist – abhängig selbstverständlich von der Verfügbarkeit –, heißt das auch, dass das ansonsten im Falle der Gleichnamigkeit geltende Gebot der Rücksichtnahme, dessen Pflichten in der Regel den Prioritätsjüngeren treffen und das dazu führen könnte, dass der Prioritätsältere entweder von vornherein den ersten Zugriff auf die Domain hätte oder der Prioritätsjüngere unterscheidungskräftige Zusätze wählen müsste, nicht gilt. Gleichwohl erkennt der BGH im Urteil *„vossius.de"* an, dass das Gebot der Rücksichtnahme insoweit Bedeutung hat, als dass der Prioritätsjüngere auf der ersten sich öffnenden Seite seines Internetauftritts dazu verpflichtet sein kann, deutlich zu machen, dass es sich nicht um die Homepage des Prioritätsälteren handelt und gegebenenfalls sogar einen Hinweis zu geben, unter welcher Adresse der Prioritätsältere im Internet zu finden ist[1339].

Diese Rechtsprechung des BGH ist kritisch zu betrachten. Die Kritik knüpft zunächst daran, dass die dargestellte Rechtsprechung den herkömmlichen Grund-

---

Anklicken des Landes „Deutschland" wählen, ob man zu „Aldi Nord" oder zu „Aldi Süd" möchte (Weiterleitung dann zu „aldi-nord.de" bzw. „aldi-sued.de". Auf die Vor- und Nachteile sowie die gesetzlichen Grundlagen der Möglichkeit eines Domain-Sharings oder der Errichtung von Portalen soll hier nicht eingegangen werden.

1333 BVerfG GRUR 2005, 261 – *ad-acta*; BGH GRUR 2008, 1099, 1100 (Tz. 21) – *afilias.de*.

1334 Ströbele/*Hacker*, MarkenG, § 23 Rn. 40.

1335 Ströbele/*Hacker*, MarkenG, § 23 Rn. 40.

1336 *Ingerl/Rohnke*, MarkenG, Nach § 15 Rn. 100.

1337 *Ingerl/Rohnke,* MarkenG, Nach § 15 Rn. 101.

1338 BGH GRUR 2010, 738, 743 (Tz. 29) – *Peek & Cloppenburg I.*

1339 BGH GRUR 2002, 706, 708 – *vossius.de*.

sätzen des Rechts der Gleichnamigen widerspricht[1340]. Nach diesen Grundsätzen ist, wie dargestellt, in der Regel der prioritätsjüngere Kennzeicheninhaber verpflichtet, seinem Zeichen, soweit zumutbar, unterscheidungskräftige Zusätze anzufügen. Gebraucht der offline zur Hinzufügung unterscheidungskräftiger Zusätze verpflichtete prioritätsjüngere Kennzeicheninhaber sein Zeichen im Internet ohne Zusätze nur mit dem Namensbestandteil, müsste der Prioritätsältere die Hinzufügung der entsprechenden Zusätze verlangen können. Nur dadurch kann nämlich die Erhöhung der Verwechslungsgefahr zwischen den Namensgleichen vermieden werden. Der bloße Hinweis auf der Homepage des Prioritätsjüngeren jedenfalls wirkt der Erhöhung der Verwechslungsgefahr nicht entgegen. Ferner widerspricht die Rechtsprechung den Interessen der Gleichnamigen. Keiner der beiden wird im Regelfall daran interessiert sein, die branchenähnlichen oder -identischen Unternehmen auf einer Homepage „zusammenzuführen“[1341]. Der Domaininhaber muss seine Homepage für den anderen öffnen, der andere wiederum ist hinsichtlich der konkreten Ausgestaltung, Platzierung des Hinweises u.ä. vom Domaininhaber abhängig. Letzteres beschwört neue Probleme herauf. Ferner besteht die Gefahr, dass weitere Gleichnamige versuchen werden, Hinweise auf ihr Unternehmen auf der Homepage zu platzieren.

Trotz aller Kritik erscheint die Rechtsprechung des BGH insgesamt sachgerecht. Sie trägt dazu bei, dass das Gerechtigkeitsprinzip der Priorität der Registrierung, das als einfache Grundregel grundsätzlich praktikabel ist und für Rechtssicherheit sorgt, nicht umgangen wird. Es wäre nicht einzusehen, warum der Prioritätsjüngere *die* Domain allein aus Prioritätsgründen zugunsten des Prioritätsälteren aufgeben soll – dazu würde bereits eine geringfügige Änderung in der Schreibweise zählen –, obwohl er schneller war. Im Gegenzug muss er einen kleinen Teil seiner Homepage für den Hinweis auf den Prioritätsälteren „aufgeben“, wodurch die Interessen des Prioritätsälteren Berücksichtigung finden. Im Übrigen dürfte es sich bei dem Urteil *„vossius.de“* ohnehin um einen Sonderfall gehandelt haben.

Auf die rechtliche Situation bei Gleichnamigen, die sich in einer kennzeichenrechtlichen Gleichgewichtslage befinden, wurde oben[1342] eingegangen; insbesondere wurde das Urteil des BGH *„Peek & Cloppenburg I“*[1343], in dem es unter anderem um Domain-Namen ging, angesprochen.

1340 *Pahlow*, WRP 2002, 1228, 1233. Kritisch auch *Ingerl/Rohnke*, MarkenG, Nach § 15 Rn. 101.

1341 Das Ergebnis dieser Zusammenführung ist zwar kein „Domain-Sharing” im eigentlichen Sinne, kommt ihm aber doch nahe.

1342 6. Kapitel, III.3.b.(8)(bb).

1343 BGH GRUR 2010, 738 – *Peek & Cloppenburg I.*

Der dargestellte und als sachgerecht empfundene Grundsatz der Priorität der Erstregistrierung erfährt nach der Rechtsprechung des BGH allerdings eine Durchbrechung. Die Durchbrechung erfolgt, wenn die nach den Grundsätzen der Gleichnamigkeit vorzunehmende Interessenabwägung ergibt, dass einer der Prätendenten ein deutlich überwiegendes Interesse an dem Domain-Namen hat. Ein deutlich überwiegendes Interesse hat der BGH in dem Urteil „*shell.de*“[1344] für den Fall bejaht, dass der eine Prätendent – der „Langsamere“ – unter seinem Offline-Kennzeichen eine überragende Bekanntheit genießt, er einen „berühmten Namen“ hat. In dieser Konstellation falle das Interesse des Inhabers des berühmten Namens, gerade unter diesem Namen auch im Internet erreichbar zu sein, besonders stark ins Gewicht. Es sei nämlich damit zu rechnen, dass bei sehr bekannten Namen die Internetnutzer nicht den Weg über eine Internetsuchmaschine wählen, sondern versuchen werde, das Internetangebot des bekannten Namensträgers direkt durch entsprechende „intuitive“ Eingabe der Domain zu erreichen. Dem weniger bekannten Namensgleichen sei daher zuzumuten, bei seinem Domain-Namen einen unterscheidungskräftigen Zusatz wie etwa seinen Vornamen zu verwenden[1345]. Verneint wurde ein deutlich überwiegendes Interesse aber in dem Fall, in dem der bekannte Kläger bereits über einen zielgerichtet auf ihn hinweisenden Domain-Namen verfügt und der Streit lediglich um die Nutzung eines weiteren, ähnlichen Domain-Namens geht[1346].

Welcher Bekanntheitsgrad für eine überragende Bekanntheit i.S.d. „*shell.de*-Rechtsprechung“ erforderlich ist, welche „Bekanntheitsschwelle“ also überschritten werden muss, hat die Rechtsprechung bislang nicht entschieden[1347]. *Hacker*[1348] lässt diese Frage unerörtert und verweist in einer Fußnote auf *Ingerl/Rohnke*[1349] und *Hackbarth*[1350]. Sie gehen davon aus, dass die Bekanntheit bei einem deutlich überwiegenden Teil des Verkehrs vorliegen müsse, die Ausnahme daher erst bei Bekanntheitsgraden von über 60% in Betracht zu ziehen sei. *Bettinger* indes verlangt nur „deutlich mehr als 30%“[1351]. *Viefhues* legt sich auf keinen Prozentsatz fest und führt lediglich aus, eine bloße relativ größere

1344 BGH GRUR 2002, 622 – *shell.de*; ähnlich schon OLG Hamm ZUM-RD 1998, 566, 567 – *krupp.de*; LG Hamburg MMR 2000, 620, 622 – *joop.de*.

1345 BGH GRUR 2002, 622, 625 – *shell.de*.

1346 BGH GRUR 2005, 687 – *weltonline.de*.

1347 Überragende Bekanntheit des Familiennamens „Näher“ verneint von LG Berlin (MMR 2008, 484, 485 – *naeher.de*); überragende Bekanntheit der Stadt „Melle“ verneint von LG Osnabrück (MMR 2006, 248 – *melle.de*); überragende Bekanntheit der „Sartorius AG“ verneint von LG Hamburg (MMR 2005, 190 – *sartorius.at*).

1348 Ströbele/*Hacker*, MarkenG, § 23 Rn. 42.

1349 *Ingerl/Rohnke*, MarkenG, Nach § 15 Rn. 103 (*Hacker* verweist noch auf die insoweit unveränderte Vorauflage, dort Rn. 71).

1350 *Hackbarth*, WRP 2006, 519, 521.

1351 *Bettinger*, Handbuch des Domainrechts, Teil 2 Rn. DE 378.

Bekanntheit im Vergleich zum Inhaber des Domain-Namens jedenfalls reiche nicht aus[1352].

Richtig erscheint mir, den Prozentsatz eher hoch als niedrig anzusiedeln. Allerdings sollte der Prozentsatz nicht der einzige Umstand sein, der ausschlaggebend für das Vorliegen eines überwiegenden Interesses ist. Berücksichtigt werden sollten vielmehr alle Umstände des Einzelfalls. So könnte z.B. eine Rolle spielen, ob es sich bei dem bekannten Namensträger um ein weltweit oder ein nur auf dem deutschen Markt agierendes Unternehmen handelt. Im ersten Fall wäre es nämlich bei Verfügbarkeit oder gar bereits Inhaberschaft ohne weiteres möglich, auf die Domainendung „.com" auszuweichen, die auch von den deutschen Internetnutzern ohne weiteres aufgefunden werden dürfte. Auf der internationalen Startseite könnte er dann z.B. mittels einer kleinen Deutschlandfahne auf die deutschsprachige Website führen.

Die von *Ingerl/Rohnke* aufgeworfene Frage, ob eine Durchbrechung auch dann erfolgen kann, wenn die Interessen der Prätendenten „nur" ein extrem unterschiedliches Gewicht haben – also ohne dass eine überragende Bekanntheit besteht –, ist damit ebenfalls beantwortet: Grundsätzlich kann auch in solchen Fällen das Prinzip der Erstregistrierung durchbrochen werden, allerdings nur, wenn die Gesamtwürdigung aller Umstände eine Durchbrechung im Einzelfall rechtfertigt. Dazu würde nicht der vom OLG Stuttgart entschiedene Fall *„Name-Unternehmensgruppe.de"*[1353] zählen. Dort wurde zu großzügig eine Durchbrechung bereits deshalb angenommen, weil der Domaininhaber, anders als der Anspruchsteller, nicht über eine Unternehmensgruppe verfügte. Näher gelegen hätte es im Übrigen, dem Domaininhaber schon das Kennzeichenrecht an der zusammengesetzten Domain abzusprechen und ihn als Nichtberechtigten zu behandeln.

2. § 23 Nr. 2 MarkenG

Wenn sich eine originär beschreibende Angabe im Verkehr durchgesetzt und über § 8 Abs. 3 MarkenG Markenschutz erlangt hat, kann diese Marke durch Registrierung und/oder Verwendung einer Domain verletzt werden. Als Beispiel für eine solche Marke sei die Marke „POST" genannt. Geht die Deutsche Post AG als Markeninhaberin gegen einen Dritten, der etwa unter dem Zeichen „Die Neue Post" am Markt agiert, vor, kann zu dessen Gunsten die Schutzschranke

1352 Hoeren/Sieber/*Viefhues*, Multimedia-Recht, Teil 6.1 Rn. 197.
1353 OLG Stuttgart MMR 2008, 178 – *Name-Unternehmensgruppe.de.*

des § 23 Nr. 2 MarkenG, auch für seinen gleichlautenden Domain-Namen (z.B. „die-neue-post.de“), eingreifen.

Im bereits erörterten Urteil „*POST I*“ ließ der BGH dahinstehen, ob Verwechslungsgefahr mit dem angegriffenen Zeichen „Die Neue Post“ bestand[1354]. Der BGH prüfte sodann die Schutzschranke des § 23 Nr. 2 MarkenG und differenzierte nicht zwischen dem offline verwendeten Zeichen „Die Neue Post“ und dem Domain-Namen „die-neue-post.de“. Hinsichtlich beider Kollisionszeichen griff nach Ansicht des BGH § 23 Nr. 2 MarkenG ein. Das heißt, auch ein Domaininhaber kann sich auf die Schutzschranke des § 23 Nr. 2 MarkenG berufen; insoweit gelten keine von den Grundsätzen des Offline-Bereichs abweichenden Besonderheiten.

Wenn man, anders als hier vertreten, davon ausgeht, dass § 23 Nr. 2 MarkenG die Fälle der Markennennung erfasst, kann § 23 Nr. 2 MarkenG einschlägig sein, wenn der Domaininhaber ein fremdes Kennzeichen in seinen Domain-Namen aufnimmt. Dass die Domain selbst marken- oder kennzeichenmäßig verwendet wird, hindert die Anwendung der Vorschrift dabei nicht[1355]. Jedoch kann die markenmäßige Verwendung auch hier dazu beitragen, dass die Aufnahme des fremden Kennzeichens in den Domain-Namen gegen die guten Sitten verstößt und seine Verwendung damit nicht über § 23 Nr. 2 MarkenG freigestellt wird. Insoweit gilt das Gleiche wie für die Aufnahme fremder Kennzeichen in die eigene Produktkennzeichnung: Je gezielter der Domain-Name markenmäßig verwendet wird, desto eher liegt ein Verstoß gegen die guten Sitten vor[1356].

Die Grenze, ab der ein Verstoß gegen die guten Sitten anzunehmen ist, ist auch hier nicht allgemein zu definieren. Unlauterkeitsbegründend dürfte sein – die oben gebildeten Unlauterkeitsfallgruppen gelten insoweit auch bei Domain-Namen –, wenn der Domain-Name den unzutreffenden Eindruck einer Handelsbeziehung oder zumindest einer Autorisierung durch den Markeninhabers erweckt[1357]. Unlauterkeitsbegründend dürfte es indes nicht sein, wenn für den Verkehr ersichtlich ist, dass Kritik am Kennzeicheninhaber geübt[1358] oder eine

1354 BGH GRUR 2008, 798, 799 (Tz. 15) – *POST I*.
1355 *Ingerl/Rohnke*, MarkenG, Nach § 15 Rn. 166.
1356 *Ingerl/Rohnke*, MarkenG, Nach § 15 Rn. 166.
1357 *Ingerl/Rohnke*, MarkenG, Nach § 15 Rn. 166.
1358 Dazu z.B. OLG Hamburg MMR 2004, 415 – *awd-aussteiger.de*. Das Gericht führte aus, bei Domain-Namen wie „awd-aussteiger.de“ (AWD ist ein Finanzdienstleister) erwarte man eine Website mit Informationen und sonstigem Textmaterial von bzw. für Personen, die sich von AWD trennen wollen oder bereits getrennt haben und die dem Unternehmen kritisch gegenüberstehen. Mit dem Domain-Namen werde ausgedrückt,

„Negativabgrenzung" vorgenommen werden soll. Dazu sei das Urteil „*Schufafreie Kredite*" des OLG Hamburg[1359] erörtert. Das OLG Hamburg prüfte Ansprüche der führenden deutschen Kreditschutzorganisation, deren Dienstleistungen unter dem Schlagwort SCHUFA bekannt sind, aus §§ 14 Abs. 2 Nr. 3, 15 Abs. 3 MarkenG unter anderem gegen die Verwendung von sieben Domain-Namen (z.B. „kreditschufafrei.de" und „schufafreie-kredite.de"). Das Gericht verneinte zwar den kennzeichenmäßigen Gebrauch der Verwendung der bekannten Bezeichnung SCHUFA. Selbst wenn man einen kennzeichnenden Gebrauch annähme, läge aber kein Verstoß gegen §§ 14 Abs. 2 Nr. 3, 15 Abs. 3 MarkenG vor. Denn der Antragsgegner benutze in diesem Fall „i.S.v. § 23 Nr. 2 MarkenG" berechtigterweise ein mit der Marke oder der geschäftlichen Bezeichnung identisches Zeichen oder ein ähnliches Zeichen als Angabe über Merkmale oder Eigenschaften von Waren oder Dienstleistungen. Die Antragstellerin sei nicht befugt, ihm diese Verwendung zu untersagen. Der Antragsgegner verwende den Begriff SCHUFA in den Domain-Namen produktbeschreibend, nämlich zur Bezeichnung einer bestimmten Art von Krediten im Sinne einer „Negativabgrenzung" zu den Darlehensgeschäften, bei denen – wie dies die Regel sei – die Dienstleistungen der Antragstellerin in Anspruch genommen würden. Gerade weil eine (einwandfreie) SCHUFA-Auskunft in Deutschland zu einem quasioffiziellen „Testat" im Zuge der Einholung von Bonitätsinformationen geworden sei und niemand im seriösen Wirtschaftsleben an ihr vorbeikomme, beschreibe der Begriff SCHUFA in der Wahrnehmung weiter Teile der angesprochenen Verkehrskreise im Ergebnis ein Unbedenklichkeitskriterium für die Kreditvergabe. Entsprechend verstehe der Verkehr die Wendung „schufafrei" oder „ohne schufa" als Kreditgewährung ohne die „üblichen Hindernisse", die sich für Kreditinteressenten mit zweifelhafter Bonität bei seriösen Kreditinstituten auftäten[1360].

3. § 23 Nr. 3 MarkenG

§ 23 Nr. 3 MarkenG spielt bei Domainstreitigkeiten nicht selten eine Rolle. Das hängt damit zusammen, dass ein Fremdanbieter, der Ersatzteile, Zubehör o.ä. für Markenprodukte anbietet, für potentielle Kunden besser zu erreichen ist – sei es über eine Suchmaschine, sei es, weil sich ein potentieller Kunde die Internet-Adresse leichter merken kann – wenn er die Marke des Originalherstellers in seinen Domain-Namen aufnimmt. So stellte sich vor Gerichten beispielsweise

dass auf der so beschriebenen Website kritische Äußerungen über das Unternehmen dargestellt werden (S. 417).

1359 OLG Hamburg GRUR-RR 2004, 178 – *Schufafreie Kredite.*

1360 OLG Hamburg GRUR-RR 2004, 178, 180 – *Schufafreie Kredite.*

die Frage, ob zugunsten Dritter, die Domain-Namen wie „peugeot-tuning.de", „cat-ersatzteile.de" oder „fordboerse.de"[1361] für sich haben registrieren lassen, die Schutzschranke des § 23 Nr. 3 MarkenG eingreift.

Das Tatbestandsmerkmal der Notwendigkeit, das sich nach der hier vertretenen Auffassung auf das „Ob" der Markenverwendung beschränkt, liegt nach den allgemeinen Grundsätzen vor, wenn der Dritte praktisch keine andere Möglichkeit hat, der Marktgegenseite eine verständliche, vollständige und vor allem schnell erfassbare Information über sein Angebot – seien es Waren oder Dienstleistungen – zu übermitteln. Dabei kommt es immer auf das konkrete Angebot an. Handelt es sich beispielsweise um das Internetangebot eines Gebrauchtwagenhändlers, der Modelle aller verbreiteten Hersteller anbietet, wäre die Verwendung eines Domain-Namens, in dem nur eine Marke/ein Hersteller genannt wird (z.B. „gebrauchte-mercedes.de"), nicht notwendig. Handelt es sich hingegen um einen Händler, der ausschließlich Modelle eines Herstellers anbietet, wäre die Verwendung eines Domain-Namens, der die Marke enthält, mit entsprechenden Zusätzen notwendig.

Entscheidend kommt es dann auf den Unlauterkeitsvorbehalt an. Wiederum gelten die oben gebildeten Unlauterkeitsfallgruppen. Wird durch den Domain-Namen beispielsweise der unzutreffende Eindruck erweckt, die Website sei die des Kennzeicheninhabers selbst oder es bestehe eine Handelsbeziehung zu ihm (etwa als autorisierter Vertriebshändler), ist von der Unlauterkeit des Handelns auszugehen. Das Erwecken eines solchen unzutreffenden Eindrucks kann der Dritte verhindern, indem er etwa den eigenen Namen in die Domain aufnimmt oder die Domain auf andere Art und Weise neutral und abstandswahrend wählt. Das wäre etwa der Fall bei einer Domain wie „tuning-von-peugeots.de"[1362]. Nicht ausreichend dürfte sein, erst auf der Website selbst entsprechende Hinweise zu geben, etwa in Form des Herausstellens des Unternehmenskennzeichens des Dritten[1363].

Auf der Website selbst gelten im Übrigen sowohl hinsichtlich der Notwendigkeit der Kennzeichenverwendung als auch hinsichtlich des Unlauterkeitsvorbehalts die allgemeinen Grundsätze. Das neue Urteil des BGH „*VW/ATU*" dürfte auch Auswirkungen auf die Gestaltung von Websites haben. Es dürfte anzunehmen sein, dass Kennzeicheninhaber etwa unabhängigen Dienstleistungsanbietern untersagen können, für die beworbenen Dienstleistungen das Firmenlogo

1361 OLG Düsseldorf GRUR-RR 2007, 102 – *Peugeot-Tuning*; LG Düsseldorf GRUR-RR 2007, 14 – *cat-ersatzteile.de*; LG München I ZUM-RD 2002, 104 – *fordboerse.de*.

1362 Ähnlich OLG Düsseldorf GRUR-RR 2007, 102, 103 – *Peugeot-Tuning* (allerdings beim Tatbestandsmerkmal der Notwendigkeit).

1363 So auch LG Düsseldorf MMR 2008, 268, 269 – *hapimag-a-aktien.de*.

bzw. die Bildmarke zu verwenden. Im Regelfall dürften die Drittanbieter auf Verwendung der Wortmarke beschränkt werden können[1364]. So sollte es für das Angebot von Computerkursen beispielsweise ausreichen, „Grundkurs Windows 7“ zu schreiben. Unlauterkeitsbegründend dürfte es sein, (auch) das charakteristische Windows Logo (bestehend aus vier verschieden farbigen, schwebenden „Fenstern“) zu verwenden.

1364 So auch *Stögmüller/Schwarzhof*, MMR-Aktuell 2011, 318585.

10. Kapitel:
§ 23 MarkenG und § 5 Abs. 2 UWG

I. Problemaufriss

Angesichts von Art. 6 Abs. 2 lit. a) der Richtlinie über unlautere Geschäftspraktiken (UGP-RL)[1365] und der im Zuge der UWG-Novelle 2008 neu gefassten Vorschrift des § 5 Abs. 2 UWG wird – außerhalb dieser Arbeit – die Frage zu beantworten sein, ob und wie sich das Verhältnis zwischen Kennzeichen- und Wettbewerbsrecht verändern wird. Eine damit im Zusammenhang stehende, den Gegenstand der vorliegenden Arbeit unmittelbar betreffende Frage ist, ob § 5 Abs. 2 UWG / Art. 6 Abs. 2 lit. a) UGP-RL Auswirkungen auf die Schrankenbestimmung des § 23 MarkenG – sei es auf ihren Anwendungsbereich, sei es auf ihre Auslegung – hat.

Denkbar ist zum einen – wenn man annimmt, das Verhältnis zwischen Kennzeichen- und Wettbewerbsrecht werde sich grundsätzlich ändern –, die Schutzschranke des § 23 MarkenG auf einen dann möglicherweise neben einem markenrechtlichen Anspruch bestehenden wettbewerbsrechtlichen Anspruch aus § 5 Abs. 2 UWG anzuwenden oder jedenfalls die in § 23 MarkenG zum Ausdruck kommenden Wertungen in die Auslegung des § 5 Abs. 2 UWG einzubeziehen. Der Anspruch aus § 5 Abs. 2 UWG würde dadurch eingeschränkt. Denkbar ist zum anderen – unabhängig davon, ob man eine Neujustierung des Verhältnisses zwischen Kennzeichen- und Wettbewerbsrecht annimmt – umgekehrt der Vorschrift des § 5 Abs. 2 UWG maßgeblichen Einfluss auf die Auslegung der Schrankenbestimmung des § 23 MarkenG zukommen zu lassen.

Vor der Erörterung dieser beiden Möglichkeiten (dazu IV.) wird ein Blick auf die UGP-RL und ihre Umsetzung im deutschen UWG geworfen (dazu II.). Danach wird auf die Regelung des § 5 Abs. 2 UWG und ihre möglichen Konsequenzen für das Verhältnis zwischen Kennzeichen- und Wettbewerbsrecht eingegangen (dazu III.).

1365 Richtlinie 2005/29/EG des Europäischen Parlaments und des Rates vom 11.5.2005 über unlautere Geschäftspraktiken im binnenmarktinternen Geschäftsverkehr zwischen Unternehmen und Verbrauchern und zur Änderung der Richtlinie 84/450/EWG des Rates, der Richtlinien 97/7/EG, 98/27/EG und 2002/65/EG des Europäischen Parlaments und des Rates sowie der Verordnung (EG) Nr. 2006/2004 des Europäischen Parlaments und des Rates (ABl. L 149 vom 11.6.2005, S. 22).

II. Die Richtlinie über unlautere Geschäftspraktiken (UGP-RL) und ihre Umsetzung im UWG

Am 11.5.2005, kurz nach der „großen" UWG-Reform des Jahres 2004[1366], wurde die UGP-RL verabschiedet. Zweck der Richtlinie ist die Rechtsangleichung und Vollharmonisierung im Bereich der unlauteren Geschäftspraktiken im Verhältnis zwischen Unternehmen und Verbrauchern („Business to Consumer", abgekürzt mit „b2c")[1367]. Die Richtlinie will – wie es in Erwägungsgrund (8) heißt – „unmittelbar die wirtschaftlichen Interessen der Verbraucher vor unlauteren Geschäftspraktiken im Geschäftsverkehr zwischen Unternehmen und Verbrauchern" schützen. Sie stellt den vorläufigen Endpunkt einer Entwicklung hin zum lauterkeitsrechtlichen Verbraucherschutzrecht dar[1368].

Die zentrale Aussage der UGP-RL findet sich in Art. 5 Abs. 1, der Generalklausel der Richtlinie. Art. 5 Abs. 1 UGP-RL lautet schlicht: „Unlautere Geschäftspraktiken sind verboten". Als unlauter sind nach Art. 5 Abs. 4 UGP-RL insbesondere irreführende und aggressive Geschäftspraktiken anzusehen. Irreführende Geschäftspraktiken (Handlungen und Unterlassungen) werden in den Art. 6 und 7 UGP-RL spezifiziert, aggressive Geschäftspraktiken, Belästigung, Nötigung und unzulässige Beeinflussung in den Art. 8 und 9 UGP-RL. Außerdem enthält die UGP-RL einen allgemein als „Black List" oder „Schwarze Liste" bezeichneten Anhang I. In ihm werden unterschiedliche Geschäftspraktiken aufgelistet, die unter allen Umständen als unlauter zu gelten haben (Art. 5 Abs. 5 UGP-RL)[1369].

Der Erlass der UGP-RL machte eine erneute Änderung des deutschen UWG erforderlich: Am 28.12.2008 wurde das „Erste Gesetz zur Änderung des Gesetzes gegen den unlauteren Wettbewerb"[1370] verabschiedet. Das UWG 2008 ist auf Grund der angestrebten Vollharmonisierung im Anwendungsbereich der UGP-

---

1366 BGBl. I, S. 1414; dazu z.B. Harte-Bavendamm/Henning-Bodewig/*Keller*, UWG, Einl A Rn. 11 ff.; *Köhler*/Bornkamm, UWG, Einl UWG Rn. 2.10 ff.; *Ohly*, GRUR 2004, 889 ff.; *Henning-Bodewig*, GRUR 2004, 713 ff.

1367 Das ergibt sich aus den Art. 3 Abs. 5, 4 UGP-RL, aus dem Erwägungsgrund (13) der UGP-RL und aus der Begründung zur Richtlinie Rn. 30; vgl. Harte-Bavendamm/Henning-Bodewig/*Keller*, UWG, Einl A Rn. 19; *Köhler*/Bornkamm, UWG, Einl UWG 3.56; *Steinbeck*, WRP 2006, 632 ff.; zur Frage nach der Bedeutung des Umstands, dass die UGP-RL mit einer Generalklausel und zahlreichen offenen Formulierungen operiert Harte-Bavendamm/Henning-Bodewig/*Glöckner*, UWG, Vorb. Rn. 12 f.; zu den verdeckten Lücken der UGP-RL vgl. *Ohly*, WRP 2006, 1401, 1409 ff. *Sosnitza*, WRP 2006, 1, 3 ff.

1368 *Hoeren*, WRP 2009, 789, 790.

1369 Vgl. z.B. EuGH GRUR 2010, 244, 246 (Tz. 45) – *Plus Warenhandelsgesellschaft*.

1370 BGBl. I, S. 2949.

RL als Umsetzungsgesetz durch die Wertungen der Richtlinie gebunden und determiniert; es schöpft seine Legitimation nicht mehr aus der nationalen Gesetzgebungsautonomie und einer hundertjährigen Rechtsentwicklung durch Wissenschaft und Praxis[1371]. Und vor allem: Das UWG 2008 ist erheblich stärker als das bis dahin geltende UWG verbraucherschützend ausgerichtet. Es hat eine deutliche Akzentverschiebung stattgefunden, wenn nicht gar von einem Paradigmenwechsel des deutschen Rechts des unlauteren Wettbewerbs hin zu einem „originären Verbraucherschutz durch Lauterkeitsrecht“[1372] oder einer Umkehr vom Mitbewerberschutz hin zum Verbraucherschutz[1373] gesprochen werden kann[1374].

Als wesentliche Änderungen des UWG durch die UWG-Novelle 2008 seien an dieser Stelle nur genannt[1375]: die Erweiterung des Unternehmerbegriffs in § 2 Abs. 1 Nr. 6 UWG, die Ersetzung des Begriffs der „Wettbewerbshandlung“ durch die „geschäftliche Handlung“ in § 2 Abs. 1 Nr. 1 UWG[1376] und die damit verbundene Einbeziehung des unternehmerischen Verhaltens vor und nach einem Vertragsschluss sowie die Neuregelung des Verbots der Irreführung in den §§ 5 und 5a UWG. Die durch die UGP-RL vorgegebene „Black List“ wurde in einem Anhang zu § 3 Abs. 3 des Gesetzes angefügt[1377]).

III. Das Verhältnis zwischen Kennzeichenrecht und Wettbewerbsrecht angesichts von Art. 6 Abs. 2 lit. a) UGP-RL / § 5 Abs. 2 UWG

In Umsetzung von Art. 6 Abs. 2 lit. a) UGP-RL[1378] enthält § 5 Abs. 2 UWG eine Regelung für den Fall der Verwechslungsgefahr. Nach § 5 Abs. 2 UWG ist eine

1371 Harte-Bavendamm/Henning-Bodewig/*Glöckner*, UWG, Vorb. Rn. 16.

1372 So Fezer/*Fezer*, UWG, Einleitung E Rn. 170; *ders.*, GRUR 2009, 451 f.; *ders.*, WRP 2006, 781, 787; ähnlich *ders.*, WRP 2010, 677, 680; *Glöckner*, WRP 2009, 1175 f.

1373 So *Hoeren,* WRP 2009, 789, 790 (zur UGP-RL).

1374 Harte-Bavendamm/Henning-Bodewig/*Glöckner*, UWG, Vorb. Rn. 17 ff.; *Keßler*, WRP 2007, 714, 716; *Fezer*, WRP 2006, 781, 784.

1375 Ausführlich dazu Fezer/*Fezer*, UWG, Einleitung E Rn. 184 ff.; Harte-Bavendamm/Henning-Bodewig/*Glöckner*, UWG, Vorb. Rn. 1 ff.; Harte-Bavendamm/Henning-Bodewig/*Keller*, UWG, Einl A Rn. 17 ff.; *Lettl*, GRUR-RR 2009, 41 ff., *Glöckner*, WRP 2009, 1175 ff., *Köhler*, WRP 2009, 109 ff.

1376 Der Begriff der geschäftlichen Handlung ist allerdings nicht enger zu verstehen als der der Wettbewerbshandlung (BGH GRUR 2011, 166, 167 [Tz. 12] – *Rote Briefkästen*).

1377 Dazu allgemein und zu den geringfügigen Abweichungen der deutschen „Schwarzen Liste“ *Köhler*/Bornkamm, UWG, § 3 Rn. 24 ff.

1378 Art. 6 Abs. 2 lit. a) UGP-RL lautet: „Eine Geschäftspraxis gilt ferner als irreführend, wenn sie im konkreten Fall unter Berücksichtigung der tatsächlichen Umstände einen Durchschnittsverbraucher zu einer geschäftlichen Entscheidung veranlasst oder zu

geschäftliche Handlung irreführend, „wenn sie im Zusammenhang mit der Vermarktung von Waren oder Dienstleistungen einschließlich vergleichender Werbung eine Verwechslungsgefahr mit einer anderen Ware oder Dienstleistung oder mit der Marke oder einem anderen Kennzeichen eines Mitbewerbers hervorruft“. § 5 Abs. 2 UWG kombiniert damit eine Irreführung als Lauterkeitsumstand und eine Zeichenverwechslung als einen kennzeichenrechtlichen Umstand[1379].

Voraussetzung eines Anspruchs aus § 5 Abs. 2 UWG ist unter anderem das Bestehen von Verwechslungsgefahr. Die Verwendung dieses „markenrechtlich aufgeladenen“[1380] Begriffs und die Tatsache, dass § 5 Abs. 2 UWG in Umsetzung der UGP-RL in das Gesetz eingefügt wurde, legen die Annahme nahe, das Hervorrufen einer Verwechslungsgefahr solle – neben dem kennzeichenrechtlichen – einen wettbewerbsrechtlichen Anspruch begründen können. Das wäre mit der bestehenden, allerdings seit jeher kontrovers diskutierten Rechtslage in Deutschland, die von der sogenannten Vorrangthese ausgeht, nicht zu vereinbaren. Nach der Vorrangthese stellt das MarkenG eine umfassende, in sich geschlossene Regelung bereit, die einer konkurrierenden Heranziehung wettbewerbsrechtlicher Vorschriften grundsätzlich entgegensteht (dazu ausführlich sogleich).

Art. 6 Abs. 2 lit. a) UGP-RL / § 5 Abs. 2 UWG liefert also der Diskussion über das Verhältnis von kennzeichen- und wettbewerbsrechtlichen Vorschriften neuen, im Gemeinschaftsrecht angelegten Zündstoff. Die Diskussion läuft auf die Frage hinaus, ob im Lichte von Art. 6 Abs. 2 lit. a) UGP-RL / § 5 Abs. 2 UWG die von BGH und ihm folgend zahlreichen Stimmen in der Literatur vertretene Vorrangthese aufzugeben ist.

1. Auffassung des BGH und weiter Teile der (älteren) Literatur

Obwohl in den Details der verschiedenen „Konfliktzonen“[1381] wie beispielsweise den Konfliktzonen „Ergänzender wettbewerbsrechtlicher Leistungsschutz“, „Irreführungsverbot“ oder „Vergleichende Werbung“ vieles umstritten war und

---

veranlassen geeignet ist, die er ansonsten nicht getroffen hätte, und Folgendes beinhaltet: a) jegliche Art der Vermarktung eines Produkts, einschließlich vergleichender Werbung, die eine Verwechslungsgefahr mit einem anderen Produkt, Warenzeichen, Warennamen oder anderen Kennzeichen eines Mitbewerbers begründet; b) […].“

1379 Fezer/*Peifer*, UWG, § 5 Rn. 428.

1380 *Henning-Bodewig*, GRUR Int. 2007, 986, 988.

1381 Ausdruck von *Bornkamm*, z.B. in: Geistiges Eigentum und Gemeinfreiheit, S. 181.

ist[1382], kann folgende Grundlinie ausgemacht werden: Die Vorschriften des MarkenG stellen eine umfassende, in sich geschlossene Regelung dar, die in ihrem Anwendungsbereich grundsätzlich den aus Generalklauseln des Wettbewerbsrechts und des allgemeinen Zivilrechts hergeleiteten Schutz verdrängen (wie erwähnt: sogenannte Vorrangthese)[1383].

Einen Grund für den Vorrang sieht die Rechtsprechung darin, dass der spezialgesetzlichen Regelung durch das MarkenG zugleich eine gesetzgeberische Wertung für die Reichweite des Markenschutzes zukommt (sogenannte Begrenzungsfunktion)[1384]. Ferner wird die Entstehungsgeschichte des MarkenG als Begründung für die Vorrangthese herangezogen: Durch das MarkenG sollte (erstmalig) eine einheitliche und vor allem abschließende spezialgesetzliche Regelung des Kennzeichenrechts in Deutschland geschaffen werden. Dieses Ziel könne durch die parallele Anwendung wettbewerbsrechtlicher Vorschriften unterlaufen werden. Die Vorschrift des § 2 MarkenG, nach der der kennzeichenrechtliche Schutz auf Grund des MarkenG die Anwendung anderen Vorschriften zum Schutz von Kennzeichen nicht ausschließt, stelle nur klar, dass andere Vorschriften in geeigneten Fällen ergänzend herangezogen werden können. Ein weiterer Grund für die Vorrangthese soll sein: Der Kennzeicheninhaber müsse – in den häufigen Fällen, in denen mit der Kennzeichenverletzung die Irreführung des Verkehrs einhergeht – darüber entscheiden können, ob er gegen die Kennzeichenverletzung vorgeht oder ob er sie hinnimmt. Diese Entscheidung unterliege allein seiner Dispositionsfreiheit. Überdies, so wird argumentiert, bleibe

1382 Beispielhaft für die Diskussion innerhalb der verschiedenen Konfliktzonen seien einige Beiträge genannt: *Bornkamm*, GRUR 2005, 97 ff.; *ders.*, in: Geistiges Eigentum und Gemeinfreiheit, S. 181 ff.; *Steinbeck*, Festschrift für Ullmann, S. 409 ff.; *Ohly*, Festschrift für Ullmann, S. 795 ff.; *Körner*, Festschrift für Ullmann, S. 701 ff.; *Keller*, Festschrift für Erdmann, S. 595 ff.; *Bornkamm*, Festschrift für von Mühlendahl, S. 9 ff.

1383 Grdl. BGH GRUR 1999, 161, 162 – *MAC DOG* (erstes Urteil zur bekannten Marke, von *Fezer* als „Geburtsstätte der Vorrangthese" bezeichnet [MarkenR, § 2 MarkenG Rn. 16]); ferner – chronologisch – BGH GRUR 1999, 252, 253 – *Warsteiner II* (erstes Urteil zur geographischen Herkunftsangabe); GRUR 2000, 70, 73 – *SZENE*; GRUR 2001, 1050, 1051 – *Tagesschau*; BGH GRUR 2001, 1054, 1055 – *Tagesreport*; BGH GRUR 2002, 622, 623 – *shell.de* (erstes Urteil zum wettbewerbsrechtlichen Irreführungsschutz); BGH GRUR 2002, 706, 707 – *vossius.de*; BGH GRUR 2002, 898, 900 – *defacto*; BGH GRUR 2005, 163, 165 – *Aluminiumräder*; BGH GRUR 2005, 419, 422 – *Räucherkate*; BGH GRUR 2005, 423, 427 – *Staubsaugerfiltertüten*; BGH GRUR 2005, 583, 585 – *Lila-Postkarte*; BGH GRUR 2006, 329, 332 – *Gewinnfahrzeug mit Fremdemblem*; BGH GRUR 2007, 339, 342 – *Stufenleitern*; BGH GRUR 2008, 793, 795 – *Rillenkoffer*; BGH GRUR 2008, 917, 919 – *EROS*; *Ingerl/Rohnke*, MarkenG, § 2 Rn. 2; *Stieper*, WRP 2006, 291, 300; *Sack*, WRP 2004, 1405, 1413; *Starck*, Festschrift für Erdmann, S. 485 ff.

1384 Z.B. BGH GRUR 1999, 161, 162 – *MAC DOG*.

die Allgemeinheit auch dann gegenüber einer Irreführung ungeschützt, wenn der Inhaber des Schutzrechts dem Verletzer eine Lizenz erteile[1385]. Daneben kann zur Begründung der Vorrangthese die mit der MarkenRL angestrebte Harmonisierung der für die eingetragenen Marken geltenden Bestimmungen herangezogen werden. Die MarkenRL schließt zwar die Anwendung der Vorschriften gegen den unlauteren Wettbewerb auf Marken nicht aus[1386]. Nicht zu verkennen war aber jedenfalls bislang, dass die parallele Anwendung harmonisierter Bestimmungen des Markenrechts und nicht harmonisierter Vorschriften des UWG und des allgemeinen Zivilrechts geeignet war, den freien Waren- und Dienstleistungsverkehr zu behindern und die durch die MarkenRL erreichte Rechtsharmonisierung zu beeinträchtigen. Das hatte für eine vorrangige Anwendung der harmonisierten markenrechtlichen Vorschriften und, wegen der Einheit der Kennzeichenrechte, auch der nicht harmonisierten Vorschriften des MarkenG gesprochen.

Die Vorrangthese gilt jedoch nur „grundsätzlich" und nicht ohne Einschränkungen[1387]. Seit jeher werden Fälle anerkannt, in denen sie nicht eingreifen soll bzw. kann. Auf die Bestimmungen des UWG wird etwa bei Sachverhalten zurückgegriffen werden, die vom Anwendungsbereich des MarkenG nicht erfasst sind[1388], beispielsweise bei Handlungen außerhalb des geschäftlichen Verkehrs oder bei Fehlen eines marken- bzw. kennzeichenmäßigen Gebrauchs. Ein Rückgriff auf das UWG ist auch möglich, wenn ein bestimmter Sachverhalt im Rahmen des UWG unter einem anderen rechtlichen Gesichtspunkt gewürdigt wird als nach dem MarkenG[1389] oder ein von der markenrechtlichen Regelung nicht erfasster

1385 Dazu Köhler/*Bornkamm*, § 5 UWG Rn. 1.80 f.

1386 Siebter Erwägungsgrund der ersten MarkenRL (wortgleich Erwägungsgrund (7) der kodifizierten Fassung). Dort heißt es ausdrücklich, diese Richtlinie schließe es nicht aus, dass auf die Marken andere Rechtsvorschriften der Mitgliedstaaten als die des Markenrechts, wie die Vorschriften gegen den unlauteren Wettbewerb, über die zivilrechtliche Haftung oder den Verbraucherschutz, Anwendung finden. Auch Generalanwalt *Jacobs* hatte in seinen Schlussanträgen im Verfahren „THOMSON LIFE" (Schlussanträge des Generalanwalts *Jacobs* vom 9.6.2005, Rs. C-120/04 – THOMSON LIFE [BeckEuRS 2005, 412759; Tz. 40]) darauf hingewiesen, dass das Gemeinschaftsrecht einer Anwendung des Wettbewerbsrechts auf markenrechtliche Sachverhalte nicht entgegenstehe.

1387 Aus diesem Grunde wurde teilweise die Auffassung vertreten, sie sei – jedenfalls im Bereich des ergänzenden wettbewerbsrechtlichen Leistungsschutzes – weitgehend aufgegeben worden, vgl. *Köhler*/Bornkamm, UWG, § 4 Rn. 9.6.; *Fezer*, MarkenR, § 2 MarkenG Rn. 83; *Köhler*, GRUR 2009, 445, 446.

1388 BGH GRUR 2008, 628, 629 – *Imitationswerbung* ; BGH GRUR 2005, 419, 422 – *Räucherkate* ; BGH GRUR 2004, 1039, 1041 – *SB-Beschriftung*; BGH GRUR 2004, 235, 238 – *Davidoff II*; BGH GRUR 2003, 332, 335 f. – *Abschlussstück*; BGH GRUR 2002, 167, 171 – *Bit/Bud*; BGH GRUR 2001, 73, 76 – *Stich den Buben.*

1389 BGH GRUR 2008, 628, 629 – *Imitationswerbung.*

Unlauterkeitstatbestand hinzutritt. Der Rückgriff auf den wettbewerbsrechtlichen Irreführungstatbestand kommt ferner bei der Verletzung des Allgemeininteresses in Betracht, insbesondere weil das fragliche Zeichen kennzeichenrechtlich geschützt ist und der Verkehr mit ihm besondere Gütevorstellungen verbindet[1390].

2. (Ältere) Gegenansicht in der Literatur

Fezer und ein Teil der Literatur[1391] sind der Rechtsprechung des BGH und dem der Rechtsprechung folgenden Teil der Literatur vehement und nahezu unermüdlich entgegengetreten. Sie waren der Auffassung, zwischen den markenrechtlichen Vorschriften und dem UWG bestehe Normenkonkurrenz[1392].

Zur Begründung verwiesen sie in erster Linie auf den Wortlaut von § 2 MarkenG, nach dem die Anwendung anderer Vorschriften zum Schutz der durch das MarkenG geschützten Kennzeichen gerade nicht ausgeschlossen werde. Der Gesetzgeber habe eine abschließende Regelung ausdrücklich nicht beabsichtigt[1393]. Die Rechtsauffassung des BGH werde von der lex-specialis-Regel, die ohnehin allein dazu diene, Widersprüche zwischen verschiedenen Gesetzen zu vermeiden, um die Einheit und Widerspruchslosigkeit der Rechtsordnung zu gewährleisten[1394], nicht gerechtfertigt; sie missachte die vom Gesetzgeber in § 2 MarkenG normierte Anspruchskonkurrenz. Der Formel von der Begrenzungsfunktion, die die Aushöhlung der markengesetzlichen Regelungen verhindern und den abschließenden Charakter der markengesetzlichen Normbereiche belegen soll, liege ein methodisches Missverständnis über die begrenzende Funktion der Kennzeichentatbestände zugrunde[1395]. Nach der Konkurrenzlehre bestimme die Tatbestandsfunktion der im MarkenG normierten Kennzeichenrechte den Anwendungsbereich der außermarkenrechtlichen Vorschriften, nicht aber die An-

1390 Z.B. BGH GRUR 1997, 754, 755 – *grau/magenta*; BGH GRUR 1966, 267, 270 – *White Horse*; Harte-Bavendamm/Henning-Bodewig/*Dreyer*, UWG, § 5 A. Rn. 27; ausführlich *Steinbeck*, WRP 2006, 632, 637 f.; *Bornkamm*, Festschrift für von Mühlendahl, S. 9,10 ff.

1391 *Fezer*, MarkenR [1. Aufl.], § 2 MarkenG Rn. 2 ff. (für eine Anspruchskonkurrenz, noch ohne Bezugnahme auf die Vorrangthese); *ders.*, MarkenR [3. Aufl.], § 2 MarkenG Rn. 2 ff.; *ders.*, WRP 2000, 863 ff.; *Deutsch*, WRP 2000, 854 ff.

1392 Auf die Unterscheidung zwischen kumulativer und subsidiärer Normenkonkurrenz soll hier nicht eingegangen werden; dazu *Fezer*, MarkenR, § 2 MarkenG Rn. 27 ff.

1393 *Fezer*, MarkenR [3. Aufl.], § 2 MarkenG Rn. 10; *ders.*, WRP 2000, 863, 865.

1394 *Fezer*, MarkenR [3. Aufl.], § 2 MarkenG Rn. 9 m.w.N. aus der Literatur zur Rechtsmethodik.

1395 *Fezer*, MarkenR [3. Aufl.], § 2 MarkenG Rn. 9.

wendbarkeit der als konkurrierend anzuwendenden Normen[1396]. Schließlich wäre die Vorschrift des § 2 MarkenG bei dem Verständnis, dass die wettbewerbsrechtlichen Vorschriften nur dann anzuwenden seien, wenn das MarkenG keine Anwendung finde, überflüssig. Es stelle nämlich eine Selbstverständlichkeit dar, ein Gesetz auf einen Sachverhalt anzuwenden, den ein anderes Gesetz nicht regelt[1397].

Trotz der Annahme von Anspruchskonkurrenz durfte nach der Ansicht *Fezers* der ergänzende Rechtsschutz von Marken und sonstigen Kennzeichen nicht den Schranken des Kennzeichenschutzes nach dem MarkenG widersprechen[1398]. Nach seiner Ansicht sollen die Schutzvoraussetzungen und Schutzschranken gleichzeitig die Normbereiche der außermarkengesetzlichen Vorschriften bestimmen. Die durch Auslegung zu ermittelnde Tatbestandsbegrenzungsfunktion sei schon deshalb erforderlich, um Wertungswidersprüche zwischen den einzelnen Schutzsystemen zu vermeiden[1399].

3. Meinungsstand seit Erlass der UGP-RL bzw. des UWG 2008

Bald nach Erlass der UGP-RL und dessen Art. 6 Abs. 2 lit. a) wurde in der Literatur – die Umsetzung der Richtlinie begleitend – die Frage diskutiert, ob die Vorrangthese (aus Sicht der unter 2. dargestellten Auffassung: endlich) aufzugeben und das Verhältnis zwischen kennzeichen- und wettbewerbsrechtlichen Bestimmungen neu zu bestimmen sei[1400]. Im Verlauf der Diskussion wurden unterschiedliche, teils sehr differenzierte Ansätze entwickelt, von denen hier einige wiedergegeben werden sollen.

a. Auffassung von *Bornkamm*

Bornkamm führt aus, das Gemeinschaftsrecht habe sich für ein Nebeneinander des individualrechtlichen Schutzes aus dem Immaterialgüterrecht auf der einen und dem lauterkeitsrechtlichen Schutz auf der anderen Seite entschieden[1401].

1396 *Fezer*, MarkenG [3. Aufl.], § 2 MarkenG Rn. 9.

1397 *Fezer*, WRP 2000, 863, 875.

1398 *Fezer*, MarkenR [3. Aufl.], § 2 MarkenG Rn. 2.

1399 *Deutsch*, WRP 2000, 854, 858.

1400 Zu den ersten Beiträgen, die diese Frage ausführlicher behandeln, zählen die von *Steinbeck*, WRP 2006, 632 ff.; *Fezer*, WRP 2006, 781 ff.; *Köhler*, GRUR 2007, 548 ff.; *Glöckner*, in: Geistiges Eigentum und Gemeinfreiheit (hrsg. von Ohly/Klippel), S. 145, 163 ff.

1401 Köhler/*Bornkamm*, UWG, § 5 Rn. 4.212.

Art. 6 Abs. 2 lit. a) UGP-RL betone ausdrücklich, eine Vermarktung von Waren oder Dienstleistungen stelle eine Irreführung dar, wenn sie dazu führe, dass das vermarktete Produkt oder die zur Kennzeichnung dieses Produkts verwendete Bezeichnung mit den Produkten oder Kennzeichnungen von Mitbewerbern verwechselt werden könne.

Die Vorgabe der Richtlinie habe, da es sich um einen im Widerspruch zur bisherigen Entwicklung stehenden „Fremdkörper"[1402] im deutschen Recht handele, umgesetzt werden müssen. Das bisherige Recht habe sich auch nicht i.S.d. Art. 6 Abs. 2 lit. a) UGP-RL auslegen lassen. Der Umsetzung des Art. 6 Abs. 2 lit. a) UGP-RL diene § 5 Abs. 2 UWG[1403].

Bornkamm folgert, dass im Falle einer Markenverletzung die Ansprüche des Markeninhabers mit denen eines Verbraucherverbandes, eines Wettbewerbsvereins oder eines Mitbewerbers konkurrieren können[1404]. Es müsse akzeptiert werden, dass viele Fälle der Marken- oder Kennzeichenverletzung nun auch als irreführende geschäftliche Handlung verfolgbar seien. Es liege nicht (mehr) allein in der Hand des Schutzrechtsinhabers, ob ein marken- oder kennzeichenverletzendes Verhalten untersagt wird oder nicht. Darin sieht *Bornkamm* eine Einschränkung des Ausschließlichkeitsrechts des Kennzeicheninhabers[1405]. Grenzen des lauterkeitsrechtlichen Anspruchs sieht *Bornkamm* allerdings da, wo dessen Geltendmachung den Kernbereich[1406] des Ausschließlichkeitsrechts berührt[1407].

Nach der Ansicht *Bornkamms* handelt es sich bei § 5 Abs. 2 UWG nicht um einen eigenständigen Irreführungstatbestand. Auch wenn sich § 5 Abs. 2 UWG der marken- und kennzeichenrechtlichen Terminologie bediene und von einer Verwechslungsgefahr spreche, gehe es um nichts anderes als um die Irreführung über die betriebliche Herkunft (im Sinne von § 5 Abs. 1 S. 2 Nr. 1 UWG)[1408]. Die Formulierung des § 5 Abs. 2 UWG als scheinbar eigenständiger Irreführungstatbestand mache aber deutlich, dass der Schutz der Verbraucher und der Mitbewerberschaft nicht gegenüber dem marken- und kennzeichenrechtlichen

1402 Köhler/*Bornkamm*, UWG, § 5 Rn. 4.213.
1403 Köhler/*Bornkamm*, UWG, § 5 Rn. 4.214.
1404 Köhler/*Bornkamm*, UWG, § 5 Rn. 1.85.
1405 Köhler/*Bornkamm*, UWG, § 5 Rn. 1.86.
1406 Dazu zählt *Bornkamm* zum einen das Recht des Marken- oder Kennzeicheninhabers, über die Qualität des mit der Marke versehenen Produkts zu entscheiden, zum anderen das Recht, kennzeichenrechtlich zulässige Lizenzen zu erteilen, auch dann, wenn damit eine Fehlvorstellung des Verkehrs einhergeht (Köhler/*Bornkamm*, UWG, § 5 Rn. 1.86).
1407 Köhler/*Bornkamm*, UWG, § 5 Rn. 1.86.
1408 Köhler/*Bornkamm*, UWG, § 5 Rn. 4.215.

Individualschutz zurückstehen soll[1409]. Dies habe unbestreitbar Auswirkungen auf die Fälle klarer Markenverletzungen, etwa die Fälle der Markenpiraterie, in denen das Schutzbedürfnis der Marktgegenseite, insbesondere der Verbraucher, von vornherein nicht zu leugnen sei[1410]. Die zukünftige praktische Bedeutung dieses „vergesellschafteten Schutzes" schätzt *Bornkamm* jedoch abwartend als eher gering ein[1411].

Bornkamm macht konkretisierend drei „Konfliktzonen" aus, in denen der wettbewerbsrechtliche und der kennzeichenrechtliche Verwechslungsschutz miteinander in Konflikt geraten können[1412]. Das seien erstens Fälle, in denen die Ansprüche des Zeicheninhabers potentiell mit den Ansprüchen der lauterkeitsrechtlich Berechtigten in Konkurrenz treten. Das seien zweitens Fälle, in denen der lauterkeitsrechtliche Anspruch die Möglichkeiten des Zeicheninhabers beschneidet, sein Kennzeichen so einzusetzen, wie er es möchte und wie es die Rechtsordnung ihm gestattet und drittens Fälle, in denen der Sonderschutz, aus welchen Gründen auch immer, versagt und sich die Frage stellt, ob die bewussten Grenzen, die der Sonderschutz setzt, durch einen vom Inhaber des Kennzeichenrechts geltend gemachten lauterkeitsrechtlichen Anspruch konterkariert werden können.

b. Auffassung von *Hacker*

Hacker vertritt die Auffassung, an der Vorrangthese könne „nicht mehr uneingeschränkt" festgehalten werden[1413]. Es sei davon auszugehen, dass eine konkurrierende Anwendung des UWG in Betracht komme, soweit mit der Kennzeichenverletzung eine konkrete und wettbewerblich relevante Irreführung oder zumindest Irreführungsgefahr verbunden sei[1414]. Das allerdings werde nicht in jedem Fall einer kennzeichenrechtlichen Verwechslungsgefahr bejaht werden können. Es bestünden Unterschiede des Begriffs der Verwechslungsgefahr im Kennzeichenrecht einerseits und der Irreführung(sgefahr) im Wettbewerbsrecht andererseits[1415]. Für eine wettbewerblich relevante konkrete Irreführungseignung müsse das nachgeahmte Kennzeichen eine gewisse Verkehrsbekanntheit

1409 Köhler/*Bornkamm*, UWG, § 5 Rn. 4.215.
1410 Köhler/*Bornkamm*, UWG, § 5 Rn. 4.215.
1411 Köhler/*Bornkamm*, UWG, § 5 Rn. 4.216.
1412 *Bornkamm*, GRUR 2011, 1, 3 f.
1413 Ströbele/*Hacker*, MarkenG, § 2 Rn. 14 und 21.
1414 Ströbele/*Hacker*, MarkenG, § 2 Rn. 21.
1415 Ströbele/*Hacker*, MarkenG, § 2 Rn. 15.

bei nicht unerheblichen Teilen der angesprochenen Verkehrskreise erlangt haben[1416].

Eine parallele Anwendung des wettbewerbsrechtlichen Irreführungsverbots nimmt *Hacker* – unter Verweis auf die Rechtsprechung zum WZG – in den Fällen der Verwechslungsgefahr im weiteren Sinne an[1417]. In diesen Fällen werde in aller Regel der Tatbestand des Art. 6 Abs. 2 lit. a) UGP-RL / § 5 Abs. 2 UWG erfüllt sein, wenn nicht die Verwechslungsgefahr im weiteren Sinne lediglich auf der selbständig kennzeichnenden Stellung einer in ein jüngeres Kombinationszeichen aufgenommenen älteren Marke beruhe[1418].

Im Übrigen stellt *Hacker* drei allgemeine Abgrenzungsregeln auf, die sich – trotz der neuen Rechtslage – nicht von denen der Vorauflage aus dem Jahr 2006[1419] unterscheiden. Kurz zusammengefasst lauten die Abgrenzungsregeln von *Hacker*: (1) Soweit ein Tatbestand des MarkenG erfüllt ist, richtet sich die Beurteilung ausschließlich nach den Vorschriften des MarkenG. Eine konkurrierende Anwendung des UWG findet nicht statt. (2) Soweit ein Tatbestand des MarkenG nicht bzw. nicht vollständig erfüllt ist, der entsprechende Sachverhalt jedoch „an sich“ in den Anwendungsbereich des MarkenG fällt, ist ein Rückgriff auf wettbewerbsrechtliche Vorschriften ebenfalls ausgeschlossen. (3) Soweit ein Sachverhalt von vornherein nicht in den Anwendungsbereich des MarkenG fällt, ist er einer lauterkeitsrechtlichen Beurteilung grundsätzlich zugänglich. Zwar können die Wertungen des MarkenG im Einzelfall auch insoweit Bedeutung erlangen, d.h. Korrekturen erfordern. Dies muss aber auf Ausnahmefälle beschränkt bleiben.

Der gedankliche Ausgangspunkt *Hackers* ist das Kennzeichenrecht mit seinen spezifischen Regelungen. Das ist bereits an der von ihm gestellten Grundfrage zu erkennen. Sie lautet nämlich, wie auf Basis der UGP-RL und der UWG-Novelle das Verhältnis von Kennzeichen- und Lauterkeitsrecht neu justiert werden könne, ohne das Kennzeichenrecht als Ausschließlichkeitsrecht mit seinen spezifischen Anforderungen zu entwerten[1420].

1416 Ströbele/*Hacker*, MarkenG, § 2 Rn. 15 und 21.

1417 Bei der Verwechslungsgefahr im weiteren Sinne erkennt der Verkehr zwar die Unterschiede zwischen den Marken, stellt aber organisatorische oder wirtschaftliche Verbindungen zwischen den Markeninhabern her. Eine solche Verwechslungsgefahr kann nur bei Vorliegen besonderer Umstände angenommen werden (vgl. BGH GRUR 2009, 772, 777 [Tz. 69] – *Augsburger Puppenkiste*).

1418 Ströbele/*Hacker*, MarkenG, § 2 Rn. 22.

1419 Ströbele/*Hacker*, MarkenG [8. Aufl.], § 2 Rn. 10.

1420 Ströbele/*Hacker*, MarkenG, § 2 Rn. 14.

c. Weitere Stimmen in der Literatur

Fezer knüpft an seine bereits geäußerte Kritik an der Vorrangthese an und geht davon aus, dass eine irreführende Produktvermarktung nach Art. 6 Abs. 2 lit. a) UGP-RL einen originären Unlauterkeitstatbestand des europäischen Verbraucherschutzrechts darstelle[1421]. Der Normzweck der Lauterkeitsrichtlinie, ausschließlich den „b2c-Geschäftsverkehr" zum Schutz des informierten Verbrauchers zu regeln, schließe eine Anwendung der Vorrangthese auf die irreführende Produktvermarktung des Art. 6 Abs. 2 lit. a) UGP-RL aus[1422]. Angesichts des § 5 Abs. 2 UWG befürwortet *Fezer* nachdrücklich eine Neuordnung des Konkurrenzverhältnisses zwischen Kennzeichenrecht und Lauterkeitsrecht[1423]. Gleichzeitig misst *Fezer*, wie früher, dem Kennzeichenrecht eine tatbestandliche Begrenzungsfunktion zu, die jedoch gerade nicht – da seiner Ansicht nach rechtsmethodisch verfehlt – zur Aufstellung von allgemeingültigen Vorrangregeln führen solle. Die Begrenzungsfunktion komme darin zum Ausdruck, dass bei der Subsumtion eines Sachverhalts unter eine Vorschrift des UWG oder BGB der spezifische Gegenstand der Kennzeichenrechte als Immaterialgüterrechte im Sinne der Rechtsprechung des EuGH bei der Konkretisierung der Anwendungsvoraussetzungen der jeweiligen Vorschriften, wie insbesondere der Lauterkeit im UWG und allgemein bei der Feststellung der Rechtswidrigkeit notwendigen Güter- und Interessenabwägung, zu berücksichtigen sei[1424]. Es sei, so *Fezer*, im Sinne einer praktischen Konkordanz eine Schutzzweckkompatibilität zwischen Immaterialgüterrecht und Wettbewerbsrecht herzustellen[1425].

Eine Vielzahl anderer Autoren – als Beispiele seien genannt *Dreyer*[1426], *Loschelder/Dörre*[1427], *von Nussbaum/Ruess*[1428], *Schreiber*[1429], *Jonas/Hamacher*[1430], *Kiethe/Groeschke*[1431], *Köhler*[1432] und *Henning-Bodewig*[1433] – sind weitgehend übereinstimmend der Ansicht, an der Vorrangthese könne angesichts der UGP-RL bzw. der UWG-Novelle 2008 nicht festgehalten werden. Auch bei ihnen finden sich jedoch teils Einschränkungen oder rechtspolitische Bedenken.

1421 *Fezer*, MarkenR, § 2 MarkenG Rn. 54 und 95.
1422 *Fezer*, MarkenR, § 2 MarkenG Rn. 95.
1423 *Fezer*, MarkenR, § 2 MarkenG Rn. 100.
1424 *Fezer*, MarkenR, § 2 MarkenG Rn. 59.
1425 *Fezer*, GRUR 2010, 953, 957.
1426 Harte-Bavendamm/Henning-Bodewig/*Dreyer*, UWG, § 5 J. Rn. 1 ff.
1427 *Loschelder/Dörre*, KSzW 2010, 242, 246.
1428 *von Nussbaum/Ruess*, MarkenR 2009, 233, 236.
1429 *Schreiber*, GRUR 2009, 113, 118.
1430 *Jonas/Hamacher*, WRP 2009, 535, 539.
1431 *Kiethe/Groeschke*, WRP 2009, 1343, 1345.
1432 *Köhler*, GRUR 2007, 548, 550.
1433 *Henning-Bodewig*, GRUR Int. 2007, 986, 990.

Sosnitza indes ist der Auffassung, auch angesichts von § 5 Abs. 2 UWG müsse nicht von der bislang geltenden Vorrangthese abgerückt werden[1434]. Die UGP-RL erfordere kein anderes Verständnis des Verhältnisses von Lauterkeitsrecht und Sonderschutzrecht. Die markenrechtlichen Vorschriften hätten nach wie vor Vorrang, wie sich aus der Vorrangregel des Art. 3 Abs. 4 UGP-RL ergebe. Dort heißt es: „Kollidieren die Bestimmungen dieser Richtlinie mit anderen Rechtsvorschriften der Gemeinschaft, die besondere Aspekte unlauterer Geschäftspraktiken regeln, so gehen die Letzteren vor und sind für diese besonderen Aspekte maßgebend." Da die Verwechslungstatbestände der MarkenRL – so *Sosnitza* – solche besonderen Tatbestände unlauterer Geschäftspraktiken darstellten, trete die UGP-RL zurück. Dafür spreche ferner Erwägungsgrund (9) der UGP-RL, wonach die gemeinschaftlichen und nationalen Vorschriften zum Schutz des geistigen Eigentums durch die Richtlinie nicht berührt werden.

Nach der Ansicht *Sosnitzas* ist § 5 Abs. 2 UWG also nur dann anwendbar, wenn kein markenrechtlicher Schutz besteht oder die speziellen kennzeichenrechtlichen Tatbestände nach § 14 Abs. 2 MarkenG z.B. mangels markenmäßiger Benutzung nicht eingreifen[1435]. Ergänzend weist *Sosnitza* darauf hin, dass sich die Wirkung der UGP-RL ohnehin nur auf das Verhältnis von Unternehmen zu Verbrauchern („b2C") erstrecke, so dass es in jedem Falle im Verhältnis der Unternehmen zueinander („b2b") bei dem Vorrang des Markenrechts bleibe[1436].

4. Die Begründung des Regierungsentwurfs zum neuen UWG

Der Gesetzgeber des neuen UWG verzichtete – entgegen einer im Rahmen seiner Stellungnahme geäußerten Bitte des Bundesrates[1437] – darauf, das Verhältnis des neuen UWG zum Kennzeichenrecht klarzustellen. Er überließ es ausdrücklich Rechtsprechung und Lehre, sowohl das Verhältnis zwischen kennzeichenrechtlichen und wettbewerbsrechtlichen Ansprüchen als auch das Verhältnis von § 5 Abs. 2 UWG zu § 4 Nr. 9 UWG und zu § 5 Abs. 1 S. 2 Nr. 1 UWG zu klären[1438]. Der Gesetzgeber merkte lediglich an, Art. 6 Abs. 2 lit. a) UGP-RL sehe einen Vorrang zugunsten des Markenrechts nicht vor. Auch sei „zweifelhaft", ob diese Bestimmung ausschließlich Fallkonstellationen betreffe, bei denen über den Hinweis auf die betriebliche Herkunft hinaus weitere Informationen vermittelt würden.

1434 Piper/Ohly/*Sosnitza*, UWG, § 5 Rn. 700.
1435 Piper/Ohly/*Sosnitza*, UWG, § 5 Rn. 701.
1436 Piper/Ohly/*Sosnitza*, UWG, § 5 Rn. 702.
1437 Vgl. Anlage 3 zum RegE des 1. UWGÄndG, BT-Drucks. 16/10145, S. 37.
1438 Begr. zum RegE des 1. UWGÄndG, BT-Drucks. 16/10145, S. 17 und 24.

5. Stand in der Rechtsprechung

Die Rechtsprechung musste die Frage bislang, soweit ersichtlich, noch nicht entscheiden. Beispielhaft seien einige Urteile dargestellt, in denen sich die Gerichte mit der Frage zwar befassten, ihre Beantwortung dann aber offen ließen.

Der Sechste Zivilsenat des OLG Köln führte in seinem Urteil „*Frucht des Marulabaumes*" aus: „Nach Auffassung des Senats spricht viel dafür, die Vorschriften des Markenrechts in ihrem Anwendungsbereich – nicht zuletzt bei markenmäßiger Benutzung einer geschützten Marke im Rechtssinne verwechslungsfähigen Zeichens – auch weiterhin als abschließende Spezialregelung anzusehen, neben der sich der Rückgriff auf eine nach Irreführungsaspekten zu beurteilende tatsächliche Verwechslungsgefahr verbietet. Für die Anwendung von § 5 Abs. 2 UWG verbliebe nach dieser Ansicht der Bereich nicht kennzeichenmäßiger Verwendung fremder Marken und Kennzeichen"[1439]. Der Senat fährt fort: „Doch selbst wenn ein mit § 14 Abs. 2 Nr. 2 MarkenG konkurrierender Anspruch grundsätzlich in Betracht käme […]"[1440]. Der Senat schien damit an der Vorrangthese festhalten zu wollen und das MarkenG „in seinem Anwendungsbereich" als abschließend zu erachten.

In dem späteren Urteil „*weg.de/mcweg.de*" ließ das OLG Köln indes ausdrücklich offen, „unter welchen Voraussetzungen ein Anspruch nach § 5 Abs. 2 UWG dann gegeben sein kann, wenn in Betracht kommende markenrechtliche Ansprüche ausscheiden"[1441]. Er spricht von den zu bestimmenden „Voraussetzungen", nicht aber davon, dass ein Anspruch nach § 5 Abs. 2 UWG grundsätzlich ausgeschlossen wäre, wenn zuvor markenrechtliche Ansprüche verneint wurden, der Anwendungsbereich des MarkenG also eröffnet war. Das könnte darauf hindeuten, dass der Senat die Vorrangthese aufgeben möchte.

Das OLG Hamburg gab in seinem Urteil „*YOGHURT GUMS*"[1442] die Vorrangthese ebenfalls nicht auf[1443]. Das Gericht prüfte wettbewerbsrechtliche Anspruchsgrundlagen vielmehr unter ausdrücklichem Hinweis darauf, dass der Anwendungsbereich der markenrechtlichen Vorschriften aufgrund fehlender kennzeichenmäßiger Benutzung im zu entscheidenden Fall gerade nicht eröffnet

1439 OLG Köln MarkenR 2009, 228, 230 (unter II.2.a))– *Frucht des Marulabaumes*.

1440 Unter II.2.b).

1441 OLG Köln, Urteil vom 22.1.2010, Az.: 6 U 141/09 – *weg.de/mcweg.de* (BeckRS 2010, 02243; III.2.).

1442 OLG Hamburg GRUR-RR 2009, 224 – *YOGHURT GUMS*. Zu den Katjes „Yoghurt Gums" auch BGH GRUR 2011, 654 – *Yoghurt-Gums* und BPatG GRUR-RR 2009, 426 – *Yoghurt-Gums*.

1443 A.A. *Jonas/Weber* in ihrer Urteilsanmerkung (GRUR-RR 2009, 204, 207).

sei[1444]. Dieser Ausgangspunkt entspricht der Vorrangthese. Ergänzend führte das Gericht aus, der Tatbestand des Art. 6 Abs. 2 lit. a) UGP-RL bzw. § 5 Abs. 2 UWG liege mangels (markenrechtlicher) Verwechslungsgefahr ohnehin nicht vor[1445].

Das OLG Düsseldorf führte in einem zu „AdWords" ergangenen Beschluss nach Bejahung eines markenrechtlichen Verfügungsanspruchs und Verfügungsgrunds aus, „jedenfalls" könne die Antragstellerin ihren Anspruch „auch" auf §§ 8 Abs. 1, 3 Abs. 2, 5 Abs. 2 UWG stützen[1446]. Das deutet darauf hin, dass der Senat marken- und wettbewerbsrechtliche Ansprüche nebeneinander annimmt und nicht von der Vorrangthese ausgeht.

Das OLG Frankfurt erwog, § 5 Abs. 2 UWG neben kennzeichenrechtlichen Ansprüchen nur relevant werden zu lassen, wenn das Kennzeichen besondere Gütevorstellungen im Sinne einer qualifizierten betrieblichen Herkunftstäuschung erweckt[1447].

Der BGH konnte und musste in den soweit ersichtlich einzigen Fällen, die die Frage des Verhältnisses wettbewerbsrechtlicher- und kennzeichenrechtlicher Vorschriften berührten, mit Hinweis auf den weiteren, erst im Revisionsverfahren eingeführten Streitgegenstand nicht Position beziehen[1448].

6. Stellungnahme

Gegen die Aufgabe der Vorrangthese spricht die Gefahr, dass bei Anerkennung eines gleichwertigen, parallelen Kennzeichenschutzes auf der Grundlage des UWG das Markenrecht erheblich entwertet und seine differenzierten Regelungen weitgehend nivelliert würden[1449]. Bedenken an der Aufgabe der Vorrangthese erwachsen ferner daraus, dass im Falle einer Verbraucherirreführung bei einer markenrechtlichen Verwechslungsgefahr auch Dritte Ansprüche geltend machen können, obwohl sie selbst nicht Inhaber des Kennzeichens sind[1450]. Die grundsätzlich zu schützende Dispositionsfreiheit des Kennzeicheninhabers würde da-

---

1444 OLG Hamburg GRUR-RR 2009, 224, 228 – *YOGHURT GUMS*.

1445 OLG Hamburg GRUR-RR 2009, 224, 229 – *YOGHURT GUMS*.

1446 OLG Düsseldorf ZUM-RD 2011, 304, 305.

1447 OLG Frankfurt, Urteil vom 10.6.2010, Az.: 6 U 53/10 – *Irreführung durch Kennzeichenbenutzung* (BeckRS 2010, 18066).

1448 BGH GRUR 2009, 672, 678 (Tz. 57 f.) – *OSTSEE-POST*; BGH, Urteil vom 2.4.2009, Az.: I ZR 79/06 – *POST/EP EUROPOST* (Beck RS 2009, 12968; Tz. 70 f.).

1449 Diese Gefahr sieht auch *Henn*, Markenschutz und UWG, S. 74 und S. 75.

1450 Darauf weisen auch *Keller* (Harte-Bavendamm/Henning-Bodewig/*Keller*, UWG, Einl A Rn. 37) und *Schmidt-Hern* (GRUR-Prax 2010, 399) hin.

durch erheblich eingeschränkt. Bedenken erwachsen letztlich daraus, dass der Kennzeicheninhaber die Möglichkeit erlangt, über das Vehikel der Verbraucherirreführung möglicherweise weitergehende Ansprüche gegen Dritte geltend machen zu können.

Für die Aufgabe der Vorrangthese, jedenfalls für die selbständige Anwendung der Vorschrift des § 5 Abs. 2 UWG neben dem Markenrecht[1451], sprechen meines Erachtens aber die besseren Argumente. Ein wesentliches Argument ist, dass der kennzeichenrechtliche und der wettbewerbsrechtliche Anspruch nicht deckungsgleich sind (zu den Unterschieden sogleich). Ein weiteres Argument ist, dass sich aus dem Gemeinschaftsrecht nun einmal ein gewolltes Nebeneinander des individualrechtlichen Schutzes aus dem Immaterialgüterrecht und dem lauterkeitsrechtlichen Schutz ableiten lässt. Das muss bedeuten, dass lauterkeits- und kennzeichenrechtliche Ansprüche grundsätzlich nebeneinander anzuwenden sind.

Unterschiede bestehen zunächst hinsichtlich der Tatbestandsvoraussetzungen: Der erste Unterschied besteht bereits – das allerdings ist umstritten – hinsichtlich des Begriffs der Verwechslungsgefahr. Bei der Auslegung des Begriffs der Verwechslungsgefahr in § 5 Abs. 2 UWG muss berücksichtigt werden, dass der Begriff auf die UGP-RL zurückgeht. In der deutschen Fassung des Art. 6 Abs. 2 lit. a) UGP-RL ist zwar von „Verwechslungsgefahr“ die Rede. Sowohl in der englischen als auch in der französischen Sprachfassung heißt es aber „confusion“ und nicht etwa „likelihood of confusion“ oder „risque de confusion“[1452]. Die deutsche Übersetzung der Richtlinie erscheint daher unzutreffend; richtigerweise hätte von „Verwechslung(en)“ die Rede sein müssen. „Verwechslungsgefahr“ in § 5 Abs. 2 UWG dürfte also nach richtlinienkonformer Auslegung eine konkrete Irreführung, zumindest eine konkrete Irreführungseignung voraussetzen[1453]. Maßgeblich ist allerdings, wie der EuGH den Begriff der Verwechslungsgefahr in Art. 6 Abs. 2 lit. a) UGP-RL auslegen wird. In dem Urteil „*O_2 und O_2 (UK)/H3G*“, das das Verhältnis der MarkenRL zur Richtlinie 84/450/EWG über irreführende und vergleichende Werbung betraf, stellte der EuGH fest, dass die Begriffe „Verwechslung“ in Art. 3a Abs. 1 lit. d) der Richtlinie 84/450/EWG[1454] und „Gefahr von Verwechslungen“ in Art. 5 Abs. 1 lit. b) MarkenRL einheitlich auszulegen seien. Dieses einheitliche Ver-

1451 Ob die Vorrangthese allgemein, d.h. für alle „Konfliktzonen“ aufzugeben ist, soll hier nicht diskutiert werden.

1452 Fezer/*Peifer*, UWG, § 5 Rn. 430; *Steinbeck*, WRP 2006, 632, 637.

1453 Ströbele/*Hacker*, MarkenG, § 2 Rn. 15; Fezer/*Peifer*, UWG, § 5 Rn. 430.

1454 Art. 3 Abs. 1 lit. d) der Richtlinie 84/450 EWG wurde mittlerweile ersetz durch Art. 4 lit. h) der Richtlinie 2006/114/EG. Die Nachfolgeregelung enthält nunmehr sogar den Begriff „Verwechslungsgefahr“.

ständnis könnte den Schluss nahelegen, dass der EuGH den Begriff „Verwechslungsgefahr“ in Art. 6 Abs. 2 lit. a) UGP-RL ebenfalls übereinstimmend mit der MarkenRL auslegen wird. Entsprechend gehen *Ingerl/Rohnke* bereits von einem Gleichlauf wettbewerbsrechtlicher Irreführung[1455] und markenrechtlicher Verwechslungsgefahr aus[1456]. *Bornkamm* indes macht bislang lediglich die unübersehbare Tendenz des EuGH aus, für den Begriff der Verwechslungsgefahr auf Kategorien zurückzugreifen, die für den Begriff der Irreführung entwickelt worden sind[1457].

Zu Recht weisen *Bornkamm*[1458] und *Steinbeck*[1459] auf die bestehenden und der bisherigen Rechtsprechung entsprechenden Unterschiede zwischen der markenrechtlichen und der lauterkeitsrechtlichen Verwechslungsgefahr hin.

Ein Unterschied besteht im tatsächlichen Anknüpfungspunkt der rechtlichen Prüfung. Im Markenrecht wird nur das verwendete Zeichen selbst (abstrakt) daraufhin überprüft, ob es eine Verwechslungsgefahr mit der Marke begründet. Außerhalb des Zeichens liegende Begleitumstände, wie etwa klarstellende Hinweise oder erläuternde Kommentare, fließen nicht in die Beurteilung ein und können eine Verwechslungsgefahr zwischen den in Rede stehenden Zeichen nicht beseitigen. Im Lauterkeitsrecht dagegen können außerhalb des Zeichens liegende Umstände die Verwechslungsgefahr ausschließen[1460]. Zweifel daran, dass es im Markenrecht auf die abstrakte Verwechslungsgefahr ankommt, ergeben sich allerdings aus dem Urteil des EuGH *„O_2 und O_2 (UK)/H3G“*. Der EuGH führte aus, die Beurteilung der Verwechslungsgefahr im Verletzungsprozess habe unter Berücksichtigung des Kontexts zu erfolgen, in dem das angegriffene Zeichen verwendet wird[1461]. Entsprechend versteht *Ohly* den EuGH so, dass es auch für die Verwechslungsgefahr im Markenrecht nicht auf eine abstrakte Gegenüberstellung der Konfliktzeichen ankomme, sondern auf den konkreten Kontext der Markennutzung. Es habe den Anschein, als sei der Begriff der Verwechslungsgefahr im Verletzungstatbestand enger als der entsprechende Begriff im Rahmen der relativen Eintragungshindernisse[1462]. *Hacker* ist der Ansicht, die

1455 Ihrer Ansicht nach setzt § 5 Abs. 2 UWG die Verwechslungsgefahr mit dem Kennzeichen eines Wettbewerbers der Irreführung gleich.

1456 *Ingerl/Rohnke*, MarkenG, § 2 Rn. 3.

1457 Köhler/*Bornkamm*, UWG, § 5 Rn. 4.238. Auch *Ohly* bemerkte die sich abzeichnende Tendenz des EuGH, die markenrechtliche Verwechslungsgefahr an die lauterkeitsrechtliche Irreführungsgefahr anzunähern (GRUR 2010, 776, 780).

1458 Köhler/*Bornkamm*, UWG, § 5 Rn. 4.238.

1459 *Steinbeck*, KSzW 2010, 223, 228 (im Hinblick auf die Regelungen zur vergleichenden Werbung); zuvor schon *dies.*, WRP 2006, 632, 637.

1460 Köhler/*Bornkamm*, UWG, § 5 Rn. 4.238; *Steinbeck*, KSzW 2010, 223, 228.

1461 EuGH GRUR 2008, 698, 700 (Tz. 57, 63 ff.) – *O2 und O2 (UK)/H3G.*

1462 *Ohly*, GRUR 2008, 701, 702 (Anm. 6).

zitierten Ausführungen des EuGH seien im Rahmen der Prüfung getroffen worden, ob eine markenmäßige Benutzung vorliegt. Insoweit sei schon bisher anerkannt gewesen, dass auch alle Begleitumstände der Benutzung zu berücksichtigen sind. Mit dem Zeichenvergleich als solchem habe das nichts zu tun[1463]. *Ingerl/Rohnke* halten ebenfalls daran fest, dass es im Markenrecht um die abstrakte Verwechslungsgefahr geht und Begleitumstände irrelevant sind[1464]. Der gleichen Ansicht ist *Büscher*[1465]. Angesicht weiterer Unterschiede kommt es hierauf jedoch nicht entscheidend an.

Ein weiterer Unterschied besteht bei der materiell-rechtlichen Prüfung. *Steinbeck* führt zutreffend aus, die markenrechtliche Verwechslungsgefahr bestimme sich bekanntermaßen nach drei Faktoren: Grad der Ähnlichkeit der Waren oder Dienstleistungen, Grad der Ähnlichkeit der Zeichen und Kennzeichnungskraft des Zeichens. Diese Faktoren stünden in einer Wechselwirkung zueinander. Dabei gelte, je kennzeichnungskräftiger die ältere Marke sei, desto größer sei ihr Schutzumfang und desto eher werde eine Verwechslungsgefahr zu bejahen sein. Dieses Ergebnis lasse sich empirisch kaum belegen. Denn der Verkehr werde eine kennzeichnungskräftige Marke eher in Erinnerung behalten und dementsprechend geringfügige Abweichungen leichter bemerken. Rechtfertigen lasse sich der erweiterte Schutzumfang allein mit einer normativen Betrachtung: Das Markenrecht solle den Inhaber einer Marke schützen. Dieser sei umso schutzwürdiger, je kennzeichnungskräftiger seine Marke ist. Im Lauterkeitsrecht stehe aber der Schutz der Marktgegenseite im Vordergrund. Es komme allein darauf an, ob für die Marktgegenseite die Gefahr einer Verwechslung besteht oder nicht[1466].

Der Begriff der Verwechslungsgefahr unterscheidet sich ferner darin, dass es sich beim lauterkeitsrechtlichen Begriff, anders als im Markenrecht[1467], nicht um einen Rechtsbegriff handelt[1468], wenn auch normative Gesichtspunkte im Rahmen der Irreführung zu berücksichtigen sind.

Hinsichtlich der Tatbestandvoraussetzungen unterscheiden sich der markengesetzliche und der lauterkeitsrechtliche Tatbestand ferner darin, dass der lauterkeitsrechtliche Schutz nach § 5 Abs. 2 UWG später eingreift. *Hacker*[1469] und

1463 Ströbele/*Hacker*, MarkenG, § 14 Rn. 182.
1464 *Ingerl/Rohnke*, MarkenG, § 14 Rn. 396 und 837.
1465 *Büscher*/Dittmer/Schiwy/Schalk, GewRS, Teil 1, Kap. 3, § 14 MarkenG Rn. 194.
1466 *Steinbeck*, KSzW 2010, 223, 228.
1467 Vgl. *Büscher*/Dittmer/Schiwy, GewRS, Teil 1, Kap. 3 Rn. 198.
1468 *Köhler/Bornkamm*, UWG, § 5 Rn. 428; *ders.*, GRUR 2011, 1, 3.
1469 Ströbele/*Hacker*, MarkenG, § 2 Rn. 15.

Bornkamm[1470] weisen zu Recht darauf hin, dass ein Schutz eines lediglich registrierten, aber noch nicht benutzten Zeichens von vornherein ausscheidet. Vielmehr muss das Kennzeichen, mit dem eine Verwechslungsgefahr hervorgerufen werden soll, eine gewisse Bekanntheit erreicht haben[1471].

Außer bei den Tatbestandsvoraussetzungen bestehen auch bei den Rechtsfolgen erhebliche Unterschiede. Mit *Bornkamm* liegt es auf der Hand, dass derjenige, der sich gegen eine Irreführung nach § 5 Abs. 2 MarkenG wendet, nicht dieselben Ansprüche hat wie derjenige, dessen Marken- oder Kennzeichenrecht verletzt oder dessen Produkte nachgeahmt worden seien[1472]. Den nach § 8 Abs. 3 Nr. 2 bis 4 UWG Berechtigten stehen lediglich Unterlassungs- und Beseitigungsansprüche zu. Dem Mitbewerber, der sich unter dem Gesichtspunkt der Irreführung gegen die Verletzung der Marke oder des Kennzeichens oder gegen die Nachahmung des Produkts eines Dritten wendet, steht zwar nach § 9 S. 1 UWG ein Schadensersatzanspruch zu. Der Mitbewerber ist aber auf die Geltendmachung des ihm entstandenen konkreten Schadens beschränkt. Er kann sich nicht auf das dem Inhaber eines Immaterialgüterrechts, aber auch dem Hersteller eines nach § 4 Nr. 9 UWG nachgeahmten Produkts zustehende Privileg stützen, den Schaden nach den Grundsätzen der Lizenzanalogie zu berechnen oder den Verletzergewinn herauszuverlangen.

Weiterhin sprechen die unterschiedlichen Schutzzwecke von MarkenG und UWG für eine Normenkonkurrenz. Der Verwechslungsschutz im Kennzeichenrecht besteht einzig im Interesse des Rechtsinhabers des Ausschließlichkeitsrechts an dem Kennzeichen. Eine eigenständige Verbraucherschutzfunktion des Kennzeichens ist im MarkenG nicht anerkannt[1473] und auch nicht Gegenstand der MarkenRL. Auch der EuGH hat die Verbraucherschutzfunktion im Urteil „*L'Oréal/Bellure*" nicht anerkannt. Die UGP-RL hingegen schützt den Verbraucher vor irreführenden Kennzeichenpraktiken bei der Produktvermarktung.

Allgemein ausgedrückt: Das Kennzeichenrecht dient primär den Interessen der Kennzeicheninhaber; Verbraucher, Mitbewerber sowie die Allgemeinheit werden allenfalls reflexartig geschützt. Das (verbraucherschützende) Wettbewerbsrecht will im Geschäftsverkehr zwischen Unternehmen und Verbrauchern im Interesse der Markttransparenz und der Konsumentensouveränität des informierten Verbrauchers ein hohes Verbraucherschutzniveau garantieren; hier wird der Kennzeicheninhaber allenfalls reflexartig geschützt.

1470 Köhler/*Bornkamm*, UWG, § 5 Rn. 4.238.

1471 Köhler/*Bornkamm*, UWG; § 5 Rn. 4.238; ähnlich *ders.*, GRUR 2011, 1, 3.

1472 Köhler/*Bornkamm*, UWG, § 5 Rn. 4.253.

1473 Die in den 1970er Jahren geführte Diskussion um die Verbraucherschutzfunktion der Marke war versandet, vgl. *Fezer*, MarkenR, § 2 MarkenG Rn. 97.

Die fortgesetzte Anwendung der Vorrangthese würde schließlich dazu führen, dass der Schutz der Verbraucher letztlich vom Verhalten des Kennzeicheninhabers abhinge: Geht der Kennzeicheninhaber gegen den sein Kennzeichenrecht verletzenden Dritten, dessen Handeln zugleich den Tatbestand der irreführenden Produktvermarktung im Sinne des § 5 Abs. 2 UWG erfüllt, vor, werden auch die Verbraucher geschützt. Entscheidet sich der Kennzeicheninhaber gegen ein Vorgehen, bleiben die Verbraucher schutzlos. Das erscheint weder sachgerecht noch mit dem Schutzzweck des verbraucherschützenden Wettbewerbsrechts vereinbar.

Hier ist auch die allgemeine rechtspolitische Tendenz in Europa und Deutschland in die Betrachtung einzubeziehen, den Verbraucherschutz in vielen Bereichen zu betonen und auszuweiten. Bei Festhalten an der Vorrangthese würde das rechtspolitische Ziel, einen umfassenden Schutz der Verbraucher auch vor irreführender Produktvermarktung zu gewähren, unterlaufen. Der in der UGP-RL vorgesehenen Vollharmonisierung würde nicht Genüge getan. Schließlich würden die Vorgaben in Art. 6 Abs. 2 lit. a) UGP-RL unterschritten, wenn lauterkeitsrechtliche Ansprüche im Anwendungsbereich des MarkenG grundsätzlich ausgeschlossen wären.

Festzustellen ist: Die bislang herrschende Vorrangthese sollte angesichts der Vorgaben der UGP-RL und der Umsetzung im deutschen UWG jedenfalls für den hier relevanten Bereich aufgegeben werden. Wettbewerbsrecht und Markenrecht sollten gleichrangig nebeneinander stehen.

IV. Wechselwirkungen zwischen § 23 MarkenG und § 5 Abs. 2 UWG

Unter der Prämisse, die Vorrangthese würde aufgegeben und es käme zu einem gleichrangigen Nebeneinander von wettbewerbsrechtlichen und kennzeichenrechtlichen Vorschriften und Ansprüchen, stellt sich die Frage, ob zwischen § 23 MarkenG und § 5 Abs. 2 UWG Wechselwirkungen bestehen. Zum einen könnte § 23 MarkenG auf den Anspruch aus § 5 Abs. 2 UWG angewendet oder die Wertungen des § 23 MarkenG in die Auslegung des § 5 Abs. 2 UWG einbezogen werden (dazu 1.). Zum anderen könnte § 5 Abs. 2 UWG in die Auslegung des § 23 MarkenG hineinwirken (dazu 2.).

1. Anwendung des § 23 MarkenG auf § 5 Abs. 2 UWG oder Einbeziehung des § 23 MarkenG in die Auslegung von § 5 Abs. 2 UWG, wenn der Kennzeicheninhaber den Anspruch aus § 5 Abs. 2 UWG geltend macht?

Zu untersuchen ist, ob die Schutzschranke des § 23 MarkenG auf den Anspruch aus § 5 Abs. 2 UWG anzuwenden oder zumindest in dessen Auslegung einzubeziehen ist, wenn der Kennzeicheninhaber den Anspruch aus § 5 Abs. 2 UWG geltend macht. Bei Bejahung dieser Frage würde der wettbewerbsrechtliche Anspruch im Ergebnis beschränkt; der Anwendungs- oder Wirkungsbereich der Schutzschranke des § 23 MarkenG würde erheblich erweitert.

Relevant ist dieses Problem für Fälle, in denen ein kennzeichenrechtlicher Anspruch wegen Eingreifens der Schutzschranke des § 23 MarkenG scheitert, die Voraussetzungen für einen wettbewerbsrechtlichen Anspruch aus § 5 Abs. 2 UWG aber vorliegen. In diesen Fällen könnten dem wettbewerbsrechtlichen Anspruch aus § 5 Abs. 2 UWG weitreichendere Wirkungen als dem markenrechtlichen Schutz des Kennzeicheninhabers gegen Verwechslungsgefahr zukommen. § 5 Abs. 2 UWG unterliegt nämlich keinen (geschriebenen) Schrankenbestimmungen. Das könnte sich der Kennzeicheninhaber zunutze machen und über den „Umweg" des § 5 Abs. 2 UWG einen von § 23 MarkenG „befreiten" Anspruch gegen den ein verwechslungsfähiges Zeichen benutzenden Dritten durchsetzen. Insoweit entstünde womöglich ein Wertungswiderspruch. Jedenfalls hinterließe dieses Ergebnis ein „Störgefühl". Wertungswiderspruch bzw. Störgefühl könnten entweder hinzunehmen sein, oder es müsste nach Möglichkeiten zu ihrer Auflösung bzw. Beseitigung gesucht werden.

Es seien zunächst die – trivialen – Konsequenzen aufgezeigt, die die Entscheidung bezüglich der Anwendung oder Einbeziehung in die eine oder andere Richtung zur Folge hätten: § 23 MarkenG auf § 5 Abs. 2 UWG anzuwenden oder in dessen Auslegung einzubeziehen würde bedeuten, dass trotz Vorliegens der Tatbestandsvoraussetzungen kein Anspruch aus § 5 Abs. 2 UWG bestünde und keiner der nach § 8 Abs. 3 UWG Berechtigten gegen den Irreführenden vorgehen könnte. § 23 MarkenG nicht auf § 5 Abs. 2 UWG anzuwenden oder in dessen Auslegung einzubeziehen würde bedeuten, dass der Anspruch aus § 5 Abs. 2 UWG bestünde und von allen nach § 8 Abs. 3 UWG Berechtigten geltend gemacht werden könnte.

a. Zusammenstellung verschiedener Lösungsansätze

aa. § 23 MarkenG als allgemeiner, auch auf wettbewerbsrechtliche Ansprüche anwendbarer Rechtsgedanke

Die direkte Anwendung des § 23 MarkenG auf § 5 Abs. 2 UWG ist leicht zu bejahen, wenn man (sehr allgemeine bzw. ältere) Ausführungen von *Fezer*[1474] und *Keller*[1475] zugrunde legt. Beide gehen davon aus, bei § 23 MarkenG handele es sich um einen allgemeinen Rechtsgedanken des Kennzeichenrechts, der auch außermarkengesetzliche Ansprüche wettbewerbsrechtlicher, bürgerlichrechtlicher und werberechtlicher Art im Interesse der Mitbewerber oder der Allgemeinheit an einer freien Verwendung des Zeichens zu begrenzen vermag. Konsequenz dieser Auffassung ist, dass stets ein Gleichlauf zwischen dem kennzeichenrechtlichen und dem wettbewerbsrechtlichen Anspruch besteht.

Ob *Fezer* diesen Standpunkt in so allgemeiner Form vertritt, wie es auf den ersten Blick erscheint, ist allerdings zweifelhaft. Einerseits sieht er in Art. 6 Abs. 2 lit. a) UGP-RL einen originären Unlauterkeitstatbestand des europäischen Verbraucherschutzrechts[1476], den er vermutlich autonom, einzig orientiert am Telos der Richtlinie, auslegen würde; für die Anwendung markenrechtlicher Schranken wie die des § 23 MarkenG bliebe dann kein Raum. Andererseits betont *Fezer*, wie ausgeführt, die tatbestandliche Begrenzungsfunktion der spezifischen Immaterialgüterrechte bei der Konkretisierung der Lauterkeit im Wettbewerb[1477].

In einem jüngeren Beitrag führt *Fezer* aus, die Anwendungsschranken des Markenschutzes aus § 23 Nr. 1 bis 3 MarkenG könnten aus der Sicht einer Immaterialgüterrechtstheorie der Marke als allgemeines Rechtsprinzip der freien Benutzung verstanden werden. Das Prinzip der freien Benutzung sei als eine allgemeine Lehre des Immaterialgüterrechts zu verstehen, und dieser Rechtsgrundsatz sei innerhalb des Verletzungsrechts der verschiedenen Immaterialgüterrechte des geistigen Eigentums normspezifisch zu konkretisieren[1478]. Diese Ausführungen können so verstanden werden, dass *Fezer* das allgemeine Rechtsprinzip der freien Nutzung nur im Immaterialgüterrecht anwenden will, es im Wettbewerbsrecht jedoch keine Rolle spielen soll.

1474 *Fezer*, MarkenR, § 23 MarkenG Rn. 7.
1475 *Keller*, GRUR 1996, 607, 611.
1476 *Fezer*, MarkenR, § 2 MarkenG Rn. 95; *ders.*, WRP 2009, 1163, 1164.
1477 Z.B. *Fezer*, GRUR 2010, 953, 957.
1478 *Fezer*, WRP 2011, 387, 389.

Für *Keller* stellte sich die Frage der möglichen Anwendung von § 23 MarkenG auf den neuen § 5 Abs. 2 UWG im Jahr 1996[1479] naturgemäß nicht. Angesichts seiner aktuellen Veröffentlichungen kann jedoch angenommen werden, dass er seine frühere Aussage auch im Hinblick auf § 5 Abs. 2 UWG aufrechterhält. *Keller* scheint nämlich eine enge Auslegung von § 5 Abs. 2 UWG zu favorisieren[1480].

bb. Anwendbarkeit des § 23 MarkenG je nach Einzelfall

Nach der Ansicht von *Ingerl/Rohnke*[1481] und *Schalk*[1482] ist § 23 MarkenG nicht unmittelbar auf wettbewerbsrechtliche oder sonstige deliktische Ansprüche anzuwenden. Bei § 23 MarkenG handele es sich um eine spezifisch kennzeichenrechtliche Schrankenvorschrift.

Gleichzeitig erkennen *Ingerl/Rohnke* und *Schalk* aber an, dass die der Schutzschranke des § 23 MarkenG zugrunde liegenden Rechtsgedanken bei wettbewerbsrechtlichen oder sonstigen deliktsrechtlichen Ansprüchen „zu berücksichtigen" sein „können". Das heißt, *Ingerl/Rohnke* und *Schalk* würden im Einzelfall prüfen, ob ein Fall vorliegt, in dem die Rechtsgedanken des § 23 MarkenG zu berücksichtigen sind. Einzelne Prüfkriterien, anhand derer die Fälle bestimmt werden, werden aber nicht genannt.

cc. Die Schutzschranken des MarkenG als abschließende Regelungen, die auch bei einem Anspruch aus § 5 Abs. 2 UWG beachtet werden müssen

Bornkamm führt aus, auch wenn die von der Rechtsprechung entwickelte Vorrangthese sich nicht uneingeschränkt aufrechterhalten lasse, komme ihr doch eine maßgebliche Bedeutung zu, weil die Wertungen des Kennzeichenrechts im Lauterkeitsrecht beachtet werden müssten („modifizierter Vorrang des Kennzeichenrechts"[1483]). Dies gelte insbesondere für im MarkenG vorgesehene abschließende Regelungen. Zu den abschließenden Regelungen des MarkenG zählt *Bornkamm* die markenrechtlichen Schutzschranken. Sie dürften nicht dadurch

---

1479 *Keller*, GRUR 1996, 607, 611.

1480 Harte-Bavendamm/Henning-Bodewig/*Keller*, UWG, Einl A Rn. 37.

1481 *Ingerl/Rohnke*, MarkenG, § 23 Rn. 6.

1482 Büscher/Dittmer/Schiwy/*Schalk*, GewRS, Teil 1, Kap. 3, § 23 MarkenG Rn. 2.

1483 *Bornkamm*, GRUR 2011, 1, 7; *ders.*, Festschrift für Loschelder, S. 31, 43.

konterkariert werden, dass der Anspruch mit Erfolg statt auf §§ 14 Abs. 2, 15 Abs. 2 MarkenG auf §§ 3, 5 Abs. 2 UWG gestützt werde[1484].

Zu den markenrechtlichen Schutzschranken führt *Bornkamm* im Einzelnen aus: Einer Marke, der im markenrechtlichen Verletzungsprozess die Einrede der Löschungsreife wegen mangelnder Benutzung entgegenstehe (§§ 25, 26 MarkenG), könne über § 5 Abs. 2 UWG kein Schutz zugebilligt werden, selbst wenn die Verbraucher das angegriffene Zeichen mit dem älteren, nicht mehr benutzten Zeichen verwechseln[1485]. In Bezug auf die Schutzschranke der Erschöpfung, § 24 MarkenG, führt *Bornkamm* aus, ein Konflikt sei ausgeschlossen, weil in Fällen der Benutzung eines erschöpften Kennzeichens nicht über die betriebliche Herkunft getäuscht werde[1486]. Im Anwendungsbereich des § 23 Nr. 2 MarkenG indes bestehe die Gefahr, dass der Ausschluss kennzeichenrechtlicher Ansprüche durch den lauterkeitsrechtlichen Verwechslungsschutz „konterkariert" werde. Meist sei es der Markeninhaber selbst, der sich – wenn mit der Schutzschranke des § 23 MarkenG konfrontiert – auf den lauterkeitsrechtlichen Schutz berufe. Das Markenrecht nehme eine Verwechslung hin, wenn die Marke von einem Dritten beschreibend benutzt wird und die weiteren Voraussetzungen des § 23 MarkenG vorliegen, d.h. nach einer – in das Kennzeichenrecht implementierten – lauterkeitsrechtlichen Prüfung. Bei der Schutzschranke des § 23 MarkenG handelt es sich nach Ansicht *Bornkamms* um eine abschließende markenrechtliche Regelung, die durch den lauterkeitsrechtlichen Verwechslungsschutz nicht umgangen werden darf[1487].

In zwei jüngeren Beiträgen erläutert und begründet *Bornkamm* seine getroffenen Feststellungen anhand der erwähnten und von ihm immer wieder thematisierten „Konfliktzonen"[1488] näher[1489].

Gegen das Argument des Anwendungsvorrangs des Unionsrechts führt *Bornkamm* an, es sei gerade nicht so, dass Unionsrecht mit nationalem Recht kollidiere und daher schon aufgrund des Anwendungsvorrangs des Gemeinschaftsrechts das nationale Recht zurückzutreten habe[1490]. Die markenrechtlichen

---

1484 Köhler/*Bornkamm*, UWG, § 5 Rn. 4.240.

1485 Köhler/*Bornkamm*, UWG, § 5 Rn. 4.250.

1486 Köhler/*Bornkamm*, UWG, § 5 Rn. 4.251.

1487 Köhler/*Bornkamm*, UWG, § 5 Rn. 4.252.

1488 Vgl. *Bornkamm*, GRUR 2005, 97 ff.; *ders.*, Festschrift für von Mühlendahl, S. 9 ff.

1489 *Bornkamm*, GRUR 2011, 1, 7; *ders.*, Festschrift für Loschelder, S. 31, 42 f.

1490 Bei Normkonflikten zwischen Normen des primären oder sekundären Gemeinschaftsrechts mit Normen nationalen Rechts der Mitgliedsstaaten gilt heute ein Vorrang des Unionsrechts. Begründet wird er mit der Autonomie und der unmittelbaren Wirksamkeit der Gemeinschaftsrechtordnung sowie mit dem Grundsatz der Sicherung der

Schutzschranken seien nämlich ebenfalls im Unionsrecht verankert. Die Schutzschranken stellten keine beliebige Außengrenze dar; ihnen sei vielmehr die unionsrechtlich vorgegebene gesetzliche Regelung zu entnehmen, dass etwa die beschreibende Benutzung eines fremden Kennzeichens unter bestimmten Voraussetzungen aus übergeordneten Gründen unbeeinträchtigt sein solle. Der lauterkeitsrechtliche Verwechslungsschutz müsse so ausgelegt werden, dass er nicht mit anderen unionsrechtlichen Bestimmungen in einen unauflösbaren Widerspruch gelange.

Mit einem – wohl rhetorischen – Fragezeichen versieht *Bornkamm* die Frage, ob der lauterkeitsrechtliche Kennzeichenschutz die Wertungen des Kennzeichenrechts auch dort beachten muss, wo das Nebeneinander identischer oder ähnlicher Kennzeichen aufgrund einer markenrechtlichen Regelung oder doch aufgrund einer markenrechtlich gebilligten Interessenabwägung zwischen den Inhabern beider Kennzeichen toleriert wird. Eine Reihe von Gestaltungsmöglichkeiten, die dem Zeicheninhaber nach dem MarkenG zustünden, könnten durch eine zu weitgehende Anwendung von § 5 Abs. 2 UWG beeinträchtigt werden. In diesem Zusammenhang nennt *Bornkamm* das Recht der Gleichnamigen. Halte sich der unvermeidbare Rest von Verwechslungsgefahr, der dem Recht der Gleichnamigen eigen sei, im Rahmen dessen, was zeichenrechtlich ausdrücklich hingenommen werde, könne das Ergebnis der Koexistenz nicht dadurch in Frage gestellt werden, dass sich einer der beiden Zeicheninhaber, ein Mitbewerber oder gar ein Verband auf § 5 Abs. 2 UWG berufe[1491].

Bornkamm nennt in diesem Zusammenhang die beiden gleichnamigen, voneinander unabhängigen Bekleidungsunternehmen „Peek & Cloppenburg", die „zu allem Überfluss" auch noch identische Logos verwenden. Auch wenn es zwischen beiden Unternehmen zahlreiche Rechtsstreitigkeiten gebe, sei doch klar, dass beide das Unternehmenskennzeichen „Peek & Cloppenburg" in ihrem räumlichen Bereich berechtigt benutzten. Die zwangsläufig auftretenden Verwechslungen könnten jedoch keine Irreführung nach § 5 Abs. 2 UWG begründen[1492]. Niemand werde in dieser Situation einen Vorrang der kennzeichenrechtlichen Regelung bestreiten und ein kennzeichenrechtlich korrektes Verhalten eines der beiden gleichnamigen Unternehmen durch einen lauterkeitsrechtlichen Anspruch unterbinden wollen[1493].

Funktionsfähigkeit der Gemeinschaft (vgl. Grabitz/Hilf/*Nettesheim*, Das Recht der EU, Art. 1 AEUV, Rn. 71 ff.).

1491 Köhler/*Bornkamm*, UWG, § 5 Rn. 4.244; *Bornkamm*, Festschrift für Loschelder, S. 31, 37.

1492 Köhler/*Bornkamm*, UWG, § 5 Rn. 4.244.

1493 *Bornkamm*, GRUR 2011, 1, 4.

Büscher stellt mit gleichem Ergebnis fest, die Schutzschranke des § 23 MarkenG sei in die Auslegung des § 5 Abs. 2 UWG derart einzubeziehen, dass sie auch die wettbewerbsrechtliche Vorschrift einschränke[1494].

dd. Nichtberücksichtigung des § 23 MarkenG bei einem Anspruch aus § 5 Abs. 2 UWG

Eine entgegengesetzte Ansicht geht dahin, der „quasi-markenrechtliche" Anspruch des § 5 Abs. 2 UWG dürfe gerade nicht durch die Berufung auf ein angebliches Freihaltebedürfnis für beschreibende Angaben und/oder Namen – eben § 23 MarkenG – „ausgehebelt" werden.

Kiethe/Groeschke plädieren dafür, bei Vorliegen der Anspruchsvoraussetzungen des § 5 Abs. 2 UWG dem Anspruchsgegner jedweden markenrechtlichen Einwand zu verwehren. Schließlich diene § 5 Abs. 2 UWG dem Verbraucherschutz[1495].

Bärenfänger argumentiert ähnlich. Die Lauterkeitsrichtlinie sehe keine Einschränkungsmöglichkeiten vor. Freihaltebedürfnisse, die den Individualinteressen von Kennzeicheninhabern dienen, kenne das deutsche und europäische verbraucherschützende Lauterkeitsrecht nicht[1496].

Nach *Jonas/Hamacher* verbietet sich eine analoge Anwendung des § 23 MarkenG auf § 5 Abs. 2 UWG von vornherein deswegen, weil es an einer für die Analogie erforderlichen planwidrigen Gesetzeslücke fehle, zumal mit der UGP-Richtlinie eine Vollharmonisierung beabsichtigt sei. Die Vorgaben der Richtlinie dürften folglich weder über- noch unterschritten werden[1497].

Alexander argumentiert in einem Beitrag zur vergleichenden Werbung, aus den unterschiedlichen Schutzrichtungen von Markenrecht und UWG folge, dass spezielle Einreden nur hinsichtlich der jeweiligen Ansprüche zu berücksichtigen seien[1498].

Harte-Bavendamm schließlich führt aus, das Postulat der Widerspruchsfreiheit zwischen Immaterialgüter- und Lauterkeitsrecht möge zwar grundsätzlich wün-

---

1494 *Büscher*, GRUR 2009, 230, 236.

1495 *Kiethe/Groeschke*, WRP 2009, 1343, 1344 f.

1496 *Bärenfänger*, Das Spannungsfeld von Lauterkeitsrecht und Markenrecht unter dem neuen UWG, S. 204 f.

1497 *Jonas/Hamacher*, WRP 2009, 535, 536.

1498 *Alexander*, GRUR 2010, 482, 487.

schenswert sein, es könne aber nicht als Hauptrichtschnur für die Handhabung der neuen, allein auf den Verbraucherschutz bezogenen Irreführungsverbote dienen[1499].

b. Stellungnahme

Meines Erachtens kann das grundsätzliche Nebeneinander des individualrechtlichen Schutzes aus dem Immaterialgüterrecht auf der einen und dem (kollektiven) lauterkeitsrechtlichen Schutz auf der anderen Seite es nicht ausschließen, bestimmte Wertungsübertragungen bzw. Wertungsübergriffe vorzunehmen. Wertungsübertragungen bzw. Wertungsübergriffe sind insbesondere dann geboten, wenn das Markenrecht abschließende Regelungen, wozu die markenrechtlichen Schutzschranken zählen, enthält, die das Kennzeichenrecht einschränken.

Dafür spricht, dass die markenrechtlichen Schrankenbestimmungen Inhalts- und Schrankenbestimmungen i.S.v. Art. 14 Abs. 1 S. 2 GG sind. Das bedeutet, der Schutzumfang des Kennzeichenrechts wird erst durch die im MarkenG vorgegebenen Bestimmungen konkretisiert[1500]. Er kann nicht bei Vorliegen einer lauterkeitsrechtlichen Irreführung erweitert werden. Darauf liefe es aber hinaus, wenn der Anspruch aus § 5 Abs. 2 UWG unbeschränkt wäre. Wann immer das Kennzeichenrecht also Verwechslungen hinnimmt, weil die Schutzschranke des § 23 MarkenG eingreift, muss sich der Kennzeicheninhaber im Ergebnis nicht auf § 5 Abs. 2 UWG berufen dürfen. Insoweit ist der von *Bornkamm* vertretenen Ansicht mit all den von ihm angeführten Argumenten (vgl. oben unter a.cc.) zuzustimmen.

Mit dieser Feststellung ist die aufgeworfene Frage indes noch nicht vollständig beantwortet. Zu untersuchen bleibt, ob § 23 MarkenG unmittelbar auf einen Anspruch aus § 5 Abs. 2 UWG anzuwenden ist oder ob – und wenn ja: wo – im Rahmen von § 5 Abs. 2 UWG die Wertungen des § 23 MarkenG einbezogen werden können.

Entscheidend für „lediglich" eine Einbeziehung der Wertungen des § 23 MarkenG in § 5 Abs. 2 UWG spricht, dass bei § 5 Abs. 2 UWG, wie auch beim Verbot der Irreführung nach § 5 Abs. 1 UWG[1501], sowohl eine Verhältnismäßig

1499 Vgl. in anderem Zusammenhang *Harte-Bavendamm*, Festschrift für Loschelder, S. 111, 112.

1500 Vgl. z.B. BGH GRUR 2011, 623, 628 (Tz. 59) – *Peek & Cloppenburg II*; BGH, Urteil vom 2.4.2009, Az.: I ZR 110/06 – *POST/Turbo Post* (BeckRS 2009, 12964; Tz. 28).

1501 Vgl. dazu ausführlich Köhler/*Bornkamm*, UWG, § 5 Rn. 2.197.

keitsprüfung als auch eine Interessenabwägung[1502] vorzunehmen ist. Es besteht hinreichend Raum, die Wertungen des § 23 MarkenG im Sinne einer Wertungsübertragung zu berücksichtigen; einer „Schrankenübertragung" im Sinne einer unmittelbaren Anwendung des § 23 MarkenG auf § 5 Abs. 2 UWG bedarf es daher nicht.

Interessenabwägung und Verhältnismäßigkeitsprüfung haben verwandte Funktionen[1503], so dass die Wertungen des § 23 MarkenG letztlich bei beiden Instituten berücksichtigt werden könnten. Sachgerechter erscheint die Berücksichtigung im Rahmen der Interessenabwägung. Dort finden unter anderem die Gegeninteressen des Werbenden Berücksichtigung[1504].

Die Interessenabwägung würde dann so ausfallen, dass es einem Dritten, der seinen Namen[1505], eine beschreibende Angabe oder einen notwendigen Bestimmungshinweis gebraucht und dadurch den Tatbestand der irreführenden Produktvermarktung im Sinne von § 5 Abs. 2 UWG erfüllt, die Verwendung seines Namens, der beschreibenden Angabe oder des notwendigen Bestimmungshinweises, entsprechend den Wertungen des § 23 MarkenG, nicht untersagt werden darf.

2. Einbeziehung des § 23 MarkenG in die Auslegung von § 5 Abs. 2 UWG, wenn ein anderer der nach § 8 Abs. 3 UWG Berechtigten den Anspruch aus § 5 Abs. 2 UWG geltend macht?

Problematisch ist, ob die soeben herausgearbeitete Wertungsübertragung auch dann erfolgen soll, wenn nicht der Kennzeicheninhaber selbst, sondern ein anderer der nach § 8 Abs. 3 UWG Berechtigten[1506] den Anspruch aus § 5 Abs. 2 UWG geltend macht. In diesem Falle bestehen der aufgezeigte Wertungswider-

1502 Die Interessenabwägung wurde ursprünglich zur vergleichenden Werbung entwickelt. Dazu allgemein z.B. *Borck*, WRP 1985, 63 ff.; *Schünemann*, WRP 2004, 925 ff.; *Teplitzky*, Festschrift für Vieregge, S. 853 ff.; kritisch angesichts des nunmehr normativen Verbraucherbegriffs in der UGP-RL und im deutschen UWG 2008 Harte-Bavendamm/Henning-Bodewig/*Dreyer*, UWG, § 5 B. Rn. 194 ff.

1503 Köhler/*Bornkamm*, UWG, § 5 Rn. 2.198.

1504 Vgl. Köhler/*Bornkamm*, UWG, § 5 Rn. 2.208.

1505 Auch hier sollte konsequenterweise der Begriff des Namens weit entsprechend der Rechtsprechung des EuGH verstanden werden.

1506 Auf den Streit, ob § 8 Abs. 3 UWG die Anspruchsberechtigung oder die Prozessführungsbefugnis regelt, soll hier nicht eingegangen werden (vgl. dazu z.B. *Köhler*/Bornkamm, UWG, § 8 Rn. 3.8 ff.). Es soll von den nach § 8 Abs. 3 UWG Berechtigten die Rede sein.

spruch und das „Störgefühl" nämlich nicht in dem Maße, wie wenn der Kennzeicheninhaber den Anspruch aus § 5 Abs. 2 MarkenG geltend macht.

Meines Erachtens ist aus diesem Grund hinsichtlich der vorzunehmenden Wertungsübertragung nach dem den Anspruch geltend Machenden zu differenzieren. Das Ergebnis der Interessenabwägung sollte maßgeblich davon beeinflusst werden, welcher der nach § 8 Abs. 3 UWG Berechtigten den Anspruch aus § 5 Abs. 2 UWG verfolgt.

Die „Stellschraube" Anspruchsberechtigung/Aktivlegitimation zur Vornahme gewisser Korrekturen ist im Wettbewerbsrecht nicht unbekannt. Sie wird beispielsweise, wenn auch nicht unumstritten[1507], beim ergänzenden wettbewerbsrechtlichen Leistungsschutz angewandt. Aktivlegitimiert für Ansprüche aus ergänzendem wettbewerbsrechtlichen Leistungsschutz sollen nur der Hersteller des Originals oder ein ausschließlich Vertriebsberechtigter[1508], ausnahmsweise noch der Händler[1509], sein. Das wird als Folge der Tatsache angesehen, dass der ergänzende wettbewerbsrechtliche Leistungsschutz nicht die Allgemeininteressen, sondern in erster Linie das Individualinteresse des durch eine wettbewerbswidrige Nachahmung Verletzten schützt. Das heißt: In Abweichung von § 8 Abs. 3 UWG sind anspruchsberechtigt weder sonstige Mitbewerber noch die Wirtschaft- und Verbraucherverbände noch die Kammern. Es ist allein Sache des Herstellers, des ausschließlich Vertriebsberechtigten oder des Händlers zu entscheiden, ob Rechtsschutz gegen die Verletzung seines Individual-Interesses in Anspruch genommen werden soll[1510].

Auch im Rahmen der vergleichenden Werbung wurde und wird bei der Aktivlegitimation angesetzt und die Ansicht vertreten, in den Fällen des § 6 Abs. 2 Nr. 4 bis 6 UWG seien nur die betroffenen Hersteller und nicht alle in § 8 Abs. 3 UWG genannten Mitbewerber anspruchsberechtigt[1511]. Der BGH hat diese Frage bislang offengelassen[1512]. Sieht man mit dem EuGH in diesen Tatbeständen zur

---

1507 *Köhler*/Bornkamm, UWG, § 4 Rn. 9.86 m.w.N, auch zur Diskussion der Auswirkungen der UWG-Novelle 2008; Piper/*Ohly*/Sosnitza, UWG, § 4 Rn. 9/84.

1508 BGH GRUR 1994, 630, 632, 634 – *Cartier-Armreif*; Piper/*Ohly*/Sosnitza, UWG, § 4 Rn. 9/83.

1509 BGH GRUR 1991, 223, 224 – *Finnischer Schmuck*, nämlich dann, wenn er durch Auswahl und Zusammenstellung der Kollektion selbst eine besondere schutzwürdige Leistung erbracht hat.

1510 Piper/*Ohly*/Sosnitza, UWG, § 4 Rn. 9/84.

1511 Z.B. Hefermehl/*Köhler*/Bornkamm, UWG [27. Aufl.], § 6 Rn. 85 (heute a.A.); Piper/*Ohly*/Sosnitza, UWG, § 6 Rn. 73.

1512 BGH GRUR 2008, 628, 629 (Tz. 12) – *Imitationswerbung*. Zur Imitationswerbung BGH, Beschluss vom 11.3.2010, Az.: I ZR 203/08 – *Imitation von Parfümen* (Leitsät-

vergleichenden Werbung Verbote von Praktiken, die den Wettbewerb verzerren, die Mitbewerber schädigen und die Entscheidung der Verbraucher negativ beeinflussen können[1513], wird man wohl alle in § 8 Abs. 3 UWG genannten Mitbewerber und Verbände als anspruchsberechtigt ansehen müssen[1514].

Auch wenn keineswegs der Kennzeicheninhaber als Anspruchsberechtigter für Ansprüche aus § 5 Abs. 2 UWG ausgeschlossen werden soll, sollte in der Interessenabwägung, wie unter 1. ausgeführt, zur Vermeidung des Wertungswiderspruchs bzw. des Störgefühls entscheidend berücksichtigt werden, dass er es ist, der den Anspruch aus § 5 Abs. 2 UWG geltend macht.

Wenn aber ein Wirtschafts- oder Verbraucherverband oder eine der aktivlegitimierten Kammern den Anspruch geltend macht, sollte die Interessenabwägung in aller Regel trotz Vorliegens beispielsweise einer beschreibenden Angabe i.S.v. § 23 Nr. 2 MarkenG zu seinen oder ihren Gunsten ausfallen. Schließlich dient der Schutz vor irreführender Produktvermarktung aus § 5 Abs. 2 UWG den Interessen der Verbraucher und der Allgemeinheit. Wenn also eine lauterkeitsrechtliche Verwechslungsgefahr vorliegt und sich einer der Verbände oder Kammern aufgerufen fühlt, aus § 5 Abs. 2 UWG vorzugehen, sollten die Wertungen der Schutzschranke des § 23 MarkenG wesentlich zurückhaltender übertragen werden. Das sollte insbesondere für die Fälle von § 23 Nr. 2 und Nr. 3 MarkenG gelten, im Recht der Gleichnamigen bzw. § 23 Nr. 1 MarkenG hingegen weniger.

Die potentiell selbstverständlich bestehende Gefahr, dass der Kennzeicheninhaber einen der anderen Anspruchsberechtigten im Prozess „vorschickt", um auf diesem Wege (leichter) ein Verbot gegen den Dritten zu erzielen, dürfte gering sein. Dass sich Verbände oder Kammern vor den Karren des betroffenen Kennzeicheninhabers spannen lassen, erscheint nahezu ausgeschlossen. Geht ein Verband gerichtlich vor und ist der Kennzeicheninhaber Mitglied dieses Verbands, dürfte in der Regel klar sein, dass es um das Individualinteresse des intern beschwerdeführenden Unternehmens geht, das hinter der eingereichten Klage steht[1515]. Auch andere Mitbewerber dürften sich kaum von dem betroffenen

---

ze in GRUR-RR 2010, 407, vollständiger Beschluss in BeckRS 2010, 07894) sowie BGH GRUR 2010, 343 – *Oracle*.

1513 EuGH GRUR 2009, 756, 761 (Tz. 68) – *L'Oréal/Bellure*.

1514 *Köhler*/Bornkamm, UWG, § 6 Rn. 194.

1515 Köhler/*Bornkamm*, UWG, § 5 Rn. 4.216, wenn auch als Begründung dafür, dass sich mit Hilfe der Verbandsklage im Wettbewerbsrecht die aus dem Zivilprozess und Kartellverfahren bekannte „Ross-und-Reiter-Problematik" – von Kartellrechtsverstößen Betroffene befürchten zuweilen erhebliche Nachteile, etwa auf Grund wirtschaftlicher Abhängigkeit, wenn sie gegen den Missbrauch einer marktbeherrschenden Stellung bei der Kartellbehörde Beschwerde führen – kaum lösen lässt.

Kennzeicheninhaber zur Geltendmachung des UWG-Anspruchs „benutzen" lassen.

Der nicht zu übersehende Vorteil dieser Vorgehensweise ist, dass so dem angestrebten Verbraucherschutz nahezu vollumfänglich Genüge getan würde. Eine zu weitgehende Einschränkung des „vergesellschafteten Schutzes"[1516] würde nicht erfolgen.

3. Einbeziehung des § 5 Abs. 2 UWG in die Auslegung des § 23 MarkenG?

Jonas/Hamacher werfen die Frage auf, ob § 5 Abs. 2 UWG auf die Schutzschranke des § 23 MarkenG einwirkt[1517]. Sie sehen ebenfalls die sich aus einem Nebeneinander von MarkenG und neuem UWG ergebenden Wertungswidersprüche. Zu deren Auflösung schlagen *Jonas/Hamacher* neben einer restriktiven Auslegung von § 23 MarkenG[1518] vor, einen Verstoß gegen die guten Sitten im Sinne des § 23 MarkenG immer dann zu bejahen, wenn die Voraussetzungen für einen Anspruch nach § 5 Abs. 2 UWG gegeben sind[1519]. Ihrer Ansicht nach soll die „lauterkeitsrechtliche Parallelwertung nach § 5 Abs. 2 UWG" die „Kontrollfrage" sein, „die bei der (Richtigkeits-)Prüfung eines Verstoßes gegen die guten Sitten gemäß § 23 MarkenG obligatorisch zu stellen und zu beantworten wäre". Dem Gedanken der Einheit der Rechtsordnung folgend solle das lauterkeitsrechtliche Unwerturteil für die Bewertung der Schranken-Schranke in § 23 MarkenG maßgeblich sein. Den weiteren Ausführungen von *Jonas/Hamacher* ist zu entnehmen, dass das lauterkeitsrechtliche Urteil sogar der *einzige* und damit allein entscheidende Umstand im Rahmen der Prüfung der Schranken-Schranke sein soll[1520]. Keine Rolle spielen soll, ob Ansprüche aus dem UWG zusammen mit dem kennzeichenrechtlichen Anspruch tatsächlich geltend gemacht werden[1521].

1516 Ausdruck von *Bornkamm* (Köhler/Bornkamm, UWG, § 5 Rn. 4.216).

1517 *Jonas/Hamacher*, WRP 2009, 535. Der Untertitel ihres Aufsatzes lautet „Die Auswirkungen des § 5 Abs. 2 UWG n.F. auf §§ 14, 15 MarkenG und die Schrankenregelung des § 23 MarkenG".

1518 *Jonas/Hamacher*, WRP 2009, 535, 538.

1519 *Jonas/Hamacher*, WRP 2009, 535, 539.

1520 Am Ende des Aufsatzes (S. 539) heißt es: „Folgt man der Ansicht, dass die Wertung des § 5 Abs. 2 UWG ein stets zu beobachtender Prüfungsmaßstab [...] in § 23 MarkenG ist, wären unterschiedliche Ergebnisse bei der Anwendung kennzeichenrechtlicher und lauterkeitsrechtlicher Ansprüche ausgeschlossen."

1521 *Jonas/Hamacher*, WRP 2009, 535, 539.

Bärenfänger schließt sich der Argumentation von *Jonas/Hamacher* an[1522]. Auch er bejaht immer dann, wenn eine nach § 5 Abs. 2 UWG unlautere und nach § 3 UWG relevante Irreführung vorliegt, einen Verstoß gegen die guten Sitten i.S.d. § 23 a.E. MarkenG.

Der Ansatz von *Jonas/Hamacher* und *Bärenfänger* kann nicht überzeugen. Eine markenrechtliche Wertungsebene, die für die Ausgewogenheit des markenrechtlichen Schutzsystems von großer Bedeutung ist, würde vollständig überlagert und ausgehöhlt. Die wichtige Schutzschranke des § 23 MarkenG würde, jedenfalls wenn es um den Verletzungstatbestand des § 14 Abs. 2 Nr. 2 MarkenG geht, durch das (verbraucherschützende) Wettbewerbsrecht determiniert. Ob ein Dritter ein fremdes Kennzeichen im geschäftlichen Verkehr nutzen darf, hinge nach der Ansicht von *Jonas/Hamacher* und *Bärenfänger* letztlich allein davon ab, ob eine Irreführung der Verbraucher gegeben ist, ob also die Voraussetzungen des lauterkeitsrechtlichen Schutzes erfüllt sind.

Um die aufgezeigten und bei gleichrangiger Anwendung von kennzeichen- und wettbewerbsrechtlichen Ansprüchen möglicherweise entstehenden Wertungswidersprüche bzw. das Störgefühl zu vermeiden, erscheint die oben herausgearbeitete Wertungsübertragung vorzugswürdig.

1522 *Bärenfänger*, Das Spannungsfeld von Lauterkeitsrecht und Markenrecht unter dem neuen UWG, S. 205.

11. Kapitel:

Vorschläge für eine Erweiterung des § 23 MarkenG

I. Ausgangspunkt

In den vorstehenden Kapiteln wurde mehrfach angedeutet, dass § 23 MarkenG in seiner aktuellen Fassung nicht alle von kennzeichenrechtlichen Ansprüchen freizustellenden Fälle erfasst, mithin Schrankenlücken bestehen (dazu im Einzelnen II.). Diese Schrankenlücken könnten durch die Einfügung einer weiteren Ziffer bzw. eines weiteren Absatzes im Gesetz geschlossen werden (dazu III.). Ferner könnte im Interesse der Rechtsklarheit ein Katalog unlauterkeitsbegründender Umstände eingefügt werden. Auch wenn, wie oben vertreten, es keine für alle Tatbestände des § 23 MarkenG gleichermaßen geltenden unlauterkeitsbegründenden Umstände gibt, würde ein solcher Katalog, der das Wort „insbesondere" zu enthalten und damit lediglich beispielhaften Charakter hätte, dazu beitragen, der Schutzschranke des § 23 MarkenG insgesamt mehr Kontur zu verleihen.

Selbstverständlich könnte § 23 MarkenG mit seiner Schranken-Regelungstechnik[1523] – statt der hier vorgeschlagenen Erweiterung – auch aus dem Gesetz gestrichen und durch eine allgemeine „fair use"-Klausel, eine Schrankengeneralklausel ähnlich wie sie im US-amerikanischen Urheberrecht besteht, ersetzt werden. Für die Einfügung einer „fair use"-Klausel könnte sprechen, dass mit ihr möglichen Änderungen im Rahmen des Verletzungstatbestands – Stichworte: „Chamäleon"/„Großbaustelle"/"Schwarzes Loch" – und neuen Sachverhalten flexibel begegnet werden kann. Dagegen spricht aber: Mit einer „fair use"-Klausel wächst die Gefahr, dass das Kennzeichenrecht insgesamt zu reinem Wettbewerbsrecht degradiert wird. Das gilt es meines Erachtens zu verhindern. Ferner wächst mit einer solchen Klausel die Gefahr, dass die Rechtssicherheit im Kennzeichenrecht (weiter) abnimmt. Dogmatisch schließlich spricht gegen die Normierung einer „fair use"-Klausel, dass durch sie das derzeit vorgesehene, mit zwei Filtern ausgestattete Regelungssystem von Verletzungstatbeständen und Schrankenbestimmungen gänzlich aufgelöst würde.

Statt einer reinen „fair use"-Klausel könnte eine mit einem Beispielskatalog von Schrankenregelungen verknüpfte „fair use"-Klausel in das Gesetz eingefügt werden. Dies würde die Gefahr des Verlusts von Rechtssicherheit verringern und erscheint insgesamt als gut geeignet.

1523 Zu den unterschiedlichen Gesetzgebungstechniken 1. Kapitel, II.

Gleichwohl enthält der nachfolgende Vorschlag (lediglich) eine Modifikation der bestehenden Schutzschranke des § 23 MarkenG[1524]. Meines Erachtens ist in der Zukunft nämlich, wie ausgeführt[1525], zum einen nicht zu erwarten, dass die Rechtsprechung extensiven Gebrauch von den „neuen“ Markenfunktionen macht. Zum anderen ist aber zu erwarten, dass viele Fälle über den „normativ aufgeladenen“ Begriff der Beeinträchtigung gelöst werden, die Berücksichtigung und Gewichtung der verschiedenen Interessen also schon im Verletzungstatbestand erfolgt. Für eine „große“ „fair use“-Lösung besteht daher bislang zumindest kein Anlass.

II. Bestehen von Schrankenlücken

Einer Marke kommt, wie ausgeführt, unter anderem die Funktion zu zu kommunizieren. Die Marke gibt der Marktgegenseite Informationen über die Herkunft, die Qualität und das Image eines Produkts[1526]. Diese über eine Marke bestehenden Kommunikationsmöglichkeiten stehen zuerst dem Markeninhaber zu und nutzen ihm: Er kann mit Hilfe der Marke etwas über sein Produkt – im günstigsten Falle das für die Marktgegenseite Kaufentscheidende – mitteilen. Auch Dritte haben ein als berechtigt anzusehendes Interesse daran, eine fremde Marke und deren Kommunikationsinhalte für eigene Zwecke zu nutzen. Ein solches Interesse besteht etwa in den Fällen, die über § 23 Nr. 3 MarkenG von Ansprüchen des Markeninhabers freigestellt werden.

Zu untersuchen ist, ob die Schutzschranke des § 23 MarkenG in ihrer heutigen Fassung alle Fälle erfasst, in denen ein als berechtigt anzusehendes Interesse Dritter besteht, ein fremdes Kennzeichen zu verwenden. Das Ergebnis vorwegnehmend muss diese Frage verneint werden. Das soll nachfolgend anhand zweier Fälle aufgezeigt werden, in denen markenrechtliche Ansprüche zwar ausgeschlossen sein „sollen“, die aber nicht von der Schutzschranke des § 23 MarkenG, zumindest nach der hier vertretenen Ansicht, erfasst werden können.

1524 Die Vorschläge stimmen teilweise überein mit den „Issues and conclusions, proposals“ zu Art. 12 GMV, Art. 6 MarkenRL (Rn. 2.254 ff., S. 120 ff.) der Studie des Max-Planck-Instituts für Immaterialgüter- und Wettbewerbsrecht in München „Study on the Overall Functioning of the European Trade Mark System“ vom 15.2.2001. Die vollständige Studie ist im Internet abrufbar unter http://www.ip.mpg.de/shared/data/pdf/mpi_final_report.pdf (Stand: 26.9.2011).

1525 4. Kapitel, II.2.

1526 *Steinbeck*, KSzW 2010, 223, 227.

1. Vergleichende Werbung

a. Rechtliche Ausgangssituation

Das Recht der vergleichenden Werbung findet sich auf europäischer Regelungsebene heute in der Richtlinie 2006/114/EG, der Richtlinie über irreführende und vergleichende Werbung (nachfolgend: WerbeRL)[1527]. Die WerbeRL ersetzte die Richtlinie 84/450/EWG[1528] „aus Gründen der Übersichtlichkeit und Klarheit"[1529], die seit ihrem Erlass mehrfach geändert worden war[1530].

Die WerbeRL beurteilt vergleichende Werbung im Grundsatz wettbewerbs- und verbraucherpolitisch positiv und will lediglich vor ihren Nachteilen schützen. Der Richtliniengeber sah in der vergleichenden Werbung eine Möglichkeit, die Vorteile verschiedener vergleichbarer Erzeugnisse objektiv herauszustellen und den Wettbewerb zwischen den Anbietern von Waren und Dienstleistungen im Interesse der Verbraucher zu fördern[1531]. Die vergleichende Werbung wird daher als zulässiges Mittel zur Unterrichtung der Verbraucher angesehen. Zugleich will die WerbeRL durch genaue Festlegung der materiellen Zulässigkeitsvoraussetzungen für vergleichende Werbung vor solchen Praktiken schützen, die den Wettbewerb verzerren, die Mitbewerber schädigen und die Entscheidung der Verbraucher negativ beeinflussen können[1532]. Die Bedingungen und Zulässigkeitsvoraussetzungen sind in Art. 4 WerbeRL geregelt. Sie sind letztlich Ausdruck einer Abwägung der verschiedenen Interessen[1533], die durch vergleichende Werbung berührt werden, nämlich die Interessen des Werbenden, die des betroffenen Mitbewerbers und die der Verbraucher.

Die Kernbestimmungen zur vergleichenden Werbung im deutschen Recht enthält § 6 UWG. Dort hat der deutsche Gesetzgeber die europäischen Bestimmungen zur vergleichenden Werbung „spiegelbildlich" umgesetzt. In Art. 4 WerbeRL heißt es: „Vergleichende Werbung gilt [...] als zulässig, sofern folgende

---

1527 Richtlinie 2006/114/EG des Europäischen Parlaments und des Rates vom 12.12.2006 über irreführende und vergleichende Werbung [kodifizierte Fassung] (ABl. L 376 vom 27.12.2006, S. 21).

1528 Richtlinie 84/450/EWG des Rates vom 10.9.1984 zur Angleichung der Rechts- und Verwaltungsvorschriften der Mitgliedsstaaten über irreführende Werbung (ABl. L 250 vom 19.9.1984, S. 17).

1529 Erwägungsgrund (1) der WerbeRL.

1530 Unter anderem durch die Richtlinie 97/55/EG des Europäischen Parlaments und des Rates vom 6.10.1997 zur Änderung der RL 84/450/EWG über irreführende Werbung zwecks Einbeziehung vergleichender Werbung (ABl. L 290 vom 23.10.1997, S. 18).

1531 Erwägungsgrund (6) der WerbeRL.

1532 Erwägungsgrund (9) der WerbeRL.

1533 EuGH GRUR 2009, 756, 762 (Tz. 68) – *L'Oréal/Bellure*; *Köhler*/Bornkamm, UWG, § 6 Rn. 11.

Bedingungen erfüllt sind […]". In § 6 Abs. 2 UWG hingegen heißt es: „Unlauter handelt, wer vergleichend wirbt, wenn der Vergleich […]". Während also das europäische Recht Erlaubnistatbestände formuliert, arbeitet das deutsche Recht mit Verbotstatbeständen[1534].

Im Rahmen einer vergleichenden Werbung[1535] werden typischerweise Waren oder Dienstleistungen eines Mitbewerbers dadurch erkennbar gemacht, dass auf eine ihm gehörende Marke oder sein Unternehmenskennzeichen Bezug genommen wird. Den daraus erwachsenden Konflikt mit dem Ausschließlichkeitsrecht des Markeninhabers hat der europäische Richtliniengeber gesehen und in Erwägungsgrund (15) der WerbeRL formuliert, die Benutzung von Marken, Handelsnamen oder anderen Unterscheidungszeichen eines Mitbewerbers verletze nicht das Ausschließlichkeitsrecht Dritter, wenn sie unter Beachtung der in der WerbeRL aufgestellten Bedingungen erfolge und nur eine Unterscheidung bezwecke, durch die Unterschiede objektiv herausgestellt werden sollen.

Entsprechend hat der EuGH unter anderem im Urteil „*O_2 und O_2 (UK)/H3G*" festgestellt, Art. 5 Abs. 1 und Abs. 2 MarkenRL und Art. 3a Abs. 1 der Richtlinie 84/450 (heute: Art. 4 WerbeRL) seien dahin auszulegen, dass der Inhaber einer eingetragenen Marke nicht berechtigt sei, einem Dritten die Benutzung eines mit seiner Marke identischen oder ihr ähnlichen Zeichens in einer vergleichenden Werbung zu verbieten, die alle in Art. 3a Abs. 1 der Richtlinie 84/450 (heute: Art. 4 WerbeRL) genannten Zulässigkeitsbedingungen erfüllt[1536].

Das heißt, das Ergebnis „keine Markenverletzung bei zulässiger vergleichender Werbung" steht fest[1537]. Gleichwohl war und ist die Handhabung auch der zulässigen vergleichenden Werbung im Einzelnen schwierig und umstritten[1538]. Das liegt zum einen daran, dass die vergleichende Werbung in den Schnittbereich von Marken- und Wettbewerbsrecht fällt und sich damit zwangsläufig die schwierige Frage nach dem Verhältnis der beiden Regelungsbereiche stellt. Das liegt zum anderen daran, dass lange umstritten war und trotz Rechtsprechung

1534 *Alexander*, GRUR 2010, 482.

1535 Zu dessen teilweise umstrittener Definition z.B. Piper/*Ohly*/Sosnitza, UWG, § 6 Rn. 21 ff.; *Köhler*/Bornkamm, UWG, § 6 Rn. 43 ff.

1536 EuGH GRUR 2008, 698, 700 (Tz. 51) – *O2 und O2 (UK)/H3G*.

1537 Die Problematik der unzulässigen vergleichenden Werbung bleibt hier unerörtert.

1538 Vgl. nur die zahlreichen wissenschaftlicher Beiträge zur vergleichenden Werbung, z.B. *Sack*, WRP 2011, 288 ff.; *Berlit*, WRP 2010, 1105 ff.; *Köhler*, WRP 2010, 571 ff.; *Alexander*, GRUR 2010, 482 ff.; *Blankenburg*, WRP 2008, 1294 ff.; *Köhler*, WRP 2008, 414 ff.; *Sack*, GRUR 2008, 201 ff.; *Ohly*, Festschrift für Doepner, S. 51 ff.

von EuGH und BGH immer noch ist[1539], ob die Benutzung eines mit der Marke eines Mitbewerbers identischen oder ihr ähnlichen Zeichens in vergleichender Werbung eine markenmäßige Benutzung i.S.v. Art. 5 Abs. 1 und 2 MarkenRL / § 14 Abs. 2 MarkenG für die Waren und Dienstleistungen des Werbenden darstellt.

Geht man mit dem EuGH[1540] und ihm folgend dem BGH[1541] davon aus, dass in der Verwendung einer Marke in einer vergleichenden Werbung eine markenmäßige Benutzung i.S.v. Art. 5 Abs. 1 und Abs. 2 MarkenRL / § 14 Abs. 2 MarkenG liegen kann, ist der Weg in die markenrechtlichen Verletzungstatbestände eröffnet. Das gilt unabhängig davon, ob der Werbevergleich den lauterkeitsrechtlichen Anforderungen entspricht oder nicht. Selbstverständlich gilt auch hier die oben erörterte zweistufige Prüfung. Dabei ist derzeit offen, ob ein Werbevergleich, der die Funktionen der Marke nicht negativ beeinflusst, sondern lediglich deren Ruf oder die in sie getätigten Investitionen ausnutzt, eine „Funktionsbeeinträchtigung" im Sinne des Urteils *„L'Oréal/Bellure"* darstellt und damit unter § 14 Abs. 2 Nr. 1 MarkenG fällt[1542]. Konsequenz ist jedenfalls: Das zu erzielende Ergebnis wird in der Regel nicht bereits über den Benutzungsbegriff erreicht werden können.

Geht man sodann mit der wohl herrschenden Auffassung davon aus, dass weder ein Vorrang des Markenrechts vor dem Recht der vergleichenden Werbung besteht[1543] noch umgekehrt ein Vorrang des Rechts der vergleichenden Werbung vor dem Markenrecht bzw. eine Spezialität der Regelungen zur vergleichenden Werbung[1544], bleibt nichts anderes übrig, als die beiden konkurrierenden Rege-

---

1539 Vgl. insbesondere *Ingerl/Rohnke*, MarkenG, § 14 Rn. 329, die sich vehement gegen die Rechtsprechung des EuGH wenden. Zum älteren Streitstand Ströbele/*Hacker*, MarkenG, § 2 Rn. 55 ff.

1540 Im Urteil *„O2 und O2 (UK)/H3G"* stellte der EuGH fest, die Benutzung eines mit der Marke identischen oder ihr ähnlichen Zeichens durch einen Werbenden in einer vergleichenden Werbung zu dem Zweck, die von ihm angebotenen Waren oder Dienstleistungen zu identifizieren, sei als eine Benutzung i.S.v. Art. 5 Abs. 1 und Abs. 2 MarkenRL für die eigenen Waren oder Dienstleistungen des Werbenden anzusehen (GRUR 2008, 698, 699 [Tz. 36]). Im Urteil *„L'Oréal/Bellure"* bestätigte der EuGH diese Auffassung (GRUR 2009, 756, 761 [Tz. 53]).

1541 Im Urteil *„Gib mal Zeitung"* stellte der BGH die markenmäßige Benutzung zwar nicht ausdrücklich fest. Ihre Bejahung ergibt sich aber aus dem Gesamtzusammenhang der Ausführungen zu § 14 Abs. 2 Nr. 2 und 3 MarkenG (GRUR 2010, 161, 166 [Tz. 35]).

1542 *Ohly*, GRUR 2010, 166, 167; ähnlich *ders.*, Festschrift für Loschelder, S. 265, 276.

1543 Vgl. Erwägungsgrund (7) der MarkenRL 2008/95/EG; BGH GRUR 2009, 871, 873 (Tz. 30) – *Ohrclips*; BGH GRUR 2008, 628, 629 (Tz. 15) – *Imitationswerbung*; *Köhler*/Bornkamm, UWG, § 6 Rn. 32; *Bornkamm*, GRUR 2005, 97, 101.

1544 Vgl. *Ohly*, GRUR 2008, 701; Piper/*Ohly*/Sosnitza, UWG, § 6 Rn. 19; *Köhler*/Bornkamm, UWG, § 6 Rn. 32; MüKo-UWG/*Menke*, § 6 Rn. 30; *Blankenburg*,

lungsbereiche schon aus Gründen der Einheit der Rechtsordnung miteinander in Einklang zu bringen. Das wiederum kann – vom Ergebnis ausgehend – nur gelingen, wenn das Recht aus der Marke bei Verwendung durch einen Dritten in einer zulässigen vergleichenden Werbung beschränkt wird.

b. Notwendigkeit der Beschränkung des Kennzeichenrechts – aber wie?

Folgefrage der soeben dargestellten rechtlichen Ausgangssituation ist, wie das Recht aus der Marke einzuschränken ist. Man mag dieser Frage angesichts des feststehenden Ergebnisses Züge eines wissenschaftlichen Glasperlenspiels zusprechen, ganz so theoretisch ist sie aber nicht. Schließlich ergibt sich bei dem möglichen Ergebnis, dass weder eine der bestehenden Schutzschranken eingreift noch der markengesetzliche Anspruch aus anderen Gründen nicht durchgreifen kann, die Frage, ob Gesetzesänderungen vorgenommen werden sollten.

Zur Erzielung des feststehenden Ergebnisses in Betracht kommt, eine konkludente Einwilligung des Kennzeicheninhabers in die Verwendung seines Kennzeichens in einer zulässigen vergleichenden Werbung – ähnlich der Konstruktion im erläuterten Urteil „*Vorschaubilder*“[1545] – anzunehmen. Man könnte argumentieren, jeder, der sich mit einem Kennzeichen auf den freien Markt und in den Wettbewerb begibt, muss damit rechnen und akzeptieren, dass andere dieses in zulässiger Weise in vergleichender Werbung verwenden. Er würde daher einer solchen Verwendung konkludent zustimmen.

Eine solche Auslegung des Verhaltens der Kennzeicheninhaber erscheint weit überzogen. So müssen für die Annahme einer konkludenten Einwilligung, die zu einem Eingriff in das Recht eines Rechtsinhabers führt und die einem Verzicht auf sein Verbietungsrecht gleichkommt[1546], strenge Voraussetzungen erfüllt sein; das bloße Tätigwerden im geschäftlichen Verkehr darf nicht ausreichen. Anders als im Fall „Vorschaubilder“ bestünde kein Anknüpfungspunkt an ein konkretes Verhalten. Im Fall „Vorschaubilder“ nämlich konnte die konkludente

---

WRP 2008, 1294, 1296; *Ohly*, Festschrift für Doepner, S. 51, 56; *Henn*, Markenschutz und UWG, S. 101.Von einer Spezialität geht *Sack* aus, z.B. WRP 2011, 288, 290; *ders.*, GRUR 2008, 201, 203. *Fezer* ist der Ansicht, bei Fällen der vergleichenden Werbung komme der WerbeRL innerhalb des Anwendungsbereichs der MarkenRL eine Begrenzungsfunktion zu (MarkenR, § 14 MarkenG Rn. 101). An anderer Stelle spricht *Fezer* davon, der Anwendungsbereich der MarkenRL werde vom EuGH rechtsmethodisch gleichsam im Wege der teleologischen Reduktion zugunsten einer zulässigen vergleichenden Werbung eingeschränkt (MarkenR, § 14 MarkenG Rn. 99).

1545 BGH GRUR 2010, 628 – *Vorschaubilder*; dazu 1. Kapitel, III.4.

1546 *Büscher*/Dittmer/Schiwy, GewRS, Teil 1, Kap. 3, § 14 Rn. 105.

Einwilligung immerhin an das Einstellen der Werke ins Internet ohne weitere Zusätze sowie die allgemeine Kenntnis von Suchmaschinen mit textgesteuerter Bildfunktion angeknüpft werden.

Weiterhin liefe die Annahme einer konkludenten Einwilligung den Interessen des Kennzeicheninhabers zuwider. Er hat naturgemäß ein Interesse daran zu entscheiden, ob und wie sein Kennzeichen im Verkehr erscheint. Die Ausübung seines Ausschließlichkeitsrechts unterliegt dabei gewissen Schranken, die er aus übergeordneten Wertungen heraus hinzunehmen hat. Eine konkludente Einwilligung in über die gesetzlichen Schranken hinausgehende, möglicherweise sehr weitgehende Beschränkungen seines Rechts kann angesichts der Interessenlage nicht angenommen werden. Das gilt umso mehr, als er auch in die „nur" ähnliche Verwendung seines Kennzeichens in einer vergleichenden Werbung einwilligen würde, die einer sicher nicht gewollten Verwässerung oder Schwächung seines Kennzeichens Vorschub leistet.

Möglicherweise werden die Fälle der zulässigen vergleichenden Werbung aber von den bestehenden markengesetzlichen Schutzschranken erfasst. Sie könnten sowohl unter § 23 MarkenG – Nr. 2 und Nr. 3 – als auch unter § 24 MarkenG fallen[1547]. Nach der hier vertretenen Ansicht kann jedoch keine der genannten Schutzschranken die zulässige vergleichende Werbung erfassen. Da Fälle der Markennennung[1548] keine beschreibenden Angaben i.S.v. § 23 Nr. 2 MarkenG sind, scheidet das Eingreifen von § 23 Nr. 2 MarkenG aus. § 23 Nr. 3 MarkenG scheidet aus, da die in der vergleichenden Werbung regelmäßig enthaltenen Äquivalenzangaben keine Bestimmungsangaben i.S.v. § 23 Nr. 3 MarkenG sind. § 24 MarkenG (genauer: die Erschöpfung des Ankündigungsrechts) schließlich scheidet aus, da der Werbende die Waren seines Konkurrenten selbst in der Regel nicht anbietet, so dass es sich jedenfalls nicht um einen typischen Fall der Erschöpfung handelt[1549].

Wenn also keine geschriebene markenrechtliche Schutzschranke eingreift, könnte ein Freistellungstatbestand unmittelbar in dem erwähnten Erwägungsgrund (15) der WerbeRL[1550] oder in Art. 4 WerbeRL[1551] gesehen werden. Damit würde

---

1547 In Rechtsprechung und Literatur wurde das Eingreifen all der genannten Schutzschranken bejaht, vgl. z.B. BGH GRUR 2004, 607, 612 – *Genealogie der Düfte*; von *Schultz/Stuckel*, MarkenR, § 23 MarkenG Rn. 38; *Kur*, GRUR Int. 2008, 1, 9; *Sack*, WRP 2004, 1405, 1418; *Kur*, MarkenR 2001, 137, 142.

1548 Darunter fallen im Übrigen neben den typischen Fällen identischer Verwendung auch die untypischen Fälle der ähnlichen Verwendung (*Ingerl/Rohnke*, MarkenG, § 14 Rn. 313).

1549 *Ohly*, Festschrift für Doepner, S. 51, 58; ähnlich MüKo-UWG/*Menke*, § 6 Rn. 29.

1550 So *Hacker*, GRUR Int. 2002, 502, 510; Ströbele/*Hacker*, MarkenG [8. Aufl.], § 2 Rn. 47. *Hacker* weist in der Fußnote 113 des GRUR Int.-Aufsatzes darauf hin, der Er-

man eine einseitige, partielle Spezialität der Regelungen zur vergleichenden Werbung für Fälle der zulässigen vergleichenden Werbung bejahen. Die WerbeRL würde wie eine spezifische außermarkenrechtliche Schrankenregelung wirken.

EuGH und BGH erörtern die Frage, wie die Rechte aus der Marke im Falle einer zulässigen und zu privilegierenden vergleichenden Werbung eingeschränkt werden sollen, nicht. Der EuGH beispielsweise stellte im Urteil „*O_2 und O_2 (UK)/H3G*", wie zitiert, lediglich das Ergebnis – die Privilegierung – fest. Nähere Ausführungen, wie das Markenrecht bei einer zulässigen vergleichenden Werbung einzuschränken ist, wären im Fall „*O_2 und O_2 (UK)/H3G*"[1552] allenfalls zu erwarten gewesen, wenn der EuGH in dem Fall erstens nicht angenommen hätte, dass der Begriff der Verwechslungsgefahr im Markenrecht und im Recht zur vergleichenden Werbung gleich auszulegen ist[1553] und der Fall zweitens so gelegen hätte, dass zwar eine markenrechtliche, nicht aber eine lauterkeitsrechtliche Verwechslungsgefahr bestanden hätte.

Meiner Einschätzung nach hätte der EuGH keine der bestehenden Schutzschranken aus Art. 6 und 7 MarkenRL herangezogen und hätte damit eine Schrankenlücke vorgefunden. Diese hätte er unter Hinweis auf Erwägungsgrund (15) bzw. Art. 4 der WerbeRL stillschweigend geschlossen und so eine neue, spezifische, außerkennzeichenrechtliche Schutzschranke, nämlich die der zulässigen vergleichenden Werbung, geschaffen[1554]. Angemerkt sei, dass die Regelungen und Wertungen zur vergleichenden Werbung bei bekannten Kennzeichen ohnehin zwanglos in den Verletzungstatbestand einfließen.

Dass Schutzschranken nicht geschrieben sein müssen, hat das Recht der Gleichnamigen gezeigt. Gleichwohl wäre die Einfügung einer neuen Schutzschranke in

---

wägungsgrund habe insoweit gegenüber der MarkenRL rechtsändernde Qualität. Die rechtsändernde Qualität von Erwägungsgründen sei aber auch schon anderweitig anerkannt worden, vgl. den 17. Erwägungsgrund der Verordnung (EG) Nr. 1610/96 des Europäischen Parlaments und des Rates vom 23.7.1996 über die Schaffung eines ergänzenden Schutzzertifikats für Pflanzenschutzmittel (ABl. L 198 vom 8.8.1996, S. 30).

1551 Davon geht *Ohly* aus (GRUR 2010, 166, 167).

1552 In dem Fall handelte es sich im Übrigen um einen untypischen Fall der vergleichenden Werbung. Vergleichende Werbung, die über die betriebliche Herkunft der verglichenen Produkte täuscht, ist nämlich ein „kariertes Maiglöckchen" (so *Ohly*, GRUR 2008, 701). Sie ist selten, weil es eigentlich Zweck eines Werbevergleichs ist, die beiden Produkte einander gegenüberzustellen und voneinander abzugrenzen.

1553 Dass diese Auslegung durch den EuGH bei genauerer Betrachtung nicht der bisherigen Rechtsprechung entspricht, legt *Steinbeck* dar (KSzW 2010, 223, 228).

1554 Anders als im Urheberrecht ist das möglich, da die Schutzschranken in der MarkenRL nicht abschließend sind.

die MarkenRL / das MarkenG wünschenswert, und sei es nur, um Rechtsklarheit und Rechtssicherheit zu schaffen.

2. Bezugnehmende Nennungen

Weitere Fälle, in denen ein als berechtigt anzusehendes Interesse Dritter an der Verwendung eines fremden Kennzeichens besteht, sind solche, in denen fremde Produkte mit deren Kennzeichen erwähnt werden, ohne vergleichende Werbung zu sein, ferner solche, die außerhalb von Werbemaßnahmen zu redaktionellen Zwecken in einem weit verstandenen Sinne bis hin zur Markenparodie verwendet werden. Diesen Fällen ist gemeinsam, dass in ihnen ein identisches oder ähnliches fremdes Kennzeichen zur Benennung des Originalprodukts des Kennzeicheninhabers verwendet wird. Das fremde Kennzeichen wird also nicht zur Bezeichnung eines eigenen Produkts, sondern offen als Kennzeichen des Kennzeicheninhabers und ausschließlich für dessen Produkte verwendet. Beispiele wären die Nennung in redaktioneller Berichterstattung, im Rahmen politischer oder unternehmenskritischer Auseinandersetzungen und geschäftlicher Veröffentlichungen außerhalb vergleichender Werbung sowie in Markenparodien (wenn nicht ein erheblicher Teil des Verkehrs annimmt, die Wiedergabe erfolge zur Bezeichnung von Produkten des eigenen Angebots des Nennenden).

Viele dieser Fälle erfüllen schon keinen Verletzungstatbestand, da es entweder am Tatbestandsmerkmal des geschäftlichen Verkehrs oder an der kennzeichenmäßigen Benutzung fehlt. Es wird aber Fälle geben – gedacht werden kann an den oben erläuterten Fall des Porsche-Fan-Magazins, in dem das Gericht die markenmäßige Benutzung allerdings hatte dahinstehen lassen, und an gewisse Fälle der Markenparodie[1555] – die einen Verletzungstatbestand erfüllen und die zumindest nach der hier vertretenen Auffassung nicht der Schutzschranke des § 23 MarkenG unterfallen. Auch hier besteht mithin eine „Schrankenlücke“.

Im britischen Trade Marke Act besteht, darauf sei rechtsvergleichend hingewiesen[1556], keine derartige Schrankenlücke. Referierende Benutzungen werden über

1555 Parodien, Satiren oder Persiflagen fremder Marken zum Zweck des eigenen Produktabsatzes fallen regelmäßig unter § 14 Abs. 2 Nr. 3 MarkenG, wo der Schutzschranke des § 23 MarkenG keine eigenständige Bedeutung zukommt. Oft wird sich aber auch ein markenmäßiger Gebrauch im Sinne einer herkunftskennzeichnenden Verwendung bejahen lasen, so dass auch § 14 Abs. 2 Nr. 1 oder Nr. 2 MarkenG erfüllt sind (Ströbele/*Hacker*, MarkenG, § 14 Rn. 156). Zur Markenparodie umfassend *Schneider*, Die Markenparodie, 2010.

1556 Vgl. *Ohly*, Festschrift für Loschelder, S. 265, 277.

Section 10 (6) Trade Marks Act 1994 von Ansprüchen des Markeninhabers freigestellt. Section 10 (6) Trade Marks Act 1994 lautet:

> „Nothing in the preceding provisions of this section shall be construed as preventing the use of a registered trade mark by any person for the purpose of identifying goods or services as those of the proprietor or licensee.
>
> By any such use otherwise than in accordance with honest practices in industrial or commercial matters shall be treated as infringing the registered trade mark if the use without due cause takes unfair advantage of, or is detrimental to, the distinctive character or repute of the trade mark."[1557]

III. Vorschläge

Die beiden soeben aufgezeigten Schrankenlücken könnten geschlossen werden durch die Einfügung einer Nr. 4 in dem dann ersten Absatz und die Anfügung eines weiteren Absatzes (Abs. 3). Ferner könnte der einleitend angesprochene Beispielskatalog von unlauterkeitsbegründenden Umständen eingefügt werden (Abs. 2).

1. § 23 Abs. 1 Nr. 4 MarkenG

§ 23 Abs. 1 Nr. 4 MarkenG, der Fälle der rein bezugnehmenden (referierenden) Nutzung erfassen sollte, könnte lauten:

> „Der Inhaber einer Marke oder einer geschäftlichen Bezeichnung hat nicht das Recht, einem Dritten zu untersagen, im geschäftlichen Verkehr
>
> [...]
>
> 4. die Marke oder die geschäftliche Bezeichnung bezugnehmend zu benutzen, insbesondere zu Zwecken der Berichterstattung oder der kritischen Auseinandersetzung,
>
> sofern die Benutzung nicht gegen die guten Sitten verstößt."

1557 Gesetzestext abrufbar auf der Homepage des britischen „Intellectual Property Office" http://www.ipo.gov.uk [Stand: 26.9.2011].

Die Gesetzesbegründung könnte folgendermaßen aussehen:

Die Schutzschranke des § 23 Abs. 1 Nr. 4 MarkenG soll es Dritten ermöglichen, ein fremdes Kennzeichen zu verwenden, sofern die Verwendung bezugnehmend, das heißt offen als Kennzeichen eines fremden Dritten für dessen Waren/Dienstleistungen, erfolgt. Bezugnehmend ist sie insbesondere dann, wenn die Verwendung im Rahmen redaktioneller Berichterstattung oder kritischer Auseinandersetzung erfolgt.

Die Verwendung des fremden Kennzeichens unterliegt dem Vorbehalt, dass die Verwendung nicht gegen die guten Sitten verstößt. Der Dritte hat danach alles zu unterlassen, was den berechtigten Interessen des Kennzeicheninhabers in unlauterer Weise zuwiderläuft.

2. § 23 Abs. 2 MarkenG

§ 23 Abs. 2 MarkenG sollte den einleitend erwähnten Beispielskatalog unlauterkeitsbegründender Umstände enthalten. Er könnte lauten:

> „Eine Benutzung gemäß Abs. 1 Nr. 1 bis 4 verstößt insbesondere dann gegen die guten Sitten, wenn
>
> 1. die Benutzung in einer Weise erfolgt, die den unzutreffenden Eindruck erweckt, die Ware oder Dienstleistung stamme von dem Kennzeicheninhaber oder es bestehe eine Handelsbeziehung zu ihm,
> 2. die Benutzung den Wert des Kennzeichens dadurch beeinträchtigt, dass sie deren Unterscheidungskraft oder deren Wertschätzung in unlauterer Weise ausnutzt,
> 3. das Kennzeichen herabgesetzt oder schlechtgemacht wird,
> 4. der Dritte sein Produkt als Imitation oder Nachahmung des Originalprodukts des Kennzeicheninhabers darstellt."

Die Gesetzesbegründung könnte folgendermaßen aussehen:

§ 23 Abs. 2 MarkenG dient der Rechtsklarheit. Er zählt beispielhaft unlauterkeitsbegründende Umstände auf, die im Wesentlichen auf die Rechtsprechung des EuGH zurückzuführen sind (vgl. Urteil des EuGH vom 17.3.2005, C 228/03 – *Gillette*); er ist damit kodifiziertes Richterrecht. Die genannten unlauterkeitsbegründenden Umstände sind nicht für alle Tatbestände des Abs. 1 von jeweils gleicher Bedeutung.

3. § 23 Abs. 3 MarkenG

§ 23 Abs. 3 MarkenG, der die Fälle der zulässigen vergleichenden Werbung erfassen soll, könnte lauten:

> „Der Inhaber einer Marke oder geschäftlichen Bezeichnung hat nicht das Recht, einem Dritten zu untersagen, im geschäftlichen Verkehr die Marke oder die geschäftliche Bezeichnung in einer vergleichenden Werbung zu benutzen, die nach den wettbewerbsrechtlichen Regelungen zulässig ist."

Die Gesetzesbegründung könnte folgendermaßen aussehen:

§ 23 Abs. 3 MarkenG soll die Fälle, in denen im Rahmen einer zulässigen vergleichenden Werbung ein fremdes Kennzeichen verwendet wird, von Ansprüchen des Kennzeicheninhabers freistellen. Dadurch werden einerseits die kennzeichenrechtlichen und andererseits die lauterkeitsrechtlichen Regelungen zur vergleichenden Werbung im Sinne des Erwägungsgrunds (15) der WerbeRL (RL 2006/114/EG des Europäischen Parlaments und des Rates vom 12.12.2006 über irreführende und vergleichende Werbung, ABl. Nr. L 376, S. 21) und die Rechtsprechung des EuGH (grdl. Urteil des EuGH vom 12.6.2008, C-533/06 – *O_2 und O_2 (UK)/H3G*) miteinander in Einklang gebracht.

Bei dem Verweis auf die wettbewerbsrechtlichen Regelungen handelt es sich um eine dynamische Verweisung auf die Regelungen zur vergleichenden Werbung im UWG. Verfassungsrechtliche Bedenken, die gegen die Regelungstechnik der dynamischen Verweisung teilweise geltend gemacht werden (beispielsweise im Hinblick auf das Bestimmtheitsgebot, Art. 20 Abs. 3 GG, und das Demokratieprinzip) greifen nicht durch: MarkenG und UWG werden beide vom Bundesgesetzgeber erlassen und beruhen beide regelmäßig auf (jeweils abschließenden) europäischen Richtlinienvorgaben. Die Umsetzungspflicht und das Gebot der richtlinienkonformen Auslegung sichern den jeweils aktuellen Stand des UWG ab.

§ 23 Abs. 3 MarkenG enthält ausdrücklich nicht das Erfordernis einer Notwendigkeit der Kennzeichenverwendung wie § 23 (Abs. 1 n.F.) Nr. 3 MarkenG. Bislang ungeklärt ist, ob die lauterkeitsrechtliche Zulässigkeit einer vergleichenden Werbung voraussetzt, dass die Benutzung des identischen oder ähnlichen fremden Kennzeichens unerlässlich ist. Für das Erfordernis der Unerlässlichkeit könnte der Erwägungsgrund (14) der WerbeRL sprechen, in dem es heißt, es könne „für eine wirksame vergleichende Werbung unerlässlich sein, [...]". Verlangt der EuGH in der Zukunft eine Unerlässlichkeit der Kennzeichenverwendung im Rahmen einer vergleichenden Werbung, bedarf es des Merkmals der Notwendigkeit in § 23 Abs. 3 MarkenG nicht. Denn bei fehlender Unerlässlichkeit wäre die vergleichende Werbung unzulässig. Hält der EuGH in der Zukunft eine Unerlässlichkeit für entbehrlich und enthielte § 23 Abs. 3 MarkenG das Tatbestandsmerkmal der Notwendigkeit, würde das im Ergebnis dazu führen, dass der zulässig vergleichend Werbende zusätzlichen kennzeichenrechtlichen Beschränkungen unterliegt. Das liefe dem Sinn und Zweck des § 23 Abs. 3 MarkenG, die beiden Regelungsbereiche miteinander in Einklang zu bringen, zuwider.

12. Kapitel:

Zusammenfassung wesentlicher Ergebnisse / Thesen

1. Der direkte, unmittelbare Anwendungsbereich des § 23 MarkenG liegt im Verletzungsverfahren. Darüber hinaus findet § 23 MarkenG im Widerspruchs-, im Löschungs- und im Löschungsklageverfahren Berücksichtigung.

2. Die weite Auslegung des Namensbegriffs in Art. 6 Abs. 1 lit. a) MarkenRL durch den EuGH ab dem Urteil *„Anheuser-Busch/Budvar“* ist nicht sachgerecht. Solange der europäische Richtliniengeber aber im Zuge der geplanten Änderungen des europäischen Markensystems den Wortlaut der Richtlinie nicht ändert, ist mit einer Änderung der (europäischen und deutschen) Rechtsprechung nicht zu rechnen.

3. Das in der Rechtsprechung entwickelte Recht der Gleichnamigen kann bei § 23 Nr. 1 MarkenG gesetzlich verankert werden.

4. Das Recht der Gleichnamigen kann sowohl den markenmäßigen Gebrauch des Namens als auch dessen Eintragung als Marke rechtfertigen, letzteres unter der Voraussetzung, dass der Prioritätsjüngere ein schutzwürdiges Interesse hat, er die Marke mit einem unterscheidungskräftigen Zusatz bildet und er gegenüber dem Prioritätsälteren mit Anmeldung der Marke ein uneingeschränktes, bedingungsloses, unwiderrufliches und ausreichend strafbewehrtes Angebot abgibt. Der Inhalt dieses Angebot richtet sich nach dem jeweiligen Einzelfall, sollte aber unter anderem die Verpflichtung enthalten, die Marke nicht zu übertragen und zu lizenzieren.

5. Bei Bestehen einer kennzeichenrechtlichen Gleichgewichtslage kann der markenmäßige Gebrauch des Unternehmenskennzeichens gerechtfertigt sein. Hinsichtlich der Eintragung des Kennzeichens als Marke ist danach zu differenzieren, ob bei Entstehung der kennzeichenrechtlichen Gleichgewichtslage bereits markenrechtliche Positionen bestanden und welches der beiden Unternehmen (weitere oder erste) Markeneintragungen vornehmen will. In jedem Fall muss ein schutzwürdiges Interesse bestehen, die Marke mit einem unterscheidungskräftigen Zusatz gebildet werden und der Anmelder dem anderen gegenüber ein uneingeschränktes, bedingungsloses, unwiderrufliches und ausreichend strafbewehrtes Angebot abgeben.

6. § 23 Nr. 2 MarkenG erfasst lediglich „originär beschreibende“ Angaben, nicht die Fälle der sogenannten Markennennung.

7. Die Rechtsprechung des BGH zu Fällen, in denen bisher durch Monopolstrukturen gekennzeichnete Märkte eine Rolle spielen („POST-Fälle"), ist kritisch zu betrachten. Der BGH hätte einen dieser Fälle dem EuGH vorlegen müssen.

8. § 23 Nr. 2 und Nr. 3 MarkenG haben jeweils eine eigenständige Bedeutung.

9. § 23 Nr. 3 MarkenG hat zwei Funktionen: Primär dient er dazu, Wettbewerb auf Sekundärmärkten zu ermöglichen, indem er Drittanbietern die Möglichkeit eröffnet, ihre Waren/Dienstleistungen am Markt abzusetzen. Sekundär dient er dazu, das Informationsinteresse der Marktgegenseite zu befriedigen.

10. Das Tatbestandsmerkmal der Notwendigkeit in § 23 Nr. 3 MarkenG umfasst nur das „Ob" der Kennzeichenverwendung durch den Dritten. Die Frage des „Wie" der Kennzeichenverwendung ist im Rahmen des Unlauterkeitsvorbehalts zu prüfen.

11. Die Verwendung einer fremden (Wort-/)Bildmarke im Zusammenhang mit einer notwendigen Bestimmungsangabe wirkt nicht per se unlauterkeitsbegründend. In den meisten Fällen wird der Dritte aber auf die Verwendung einer Wortmarke beschränkt werden können.

12. Die sogenannte Vorrangthese ist für die Konfliktzone „Irreführende Produktvermarktung" aufzugeben.

13. Wird neben dem kennzeichenrechtlichen Verletzungsanspruch ein Anspruch aus § 5 Abs. 2 UWG geltend gemacht, sind die Wertungen des § 23 MarkenG in der im Rahmen des § 5 Abs. 2 UWG vorzunehmenden Interessenabwägung zu berücksichtigen. Das Ergebnis der Interessenabwägung wird maßgeblich davon beeinflusst, ob der Kennzeicheninhaber selbst oder ein anderer der nach § 8 Abs. 3 UWG Berechtigten den Anspruch aus § 5 Abs. 2 UWG geltend macht.

14. Der Begriff der markenmäßigen Benutzung sollte weit ausgelegt werden. Um die Balance zwischen den Interessen des Markeninhabers und Dritten herzustellen, muss den Schutzschranken eine größere Bedeutung zukommen.

15. § 23 MarkenG sollte erweitert werden: § 23 Abs. 1 Nr. 4 MarkenG n.F. sollte Fälle der rein bezugnehmenden Benutzung von Ansprüchen des Kennzeicheninhabers freistellen, soweit die Benutzung nicht gegen die guten Sitten verstößt. § 23 Abs. 2 MarkenG n.F. sollte einen Beispielskatalog unlauterkeitsbegründender Umstände enthalten. § 23 Abs. 3 MarkenG n.F. sollte Fälle der zuläs-

sigen vergleichenden Werbung von Ansprüchen des Kennzeicheninhabers freistellen.

Literaturverzeichnis

Abrar, Sascha: Anmerkung zu BGH, Urteil vom 13.1.2011, Az.: I ZR 125/07 – Bananabay II, GRUR-Prax 2011, 320609 / S. 349

Ahrens, Hans-Jürgen: Brauchen wir einen Allgemeinen Teil der Rechte des Geistigen Eigentums, GRUR 2006, S. 617-624

Albrecht, Friedrich: Deutscher Richter- und Staatsanwaltstag 2003 Dresden, Workshop 7 – Markenrecht, MarkenR 2003, S. 449

Alexander, Christian: Markenschutz und berechtigte Informationsinteressen bei Werbevergleichen, GRUR 2010, S. 482-487

Baiocchi, Enzo / Brasfalean, Delia / Chronopoulos, Apostolos u.a.: Zukunft des Europäischen Markenrechts, Bericht über eine Tagung des Max-Planck-Instituts für Geistiges Eigentum, Wettbewerbs- und Steuerrecht vom 4. bis 6. Oktober 2007 in Berlin, GRUR Int. 2008, S. 122-131

Bär-Bouyssiere, Bertold: „Altenburger Spielkarten" – Deutsch-deutscher Firmenschutz, DtZ 1996, S. 69-71

Bärenfänger, Jan: Das Spannungsfeld von Lauterkeitsrecht und Markenrecht unter dem neuen UWG, Baden-Baden 2010

ders.: Symbiotische Theorie zum Kennzeichen- und Lauterkeitsrecht, WRP 2010, S. 16-28 (Teil 1) und S. 160-174 (Teil 2)

Baumbach, Adolf / Hefermehl, Wolfgang: Wettbewerbsrecht, Gesetz gegen den unlauteren Wettbewerb, Zugabeverordnung, Rabattgesetz und Nebengesetze, 17. Aufl., München, 1993 (zit.: Baumbach/Hefermehl, Wettbewerbsrecht [17. Aufl.])

dies.: Wettbewerbsrecht, Gesetz gegen den unlauteren Wettbewerb, Zugabeverordnung, Rabattgesetz und Nebengesetze, 22. Aufl., München 2001 (zit.: Baumbach/Hefermehl, Wettbewerbsrecht [22. Aufl.])

dies.: Warenzeichenrecht und Internationales Wettbewerbs- und Zeichenrecht, 12. Aufl., München 1985 (zit.: Baumbach/Hefermehl, WZG)

Bechtold, Rainer: Anmerkung zu BGH, Urteil vom 7.12.2010, Az.: KZR 71/08 – Jette Joop, GWR 2011, 317440 / S. 219

Becker, Maximilian: Positive und negative Zeichenberechtigung im Internet, WRP 2010, S. 467-474

Beier, Friedrich-Karl: Ziele und Leitgedanken des europäischen Markenrechts, GRUR Int. 1976, S. 363-375

ders.: Anmerkung zu BGH GRUR 1966, 623 – Kupferberg, GRUR 1966, S. 627-629

Beier, Friedrich-Karl / Krieger, Ulrich: Schutz des Handelsnamens (41 B), Bericht erstattet im Namen der Deutschen Landesgruppe, GRUR Int. 1969, S. 103-106

Benkard, Georg: Patentgesetz / Gebrauchsmustergesetz, 10. Aufl., München 2006

Bergmann, Alfred: Anmerkung zu EuGH, Urteil vom 10.4.2008 , Rs. C-102/07 – adidas/Marca Mode, jurisPR-WettbR 1/2009, Anm. 1

Berlit, Wolfgang: Der irreführende Werbevergleich, WRP 2010, S. 1105-1109

ders.: Anmerkung zu BGH, Urteil vom 31.3.2010, Az.: I ZR 174/07 – Peek & Cloppenburg I, GRUR-Prax 2010, 304228 / S. 264

ders.: Anmerkung zu BGH, Urteil vom 30.4.2009, Az.: I ZR 42/07 – DAX, LMK 2009, 293608

Bettinger, Torsten: Handbuch des Domainrechts, Nationale und internationale Schutzsysteme, Köln 2008

Blankenburg, Daniel: Die Markennennung, Frankfurt 2009

ders.: Neues zur vergleichenden Werbung, zur Verwechslungsgefahr und zur markenmäßigen Benutzung? WRP 2008, S. 1294-1299

Bodenhausen, G. H. C.: Der EWG-Vertrag und der gewerbliche Rechtsschutz, GRUR Int. 1958, S. 218-224

Borck, Hans-Günther: Die Interessenabwägung bei Irreführender Werbung, WRP 1985, S. 63-68

Born, Christian: Zur Zulässigkeit einer humorvollen Markenparodie – Anmerkung zum Urteil des BGH „Lila Postkarte", GRUR 2006, S. 192-194

Bornkamm, Joachim: Der lauterkeitsrechtliche Schutz vor Verwechslungen: Ein Kuckucksei im Nest des UWG?, in: Festschrift für Michael Loschelder, hrsg. von Erdmann, Willi / Leistner, Matthias / Rüffer, Wilfried / Schulte-Beckhausen, Thomas, Köln 2010, S. 31-46

ders.: Konfliktzonen zwischen Kennzeichen- und Wettbewerbsrecht, in: Geistiges Eigentum und Gemeinfreiheit, hrsg. von Ohly, Ansgar / Klippel, Diethelm, Tübingen 2007, S. 181-198

ders.: Kennzeichenrecht und Irreführungsverbot – Zur wettbewerbsrechtlichen Beurteilung der irreführenden Kennzeichenbenutzung –, in: Festschrift für Alexander von Mühlendahl, hrsg. von von Bomhard, Verena / Pagenberg, Jochen / Schennen, Detlef, Köln 2005, S. 9-21

ders.: Die Schnittstellen zwischen gewerblichem Rechtsschutz und UWG, GRUR 2011, S. 1-8

ders.: Markenrecht und wettbewerbsrechtlicher Kennzeichenschutz – Zur Vorrangthese der Rechtsprechung, GRUR 2005, S. 97-102

Bottenschein, Florian: Markenrecht versus notwendige Bestimmungshinweise, GRUR 2006, S. 462-466

Bröcher, Julia: Domain-Names und das Prioritätsprinzip im Kennzeichenrecht – Nochmals shell.de & Co., Arbeitsbericht Nr. 7 des Forschungsprojekts „Internetökonomie und Hybridität“ an der Universität Münster, 2005
dies.: Domainnamen und das Prioritätsprinzip im Kennzeichenrecht, MMR 2005, S. 203-207
Buchner, Benedikt: Generische Domains, GRUR 2006, S. 984-989
Büscher, Wolfgang: Bekannte Zeichen – Kennzeichnungskraft und Schutzumfang, in: Festschrift für Eike Ullmann, hrsg. von Ahrens, Hans-Jürgen / Bornkamm, Joachim / Kunz-Hallstein, Hans Peter, Saarbrücken 2006, S. 129-156
ders.: Schnittstellen zwischen Markenrecht und Wettbewerbsrecht, GRUR 2009, S. 230-236
ders.: Koexistenz von Marken und Handelsnamen, MarkenR 2007, S. 453-457
Büscher, Wolfgang / Dittmer, Stefan / Schiwy, Peter: Gewerblicher Rechtsschutz, Urheberrecht, Medienrecht (Kommentar), 2. Aufl., Köln 2011 (zit.: Büscher/Dittmer/Schiwy/Bearb., GewRS)
dies.: Gewerblicher Rechtsschutz, Urheberrecht, Medienrecht (Kommentar), 1. Aufl., Köln 2008 (zit.: Büscher/Dittmer/Schiwy/Bearb., GewRS [1. Aufl.])
Buhrow, Astrid: Markenmäßiger Gebrauch im Spannungsfeld von horizontaler und vertikaler Benutzung – Eine Analyse der Rechtsprechung des Europäischen Gerichtshofs, Frankfurt 2005
Bullinger, Winfried / Garbers-von Boehm, Katharina: Google Bildersuche – Schlichte Einwilligung des Urhebers als Lösung?, GRUR-Prax 2010, 304738 / S. 257
Busche, Jan / Stoll, Tobias: TRIPs – Internationales und europäisches Recht des geistigen Eigentums, Köln 2007
Busse, Rudolf / Starck, Joachim: Warenzeichengesetz, 6. Aufl., Berlin 1990
Bußmann Kurt: Die Bedeutung des warenzeichenmäßigen Gebrauchs, GRUR 1971, S. 392-397

Czychowski, Christian: Anmerkung zu BGH, Urteil vom 29.4.2010, Az.: I ZR 69/08 – Vorschaubilder, GRUR-Prax 2010, 304081 / S. 251

Danger, Torben: Die rechtsverletzende Benutzungshandlung im Markenrecht – Abschied von der Herkunftsbezogenheit, Köln 2007
Deutsch, Volker: Abgrenzungsfragen bei Marken- und Werktitelschutz, MarkenR 2006, S. 185-191
ders.: Anspruchskonkurrenzen im Marken- und Kennzeichenrecht, WRP 2000, S. 854-858

Diekmann, Rolf: Anmerkung zu BGH, Urteil vom 14.4.2011, Az.: I ZR 41/08 – Peek & Cloppenburg II, GRUR-Prax 2011, 318815 / S. 267

Dorndorf, Maximilian: Schutz vor Herkunftstäuschung und Rufausbeutung, Köln 2005

Douglas, Morton: Anmerkung zu BGH, Urteil vom 7.12.2010, Az.: KZR 71/08 – Jette Joop, GRUR-Prax 2011, 317449 / S. 204

Dreier, Thomas / Schulze, Gernot: Urheberrechtsgesetz, Urheberrechtswahrnehmungsgesetz, Kunsturhebergesetz, 3. Aufl., München 2008

Drexl, Josef: Die gemeinschaftsrechtliche Pflicht zur einheitlichen richtlinienkonformen Auslegung hybrider Rechtsnormen und deren Grenzen, in: Festschrift für Andreas Heldrich, hrsg. von Lorenz, Stephan / Trunk, Alexander / Eidenmüller, Horst u.a., München 2005, S. 67-86

Drexl, Josef / Hilty, Reto / Kur, Annette: Designschutz für Ersatzteile – Der Kommissionsvorschlag zur Einführung einer Reparaturklausel, GRUR Int. 2005, S. 449-457

Droste, H.: Anmerkung zu BGH GRUR 1968, 212 – Hellige, GRUR 1968, S. 214

Egerer, Ralph: Die markenrechtliche Zulässigkeit beschreibender Angaben im geschäftlichen Verkehr, Frankfurt 2001

Eichelberger, Jan: Opel-Blitz II – Abschied vom Erfordernis der markenmäßigen Benutzung?, MarkenR 2010, S. 474-477

Eichhammer, Stefan: Die markenmäßige Benutzung, Tübingen 2008

Eichmann, Helmut / Falckenstein, Roland Vogel von: Geschmacksmustergesetz, 4. Aufl., München 2010

Eichmann, Helmut: Der Schutz von bekannten Kennzeichen, GRUR 1998, S. 201-214

Eidenmüller, Horst: Effizienz als Rechtsprinzip, 3. Aufl., Tübingen 2005

Eisenführ, Günther / Schennen, Detlef: Gemeinschaftsmarkenverordnung, 3. Aufl., Köln 2010

Ekey, Friedrich L. / Klippel, Diethelm / Bender, Achim: Markenrecht, Bd. 1, Markengesetz und Markenrecht ausgewählter ausländischer Staaten (Heidelberger Kommentar), 2. Aufl., Heidelberg 2009 (zit.: HK-MarkenR/Bearb.)

Emmerich, Volker: Unlauterer Wettbewerb, 8. Aufl., München 2009 (zit.: Emmerich, Unlauterer Wettbewerb)

ders.: Unlauterer Wettbewerb, 6. Aufl., München 2002 (zit.: Emmerich, Unlauterer Wettbewerb [6. Aufl.])

Engels, Gabriele: Keyword Advertising – Zwischen beschreibender, unsichtbarer und missbräuchlicher Verwendung, Anmerkungen zu BGH, Urt. v. 22.1.2009 – I ZR 139/07 – pcb, MarkenR 2009, S. 289-296

Engisch, Karl: Einführung in das juristische Denken, 11. Aufl., Stuttgart 2010

Fähndrich, Martin / Tilmann, Winfried: Patentnutzende Bereitstellungshandlungen bei Versuchen, GRUR 2001, S. 901-905

Falck, Kurt von: Anmerkung zu BGH GRUR 1966, 499 – Merck, GRUR 1966, S. 501-502

ders.: Anmerkung zu BGH GRUR 1960, 126 – Sternbild, GRUR 1960, S. 129-130

Fammler, Michael / Niebel, Rembert: Anmerkung zu BGH GRUR 2011, 641 – Jette Joop, GRUR 2011, S. 646-647

Fezer, Karl-Heinz: Der Benutzungszwang im Markenrecht, Berlin 1974

ders.: Markenrecht, Kommentar zum Markengesetz, zur Pariser Verbandsübereinkunft und zum Madrider Markenabkommen, 4. Aufl., München 2009 (zit.: Fezer, MarkenR)

ders.: Markenrecht, Kommentar zum Markengesetz, zur Pariser Verbandsübereinkunft und zum Madrider Markenabkommen, 3. Aufl., München 2001 (zit.: Fezer, MarkenR [3. Aufl.])

ders.: Markenrecht, Kommentar zum Markengesetz, zur Pariser Verbandsübereinkunft und zum Madrider Markenabkommen, 2. Aufl., München 1999 (zit.: Fezer, MarkenR [2. Aufl.])

ders.: Markenrecht, Kommentar zum Markengesetz, zur Pariser Verbandsübereinkunft und zum Madrider Markenabkommen, 1. Aufl., München 1997 (zit.: Fezer, MarkenR [1. Aufl.])

ders.: Lauterkeitsrecht, Kommentar zum Gesetz gegen den unlauteren Wettbewerb (UWG), Band 1: §§ 1-4 UWG, 2. Aufl., München 2010; Band 2: §§ 5-20 UWG, 2. Aufl., München 2010 (zit.: Fezer/Bearb., UWG)

ders: Das Markenformat – Markenarchitektur und Markendesign der Registermarke im Eintragungsverfahren und im Verletzungsverfahren, in: Festschrift für Michael Loschelder, hrsg. von Erdmann, Willi / Leistner, Matthias / Rüffer, Wilfried / Schulte-Beckhausen, Thomas, Köln 2010, S. 75-85

ders.: Kennzeichenschutz im Handel – Handelsname, Handelsdienstleistungsmarke und Handelswarenmarke, in: Festschrift für Eike Ullmann, hrsg. von Ahrens, Hans-Jürgen / Bornkamm, Joachim / Kunz-Hallstein, Hans Peter, Saarbrücken 2006, S. 187-206

ders.: Immaterialgüterrechtsschutz der Marke im Verletzungsverfahren, WRP 2011, S. 387-393

ders.: Kumulative Normenkonkurrenz zwischen Markenrecht und Lauterkeitsrecht – Schutzzweckkompatibilität zwischen Immaterialgüterrecht als Funktionseigentum und Wettbewerbsrecht, GRUR 2010, S. 953-962

ders.: Eine Replik: Die Auslegung der UGP-RL vom UWG aus?, WRP 2010, S. 677-686 *ders.:* Markenschutzfähigkeit der Kommunikationszeichen (§§ 3 und 8 MarkenG) und Kommunikationsschutz der Marken (§§ 14 und 23 MarkenG) – Die funktionale Kennzeichenrechtstheorie als Perspektive des „L'Oréal"-Urteils des EuGH, WRP 2010, S. 165-181

ders.: Die Marke als Immaterialgut – Funktionsschutz, kommerzielle Kommunikation und Markttransparenz, MarkenR 2010, S. 453-461

ders.: Imitationsmarketing als irreführende Produktvermarktung, GRUR 2009, S. 451-459

ders.: Der Dualismus der Lauterkeitsrechtsordnungen des b2c-Geschäftsverkehrs und des b2b-Geschäftsverkehrs im UWG, WRP 2009, S. 1163-1175

ders.: Normenkonkurrenz zwischen Kennzeichenrecht und Lauterkeitsrecht, WRP 2008, S. 1-9

ders.: Plädoyer für eine offensive Umsetzung der Richtlinie über unlautere Geschäftspraktiken in das deutsche UWG, WRP 2006, S. 781-790

ders.: Der Monopoleinwand im Markenrecht – Der Erwerb von Verkehrsdurchsetzung oder Verkehrsgeltung an einem Zeichen als Marke durch ein Monopolunternehmen, WRP 2005, S. 1-20

ders.: Entwicklungslinien und Prinzipien des Markenrechts in Europa – Auf dem Weg zur Marke als einem immaterialgüterrechtlichen Kommunikationszeichen, GRUR 2003, S. 457-469

ders.: Kumulative Normenkonkurrenz im Kennzeichenrecht – Ein Beitrag zur autonomen Anwendung des MarkenG, des UWG und des BGB nach § 2 MarkenG, WRP 2000, S. 863-872

ders.: Kritik der restriktiven Eintragungspraxis des DPMA und der sie billigenden Rechtsprechung des BPatG zu Werbewörtern und Werbeslogans, GRUR 1999, S. 859-862

ders.: Rechtsverletzende Benutzung einer Marke als Handeln im geschäftlichen Verkehr – Abschied von der markenmäßigen Benutzung im MarkenG –, GRUR 1996, S. 566-571

ders.: Anwendungsbereich des § 23 MarkenG, WRP 1996, S. 973-977

ders.: Anmerkung zu BGH, Urteil vom 28.1.1977, Az.: I ZR 109/75 – Gebäudefassade, GRUR 1977, S. 616-619

Förster, Achim: Fair Use – Ein Systemvergleich der Schrankengeneralklausel des US-amerikanischen Copyright Act mit dem Schrankenkatalog des deutschen Urheberrechtsgesetzes, Tübingen 2008

Gaedertz, Johann-Christoph: Anmerkung zu BGH, Urteil vom 29.6.1995, Az.: I ZR 24/93 – Altenburger Spielkartenfabrik, GRUR 1996, S. 897-899

Gärtner, Anette / Crützen, Christoph J.: Die Warenformmarke als Produktschutz, MarkenR 2011, S. 288-292

Gamm, Otto-Friedrich Freiherr von: Warenzeichengesetz, München 1965
ders.: Wettbewerbsrecht, Zweiter Halbband, 5. Aufl., Köln 1987
ders.: Schwerpunkte des neuen Markenrechts – Referat anlässlich der GRUR-Jahrestagung vom 3.6.1994, GRUR 1994, S. 775-781
ders.: Zur Warenzeichenrechtsreform, WRP 1993, S. 793-798
ders.: Das Erfordernis der kennzeichenmäßigen Benutzung, GRUR 1974, S. 539-542
Geiger, Christophe: Der urheberrechtliche Interessenausgleich in der Informationsgesellschaft – Zur Rechtsnatur der Beschränkungen des Urheberrechts, GRUR Int. 2004, S. 815-821
Glöckner, Jochen: Der Schutz von Verwechslungsgefahr im Spannungsfeld von Kennzeichenrecht und verbraucherschützendem Lauterkeitsrecht, in: Geistiges Eigentum und Gemeinfreiheit, hrsg. von Ohly, Ansgar / Klippel, Diethlem, Tübingen 2007, S. 145-180
ders.: Der gegenständliche Anwendungsbereich des Lauterkeitsrechts nach der UWG-Novelle 2008 – ein Paradigmenwechsel mit Folgen, WRP 2009, S. 1175-1188
Gloy, Wolfgang / Loschelder, Michael / Erdmann, Willi: Handbuch des Wettbewerbsrechts, hrsg. von Loschelder, Michael / Erdmann, Willi, 4. Aufl., München 2010 (zit.: Gloy/Loschelder/Erdmann/Bearb., Hdb. WettbR)
Gloy, Wolfgang / Loschelder, Michael (Hrsg.)*:* Handbuch des Wettbewerbsrechts, 3. Aufl., München 2005 (zit.: Gloy/Loschelder/Bearb., Hdb. WettbR [3. Aufl.])
Gloy, Wolfgang (Hrsg.)*:* Handbuch des Wettbewerbsrechts, 1. Aufl., München 1986 (zit.: Gloy/Bearb., Hdb. WettbR [1. Aufl.])
Goldmann, Michael: Der Schutz des Unternehmenskennzeichens, 2. Aufl., Köln 2005
ders.: Anmerkung zu BGH, Urteil vom 7.7.2011, Az.: I ZR 207/08 – Gartencenter Pötschke, GRUR-Prax 2011, 321505 / S. 373
Goldmann, Michael / Rau, Albrecht: Anmerkung zu BGH, Beschluss vom 5.2.1998, Az.: I ZB 25/95 – CHANGE, GRUR 1998, S. 1013-1014
Götting, Horst-Peter: Gewerblicher Rechtsschutz, 9. Aufl., München 2010
ders.: Anmerkung zu BGH, Urteil vom 29.4.2010, Az.: I ZR 69/08 – Vorschaubilder, LMK 2010, 309481
ders.: Der Begriff des Geistigen Eigentums, GRUR 2006, S. 353-358
Grabitz, Eberhard / Hilf, Meinhard / Nettesheim, Martin: Das Recht der Europäischen Union, Bd. I: EUV / AEUV, Loseblattkommentar (44. Ergänzungslieferung, Stand: Mai 2011), München
Groeben, Hans von der: Rechtsangleichung auf dem Gebiet des gewerblichen Rechtsschutzes im Rahmen der Europäischen Wirtschaftsgemeinschaft, GRUR Int. 1959, S. 629-632

Großkommentar zum UWG, hrsg. von Jacobs, Rainer / Lindacher, Walter F. / Teplitzky, Otto, Zweiter Band, 1991 (zit.: GK-Bearb.)

Hackbarth, Ralf: Erste Anmerkungen zu „Bananabay II“ – Gelöste Probleme und offene Fragen, WRP 2011, S. 1124-1128

ders.: „Branchenübergreifende Gleichnamigkeit“ bei Domainstreitigkeiten vor dem Hintergrund der „mho.de“-Entscheidung des BGH, WRP 2006, S. 519-525

ders.: Grenzen des Markenschutzes, Frankfurter Allgemeine Zeitung vom 18.5.2011 („Recht und Steuern“)

Hacker, Franz: Markenrecht, 2. Aufl., Köln 2011

ders.: Die Änderungen des Markengesetzes durch das Patentrechtsmodernisierungsgesetz, GRUR 2010, S. 99-102

ders.: Funktionenlehre und Benutzungsbegriff nach „L'Oréal“ – Anmerkungen zu EuGH, Urt. v. 18.6.2009, C-487/07 – L'Oréal, MarkenR 2009, S. 333-338

ders.: Die Benutzung einer Marke „als Marke“ als rechtliche Voraussetzung für den Erwerb, die Aufrechterhaltung und die Verletzung von Rechten (Q 168), GRUR Int. 2002, S. 502-511

ders.: Rechtsgrund und Reichweite des § 8 II Nr. 1 MarkenG, GRUR 2001, S. 630-635

Hagens, Alfred: Warenzeichenrecht, Berlin 1927

Harte-Bavendamm, Henning / Henning-Bodewig, Frauke: Gesetz gegen den unlauteren Wettbewerb (UWG), 2. Aufl., München 2009

Harte-Bavendamm, Henning: Wettbewerbsrechtlicher Verbraucherschutz in der Welt der „look alikes“, in: Festschrift für Michael Loschelder, hrsg. von Erdmann, Willi / Leistner, Matthias / Rüffer, Wilfried / Schulte-Beckhausen, Thomas, Köln 2010, S. 111-130

Harte-Bavendamm, Henning / Goldmann, Michael: Das Unternehmenskennzeichen unter dem Einfluss der Markenrechtsharmonisierung, in: Festschrift für Alexander von Mühlendahl, hrsg. von von Bomhard, Verena / Pagenberg, Jochen / Schennen, Detlef, Köln 2005, S. 23-42

Harte-Bavendamm, Henning / von Bomhard, Verena: Abgrenzungsvereinbarungen und Gemeinschaftsmarken, GRUR 1998, S. 530-542

Hasselblatt, Gordian N. / Kipping, David: Die “neue” Markenfunktionenlehre im Lichte der jüngeren Spruchpraxis des EuGH, KSzW 2010, S. 236-241

Haupt, Wolfgang: Die Bedeutung des Prioritätsgrundsatzes im Recht der Kennzeichen, Köln 1963

Hefermehl, Wolfgang / Köhler, Helmut / Bornkamm, Joachim: Gesetz gegen den unlauteren Wettbewerb, 27. Aufl., München 2009

Heim, Sebastian: Der Schutz von Handelsnamen unter dem TRIPs-Übereinkommen, GRUR Int. 2005, S. 545-558
Henn, Steffen: Markenschutz und UWG, Baden-Baden 2009
Henning-Bodewig, Frauke: "AdWords" und der Werbende – Verwirrung (nicht nur) im französischen Recht, GRUR Int. 2011, S. 592-598
dies.: Nicht markenmäßiger Gebrauch und Art. 5 Abs. 5 Markenrichtlinie, GRUR Int. 2008, S. 301-309
dies.: Relevanz der Irreführung, UWG-Nachahmungsschutz und die Abgrenzung Lauterkeitsrecht/IP-Rechte, GRUR Int. 2007, S. 986-990
dies.: Das neue Gesetz gegen den unlauteren Wettbewerb, GRUR 2004, S. 713-720
Hesse, Konrad: Grundzüge des Verfassungsrechts der Bundesrepublik Deutschland, 20. Aufl., Heidelberg 1995
Heydt, Ludwig: Wider die herrschende Lehre vom Erfordernis der warenzeichenmäßigen Benutzung, GRUR 1976, S. 7-15
ders.: Zur Funktion der Marke, GRUR Int. 1976, S. 339-345
Heyers, Johannes: Schutz- und Verkehrsfähigkeit von Namensmarken, Baden-Baden 2006
Hildebrandt, Ulrich: Marken und andere Kennzeichen, 2. Aufl., Köln 2010 (zit.: Hildebrandt, Marken und andere Kennzeichen)
ders.: Harmonisiertes Markenrecht in Europa – Rechtsprechung des EuGH, 2. Aufl., Köln 2008 (zit.: Hildebrandt, Harmonisiertes Markenrecht)
Hilty, Reto M.: Vergütungssystem und Schrankenregelungen – Neue Herausforderungen für den Gesetzgeber, GRUR 2005, S. 819-828
Hoeren, Thomas: Happy Birthday to you: Urheberrechtliche Fragen rund um ein Geburtstagsständchen, in: Festschrift für Otto Sandrock, hrsg. von Berger, Klaus Peter / Ebke, Werner F. / Elsing, Siegfried u.a., Heidelberg 2000, S. 357-372
ders.: Das neue UWG und dessen Auswirkungen auf den B2B-Bereich, WRP 2009, S. 789-794
ders.: Anmerkung zu BGH MMR 2002, 382 – shell.de, MMR 2002, S. 386-388
Hoeren, Thomas / Sieber, Ulrich (Hrsg.): Handbuch Multimedia-Recht, Rechtsfragen des elektronischen Geschäftsverkehrs, Loseblattkommentar (Stand: 28. Ergänzungslieferung, April 2011), München
Hoeren, Thomas / Utz, Rainer: Leitfragen für ein erweitertes Forschungsprogramm, in: Marken im Internet, hrsg. von Backhaus, Klaus / Hoeren, Thomas, München 2007, S. 363-373
Honsell, Heinrich / Vogt, Nedim Peter / Geiser, Thomas: Basler Kommentar, Zivilgesetzbuch I, Art. 1-456 ZGB, 3. Aufl., Basel 2006
Hotz, Andreas: Die rechtsverletzende Markenbenutzung in der neueren Rechtsprechung von EuGH und BGH, GRUR 2003, S. 993-1002

Hubmann, Heinrich: Grundsätze der Interessenabwägung, AcP 155 (1956), S. 85-134
Hüttner, Sabine: 1, 2, 3, 4 Eckstein, keiner muss versteckt sein? – Wer sich im Internet präsentiert, muss mit Google rechnen!, WRP 2010, S. 1008-1016

Ingerl, Reinhard: Rechtsverletzende und rechtserhaltende Benutzung im Markenrecht, WRP 2002, S. 861-870
Ingerl, Reinhard / Rohnke, Christian: Markengesetz, 3. Aufl., München 2010 (zit.: Ingerl/Rohnke, MarkenG)
dies.: Markengesetz, 2. Aufl., München 2003 (zit.: Ingerl/Rohnke, MarkenG [2. Aufl.])
dies.: Markengesetz, 1. Aufl., München 1998 (zit.: Ingerl/Rohnke, MarkenG [1. Aufl.])
dies.: Die Umsetzung der Markenrechts-Richtlinie durch das deutsche Markengesetz, NJW 1994, S. 1247-1255

Jänich, Volker Michael / Schrader, Paul Tobias: Markenrechte und ihre Durchsetzung nach dem Wegfall staatlicher Monopole – „Post“, „Telekom“ und „Die Bahn“ als Marken, WRP 2005, S. 656-663
Jonas, Kay Uwe / Hamacher, Karl: „MAC Dog“ und „shell.de“ ade?, WRP 2009, S. 535-539
Jonas, Kay-Uwe / Weber, Nils: Das Markenrecht dehnbar wie Gummi? Anmerkungen zu OLG Hamburg, GRUR-RR 2009, 224 – Yoghurt Gums, GRUR-RR 2009, S. 204-207
Jonas, Kay-Uwe / Schmitz, Nicolás: Neue Möglichkeiten für den Kennzeichenmissbrauch – Zur Einordnung von sogenannten Vanity-Rufnummern, GRUR 2000, S. 183-187

Kefferpütz, Martin: Anmerkung zu BGH, Urteil vom 12.5.2010, Az.: I ZR 214/07 – Rote Briefkästen, GRUR-Prax 2010, 312302 / S. 563
Keil, Ulrich: Das Ende der markenmäßigen Benutzung?, MarkenR 2010, S. 195-200
Keller, Erhard: Die zeichenmäßige Benutzung im Markenrecht – Umfang und Grenzen der markenrechtlichen Abwehrbefugnis, GRUR 1996, S. 607-613
Keller, Erhard: Der wettbewerbsrechtliche Leistungsschutz – Vom Handlungsschutz zur Immaterialgüterrechtsähnlichkeit, in: Festschrift für Willi Erdmann, hrsg. von Ahrens, Hans-Jürgen / Bornkamm, Joachim / Gloy, Wolfgang u.a., Köln 2002, S. 595-611
Keßler, Jürgen: Lauterkeitsschutz und Wettbewerbsordnung – zur Umsetzung der Richtlinie 2005/29/EG über unlautere Geschäftspraktiken in Deutschland und Österreich, WRP 2007, S. 714-722

Kiethe, Kurt / Groeschke, Peer: Erweiterung des Markenschutzes vor Verwechselungen durch das neue Lauterkeitsrecht, WRP 2009, S. 1343-1347
Klippel, Diethelm: Der zivilrechtliche Schutz des Namens – Eine historische und dogmatische Untersuchung, Paderborn 1985
Knaak, Roland: Das Recht der Gleichnamigen, Köln 1979
ders.: Schutzschranken im harmonisierten Markenrecht bei Verwendung von Handelsnamen und geographischen Herkunftsangaben, in: Festschrift für Alexander von Mühlendahl, hrsg. von von Bomhard, Verena / Pagenberg, Jochen / Schennen, Detlef, Köln 2005, S. 83-95
ders.: Keyword Advertising – Das aktuelle Key-Thema des Europäischen Markenrechts, GRUR Int. 2009, S. 551-557
ders.: Markenmäßiger Gebrauch als Grenzlinie des harmonisierten Markenschutzes, GRUR Int. 2008, S. 91-95
ders.: Kennzeichenrechte in der deutschen Einigung, GRUR Int. 1993, S. 18-32
ders.: Die Begriffe des markenmäßigen und firmenmäßigen Gebrauchs im Zeichenrecht, GRUR 1982, S. 67-74
Köhler, Helmut: „Gib mal Zeitung" – oder „Scherz und Ernst in der Jurisprudenz" von heute, WRP 2010, S. 571-576
ders.: Der Schutz vor Produktnachahmung im Markenrecht, Geschmacksmusterrecht und neuen Lauterkeitsrecht, GRUR 2009, S. 445-451
ders.: Die UWG-Novelle 2008, WRP 2009, S. 109-117
ders.: Die Rechtsprechung des Europäischen Gerichtshofs zur vergleichenden Werbung: Analyse und Kritik, WRP 2008, S. 414-420
ders.: Das Verhältnis des Wettbewerbsrechts zum Recht des geistigen Eigentums – Zur Notwendigkeit einer Neubestimmung auf Grund der Richtlinie über unlautere Geschäftspraktiken, GRUR 2007, S. 548-554
ders.: Die Begrenzung wettbewerbsrechtlicher Ansprüche durch den Grundsatz der Verhältnismäßigkeit, GRUR 1996, S. 82-92
Köhler, Helmut / Bornkamm, Joachim: Gesetz gegen den unlauteren Wettbewerb UWG, 29. Aufl., München 2011
Köhler, Helmut / Piper, Henning: Gesetz gegen den unlauteren Wettbewerb mit Preisangabenverordnung, 3. Aufl., München 2002
Körner, Eberhard: Das allgemeine Wettbewerbsrecht des UWG als Auffangtatbestand für fehlgeschlagenen oder abgelaufenen Sonderrechtsschutz, in: Festschrift für Eike Ullmann, hrsg. von Ahrens, Hans-Jürgen / Bornkamm, Joachim / Kunz-Hallstein, Hans Peter, Saarbrücken 2006, S. 701-715
Körner, Marita: Gleichnamigkeitskonflikte bei Internet-Domain-Namen – Die „shell.de"-Entscheidung des BGH, NJW 2002, S. 3442-3444
Kohler, Josef: Die Idee des geistigen Eigentums, AcP 82 [1894], S. 141-242
Kraßer, Rudolf: Patentrecht, 6. Aufl., München 2009

Krieger, Albrecht: Zur Weiterentwicklung des Markenrechts Perspektiven aus der Sicht der Bundesregierung, GRUR Int. 1986, S. 75-83
ders.: Das Warenzeichen als Eigentumsrecht im Sinne des Artikel 14 des Grundgesetzes, GRUR 1980, S. 335-342
Kunz-Hallstein, Hans-Peter: TRIPs und das Verhältnis des Schutzes des Handelsnamens zu Marken und geographischen Angaben in der Gemeinschaft, in: Festschrift für Gerhard Schricker, hrsg. von Ohly, Ansgar / Bodewig, Theo / Dreier, Thomas u.a., München 2005, S. 827-834
ders.: Die Funktion der Marke nach europäischem und künftigem deutschen Markenrecht, in: Festschrift DPA 100 Jahre Marken®-Amt, hrsg. vom Deutschen Patentamt unter Mitwirkung der Deutschen Vereinigung für gewerblichen Rechtsschutz und Urheberrecht e.V. u.a., München 1994, S. 147-171
ders.: Perspektiven der Angleichung nationalen Markenrechts in der EWG, GRUR Int. 1992, S. 81-91
Kur, Annette: Merchandising im Spielzeug-Markt – wie weit reicht die „Eigentums-Logik"?, in: Festschrift für Gerhard Schricker, hrsg. von Ohly, Ansgar / Bodewig, Theo / Dreier, Thomas u.a., München 2005, S. 835-843
dies.: Mehr als nur ein „Hauch von Dior"? – Das Urheberrecht und die Präsentation von Waren, in: Festschrift für Adolf Dietz, hrsg. von Ganea, Peter / Heath, Christopher / Schricker, Gerhard, München 2001, S. 252-270
dies.: Confusion Over Use? – Die Benutzung „als Marke" im Lichte der EuGH-Rechtsprechung, GRUR Int. 2008, S. 1-12
dies.: Die Schnittstellen zwischen Marken- und Wettbewerbsrecht bei nationalen und Gemeinschaftsmarken, MarkenR 2001, S. 137-146
dies.: Händlerwerbung für Markenartikel aus urheberrechtlicher Sicht – Präsentationsrecht als neue Schutzschranke? – Bemerkungen zu i.S. Dior./.Evora, GRUR Int. 1999, S. 24-30
dies.: Ansätze zur Harmonisierung des Lauterkeitsrechts im Bereich des wettbewerbsrechtlichen Leistungsschutzes, GRUR Int. 1998, S. 771-781
Kurtz, Constantin: Markenschutz für beschreibende Angaben in fremder Sprache, GRUR 2004, S. 32-35

Lange, Paul: Marken- und Kennzeichenrecht, München 2006
ders.: Der Konflikt zwischen Marke und Unternehmenskennzeichen nach der Céline-Ent-scheidung des EuGH, MarkenR 2007, S. 457-464
Larenz, Karl: Methodenlehre der Rechtswissenschaft, 2. Aufl., Berlin 1992 (zit.: Larenz, Methodenlehre der Rechtswissenschaft)
Larenz, Karl / Canaris, Claus-Wilhelm: Methodenlehre der Rechtswissenschaft, 3. Aufl., Berlin 1995 (zit.: Larenz/Canaris, Methodenlehre der Rechtswissenschaft)

Lehmann-Richter, Arnold: Die Umwandlung einer Marke in eine Gattungsbezeichnung, WRP 2002, S. 1391-1394
Lerach, Mark: Rechtsverletzende Benutzung einer Marke auf Miniaturmodellen, MarkenR 2007, S. 303-308
Lettl, Tobias: Das neue UWG, GRUR-RR 2009, S. 41-45
Linstow, Bernhard von: Unterschiedliche Benutzungszwecke – markenmäßige Benutzung und § 23 Nr. 2 MarkenG, GRUR 2009, S. 111-113
Loewenheim, Ulrich: Handbuch des Urheberrechts, 2. Aufl., München 2010
Loschelder, Michael / Dörre, Tanja: Das Verhältnis des wettbewerbsrechtlichen zum kennzeichenrechtlichen Schutz vor Verwechslungen, KSzW 2010, S. 242-247
Lubberger, Andreas: Grundsatz der Nachahmungsfreiheit?, in: Festschrift für Eike Ullmann, hrsg. von Ahrens, Hans-Jürgen / Bornkamm, Joachim / Kunz-Hallstein, Hans Peter, Saar-brücken 2006, S. 737-754

Maunz, Theodor / Dürig, Günter: Grundgesetz, Band I (Texte, Art. 1-5), Loseblattkommentar (Stand: 62. Ergänzungslieferung, Mai 2011), München
McGuire, Mary-Rose: Kumulation und Doppelschutz / Ursachen und Folgen des Schutzes einer Leistung durch mehrere Schutzrechte, GRUR 2011, S. 767-774
Meister, Herbert E.: Die EG-Marken-Richtlinie – Erste Kommentierung, Markenartikel 1990, S. 60-69; Zweite Kommentierung, Markenartikel 1990, S. 293-307; Dritte Kommentierung, Markenartikel 1990, S. 425-444
Mühlendahl, Alexander von: Das neue Markenrecht der Europäischen Union, in: DPA 100 Jahre Marken®-Amt, hrsg. vom Deutschen Patentamt unter Mitwirkung der Deutschen Vereinigung für gewerblichen Rechtsschutz und Urheberrecht e.V. u.a., München 1994, S. 215-233
Müller, Friedrich: Juristische Methodik, 6. Aufl., Berlin 1995
Münchener Kommentar zum Lauterkeitsrecht, hrsg. von Heermann, Peter W. / Hirsch, Günter, Band 2, §§ 5-22 UWG, München 2006 (zit.: MüKo-UWG/Bearb.)
Münchener Kommentar zum Bürgerlichen Gesetzbuch, hrsg. von Säcker, Franz Jürgen / Rixecker, Roland, Band 1 Allgemeiner Teil, 1. Halbband: §§ 1-240, München 2006 (zit.: MüKo-BGB/Bearb.)
Musiol, Christian: BGH: „Heitec" nicht verletzt durch „High Tech", wohl aber durch „Haitec", Urteilsanmerkung in FD-GewRS 2008, 265783

Nägele, Thomas: Die rechtsverletzende Benutzung im Markenrecht, Baden-Baden 1999
ders.: Das Verhältnis des Schutzes geschäftlicher Bezeichnungen nach § 15 MarkenG zum Namensschutz nach § 12 BGB, GRUR 2007, S. 1007-1013

Neuner, Jörg: Der Prioritätsgrundsatz im Privatrecht, AcP 203 [2003], S. 46-78
Neuwald, Philipp / von der Bey, Julia / Vonnahme, Sabine: Im Spannungsfeld von urheberrechtlicher Gemeinfreiheit und Titelschutz, Anmerkungen zu OLG München, GRUR-RR 2009, 307 – „Der Seewolf", GRUR-RR 2009, S. 281-284
Nussbaum, Caroline von / Ruess, Peter: Irreführung durch Marken – Die Neuregelung der Imitationswerbung in § 5 Abs. 2 UWG n.F., MarkenR 2009, S. 233-236

Obergfell, Eva Inés: Anmerkung zu BGH MMR 2005, 601 – Wirtschaftswoche, MMR 2005, S. 604-605
Ohly, Ansgar: Richterrecht und Generalklausel im Recht des unlauteren Wettbewerbs, Köln 1997
ders.: Die Markenverletzung bei Doppelidentität nach *L'Oréal*: eine Kritik, in: Festschrift für Michael Loschelder, hrsg. von Erdmann, Willi / Leistner, Matthias / Rüffer, Wilfried / Schulte-Beckhausen, Thomas, Köln 2010, S. 265-278
ders.: Unlautere vergleichende Werbung als Markenverletzung?, in: Festschrift für Ulf Doepner, hrsg. von Reese, Ulrich / Hufnagel, Frank-Erich / Lensing-Kramer, Andrea, München 2008, S. 51-62
ders.: Klemmbausteine im Wandel der Zeit – ein Plädoyer für eine strikte Subsidiarität des UWG-Nachahmungsschutzes, in: Festschrift für Eike Ullmann, hrsg. von Ahrens, Hans-Jürgen / Bornkamm, Joachim / Kunz-Hallstein, Hans Peter, Saarbrücken 2006, S. 795-812
ders.: Gibt es einen Numerus clausus der Immaterialgüterrechte? in: Festschrift für Gerhard Schricker, hrsg. von Ohly, Ansgar / Bodewig, Theo / Dreier, Thomas u.a., München 2005, S. 105-121
ders.: Geistiges Eigentum und Gemeinfreiheit: Forschungsperspektiven, in: Geistiges Eigentum und Gemeinfreiheit, hrsg. von Ohly, Ansgar / Klippel, Diethelm, Tübingen 2007, S. 1-18
ders.: Keyword Advertising or Why the ECJ's Functional Approach to Trade Mark Infringement Does Not Function, IIC 2010, S. 879-881
ders.: Keyword Advertising auf dem Weg zurück von Luxemburg nach Paris, Wien, Karlsruhe und Den Haag, GRUR 2010, S. 776-785
ders.: Urteilsanmerkung zu BGH GRUR 2010, 161 – Gib mal Zeitung, GRUR 2010, S. 166-167
ders.: Keyword-Advertising auf dem Weg von Karlsruhe nach Luxemburg, GRUR 2009, S. 709-717
ders.: Urteilsanmerkung zu EuGH GRUR 2008, 698 – O_2 und O_2 (UK)/H3G, GRUR 2008, S. 701-702

ders.: Designschutz im Spannungsfeld von Geschmacksmuster-, Kennzeichen- und Lauterkeitsrecht, GRUR 2007, S. 731-740
ders.: Das Herkunftslandprinzip im Bereich des vollständig angeglichenen Lauterkeitsrechts, WRP 2006, S. 1401-1412
ders.: Das neue UWG – Mehr Freiheit für den Wettbewerb?, GRUR 2004, S. 889-900
ders.: Geistiges Eigentum?, JZ 2003, S. 545-554
Ohly, Ansgar / Klippel, Diethlelm (Hrsg.): Geistiges Eigentum und Gemeinfreiheit, Tübingen 2007
Onken, Carola: Was prägt Barbara Becker oder kommt es darauf gar nicht an?, MarkenR 2011, S. 141-145
Ott, Stephan / Schubert, Maximilian: Fremde Marken als Keywörter – Orakelsprüche des EuGH als Antwort auf biblische Fragen, MarkenR 2010, S. 160-166

Pahlow, Louis / Eisfeld, Jens (Hrsg.): Grundlagen und Grundfragen des Geistigen Eigentums, Tübingen 2008
Pahlow, Louis: „Intellectual Property", „propriété intellectuelle" und kein „Geistiges Eigentum"? Historisch-kritische Anmerkungen zu einem umstrittenen Rechtsbegriff, UFITA 115 (2006), S. 705-726
ders.: Das Recht an der Marke als Benutzungsrecht des Markeninhabers, MarkenR 2006, S. 97-104
ders.: Das Recht der Gleichnamigen im Internet, WRP 2002, S. 1228-1236
Palandt, Otto: Bürgerliches Gesetzbuch, 70. Aufl., München 2011
Patt, Hermann: Die Stellung der Gleichnamigen im Wettbewerbsrecht, Köln 1960
Peifer, Karl-Nikolaus: Anmerkung zu BGH, Urteil vom 1.12.2010, Az.: I ZR 12/08 – Perlentaucher, jurisPR-WettbR 2/2010, Anm. 1
Pflüger, Thomas: Positionen der Kultusministerkonferenz zum Dritten Gesetz zur Regelung des Urheberrechts in der Informationsgesellschaft – „Dritter Korb", ZUM 2010, S. 938-945
Pinzger, Werner: Das deutsche Warenzeichenrecht, Kommentar zum Warenzeichengesetz vom 5. Mai 1936 nebst den internationalen Verträgen, 2. Aufl., München 1937 (zit.: Pinzger, WZG)
Pinzger, Werner / Heinemann, Felix: Das deutsche Warenzeichenrecht, Kommentar des Reichsgesetzes zum Schutz der Warenbezeichnungen nebst den internationalen Verträgen, Berlin 1926 (zit.: Pinzger/Heinemann, Das deutsche Warenzeichenrecht)
Piper, Henning / Ohly, Ansgar / Sosnitza, Olaf: Gesetz gegen den unlauteren Wettbewerb, 5. Aufl., München 2010
Piper, Henning: Der Schutz der bekannten Marken, GRUR 1996, S. 429-439

Plaß, Gunda: Neue Grundsätze für das Recht der Gleichnamigen?, WRP 2000, S. 40-48

Potysch, Verena / Rickert, Nadine / Sabel, Tatjana: Imageeffekte von Domainsharing am Beispiel von Bounty und Käfer, in: Marken im Internet, hrsg. von Backhaus, Klaus / Hoeren, Thomas, München 2007, S. 247-268

Raßmann, Christian: Der Schutz des Freihaltebedürfnisses im Rahmen von § 23 MarkenG, GRUR 1999, S. 384-390

Raue, Peter: Zum Dogma der restriktiven Auslegung der Schrankenbestimmungen des Urhebergesetzes, in: Festschrift für Wilhelm Nordemann, hrsg. von Loewenheim, Ulrich, München 2004, S. 327-339

Renk, Andreas W.: Scheiden allgemeine Begriffe und Gattungsbezeichnungen als Internet-Domains aus?, WRP 2000, S. 264-269

Riehle, Gerhard: Funktion der Marke und europäisches Markenrecht, MarkenR 2001, S. 337-343

Rohnke, Christian: Das rechtsverletzende Unternehmenskennzeichen nach dem EuGH-Urteil *Anheuser-Busch/Budvar*, in: Festschrift für Eike Ullmann, hrsg. von Ahrens, Hans-Jürgen / Bornkamm, Joachim / Kunz-Hallstein, Hans Peter, Saarbrücken 2006, S. 359-371

ders.: MARKENFORUM 2006, Die Rechtsprechung des EuGH im Markenrecht – Schwerpunkte, Tendenzen, Systematik, MarkenR 2006, S. 480-486

ders.: Die Bindung des Verletzungsgerichts an die eingetragene Marke – Ein überholtes Axiom –, GRUR 2001, S. 696-705

Rohnke, Christian / Thiering, Frederik: Die Rechtsprechung des EuGH und des BGH zum Markenrecht in den Jahren 2009 und 2010, GRUR 2011, S. 8-19

Sack, Rolf: Unlautere vergleichende Werbung und Markenrecht, WRP 2011, S. 288-292

ders.: Die unlautere Ausnutzung des Rufs von Marken im Marken- und Wettbewerbsrecht, WRP 2011, S. 155-160

ders.: Vorschläge zur Reform der Verletzungstatbestände und des Erschöpfungsgrundsatzes des europäischen Markenrechts, WRP 2010, S. 1000-1008

ders.: Vom Erfordernis der markenmäßigen Benutzung zu den Markenfunktionen bei der Haftung für Markenverletzungen, WRP 2010, S. 198-211

ders.: Markenrechtliche Probleme vergleichender Werbung, GRUR 2008, S. 201-205

ders.: Markenschutz und UWG, WRP 2004, S. 1405-1425

ders.: Zur Anwendbarkeit von § 6 UWG auf Werbung für Ersatzteile und Zubehör, GRUR 2004, S. 720-724

ders.: Sonderschutz bekannter Marken, GRUR 1995, S. 81-98

ders.: Die rechtlichen Funktionen des Warenzeichens, GRUR 1972, S. 402-412 und S. 445-453
Sacré, Marcus / Kops, Anja: Können Bildmarken als Bestimmungs- und Verwendungshinweise notwendig i.S.v. § 23 Nr. 3 MarkenG sein?, MarkenR 2007, S. 468-472
Sambuc, Thomas: Das Freihaltebedürfnis an beschreibenden Angaben und der Ware selbst nach dem Markengesetz, GRUR 1997, S. 403-408
Schack, Haimo: Urheber- und Urhebervertragsrecht, 5. Aufl., Tübingen 2010
Schippan, Martin: Urheberrecht goes digital – Die Verabschiedung der „Multimedia-Richtlinie 2001/29/EG, NJW 2001, S. S. 2682-2683
Schmidt-Hern, Kai: Anmerkung zu OLG Frankfurt, Urteil vom 10.6.2010, Az.: 6 U 53/10, GRUR-Prax 2010, 307391 / S. 399
Schmieder, Hans-Heinrich: Neues deutsches Markenrecht nach europäischem Standard, NJW 1994, S. 1241-1247
Schneider, Bernadette: Die Markenparodie in Deutschland, Frankfurt 2010
Schrader, Paul T.: Konsequenzen der Markenfähigkeit äußerer Gestaltungsformen, MarkenR 2006, S. 310-313
Schreiber, Peter: Wettbewerbsrechtliche Kennzeichenrechte?, GRUR 2009, S. 113-118
Schricker, Gerhard: Bemerkungen zur Erschöpfung im Urheberrecht, in: Festschrift für Adolf Dietz, hrsg. von Ganea, Peter / Heath, Christopher / Schricker, Gerhard, München 2001, S. 447-457
Schricker, Gerhard / Loewenheim, Ulrich: Urheberrecht, 4. Aufl., München 2010
Schönherr, Fritz: Zur Begriffsbildung im Immaterialgüterrecht, in: Festschrift für Alois Troller, hrsg. von Paul Brügger, Basel 1976, S. 57-87
Scholz, Ulrich: Die Änderung der Gleichgewichtslage zwischen zwei namensgleichen Unternehmen und das Recht auf die Namensmarke – Zwei Fragen aus dem Recht der Gleichnamigen –, GRUR 1996, S. 679-688
Schubert, Maximilian / Ott, Stephan: AdWords – Schutz für die Werbefunktion einer Marke? – Zugleich eine kritische Analyse der drei BGH-Entscheidungen vom 22.1.2009, MarkenR 2009, S. 338-347
Schünemann, Wolfgang: „Unlauterkeit" in den Generalklauseln und Interessenabwägung nach neuem UWG, WRP 2004, S. 925-936
Schultz, Detlef von: Kommentar zum Markenrecht, 2. Aufl., Frankfurt 2007
ders.: Zu den Privilegierungstatbeständen des § 23 MarkenG, GRUR 1997, S. 408-414
ders.: Eigenname contra prioritätsältere Phantasiebezeichnung, GRUR 1992, S. 487-491
Seiler, David: Anmerkung zu OLG Frankfurt, Urteil vom 13.2.2007, Az.: 11 U 40/06 – Dax Optionsscheine, jurisPR-BKR 3/2008, Anm. 5

Seligsohn, Arnold: Gesetz zum Schutz der Warenbezeichnungen, 3. Aufl., Berlin 1925
Senftleben, Martin: Trade Mark Protection – A Black Hole in the Intellectual Property Galaxy?, IIC 2011, S. 383-387
Simon, Helmut: Der Prioritätsgrundsatz in der Rechtsprechung des Bundesgerichtshofes zum Kennzeichenrecht, in: Festschrift für Werner vom Stein, hrsg. von Bruchhausen, Karl, Karlsruhe 1961, S. 120-127
Slopek, David E.F. / Gottschalk, Jan: Das Patentmonopol im Faktencheck, WRP 2011, S. 853-858
Sosnitza, Olaf: Wo bleibt das Allgemeine Immaterialgüterrecht?, in: Forkel, Hans /Sosnitza, Olaf, Zum Wandel beim Recht der Persönlichkeit und ihrer schöpferischen Leistungen, Würzburg 2004, S. 33-45
ders.: Adwords = Metatags? Zur marken- und wettbewerbsrechtlichen Zulässigkeit des Keyword-Advertising über Suchmaschinen, MarkenR 2009, S. 35-39
ders.: Die Richtlinie über unlautere Geschäftspraktiken – Voll- oder Teilharmonisierung, WRP 2006, S. 1-7
Spindler, Gerald: Urheberrechtsnovelle, Der „dritte Korb" – ein „Korb" ohne Boden?, GRUR Newsletter 2/2011, S. 4-5
ders.: Bildersuchmaschinen, Schranken und konkludente Einwilligung im Urheberrecht, Besprechung der BGH-Entscheidung „Vorschaubilder", GRUR 2010, S. 785-792
Spindler, Gerald / Schuster, Fabian: Das Recht der elektronischen Medien, 2. Aufl., München 2011
Splittgerber, Andreas: Google France und Google – Klärung bei Markenrechtsverletzungen, NJW 2010, S. 2014-2017
Starck, Joachim: Bemerkungen zum Regelungsumfang von § 2 MarkenG, in: Festschrift für Willi Erdmann, hrsg. von Ahrens, Hans-Jürgen / Bornkamm, Joachim / Gloy, Wolfgang, Köln 2002, S. 485-490
ders.: Markenmäßiger Gebrauch – Besondere Voraussetzung für die Annahme einer Markenverletzung? –, GRUR 1996, S. 688-693
Steinbeck, Anja: Zur These vom Vorrang des Markenrechts, in: Festschrift für Eike Ullmann, hrsg. von Ahrens, Hans-Jürgen / Bornkamm, Joachim / Kunz-Hallstein, Hans Peter, Saarbrücken 2006, S. 409-423
dies.: Immaterialgüterrechte und Informationsinteresse, oder: Von der Problematik, die richtigen Grenzen zu finden, KSzW 2010, S. 223-228
dies.: Der Beispielskatalog des § 4 UWG – Bewährungsprobe bestanden, GRUR 2008, S. 848-854
dies.: „Windsor Estate" – Eine Anmerkung, GRUR 2008, S. 110-114
dies.: Richtlinie über unlautere Geschäftspraktiken: Irreführende Geschäftspraktiken – Umsetzung in das deutsche Recht, WRP 2006, S. 632-639

dies.: Urteilsanmerkung zu EuGH JZ 2005, 1103 – Gillette, JZ 2005, S. 1106-1108

Steinberg, Jens H.: Segeln im Kielwasser des Konkurrenten – Ist die Schaltung von AdWord-Anzeigen bei Google unter Angabe von „Keywords“ zulässig, die für Mitbewerber kennzeichenrechtlich geschützt sind?, MarkenR 2009, S. 185-193

Stieper, Malte: Das Verhältnis von Immaterialgüterrechtsschutz und Nachahmungsschutz nach dem neuen UWG, WRP 2006, S. 291-302

Stögmüller, Thomas / Schwarzhof, Melanie: Anmerkung zu BGH, Urteil vom 14.4.2011, Az.: I ZR 33/10 – VW/ATU, MMR-Aktuell 2011, 318585 (IT-Trendletter, Redaktion MMR-Aktuell)

Storkebaum-Kraft: Warenzeichengesetz, Kommentar bearbeitet von Endemann, Karl-Albert / Klock, Victor / Kraft, Alfons / Storkebaum, Rupprecht, Berlin 1967

Ströbele, Paul: Schutzvoraussetzungen und Schutzbereich von Marken, in: 100 Jahre Markenverband – Marken im Wettbewerb (NJW-Sonderheft, 2003), S. 78-82

ders.: Die strenge und vollständige Prüfung – „Libertel“ und seine Umsetzung in Deutschland, GRUR 2005, S. 93-97

ders.: Absolute Eintragungshindernisse im Markenrecht – Gegenwärtige Probleme und künftige Entwicklungen, GRUR 2001, S. 658-667

Ströbele, Paul / Hacker, Franz: Markengesetz, 9. Aufl., Köln 2009 (zit.: Ströbele/Hacker, MarkenG)

dies.: Markengesetz, 8. Aufl., Köln 2006 (zit.: Ströbele/Hacker, MarkenG [8. Aufl.])

Teplitzky, Otto: Die Funktionen des Freihaltebedürfnisses in der Rechtsprechung des Bundesgerichtshofs, in: Festschrift für Otto-Friedrich Frhr. von Gamm, hrsg. von Erdmann, Willi / Mees, Hans-Kurt / Piper, Henning u.a., Köln 1990, S. 303-313

ders.: Zur Methodik der Interessenabwägung in der neueren Rechtsprechung des Bundesgerichtshofs zu § 3 UWG, in: Festschrift für Ralf Vieregge, hrsg. von Bauer, Jürgen F. / Jacobs, Rainer / Lieb, Manfred / Müller-Graff, Peter-Christian, Berlin 1995, S. 853-862

Tetzner, Heinrich: Kommentar zum Warenzeichengesetz, Heidelberg 1958

Tilmann, Winfried: Grundlage und Reichweite des Handelsnamensrechts, GRUR 1981, S. 621-625

Ullmann, Eike: Die Form einer Ware als Marke – Illusion oder Chance, in: 100 Jahre Markenverband – Marken im Wettbewerb (NJW-Sonderheft, 2003), S. 83-87

Ulmer, Eugen: Warenzeichen und unlauterer Wettbewerbs in ihrer Fortbildung durch die Rechtsprechung, Berlin 1929

Vanzetti, Adriano: Funktion und Rechtsnatur der Marke, GRUR Int. 1965, S. 128-142 und S. 185-201
Viefhues, Martin: Markenrecht und Google AdWords: Ist die Werbefunktion die Lösung?, GRUR-Prax 2010, 294292 / S. 28
ders.: Domain-Name-Sharing, MMR 2000, S. 334-340
Völker, Stephan / Elskamp, Gregor: Die neuen Markenfunktionen des EuGH, WRP 2010, S. 64-72

Weidert, Stefan / Lühring, Nicolas: Was hat Vossius, was Shell nicht hat und umgekehrt, WRP 2002, S. 880-886
Widmer, Annette / Schramm, Peter / Holzer, Peter: Schranken des Markenrechts (Tagungsbericht Ittinger Workshop zum Kennzeichenrecht, Kartause Ittingen, 24. und 25. August 2007), sic! 11/2007, S. 872-875
Wilde, Günther: Probleme der warenzeichenmäßigen Benutzung von Kennzeichnungen, GRUR 1968, S. 477-485
Wolf, Christian: Die Schutzschranke des § 23 MarkenG, Köln 2003
Würdinger, Markus: Ausnahmevorschriften sind analogiefähig!, JuS 2008, S. 949-951

www.ingramcontent.com/pod-product-compliance
Ingram Content Group UK Ltd.
Pitfield, Milton Keynes, MK11 3LW, UK
UKHW021918290926
8980IPUK00015B/1344

9 783631 625194